Für Ulrich Borsdorf

200 Jahre Krupp
Ein Mythos wird besichtigt

Katalog zur Ausstellung im Ruhr Museum
vom 31. März bis 4. November 2012

herausgegeben von Heinrich Theodor Grütter

Grußwort

Nur wenige Konzerne in Nordrhein-Westfalen können wie die Firma Krupp auf eine 200-jährige Geschichte zurückblicken. 1811 als »Firma Friedrich Krupp zur Verfertigung des Englischen Gussstahls und aller daraus resultierenden Fabrikationen« gegründet, hat dieser besondere Konzern das Zeitalter der Industrialisierung in Deutschland maßgeblich mitgeprägt. Die Geschichte von Krupp ist von vielen Höhen und Tiefen gekennzeichnet. Aber eines hat sich im Laufe der Zeit nicht geändert: Die Firma Krupp gehört zum industriellen Kern unseres Landes Nordrhein-Westfalen. Und das umso mehr, als Krupp mit den ehemaligen Stahlgeschwistern und Konkurrenten im Ruhrgebiet, mit Hoesch und Thyssen fusioniert hat und heute einen großen Konzern bildet. Dieser Wandel des ThyssenKrupp Konzerns vom Stahlunternehmen zum breit aufgestellten Mischkonzern mit Sitz im Ruhrgebiet und zahlreichen Tochterfirmen und Beschäftigten im In- und Ausland ist zugleich beispielhaft für die industrielle Entwicklung des Landes Nordrhein-Westfalen.

Keiner verkörpert die Verbindung von strukturellem Wandel und Unternehmenstradition besser als Berthold Beitz, der Vorsitzende der Alfried Krupp von Bohlen und Halbach-Stiftung. Seit fast 60 Jahren gestaltet er die Geschichte Krupps mit. Und er hat immer großen Wert darauf gelegt, ein wichtiges Element, das den Mythos Krupp ausmacht, am Leben zu erhalten: die große Tradition der unternehmerischen Verantwortung für die Mitarbeiterinnen und Mitarbeiter und für die Gesellschaft. Krupp und Beitz stehen für die besondere Verbindung aus Zukunftsorientierung und Tradition, und ich bin sehr froh, dass ich Berthold Beitz zusammen mit seiner Frau Else im Dezember 2011 die höchste Auszeichnung unseres Landes, den Staatspreis des Landes Nordrhein-Westfalen, überreichen konnte.

Ich gratuliere dem Ruhr Museum, dass es die Gelegenheit genutzt hat, die große Geschichte der Firma und der Familie Krupp zu präsentieren und in diesem schönen Katalog zu dokumentieren. Das Ruhr Museum setzt damit die Tradition seiner beeindruckenden Ausstellungen zur Natur, Kultur und Geschichte des Ruhrgebiets fort. Ich wünsche den Besucherinnen und Besuchern viel Spaß und neue, interessante Einsichten bei der Besichtigung des »Mythos Krupp«.

H. Kraft

Hannelore Kraft
Ministerpräsidentin des Landes Nordrhein-Westfalen

Grußwort

Als Friedrich Krupp vor 200 Jahren seine Gussstahlfabrik gründete, konnte kein Mensch ahnen, dass dies die Keimzelle eines der bedeutendsten Industrieunternehmen Europas werden würde. Die Firma Krupp steht wie kaum eine zweite für die Industrialisierung des Rheinlandes, ist das Synonym für Stahlproduktion und Schwerindustrie, für Werksgemeinschaft und Industriellendynastie, für Arbeit und Wohlstand.

Dabei beschränkte sich die Präsenz von Krupp keineswegs auf die Stadt Essen. Seit der Wende zum 20. Jahrhundert betrieb die Firma die Friedrich-Alfred-Hütte im linksrheinischen Rheinhausen, das später nach Duisburg eingemeindet wurde. Und mit der Fusion zur ThyssenKrupp AG vereint die Firma weitere Industriestandorte in Duisburg und Mülheim. Insofern steht Krupp nicht nur für Essen, sondern für den gesamten Industrialisierungsprozess des Ruhrgebietes. Und dieser Prozess war nicht immer konfliktfrei. Wir erinnern uns an die Stahlkrise der 1980er-Jahre, die in den Protesten gegen die Schließung des Krupp-Werkes in Rheinhausen ihren Höhepunkt fand. Die Werksschließung berührte das Selbstwertgefühl der »Kruppianer« und hinterließ wie andere Stilllegungen tiefe Spuren, sie wurde letztlich aber ohne betriebliche Kündigungen durchgeführt.

Die Stahlkrise ist längst Geschichte, sie konnte – mit großen strukturellen Veränderungen für das Ruhrgebiet – überwunden werden. Im rheinischen Teil des Ruhrgebiets, in Duisburg, wird immer noch Stahl gekocht, aber die Region ist vielfältiger geworden und der ThyssenKrupp Konzern hat sich weit von seinen Ursprüngen fortentwickelt. Er ist heute ein breit aufgestelltes, weltweit tätiges Unternehmen.

Seine wechsel- und schicksalhafte Geschichte beschreibt die Ausstellung des Ruhr Museums. Wir wünschen ihr den gleichen Erfolg, den das Museum mit seinen Ausstellungen in den letzten Jahren hatte. Schließlich gehört es zur Familie der rheinischen Museen und wird vom Landschaftsverband Rheinland durch erhebliche Anstrengungen, als Zustifter der Stiftung Zollverein und direkt mit der Übernahme eines nicht unwesentlichen Teils der Betriebskosten, unterstützt.

Prof. Dr. Jürgen Wilhelm
Vorsitzender der Landschaftsversammlung Rheinland

Ulrike Lubek
Direktorin des Landschaftsverbandes Rheinland

Grußwort

Krupp ist Essen und Essen ist Krupp. Diese Gleichung galt spätestens seit Mitte des 19. Jahrhunderts, als sich die Gussstahlfabrik an der Altendorfer Straße zu einer der bedeutendsten Firmen in Deutschland entwickelte. Wie kaum eine andere Kommune ist Essen durch ein Unternehmen geprägt, dessen Werksgelände lange Zeit größer war als die eigentliche Stadtfläche.

Seit zweihundert Jahren gibt die Firma Krupp vielen Menschen in der Stadt Essen Lohn und Brot. Aber sie ist viel mehr als ein Arbeitgeber. Es gibt kaum eine Kirchengemeinde oder Sozialeinrichtung, wenige Kulturträger oder Sportvereine, die in ihrer Geschichte nicht schon einmal von Seiten der Firma Krupp oder später der Alfried Krupp von Bohlen und Halbach-Stiftung Unterstützung gefunden hätten. Und auch die Stadt Essen verdankt Krupp viel, man denke nur an das Alfried Krupp Krankenhaus, die Philharmonie oder nicht zuletzt an das Museum Folkwang.

Natürlich ist Krupp auch mit den dunklen Seiten der Stadtgeschichte verbunden. Dies hat das Verhältnis zwischen der Stadt und der Firma nach dem Krieg belastet. Heute ist der ThyssenKrupp Konzern ein Versprechen auf die Zukunft. Die neue Hauptverwaltung und das neue Krupp-Quartier am Berthold-Beitz-Boulevard, die »Heimkehr« an den Ursprung des Unternehmens sind ein Beweis für das Traditionsbewusstsein der Firma Krupp und ihre Verbundenheit mit der Heimatstadt Essen.

Dieser Verbundenheit Ausdruck zu geben, ihre Wurzeln und ihre wechselhafte Geschichte zu beschreiben, sind Sinn und Zweck dieser Ausstellung. Hierbei unterstützt die Stadt Essen das Ruhr Museum gerne. Ich wünsche der Ausstellung die verdient große Resonanz und den Besucherinnen und Besuchern viel Freude und neue Erkenntnisse bei der Entdeckung einer der interessantesten Episoden der Ruhrgebietsgeschichte.

Reinhard Paß
Oberbürgermeister der Stadt Essen

Inhalt

Dicke
Hart wie
Kruppstahl
Gussstahl
Widia
Kanonenkönig

200 Jahre Krupp. Ein Mythos wird besichtigt

Heinrich Theodor Grütter

Am 20. November des Jahres 1811, also fast exakt vor zweihundert Jahren, ließ sich der gerade einmal 24-jährige Friedrich Krupp von einem Notar im Landstädtchen Essen die Gründung einer Gussstahlfabrik bescheinigen. Er entstammte einer der einflussreichsten Familien der Stadt, die zweihundertfünfzig Jahre zuvor in der zweiten Hälfte des 16. Jahrhunderts aus den Niederlanden eingewanderte, vermutlich als protestantische Glaubensflüchtlinge. Sie waren Kaufleute und bekleideten zahlreiche öffentliche Ämter wie die des Rentmeisters, des Kämmerers, des Stadtsekretärs und des Bürgermeisters. Durch geschickte Heiratspolitik hatten sie ihr Vermögen und ihren Einfluss vermehrt und sich mit den angesehensten Essener Familien, den Huyssen, Sölling, Ascherfeld, Wilhelmi und Kopstadt verbunden. Der Einfluss der Krupps war so groß, dass der Urgroßvater von Friedrich Krupp im großen Krupp-Prozess angeklagt und verurteilt wurde, weil er als Bürgermeister alle wichtigen Posten mit Verwandten und Freunden besetzt hatte.

Mit dem neuen Geschäftsfeld der Eisenverarbeitung war Friedrich bereits einige Jahre vorher in Berührung gekommen, als ihm seine Großmutter Helene Amalie Krupp geb. Ascherfeld kurzzeitig die Geschäftsführung der Gute Hoffnungshütte in Oberhausen-Sterkrade, einer der ersten Eisenhütten im Ruhrgebiet, übertrug, die sie dann aber wieder verkaufte. Nach ihrem Tod und dem Erbe ihres Vermögens gelang es ihm nach zahlreichen Rückschlägen, ein Verfahren für die fabrikmäßige Herstellung von qualitativ hochwertigem Gussstahl zu entwickeln. Diese »Nacherfindung« des englischen Gussstahlverfahrens war der Grundstein der Fried. Krupp AG, der heutigen ThyssenKrupp AG, der vielleicht bekanntesten Stahlfirma der Welt.

Soweit die Geschichte. Aber es gibt noch eine andere Geschichte. 15 Jahre später, im Jahre 1826, musste der erst 14-jährige Alfried Krupp, der am 26. April 1812, also ebenfalls vor 200 Jahren, geboren wurde, nach dem Tod seines Vaters Friedrich die Schule verlassen und seiner Mutter bei der Bewirtschaftung eines Kleinstunternehmens mit vier Arbeitern beistehen, das Werkzeuge und Prägestempel herstellte. Sein Vater Friedrich hatte in nur anderthalb Jahrzehnten bei seinen Versuchen zur Herstellung von Tiegelstahl das gesamte Vermögen einer der reichsten Essener Familien aufgebraucht. Dabei hatte er sich mit dubiosen Geschäftspartnern und Scharlatanen eingelassen und war unsinnige finanzielle Risiken eingegangen. Wegen fehlenden Vermögens war er als erstes Familienmitglied seit Jahrhunderten aus der Liste der Kaufleute ausgeschlossen worden und bis zu seinem Tod mit 10.000 Talern, das sind umgerechnet etwa 200.000 Euro, verschuldet. Das 1737 erworbene Patrizierhaus am Flachsmarkt hatte er verkaufen müssen und die Familie war in das kleine Betriebsleiterhaus auf dem Werksgelände an der heutigen Altendorfer Straße umgezogen.

Als sich Alfried, der sich inzwischen Alfred Krupp nannte, 50 Jahre später anlässlich des 25-jährigen Jubiläums seiner Alleininhaberschaft, die er 1848 von seiner Mutter übernahm, erinnerte, wies er ausdrücklich auf diese Gründung und den Aufstieg aus kleinsten Verhältnissen hin und erwähnte seinen Vater mit keinem Wort. Bei seinem Tod im Jahre 1887 hatte er die Belegschaft mit 20.000 Arbeitern verfünftausendfacht. Das kleine Stammhaus an der Altendorfer Straße wurde unter ihm und all seinen Nachfahren erhalten, 1961 wieder hergerichtet und ist noch immer Teil des neuen Krupp-Gürtels.

Die beiden Ereignisse – das 200. Jubiläum der Firmengründung und der 200. Geburtstag des eigentlichen Gründers – sind Anlass dieser Ausstellung,

aber schon der Gründungsmythos der Firma Krupp ist, wie gezeigt, januskӧpfig und widersprüchlich. Und diese Ambivalenz, dieses Schillernde, das die gesamte Kruppgeschichte kennzeichnet, will die Ausstellung »200 Jahre Krupp. Ein Mythos wird besichtigt« zeigen. Dabei kann man drei große Komplexe ausmachen, die den Mythos Krupp begründet haben und ihn immer wieder bestätigen.

Da ist zum einen das besondere Produkt der Firma Krupp, der Stahl. Schon die Nacherfindung des in England praktizierten Gussstahlverfahrens hatte etwas von Alchemie an sich und erinnert an den Versuch der Goldproduktion im Mittelalter oder die Nacherfindung des Porzellans an den sächsischen Fürstenhöfen. Friedrich Krupp schloss Verträge mit den Brüdern Kessel oder einem Offizier Nicolai, die angeblich im Besitz von Geheimrezepten für die Produktion von Stahl waren. Letztendlich basierte die Produktion von hochwertigem Stahl jedoch auf Erfahrungswissen, das sich bei Krupp im Laufe der Jahre durch endlose Versuche ansammelte, und auf der Besessenheit, mit der schon Friedrich, vor allem aber Alfred Krupp technische Innovationen verfolgten und betrieben. Dies galt nicht nur für das Tiegelstahlverfahren, das bei Krupp zur Vollendung gebracht wurde, sondern auch für neue Methoden wie das Bessemer- oder das Siemens-Martin-Verfahren, auf die Krupp sofort Patente erwarb und die er als erster in Deutschland einsetzte.

Aber Stahl ist viel mehr als ein Produkt. Es ist der Grundstoff des Industriezeitalters, aus dem praktisch alle Maschinen und Fabriken, Schienen und Eisenbahnen, Werkzeuge und Waffen gefertigt wurden. Und Stahl entsteht im Feuer, in der Hitze des Hochofens, der die produktive und zerstörende Kraft der Industrialisierung symbolisiert: Prometheus und Epimetheus. Es ist vielleicht diese Besessenheit, nicht nur Stahl, sondern den besten Stahl produzieren zu wollen, die Krupp so berühmt machte – obwohl es in Europa und Deutschland größere Stahlfirmen gab – und zum Synonym für sein Produkt werden ließ. Wobei Kruppstahl nicht durch seine Härte, sondern durch seine Elastizität und Biegsamkeit bestach.

Eng verbunden mit dem Stahlmythos ist der eher düstere Ruhm, die »Waffenschmiede des Reiches« gewesen zu sein. Obwohl Krupp zumindest in Friedenszeiten nie zu mehr als 50 Prozent Rüstungsgüter produzierte, steht die Firma wie keine andere in Deutschland für Waffenproduktion, vor allem in den beiden Weltkriegen. Die Familie hat dafür gebüßt, indem Alfried Krupp von

Bohlen und Halbach nach dem Zweiten Weltkrieg 1948 zu einer Gefängnisstrafe verurteilt wurde. Und sie war selbst an der Produktion dieses Mythos beteiligt, der ihr vor allem im 19. Jahrhundert gute Gewinne einbrachte.

Neben diesen »Stahlgewittern« bildet die Werksgemeinschaft der »Kruppianer« den zweiten großen Mythenkomplex von Krupp. Genauso wie die meisten Industriepioniere des 19. Jahrhunderts hat Krupp ein System der Sozialfürsorge für seine Mitarbeiter aufgebaut. Den Unterschied zu allen anderen Firmen machten jedoch der Umfang und die Qualität dieses Systems: Es bestand zu Beginn des 20. Jahrhunderts aus einer Kranken-, Unfall- und Rentenversicherung, aus Wohlfahrtseinrichtungen wie dem berühmten Krupp'schen Konsum, Haushaltsschulen, Wöchnerinnenhaus, Krankenhaus und Erholungsheim für Invaliden, aus Wohnsiedlungen für Arbeiter und Angestellte und aus Altensiedlungen für Rentner, Witwen und Witwer.

Diese Einrichtungen kamen aber beileibe nicht allen Mitarbeitern zugute. Man unterschied strikt zwischen einer Stammbelegschaft, von der man sich in

Krisenzeiten, auch wenn man Verluste machte, nicht trennte, und der Konjunkturbelegschaft in besseren Tagen. Nur erstere kamen in den Genuss dieser Privilegien und man kann sich vorstellen, welche betriebsinterne Dynamik es auslöste, zu dieser Stammbelegschaft zu gehören. Krupp machte dies natürlich nicht ohne Eigennutz. Die erste, schon in den 1830er-Jahren einsetzende Phase freiwilliger Sozialleistungen basierte auf betriebswirtschaftlich-rationalen Überlegungen zur Rekrutierung und Festigung einer Stammarbeiterschaft, die man fest an den Betrieb binden wollte. Man brauchte deren technisch-handwerkliches Know-how, das sich bei der Stahlproduktion über Jahre entwickelte. In einer zweiten Phase ab den 1870er-Jahren kam das Ziel einer politischen Pazifizierung hinzu. Mit der Betonung des »Herr im Hause-Standpunktes« durch Alfred Krupp, festgehalten vor allem in seinem »General-Regulativ«, wird die Grundstruktur der freiwilligen Sozialleistungen deutlich, die als Gegenleistung von den Arbeitern Betriebstreue und politische Enthaltsamkeit einforderte.

Das Ergebnis war eine enge Werksgemeinschaft, die gerade vor dem Ersten Weltkrieg beschworen wurde und im Begriff der »Kruppianer« ihren Namen fand. Sie bedeutete eine Firmenzugehörigkeit von der Wiege bis zur Bahre, vom Wöchnerinnenheim bis zur Altensiedlung und wurde von Seiten der Firmenleitung durch die Vergabe von Ehrenzeichen, Jubilarfeiern und anderen Maßnahmen bis in die Zeit nach dem Zweiten Weltkrieg aufrecht erhalten.

Das soziale Engagement der Firma und Familie Krupp blieb aber nicht auf die eigene Firmenbelegschaft beschränkt. Es äußerte sich in einem großzügigen Mäzenatentum, vor allem in der Heimatstadt Essen – das übrigens heute noch anhält, wenn man an die Philharmonie und das Museum Folkwang denkt – aber auch weit darüber hinaus. So gehört Krupp zu den Gründern und Förderern des Deutschen Museums in München und förderte maßgeblich die meeresbiologische Forschung im Golf von Neapel. Insofern erinnert die tägliche zweistündige Sprechstunde von Margarethe, der Witwe von Friedrich Alfred Krupp, in der sie Bitten von Firmenmitarbeitern, aber auch anderen Gruppen und Personen in Empfang nahm, nicht von ungefähr an eine Audienz bei Hofe und bestätigt den glaubhaften Wahlspruch Alfred Krupps: »Der Zweck der Arbeit soll das Gemeinwohl sein«.

Der dritte und letzte Komplex des Krupp-Mythos betrifft die Familie. Sie ist von zahlreichen Schicksalsschlägen, Legenden und Geheimnissen umweht, die, angefangen bei Gefühlskälte und eisiger Disziplin auf der schlecht beheizten Villa Hügel, sich fortsetzten über Gefängnisstrafen von Gustav und Alfried Krupp für die Firma, den rätselhaften Tod Friedrich Alfred Krupps und die Abdankung des bemitleidenswerten letzten Krupps, Arndt von Bohlen und Halbach.

Dieser Mythos, der in unzähligen Büchern, Biographien und Filmen reproduziert wird, bezieht sich vor allem auf die männlichen Firmeninhaber, wobei der einzige nicht gebürtige Krupp, Gustav von Bohlen und Halbach, den Standpunkt des Alleinunternehmers wahrscheinlich am stärksten internalisiert hatte. Der Mythos umfasst in zunehmendem Maße aber auch die Krupp'schen Frauen, vor allem Margarethe und Bertha Krupp. Dabei ist zu fragen, ob die Rolle gerade der ersten weiblichen Mitglieder als Unternehmerinnen und Financiers genügend berücksichtigt wird und ob der Einfluss der Leute um Krupp, der Prokura und des Direktoriums richtig eingeschätzt wird. Berthold Beitz, der den Mythos Krupp in gewisser Weise immer noch repräsentiert, ist nicht die erste, aber sicherlich die bedeutendste Person im Kosmos Krupp, die nicht der Familie entstammt. Auch dies soll in der Ausstellung verdeutlicht werden.

Die Frage, die sich dem Konzept der Ausstellung stellt, ist natürlich, warum gerade Krupp diese internationale Bedeutung und mythische Überhöhung erfahren hat und nicht andere wie Thyssen oder Hoesch, Mannesmann, Haniel oder Stinnes, die zumindest nach 1945 genauso bedeutend oder sogar erfolgreicher als Krupp gewesen sind.

Eine entscheidende Rolle spielt dabei, dass Krupp selbst bei der Konstruktion dieses Mythos mitgewirkt hat. Mit den neuen Medien der Fotografie und später des Films standen die technischen Möglichkeiten und mit den Mitte des 19. Jahrhunderts aufkommenden Weltausstellungen auch die Bühne zur Verfügung. Alfred Krupp erwies sich dabei als Marketing-Genie. Als auf der Weltausstellung in Paris der Boden der Ausstellungshalle unter einem Krupp'schen Stahlblock einbrach und die Presse weltweit darüber berichtete, ließ er für die nächste Weltausstellung einen noch größeren Block produzieren; die Gazetten berichteten wochenlang über den Aufbau des Krupp-Standes und die Frage, ob der Boden diesmal standhalten würde. Seit 1867 war auch die Darstellung des firmeneigenen Sozialwerkes Teil der Präsentation. Alfred Krupp hatte früh das Potenzial der neuen technischen Medien erkannt. Die eigens eingerichteten lithographischen Anstalten hatten den einzigen Zweck, ausreichend Foto- und Filmmaterial zu Selbstdarstellungszwecken vorzuhalten, und waren als Stabsabteilung der Firmenleitung direkt unterstellt.

Ein weiterer Motor der Mythisierung von Krupp war die bewusste Geschichtspolitik. Schon 1873 hatte Alfred das 25-jährige Firmenjubiläum seiner Alleininhaberschaft, wie oben beschrieben, zur Formulierung des Gründungsmythos genutzt. Seitdem tauchte praktisch auf jeder Postkarte und Carte de visite das Stammhaus zusammen mit der Villa Hügel auf, meist gerahmt vom Porträt Alfreds und des jeweiligen Firmeninhabers. Krupp gründete als erste Firma in Deutschland ein eigenes Archiv und ließ von den Archivdirektoren eine Reihe von Festschriften, Firmengeschichten und Biographien der ersten Firmeninhaber schreiben, die in hohen Auflagen gedruckt wurden. Zum hundertjährigen Firmenjubiläum, das aus verschiedenen Gründen nicht 1911, sondern erst 1912 begangen wurde, veranstaltete man in Anwesenheit von Kaiser Wilhelm II. die größten und teuersten Feierlichkeiten, die weltweit je anlässlich eines Firmenjubiläums stattgefunden haben.

Natürlich provozierte diese offensive und teilweise aggressive Öffentlichkeitsarbeit – ebenso wie die Nähe und Vertrautheit der Firma zum Deutschen Kaiserhaus – bei den Konkurrenten und vor allem im Ausland Ressentiments, die besonders in den Weltkriegen zu bösen Attacken und zum negativen Image von Krupp als Waffenlieferant und Kriegsgewinnler beigetragen haben. Hinzu kamen Angriffe der deutschen Linken, zum Beispiel der Sozialdemokratie im »Vorwärts«, die im Krupp'schen Paternalismus vielleicht nicht zu Unrecht den Gegenentwurf zur sozialistischen Arbeiterbewegung sahen. Und dass Krupp auch in der Stadt Essen nicht unumstritten war, zeigen der Sturz des städtischen Krupp-Denkmals vor der Marktkirche und die Aberkennung der Ehrenbürgerschaft von Bertha und Gustav Krupp von Bohlen und Halbach nach dem Zweiten Weltkrieg.

Kann man also von einem teils negativen Krupp-Image vor allem im Ausland sprechen, so wurde der Mythos nach innen, bei den Kruppianern, ihren Familienmitgliedern und Nachkommen internalisiert und ist bis heute äußerst positiv besetzt. Es gibt kaum einen Haushalt eines ehemaligen Kruppianers, in dem die

Ehrenabzeichen und Devotionalien der Firmenzugehörigkeit nicht liebevoll aufbewahrt werden und man stolz darauf ist, in einem Krupp'schen Betrieb gearbeitet zu haben.

Warum also Krupp? Ist der Mythos zu Ende oder lebt er noch? Die aktiven Kruppianer, wie sie früher in den Stahlfabriken gearbeitet und in den Siedlungen gelebt haben, gibt es nicht mehr, aber die Rückkehr der ThyssenKrupp-Hauptverwaltung nach Essen – also: »Krupp kommt nach Hause« – spricht eine andere Sprache. Was kann uns Krupp heute noch sagen, was können wir von Krupp lernen? Vielleicht zunächst einmal soviel: Krupp steht für eine deutsche Industrie, die stets mehr auf Innovation denn auf Massenproduktion gesetzt hat. Denn Krupp hat bei aller Tradition immer in das Neue, in Forschung und Wissenschaft investiert. Und Krupp steht für eine neue, moderne Form der Verbindung von Wirtschaft und Politik im bürgerlich-monarchischen Deutschland, wie es sie vorher nicht gab. Krupp hat neue Formen des Lobbyismus und der Öffentlichkeitsarbeit entwickelt, die heute noch Gültigkeit haben und vielleicht erst jetzt ihre ganze Dynamik und Wirkungsmacht entfalten. Insofern sind Aufstieg und Fall des Imperiums in und durch die Weltkriege, aber auch der Wiederaufstieg nach den Weltkriegen Lehrstücke für industriepolitische Entwicklungen.

Aber Krupp steht auch für die soziale Frage. Das Ur-Konzept des Krupp'schen Erfolges wie Firmenbindung und Stammbelegschaft, Weiterbeschäftigung in Krisen und Pflege einer qualifizierten Facharbeiterschaft hat angesichts der aktuellen wirtschaftlichen Situation eine neue Bedeutung erlangt und wird wohl auch in Zukunft eine Rolle spielen. Auch hier kann Krupp ein Vorbild geben.

Und da ist noch ein Drittes. Wie skeptisch man das autoritär-patriarchalische Wesen eines Alfred Krupp auch sehen mag – in Zeiten, in denen anonyme Industriekonsortien Firmen bis zur Unkenntlichkeit umsortieren, Hedgefonds wie Heuschrecken über diese herfallen und das Image der Manager durch Korruption und Raffgier bestimmt ist, leuchtet das Vorbild des verantwortlichen Alleininhabers so verführerisch wie lange nicht mehr. Hierauf hat Berthold Beitz in seiner Rede zum 200. Geburtstag der Firma Krupp unter dem Stichwort des »moralischen Kapitalismus« ausdrücklich hingewiesen.

Es gilt Dank zu sagen. Zunächst und vor allem der Alfried Krupp von Bohlen und Halbach-Stiftung und ihrem Vorsitzenden Berthold Beitz. Zusammen mit ihrem Historischen Archiv Krupp stellt die Stiftung mit fast 800 Leihgaben die Hälfte der Exponate. Namentlich gilt mein Dank Thomas Kempf und Volker Troche sowie Ralf Stremmel, Saskia Bendrich, Manuela Fellner-Feldhaus, Ute Kleinmann und Mark Stagge. Dem Leiter des Historischen Archivs, Ralf Stremmel, danke ich auch für zahlreiche Korrekturen und Hinweise. Die Stiftung und das Historische Archiv Krupp stehen dabei stellvertretend für die anderen Leihgeber, die diese Ausstellung möglich gemacht haben. Ebenso danke ich dem Westdeutschen Rundfunk und vielen anderen Institutionen für die Überlassung von Film- und Bildrechten für die Ausstellung. Besonderer Dank gilt auch dem wissenschaftlichen Beirat, der das Konzept der Ausstellung wiederholt diskutiert und grundlegend verbessert hat.

Gestaltet hat die Ausstellung Hannes Bierkämper zusammen mit hg merz architekten. In gewohnt präziser und gekonnter Weise haben sie der Dauerausstellung des Ruhr Museums einen weiteren gelungenen Baustein ihrer Zusammenarbeit mit dem Museum hinzugefügt. Die Filme in der Ausstellung hat wieder einmal Paul Hofmann von der Kinemathek im Ruhrgebiet zusammengestellt, die Grafik sowie den Katalog hat Karsten Moll in gewohnter Weise gestaltet, die Sisyphusarbeit der Redaktion hat Reinhild Stephan-Maaser zum wiederholten Male erfolgreich gemeistert. Ihr gilt ein besonderes Lob. Ich danke dem Klartext-Verlag und seinem Geschäftsführer Ludger Claßen sowie Uwe Loesch, der nicht nur den Katalogumschlag, sondern auch das Plakat und alle Kommunikationsmittel der Ausstellung gestaltet hat.

Vor allem aber danke ich dem Ausstellungsteam, namentlich Philipp Bänfer, Magdalena Drexl, Axel Heimsoth, Mathilde Jamin, Frank Kerner, Winfried Tebart und Ingo Wuttke. Sie haben das nicht einfache Projekt erfolgreich bewältigt und zu einer gemeinsamen Freude werden lassen. Schließlich gilt mein Dank Ulrich Borsdorf, in dessen Amtszeit und weiser Führung dieses Projekt entstanden ist, dem ich aber viel mehr verdanke als diese Ausstellung. Ihm ist der vorliegende Katalog gewidmet.

»Unschärfe« als gestalterische Metapher. Zum Gestaltungskonzept der Ausstellung

Hannes Bierkämper

Wer die Arbeit an der Ausstellungsgestaltung für die Sonderausstellung »200 Jahre Krupp. Ein Mythos wird besichtigt« aufnimmt, sieht sich ganz unmittelbar mit einer Serie von paradigmatischen Bildern konfrontiert, die sich tief in das regionale und überregionale visuelle Gedächtnis eingeschrieben haben: das glühende Roheisen beim Abstich, die rauchenden Schlote in den Ruhrstädten, Bilder von der Waffenschmiede der Nation, die Stahlpioniere von der Ruhr, der Glanz des feudalen Herrenwohnsitzes Villa Hügel und seiner prominenten Besucher sowie zahllose Aufnahmen von schwitzenden Malochern in den Werkshallen – um nur einen kleinen Ausschnitt des großen Bildreservoirs zu nennen, das untrennbar mit dem Namen Krupp verbunden ist.

Durch eine tiefere Auseinandersetzung mit der Konzeption des Ruhr Museums und seinen thematischen Schwerpunkten verlieren diese Bilder jedoch an Eindeutigkeit, und es zeigt sich, dass es bei der Entwicklung der Ausstellungsarchitektur nicht darum gehen kann, die vorhandenen Bildmuster zu reproduzieren. Vielmehr wird klar, dass die zahlreichen Facetten und Brüche, Klischees und Querbezüge das Erscheinungsbild der Ausstellung bestimmen müssen – ein Bild, das keine einseitige Darstellung und Überhöhung der Inhalte zulässt, keine Eindeutigkeit, kein fest umrissenes Bild vom »Mythos Krupp« und das, aus der Ferne betrachtet, eher eine gewisse Unschärfe aufweist und erst in der direkten und engen Auseinandersetzung mit den einzelnen Themen seine klaren Konturen gewinnt. Und so bildet die Dechiffrierung des Vexierbildes »Mythos Krupp« durch Entblätterung, Sichtbarmachung und Freilegung auf der Basis der historischen Aufarbeitung den Leitfaden für die Ausstellungsgestaltung.

Es sind also die Themen und Inhalte, die den Gestaltungsansatz der vorliegenden Konzeption maßgeblich definieren. Inhaltliche Struktur und architektonische Gestaltung verlangen zwangsläufig nach einer räumlichen Ordnung und Dramaturgie, weshalb der Ausstellungsraum eine zentrale Rolle im Gestaltungsansatz spielt. Die 12-Meter-Ebene der Kohlenwäsche, einstmals Materialspeicher, heute, nach der Konversion des Gebäudes zum Ruhr Museum, zum Wissensspeicher oder »Gedächtnis« des Ruhrgebiets umgewidmet, bildet den räumlichen Rahmen. Über die 24-Meter-Ebene kommend, steigen die Besucher im eindrucksvollen Treppenhaus der Kohlenwäsche hinunter bis auf die 12-Meter-Ebene. In den Räumen ohne Tageslicht sind die Spuren aus vielen Jahrzehnten der Produktion allgegenwärtig.

Zur Einstimmung werden die Besucher auf ihrem Weg durch das Treppenhaus mit den mehr oder weniger bekannten Klischees zu Krupp in Form von projizierten Begriffen konfrontiert. Diese zunächst assoziative Annäherung steigert sich im ersten Ausstellungsraum zur Auseinandersetzung: Die Besucher geraten in ein Spannungsfeld aus Idealisierung und Dämonisierung. Idealisierende Postkarten aus der Blütezeit der Industrialisierung auf der einen, dämonisierende Karikaturen auf der anderen Seite bilden das Feld, auf dem die Besucher in den »Mythos Krupp« eintauchen.

Der zentrale Ausstellungsraum mit seinen drei Schiffen und 18 Säulenjochen erhält eine in der Raummitte angeordnete Installation aus rechtwinkligen Körpern. Dieses »Kraftfeld« aus unterschiedlich dimensionierten Quadern bildet in seiner Anordnung ein freies Spiel aus horizontalen und vertikalen Achsen und Linien. Die Objekte werden auf oder in diesen Körpern platziert. Die Einzelthemen sind in sich zeitlich sortiert und bilden in der Abfolge eine übergeordnete Chronologie. Der Parcours entlang der zeitlichen Abfolge stellt lediglich ein Angebot dar. Einen eindeutigen Weg gibt es nicht; viele »Leserichtungen« und Verknüpfungen sind möglich. So treffen die Themen »Die Krupps« und »Die Frauen der Krupps« direkt auf die Themen »Die Firma« und »Die Leute um Krupp«. So genannte Symbolobjekte werden gezielt in Szene gesetzt und haben ihren großen »Auftritt«, andere Objekte hingegen wollen entdeckt werden.

Struktur des zentralen Hauptraumes (Visualisierung)

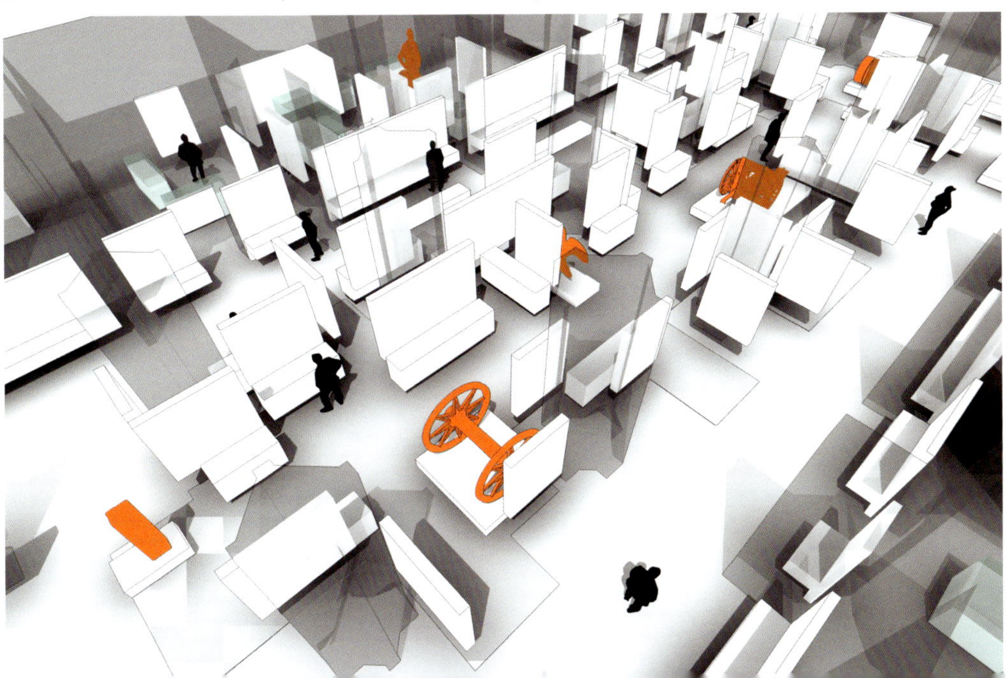

Das in der Raummitte angeordnete »Kraftfeld« wird von einem Themenband eingefasst. Einer großen Klammer gleich, werden hier jene Themen präsentiert, die sich gleichsam aus dem Aufeinandertreffen (Clash) der in der Raummitte befindlichen Themen ergeben. Es geht hier zum einen um die Produkte und die Ausrichtung der Firma, zum anderen um deren Auswirkungen auf die Gesellschaft – von der Bedeutung für die Mitarbeiter (die »Kruppianer«) über die Auswirkungen auf die Region, also das Ruhrgebiet, bis hin zu den nationalen und internationalen Folgen.

Die in das Band sortierten Themen folgen einer internen Chronologie. Formal besteht dieses »umlaufende Band« aus Wandscheibe und Pultelement. Die Präsentation der hier beziehungsreich im Dialog miteinander angeordneten Objekte weist einen sachlichen und dokumentarischen Charakter auf, der frei von Pathos ist.

Die an den zentralen Hauptraum grenzenden 14 Kabinette sind einzelnen, in sich abgeschlossenen Themen vorbehalten. Auch diese Themen weisen eine jeweils in sich stimmige Chronologie auf, wobei den Abfolgen ein anderer zeitlicher Maßstab zugrunde liegt, der mitunter etwas weiter gefasst ist. Die Gestal-

Blick in den Zentralraum mit Symbolobjekten (Visualisierung)

tung dieser Räume bedient sich ebenfalls der rechtwinkligen Grundelemente, deren Größe und Anordnung individuell auf die Inhalte abgestimmt wird.

In Material und Anmutung wird der vorherrschend dunklen, etwas morbiden Raumatmosphäre der 12-Meter-Ebene eine geradezu strahlende, aufklärerische Helligkeit entgegengesetzt. Die lichtweißen Einbauten weisen keine eigene Materialanmutung auf. Als Objektuntergrund dient, als kleiner Anklang an den Stahlproduzenten Krupp, ein blaugrau schimmerndes, gezundertes Stahlblech.

Blick in die an den Hauptraum grenzenden Kabinette (Visualisierung)

Die grafische Gestaltung der Ausstellung nimmt die reduzierte Formensprache der Ausstellungsarchitektur auf. Dabei werden die Themen Industrialisierung und Mechanisierung aufgegriffen und widergespiegelt. Als Schriftart wurde die Generika gewählt, eine moderne, aber gleichzeitig technisch anmutende Monospace-Type. Wie bei einer Schreibmaschine stehen alle Buchstaben in einem fest angelegten, gleichmäßigen Raster. Die Schreibmaschine steht dabei sinnbildhaft für die Technisierung der Schrift, die sich parallel zur Industrialisierung und somit auch zur Firmengeschichte von Krupp vollzog.

Medial konzentriert sich die Ausstellung auf den Einsatz von historischen Filmdokumenten. Ein eigener Kinoraum widmet sich thematisch der filmischen Selbstdarstellung von Krupp. In weiteren elf Stationen stehen den Austellungsbesuchern verschiedene Film- und Tonexponate zur Verfügung. Formal orientiert sich die Gestaltung der Medieneinheiten an der Gestaltung der übrigen Ausstellungselemente, um auf diese Weise den Objektcharakter der Filmexponate zu unterstreichen: Film ist Objekt.

1. Mythos Krupp – Kritik und Heroisierung

Die Geschichte der Firma und Familie Krupp gehört zu den am meisten beachteten und beschriebenen Kapiteln der Ruhrgebiets-, ja der deutschen und europäischen Geschichte. Zahlreiche historische Darstellungen und Biographien, Filme und Hörspiele haben versucht, sich dem Phänomen und den einzelnen Akteuren zu nähern.

Die Krupp-Geschichte zeigt in beispielloser Weise die Dramatik des Industriezeitalters – nicht nur im Ruhrgebiet. Sie steht stellvertretend für den Aufstieg zahlreicher Industriellenfamilien und Konzerne im Zuge der Industrialisierung und unterscheidet sich doch deutlich von ihnen. Denn mit dem Namen Krupp verbindet sich mehr. Er steht für Pionier- und Erfindergeist, für das unbedingte Festhalten an Zielen und Visionen, für den unbeirrbaren Aufstieg aus kleinsten Ursprüngen in ungeahnte Höhen und Dimensionen, für menschliche Größe und menschliches Versagen, für Glücksfälle und Schicksalsschläge, für schwere Arbeit und gigantische Produkte, aber auch für uneingeschränkte Solidarität und Gemeinschaft. Insofern hat die Krupp-Geschichte längst eine mythische Dimension erlangt.

Dabei ist der Mythos Krupp wie fast jeder Mythos vielschichtig und widersprüchlich. Er tendiert auf der einen Seite zu kritikloser Verherrlichung und Überhöhung, auf der anderen Seite zur Verteufelung und gnadenlosen Verdammung. Natürlich hängt dies zunächst mit den unterschiedlichen Interessengruppen und Rezipienten zusammen. Die Konkurrenz hat selbstverständlich ein anderes Bild gezeichnet als die zufriedenen Kunden. Und im patriotischen Deutschland genoss Krupp vor allem während der Weltkriege im 20. Jahrhundert eine andere Einschätzung als im verfeindeten Ausland. Aber auch innerhalb der gleichen Klientel stellt sich der Mythos Krupp seltsam janusköpfig dar. So wurden die umfangreichen Krupp'schen Sozialleistungen innerhalb der Arbeiterschaft – auch der eigenen – von den einen als Wohltätigkeit und Existenzsicherung, von den anderen als Sozialdisziplinierung und teilkapitalistische Ausbeutung angesehen. Und die Krupp'sche Waffenproduktion wurde in Deutschland auf der einen Seite als wichtige Voraussetzung für die imperiale Außenpolitik, auf der anderen Seite als gewissenlose und gewinnsüchtige Kriegstreiberei empfunden.

Viele der Mythen um Krupp existierten schon in der Frühzeit des Krupp-Konzerns und sind teilweise bewusst ins Leben gerufen und verstärkt worden – vor allem die Gründungs- und Leistungsmythen, die in jeder Generation tradiert wurden. Die Firma Krupp hat dafür eigene Marketing-Einrichtungen ins Leben gerufen und eine bewusste Geschichtspolitik betrieben. Andere sind erst im Nachhinein entstanden. Sie sind das Ergebnis einer in der Krupp-Stadt Essen entspringenden, volkstümlichen Legendenbildung und einer über 150-jährigen, beispiellosen publizistischen und medialen Beschäftigung mit dem Thema. Letztere bildet gleichsam den Ort des Mythos, der bei jedem Ereignis und Jubiläum um Krupp wieder in Gang kommt und immer neue Schichten der Mythenbildung produziert. HTG

1.1. Ideal Krupp

Für die monarchisch gesinnten, staatsloyalen Bevölkerungsteile in Deutschland stellte Krupp um 1900 ein Objekt besonderer Verehrung dar. Dafür gibt es mehrere Gründe: zum einen die ungewöhnlich engen persönlichen Beziehungen der preußischen Herrscher zur Familie Krupp, zum anderen die Bedeutung des Essener Unternehmens für die »Wehrhaftigkeit« Preußens und des Deutschen Reichs. Darüber hinaus spielte zumindest in Essen auch die als vorbildlich empfundene Krupp'sche Sozialpolitik eine Rolle. Mehrfach weilten die Hohenzollernkönige und -kaiser in Essen und erwiesen Krupp damit eine besondere Gunst. Wilhelm II., der sich selbst als Freund des Hauses bezeichnete, war Pate des 1907 geborenen Stammhalters Alfried. Der Glanz des Herrscherhauses übertrug sich so auf die Industriellenfamilie. Die über Jahrzehnte öffentlich zelebrierten Beziehungen der Hohenzollern zur Familie Krupp gründeten weniger auf persönlicher Sympathie. Sie hatten vor allem symbolische Bedeutung: Sie bekräftigten den engen politisch-weltanschaulichen Schulterschluss von Monarchie und industriellem Großbürgertum, dessen führender Repräsentant Krupp war. Beide waren durch ein gemeinsames Interesse, nämlich die Fortdauer der bestehenden Gesellschaftsordnung, verbunden.

In zahllosen Darstellungen und Reden wurden die Leistungen des Unternehmens Krupp für das Vaterland herausgestellt: Der Sieg im deutsch-französischen Krieg 1870/71 sei zu einem Gutteil der überlegenen Waffentechnik aus Essen zu verdanken. Krupps Waffen garantierten zudem die neue Machtstellung des Reiches in der Welt. Die Waffenproduktion, für Krupp ein höchst lukrativer Geschäftszweig, wurde als patriotische Tat gepriesen und damit ideell überhöht. Die bevorzugte Berücksichtigung Krupps bei Rüstungsaufträgen und die innigen Beziehungen zum Herrscherhaus mussten das Unternehmen in den Augen der Zeitgenossen wie eine halbstaatliche, verehrungswürdige Institution erscheinen lassen.

In Essen, der Keimzelle Krupps, war man besonders stolz auf das heimische Unternehmen, das den Namen der Stadt in aller Welt bekannt machte. »Kanonenstadt Essen« war eine verbreitete, positive Selbstbezeichnung. Man darf vermuten, dass weite Teile der Bevölkerung sich mit dem Unternehmen, seiner Geschichte und der Familie Krupp identifizierten. Ansichtskarten wurden seit ihrem Aufkommen Ende des 19. Jahrhunderts dazu genutzt, politische Botschaften und Weltanschauungen zu transportieren. Angesichts der Bedeutung des Unternehmens Krupp für Essen überrascht es nicht, dass die Firma auf zahlreichen Karten verherrlicht wurde und nahezu omnipräsent ist. Villa Hügel, die Gussstahlfabrik, das Stammhaus und die Krupp-Denkmäler, aber auch Werkssiedlungen und Sozialeinrichtungen sind – als Vollbild oder Bildelement – sehr häufige Motive. Die Porträts der Familienmitglieder dienten – oft als genealogische Reihen vom Firmengründer bis zum aktuellen Inhaber angeordnet – in Verbindung mit dem Stammhaus und der Villa Hügel der Traditionsbildung. Als schmückendes Beiwerk erscheinen Geschütze und Granaten. AZ

1.1.1
Elf Ansichtskarten mit Essener Motiven

a) »Gruss aus Essen«, *1899*
b) »Gruss aus Essen«, *Verlag Theodor Schnitzler, 1898*
c) »Gruss aus Essen-Ruhr«, *um 1910*
d) »Gruss aus Essen«, *Postkartenverlag Albert Pantzer, um 1910*
e) »Gruss aus Essen«, *um 1910*
f) »Gruss aus Essen«, *1904*
g) »Gruss aus Essen« *1899*
h) »Gruss aus Essen (Ruhr)«, *1896*
i) »Gruss aus Essen«, *1900*
j) »Gruss aus Altenhof-Essen«, *Kunstanstalt Rosenblatt, um 1910*
k) »Essen Ruhr«, *1916*

1.1.1c

1.1.1d

1.1.1i

Karton | je ca. 9 x 14 cm
a) LWL-Industriemuseum, Westfälisches Landesmuseum für Industriekultur, Dortmund | WIM 1991/4275
b–j) Historisches Archiv Krupp, Essen | S 6/12.18, S 6/12.15, S 6/12.11, S 6/12.95, S 6/12.107, S 6/12.105, S 6/12.21, S 6/12.22, S 6/25.95
k) Klartext-Verlag Essen, Sammlung Herbert Westphalen

Zahlreiche Ansichtskarten von Essen um 1910 zeigen Krupp-Motive. Stadtbildprägende Gebäude – etwa Villa Hügel oder die Gussstahlfabrik – sowie Grab- und Denkmäler werden als besondere Sehenswürdigkeiten der Stadt hervorgehoben. Als schmückendes Beiwerk erscheinen oft Kanonen und Granaten. Die große Bedeutung Krupps für Essen kommt darin deutlich zum Ausdruck.

1.1.2
16 Ansichtskarten mit Essener Motiven

a) »Gruss aus der Kanonenstadt Essen!«, *um 1915*
b) »Gruss aus der Kanonenstadt Essen«, *um 1910*
c) »Gruss aus der Kanonenstadt Essen«, *1916*
d) »Gruss aus der Kanonenstadt Essen«, *Cramers Kunstanstalt, Dortmund, um 1910*
e) »Gruss aus Essen, der Krupp'schen Kanonenstadt«, *1915*
f) »Gruss aus der Kanonenstadt Essen«, *um 1914*
g) »Gruß aus der Kanonenstadt Essen«, *um 1914*
h) »Gruss aus Essen der Herstellungsstätte der deutschen Geschütze«, *um 1914*
i) »Gruss aus der Kanonenstadt Essen«, *um 1910*
j) »Das ist Essen die Kanonenstadt«, *1907*
k) »Gruss aus der Kanonenstadt Essen«, *1917*
l) »Gruss aus der Kanonenstadt Essen«, *1911*
m) »Gruss aus der Kanonenstadt Essen«, *1917*
n) »Gruss aus der Kanonenstadt Essen«, *Essen, um 1914*
o) »Essener Gruß«, *um 1914*
p) »Gruß aus Essen«, *um 1918*

1.1.2e

1.1.2g

1.1.2l

1.1.2m

Karton | je ca. 9 x 14 cm, b) 9 x 28 cm
a, c, d, i) Historisches Archiv Krupp, Essen | S 6/12.1, S 6/12.88, S 6/12.28, S 6/163
b, e, f, g, h, j, o) LWL-Industriemuseum, Westfälisches Landesmuseum für Industriekultur, Dortmund | WIM 2003/1272, WIM 87/2112, WIM 88/6114, WIM 94/914, WIM 2010/283, WIM 98/2790, WIM 96/678
k, l, p) Klartext-Verlag Essen, Sammlung Herbert Westphalen
m, n) Ruhr Museum, Essen | 3639/93, 3655/93

Die auf vielen Ansichtskarten zu findende, positiv gemeinte Bezeichnung »Kanonenstadt« oder vergleichbare Zuschreibungen belegen die Identifikation Essens mit dem Unternehmen Krupp. Die Ansichten von Geschützen, Kanonenwerkstätten und Montagehallen heben die Waffenproduktion des Unternehmens hervor, während zivile Produkte bei der Motivwahl keine Berücksichtigung gefunden haben. Die Ansichtskarten suggerieren, dass Essen in Bezug auf die Wehrhaftigkeit Deutschlands eine zentrale Rolle zukommt.

1.1.3
Zehn Bildpostkarten mit Ansichten der Krupp'schen Industrieanlagen

a) »Essen (Ruhr). Kruppsche Werke«, *1903*
b) »Gruss aus Essen«, *Kunstanstalt Rosenblatt, Frankfurt/M., um 1900*
c) »Krupps Gussstahlfabrik, Essen«, *G. Lohe, 1900*
d) »Gruss aus Essen«, *Verlag Theodor Schnitzler, Düsseldorf, 1913*

1.1.3b

e) »Gruss aus Essen«, *1911*
f) »Gruss aus Essen«, *1903*
g) »Gruss aus Essen«, *1899*
h) »Gruss aus Essen«, *1899*
i) »Gruss aus Essen«, *um 1910*
j) »Gruss aus Essen«, *1913*
Karton | je ca. 9 x 14 cm, j) 9 x 28 cm
a, f, g, j) LWL-Industriemuseum, Westfälisches Landesmuseum für Industriekultur, Dortmund | WIM 2007/711, WIM 1987/766, WIM 2003/1275, ohne Inv.Nr.
b, c, d, e) Historisches Archiv Krupp, Essen | S 6/12.118, S 6/12.14, S 6/12.12, S 6/12.17
h, i) Klartext-Verlag Essen, Sammlung Herbert Westphalen

Ansichten der Krupp'schen Industrieanlagen sind auf zahlreichen Postkarten zu sehen. Allein ihre gewaltigen Ausmaße sollen die Einzigartigkeit des Unternehmens verdeutlichen. Beeindruckend sind beigefügte technische Angaben und die Zahl der beschäftigten Personen.

1.1.4
Neun Ansichtskarten mit Essener Motiven und eingefügten Krupp-Porträts

a) »Gruss aus Essen-Ruhr«, *1912*
b) »Gruss aus Essen-Ruhr«, *1911*
c) »Gruss aus Essen-Ruhr«, *1915*
d) »Gruss aus Essen. Excellenz Krupp ist am 22. Novemb. auf Villa Hügel gestorben«, *Verlag Theodor Schnitzler, Düsseldorf, 1902*
e) »Gruss aus Essen«, *1912*
f) »Gruss aus Essen«, *1910*
g) »Gruss aus Essen. Blick auf die Krupp'schen Werke«, *1916*
h) »Gruss aus Essen«, *um 1900*
i) »Gruss aus Essen«, *1913*
Karton | je ca. 9 x 14 cm, i) 8,8 x 27,6 cm
a–d) Historisches Archiv Krupp, Essen | S 6/12.4, S 6/12.9, S 6/12.91, S 6/12.34
e–g, i) LWL-Industriemuseum, Westfälisches Landesmuseum für Industriekultur, Dortmund | WIM 2010/97, WIM 87/2183, WIM 88/2947, WIM 99/2732
h) Ruhr Museum, Essen | 3136/90

Porträts von Mitgliedern der Familie Krupp finden sich häufig auf Essener Ansichtskarten. Die männlichen Familienoberhäupter – Alfred, sein Sohn Friedrich Alfred und, ab 1906, Gustav Krupp von Bohlen und Halbach – repräsentieren dabei die ökonomische Sphäre. Sie sollen die Bedeutung der herausragenden Unternehmerpersönlichkeit für den wirtschaftlichen Erfolg hervorheben und die lange Tradition des Unternehmens unterstreichen. Die weiblichen Mitglieder der Familie sind nur dann abgebildet, wenn der Familiensitz der Krupps, die Villa Hügel, das Hauptmotiv darstellt oder gesellschaftliche Ereignisse dokumentiert werden sollen.

1.1.4a

1.1.4d

1.1.4g

1.1.5 a

1.1.5

Zehn Bildpostkarten mit Ansichten des Stammhauses

a) »Essen-Ruhr«, *1917*
b) »Essen-Ruhr. Krupp's Stammhaus.«, *G. Thien, Elberfeld, 1909*
c) »Krupp's Stammhaus.«, *O. Küllenberg, um 1910*
d) »Krupps Werke einst u. jetzt«, *Verlag: A. P. i. E., 1915*
e) »Essen a.d. Ruhr«, *1911*
f) (ohne Titel), *um 1900*
g) »Essen, Ruhr. Krupp's Stammhaus. Villa Hügel«, *1913*
h) »Gruss aus Essen«, *1901*
i) »Die Kruppsche Gußstahlfabrik im Jahre 1824«, *um 1910*
j) »Krupps Stammhaus«, *1904*
Karton | je ca. 9 x 14 cm
a, e) LWL-Industriemuseum, Westfälisches Landesmuseum für Industriekultur, Dortmund | WIM 89/5628, WIM 88/6118
b–d, f) Historisches Archiv Krupp, Essen | S 6/13.123, S 6/13.81, S 6/12.13, S 6/321
g) Ruhr Museum, Essen | 2608/89
h–j) Klartext-Verlag Essen, Sammlung Herbert Westphalen

Das so genannte Stammhaus, einst das Wohnhaus der Familie Krupp, wird als Keimzelle des Konzerns angesehen und spielt bei der Traditionsbildung des Unternehmens eine herausragende Rolle. Seine Symbolkraft verkörpert den Weg vom bescheidenen Kleinunternehmen zum größten Industriekonzern Deutschlands. Im Kontrast zum Stammhaus sind auf den Ansichtskarten häufig sowohl die gewaltigen Industrieanlagen der Jahrhundertwende als auch der pompöse Familiensitz Villa Hügel zu sehen.

1.1.6

Fünf Ansichtskarten mit Motiven der Villa Hügel

a) (ohne Titel), *um 1910*
b) »Essen. Villa Hügel.«, *Passepartoutkarte, 1901*
c) »Hügel.«, *Aquarell von Schlüter Df., Verlag Nister, Nürnberg, 1912*
d) »Gruss aus Essen, Krupp'sche Villa Hügel«, *Verlag Theodor Schnitzler, Düsseldorf, 1901*
e) »Villa Hügel (Krupp'sches Schloss.)«, *um 1910*
Karton | je ca. 9 x 14 cm
a, e) Ruhr Museum, Essen | 2976/90, 2098/89
b, d) Historisches Archiv Krupp, Essen | S 6/6.24, S 6/6.26
c) LWL-Industriemuseum, Westfälisches Landesmuseum für Industriekultur, Dortmund | WIM 87/2163

1.1.5 d

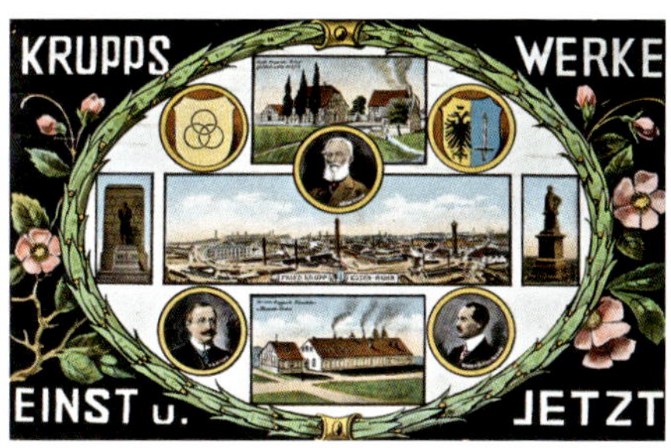

1.1.5 j

1.1.6 a

Wie ein adeliges Schloss erscheint die Villa Hügel, der Familiensitz der Krupps, auf zahlreichen Ansichtskarten. Der Aufstieg der Familie in die höchsten gesellschaftlichen Kreise wird so verdeutlicht. Anders als auf Ansichtskarten, die Industrieanlagen, Waffen oder auch das Stammhaus zeigen, sind auf diesen Ansichtskarten, die den häuslichen Bereich darstellen, auch Porträts der weiblichen Familienmitglieder zu finden.

1.2. Dämon Krupp

Der Aufstieg des Unternehmens Krupp zum bedeutendsten Industriekonzern im wilhelminischen Kaiserreich stieß nicht nur auf Gegenliebe, sondern war von teilweise heftiger öffentlicher Kritik begleitet. Diese bezog sich vornehmlich auf die Rolle Krupps als Waffenproduzent. Die schärfsten Anklagen kamen aus linksliberalen Kreisen und der Sozialdemokratie. Vor allem letztere versuchte, über die inhaltliche Auseinandersetzung mit der Geschäftspolitik des Unternehmens zu einer grundsätzlichen Kritik an der deutschen wie internationalen Rüstungsindustrie zu gelangen.

Die Selbstdarstellung des Unternehmens wurde einer vehementen Kritik unterzogen. Die Liste der Vorwürfe war lang: Der von Krupp zur Schau gestellte Patriotismus diene allein dazu, seinen höchst profitablen Waffengeschäften eine höhere Weihe zu verleihen. Über eine abhängige Presse verstärke Krupp einen in Teilen der Bevölkerung herrschenden Chauvinismus und mache Stimmung für eine verstärkte Heeres- und Flottenrüstung. Diesem Ziel diene auch seine effektive Lobby- und Verbandsarbeit, mit der Krupp massiven Einfluss auf die Rüstungspolitik des Reiches nehme. Die Staatsnähe des Unternehmens war in den Augen der Kritiker den übereinstimmenden Interessen von Staatsführung, Militär und Konzern an einer beschleunigten Aufrüstung geschuldet. Dies schloss Absprachen des Unternehmens mit anderen Rüstungskonzernen bei der Entwicklung von neuen Waffensystemen sowie bei der Preisgestaltung zum Nachteil des Staates nicht aus. Überhaupt hemmten die immensen Rüstungsausgaben, von denen nur einige wenige Konzerne profitierten, die soziale Entwicklung in Deutschland.

Es ging jedoch nicht allein um die Geschäftsgebaren der Firma Krupp. Das Unternehmen galt vielen Kritikern als Exponent der deutschen wie internationalen Waffenproduktion. Sie verwiesen auf die Rüstungsindustrie in anderen Industrienationen, die in ihren Ländern eine ganz ähnliche Unternehmenspolitik betrieben wie Krupp in Deutschland. Was einem naiven Patriotismus als moralisch verwerflich erscheine – nämlich internationale Kartelle der Rüstungsindustrie und Waffenlieferungen auch in das (womöglich potentiell feindliche) Ausland –, folge in Wahrheit der kapitalistischen Logik. Geschäfte würden dort gemacht, wo sie sich böten. Hier zeige sich aller Welt die – nach einem Wort Karl Liebknechts – »Vaterlandslosigkeit der Rüstungsindustrie«.

Die Kritiker erreichten ihre Adressaten auf verschiedenen Wegen: über Reden in Parlamenten und Volksversammlungen sowie über Zeitschriften, Zeitungen und Flugschriften. In den politisch-satirischen Zeitschriften, denen um 1900 eine viel größere Bedeutung für die politische Meinungsbildung zukam als heute, finden sich zahlreiche Karikaturen, in denen Krupp thematisiert wurde. Nicht immer ging es dabei konkret um das Unternehmen; oftmals stand Krupp als Symbol für Hochrüstung und Militarismus. Dabei trafen sich diese Kritiken mit ähnlichen Vorwürfen aus dem Ausland, die aber weniger die Rüstungsindustrie allgemein als die deutsche Rüstungspolitik im Auge hatten.
AZ

1.2.1

»Dämon Krupp«

Karikatur aus der Satirezeitschrift »Ulk. Illustriertes Wochenblatt für Humor und Satire«, Rudolf Mosse-Verlag, Berlin, 29. Jg., Nr. 28, S. 3, 13. Juli 1900 | Reproduktion | 31 x 22 cm | Historisches Archiv Krupp, Essen | FAH 3 D 19

Die Satirezeitschrift »Ulk« veröffentlichte diese Karikatur auf die internationalen Waffengeschäfte Krupps und die Gewinne, die das Unternehmen im Falle eines Weltkriegs erzielen würde. Über dem Schlachtfeld, auf dem ausschließlich Kanonen von Krupp zu sehen sind, erscheint schemenhaft Friedrich Alfred Krupp als Kanonenkönig. Unten erscheint der Versreim »Wenn es einst zum Weltkrieg kommt, und es bluten rings die Wunden, Denkt der Einzige, dem es frommt: Alles meine Kunden.«

1.2.2

»Chor der Alten«

Karikatur aus der Satirezeitschrift »Der wahre Jacob«, Verlag und Druck von J.H.W. Dietz Nachf., Stuttgart, 17. Jg., Nr. 351, Titelseite, 2. Januar 1900 | Druck, Papier | 32 x 23,5 cm | Stiftung Bibliothek des Ruhrgebiets, Bochum | SZD 380

Die Karikatur prophezeit den Untergang der alten Gesellschaftsordnung und den Sieg des Sozialismus im 20. Jahrhundert. Der Sozialismus wird allegorisch als Putto mit roter phrygischer Mütze dargestellt, während Persönlichkeiten aus Politik, Kirche und Wirtschaft, darunter auch die Industriellen Carl Ferdinand von Stumm und Friedrich Alfred Krupp, die bestehende Gesellschaftsordnung symbolisieren. Über ihren Häuptern schwebt Chronos mit abgelaufener Sanduhr, der die Menschenansammlung auseinander treibt. »Der wahre Jacob« war sozialdemokratisch ausgerichtet und eine der auflagenstärksten Satirezeitschriften in Deutschland.

1.2.3

»Vaterlandsliebe. Wandgemälde im Speisezimmer des Herrn Geheimen Kommerzienrates Krupp«

Karikatur von Thomas Theodor Heine, aus der Satirezeitschrift »Simplicissimus. Illustrierte Wochenschrift«, Verlag von Albert Langen, München, 6. Jg., Nr. 2, Titelseite, vom 2. April 1901 | Reproduktion | 38 x 27,5 cm | Stiftung Bibliothek des Ruhrgebiets, Bochum | SZD 3632

Die Karikatur verweist auf den Gegensatz zwischen der nahezu religiösen Verehrung des Vaterlandes in Teilen des Volkes und einem – unterstellten – rein zweckrationalen Verhältnis Krupps zum Staat. Allen patriotischen Bekenntnissen zum Trotz betrachte Krupp den Staat, der ihm einträgliche Rüstungsaufträge erteile, als »tüchtige Kuh, die ihn mit Butter versorgt«, so das angeführte Schillerzitat.

1.2.4

»Deutschland, Deutschland über alles«

Karikatur aus »Ulk. Illustriertes Wochenblatt für Humor und Satire«, Rudolf Mosse-Verlag, Berlin, 26. Jg., Nr. 7, S. 5, vom 12. Februar 1897 | Reproduktion | 30 x 22,5 cm | Historisches Archiv Krupp | FAH 3 D 19

Die Zeichnung karikiert die Aufrüstung der russischen Armee durch Krupp. Im Visier des Geschützes steht der österreichisch-ungarische Doppeladler, womit auf die Rivalitäten beider Staaten vor allem auf dem Balkan verwiesen wird.

1.2.5

»Quittung«

Karikatur von Thomas Theodor Heine, aus »Simplicissimus. Illustrierte Wochenschrift«, Verlag Albert Langen, München, 5. Jg., Nr. 21, Titelseite, vom 14. August 1900 | Reproduktion | 38 x 27,5 cm | Stiftung Bibliothek des Ruhrgebiets, Bochum | SZD 3632

Die Titelseite des »Simplicissimus« zeigt eine Karikatur auf den Boxerkrieg (1900/01), in dem die chinesischen Truppen Waffen aus Europa gegen die europäischen Verbände einsetzten. China gehörte zu den frühesten und treuesten Geschäftskunden Krupps. Der Untertitel »Völker Europas, da habt ihr euere heiligsten Güter wieder« verweist auf ein 1895 entstandenes Gemäl-

1.2.5

1.2.6

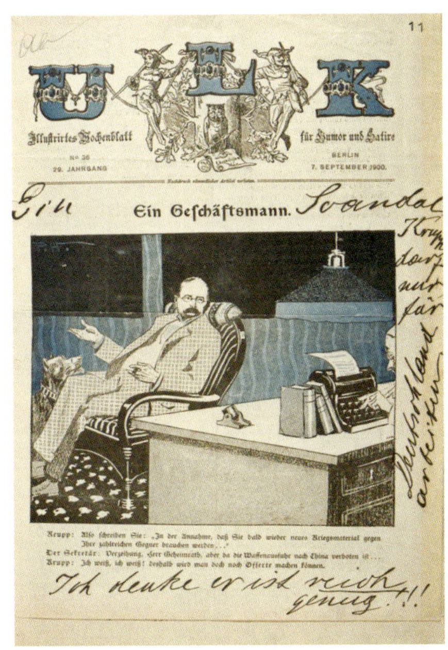

de mit dem Titel: »Völker Europas, wahrt eure heiligsten Güter«. Das Gemälde, ein Geschenk Wilhelms II. an Zar Nikolaus II., ruft die europäischen Nationen dazu auf, die christliche Religion und ihre Werte gegenüber den Völkern Asiens zu bewahren.

1.2.6
»Ein Geschäftsmann«

Karikatur aus »Ulk. Illustriertes Wochenblatt für Humor und Satire«, Rudolf Mosse-Verlag, Berlin, 29. Jg., Nr. 36, Titelseite, vom 7. September 1900 | Reproduktion | 31 x 22,5 cm | Historisches Archiv Krupp, Essen | FAH 3 D 19
Die Karikatur wirft Krupp vor, das Waffenexportverbot nach China umgehen zu wollen. Es war während des Boxerkrieges nach dem Einmarsch der alliierten Truppen in Peking verhängt worden und wurde von Krupp tatsächlich eingehalten.

1.2.7
»Deputation der Aasgeier bei Krupp«

Karikatur aus »Der wahre Jacob«, Verlag und Druck von J.H.W. Dietz Nachf., Stuttgart, 17. Jg., Nr. 367, S. 3307, vom 14. August 1900 | Reproduktion | 14 x 10 cm | Bibliothek der Friedrich-Ebert-Stiftung, Bonn | Z 18
Die Karikatur kritisiert den Einsatz von Krupp-Waffen im südafrikanischen Burenkrieg und im Boxerkrieg in China.

1.2.8
»Die Fusion Krupp-Gruson«

Karikatur von Otto Marcus aus der Satirezeitschrift »Lustige Blätter. Humoristische Wochenschrift«, Verlag Dr. Otto Eysler & Co., Berlin, 8. Jg., Nr. 5, 1893 | Reproduktion | 16,5 x 15 cm | Historisches Archiv Krupp, Essen | FAH 3 D 19
1893 übernahm Krupp das ebenfalls im Rüstungsgeschäft tätige Magdeburger Grusonwerk, das zu den stärksten Konkurrenten des Unternehmens zählte. Die Karikatur der Hochzeit von Krupp und Gruson trägt den Untertitel: »Mars als Standesbeamter: Seid furchtbar und wehret euch!«

1.2.9
»Pro Patria«

Karikatur von Hans Gabriel Jentzsch, aus »Der wahre Jacob«, Verlag und Druck von Paul Singer, Stuttgart, 22. Jg., Nr. 496, Titelseite, vom 25. Juli 1905 | Reproduktion | 32 x 22 cm | Bibliothek der Friedrich-Ebert-Stiftung, Bonn | Z 18
Kritisiert wird die Doppelmoral der bürgerlichen Gesellschaft: Während die industrielle Waffenproduktion, etwa im Krupp-Gruson-Werk in Magdeburg, als normales Geschäft gewertet wird, gilt der Bombenbau russischer Anarchisten als Verbrechen.

1.2.10
»Festfreude«

Karikatur von Ludwig Stutz, aus der Satirezeitschrift »Kladderadatsch. Humoristisch-satirisches Wochenblatt«, Verlag A. Hofmann & Comp., Berlin, 52. Jg., Nr. 52, S. 208, vom 24. Dezember 1899 | Reproduktion | 17 x 22 cm | Historisches Archiv Krupp, Essen | FAH 3 D 19
Die beginnende deutsche Flottenrüstung, deren Propagandist Admiral Tirpitz war, stellte der Rüstungsindustrie – in der Karikatur personifiziert in Friedrich Alfred Krupp und Carl Ferdinand von Stumm – große Gewinne in Aussicht. Das erste Flottengesetz von 1898 wurde in den Folgejahren mehrfach novelliert, was zu einem starken Anstieg der Ausgaben für die Kriegsmarine und zu steigenden Gewinnen der Rüstungsindustrie führte.

1.2.11
»Heißt'n Geschäft«

Karikatur aus »Der wahre Jacob«, Verlag und Druck von Paul Singer, Stuttgart, 22. Jg., Nr. 504, Beilage, vom 14. November 1905 | Reproduktion | 32 x 22 cm | Bibliothek der Friedrich-Ebert-Stiftung, Bonn | Z 18
Die Annäherung Frankreichs und Großbritanniens diente den Rüstungslobbyisten in Deutschland als Argument für eine verstärkte Aufrüstung. Eine der einflussreichsten Lobby- und Propagandaorganisationen stellte der Deutsche Flottenverein dar, dessen Präsidenten, Fürst Otto von Salm-Horstmar und Admiral von Hollmann, in der Karikatur dargestellt sind. Der französische Außenminister Delcassé und der englische König Eduard VII. erscheinen als Puppen, die nach der Melodie des Flottenvereins tanzen. Die Rüstungsindustrie selbst bleibt im Hintergrund.

1.2.12
»Flotte und Sozialreform«

Karikatur von Hans Gabriel Jentzsch aus »Der wahre Jacob«, Verlag und Druck von J.H.W. Dietz Nachf., Stuttgart, 17. Jg., Nr. 365, Titelseite, vom 17. Juli 1900 | Reproduktion | 32 x 23,5 cm | Bibliothek der Friedrich-Ebert-Stiftung, Bonn | Z 18
Die Karikatur verweist auf den Zusammenhang von kostspieliger Flottenrüstung, die den Waffenproduzenten große Gewinne bescherte, und unterfinanzier-

1.2.12

ter Sozialpolitik. Während Krupp und der Saarindustrielle Stumm als Exponenten der Rüstungsindustrie gewaltige Gewinne einführen, ginge Innenstaatssekretär von Posadowsky nahezu leer aus. Tatsächlich wurde, trotz der immensen Ausgaben für den Flottenbau, die Sozialpolitik unter von Posadowsky weiterentwickelt.

1.2.13

»Wie die gelbe Gefahr in Wahrheit aussieht«

Karikatur aus der Satirezeitschrift »Süddeutscher Postillon«, Druck und Verlag von Maximin Ernst, München, 24 Jg., Nr. 21, 1905 | Reproduktion | 33 x 23,5 cm | Bibliothek der Friedrich-Ebert-Stiftung, Bonn | Z 45

Die Karikatur spielt an auf die Redewendung von der »gelben Gefahr«, die von den Völkern Asiens ausgehe und die europäische Kultur bedrohe. Die wahre Gefahr sei, so die Aussage der Zeichnung, das internationale Kapital, das als »goldenes Kalb« angebetet werde und die Welt beherrsche. Aufgeführt sind die Namen großer Konzerne, darunter auch Krupp, Thyssen und Stinnes. Gelb gilt als Symbol für einen wirtschaftlichen Liberalismus.

1.2.14

»Die Marinebrüder«

Karikatur aus »Ulk. Illustriertes Wochenblatt für Humor und Satire«, Rudolf Mosse-Verlag, Berlin, 29. Jg., Nr. 11, S. 6, vom 16. März 1900 | Reproduktion | 31 x 21,5 cm | Historisches Archiv Krupp, Essen | FAH 3 B 36

Dargestellt wird die Entwicklung immer neuer Angriffswaffen und Abwehrsysteme. Die hierdurch in Gang gesetzte Rüstungsspirale garantiere den Rüstungsunternehmen einen beständigen Absatz.

1.2.15

»Zwei Bilder aus dem Leben eines Wohlthäters der Menschheit«

Karikatur von Rata Langa (d. i. Gabriele Galatara) aus »Der wahre Jacob«, Verlag und Druck von J.H.W. Dietz Nachf., Stuttgart, 19. Jg., Nr. 412, S. 3307, vom 6. Mai 1902 | Reproduktion | 31,6 x 22,8 cm | Institut für Zeitungsforschung, Dortmund | IZs 57/39

Die Karikatur zielt auf die Ausgaben Friedrich Alfred Krupps für wohltätige Zwecke auf Capri, seinem Feriendomizil. Im Gegensatz dazu stünden die rigiden Vorschriften und harten Arbeitsbedingungen bei Krupp in Essen.

1.2.16

»Vergeblich«

Karikatur aus »Der wahre Jacob«, Verlag und Druck von J.H.W. Dietz Nachf., Stuttgart, 20. Jg., Nr. 432, Beilage, S. 3961; vom 10. Februar 1903 | Reproduktion | 12 x 10,5 cm | Institut für Zeitungsforschung, Dortmund | IZs 57/39

Karikiert werden die Versuche zur Ehrenrettung des überraschend verstorbenen (Friedrich) Alfred Krupp durch

1.2.14

Wilhelm II. und führende Politiker. Krupp wurden strafbare Sexualpraktiken zur Last gelegt. In zwei Reden (in Essen und Breslau) hatte der Kaiser Krupp als vorbildlichen, arbeiterfreundlichen Unternehmer dargestellt und gleichzeitig die Sozialdemokratie heftig angegriffen, da der Skandal durch einen Artikel im sozialdemokratischen »Vorwärts« ausgelöst wurde. Im Sinne des Kaisers äußerten sich auch der Reichskanzler von Bülow und Politiker der bürgerlichen Parteien.

1.2.17

»Doppelwirkung«

Karikatur von Hans Gabriel Jentzsch aus »Der wahre Jacob«, Verlag und Druck von J.H.W. Dietz Nachf., Stuttgart, 21. Jg., Nr. 466, S. 4370, vom 31. Mai 1904 | Reproduktion | 32 x 23,5 cm | Institut für Zeitungsforschung, Dortmund | IZs 57/39

Angeprangert werden die einträglichen Waffengeschäfte der durch Krupp symbolisierten Rüstungsindustrie. Krupp erscheint hier allgemein als Symbol für Militarismus und Waffenindustrie. Konkrete Vorwürfe werden nicht erhoben.

1.2.18

»Neutralität bei Krupp«

Karikatur von Hans Gabriel Jentzsch aus »Der wahre Jacob«, Druck und Verlag von Paul Singer, Stuttgart, 22. Jg., Nr. 483, Titelseite, vom 24. Januar 1905 | Reproduktion | 32 x 22 cm | Bibliothek der Friedrich-Ebert-Stiftung, Bonn | Z 18

Die Karikatur wendet sich gegen das Geschäftsgebaren Krupps: Waffenlieferungen erfolgten auch an verfeindete Staaten. Im konkreten Fall geht es um Russland und Japan, die 1904/05 miteinander Krieg führten.

1.2.17

1.2.19

»Geschäftsmaximen«

Karikatur aus »Kladderadatsch. Humoristisch-satirisches Wochenblatt«, Verlag A. Hofmann & Comp., Berlin, 54. Jg., Nr. 11, S. 40, vom 17. März 1901 | Reproduktion | 32 x 23 cm | Institut für Zeitungsforschung, Dortmund | IZs 54/11

1.2.18

Der Vorwurf der Karikatur lautet, die nahezu konkurrenzlose Stellung bei bestimmten Waffengattungen verschaffe Krupp in Deutschland hohe Profite. Dadurch könnten ausländischen Interessenten Sonderpreise angeboten werden.

1.2.20

»Das Geschäft blüht«

Karikatur von Erich Schilling aus »Der wahre Jacob«, Druck und Verlag von J.H.W. Dietz Nachf., Stuttgart, 29. Jg., Nr. 687, S. 7711, vom 16. November 1912 | Reproduktion | 30,5 x 22 cm | Bibliothek der Friedrich-Ebert-Stiftung, Bonn | Z 18

Die Karikatur klagt die Waffenlieferungen Krupps in mehrere Balkanstaaten an. Dargestellt sind die Herrscher dieser Region zu Besuch in Essen: König Georg von Griechenland, der bulgarische Zar Ferdinand I., Peter I. von Serbien, Nikola I. (Nikita) von Montenegro sowie der osmanische Sultan Mehmet V. Griechenland, Bulgarien, Serbien und Montenegro waren im Balkanbund zusammengeschlossen und befanden sich 1912 im Krieg mit dem Osmanischen Reich (Erster Balkankrieg).

1.2.21

»Neue Konjunktur«

Karikatur von August Hajduk aus »Ulk. Illustriertes Wochenblatt für Humor und Satire«, Rudolf Mosse-Verlag, Berlin, 42. Jg., Nr. 9, vom 28. Februar 1913 | Reproduktion | 31 x 22 cm | Institut für Zeitungsforschung, Dortmund | IZs 55/410

Aus finanziellen und politischen Gründen kam das deutsche Flottenbauprogramm um 1910 ins Stocken. Die Karikatur sieht Krupp vor die Notwendigkeit gestellt, ein neues Geschäftsfeld zu erschließen: die Produktion gusseiserner Friedensengel.

1.2.22

»Neues Volkslied«

Karikatur von August Hajduk aus »Ulk. Illustriertes Wochenblatt für Humor und Satire«, Rudolf Mosse-Verlag, Berlin, 42. Jg., Nr. 12, Titelseite, vom 21. März 1913 | Reproduktion | 31 x 22 cm | Institut für Zeitungsforschung, Dortmund | IZs 55/410

In scheinbar harmlosen Versen in Form eines Frühlingsliedes und naiver Bildsprache wird die Propaganda für Heer und Flotte kritisiert. Ein magerer Jüngling spielt auf einer aus zwei Kanonen bestehenden Doppelflöte. Die Karikatur überzeichnet die vermeintliche Volkstümlichkeit der Rüstungsindustrie.

1.2.23

»Ein großer Krach oder: Krupp unter der Kanone Liebknechts«

Karikatur aus der Satirezeitschrift »Lustige Blätter«, Verlag der Lustigen Blätter (Dr. Eysler & Co.), Berlin, 28. Jg., Nr. 19, Pfingstnummer 1913, S. 10 | Reproduktion | 21 x 24 cm | Institut für Zeitungsforschung, Dortmund | IZs 57/258

Die Karikatur zeigt die rauchenden Schlote eines festungsartigen Fabrikkomplexes, der das Unternehmen Krupp darstellen soll. Von einer gegenüberliegenden Festung nehmen mehrere Geschütze den Fabrikkomplex unter Beschuss. Der Befehlshaber der Kanoniere ist Karl Liebknecht.

1913 deckte der sozialdemokratische Reichstagsabgeordnete Karl Liebknecht einen spektakulären Korruptionsfall auf: Mitarbeiter von Krupp hatten Beamte im Kriegsministerium und bei der Heeresverwaltung bestochen, um an geheime Informationen zu gelangen. Die »Kornwalzer« genannten Geheimberichte sollten Krupp Wettbewerbsvorteile gegenüber der Konkurrenz verschaffen. In einem Kriegsgerichtsprozess wurden die Beamten wegen Geheimnis-

Trauer im Stellinger Tierpark.

Es klagt und weint aus allen Ecken
Dem Meister nach, Carl Hagenbecken.

Der Kranich und der Pelikan,
Die seufzen: „Das hat weh getan.“

Voll Wehmut gackerte die Ente;
Das Krokodil, das saß und flennte.

Zu dem Flamingo sprach der Ibis:
„Ach, daß er schon ins Gras so früh biß!“

„Das ganze Leben ist ein Drama!“
Spricht sanft der Marabu zum Lama.

Das Zebu sagt zum Mähnenschaf:
„Er ging dahin. Er war so brav.“

Der Damhirsch lobt dem Dromedar:
„Und wie der Mann so fleißig war!“

„Ja,“ nickten die Angoraziegen,
„Ihm zuzusehn, war ein Vergnügen.“

Von wilden Schmerzen übermannt
Trompetet laut der Elefant.

Den sämtlichen Rhinozerossen
Die Tränen von den Wangen flossen.

Das trauernde Chamäleon
Gibt seinem Körper schwarzen Ton.

Lachtaube kriegt vom Riesenbüffel
Ob ihres Lachens einen Rüffel . . .

Der Löwe in der Löwenschlucht
Schlägt mit dem Schweif und knurrt und flucht.

„Wo lebte ihm ein einziger Tadler?“
Klagt zu dem Känguru der Adler.

„Den Zug des Tods kann keiner bremsen,“
Belehrt ein Steinbock sieben Gemsen.

„Nu?“ spricht zum Gnu der Kakadu,
„Und du, was sagst denn du dazu?“

„Es hat nicht länger sollen sein!“
Grunzt tiefbetrübt das Stachelschwein.

Und leise fügt hinzu der Strauß:
„Wie schnell ist doch das Leben aus . . .“

Zum Tiger spricht der Leopard:
„Daß er nicht zehn Jahr' älter ward!“

Doch Pavian, Meerkatz' und Mandrill,
Die sprachen nichts und seufzten still . . .

Zum Walroß spricht der Pinguin:
„Er ruhe sanft. Wir liebten ihn . . .“ G. H.

Ein grosser Krach oder: **Krupp unter der Kanone Liebknechts.**

Jetzt ist er der Beschossene.

10 No. 19

1.2.23

verrats und Bestechlichkeit zu relativ milden Strafen verurteilt. Eine Reichstagskommission sollte die Hintergründe des Skandals aufklären. Liebknecht wurde von der Regierung als Kommissionsmitglied abgelehnt, woraufhin die SPD ihre Teilnahme absagte. Die Kommission verlief ohne greifbare Ergebnisse.

1.2.24

»Der Feuerriese«

Karikatur aus »Ulk. Illustriertes Wochenblatt für Humor und Satire«, Rudolf Mosse-Verlag, Berlin, 42. Jg., Nr. 35, vom 29. August 1913 | Reproduktion | 31 x 22 cm | Institut für Zeitungsforschung, Dortmund | IZs 55/410

Die Karikatur verbildlicht die beiden Krupp-Prozesse als Mühlsteine um den Hals des Stahlgiganten. Liebknechts Enthüllungen führten zu zwei Prozessen: In einem Kriegsgerichtsprozess wurde gegen die beteiligten Beamten, in einem zweiten gegen die involvierten Mitarbeiter von Krupp verhandelt.

1.2.25

»Der zweite Krupp-Prozeß«

Karikatur aus »Der wahre Jacob«, Druck und Verlag von J.H.W. Dietz Nachf., Stuttgart, 30. Jg., Nr. 714, Titelseite, vom 29. November 1913 | Druck, Papier | 32 x 23,5 cm | Stiftung Bibliothek des Ruhrgebiets, Bochum | SZD 380

Die Karikatur auf den zweiten Krupp-Prozess gegen die Mitarbeiter zeigt einen Haufen qualmender Akten, aus denen der Name »Krupp« in Rauchwolken emporsteigt. Die Kornwalzer-Affäre – benannt nach dem Geheimcode der illegal erlangten Informationen – beruhte auf Korruptions- und Schmiergeldvorwürfen und erregte in der deutschen wie internationalen Öffentlichkeit großes Aufsehen.

1.2.26

»In majorem Kruppi gloriam«

Karikatur von Olaf Gulbransson aus »Simplicissimus. Illustrierte Wochenschrift«, Simplicissimus-Verlag, München, 18. Jg., Nr. 35, S. 587, vom 24. November 1913 | Reproduktion | 24,5 x 28 cm | Institut für Zeitungsforschung, Dortmund | Zz 2629

Die Prozesse verliefen sehr einseitig zugunsten der Angeklagten. Entlastende Aussagen wurden stärker berücksichtigt als belastende. Die Angeklagten erhielten milde Strafen. Der Titel »In majorem Kruppi gloriam« (Zur größeren Ehre Krupps) ist eine Abwandlung des Wahlspruchs der Jesuiten: »In majorem Dei gloriam« (Zur größeren Ehre Gottes). Die Karikatur zeigt Justitia, die einen Ladestock hält, sowie einen Juristen bei der Beseitigung eines Belastungszeugen. Dieser ist vor die Mündung eines Kanonenrohrs gebunden.

1.2.27

»Die weiße Frau«

Karikatur aus »Der wahre Jacob«, Druck und Verlag J.H.W. Dietz Nachf., Stuttgart, 30. Jg., Nr. 700, Unterhaltungs-Beilage, S. 7921, Mai 1913 | Druck, Papier | 32 x 23,5 cm | Stiftung Bibliothek des Ruhrgebiets, Bochum | SZD 380

Der Sozialdemokrat Karl Liebknecht galt als schärfster Kritiker der Rüstungsindustrie im Kaiserreich. Mit seinen Enthüllungen legte er immer wieder die Geschäftspraktiken der Unternehmen offen. Die Karikatur zeigt ihn als »weiße Frau«, die als Gespenst auf einer geheimen Verhandlung der Munitionsfabrikanten erscheint.

1.2.28

»Unmöglich«

Karikatur von Arthur Krüger aus »Kladderadatsch«, Verlag A. Hofmann & Comp., Berlin, 66. Jg., Nr. 18, 3. Beiblatt, vom 4. Mai 1913 | Reproduktion | 23,5 x 22,5 cm | Institut für Zeitungsforschung, Dortmund | IZs 54/11

Es handelt sich um eine Karikatur auf die Weigerung der Reichsregierung, Karl Liebknecht in die »Kommission zur Prüfung der Rüstungslieferungen« des Reichstags zu berufen. Die Kommission sollte die Hintergründe der Kornwalzer-Affäre aufklären. Liebknecht wurde von der Regierung als Kommissionsmitglied abgelehnt, woraufhin die SPD auf eine Beteiligung verzichtete.

1.2.29

»Aus dem Jahre 1962«

Karikatur von Wilhelm Schulz aus »Simplicissimus. Illustrierte Wochenschrift«, Simplicissimus-Verlag, München, 18. Jg., Nr. 50, S. 834, vom 9. März 1914 | Reproduktion | 25 x 27 cm | Institut für Zeitungsforschung, Dortmund | Zz 2629

Die Kohlezeichnung zeigt fünf in einem modrigen Keller bekleidet sitzende Skelette und ist unterschrieben mit den Worten: »Zwanzig Jahre nach jener denkwürdigen Abschaffung des Reichstages entdeckte man in einem vergessenen Gelaß die eingetrockneten Leichen der Krupp-Kommission.« Die vom Reichstag eingesetzte »Kommission zur Prüfung der Rüstungslieferungen« behandelte den Themenkomplex sehr unkritisch. Da sie keine greifbaren Ergebnisse brachte, erlahmte das öffentliche Interesse bald.

Beilage zum Wahren Jacob

Nummer 732 | Stuttgart, 8. August 1914 | 31. Jahrgang

Zur Textilarbeiteraussperrung in der Lausitz.

Zwei Brotkörbe am Baum des Lebens.

1.2.30

1.2.30

»Zur Textilarbeiteraussperrung in der Lausitz«

Karikatur von Arthur Krüger aus »Der wahre Jacob«, Druck und Verlag J.H.W. Dietz Nachf., Stuttgart, 31. Jg., Nr. 732, Beilage, S. 8429, vom 8. August 1914 | Reproduktion | 31 x 23 cm | Institut für Zeitungsforschung, Dortmund | IZs 57/39

Die Karikatur prangert die soziale Ungleichheit in Deutschland an. Bertha Krupp von Bohlen und Halbach steht hier stellvertretend für die besitzenden Klassen. Eine Eiche trennt die idyllische Sphäre der Villa Hügel mitsamt Park und Ruderteich von der Masse der streikenden Arbeiter, die sich vor einer Fabrik drängen. Die vom Baum herabhängenden Brotkörbe stellen den Tagesverdienst von 30.000 Textilarbeitern dem Tagesverdienst der reichsten Frau des Kaiserreichs gegenüber.

1.2.31

»Harmony«

Karikatur von L. Ravenhill und F. Dicksee aus der Satirezeitschrift »Punch, or the London Charivari«, Druck und Verlag Bradbury, Agnew & Co, London und Tonbridge, Bd. 143, S. 137, vom 14. August 1912 | Reproduktion | 27 x 20,5 cm | Ruhr Museum, Essen

Diese englische Karikatur thematisiert die engen Beziehungen Krupps zum deutschen Kaiserhaus. Mit großem Gefolge hatte Wilhelm II. an den Feierlichkeiten zur Hundertjahrfeier der Firma Krupp im Sommer 1912 teilgenommen. Die Zeichnung zeigt ihn neben der andächtig lauschenden »Germania« am Manual einer aus Krupp'schen Geschützen und Geschossen gebauten Orgel.

1.2.31

1.2.32

1.2.32

»Boum Boum II. Le Foudre de Guerre«

Französische Postkarte mit einer Illustration von Giris (Juan Gris), Verlag AN (A. Noyer), Paris, um 1914 | Druck, Karton | 15 x 9 cm | Ruhr Museum, Essen | 3657/93

Kaiser Wilhelm II. (»Bumm Bumm II., der Kriegsheld«) wird in dieser französischen Karikatur als Puppe mit Säbel und Krupp-Kanone dargestellt. Die Aufschriften auf der Klinge »L'epée aiguisée« (»das Schwert geschliffen«) und auf dem daran befestigten Päckchen »Poudre seche« (»das Pulver trocken«) verweisen auf eine Rede Wilhelms aus dem Jahre 1905. Sie war gegen innere und äußere Feinde gerichtet und gipfelte in dem Satz: »Darum das Pulver trocken, das Schwert geschliffen, das Ziel erkannt, die Kräfte gespannt und die Schwarzseher verbannt.«

1.2.33

»Il Militarismo Germanico e il Burattino. Le Militarisme allemand et le Pantin«

Alliierte Postkarte von Alberto Martini, Verlag Litografia Longo-Treviso, um 1916 | Druck, Karton | 9 x 14 cm | LWL-Industriemuseum, Westfälisches Landesmuseum für Industriekultur, Dortmund | WIM 1996/2194

Die in italienischer und französischer Sprache beschriftete Postkarte (»Der deutsche Militarismus und der Hampelmann«) stellt den deutschen Militarismus als skurriles Skelett dar, das mit einer Puppe spielt. Die Puppe ist als Wilhelm II. identifizierbar, die ausruft: »Dio vuole ch'io sfoderi la spada« (»Gott will, dass ich den Dolch ziehe«). Die Rüstungsindustrie, symbolisiert in Krupp, ist im Hintergrund zu sehen, scheint aber bestimmenden Einfluss auf den deutschen Militarismus zu haben.

1.3. Symbole

Die mythische Bedeutung Krupps lässt sich am besten an der symbolischen Überhöhung deutlich machen, die die Firma im Laufe ihrer Geschichte erfahren hat. Diese ist sowohl begrifflicher als auch zeichenhafter Natur. Die Krupp-Symbole geben Aufschluss über den inhaltlichen Kern des Mythos, aber auch über positive wie negative Konnotationen und den Grad an Selbstproduktion und Fremdzuschreibung, der diesem Mythos zugrunde liegt.

So zielen Slogans wie »Hart wie Kruppstahl« oder die »Waffenschmiede des Reiches« oder Begriffe wie der »Kanonenkönig« auf den Kern der Krupp'schen Produktion und eine ihrer lange Zeit lukrativsten und auch spektakulärsten Produktsparte ab. Sie sind sicherlich keine Selbstbezeichnungen, sondern Fremdzuschreibungen, wurden aber von Krupp akzeptiert, bestätigt und imagefördernd eingesetzt. Zumindest bis zum Zweiten Weltkrieg waren sie in wirtschaftlicher Hinsicht nicht schädlich und nur in den Gruppen verpönt, die für Krupp ökonomisch unbedeutend waren. Anders verhält es sich mit Bezeichnungen wie den »Kruppianern« oder mit Kernsätzen wie »Der Zweck der Arbeit soll das Gemeinwohl sein«. Sie entstammen dem Krupp'schen Kosmos selbst, sind dort entstanden und – bewusst oder weniger zielgerichtet – propagiert und bestätigt worden, dienten vor allem der Entwicklung und Festigung eines inneren Zusammenhaltes, der imagefördernden Selbstdarstellung und damit auch der Förderung der eigenen Identität.

Dinglich symbolisieren lässt sich Krupp sicherlich vor allem durch den Markenkern, den Stahl – und zwar sowohl in Form des archaisch wirkenden rohen Gussstahls, der bei Krupp in einem alchimistisch anmutenden Verfahren nachempfunden wurde und daher einen guten Teil des Mythos ausmacht, als auch in Form des hochmodernen Edelstahls, der als »Nicht rostender Stahl« (Nirosta) und »Wie Diamant« (Widia) für die hohe Qualität des Krupp-Stahls stand und der heute noch symbolische Bedeutung für den letzten deutschen Stahlkonzern ThyssenKrupp (-Hoesch) besitzt. Kanone und Schiffsschraube symbolisieren die historische Bedeutung Krupps in der Waffenproduktion vor allem bei der Artillerie und der Marine sowie die Verstrickung der Firma in zwei Weltkriege. Und es ist vor allem der Eisenbahnradsatz, der wie kein anderes Objekt das Zentrum der Krupp'schen Produktion verdeutlicht, den Eisenbahnbau, mit dem Krupp groß wurde und für den er in der ganzen Welt bekannt ist.

Der Radsatz oder vielmehr der ihm zugrunde liegende, nahtlose Radreifen lieferte dann auch die Vorlage für das Krupp'sche Symbol an sich: die drei Ringe, die Alfred Krupp schon 1875 als Markenzeichen für die Firma Krupp hat eintragen lassen – in der weisen Voraussicht, dass die Erfindung des nahtlosen Reifens und das darauf erhaltene Patent die Grundlage für die weitere Entwicklung der Firma Krupp darstellen würden. Die drei Ringe schmückten von da an Millionen von unterschiedlichsten Produkten der Firma Krupp und sind das unverwechselbare, bis heute existierende Symbol ihrer Existenz und Bedeutung. HTG

1.3.1

Bramme

Dortmunder Phoenix-Werk der Hoesch AG, 1950er-Jahre | Siemens-Martin-Stahl | H 160 cm, B 40 cm, T 35 cm, 1500 kg | Ruhr Museum, Essen

Seit der Mitte des 19. Jahrhunderts ist Stahl einer der weltweit wichtigsten Werkstoffe. Sein Siegeszug wurde angetrieben durch die Erfindung der Dampfmaschine, die voranschreitende Kohlegewinnung und Koksherstellung sowie den Ausbau des Eisenbahnnetzes. Auch seine politische Bedeutung war enorm. Die Stahlerzeugung war, nicht zuletzt aufgrund der Verwendung in der Rüstungsindustrie, eine Frage des nationalen Prestiges. Die Produktionszahlen galten als Gradmesser für die Entwicklung eines Landes.

Um Stahl lagern und transportieren zu können, wird er als Halbfertigware in Formen wie der hier gezeigten Bramme gegossen, um dann weiterverarbeitet zu werden. Stahl kann weich und damit gut formbar sein, aber auch hart und spröde wie das Material für Eisenbahnschienen. Es gibt ihn in über 2000 Sorten und verschiedensten Qualitäten. 2006 betrug die weltweite Rohstahlproduktion 1,24 Milliarden Tonnen. Der »Grundstoff« moderner Ökonomien und Gesellschaften ist in allen Produktbereichen zu finden.

1.3.2

Radsatz einer Dampflokomotive der Baureihe 41

Fried. Krupp A. G., Essen, 1938/40 | Stahl | B 195 cm, Dm 157,5 cm, 2130 kg | LWL-Industriemuseum, Westfälisches Landesmuseum für Industriekultur, Dortmund

Der Treibradsatz gehörte zu einer Dampflok der Deutschen Reichsbahn, an deren Fertigung sich alle deutschen Lokomotivhersteller beteiligten. Krupp stieg zwar erst 1918 in die Herstellung von kompletten Lokomotiven ein; die Fertigung von Eisenbahnmaterial hatte sich aber schon in der zweiten Hälfte des 19. Jahrhunderts zu einem zentralen Schwerpunkt in der Firmenpolitik entwickelt. Seit 1848 lieferte die Essener Firma Eisenbahnachsen, Federn, Rad-

1.3.1

1.3.2

1.3.3

reifen, Radsätze und Kohlenwagen. Den Durchbruch auf dem Eisenbahnsektor erreichte Alfred Krupp durch die Entwicklung eines neuen Produktionsverfahrens, mit dem es ihm 1852/53 gelang, nahtlose und damit haltbare und wenig verschleißanfällige Radreifen herzustellen. Diese Erfindung schätzte der Firmeninhaber selbst so hoch ein, dass er drei übereinanderliegende Radreifen zu seinem Firmensymbol erhob.

Die Schienenfahrzeugfertigung wurde bei Krupp erst im Rahmen der Herstellung des ICE aufgegeben und am 3. März 1997 eingestellt.

1.3.3

Schraube des U-Bootes »U 51«

Germaniawerft, Kiel, Dezember 1915 | Nickel, Mangan, Bronze | H 152,5 cm, Dm 164 cm, T 60 cm | Historisches Archiv Krupp, Essen | S 10/318

Der Schiffspropeller mit einem Durchmesser von über 1,60 Metern gehörte ursprünglich zum Antrieb eines Bootes der kaiserlichen Kriegsmarine, der »U 51«. Das Unterseeboot lief im November 1915, mitten im Ersten Weltkrieg, vom Stapel der Krupp'schen Germaniawerft in Kiel. Nach seiner Indienststellung wurde es beim Auslaufen aus der Emsmündung am 14. Juli 1916 von einem britischen U-Boot geortet und durch einen Torpedotreffer versenkt. Fast die gesamte Besatzung – 46 Mann – kam dabei ums Leben. Das Wrack wurde 1968 gehoben.

Krupp hatte die Germaniawerft 1896 übernommen und stellte dort u. a. Linienschiffe, Kreuzer und Yachten her. Das erste U-Boot wurde 1906 ausgeliefert. Die Übernahme der Germaniawerft markiert den Einstieg der Firma in den Schiffbau. Durch weitere Zukäufe verarbeitender Betriebe in benachbarten Produktionssektoren wurde das Unternehmen sukzessive zu einem horizontal gegliederten Konzern ausgebaut.

1.3.4

Krupp'sche Feldkanone mit Lafette

Fried. Krupp, Essen, 1874 | Stahl, Holz | H 155 cm, B 192 cm, L 345 cm, Dm der Räder: 140 cm | Museen Burg Altena

Auch die Waffentechnik wurde durch den Stahl revolutioniert, den bahnbrechenden neuen Werkstoff des Industriezeitalters. Krupp stellte ihn in hoher Qualität her, und Alfred Krupp setzte Energie und Erfindergeist in die Entwicklung von Stahlgeschützen. Bis dahin wurden Kanonen aus Bronze gefertigt. Krupp wurde bald zum »Kanonenkönig« im internationalen Waffengeschäft. Nahezu ein Jahrhundert lang, von der Mitte des 19. Jahrhunderts bis 1945, nahm die Entwicklung und Produktion von Kriegsgerät bei Krupp eine wichtige und in Kriegszeiten dominierende Rolle ein. Das Bild von Krupp wurde dadurch stark geprägt, insbesondere in den Nationen, die unter den deutschen Kriegen litten.

Die Kanone von 1874 repräsentiert die Phase des Durchbruchs der Firma Krupp im internationalen Waffengeschäft nach dem Deutsch-Französischen Krieg von 1870/71. Wie bei dieser Kanone war das Gestell (Lafette) häufig fahrbar, indem man die Rückseite mit einem Karren verband, der von Pferden gezogen wurde.

1.3.4

1.3.5

1.3.5

Stahlcoil

Messeobjekt, Standhaft Messebau GmbH, Neuss, 2011 | Stahl, Kunststoff | H 100 cm, Dm 100 cm | Ruhr Museum, Essen

ThyssenKrupp verkaufte 2011 unterschiedliche Stahlsorten an die weiterverarbeitende Industrie. Zur Produktpalette der Vormaterialien gehörten die Flachstähle, die bis zum Verkauf der Sparten 2012 in den Warmbandwerken in Duisburg und Bochum gewonnen wurden. Jährlich verließen fast 15 Millionen Tonnen Warmband die Fabriktore.

Auf über 1000 Grad Celsius erhitzte Stahlblöcke lässt man durch Walzgerüste laufen, bis aus einem Block ein dünnes Stahlband geworden ist. Für den Transport und die Weiterverarbeitung wird der Stahl zu Coils zusammengerollt, die bis zu 25 Tonnen wiegen. Für die Ausstellung wurde aus statischen Gründen ein für Messen entwickelter, leichterer Coil produziert. Die Qualitätsflachstähle werden jeweils nach ihren funktionellen und dekorativen Eigenschaften – Stabilität und Korrosionsverhalten, Farbe, Glanz und Oberflächenstruktur – weiterverarbeitet. Abnehmer finden sich in der Automobilbranche, im Schiff- und Maschinenbau, im Baugewerbe und in der Verpackungs- und Elektroindustrie.

2. Die Krupps vor den Krupps – Eine bedeutende Essener Familie

Bis heute existiert der Mythos, die Firma Krupp sei aus ärmlichen Verhältnissen entstanden. Allerdings wird dabei verschwiegen, dass die Krupps eine einflussreiche Essener Kaufmanns- und Patrizierfamilie waren, deren Mitglieder im kommunalen Kontext und in ökonomischer Hinsicht sehr erfolgreich handelten. Die weit verzweigte Familie genoss hohes Ansehen und gehörte zur städtischen Elite.

Die Stadt Essen hatte im 16./17. Jahrhundert etwa drei- bis viertausend Einwohner. Landesherrin war die Äbtissin des Damenstifts Essen. An der Spitze der Bürgergemeinde stand jedoch der Stadtrat, der aus seinen Mitgliedern zwei Bürgermeister bestimmte. Die gewählten Stadträte entstammten der Kaufmannschaft und der vermögenden Oberschicht. Das politische Verhältnis zwischen Äbtissin und Stadt war nicht eindeutig geklärt, da im 14. Jahrhundert Kaiser Karl IV. der Stadt weitgehende politische Unabhängigkeit zugestanden hatte. Den Status einer freien Reichsstadt erhielt sie aber nicht, obwohl sie sich in den Akten häufig selbst als solche bezeichnete. Es kam daher immer wieder zu Rechtsstreitigkeiten zwischen Äbtissin und Bürgergemeinde, vor allem Ende des 16. Jahrhunderts, als sich der Magistrat offiziell der Reformation anschloss. Rechtlich stand eine freie Religionswahl nur Reichsstädten zu.

Das erste Mitglied der Familie Krupp ist seit 1587 in Essen nachweisbar. Arndt Kruipe, der in anderen Schriftstücken auch unter dem Namen Krupe auftaucht, wurde in diesem Jahr in die Kaufmannsgilde aufgenommen. Er kam vermutlich aus den Niederlanden oder dem Gebiet des spanisch besetzten Herzogtums Geldern. Wie andere aus der Gegend des Niederrheins eingewanderte Familien suchte er in der evangelischen Stadt Zuflucht vor den konfessionellen Konflikten. Bereits in den ersten Generationen strebten die Krupps nach Anschluss an bedeutende Kaufmanns- und Ratsfamilien. Zunächst fanden Eheschließungen mit ebenfalls zugewanderten Familien wie den Klockes und Huyssens statt, kurze Zeit später aber heirateten sie Angehörige des Essener Stadtpatriziats, wie die Namen von der Gathen, Kopstadt, Kroesen, Müller, Nedelmann, Ascherfeld, Voß, Burckhardt, Sölling, Leimgardt und Hasselmann belegen. Durch diese familiären Bande konnten die Krupps ihren gesellschaftlichen Einfluss festigen und ihr Vermögen mehren. Das gestiegene Prestige führte dazu, dass einige Familienangehörige in städtische Positionen und Ehrenämter gewählt wurden.

Die männlichen Mitglieder der Familie Krupp waren meist sowohl in kaufmännischen als auch städtisch-administrativen Bereichen erfolgreich tätig. Die Krupp-Frauen führten mehrfach als Witwen erfolgreich die Familiengeschäfte fort und schufen damit die finanziellen Ressourcen für die nächste Generation. In städtische Ämter konnten sie nicht gewählt werden, aber sie nutzten bei geschäftlichen Angelegenheiten ihre verwandtschaftlichen Beziehungen. Das Beispiel der Krupps zeigt die Bedeutung familiärer Netzwerke in der frühneuzeitlichen Gesellschaft. MD

2.1. Kaufleute

Arndt Kruipe wurde 1587 in die Essener Kaufmannsgilde aufgenommen. Voraussetzung hierfür war, dass er bereits das Bürgerrecht erworben hatte und die Kosten für eine Mitgliedschaft in der Gilde aufbringen konnte. Vielleicht gelangte Kruipe durch seine Eheschließung zu Vermögen, denn etwa zur gleichen Zeit heiratete er Gertrud von der Gathen, die Tochter einer alteingesessenen Kaufmannsfamilie. 1596 kauften sie zusammen ein Haus am Salzmarkt gegenüber dem Rathaus und ließen sich damit an einem zentralen Platz innerhalb der städtischen Topographie nieder. Als Kaufmann handelte Kruipe vor allem mit Wein, Lebensmitteln, Gewürzen, Vieh und Eisenwaren. Ab 1600 war er im Stadtrat tätig; darüber hinaus engagierte er sich in der lutherisch-evangelischen Gemeinde und finanzierte zusammen mit Tilmann Leimgarten die Neuauflage des Essener Gesangbuches.

Seine beiden Söhne Anton und Georg setzten die Kaufmannstradition fort. Die Tochter Catharina heiratete Alexander Huyssen (Sander Huysz), der einer vermutlich aus Flandern eingewanderten Familie entstammte. Catharina wurde bereits in jungen Jahren Witwe, hatte zwei Kinder und führte den Kaufhandel ihres Mannes weiter. Durch den An- und Verkauf von Häusern und Grundstücken wurde sie wohlhabend, wie aus den Erbkaufsprotokollen des Essener Rates hervorgeht. Dadurch war sie imstande, bedürftige Familienmitglieder durch Kredite zu unterstützen. Bei ihren Geschäften konnte sie auf ein weit verzweigtes familiäres Netzwerk zurückgreifen, da einige Verwandte städtische Positionen bekleideten. Sie unterzeichnete als Witwe Schriftstücke häufig noch mit dem Namen »Krupen«. In einer Auflistung für die Veranlagung von Einquartierungskosten im Jahre 1675 wurde sie als die höchst besteuerte Person Essens aufgeführt.

Als bedeutende Kaufleute der vorindustriellen Familie Krupp tat sich insbesondere ein Ehepaar hervor. Friedrich Jodocus Krupp (1706 – 1757) begann 1732 mit dem Handel von Kolonial- und Spezereiwaren und übte zeitgleich das Amt des Rentmeisters aus. In zweiter Ehe war er mit Helene Amalie Krupp, geb. Ascherfeld (1732 – 1810) verheiratet. Nachdem auch sie sehr früh Witwe geworden war, übernahm sie die Kolonialwarenhandlung und führte sie unter dem Namen »Wittib Friedr. Jod. Krupp sel.« über mehrere Jahrzehnte weiter. Sie vergrößerte das Warenangebot und sorgte dafür, dass ihre Geschäftsbeziehungen bis nach Amsterdam, Rotterdam und London ausgebaut wurden. Mit ihrem Vermögen vermehrte sie ihren Liegenschaftsbesitz und erwarb die Eisenhütte »Gute Hoffnung« in Sterkrade, die sie aus Rentabilitätsgründen später wieder verkaufte. Sie betrieb eine kleine Schnupftabakfabrik und beteiligte sich finanziell an Kohlebergwerken. Damit legte Helene Amalie Krupp das Fundament für die frühindustriellen Aktivitäten der Familie und kann rückblickend als die erste große Unternehmerin der Krupps betrachtet werden, ohne deren Vermögen ihr Enkel Friedrich Krupp seine Firma nicht hätte gründen können. Das Handelsgeschäft blieb bis 1812 in Familienbesitz. MD

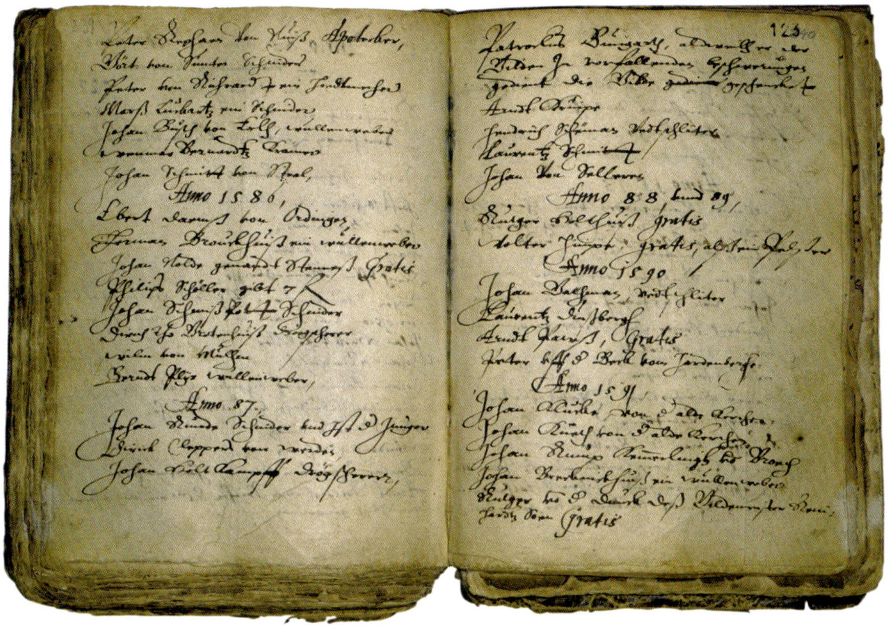

2.1.1

2.1.1
Aufnahmebuch der Essener Kaufgilde

Essen, 1449–1681 | Handschrift, Papier, verschiedene Konvolute nachträglich zusammengebunden, Papiereinband mit mittelalterlichem Manuskript überzogen, 179 Blatt | 22,5 x 15 x 3,5 cm | Haus der Essener Geschichte / Stadtarchiv | Rep. 100, Nr. 2489, fol. 123r

Das Buch enthält die früheste Notiz über die Anwesenheit der Krupps in Essen. Arndt Kruipe wurde 1587 in die Kaufgilde der Stadt aufgenommen. Voraussetzung hierfür war, dass er die Bürgerschaft bereits erworben hatte. Neben der Auflistung der Gildemitglieder, die im Jahr 1449 beginnt und 1681 endet, sind hier auch die Statuten niedergeschrieben. In verschiedenen Jahren werden weitere Familienmitglieder der Krupps erwähnt. Das Gildebuch liefert wichtige Informationen für die Erforschung von Familiengeschichten als auch für die Alltags-, Sozial- und Wirtschaftsgeschichte Essens.

2.1.2
Erbkaufsprotokolle der Stadt Essen

Essen, 1628–1683 | Handschrift, Papier, 646 Seiten | 32,5 x 21 x 6 cm | Haus der Essener Geschichte / Stadtarchiv | Rep. 100, Bd. 322

In den Erbkaufsprotokollen der Stadt Essen wurden Ankäufe von Grundstücken und Häusern nach Datum aufgelistet. Die insgesamt überlieferten Bände umfassen die Jahre 1459 bis 1801 und können mit einem Personenregister erschlossen werden. In Band 322 sind verschiedene Einträge zu den Krupps enthalten, vor allem zu den Geschwistern Anton Krupp (1588–1661) und Catharina Huyssen (gest. 1676). Sie stammen aus den Jahren 1629 bis 1670 und belegen deren erfolgreichen wirtschaftlichen Aufstieg und ihre Investitionen in Grundbesitz.

2.1.3
Urkunde über finanzielle Forderungen von Catharina Krupp, verwitwete Huyssen, an Bernhard Mumm von Schwarzenstein zu Altendorf

6. August 1658 | Handschrift, Pergament | 34,5 x 25,5 cm | Historisches Archiv Krupp, Essen | FAH 1 D 91

Catharina Krupp hatte den Essener Patrizier Alexander Huyssen geheiratet und war seit 1631 verwitwet. Aus der Urkunde geht hervor, dass sie vermögend und dadurch imstande war, Geld zu verleihen. Zusammen mit ihrem Sohn Henrich Huyssen (ca. 1626–1673) hatte sie gegenüber Bernhard Mumm von Schwarzenstein zu Altendorf Forderungen in Höhe von 1500 Reichstalern. Da es zu Zahlungsrückständen gekommen war, wurden die Vorgehensweise bei den Rückzahlungen und die rechtlichen Garantien vor Gericht neu festgelegt. Am Ende des Dokuments unterschrieb Catharina eigenhändig mit »Catharijna Krupp widwe Huyßen«. Das Gerichtssiegel ist nicht mehr vorhanden. Die Urkunde war zunächst in Privatbesitz und wurde 1934 vom Historischen Archiv Krupp angekauft.

2.1.4
Briefkopier- und Kalkulationsbuch der Kolonialwarenhandlung Krupp

Essen, 1765–1771 | Handschrift, Papier, 93 Blatt | 33 x 21 x 2 cm | Historisches Archiv Krupp, Essen | FAH 1 B 1

Aus diesem Buch gehen die Geschäftsbeziehungen der Kolonialwarenhandlung hervor, die Helene Amalie Krupp seit dem Tod ihres Mannes Friedrich Jodocus Krupp (1757) führte. Die Witwe zeichnete ihre Korrespondenz mit »Weduwe Krupp« oder »Fried. Jod. Krupp seelig Wittib«. Anhand der Kopien ausgehender Briefe können die Geschäftspartner in verschiedenen Städten, auch außerhalb Deutschlands rekonstruiert werden. Außerdem geben sie einen Einblick in das Warensortiment. Ein Teil der Briefe wurde niederländisch verfasst, zudem sind unterschiedliche Handschriften festzustellen. Dazwischen befinden sich Tabellen mit Einnahmen und Schulden.

2.1.5

Kopierbuch für Wechselbriefe

»Wexel Brief Copiar-Buch de Anno 1765«, Essen 1765–1771 | Handschrift, Papier, 42 Blatt | 32 x 21 x 1,5 cm | Historisches Archiv Krupp, Essen | FAH 1 A 6

Ein Teil des Zahlungsverkehrs wurde, wie seit dem Mittelalter üblich, auch in der Kolonialwarenhandlung Krupp mit Hilfe von Wechselbriefen abgewickelt. In einem eigenen Kopierbuch wurden Geschäftspartner, Zahlungsbetrag, Ort und Datum festgehalten. Häufig waren bei dieser Art des bargeldlosen Transfers, wie auch hier, Juden beteiligt.

2.1.6

Vollmacht von Helene Amalie Krupp für die Herren Jaeger und Buchholtz

Essen, 11. Mai 1784 | Handschrift, Papier | 13 x 22 cm | Historisches Archiv Krupp, Essen | FAH 1 B 5, S. 17

Die Vollmacht berechtigte die Herren Jaeger und Buchholtz dazu, fünf ausgestellte Wechsel für Helene Amalie Krupp in Amsterdam einzukassieren. Diese Wechsel waren zunächst nicht eingelöst worden und auf Christof Pfandhöfer ausgestellt. Er war ein Verwandter von Eberhard Pfandhöfer, der die Hütte »Gute Hoffnung« in Sterkrade gegründet hatte und aufgrund von Privatkrediten bei Helene Amalie Krupp verschuldet war.

2.1.7

Geschäftsbuch der Kolonialwarenhandlung Krupp

Essen, 1796–1802 | Handschrift, Papier, 68 Blatt + 34 Seiten + 2 Register | 38 x 25 x 3 cm | Historisches Archiv Krupp, Essen | FAH 1 A 9

Im so genannten »Hauptbuch« wurden Geschäftsvorgänge festgehalten. Am Anfang des Buches befindet sich ein alphabetisches Register, in dem die Kunden und Händler mit Ort und entsprechendem Seitenachweis aufgelistet sind. An-

2.1.3

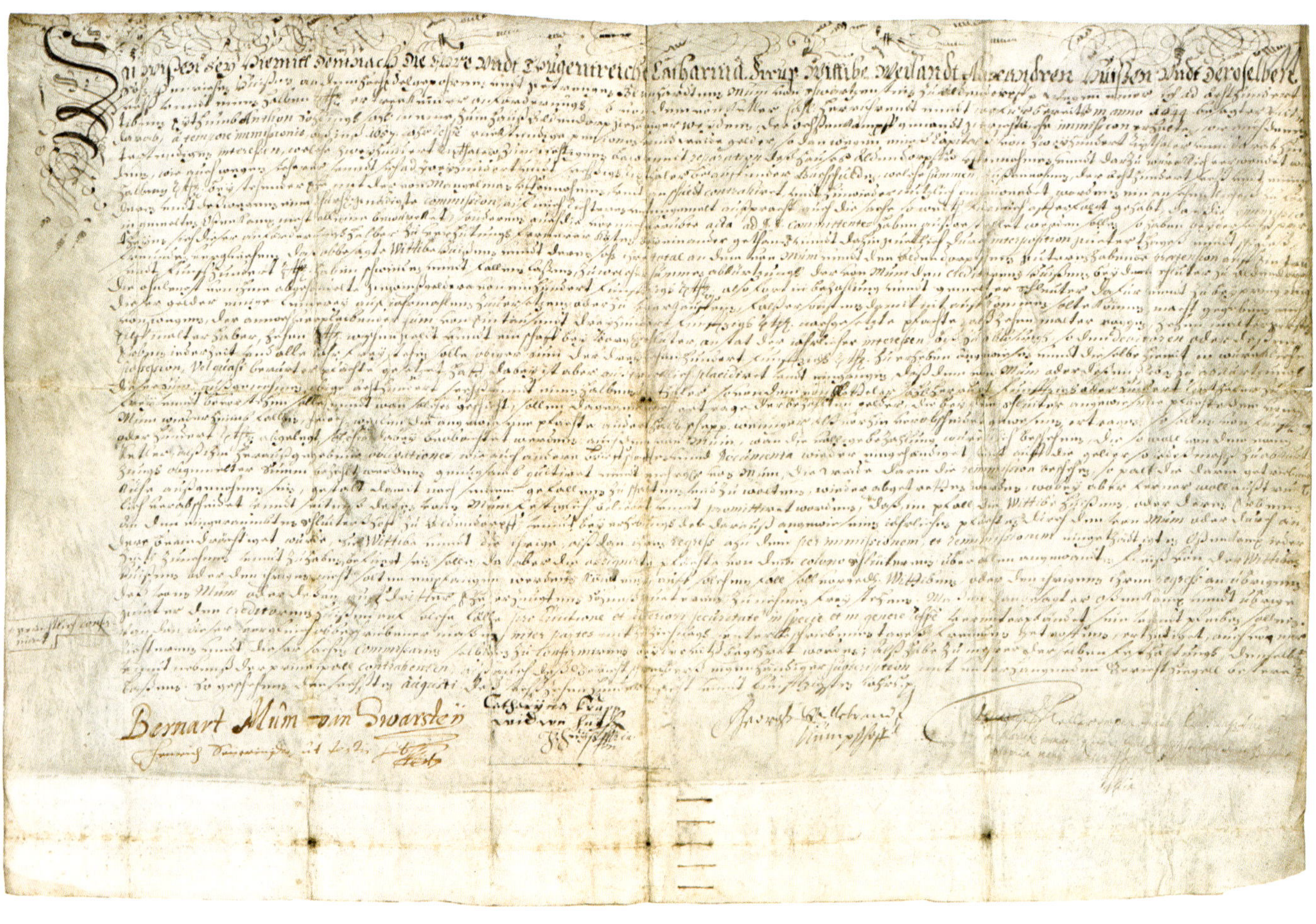

schließend werden einzelne Lieferanten mit Angaben zum Datum, zur Ware (z. B. Leinsamen und Tabak) und zu den Preisen aufgeführt, ebenso die Kunden, allerdings nur mit dem jeweiligen Datum und einer Geldsumme. Sie wurden zum Teil wieder ausgestrichen.

2.1.8
Preisverzeichnis der Witwe Krupp für Produkte der Eisenhütte »Gute Hoffnung« in Sterkrade
1806 | Druck mit handschriftlichen Einträgen (Reproduktion) | 18,4 x 10,4 cm | Historisches Archiv Krupp, Essen | FAH 1 A 115
In dem gedruckten Preisverzeichnis der Helene Amalie Krupp sind – vom Ofen bis zum Schinkenkessel – alle Sorten der gegossenen Eisenwaren aufgeführt, die in der Eisenhütte »Gute Hoffnung« hergestellt wurden. Handschriftlich ergänzt wurden die Preise, so dass die Auflistung immer wieder aktualisiert werden konnte. Außerdem wurde handschriftlich festgehalten, dass die Ware ohne Kredit zu bezahlen sei.

2.1.9
Tagebuch der Kolonialwarenhandlung Krupp (Nr. 3)
1807 – 1811 | Handschrift, Papier, 158 Seiten | 40,5 x 18,5 x 4 cm | Historisches Archiv Krupp, Essen | FAH 1 A 18
In dem so genannten »Tagebuch Nr. 3« wurden Guthaben und Schulden aus der Kolonialwarenhandlung, der Hütte »Gute Hoffnung« und dem privaten Bereich unter Angabe des Namens, des Datums und zum Teil der Leistungen festgehalten. Außerdem finden sich darin kopierte Lohnzettel. Die Aufzeichnungen stammen aus der Zeit, in der Helene Amalie Krupp und ihre Schwiegertochter Petronella Krupp, geb. Forsthoff, das Geschäft leiteten.

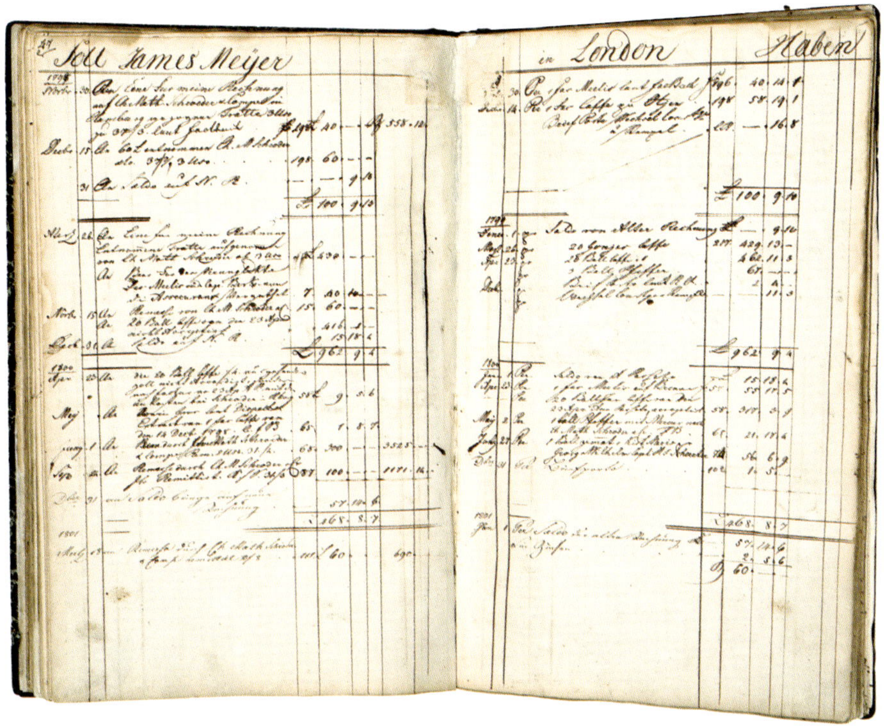
2.1.7

2.1.10
»Absendungsbüchlein« mit Briefen der Kolonialwarenhandlung
1809 – 1810 | Handschrift, Papier | 21 x 17 cm | Historisches Archiv Krupp, Essen | FAH 1 A 22.3 – 7
Um die vielfältigen Geschäftsvorgänge, die Ein- und Ausgaben bzw. offene Rechnungen im Blick zu behalten, wurden die Briefe der Krupp'schen Kolonialwarenhandlung vor dem Versenden in ein eigenes Buch kopiert.

2.1.11
Verzeichnis der Liegenschaften und deren Erträge
1775 – 1812 | Handschrift, Karton, Papier, 223 Seiten + Register | 41,5 x 18,5 x 3 cm | Historisches Archiv Krupp, Essen | FAH 1 A 1
Unter dem Eintrag No. 31 schilderte Helene Amalie Krupp den Ankauf der Eisenhütte »Guthe Hoffnung« in Sterkrade: Der ursprüngliche Besitzer Eberhard Pfandhöfer sei in Konkurs gegangen und heimlich geflohen. Da er ihr noch eine große Summe schuldete, ersteigerte sie die Eisenhütte für 15.000 Reichstaler. Unter No. 29 ist der Ankauf der Walkmühle dokumentiert.

2.1.12
Vermögensverzeichnis und Teilungsplan des Nachlasses von Helene Amalie Krupp
1810 | Handschrift (Reproduktion), Papier | 30 x 21,5 cm | Historisches Archiv Krupp, Essen | FAH 1 D 4. 33 – 53
Vor ihrem Tod regelte Helene Amalie Krupp die Aufteilung ihres Vermögens unter ihre drei Enkelkinder Helene, Friedrich und Wilhelm. Der in 19 Titeln aufgeführte Nachlass bestand unter anderem aus Immobilien, Aktien, ausstehenden finanziellen Forderungen, Bargeld, Geschirr, Leinenzeug, Betten, Möbeln, Hausgeräten und Nutztieren (Pferde, Kühe, Schweine). Es wurde festgehalten, wie hoch der Wert der jeweiligen Immobilie war und dass

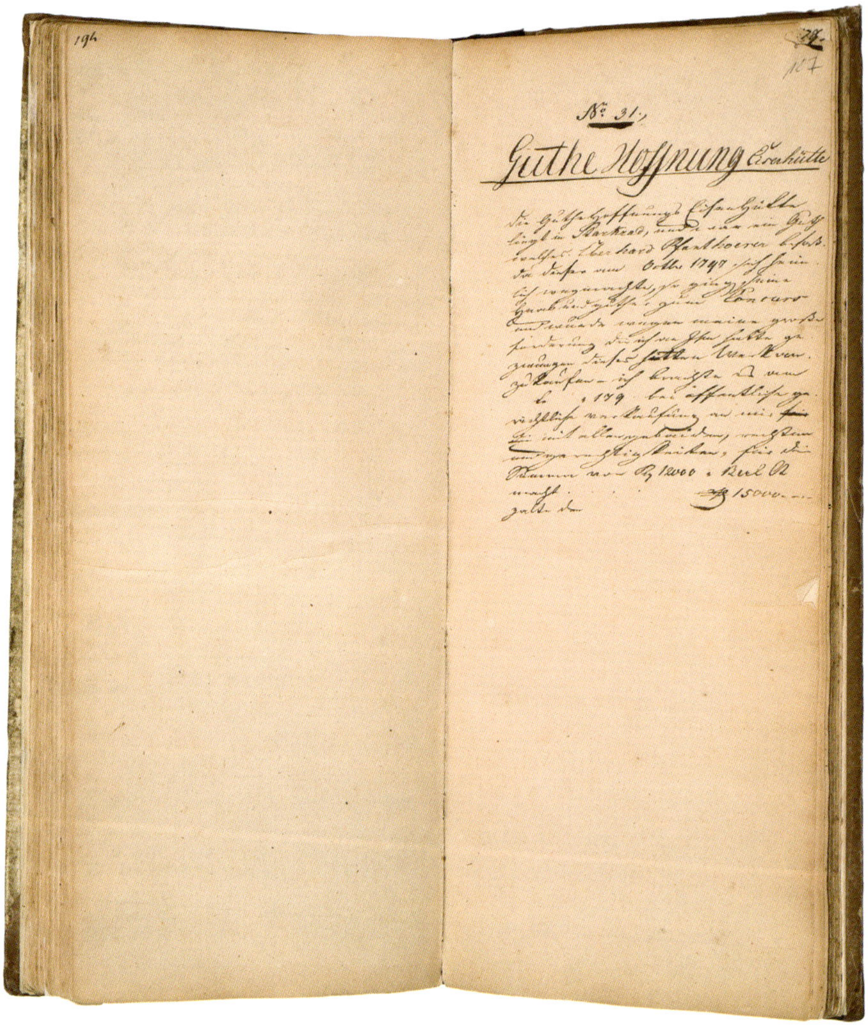

2.1.11

Helene Schmuck und Juwelen erbte. Das aus zwei gebundenen Heften bestehende Dokument wurde von der »Wittib Krupp« und den Erben unterzeichnet.

2.1.13

Peter Friedrich Wilhelm Krupp (1753–1795)

Gemälde eines unbekannten Künstlers, Ende 18. Jh. | Öl auf Leinwand | 72 x 53 cm (o. R.) | Privatbesitz

Peter Friedrich Wilhelm Krupp war der älteste Sohn von Helene Amalie und Friedrich Jodocus Krupp. 1778 wurde er in das Patrizierkollegium aufgenommen und ein Jahr später in den Stadtrat berufen. Außerdem war er Mitglied in der Schützengilde. Auf diesem Gemälde ist er mit einer dunklen Samtjacke und einer dunkelroten Weste aus Brokatstoff mit Spitzeneinsatz dargestellt. Seine repräsentative Kleidung und die gepuderte Perücke verweisen, wie auch die Haltung und der selbstbewusst-entschlossene Blick, auf seine Position innerhalb der städtischen Elite.

2.1.14

Petronella Krupp, geb. Forsthoff (1757–1839)

Gemälde eines unbekannten Künstlers, Ende 18. Jh. | Öl auf Leinwand | 62 x 50 cm (o. R.) | Privatbesitz

Auf dem Gemälde erscheint Petronella Krupp als selbstbewusste und vermögende Bürgersfrau. Sie trägt über ihrem braunen, streng nach hinten frisierten Haar eine mit Blumen verzierte Spitzenhaube. Ihr blau-grüner Mantel ist mit einem Nerzkragen und das darunter sichtbare, geblümte Kleid mit einer Spitze am Ausschnitt verfeinert. Ihre mehrfach um den Hals geschlungene Perlenkette und die Ohrringe verweisen auf ihren Wohlstand. Petronella heiratete 1779 Peter Friedrich Wilhelm Krupp und hatte mit ihm zusammen drei Kinder: Helene, Wilhelm und Friedrich. Nach dem Tod ihres Mannes führte sie die Geschäfte der Kolonialwarenhandlung weiter und wurde in Krisenzeiten zur wichtigsten finanziellen Unterstützerin ihres Sohnes Friedrich, dem Gründer der Gussstahlfabrik Fried. Krupp.

2.1.15

Ehevertrag zwischen Peter Friedrich Wilhelm Krupp und Petronella Forsthoff

Essen, 27. August 1779 | Handschrift, Papier, Siegel (Reproduktion) | 38,5 x 21 cm | Historisches Archiv Krupp, Essen | FAH 1 D 25

In dem Ehevertrag wurde festgelegt, dass Petronella als Mitgift den Forsthof samt Einkünften als Erbe erhielt. Sie musste jedoch die darauf lastenden Schulden übernehmen und ihrer Mutter und ihrem Stiefvater, der Bürgermeister zu Werden war, jährlich 50 Reichstaler dafür ausbezahlen. Außerdem bestätigte die Braut, dass sie eine standesgemäße Aussteuer erhalten habe und keine weiteren Erbansprüche stelle. Unterschrieben wurde der Vertrag von den Brautleuten, Helene Amalie Krupp als Zeugin, der Mutter und dem Stiefvater der Braut

2.1.14 (Ausschnitt)

sowie zwei weiteren Zeugen. Neben anderen Siegeln ist auch das der Familie Krupp erhalten, das eine Schlange auf einem Schild zeigt, die sich in aufrechter Stellung um den Stamm eines Palmbaumes windet.

2.1.16
Schützenteller für Peter Friedrich Wilhelm Krupp

Johan Melchior Dassau, Wesel; Gravur: W. H. Ostermann; 1774 | Zinn | Dm 50 cm | Privatbesitz

Peter Friedrich Wilhelm Krupp war Mitglied der Schützengilde des hl. Sebastian. In der Mitte des Tellers erscheint in einer volkstümlichen Darstellung der Patron der Schützen, an einen Baum gebunden und mit Pfeilen durchbohrt. Sebastian wurde als Märtyrer verehrt, da er aufgrund seines Bekenntnisses zum Christentum von Kaiser Diokletian zum Tode verurteilt wurde. Der sich links von der Figur befindende Engel ist dabei, die Pfeile zu entfernen. Der rechts dargestellte Engel bläst die Posaune und hält eine Standarte. Es war üblich, in der umlaufenden Gravur den Namen des Mit-

2.1.13 (Ausschnitt)

glieds und das Aufnahmedatum festzuhalten. Hier lautet sie: »Peter Friedrich Wilhelm Krupp Faenrich der Hochloblichen Schutzencompagnie Anno 1774 den 16 Augus«.

2.1.17
»Neues Testament« aus dem Besitz von Peter Friedrich Wilhelm Krupp (1753–1795) und Johann Heinrich Krupp (1755–1774)

18. Jh. (Titelblatt fehlt) | Druck, Ledereinband, handschriftliche Besitznachweise, Papier, 523 Seiten | 13,5 x 9 x 3,5 cm | Historisches Archiv Krupp, Essen | FAH 1 L 13

Ein Großteil der überlieferten Bücher gehörte der Familie von Helene Amalie Krupp, wie Einträge belegen. Darunter sind religiöse Schriften, fremdsprachliche Grammatiken, Rechenbücher und Ratgeberliteratur.

Das »Neue Testament« von Martin Luther war 1762 laut handschriftlicher Notiz im Buch im Besitz von Peter Friedrich Wilhelm Krupp, der es dann 1771 seinem Bruder Johann Heinrich schenkte. Unter seinen Besitzvermerk fügte Peter den Vers: »wann das Buch verloren wird der kann es wieder bringen und wer es nicht wieder bringen der soll auf die Hauptwacht singen 12 Tage und 12 Nächte.«

2.1.18
Gesang- und Andachtsbuch aus dem Besitz von Johann Heinrich Krupp (1755–1774)

verschiedene zusammengebundene Schriften, 18. Jh. | Druck, Papier, Ledereinband, handschriftliche Notizen, 623 Seiten + Register | 17 x 11 x 5,5 cm | Historisches Archiv Krupp, Essen | FAH 1 L 5

Nach einem handschriftlichen Vermerk befand sich das aus verschiedenen Schriften zusammengebundene Buch am 13. Februar 1762 im Besitz von Johann Heinrich Krupp. Es enthält ein Gesangbuch mit fehlendem Titelblatt, das »Christliche Gebät-Buch« von D. Johann Habermann und den »Kleinen Catechismus« von Martin Luther.

2.1.15

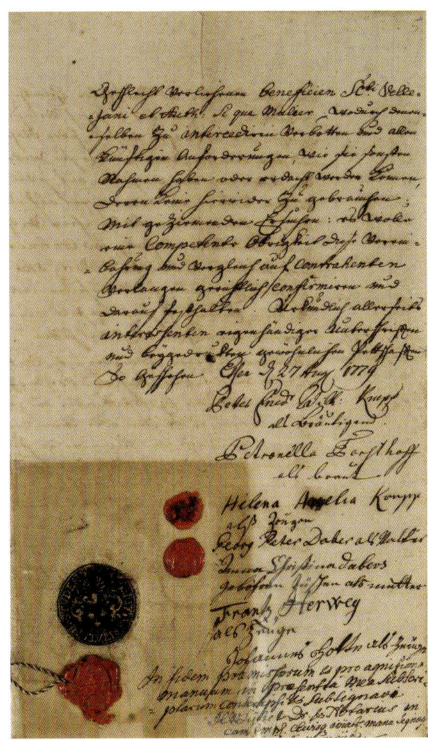

2.1.16

2.1.19

Buch über das Zeitungswesen aus dem Besitz von A. Krupp

Kaspar von Stieler, gen. »der Spate«: »Zeitungs Lust und Nutz/Oder: derer so genanten Novellen oder Zeitungen [...]«, Hamburg: Benjamin Schillers, 1695 | Druck, Papier, Pergamentumschlag, 762 Seiten + Register + Widmungstext | 13 x 8,5 x 5 cm | Historisches Archiv Krupp, Essen | FAH 1 L 38

Der Gelehrte und Sprachwissenschaftler Kaspar von Stieler (1632–1707) verfasste ein Buch über Zeitungen und den Umgang mit ihnen. Das Frontispiz zeigt programmatisch den fliegenden Götterboten Hermes/Merkur, der Nachrichten in hoher Geschwindigkeit übermittelt. Das 2. Kapitel im 2. Buch handelt »Von der Zeitungen Notwendig und Nutzbarkeit bey der Kaufmannschaft«, andere Abschnitte zum Beispiel von ihrem Nutzen in hohen Schulen oder für Interessierte der Staatskunde. Stieler war Mitglied der Fruchtbringenden Gesellschaft und führte dort den Gesellschaftsnamen »der Spate«. Auf der rechten Seite des Titelblattes ist handschriftlich der Buchbesitzer mit »A. Krupp« angegeben.
Es handelt sich hierbei vermutlich um den Rechtsgelehrten und späteren Bürgermeister Essens, Dr. Arnold Krupp (1662–1734).

2.1.20

Lateinlehrbuch aus dem Besitz von Johann Heinrich Krupp (1755–1774)

Johann Amos Comenius: »Januae linguarum reseratae aureae Vestibulum, quo primus ad Latinitatem aditus tirunculis paratur [...]«, Düsseldorf: Joan. Leonardi Weyer, o.J. | Druck, Papier, handschriftliche Einträge, 132 Seiten + Vorrede | 14 x 8,5 x 2,5 cm | Historisches Archiv Krupp, Essen | FAH 1 L 1

Johann Amos Comenius (1592–1670), ein berühmter Pädagoge des 17. Jahrhunderts, verknüpfte in seinem Lateinlehrbuch erstmals den Sachunterricht mit dem lateinischen Sprachunterricht. Die erste Auflage wurde 1631 gedruckt. Comenius war Anhänger der Böhmischen Brüder und forderte eine Allgemeinbildung sowohl für Jungen als auch Mädchen. Dieses Exemplar ist ein späterer, undatierter Nachdruck des Buchdruckers und Verlegers Johann Leonhard Weyer in Düsseldorf und gehörte Johann Heinrich Krupp. Es enthält auf verschiedenen Seiten handschriftliche Notizen.

2.1.21

Französische Grammatik aus dem Besitz von Peter Friedrich Wilhelm Krupp (1753–1795)

Robert Jean des Pepliers: »Nouvelle et parfaite Grammaire royale française et allemande [...]«, Leipzig: Im Weidemannischen Buchladen, 1741 | Druck, Papier, Titel rubriziert, 492 Seiten + 70 Seiten Register | 17,5 x 11 x 4 cm | Historisches Archiv Krupp, Essen | FAH 1 L 65

Die Grammatik wurde ursprünglich unter dem Namen des »Hn. des Pepliers« mehrmals veröffentlicht und in dieser Ausgabe von Buffier und anderen Gelehrten überarbeitet. Sie stammt »Ex Bibliotheca Peter Friedrich Wilhelm Krupp am Flachsmarkt in Essen bei der Lutheraner Kirche«.

2.1.22

Anleitungsbuch zum Briefeschreiben aus dem Besitz von Johann Heinrich Krupp (1755–1774)

Kaspar von Stieler, gen. »der Spate«: »Die feineste Schreiben der besten Frantzösischen Brief-Verfasser dieser Zeit«, Hamburg: Benjamin Schiller, o.J. | Druck,

Papier, Ledereinband | 14,5 x 9 x 5,5 cm | Historisches Archiv Krupp, Essen | FAH 1 L 11
Der Briefsteller »Les plus belles Lettres des meilleurs Auteurs François de ce tem[p]s […]« wurde von Kaspar von Stieler unter seinem Pseudonym »der Spate« ins Deutsche übersetzt und erstmals 1696 gedruckt. Er gibt Anleitungen zum Verfassen französischer Briefe und enthält Beispiele, wie »Zettel«, »Gutherzige Briefe«, »Anerbietungs-Schreiben« oder »Kaufmanns-Schreiben« verfasst werden sollten. Auch im Essener Bürgertum wurde die französische Sprache gepflegt, und vor allem Kaufleute nutzten diese Art der Ratgeberliteratur, um ihre weitgehenden Geschäftsbeziehungen zu pflegen. Die handschriftliche Signatur »Ex Libris Johanni Henrici Krupp Annos 1772 d. 2. Ja« verweist auf den Besitzer.

2.1.23

Rechenbuch aus Krupp'schem Besitz

Servatius Schlyper: »Neu-eröffnete/vollständige/wohl-gezierte Rechen-Stube […]«, 18. Jh. (Titelblatt fehlt) | Druck, Papier, Pergamenteinband, 240 Seiten + Vorrede | 17 x 10 x 2,5 cm | Historisches Archiv Krupp, Essen | FAH 1 L 57
Der Sing-, Schreib- und Rechenmeister Servatius Schlyper verfasste 1734 ein Rechenbuch mit Regeln und Beispielen,

2.1.19

um der Jugend und Erwachsenen in kaufmännischen Angelegenheiten zu helfen. Die erste Auflage wurde in Düsseldorf und Elberfeld gedruckt und den Bürgermeistern, weiteren städtischen Bediensteten und Angehörigen der reformierten Gemeinde der Stadt Elberfeld gewidmet. Bei dem ursprünglich einem Familienmitglied der Krupps gehörenden Exemplar fehlt das Titelblatt.

2.1.24

Essener Stadtwaage

16. Jh. | Eisen | H 135 cm, B 200 cm, T 20 cm | Ruhr Museum, Essen

Die Essener Äbtissin gestand 1399 der Stadt das Recht zu, eine große Waage einzurichten. Sie befand sich ursprünglich in einem Anbau der Marktkirche. Alle Waren, die durch Handel in die Stadt gelangten und ein gewisses Gewicht überschritten, mussten auf ihr gewogen werden. Die Einnahmen aus den Wiegegebühren sollten in erster Linie für den Bau und Unterhalt der Straßen verwendet werden. Der Form nach stammt der eiserne Waagebalken aus dem 16. Jahrhundert, er ist jedoch ohne Inschrift und kann daher nicht mehr eindeutig datiert werden. Ein Teil der Waren, die für die Kolonialwarenhandlung Krupp nach Essen gelangten, dürfte auf dieser Waage gewogen worden sein.

2.2. Patrizier

Von Anfang an waren Mitglieder der Familie Krupp in städtischen Ämtern vertreten. Nachdem um 1600 Streitigkeiten zwischen Lutheranern und Reformierten ausgebrochen waren, die den Stadtrat entzweiten, kam es zu Neuwahlen, bei denen Arndt Kruipe als Vertreter der Zünfte und Gilden in den Stadtrat gewählt wurde. Anfangs beaufsichtigte er den Fleisch- und Fischverkauf, später verwaltete er die »große Spende« und übte mehrfach das Amt des Rentmeisters aus. Sein Enkel Matthias (1621–1673) war von 1649 bis zu seinem Tod besoldeter Stadtschreiber. Vermutlich aufgrund des Pesttodes seiner Eltern besuchte er das Gymnasium in Duisburg und später in Bremen und erhielt als erster der Familie Krupp eine nichtkaufmännische Ausbildung. Als Stadtschreiber hatte er zahlreiche Schriftstücke zu verfassen bzw. abzuschreiben; die überlieferte Kirchenordnung der lutherischen Gemeinde zu Essen von 1664 ist mit seiner Unterschrift versehen.

Seine drei Söhne Georg Dietrich (1657–1742), Matthias Arnold (1660–1729) und Arnold (1662–1734) waren ebenfalls in öffentlichen Funktionen tätig. Der Erstgeborene war beim Tod des Vaters bereits als Stadtschreiber vorgesehen, obwohl er noch nicht volljährig war und von einem Vormund vertreten werden musste. Er erhielt ebenfalls in Duisburg seine Ausbildung und stand in religiösen Fragen dem Pietismus nahe.

Der dritte Sohn Arnold studierte in Gießen Rechtswissenschaften und schloss die Universität mit dem Doktorgrad ab. Von 1703 bis 1734 war er Bürgermeister der Stadt Essen. Als der Gildemeister der Kaufmannschaft – eigentlich eine Position auf Lebenszeit – entlassen wurde und nach einer umstrittenen Wahl 1707 der mittlere Bruder Matthias Arnold dieses Amt antrat, kam es zu Beschwerden gegen die Familien Krupp und Huyssen. Ihnen wurde Amtsmissbrauch vorgeworfen; sie verteilten städtische Ämter untereinander, hinterzögen Steuern und vermischten private und öffentliche Interessen. Die gegnerische Partei wandte sich an die preußische Regierung in Kleve, die die Vogtei über Essen innehatte, und strengte einen Prozess an. Die Angeklagten erhielten eine Abmahnung, wurden jedoch nicht abgesetzt.

Nach dem Tod Georg Dietrich Krupps kam es bezüglich seiner Hinterlassenschaft zwischen der Stadt und den Erben zu Konflikten. Sein Schwiegersohn, der Bürgermeister Johann Heinrich Kopstadt (1681–1753), wurde 1750 im Zuge dessen nach 15-jähriger Tätigkeit seines Amtes enthoben. Beide Fraktionen wandten sich an die preußische Regierung und Kopstadt darüber hinaus an den Reichshofrat in Wien. Auch in diesem Streit gab es keinen eindeutigen Gewinner. Über die Kontakte von Georg Dietrich Krupp kam auch der pietistisch geprägte Johann Heinrich Zopf (1691–1774) nach Essen, der seit 1719 das städtische Gymnasium leitete und Juliane Krupp, eine Tochter des Bürgermeisters Dr. Arnold Krupp, ehelichte. Nicht nur durch die zahlreichen städtischen Funktionen, auch über ihre Heiratspolitik bestimmten die »Krupps vor den Krupps« die Geschicke der Stadt Essen erheblich mit. MD

2.2.1

Stadtansicht von Essen

Georg Braun und Franz Hogenberg, 1581 | Kupferstich, koloriert | 18,7 x 46,5 cm (Blatt) | Ruhr Museum, Essen | 7.047:943 (E) C17o

Der Kupferstich zeigt die Stadt Essen, von Osten aus gesehen, gegen Ende des 16. Jahrhunderts. Er stammt aus dem Städtebuch »Civitates Orbis Terrarum« von Georg Braun und Franz Hogenberg und ist die früheste Darstellung Essens, auf der die gesamte Ausdehnung der Stadt sichtbar ist. Die beiden Türme der Münster- und Johanneskirche befinden sich im Zentrum. Rechts davon ist die Gertrudiskirche, die heutige Marktkirche, abgebildet, in deren Nähe sich die frühesten Krupp'schen Häuser am Salzmarkt und am Flachsmarkt befanden.

2.2.2

Katalog der Essener Ratsherren

Essen, 1311 – 1788 | Handschrift, Papier, 65 Blatt | 31 x 21 x 2 cm | Haus der Essener Geschichte / Stadtarchiv | Rep. 100, Nr. 184

Der Sammelband enthält die Essener Ratsverordnungen, einige kaiserliche Privilegien und den Katalog der Ratsherren. Hier wurden Einträge aus den Jahren 1311 bis 1788 chronologisch festgehalten. Einzelne Krupp'sche Familienmitglieder werden mehrmals erwähnt wie etwa Arndt Kruipe, der seit 1600 im Stadtrat saß. Sein Enkel Matthias wurde im Jahr 1646 Stadtsekretär. Dieses Amt bekleideten die Krupps über drei Generationen und ununterbrochen über 100 Jahre hinweg.

2.2.2

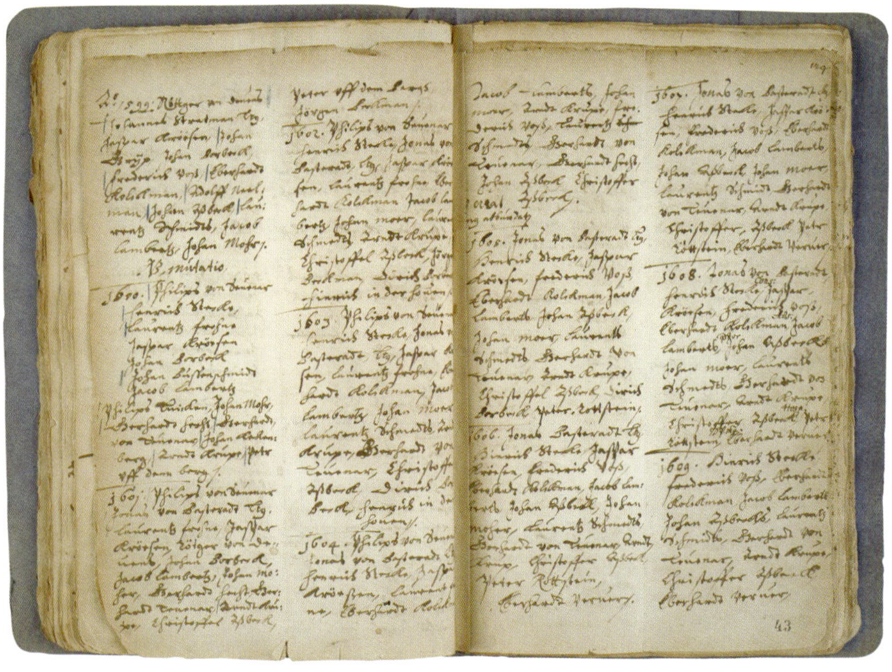

2.2.3

Protokollbuch der Essener Patriziergesellschaft

Essen, 18. Jh., Frontispiz: Aquarell von Joan Bernard Roge | Handschrift, Papier, Goldschnitt, geprägter Ledereinband, 67 Blatt | 20,5 x 16 x 5,5 cm | Haus der Essener Geschichte / Stadtarchiv | Rep. 100, Nr. 2565

Das Frontispiz des Protokollbuches ziert ein Aquarell mit einem Wappen mit Sinnspruch, das von dem Patrizier

2.2.3

Joan Bernard Roge 1749 gemalt wurde. Im Schild befindet sich eine mit Kronen dekorierte Säule, flankiert von zwei gekreuzten Fahnen mit Doppeladler. Die Helmzier wird von einem aufwärts gerichteten Schwert, dem Schwert aus dem Essener Stadtwappen, gekrönt. Die Einträge der Essener Patriziergesellschaft beginnen mit einer Sitzung am 24. März 1743, auf der 14 Personen anwesend waren. Im Weiteren werden die einzelnen Treffen und die Namen der Anwesenden festgehalten; zum Teil wurde vermerkt, für welches Amt innerhalb des Kollegiums jemand ausgewählt wurde. Häufig werden die Familiennamen Krupp, Kopstadt und Huyssen aufgeführt.

2.2.4

Kirchen-Ordnung der lutherischen Gemeinde Essen

»Confirmirte Kirchen-Ordnung der ohngeändert Augspurgischen Confession zugethaner Gemeinheit dieser des Heil. Reichs-Stadt Essen, aufgerichtet Anno Christi 1664«, Abschrift, 17. Jh. | Handschrift, Papier, 37 Seiten | 32 x 20,5 cm | Ev. Kirchengemeinde Essen-Altstadt

Die Kirchenordnung für die lutherische Gemeinde der Stadt Essen wurde 1664 verfasst und ist in zwei Abschriften überliefert. Durch die Unterschrift des Stadtsekretärs Matthias Krupp (1621–1673) wurde sie beglaubigt. Die 15 Titel umfassen mit Inhaltsverzeichnis und angehängter Schulordnung 37 Seiten. Die Kirchenordnung beinhaltet Vorschriften über die Bestallung und die Arbeitsweise des Konsistoriums, ebenso Grundsätzliches über die Erhaltung der reinen Lehre, die Berufung der Prediger und deren Lebenswandel, die Abhaltung des Gottesdienstes in der Kirche, die Vermittlung der Inhalte des Katechismus, den Unterhalt der Pfarrgebäude und Kirchen sowie Anweisungen zu Hausvisitationen und Zeremonien bei Hochzeiten und Begräbnissen.

2.2.5
Revidierte Statuten und Satzungen der Stadt Essen

Essen, 1668 | Handschrift, Papier, 38 Blatt | 35 x 19 x 1,5 cm | Haus der Essener Geschichte / Stadtarchiv | Rep. 100, Nr. 185, fol. 1–38

Die von der Stadt Essen von der Mitte des 15. bis Ende des 17. Jahrhunderts erlassenen Gesetze und Verordnungen sind in vier Sammlungen aus den Jahren 1473, 1590, 1668 und 1685 niedergelegt. Sie enthalten keine systematische Darstellung des Stadtrechts, sondern jeweils die zur Zeit der Publikation geltenden Verordnungen. Die revidierten Statuten aus dem Jahr 1668 sind in mehreren Abschriften überliefert. Die älteste davon war das Handexemplar des Stadtsekretärs Georg Dietrich Krupp (1657–1742) und ist mit seinen handschriftlichen Notizen versehen. Er war von 1678 bis 1742 Stadtschreiber und dem Pietismus zugewandt. Die Statuten wurden nach »Leutung der Rats Glocken in Gegenwart der Bürger publiciret«, wie aus dem ersten Absatz hervorgeht.

2.2.6
Urkunde über einen Landverkauf

21. Februar 1709 | Handschrift, Pergament, anhängendes Wachssiegel | 24 (mit Siegel 36) x 29,4 cm, Dm Siegel 7,2 cm | Historisches Archiv Krupp, Essen | FAH 1 D 74.3

In der Urkunde wurden die Modalitäten des Weiterverkaufs von Land, das zunächst Conrad Cruße gehörte und dann an Peter Grafweg veräußert wurde, festgehalten. Der neue Käufer Grafweg bestand darauf, dass ihm dieser Erwerb mit einem »förmlichen Kauf und Manutenentschein« vom Bürgermeister und dem Rat der Stadt Essen bestätigt werde. Besiegelt wurde die Urkunde mit dem Großen Stadtsiegel, in dem in der Mitte die Muttergottes mit Kind und seitlich die beiden Stifts- und Stadtpatrone Cosmas und Damian dargestellt sind. Die Unterschrift leistete der Stadtsekretär Georg Dietrich Krupp.

2.2.7
Testament von Isaac Paris mit den Siegeln von Arnold Krupp, Bernhard von der Burg und Georg Dietrich Krupp

Essen, 2. Mai 1707 | Handschrift, Papier, mit drei roten Lacksiegeln | 32 x 21 cm | Haus der Essener Geschichte / Stadtarchiv | Rep. 100, Nr. 1740, fol. 43–45

Die Eheleute Isaac und Elisabeth Paris, geb. Mispelkorf, vermachten dem Waisenhaus 400 Reichstaler. Das Testament wurde von Arnold Krupp, Bernhard von der Burg und Georg Dietrich Krupp beglaubigt. An den erhaltenen Siegeln der Krupps kann man zwar Unterschiede feststellen, jedoch ist immer eine Schlange abgebildet. In dem Siegel von Arnold Krupp windet sie sich um einen Baumstamm, in dem seines Bruders ist sie im Wappenschild liegend dargestellt. Die Helmzier enthält in beiden eine fünfzackige Bürgerkrone.

2.2.8
Verhandlungen über den Amtsmissbrauch des Magistrats und des Stadtsekretärs Krupp

Essen, 2. Mai 1708 | Handschrift, Papier | 31 x 21 x 3 cm | Haus der Essener Geschichte/Stadtarchiv | Rep. 100, Nr. 90, Bl. 102r–104v

In der Akte wurden die Verhandlungsergebnisse von zwölf Ratsherren und des Vorstandes über einen Amtsmissbrauch festgehalten. Dem Stadtsekretär Georg Dietrich Krupp und einem Teil des Magistrats wurde vorgeworfen, sie hätten sich an öffentlichen Geldern bereichert und eigenmächtig Änderungen in der Gildeordnung vorgenommen. In Zukunft müsse der Stadtsekretär alle Rechnungen vorlegen, Unterlagen des städtischen Archivs ins Rathaus zurückbringen und dürfe kein Geld in Empfang nehmen. Außerdem sollten er und Bürgermeister Huyssen das Inventar aus der Erbschaft Huyssen vorlegen, um eine ordnungsgemäße Verteilung zu gewährleisten.

2.2.9
Befehl des Magistrates, die zum Archiv gehörigen Akten aus dem Sterbehaus des Sekretärs Krupp abzuholen

Essen, 13. März 1742 | Handschrift, Papier | 32,5 x 20 cm | Haus der Essener Geschichte / Stadtarchiv | Rep. 100, Nr. 2572

Wiederholt war der Stadtsekretär Georg Dietrich Krupp aufgefordert worden, Dokumente, die ins Rathaus gehörten, auch dort zu belassen. Da er sich nicht daran hielt, wurde wenige Tage nach seinem Tod angeordnet, Akten aus seinem Haus abzuholen.

2.2.10

Taufverzeichnis der lutherischen Gemeinde mit der Geburt Matthias Arnold Krupps am 21. Februar 1660

»Verzeichniß der Gebohrnen und Getauften in der ev. luth. Gemeine zu Essen vom Jahr 1657 an«, Essen, 1657–1723 | Handschrift, Papier | 20 x 16 cm | Ev. Kirchengemeinde Essen-Altstadt | Bd. 1, S. 7

Matthias Arnold (1660–1729) war der zweitgeborene Sohn von Matthias und Anna Katharina Krupp, geb. Voss. Im Taufverzeichnis sind die Vornamen in umgekehrter Reihenfolge angegeben. Er wurde Kaufmann und trat nach einer umstrittenen Wahl das Amt des Gildemeisters an. Dies führte innerhalb der städtischen Bürgerschaft zu Konflikten.

2.2.11

Doktorarbeit Arnold Krupps

Arnold Krupp: »Disputatio Inauguralis Juridica de Feudo Pignoraticio […]«, Gießen: Henning Müller, 1689 | Druck, Papier, 34 Seiten | 19 x 15,5 x 1,5 cm | Historisches Archiv Krupp, Essen | FAH 1 D 73

Arnold Krupp schloss sein Studium der Rechtswissenschaften an der Universität in Gießen mit einer Dissertation ab. Sie beschäftigte sich mit dem Pfandlehen und wurde 1689 gedruckt. Seit 1697 war Arnold Mitglied im Stadtrat und von 1703 bis 1734 einer der Bürgermeister der Stadt Essen. Ihm und seinen Brüdern Georg Dietrich, der über 60 Jahre Stadtsekretär war, und Matthias Arnold, der über 20 Jahre der Kaufmannsgilde vorstand, wurde Vetternwirtschaft vorgeworfen.

2.2.11

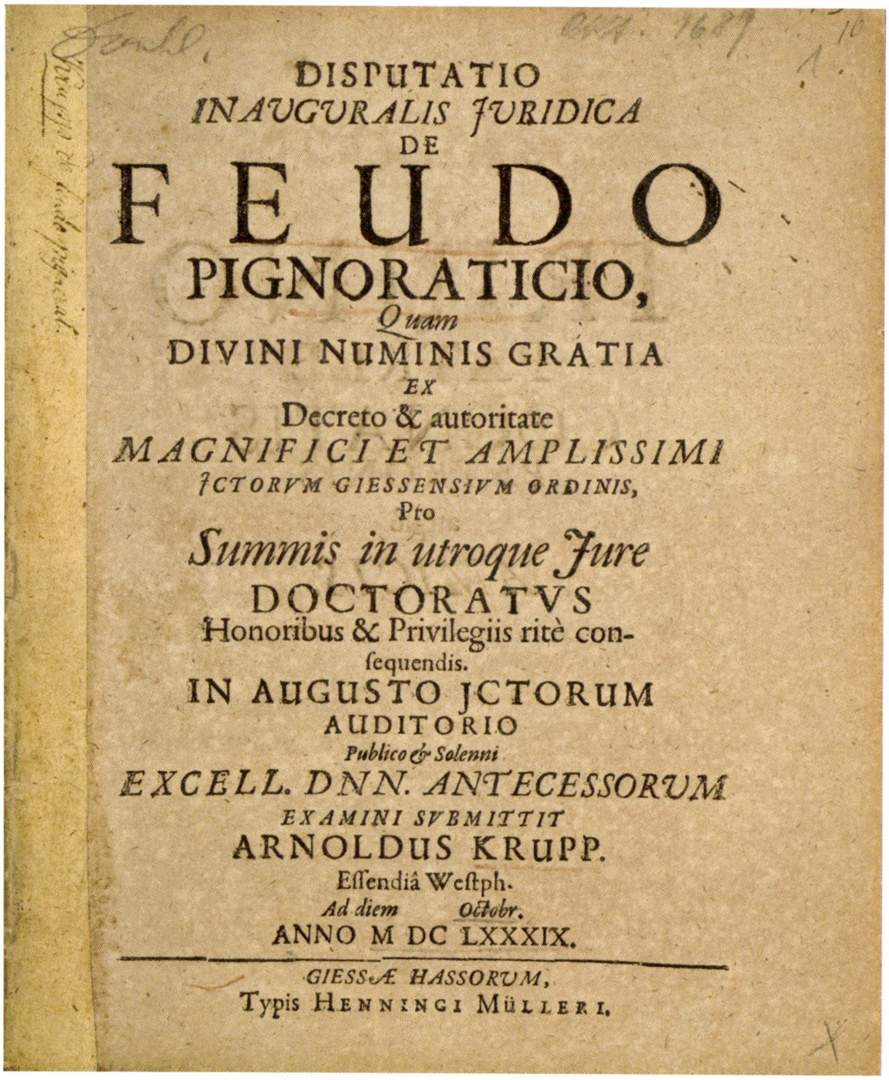

DISPUTATIO
INAUGURALIS JURIDICA
DE
FEUDO
PIGNORATICIO,
Quam
DIVINI NUMINIS GRATIA
EX
Decreto & autoritate
MAGNIFICI ET AMPLISSIMI
JCTORUM GIESSENSIUM ORDINIS,
Pro
Summis in utroque Jure
DOCTORATUS
Honoribus & Privilegiis ritè conſequendis.
IN AUGUSTO JCTORUM
AUDITORIO
Publico & Solenni
EXCELL. DNN. ANTECESSORUM
EXAMINI SUBMITTIT
ARNOLDUS KRUPP.
Eſſendiâ Weſtph.
Ad diem Octobr.
ANNO M DC LXXXIX.
GIESSÆ HASSORUM,
Typis HENNINGI MÜLLERI.

2.2.12

Johann Heinrich Kopstadt (1681–1753)

unbekannter Künstler, 18. Jh. | Öl auf Leinwand | 97 x 79,5 x 6,5 cm (m. R.) | Ruhr Museum, Essen

Kopstadts Vater war pietistisch geprägter Pfarrer und Rektor des städtischen Gymnasiums in Essen. Der Sohn Johann Heinrich brachte es zum Doktor beider Rechte und war zunächst gräflich Leiningenscher Lehndirektor für Broich bei Mülheim. 1712 heiratete er die Tochter des Stadtsekretärs Georg Dietrich Krupp. Kopstadt war Ratsherr und amtierte zwischen 1734 und 1750 als Bürgermeister der Stadt Essen. Während dieser Zeit kam es im Rat zu Konflikten, da ihm und seinen Verwandten vorgeworfen wurde, sie würden die Erbschaftssteuer nicht korrekt abführen. Er wurde daraufhin vorübergehend seines Amtes enthoben.

Johann Heinrich Kopstadt ließ sich auf diesem Ovalporträt repräsentativ mit Allongeperücke, Brokatstoff-Jacke, Spitzenjabot und in einem Samtumhang darstellen.

2.2.13

Catharina Helene Kopstadt, geb. Krupp (1692–1730)

unbekannter Künstler, 18. Jh. | Öl auf Leinwand | 92 x 73 x 6,5 cm (m. R.) | Ruhr Museum, Essen

2.2.12

2.2.13

Die Tochter des Stadtsekretärs Georg Dietrich Krupp hatte zusammen mit Johann Heinrich Kopstadt fünf Kinder. Auch sie ist auf diesem Ovalbildnis sehr repräsentativ mit hochgesteckter Frisur und in eleganter Kleidung mit Schnürkorsett und Samtumhang dargestellt. Über ihre Schwiegertochter Juliana Catharina Theodora von Clermont gelangten ihr Porträt und das ihres Mannes in den Besitz der Familie Clermont in Paris. Sie wurden 1966 zusammen mit vier weiteren Ölgemälden aus dem 18. Jahrhundert der Stadt Essen geschenkt.

2.2.14

Johann Heinrich Zopf (1691–1774)

C.G.P. Felderhoff, 18. Jh. | Kupferstich, Papier | 24 x 14,2 cm | Ruhr Museum, Essen | 394:943

Johann Heinrich Zopf kam 1719 nach Essen, stand pietistischen Kreisen nahe und hatte enge Kontakte nach Halle und Jena. Zunächst war er in Essen Koadjutor und später Rektor des städtischen Gymnasiums, ab 1721 zusätzlich dritter Prediger an der Gertrudiskirche. Im Jahre 1722 heiratete er Juliana Elisabeth, eine Tochter des Bürgermeisters Dr. Arnold Krupp. Zusammen hatten sie 14 Kinder.

Auf dem Porträt ist Zopf im Predigergewand mit Beffchen und Allongeperücke in einem Zierrahmen dargestellt. Die Bücherwand im Hintergrund und der halb geöffnete Vorhang verweisen auf seinen Gelehrtenstatus, der auch in dem Lobgedicht unter dem Bildnis besungen wird. Die »Grundlegung der Universal-Historie« ist seine bekannteste Veröffentlichung; sie wurde erstmals 1729 gedruckt.

2.2.14

2.2.15

Taufbuch der Evangelisch-Lutherischen Kirche St. Gertrudis mit Geburtseintrag der Juliana Elisabeth Henrietta Zopf

Essen, 1724–1765 | Handschrift, Papier | 22 x 18 x 5 cm | Ev. Kirchengemeinde Essen-Altstadt | o. Inv. Nr.; Bd. 2, S. 153

Johann Heinrich Zopf und seine Frau Juliana Elisabeth, geb. Krupp ließen ihre Tochter Juliana Elisabeth Henrietta in der lutherischen Gemeinde taufen. Taufpaten waren Juliana von Huyssen, Elisabeth Huyssen und der Bruder der Mutter, Heinrich Wilhelm Krupp.

2.2.16

Essener Ratsglocke

1483 | Bronzeguss; Aufhängung Eichenholz und geschmiedete Eisenbeschläge aus späterer Zeit | H 43 cm, Dm 47 cm, H gesamt 84 cm, B 69 cm | Ruhr Museum, Essen

Die Inschrift »M CCCC LXXXIII assendensis consulat(us) campana co(n)structa« auf der Glocke verweist auf das Entstehungsdatum und die Funktion als Glocke des Essener Stadtrats. Das Schwert in dem schräggestellten Stadtwappen ist hier ausnahmsweise nach unten gerichtet. Die Ratsglocke hing bis 1840 im Dachreiter des Rathauses, das sich an der Südseite des Marktplatzes befand. Bereits 1372 erhielt die Stadtgemeinde das Recht zum Glockenschlag verbrieft. Die Glocke läutete zu Beginn der Ratssitzungen, aber auch bei der öffentlichen Verkündigung von Beschlüssen.

3. Die Krupps – Anatomie einer Industriellendynastie

Sie könnten in ihrem Charakter und ihrer Bedeutung für die Firma unterschiedlicher nicht sein, und doch eint die Mitglieder der Familie Krupp in der Wahrnehmung von außen und wohl auch in ihrer inneren Einstellung ein gemeinsames Band: die Bereitschaft, mit dem größtmöglichen Engagement und dem Einsatz ihres gesamten Vermögens der Firma Krupp vorzustehen. Allein dies weist mythische Dimensionen auf. Verstärkt wird dieser Mythos aber durch die Charakterisierung der einzelnen Protagonisten, die ambivalent, häufig auch widersprüchlich ausfällt und damit exemplarisch die Schicksalhaftigkeit der menschlichen Existenz verdeutlicht.

So begegnet uns der Firmengründer Friedrich auf der einen Seite als sprunghafter und gutgläubiger Hasardeur, der das Vermögen seiner Familie ruinierte. Auf der anderen Seite verfolgte er mit stoischer Beharrlichkeit sein Ziel, das Gussstahlverfahren nachzuerfinden und zur Anwendungsreife zu bringen, womit er den Grundstein des Unternehmens legte. Alfred, der »eigentliche« Krupp, besticht im Bild der Nachwelt als der begnadete Kaufmann, der die Firma vom Kleinstbetrieb zum Großunternehmen führte. Er reagierte jedoch häufig nur spontan und äußerst riskant auf neue ökonomische Situationen und technische Herausforderungen. Mit seinem »Herr im Hause-Standpunkt« galt er als der absolute Patriarch, doch kaum jemand hat sich sozialer gegenüber seinen Mitarbeitern verhalten als er. Sein Sohn Friedrich Alfred wird im Vergleich zum übermächtigen Vater als zurückhaltend und farblos beschrieben. Dennoch hat er durch seine wissenschaftlichen Interessen und mit einem gegenüber seinem Vater besser ausgeprägten, praktischen Instinkt die Firma zum Weltkonzern gemacht.

Gustav von Bohlen und Halbach, erstmals kein geborener Krupp, war berühmt wegen seiner ungeheuren Disziplin und seines lebenslangen Bemühens, sich als ein echter Krupp zu beweisen. Aber er war es auch, der den Konzern durch eine zu große Nähe zur Macht existentiell gefährdete. Sein Sohn Alfried musste diese Schuld auf sich nehmen. Er galt als introvertiert und verschlossen und hat durch sein kluges Verhalten die Firma letztendlich gerettet. Und selbst der letzte Krupp, Arndt, galt einerseits als unwürdiger Erbe und schillerndes Mitglied des Jetsets, hat sich aber andererseits für Arme und Benachteiligte in Entwicklungsländern verantwortlich gefühlt. Natürlich muss bei diesen Einschätzungen berücksichtigt werden, dass die verschiedenen Mitglieder der Familie Krupp zu ganz unterschiedlichen Zeiten lebten und auf höchst verschiedene Herausforderungen zu reagieren hatten. Dennoch gelang es ihnen immer – und hier zeigt sich vielleicht eine weitere Gemeinsamkeit –, die Zeitumstände für sich und den wirtschaftlichen Erfolg der Firma zu nutzen. Durch ihr kluges Verhalten in den jeweiligen Zeitläuften trugen die Krupps dazu bei, dass ihre Firma häufig an der Spitze der Modernität und des wirtschaftlichen Fortschritts stand und damit in höchst unterschiedlichen ökonomischen und politischen Systemen nicht weniger als 200 Jahre überlebte. HTG

3.1. Friedrich Krupp

Am 20. November 1811 gründete der 24-jährige Friedrich Krupp eine Gussstahlfabrik in seiner Heimatstadt Essen. Die Beweggründe sind nicht völlig geklärt; auf jeden Fall verfügte er über Kenntnisse in der Hüttentechnik und die notwendigen finanziellen Möglichkeiten. Friedrich, geboren am 17. Juli 1787, wird als sprunghaft und leicht zu begeistern, aber von schwacher Gesundheit beschrieben. Seine wichtigste Charaktereigenschaft war wohl die Leidenschaft, technische Herausforderungen anzunehmen und verbissen an ihrer Realisierung zu arbeiten. Sie kostete seine Familie fast das gesamte Vermögen, führte jedoch zur ersten Gussstahlfabrik mit der Walkmühle nördlich und einem Schmelzbau westlich von Essen.

Nach dem Gymnasium trat Friedrich mit vierzehn Jahren zeitweilig in das Kolonialwarengeschäft seiner Großmutter Helene Amalie Krupp ein und arbeitete als Achtzehnjähriger auch in ihrer Eisenhütte »Gute Hoffnung« in (Oberhausen-)Sterkrade mit. Die hier erworbenen metallurgischen Kenntnisse kamen ihm zugute, als ihm Helene Amalie im Zuge seiner Verlobung 1807 mit Therese Wilhelmi die Hütte überschrieb. Als Eigentümer stellte Friedrich den Produktionsprozess um und fertigte anstelle von einfachen Gusswaren anspruchsvolle Bauteile für den Dampfmaschinenkonstrukteur Franz Dinnendahl. Seine Begeisterung für das komplizierte Verfahren ging allerdings nicht mit den notwendigen kaufmännischen Fähigkeiten einher. Die Hütte kam nicht aus den roten Zahlen heraus; seine Großmutter verlor die Geduld und verkaufte sie wieder.

Nach ihrem Tod 1810 fiel Friedrich ein beträchtliches Vermögen zu, welches er zur Gründung seiner Gussstahlfabrik nutzte. Mit Teilhabern verfolgte er die Idee, einen hochwertigen, bisher nur in England produzierten Stahl herzustellen. Wieder stürzte er sich in die technische Herausforderung, und 1816 gelang es ihm, das Tiegelstahlverfahren erfolgreich nachzuerfinden. Die Anlage arbeitete jedoch mit Verlust, so dass Familienvermögen hinzugeschossen werden musste. Anstatt sich auf die Konsolidierung seiner Anlage an der Walkmühle zu konzentrieren, ließ er einen für die Zeit großzügig bemessenen Schmelzbau errichten.

Gleichzeitig engagierte sich Friedrich in der Essener Kommunalpolitik. Schon 1812 wurde er zum Einquartierungskommissar ernannt und wirkte für den Straßenbau und den Brandschutz. Durch seine Tätigkeit als Stadtrat vernachlässigte er jedoch zunehmend seinen Betrieb, dessen Kapitalbedarf er unterschätzt hatte. Friedrich, der vermutlich an Tuberkulose litt, machte Schulden; 1824 verkaufte er sein Haus am Flachsmarkt und zog in das Aufseherhaus am Schmelzbau. Zu seinem sozialen Abstieg gehörten der Verlust der städtischen Ämter und die Streichung aus der Liste der Essener Kaufleute. Bei seinem Tod am 8. Oktober 1826 hatte der 39-Jährige einen Schuldenberg von knapp 10.000 Talern angehäuft. Seine Lebensleistung schätzten ältere Biographen gering ein. Doch war es ihm als einem der ersten auf dem europäischen Festland gelungen, Tiegelstahl herzustellen und in größeren Mengen zu verkaufen. AH

3.1.1
Friedrich Krupp (1787–1826)
Scherenschnitt, um 1820/1826 | Papier | 27,7 x 20 cm | Historisches Archiv Krupp, Essen | F 23/1+2

Nur ein Scherenschnittporträt hat sich vom Gründer der Essener Fabrik erhalten. In einem (nicht original erhaltenen) Reisepass wird er als 175 cm großer Mann mit blauen Augen und braunen Haaren beschrieben. Sein Kinn sei rund, sein Mund klein und seine Nase »gewöhnlich«. Der Scherenschnitt wurde erst 1934 entdeckt; seine Fundgeschichte publizierte der Firmenarchivar Fritz G. Kraft am 1. Oktober in den Kruppschen Mitteilungen.

3.1.1

3.1.2
Gedichtband Friedrich Krupps
Friedrich Krupp: »Einige schöne Gedichte«, Essen, 23. Februar 1800 | Handschrift, Papier, 72 Seiten | 16,2 x 10,5 x 1 cm | Historisches Archiv Krupp, Essen | FAH 1 D 81

Krupp trug in diesem Band Gedichte anderer Autoren in Schönschrift zusammen. Zu seinen Charaktereigenschaften gehörte neben dieser lyrischen Seite seine Impulsivität. Sein Schwager Bohnstedt schrieb 1817 an ihn: »Du lieber Krupp, hast – ich beziehe mich im voraus auf vorstehende Bemerkung über die Offenherzigkeit! – Du hast den Fehler an Dir, daß Du, besonders in Gesellschaften – Deiner heiteren Laune allzufreien Lauf läßest, die Verhältnisse der Gesellschaft – als Alter Geschlecht, Familienverbindungen usw. – nicht berücksichtigest, und so manchmal Worte redest, die die Gesellschaft in eine peinliche Lage versetzen, indem sie nicht recht weiß, ob sie schweigen, oder Dich verlassen, oder Dir Deine Unanständigkeit vorwerfen soll. [...] Übrigens sind Deine strenge, freimüthige Rede in Dingen, wo es auf das Recht ankommt, und Deine heitere Laune in gesellschaftlicher Unterhaltung und manche andere gute Eigenschaft, achtungswerth und angenehm.«

3.1.3
Notarielle Übertragung der Eisenhütte »Gute Hoffnung« von Helene Amalie Krupp auf Friedrich Krupp
Helene Amalie Krupp, 27. Juni 1807 | Handschrift, Papier | 27,5 x 19 cm | Historisches Archiv Krupp, Essen | FAH 1 B 132.16–19

Friedrich sammelte seine ersten Erfahrungen in der Hüttentechnik im Betrieb seiner Großmutter, der ihm im Alter von 20 Jahren übertragen wurde. Allerdings entzog ihm Helene Amalie Krupp die in (Oberhausen-) Sterkrade gelegene Eisenhütte bald wieder, da der Erfolg ausblieb.

3.1.4
Übertragung des Kolonialwarengeschäfts auf Friedrich Krupp
20. September 1810 | Vordruck mit handschriftlichen Einträgen, Papier | 24,5 x 19,5 cm | Historisches Archiv Krupp, Essen | FAH 1 B 20.2

Mit dem Tod der Großmutter Helene Amalie fiel Friedrich Krupp ein beträchtliches Vermögen zu. Er führte ihr Kolonialwarengeschäft unter dem Namen Fried. Krupp auch noch über die Gründung seiner Fabrik 1811 hinaus kurzzeitig weiter.

3.1.5
Essener Wohnhaus in der Weberstr. 17
Fotografie, Fried. Krupp A.G., 1907 | Karton, Papier | 30 x 35 cm | Ruhr Museum, Essen | 62 Kr (E) C 244 II

In dem kleinen Anbau auf der linken Seite des Hauses fanden im Dezember 1811 – also schon wenige Wochen nach Vertragsunterzeichnung mit seinen Partnern, den Brüdern von Kechel – Friedrich Krupps erste Versuche zur Herstellung von Zementstahl statt. Friedrich pachtete das Haus wohl wegen eines bereits vorhandenen großen Ofens. Hier fanden die ersten Versuche statt, aus »einfachem« Stahl Tiegelstahl zu schmelzen. Mitte 1812 gab er das Essener Haus wieder auf, da nun seine erste Betriebsanlage auf dem Gelände der Walkmühle im Essener Norden fertig war. Am 9. Juni 1824 beschrieb er rückblickend die Anfänge: »[...] ich kann es auf Verlangen gehörig documentiren, daß ich durch meine Versuchsarbeiten auf die Production des Gussstahls seit dem Jahre 1811 inclusive der nöthigen Anlagen und Gebäude circa Rthlr. 80000 verwandt [...] habe«.

3.1.5

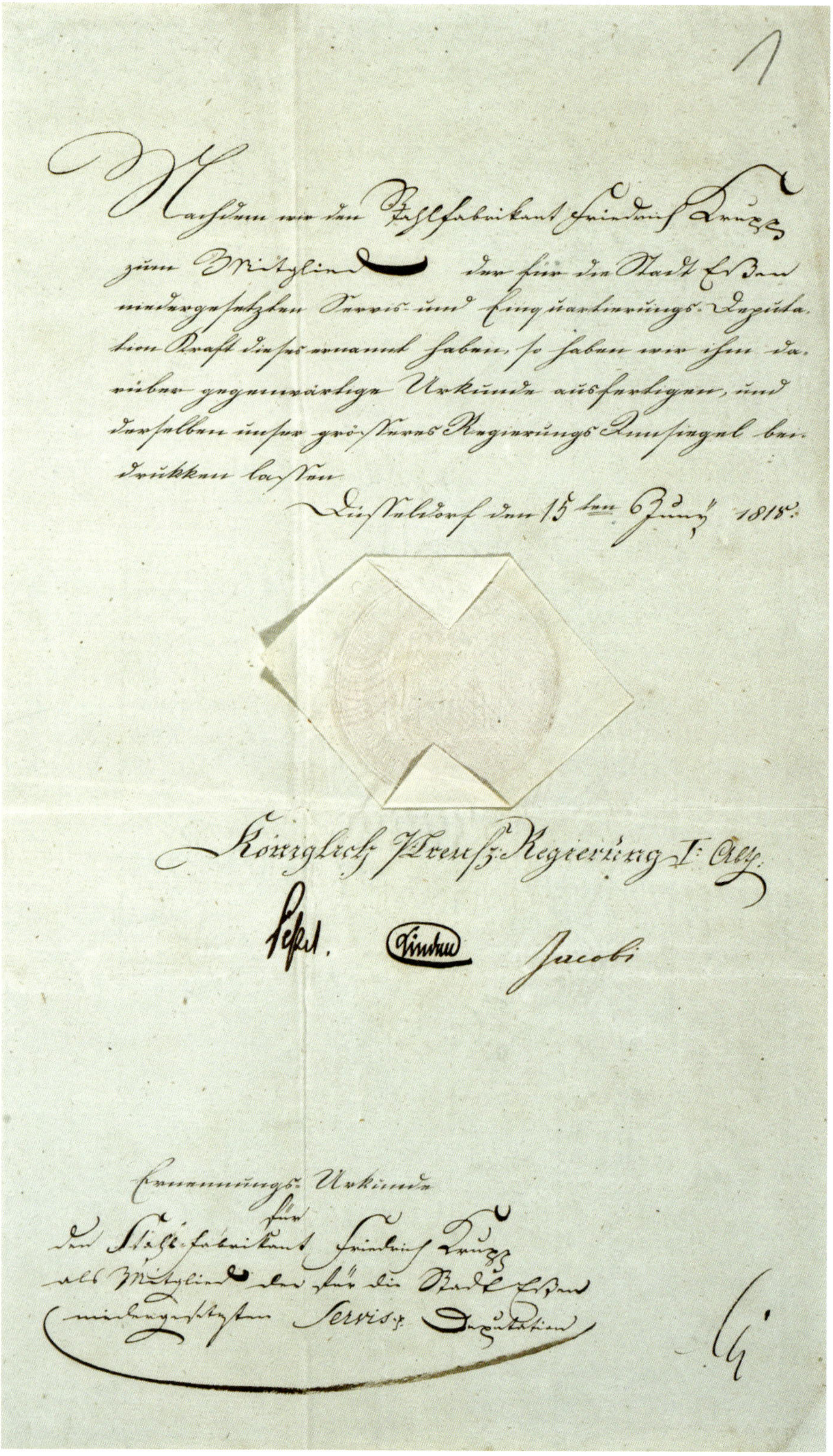
Nachdem wir den Stahlfabrikant Friedrich Krupp zum Mitgliede der für die Stadt Essen niedergesetzten Servis- und Einquartierungs-Deputation kraft dieses ernannt haben, so haben wir ihm darüber gegenwärtige Urkunde ausfertigen, und dieselbe mit unserm größeren Regierungs Insiegel bedrücken lassen.

Düsseldorf den 15ten Juni 1818.

Königlich Preuß. Regierung I. Abt.

Jacobi

Ernennungs-Urkunde für den Stahlfabrikant Friedrich Krupp als Mitglied der für die Stadt Essen niedergesetzten Servis- Deputation

3.1.7

3.1.6

»Krupp's Gussstahlfabrik 1819«

nach einer Zeichnung von Franz Lohe, 1868 | Druck, Papier | 15,5 x 19 cm | Historisches Archiv Krupp, Essen | WA 16 a 1,1

Westlich von Essen an der Altendorfer Straße ließ Friedrich Krupp 1819 das großzügig bemessene Fabrikgebäude errichten. Er investierte viel Energie in die Planung der Anlage, für die er nur beste Materialien verwendete.

3.1.7

Städtische Ernennungsurkunde

Königl. Preußische Regierung, u.a. Vincke, Jakobi, Düsseldorf, 15. Juni 1818 | Handschrift, Papier, 2 Seiten, mit Papiersiegel | 34 x 21,1 cm | Historisches Archiv Krupp, Essen | FAH 1 C 6

Friedrich Krupp wurde zum Mitglied der Servis- und Einquartierungs-Deputation ernannt. Schon unter der französischen Herrschaft hatte er 1812 die durchziehenden Soldaten bei der Essener Bevölkerung einquartiert.

3.1.8

Korrespondenz des Stadtrats Krupp zum Straßenbau mit der Kostenberechnung eines Erddamms zwischen Essen und Stoppenberg

Essen, 1821 – 1825 | Handschrift, Papier, 4 Seiten | 31,5 x 20 cm | Historisches Archiv Krupp, Essen | FAH 1 C 8

Krupp nahm seine Rolle als Essener Patrizier ernst und engagierte sich im Stadtrat. Zu seinen größten kommunalen Erfolgen gehörten der städtische Straßenbau und der Entwurf einer Brandschutzordnung. Für seine Stadt entwarf er einen »Pflasterplan«, der sowohl die technische Umsetzung als auch die Finanzierung umfasste. Essen wurde nach den Krupp'schen Ausarbeitungen gepflastert, wobei er durch Anlernung der Arbeiter die Kosten auf ein Drittel reduzieren konnte. Auf seine Initiative kam es zu einer Erweiterung eines Engpasses am östlichen Ende der Limbecker

Straße. Er plädierte auch für ein neu anzulegendes Chausseestück zwischen Essen und Bredeney, welches dann Jahre später realisiert werden sollte.

3.1.9

Genehmigung des Antrags auf Entlassung aus dem Stadtrat

Bürgermeister Kopstadt, Essen, 30. November 1824 | Handschrift, Papier | 32,3 x 19,8 cm | Historisches Archiv Krupp, Essen | FAH 1 C 12

Der Essener Bürgermeister stimmte Krupps Antrag auf Entlassung aus städtischen Diensten zu und dankte ihm für seine geleisteten Arbeiten.

3.1.10

Abschrift eines Briefes an Bürgermeister Kopstadt über den Verkauf von Liegenschaften und die Versetzung in eine niedrigere Steuerklasse

Friedrich Krupp, 7. April 1825 | Handschrift, Papier | 34 x 20 cm | Historisches Archiv Krupp, Essen | FAH 1 D 7

Mit dem Verkauf seines Eigentums an den Schwiegervater Johann Wilhelmi sanken Friedrichs Schulden, allerdings schrumpfte damit auch offiziell sein Vermögen. Nun konnte er auf die Versetzung in eine niedrigere Steuerklasse dringen. Krupp war finanziell am Ende. Schon am 3. Oktober 1824 hatte er sich an den Bürgermeister mit der Bitte gewandt, ihn von seinen Pflichten als Stadtrat, Servis- und Billetierungs-Kommissar und als Brandoffizier zu entbinden.

3.1.6

3.1.11

Abschrift des Testaments von Friedrich Krupp

1901/1912 | Maschinenschrift, Papier | 33,2 x 21 cm | Historisches Archiv Krupp, Essen | WA 9 d 445

Krupp vermachte sein Vermögen am 5. Oktober 1826 – drei Tage vor seinem Tode – seiner Frau und seinen Kindern. Zum Vormund der Kinder und zur Leitung der Gussstahlfabrik bestimmte er seine Frau Therese. Das Originaltestament hat sich nicht erhalten. Die Abschrift erfolgte wohl im Zuge der Vorbereitung der Festschrift anlässlich der Hundertjahrfeier der Firma im Jahr 1912.

3.2. Alfred Krupp

Alfred Krupp, geboren am 27. April 1812, gilt in der öffentlichen Wahrnehmung und Darstellung als die eigentliche Gründungsfigur des Unternehmens. Nicht nur dessen Aufstieg zur größten Firma Europas, auch das wirtschaftliche Wachstum Deutschlands während der Industrialisierung ist untrennbar mit seinem Namen verbunden. Der Siegeszug des Werkstoffes Stahl, dem neuen Gradmesser für die Leistungsfähigkeit einer Nation, verlief parallel zur Biographie Alfred Krupps.

Alfred Krupp prägte das Unternehmen nachhaltig und gab ihm ein »Gesicht« – zum einen dadurch, dass er seine und die Geschichte der Firma öffentlichkeitswirksam präsentierte und auf diesem Wege an ihrem historischen Bild mitschrieb, zum anderen durch sein besonderes unternehmerisch-technisches Talent. Davon zeugen Entwurfs- und Konstruktionszeichnungen und seine Erfindung des nahtlosen Radreifens. Die ihm zugeschriebene Technik- und Innovationsbegeisterung war aber immer auch begleitet von Getriebenheit und von der Angst, der Erfolg der Firma könne von Konkurrenten überflügelt werden, womit ihre Existenz und damit auch die eigene gesellschaftliche Position gefährdet würde.

Zielstrebigkeit, Umtriebigkeit und Fleiß – verbunden mit Ungeduld – sind weitere, nicht immer nur positiv zu bewertende Eigenschaften Alfred Krupps. Sie spiegeln sich wider in Reisebüchern, frühen Beschwerden über das Ungestüm und die »Frechheiten« des jungen Krupp und nicht zuletzt in einem Strafmandat über zu schnelles Reiten aus dem Jahr 1858. Auch andere Überlieferungen zeigen, dass das »offizielle« Bild von der Person Alfred Krupp unvollständig ist: Entgegen seinen eigenen, an einer protestantischen Arbeitsethik orientierten Bekundungen war er auch heiteren und eher weltlichen Dingen durchaus zugetan. Aus seiner Feder stammen Gedichte, liebevolle Briefe an seine Frau Bertha, zum Teil in italienischer Sprache, sowie humoristische Zeichnungen. Zu erinnern ist auch an die lange vergessene Tatsache, dass der junge Alfred Krupp Vater eines unehelichen Kindes wurde – eine Angelegenheit, die durch die Zahlung von 300 Talern »geregelt« wurde.

Der Aufstieg der Firma Fried. Krupp beruhte vor allem auf der Omnipräsenz Alfred Krupps in allen Bereichen der Firma. In den 1860er-Jahren aber nahm diese Präsenz aufgrund der zunehmenden Betriebsgröße und einer Verschlechterung seines Gesundheitszustandes ab. Die Auswirkung der Wirtschaftskrise zu Beginn der 1870er-Jahre verstärkte diese Entwicklung. Hinzu kam der Umzug der Familie in die Villa Hügel im Süden von Essen. Eine komplette Ablösung von der Firma erfolgte trotz aller Krankheit und Belastung nicht; dies manifestiert sich in einer beachtlichen Anzahl schriftlicher Anweisungen unter anderem auf kleinen Notizzetteln. Ein Einschnitt war die Trennung von seiner Frau und deren Auszug aus dem gemeinsamen Haus 1882. Da auch das Verhältnis zu seinem Sohn lange Zeit belastet war, verbrachte Alfred Krupp die Jahre bis zu seinem Tod am 14. Juli 1887 weitestgehend vereinsamt auf seinem riesigen »Fabrikschloss« auf dem Hügel über der Ruhr. FK

3.2.1

3.2.1
Alfred Krupp
Ovalbildnis eines unbekannten Künstlers, um 1865/80 | Öl auf Leinwand | 83 x 73 x 8 cm | Ruhr Museum, Essen
Alfred Krupp unternahm 1838/39 eine ausgedehnte Studienreise nach England. Als Ausdruck seiner Bewunderung für dieses Land und die englische Lebensweise änderte er seinen Taufnamen Alfried in Alfred.

Das ovale Gemälde zeigt sein Porträt nahezu in Frontalansicht. Der Eigentümer der Gussstahlfabrik ist im Alter von etwa 55 bis 60 Jahren mit bereits grauem Kinn- und Backenbart, aber noch dunklem Haupthaar und in einem hochgeschlossenen Gehrock dargestellt. Sein Blick ist ernst und fest auf den Betrachter gerichtet. Auch die scharfgratige, schmale Nase unterstreicht den entschlossenen Charakter, den das Porträt – offenbar eine Auftragsarbeit – zu vermitteln sucht. Im Bestand der Villa Hügel befindet sich ein weiteres, fast identisches Ovalporträt Alfred Krupps.

3.2.2
Mathematikheft des Gymnasiasten Alfried (Alfred) Krupp
»Reinheft für A. Krupp«, Essen, 1825 | Handschrift, Papier, Karton | 22,5 x 20 x 1 cm | Historisches Archiv Krupp, Essen | FAH 2 D 23
Nach dem Tod seines Vaters 1826 verließ Alfred Krupp mit 14 Jahren das königliche Gymnasium am Burgplatz in Essen und arbeitete in der Firma, deren offizielle Eigentümerin seine Mutter war.

3.2.3
Lateinschulbuch Alfred Krupps
I.H.P. Seidenstücker: »Elementarbuch der lateinischen Sprache«, Hamm und Leipzig: Schulz und Wundermann, 1821 | Druck, Papier | 18 x 11,5 x 5 cm | Historisches Archiv Krupp, Essen | FAH 1 L 111
Auf dem Buchdeckel befindet sich ein aufgeklebtes Etikett mit dem (falsch geschriebenen) Taufnamen »Allfried Krupp«.

3.2.4
Brief des Oberförsters Griesenbeck an die Witwe Krupp
Essen, 24. November 1826 | Handschrift, Papier | 33 x 20,5 cm | Historisches Archiv Krupp, Essen | FAH 1 B 28. 8-14
In dem Brief führt Griesenbeck eine lange Beschwerde gegen das »herrschaftliche« Auftreten des erst 14-jährigen Alfred Krupp. Kaum seien die Gebeine seines Vaters zur letzten Ruhe gebettet, so der Oberförster, da wolle der Sohn schon eine Herrschaft gegen einen der ältesten Freunde seines Vaters ausüben. Die Beschwerde ist ein seltenes Zeugnis aus dem Alltagsleben für das selbstbewusste Auftreten des noch sehr jungen Alfred Krupp. Es spiegelt dessen persönliche Eigenheiten, die zu einem großen Teil durch die früh übernommene Verantwortung für den väterlichen Betrieb geprägt wurden.

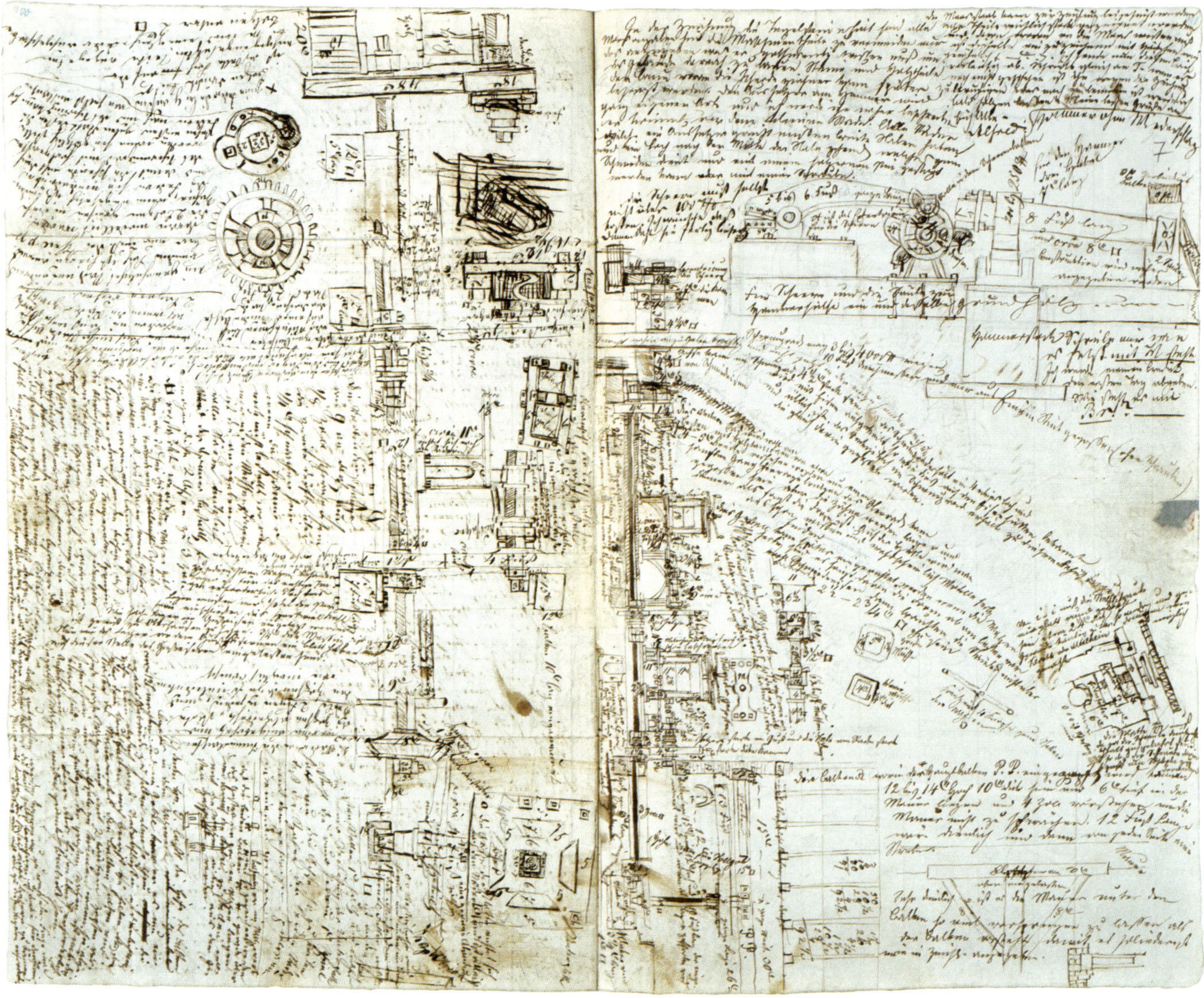

3.2.7

3.2.5

Großjährigkeitserklärung für Alfred und Hermann Krupp

Königl. Preuß. Land- und Stadtgericht, Essen, 9. Dezember 1834 | Handschrift, Papier, mit Gebührenstempel und Papiersiegel | 33 x 21,5 cm | Historisches Archiv Krupp, Essen | FAH 2 D 2

Nach dem Allgemeinen Preußischen Landrecht galt die Volljährigkeit erst ab dem 24. Lebensjahr. Sie war Voraussetzung für die Zulassung zur Kaufmannschaft. Mit der »Großjährigkeitserklärung« wurden Alfred zwei Jahre und Hermann Krupp vier Jahre früher als üblich volljährig. Nach »legaler« Untersuchung hob das Königlich-preußische Stadt- und Landgericht Essen die bisherige Vormundschaft auf und erklärte die beiden Brüder für großjährig, weil dies »ihrem wahrem und dauernden Wohle zuträglicher sein werde.«

3.2.6

Kommissionsbuch von Reisen nach Frankreich, Italien, Österreich und in Deutschland

Alfred Krupp, 1830–1859 | Handschrift, Papier, Kartoneinband mit Lederecken | 25 x 20,5 x 5 cm | Historisches Archiv Krupp, Essen | FAH 2 A 78

Alfred Krupp bereiste Deutschland und viele europäische Staaten auf der Suche nach Abnehmern für seine Waren. Das Kommissionsbuch lässt die Entwicklung der Auftragslage erkennen: Aus Geschäften im Stil eines Handlungsreisenden wurde die Akquisition größerer Aufträge und der Aufbau einer Verkaufsorganisation, zu der auch ständige Auslandsvertreter zählten.

3.2.7
Entwurf Alfred Krupps für ein Silberwalzwerk in Petersburg

Alfred Krupp, England, 17. Januar 1839 | Handschrift mit Skizzen, Papier, Doppelblatt | 38 x 47 cm | Historisches Archiv Krupp, Essen | FAH 2 B 193

Bereits 1818 hatte das russische Finanzministerium acht Münzprägestempel bei Krupp bezogen. Ein größerer Auftrag war dann die Lieferung eines kompletten Walzwerkes nach Petersburg für die Produktion von Löffeln im Jahr 1848. Wie üblich, zeichnete Alfred Krupp auch hier den ersten Entwurf eigenhändig; das Blatt geht in seiner immensen Textfülle und der Vielzahl der einzelnen Skizzen aber weit über alle anderen Entwürfe hinaus. Es entstand in geheimer Arbeit während eines Aufenthalts in England.

3.2.8
Entwurfsskizzen Alfred Krupps für ein Walzgerüst

Alfred Krupp, 1836/37 | Skizzen mit handschriftlichen Erläuterungen, Papier | je 32 x 19,8 cm | Historisches Archiv Krupp, Essen | FAH 2 A 8.80

3.2.9
Konstruktionszeichnungen Alfred Krupps für den »Hammer Fritz«

Alfred Krupp, 1859 | Konstruktionszeichnungen auf Millimeterpapier, 1:48 | 67 x 97,5 cm | Deutsches Museum – Archiv, München | TZ 020000

Der Entwurf des Dampfhammers Fritz belegt die technische Begabung Alfred Krupps und sein großes, autodidaktisch erworbenes Wissen. Unklar ist, ob bei der Namensgebung sein Vater oder sein Sohn Pate standen. Die Leistungsfähigkeit des 50 Tonnen schweren, 1861 realisierten Hammers war seiner Zeit weit voraus. Was die Bewunderer Krupps als Weitsicht titulierten, war für kritische Zeitgeister Ausdruck für seinen Hang zur Gigantomanie. Zwölf Kessel waren zur Dampferzeugung erforderlich und der benötigte Schornstein überragte mit 72 Metern Höhe das Fabrikgelände und die gesamte Stadt. Er diente als Aussichtspunkt für die von Alfred Krupp beauftragte Fotodokumentation der Werksanlagen.

Erst 16 Jahre später wurde bei Schneider-Creuzot in Frankreich mit 80 Tonnen Fallgewicht ein größerer Hammer gebaut. 1911 wurde der »Hammer Fritz« stillgelegt und von hydraulischen Schmiedepressen abgelöst, die bereits seit den 1870er-Jahren auch auf den Krupp-Werken zum Einsatz kamen.

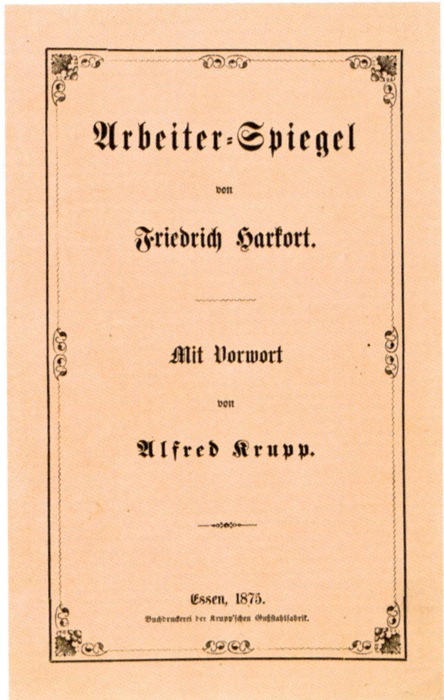

Arbeiter-Spiegel
von
Friedrich Harkort.
Mit Vorwort
von
Alfred Krupp.
Essen, 1875.
Buchdruckerei der Krupp'schen Gußstahlfabrik.

3.2.10

3.2.10
»Arbeiter-Spiegel«

Friedrich Harkort, mit einem Vorwort von Alfred Krupp, Buchdruckerei der Krupp'schen Gussstahlfabrik, Essen 1875 | Druckschrift, Papier, 16 Seiten | 22 x 12,1 cm | Historisches Archiv Krupp, Essen | S2 FK 8.4/5+1

Harkort wandte sich in seiner letzten sozialpolitischen Schrift an die Arbeiter, um sie vor Streiks zu warnen. Er entwarf ein Ethos von der »Ehre der Arbeit« und stellte dem Klassenkampfgedanken ein Leben in Ehre und Zufriedenheit innerhalb des eigenen Standes entgegen. Die Schrift und ihre Verteilung durch Alfred Krupp stand in enger Beziehung zu den wirtschaftlichen Entwicklungen in Folge der Gründerkrise, die auch die Firma Krupp an den Rand des Ruins gebracht hatte. Einen Grund für die schlechte wirtschaftliche Situation sah Krupp darin, dass in Zeiten der Hochkonjunktur die Löhne »maßlos« nach oben geschraubt worden seien – ein Argument, das die Grundlage für die Ankündigung von Lohnkürzungen lieferte.

3.2.11
Gesuch der Firma Fried. Krupp auf Vereidigung der Arbeiter auf die Wahrung von Fabrikgeheimnissen

Preußische Regierung, Düsseldorf, 1835 | Urkunde (Reproduktion) | Haus der Essener Geschichte / Stadtarchiv | 952/0 (Alt-S.: A1/13)

Mit Maßnahmen wie diesem Gesuch an die preußische Regierung in Düsseldorf suchte Alfred Krupp sein »Geheimnis« der Tiegelstahlherstellung zu wahren und sich vor Nachahmern und Werksspionage zu schützen.

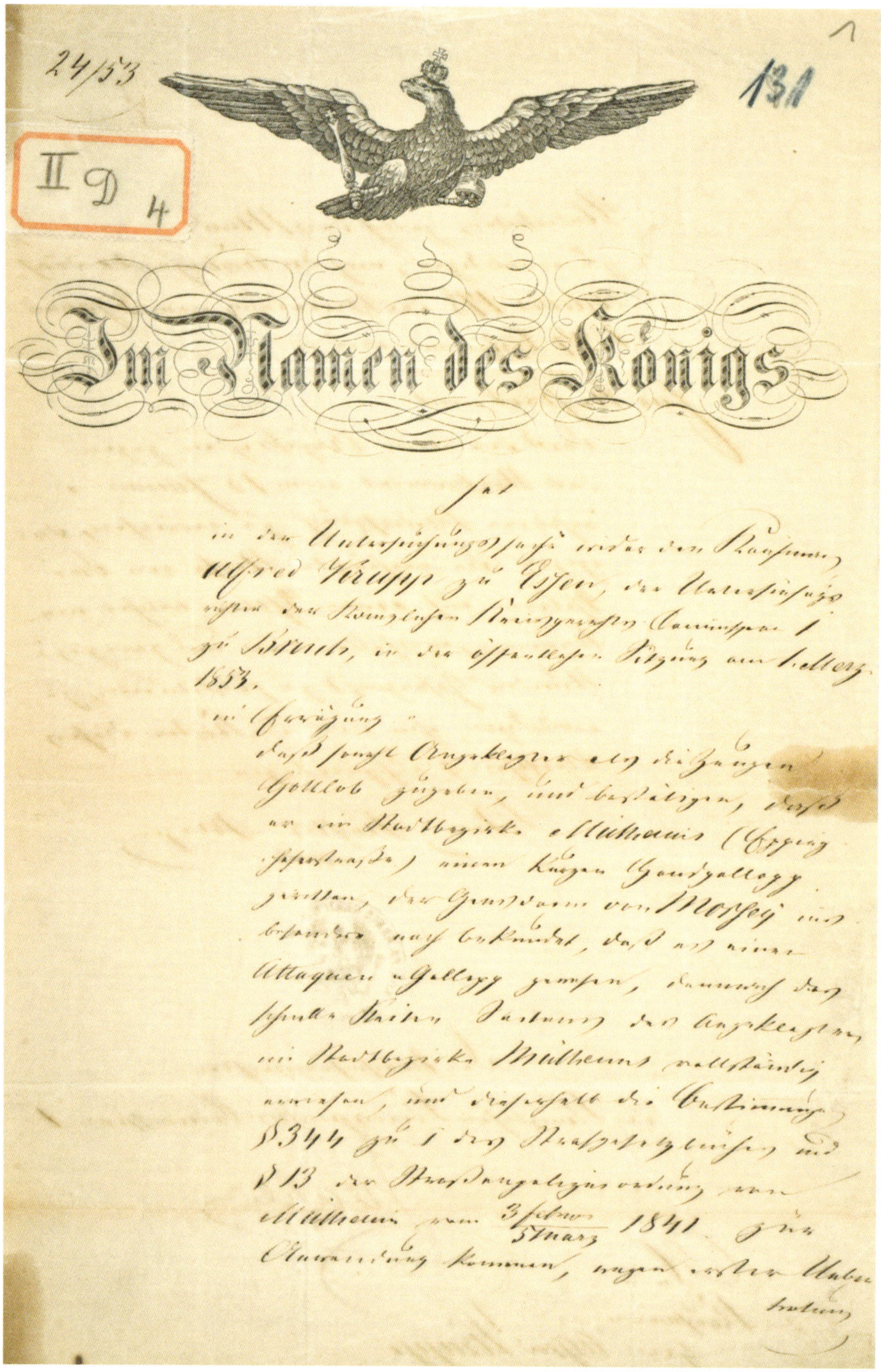
Im Namen des Königs

3.2.13

3.2.12

Mitteilungen, Gedichte, Sprüche und Skizzen Alfred Krupps

Zettelkonvolut, 1883 | Papier | 15,4 x 20,5 cm | Ruhr Museum, Essen

Ein besonderes Merkmal Alfred Krupps war seine Graphomanie, seine »Schreibwut«. Er verfasste eine Unzahl von Briefen, Mitteilungen und Hunderte von Zetteln, auf denen er seine Gedanken festhielt oder Anweisungen für sein Haus oder seine Firma gab.

3.2.13

Gerichtliche Bestätigung eines »Strafmandats« gegen Alfred Krupp wegen Reitens eines »Attaquen«-Galopps im Stadtbezirk von Mülheim

Königlich Preußische Kreisgerichtskommission zu Broich, Mülheim an der Ruhr, 1. März 1853 | Handschrift auf Vordruck, Papier | 34 x 21 cm | Historisches Archiv Krupp, Essen | FAH 2 D 4

Alfred Krupp hatte Widerspruch gegen das Strafmandat und das Bußgeld von drei Talern eingelegt. Das Gericht setzte das Bußgeld auf einen Taler herab, übertrug ihm aber die Kosten des Verfahrens.

3.2.14

Brief Alfred Krupps an seine Frau in italienischer Sprache

Essen, 13. Dezember 1880 | Handschrift, Papier, Umschlag mit Lacksiegel Alfred Krupps | 22 x 17 cm und 16,5 x 20,5 cm | Historisches Archiv Krupp, Essen | FAH 2 D 12.35+36

Um der Luftverschmutzung und Lärmbelastung im industriellen Essen zu entgehen sowie aufgrund des angespannten Verhältnisses zu ihrem Mann, verbrachte Bertha Krupp mit dem gemeinsamen Sohn, der immer wieder kränkelte, viel Zeit in Italien. Alfred Krupp schrieb ihr aus Essen, sogar auf Italienisch. In diesem Brief im Stil der romantischen Liebe erinnert er an ihren ersten Geburtstag vor 48 Jahren. Aus gesundheitlichen Gründen wurden auch seine eigenen Aufenthalte in klimatisch angenehmeren Ländern wie Italien immer häufiger.

3.2.15

Humoristische Skizzen Alfred Krupps

undatiert

a) »Musterschule für junge Künstler«
Bleistiftskizze, Papier | 20,5 x 27 cm

b) »Karl, mir is, as wenn bei Kruppen was bröllt«
Tintenfederskizze auf Pergaminpapier | 22 x 28,5 cm

Historisches Archiv Krupp, Essen | FAH 2 D 13 a 5 und FAH 2 D 13 a 37

3.2.16

Zeichnung und Gedicht »Ein kleines Haus mit Wein umrankt inmitten grüner Flur ...«

Alfred Krupp, um 1880/90 | Handschrift, Papier | 20 x 16 cm | Historisches Archiv Krupp, Essen | FAH 2 D 12.2

Romantisch überhöht versetzt Alfred Krupp das Stammhaus seiner Familie in eine idyllische Landschaft mit Bergen, Brunnen und Kapelle. Der Text des Gedichtes lautet: »Ein kleines Haus mit Wein umrankt inmitten grüner Flur bringt Heil dem Herzen, das erkrankt, dem Alter, das am Stabe wankt; denn Ruhe und Natur, das ist die beste Kur. Gibt's Besseres wohl hienieden als Frieden?« Diese Darstellung läuft der sonst üblichen Präsentation des Stammhauses als Ikone der Familien- und Fabrikgeschichte aus kleinsten Anfängen völlig zuwider.

3.2.17

Gutachten des Geheimrats und Arztes Dr. Sarrazin über den Gesundheitszustand Alfred Krupps

1. Juni 1885 | Handschrift, Papier, 11 Seiten | 33 x 21 cm | Historisches Archiv Krupp, Essen | FAH 2 D 202

Der Arzt diagnostizierte bei dem 73-Jährigen, der bis vor kurzem noch »stark im Tragen, mit sehr starkem Kreuz und gerader Haltung, der stundenlang Trab und Gallop ritt« und eine äußerst gesunde Lebensweise pflegte, einen chronisch gewordenen Rachenkatarrh.

3.2.18

Aufbahrung Alfred Krupps im Stammhaus

Fotografie, 1887 | Ruhr Museum, Essen | 62 Kr (E) C 127

3.2.19

Todesanzeige für Alfred Krupp

Friedrich Alfred Krupp, 15. Juli 1887 | Druck, Papier, mit handschriftlicher Ergänzung des Geburtsdatums | 28,5 x 22,2 cm | Stiftung Westfälisches Wirtschaftsarchiv, Dortmund | N 13

3.2.20

Gedenkmünze zum Tod von Alfred Krupp, hg. von der Fried. Krupp AG Essen

Albert Scharff (1845–1903), Wien, 1887 | Bronze | Dm 11 cm, T 0,56 cm | Ruhr Museum, Essen | Me 368

3.2.21

Gedenkmünze für Alfred Krupp, hg. von der Fried. Krupp AG Essen

Albert Holl (1890–1970), Schwäbisch Gmünd, 1887 | Feinsilber 1000 | Dm 4,2 cm | Ruhr Museum, Essen | Me 517

3.3. Friedrich Alfred Krupp

Am 17. Februar 1854 wurde Alfred und Bertha Krupp in Essen der ersehnte Stammhalter geboren. Friedrich Alfred, der die Namen der ersten beiden Firmeninhaber erhielt, litt schon als Kind an Asthma und Rheuma und war eher zurückhaltend und introvertiert. Dementsprechend schwierig gestaltete sich das Verhältnis zum Vater, der hohe Erwartungen an seinen Nachfolger stellte. Zudem litt er an der zunehmenden Entfremdung zwischen seinen Eltern. Im Unterschied zum Vater, der die Schule bereits als 14-Jähriger zur Übernahme der Firma verlassen hatte, zeigte Friedrich Alfred große schulische, vor allem naturwissenschaftliche Interessen.

Auf Wunsch des Vaters trat er nach dem Abitur in die Firma ein und brach, nachdem er 1882 Mitglied der »Prokura«, des Führungsgremiums der Firma, geworden war, nach nur einem Semester ein Chemiestudium an der Technischen Hochschule Braunschweig ab. Im gleichen Jahr heiratete er Margarethe von Ende; mit ihr bekam er die Töchter Bertha und Barbara. Nach dem Tod des Vaters übernahm er 1887 die Leitung der Firma. Entgegen allen Erwartungen erfüllte er diese Rolle als aktiver Gestalter der Firmengeschicke. Die von Alfred Krupp begonnene »horizontale« Ausweitung der Firma setzte er durch Zukauf oder Gründung verwandter Firmen in »vertikaler« Richtung fort. Vor allem aber betrieb er die wissenschaftliche Verbesserung der Produktion und erreichte damit den Einstieg der Firma in neue, forschungsgestützte Wirtschaftsformen. Im Unterschied zu seinem Vater betätigte sich Friedrich Alfred auch in der Politik. Er war Mitglied des Preußischen Staatsrates und des Preußischen Herrenhauses sowie fraktionsloses Mitglied des Reichstages. Zudem verbanden ihn mit Kaiser Wilhelm II. wirtschaftliche Interessen in der Rüstungs- und Flottenbaupolitik und als gemeinsamen Mitgliedern im Kaiserlichen Kieler Yachtclub auch private Vorlieben.

Friedrich Alfred positionierte die Firma geschickt in der im Zeitalter des Imperialismus zunehmend globalisierten Welt. Er vertrieb die Krupp'schen Produkte weltweit und erhielt zahlreiche Ehrungen und Diplome. Die betriebliche Sozialpolitik seines Vaters setzte er fort, beharrte aber ebenso wie dieser auf dem »Herr im Hause-Standpunkt« und stützte die Unternehmensstruktur mit Angeboten zur Erziehung und Bildung. So gründete er 1899 eine Krupp'sche Bücherhalle und einen Krupp'schen Bildungsverein. Darüber hinaus betätigte er sich als großzügiger Mäzen der Künste und Wissenschaften. In den letzten Lebensjahren zog er sich weitgehend aus dem operativen Geschäft zurück und widmete sich in seinem Refugium Capri seinen wissenschaftlichen Interessen. Von dort aus wurden Gerüchte um seine angebliche Homosexualität verbreitet, die der sozialdemokratische »Vorwärts« zum Skandal machte. Als er unter mysteriösen Umständen am 22. November 1902 als reichster Mann Deutschlands starb, hatte er in nur 15 Jahren die Beschäftigtenzahl verdoppelt, den Umsatz verdreifacht und das Unternehmen Krupp zur Weltfirma gemacht. HTG

3.3.1

Friedrich Alfred Krupp in seinem Arbeitszimmer

Gemälde von Ludwig Noster, 1896 | Öl auf Leinwand | 114 x 156 x 7,5 cm (m. R.) | Historisches Archiv Krupp, Essen | S 4/182

Das Ölgemälde des Berliner Hofporträtmalers Ludwig Noster zeigt Friedrich Alfred Krupp auf dem Höhepunkt des Schaffens in seinem Arbeitszimmer auf Villa Hügel. Der Künstler hat das Bild unten rechts signiert: »L. Noster nach dem Leben auf dem Hügel 1896«. Ludwig Noster (1859–1910) studierte an der Berliner Kunstakademie und wurde 1888 zum Hofmaler, 1906 zum Akademieprofessor in Berlin ernannt. Er wurde vor allem durch offiziöse Bildnisse von Kaiser Wilhelm II. bekannt. Friedrich Alfred Krupp erteilte ihm mehrfach Porträtaufträge und half ihm durch Empfehlungen und Fürsprachen. Nosters Bitte, Krupp möge seine Kontakte spielen lassen, um ihn bei Kaiser Wilhelm II. für den Professorentitel vorzuschlagen, war offensichtlich von Erfolg gekrönt.

3.3.2

Asthmarezept für Fritz

Fa. A. Q. Tucker, London, um 1900 | Druck, mit handschriftlichen Einträgen, Papier | 20,5 x 12,4 cm | Historisches Archiv Krupp, Essen | FAH 3 D 20.171

Friedrich Alfred Krupp war ein kränkliches Kind, das von Klein auf an Asthma und Anfällen von Gelenkrheumatismus litt. Eventuell war dies auch eine Folge des Umstandes, dass er auf dem Gelände der Gussstahlfabrik aufgewachsen war und ständig deren giftige Luft eingeatmet hatte. Durch seine angeschlagene Gesundheit schien er den künftigen Anforderungen als Firmenchef nicht gewachsen zu sein, was das Verhältnis zu seinem Vater belastete. Die Bestellung dieses Asthmamittels bei der Fa. A. Q. Tucker, General Manager, in 51, Holborn Viaduct, London, trägt den handschriftlichen Zusatz »für F. Krupp bestellt«.

3.3.1

3.3.3

Zeugnis für das achte Schuljahr des Gymnasiums zu Essen

1870 | Druck, Papier, mit handschriftlichen Einträgen | 25 x 39,4 cm | Historisches Archiv Krupp, Essen | FAH 3 D 20.21a

Aufgrund seiner schlechten Gesundheit konnte Friedrich Alfred Krupp nur unregelmäßig die Schule besuchen und wurde meist von Hauslehrern unterrichtet. Das Essener Gymnasium besuchte er deshalb nur etwa zwei Jahre. Trotz seiner Begeisterung für die Naturwissenschaften und seine späteren guten Kenntnisse weist das Zeugnis der achten Klasse in Naturkunde nur ein »teilweise befriedigend« aus.

3.3.4
»Militär-Pass des einjährig-Freiwilligen Friedrich Alfred Krupp«

1877 | Druck mit handschriftlichen Einträgen, Karton, Papier | 14 x 9 cm | Historisches Archiv Krupp, Essen | FAH 3 D 20.39

Der Militär-Pass von Friedrich Alfred Krupp lässt erkennen, dass er sich am 1. Oktober 1877 freiwillig beim Königlich 3. Badischen Dragoner-Regiment hatte einziehen lassen und fünf Tage später vereidigt wurde. Wohl aus gesundheitlichen Gründen wurde er aber schon am 7. November desselben Jahres in die Ersatzreserve nach Essen entlassen.

3.3.5
Verlobungsanzeige Friedrich Alfred Krupps mit Margarethe Freiin von Ende

Mai 1882 | Karton, 2 Seiten | 17 x 14 cm | Historisches Archiv Krupp, Essen | FAH 3 D 20.55a

Die Verbindung zwischen Friedrich Alfred Krupp und Margarethe von Ende war ein weiterer Konfliktpunkt im Verhältnis zwischen Vater und Sohn. Alfred Krupp war gegen die Hochzeit mit einer Adeligen und verhinderte sie jahrelang. Erst mit dem Eintritt in die Prokura erhielt Friedrich Alfred die Erlaubnis und verlobte sich wenige Wochen später.

3.3.6
Aufnahmezeugnis an der »Carolo-Wilhemina«, der Herzoglichen technischen Hochschule zu Braunschweig

Braunschweig, 2. Mai 1882 | Papier | 32,5 x 20 cm | Historisches Archiv Krupp, Essen | FAH 3 D 20.54

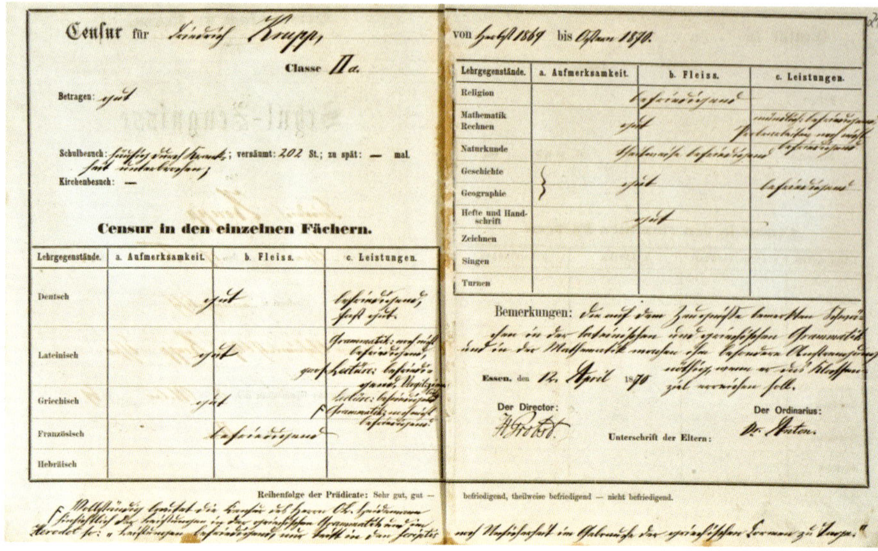
Censur für Friedrich Krupp, Classe IIa. von Herbst 1869 bis Ostern 1870.
Betragen: gut
Schulbesuch: ... ; versäumt: 202 St.; zu spät: — mal.
Kirchenbesuch: —
Censur in den einzelnen Fächern.

Lehrgegenstände	a. Aufmerksamkeit	b. Fleiss	c. Leistungen
Deutsch		gut	
Lateinisch		gut	
Griechisch		gut	
Französisch			
Hebräisch			

Lehrgegenstände	a. Aufmerksamkeit	b. Fleiss	c. Leistungen
Religion			
Mathematik Rechnen		gut	
Naturkunde			
Geschichte		gut	
Geographie			
Hefte und Handschrift		gut	
Zeichnen			
Singen			
Turnen			

Bemerkungen:
Essen, den 12. April 1870
Der Director:
Unterschrift der Eltern:
Der Ordinarius:
Reihenfolge der Prädicate: Sehr gut, gut — befriedigend, theilweise befriedigend — nicht befriedigend.

3.3.3

Auch das Studium der Chemie an der technischen Hochschule zu Braunschweig stand unter keinem günstigen Stern und blieb eine Episode im Leben von Friedrich Alfred Krupp. Nach der Erlangung der Hochschulreife hatte er Ingenieurwissenschaften mit dem Schwerpunkt Hüttenkunde studieren wollen, was ihm sein Vater jedoch jahrelang verwehrte. Erst 1882 schrieb er sich im Sommersemester an der Technischen Hochschule Braunschweig ein. Bereits

3.3.4

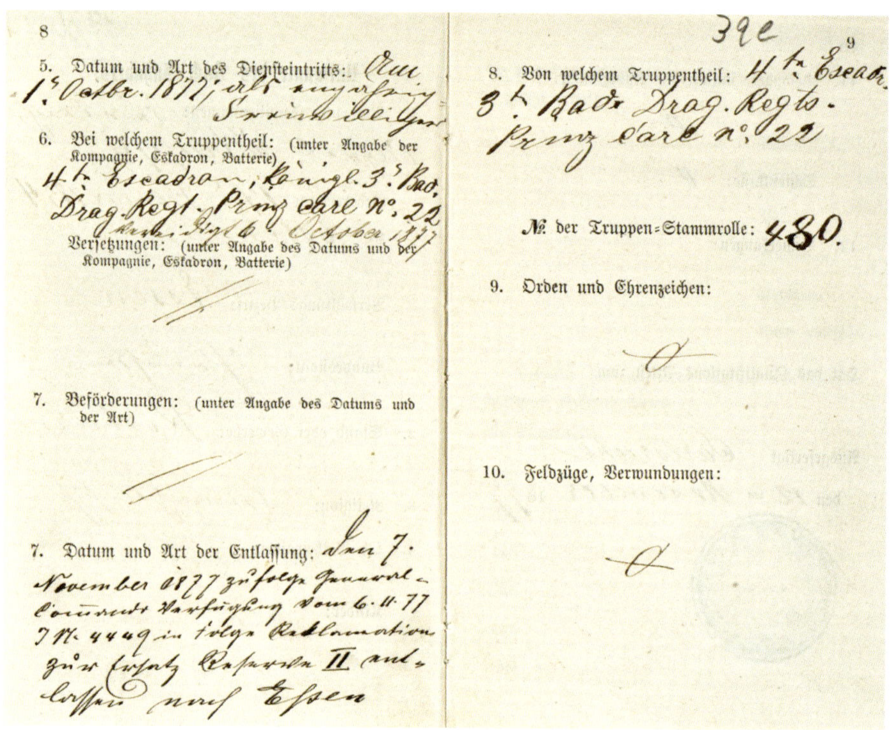
8
5. Datum und Art des Diensteintritts: Am 1. Octbr. 1877 als ... Freiwilliger
6. Bei welchem Truppentheil: (unter Angabe der Kompagnie, Eskadron, Batterie) 4. Escadron, Königl. 3. Bad. Drag. Regt. Prinz Carl No. 22
Versetzungen: (unter Angabe des Datums und der Kompagnie, Eskadron, Batterie)
7. Beförderungen: (unter Angabe des Datums und der Art)
7. Datum und Art der Entlassung: Den 7. November 1877 ...
9
8. Von welchem Truppentheil: 4. Escadr. 3. Bad. Drag. Regts. Prinz Carl No. 22
№ der Truppen-Stammrolle: 480.
9. Orden und Ehrenzeichen:
10. Feldzüge, Verwundungen:

3.3.7 c

nach einem Semester musste er das Studium abbrechen, da sein zeitgleicher Eintritt in die Prokura des Krupp-Unternehmens dafür keinen Spielraum mehr ließ.

3.3.7
Drei Cartes de visite von Friedrich Alfred Krupp

a) Fotografie, Atelier Schulz & Suck, Karlsruhe, 1870er-Jahre | Druck, Karton | 10,3 x 6,4 cm
b) Fotografie, Atelier Carl Westenoorp, Köln, 1880er-Jahre | Druck, Karton | 10,1 x 6,4 cm
c) Fotografie, Atelier Reichard & Lindner, Berlin, 1890er-Jahre | Druck, Karton | 16,6 x 10,8 cm
Ruhr Museum, Essen | 3001/90, 3002/90, 3003/90

Die drei Visitenkarten illustrieren die unterschiedlichen Lebensphasen von Friedrich Alfred Krupp als junger Soldat in den 1870er-Jahren, als aufstrebender Unternehmer in den 1880er- und als gesetzter Konzernchef in den 1890er-Jahren.

3.3.8
Aufnahme Friedrich Alfred Krupps in die Prokura

Alfred Krupp, 28. April 1882 | Druck mit handschriftlichen Zusätzen, Papier | 27 x 22 cm | Historisches Archiv Krupp, Essen | FAH 3 D 20.61

Mit der Aufnahme Friedrich Alfred Krupps, die sicherlich auch dem Alter und der gesundheitlichen Verfassung des Vaters, vielleicht auch der Trennung der Eltern geschuldet war, änderte sich seine Stellung grundsätzlich und es begann die zweite Phase in seinem Leben. Von nun an war er der von seinem Vater zumindest formal anerkannte Nachfolger, der nach dessen Tod im Jahr 1887 die Position des Alleininhabers selbstbewusst und zunehmend erfolgreich ausfüllte.

3.3.9
Ordensdiplom zum Kronenorden »Crown of Siam« für F.A. Krupp

1897 | Urkunde, Handschrift und Stempel auf Papier | 40 x 25 cm | Historisches Archiv Krupp, Essen | FAH 3 B 27.39

Nach dem Eintritt Friedrich Alfred Krupps in die Prokura war er zunächst in »quasidiplomatischen« Aktivitäten im Ausland tätig. Hier holte er sich die internationale Erfahrung, um nach Übernahme der Firma die Exporte in Nicht-Industriestaaten in Asien und Südamerika zu steigern. Der Absatz meist von Rüstungsgütern in die außereuropäischen Krisenregionen des imperialistischen Zeitalters brachte ihm zahlreiche Ehrungen und Ordensdiplome ein – unter anderem das Großkreuz des Kronenordens des Königreichs Siam, dem späteren Thailand.

3.3.10
Ordensdiplom zum russischen St. Annen-Orden für F.A. Krupp

1891 | Druck in kyrillischer Schrift, mit handschriftlichen Einträgen, Papier | 48 x 30 cm | Historisches Archiv Krupp, Essen | FAH 3 B 27.49

Russland war eines der wenigen Länder, in das die Firma Krupp in den 1880er-Jahren sowohl zivile als auch Rüstungsgüter lieferte, da es in keinem Bündnissystem gegen das Deutsche Reich stand. Das Zarenreich dankte dies Friedrich Alfred durch die Verleihung des Russischen St. Annen-Ordens.

3.3.11
Aufruf zur Wahl von F.A. Krupp

W. Girardet, Essen, 21. Februar 1887 | Druck, Papier | 25 x 28 cm | Historisches Archiv Krupp, Essen | FAH 3 D 39.21

Im Unterschied zu seinem Vater, der zwar immer die Nähe zum Staat gesucht und Geschäfte mit diesem gemacht, eine direkte politische Teilnahme aber stets abgelehnt hatte, ging Friedrich Alfred als Reichstagsabgeordneter in die Politik. Der Wahlaufruf bezeugt seine Kandidatur für die Reichstagswahl 1887, in der er jedoch – noch relativ unbekannt und im Schatten seines Vaters – einem Mitbewerber der Zentrumspartei unterlag. Bei einem erneuten Anlauf 1893 war er jedoch erfolgreich und zog als parteiloses Mitglied der freikonservativen Fraktion, der früheren Partei Bismarcks, in den Reichstag ein. Obwohl er dort keine große Rolle spielte, zog er sich durch seine direkte Teilnahme die Aufmerksamkeit der politischen Gegner, vor allem der Sozialdemokratie, zu.

3.3.10

Нашій Фердинандъ I
По милость Божия и волята Народна
Князь на България
Въ знакъ на НАШЕТО особенно благоволение, награждаваме Господина Ф. А. Крупъ, Кралевско Пруски Таенъ Комерций Совѣтникъ
съ НАШИЙ ОРДЕНЪ НА СВ. АЛЕКСАНДРЪ
Първа I степень.
Заповѣдваме да му са даде настоящата грамота скрепена съ печата и Собственноръчния Ни подпись.
Гр. София 17 Мартъ 1891 год.
№ 153
Канцлеръ на Българскитѣ Ордени:
[illegible]

3.3.12

Ordensdiplom zur Erinnerungsmedaille auf den 100. Geburtstag Wilhelms I. für F.A. Krupp

22. März 1897 | Druck mit handschriftlichen Einträgen, Papier | 24,5 x 29 cm | Historisches Archiv Krupp, Essen | FAH 3 B 27. 15

Die Nähe der Firma zur Obrigkeit und vor allem zum preußischen Kaiserhaus bezeugt eine Reihe von Orden und Erinnerungsmedaillen, welche die Krupps erhielten. So verlieh Kaiser Wilhelm II. Friedrich Alfred Krupp 1897 die Erinnerungsmedaille zum 100. Geburtstag seines Vaters »aus erbeuteter Bronze«.

3.3.13

Roter Adlerorden Zweiter Klasse mit Krone und Eichenlaub, in Kassette

1902 | Metall, Email, rote Kassette mit Goldprägung, Samt; Textilband | Kassette: 11,4 x 7,8 x 2,7 cm | Historisches Archiv Krupp, Essen | S 4/43

3.3.13

Der Orden mit Krone und Eichenlaub sowie dem roten Preußischen Adler an einem weiß-schwarzem Ordensband ist nur eine von zahlreichen Ehrungen, die Kaiser Wilhelm II. Friedrich Alfred Krupp zukommen ließ. Nach dessen Antrittsbesuch 1887 in Berlin besichtigte Wilhelm II. die Gussstahlfabrik im Sommer 1890 und kehrte von da an im zweijährigen Turnus wieder. Bei einem Besuch im Oktober 1900 ernannte er Krupp zum »Wirklichen Geheimen Rat«, womit die Anrede »Exzellenz« verbunden war. Am 18. Januar wurde ihm der Rote Adlerorden Zweiter Klasse verliehen. Im Jahre 1876 hatte schon Alfred Krupp diesen Orden von Kaiser Wilhelm I. erhalten.

3.3.14

Ehrenbürgerbrief der Stadt Essen für Friedrich Alfred Krupp

Tony Avenarius, Köln 1889 | Zeichnung, aquarelliert, Papier, Pappe, blauer Samteinband | 39 x 27 cm | Historisches Archiv Krupp, Essen | FAH 3 B 20.1-4

Mit Friedrich Alfred Krupp erreichte die Bedeutung der Firma Krupp für die Stadt Essen einen Höhepunkt. Die Vaterstadt dankte ihm die wirtschaftliche Leistung, aber auch seine mäzenatische Haltung mit der Verleihung der Ehrenbürgerschaft an ihn und seine Frau Margarethe bereits im Jahr nach der Firmenübernahme und der Vermählung – sicherlich auch in der Erwartung weiterer Wohltaten.

Die Darstellung auf der Urkunde zeigt oben ein Bildnismedaillon von Alfred Krupp, gerahmt von seinen Tugenden Arbeit und Erfindergeist – »Labor« und »ingenium«. Im Zentrum steht die allegorische Gestalt der Germania, links davon eine frühe Fabrikansicht mit dem Stammhaus, rechts die Fabrik um 1888. Des weiteren sind Arbeiter mit Kindern und Frauen sowie Krupp'sche Produkte zu erkennen. Der untere Teil zeigt eine Stadtansicht mit dem Wappen von Essen.

3.3.14

3.3.15

Friedrich Alfred Krupp auf einem Schiff vor Capri

Fotografie, um 1900 | Historisches Archiv Krupp, Essen | F 24/44

Von den politischen Auseinandersetzungen vor allem um seine Rüstungsgeschäfte zermürbt und angesichts der Spannungen in seiner Ehe zog sich Friedrich Alfred Krupp in den letzten Lebensjahren zunehmend auf die Mittelmeerinsel Capri zurück. Dort widmete er sich bei Tiefsee-Expeditionen im Golf von Neapel vor allem seinen wissenschaftlichen Interessen in der Meeresbiologie.

3.3.15

3.3.16

Ehrenbürgerurkunde der Stadt Capri für Friedrich Alfred Krupp

A. Girosi, Neapel, 2. November 1902 | Pergament | 54,5 x 40,7 cm | Historisches Archiv Krupp, Essen | FAH 3 B 13

Aufgrund seiner Verdienste für seine Wahlheimat verlieh der »Municipio di Capri« »Sua Eccelenza Federico Alfredo Krupp« 1902 die Ehrenbürgerrechte. In der prächtigen handgemalten Pergamenturkunde wird vor allem der von ihm finanzierte Bau der »Via Krupp« erwähnt, eine Serpentinenstraße von der Stadt Capri hinunter zur Küste, die auch im Bild festgehalten ist. Die Auszeichnung ist ein Hinweis darauf, dass Friedrich Alfred Krupp trotz der gegen ihn erhobenen Vorwürfe in seiner Wahlheimat außerordentlich angesehen war.

3.4.16

3.3.18

3.3.17

Todesanzeige für Friedrich Alfred Krupp

23. November 1902 | Papier | 28 x 21 cm | Historisches Archiv Krupp, Essen | FAH 3 D 20.121

Der überraschende Tod Friedrich Alfred Krupps wenige Tage nach kompromittierenden Artikeln über seinen Lebenswandel auf Capri bleibt mysteriös und letztendlich ungeklärt. Auf jeden Fall sind die vorausgehenden Attacken im sozialdemokratischen »Vorwärts« als Ergebnis der jahrelangen Auseinandersetzung um die Flottenbaupolitik und die Krupp'sche Rüstungspolitik zu sehen.

3.3.18

Mappe mit zwölf Fotografien zur Beisetzung von Friedrich Alfred Krupp am 26. November 1902

Fried. Krupp AG, Essen, 1902 | Karton, Textil, Papier | Mappe: 30,5 x 38 x 2 cm, Fotos: je 19 x 23 cm | Wehrtechnische Studiensammlung des Bundesamtes für Wehrtechnik und Beschaffung, Koblenz | 001 Nachlass Rausenberger, FA 87

Die Beisetzung Friedrich Alfred Krupps am 26. November 1902 in Anwesenheit des Kaisers hatte den Charakter eines Staatsbegräbnisses. Wilhelm II. folgte dem Weg des Sarges durch die Straßen der Stadt Essen und hielt am Bahnhof seine berühmte »Tischtuchrede«, in der er den Sozialdemokraten die Schuld am Tode Krupps gab und jede Zusammenarbeit mit ihnen aufkündigte. Welche Bedeutung das Ereignis im Krupp'schen Kosmos hatte, zeigt die repräsentative Fotomappe mit zwölf Aufnahmen der Beisetzung, die später an leitende Angestellte und Geschäftsfreunde verschenkt wurde.

3.4. Gustav Krupp von Bohlen und Halbach

Gustav von Bohlen und Halbach stand als eingeheirateter Krupp ein Leben lang unter dem Zwang, sich als »echter Krupp« beweisen zu müssen. Er wurde am 7. August 1870 in Den Haag geboren, studierte nach dem Abitur Rechtswissenschaften in Heidelberg und wurde 1893 zum Dr. jur. promoviert. Zum Legationsrat an der Preußischen Botschaft beim Vatikan ernannt, schien für den jungen Mann eine Laufbahn als Spitzendiplomat vorgezeichnet, bis er 1906 die erst 20-jährige Alleinerbin des Krupp-Konzerns, Bertha Krupp, kennenlernte. Die beiden heirateten am 15. Oktober 1906 in Gegenwart des kaiserlichen Trauzeugen Wilhelm II. Durch den so genannten »Namensvermehrungsbrief« des Kaisers durfte Gustav von Bohlen und Halbach seinem Familiennamen den Namen »Krupp« voranstellen.

Nach der Heirat trat er zunächst als einfaches Mitglied in den Aufsichtsrat der Firma ein und übernahm bis 1909 den Vorsitz des Gremiums. Der Branchenfremde führte ein strenges Regiment auf der Basis von Pünktlichkeit, Pflichterfüllung und Ordnungssinn. Seinen sieben Kindern gewährte der protestantisch geprägte und stets selbstbeherrschte Gustav tägliche Sprechzeiten und lebte ihnen ein von persönlicher Bescheidenheit bestimmtes Leben vor.

Mit Beginn des Ersten Weltkriegs plädierte er für die Annexion von Gebieten im Osten und für die Ausweitung eines Kolonialreiches in Afrika. Am 23. März 1923 kam es während der Ruhrbesetzung zu einem tödlichen Zusammenstoß zwischen Krupp-Arbeitern und französischem Militär, in dessen Verlauf 13 Arbeiter getötet wurden. Gustav Krupp verbrachte daraufhin sieben Monate im Gefängnis; der einstige »Prinzgemahl« bewährte sich durch diese Krise auch für viele Kruppianer als »echter Krupp«. Im Innern Monarchist geblieben, stand er der Republik distanziert, aber loyal gegenüber. 1931 wurde Krupp Präsident des Reichsverbandes der Deutschen Industrie. Er war zunächst kein Anhänger der NSDAP und fehlte 1932 bei Hitlers Vortrag im Düsseldorfer Industrieclub. Nach der »Machtergreifung« organisierte er allerdings rasch die »Adolf Hitler Spende der deutschen Wirtschaft«. Seine staatsgläubige und national-konservative Gesinnung führte – vor dem Hintergrund staatlicher Rüstungsaufträge an Krupp – zu einer loyalen Hinwendung zum Regime. Adolf Hitler überreichte ihm 1940 zum 70. Geburtstag das Goldene Parteiabzeichen der NSDAP. Krupp ließ in den Folgejahren keinen Zweifel an seiner Treue zum NS-Staat aufkommen.

Nach einigen Schlaganfällen zog sich Gustav Krupp zugunsten seines Sohnes Alfried 1943 aus der Konzernspitze zurück und verbrachte die letzten Lebensjahre bettlägerig auf Schloss Blühnbach bei Salzburg. Er stand auf der Liste der Hauptkriegsverbrecher; aus gesundheitlichen Gründen wurde er allerdings für prozessunfähig erklärt. Am 16. Januar 1950 starb Gustav Krupp. Dass das Familienunternehmen auch in der schweren Krisenphase der 1920er-Jahre seine Unabhängigkeit von Beteiligungen und Verflechtungen wahren konnte, stellt rückblickend betrachtet vielleicht seine größte Leistung als Firmenchef dar. IW

3.4.1

Gustav Krupp von Bohlen und Halbach

Gemälde von Hubert von Herkomer (1849–1914), 1911 | Öl auf Leinwand | 165 x 134 cm | Historisches Archiv Krupp, Essen | S 4/181

Gustav Krupp ließ sich beinahe in Ganzfigur in einem barocken Lehnstuhl sitzend porträtieren. Den linken Arm auf die Lehne gestützt, blickt er frontal und streng auf den Betrachter; nur die zur Seite übergeschlagenen Beine wirken ungezwungen. Unter dem dunklen Anzug mit geöffnetem Jackett trägt er eine helle Weste und ein weißes Hemd mit Stehkragen. Der weite leere Raum um seinen Kopf unterstreicht den Eindruck des mächtigen, aber auch etwas unnahbaren Firmenbesitzers.

Der in Bayern geborene, aber in den USA und England aufgewachsene und als Maler, Illustrator und Kunstprofessor tätige Hubert von Herkomer ist vor allem durch seine zahlreichen Porträts bekannt. Mehrfache Deutschlandaufenthalte und sein Einsatz für den deutschen Rennwagensport brachten ihm Kontakte zu den führenden Kreisen ein. Außer Gustav porträtierte Herkomer später auch dessen Schwiegermutter Margarethe Krupp. Der Maler des großen Familienporträts von 1931 in der Villa Hügel, George Harcourt, war sein Schüler.

Reinhild Stephan-Maaser

3.4.1

3.4.2

Stammbaum der Familie von Bohlen und Halbach

um 1915 | Druck, Papier | 35,5 x 90 cm | Historisches Archiv Krupp, Essen | FAH 23/791.8

Die Familie von Bohlen und Halbach hat amerikanische Wurzeln und stammt ursprünglich aus Philadelphia. Ein Vorfahr Gustav Krupps, Bohl Bohlen, begründete eine ebenso angesehene wie vermögende Quäkerfamilie. Der Vater Gustav Krupps, Gustav Bohlen-Halbach, zog 1852 nach Karlsruhe und war später als Diplomat für das Land Baden in Den Haag tätig. Er wurde 1871 geadelt und durfte sich fortan »von Bohlen und Halbach« nennen. Sein Sohn Gustav, der spätere Krupp von Bohlen und Halbach, wurde als das fünfte von sieben Geschwistern in Den Haag geboren.

3.4.3

Persönliches Notizbuch Gustav von Bohlen und Halbachs

1884–1886 | Papier, Leder, Vordruck in englischer Sprache mit handschriftlichen Einträgen | 10 x 7 cm | Historisches Archiv Krupp, Essen | FAH 23/799

Gustav Krupp führte schon früh persönliche Notizbücher. Sein preußischer Ordnungssinn war berüchtigt. Bei dem ausgestellten Exemplar verwendete er einen abgelaufenen englischen Taschenkalender für seine – teilweise in Englisch geschriebenen – Einträge.

3.4.4

Lateinische Ernennungsurkunde für Gustav Krupp von Bohlen und Halbach zum Doktor der Jurisprudenz der Universität Heidelberg

5. Mai 1893 | Druck, mit Papiersiegel | 71 x 64 cm | Historisches Archiv Krupp, Essen | FAH 23/773.4

Nachdem er 1888 in Karlsruhe die Reifeprüfung abgelegt hatte, studierte Gustav von Bohlen und Halbach in Lausanne, Straßburg und Heidelberg Rechts- und Staatswissenschaften. 1893 wurde er an der Universität Heidelberg zum Doktor der Rechtswissenschaften promoviert und trat kurze Zeit später als Rechtspraktikant in den badischen Staatsdienst ein.

3.4.5

Ernennung Gustav von Bohlen und Halbachs zum Legationsrat durch Kaiser Wilhelm II.

Berlin, 18. Oktober 1904 | Handschrift auf Vordruck, 4 Seiten, mit Papiersiegel | 33 x 23 cm | Historisches Archiv Krupp, Essen | FAH 23/773.17

Mit der Ernennung zum Legationsrat, einer noch heute gültigen Amtsbezeichnung für den Dienst im Auswärtigen Amt, erfolgte gleichzeitig die Berufung an die preußische Gesandtschaft beim Vatikan in Rom.

3.4.6

Bekanntmachung der Namensänderung Gustav Krupp von Bohlen und Halbachs an die Arbeiterschaft

Sayneck, 17. Oktober 1906 | Druck | 33 x 19,8 cm | Historisches Archiv Krupp, Essen | WA 41/1-2.98

Durch einen so genannten »Namensvermehrungsbrief« des deutschen Kaisers Wilhelm II. aus dem Jahr 1906 durfte Gustav von Bohlen und Halbach seinem Familiennamen den Namen Krupp voranstellen.

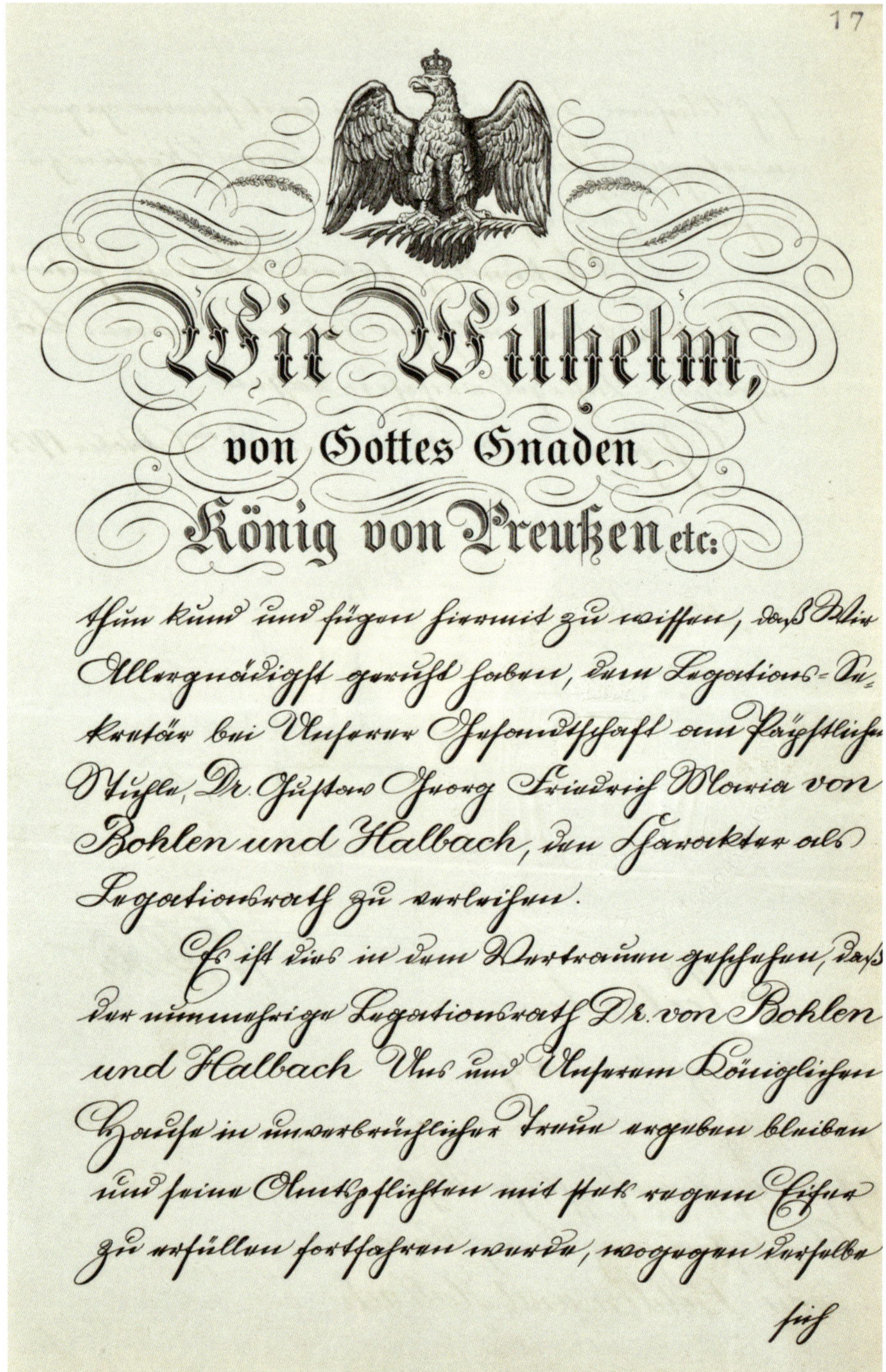

17

Wir Wilhelm,
von Gottes Gnaden
König von Preußen etc:

Thun kund und fügen hiermit zu wissen, daß Wir Allergnädigst geruht haben, dem Legations-Sekretär bei Unserer Gesandtschaft am Päpstlichen Stuhle, Dr. Gustav Georg Friedrich Maria von Bohlen und Halbach, den Charakter als Legationsrath zu verleihen.

Es ist dies in dem Vertrauen geschehen, daß der nunmehrige Legationsrath Dr. von Bohlen und Halbach Uns und Unserem Königlichen Hause in unverbrüchlicher Treue ergeben bleiben und seine Amtspflichten mit stets regem Eifer zu erfüllen fortfahren werde, wogegen derselbe

sich

3.4.5

3.4.7

Rennflagge der »Germania« auf einer Broschüre über den Bau der »Germania I«

J. S. Preuss, Berlin, Sonderdruck aus »Die Yacht«, Jahrgang VI, Nr. 2 und 14, 1909 | Broschüre, Druck, Papier, Karton, 20 Seiten | 38,5 x 24 cm | Historisches Archiv Krupp, Essen | WA 16 r 68

Die lange Segelsporttradition im Hause Krupp wurde durch Friedrich Alfred Krupp begründet. Auch dessen Schwiegersohn Gustav war dem Segelsport, der auch zu Prestige- und Repräsentationszwecken betrieben wurde, eng verbunden. Die im Jahr 1908 von der Germaniawerft ausgelieferte imposante Yacht »Germania I« genießt in Seglerkreisen einen legendären Ruf: Die zweimastige Schoneryacht wurde von einer über drei Dutzend starken Crew bedient. Gustav Krupp war ein ebenso passionierter wie ehrgeiziger Segler, der an zahlreichen Regatten teilnahm und gelegentlich selbst das Ruder übernahm. Die »Germania I« lieferte sich mit den »Meteor«-Yachten des deutschen Kaisers Wilhelm II. einige erfolgreich bestandene Wettkämpfe und ist auf zahlreichen zeitgenössischen Ansichten und Fotografien verewigt.

Die Rennflagge wird während einer Regatta gehisst. Der rote Greif auf weißem Grund mit dem lateinischen Wappenspruch »Cave Grypem« (Hüte dich vor dem Greif!) wurde dem Wappen der Familie Halbach entnommen.

3.4.8

Ehrenurkunde über die Ehrenmitgliedschaft Gustav Krupp von Bohlen und Halbachs im Verein deutscher Eisen- und Stahlindustrieller

21. Oktober 1921 | zweifarbiger Druck, Papier | 78,3 x 56,5 cm | Historisches Archiv Krupp, Essen | FAH 4 D 34

3.4.9

»Der Prozess Krupp vor dem französischen Kriegsgericht, nach dem einzig vorhandenen Stenogramm«

München: Bruckmann, 1923 | Druckschrift mit zahlreichen Fotografien, Papier, 66 Seiten | 24 x 16 cm | Ruhr Museum, Essen

Nach einem Konflikt zwischen Krupp-Arbeitern und französischem Militär im Zuge der Ruhrbesetzung 1923 wurde Gustav Krupp von Bohlen und Halbach von einem Militärgericht verurteilt und verbrachte sieben Monate im Gefängnis.

3.4.10

Urkunde über die Aufnahme Gustav Krupps in den Vorstandsrat des Deutschen Museums in München

München, 15. Oktober 1909 | Druck, Papier | 36 x 23 cm | Historisches Archiv Krupp, Essen | FAH 4 D 11

Das Deutsche Museum trug Gustav Krupp als Förderer und Mäzen die Ehrenmitgliedschaft im Vorstandsrat des Museums an. Krupp nahm das Ehrenamt mit »besonderer Freude« an; er war ein großzügiger Förderer der Wissenschaften und der Künste. Die Urkunde trägt u.a. die Unterschrift des Begründers des Deutschen Museums, Oskar von Miller.

3.4.11

Zigarettensammelbild mit einer Darstellung Gustav Krupp von Bohlen und Halbachs vor dem französischen Kriegsgericht 1923

um 1930 | Papier | 5 x 6 cm | Privatbesitz Ingo Wuttke

Die Darstellung der Gerichtsszene auf einem populären Sammelbild verweist auf die große Aufmerksamkeit, die der Krupp-Prozess in der deutschen Öffentlichkeit hervorrief. Gustav Krupp und acht Direktoren der Firma wurden im Zuge der Ruhrbesetzung durch Franzosen und Belgier festgenommen, von einem französischen Militärgericht verurteilt und sieben Monate inhaftiert. Französische Soldaten hatten sich am Karsamstag 1923 auf dem Werksgelände durch demonstrierende Krupp-Arbeiter bedroht gefühlt und in die Menge gefeuert; 13 Tote und 52 Verletzte waren zu beklagen. Gustav Krupp reifte durch dieses einschneidende Ereignis auch aus der Sicht weiter Teile der Belegschaft zum »echten Krupp«.

Zigarettensammelbilder erfreuten sich besonders in den 1930er- und 1940er-Jahren einer großen Beliebtheit und wurden massenhaft verbreitet. Als Beilage von Zigarettenschachteln waren sie ein Teil der Alltagskultur.

3.4.11

3.4.12

Einladung Fritz Thyssens an Gustav Krupp von Bohlen und Halbach zur Teilnahme an einem Treffen mit Adolf Hitler

20. Oktober 1932 | Handschrift, Papier | 29,8 x 21 cm | Historisches Archiv Krupp, Essen | FAH 4 E 1129.21

3.4.13

Antwortschreiben von Gustav Krupp an Fritz Thyssen mit der Absage zu einem Treffen mit Hitler

20. Oktober 1932 | Maschinenschrift auf Durchschlagpapier | 29,8 x 21 cm | Historisches Archiv Krupp, Essen | FAH 4 E 1129.22

Die durch seinen Privatsekretär kühl und ohne nähere Begründung formulierte Ablehnung eines Treffens mit

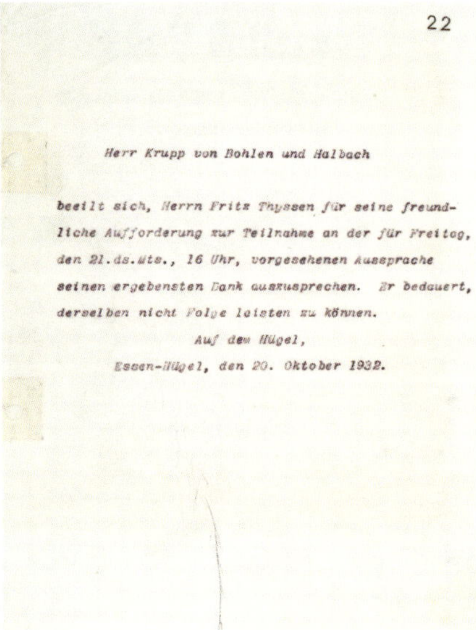

22

Herr Krupp von Bohlen und Halbach

beeilt sich, Herrn Fritz Thyssen für seine freundliche Aufforderung zur Teilnahme an der für Freitag, den 21.ds.Mts., 16 Uhr, vorgesehenen Aussprache seinen ergebensten Dank auszusprechen. Er bedauert, derselben nicht Folge leisten zu können.

Auf dem Hügel,

Essen-Hügel, den 20. Oktober 1932.

3.4.13

Hitler lässt die anfängliche Distanz Gustavs Krupps zum Nationalsozialismus erkennen. Krupp galt zwar politisch als konservativ, war aber zunächst kein Nationalsozialist, da ihn sowohl die wirtschaftspolitischen Vorstellungen Hitlers und der NSDAP als auch das Straßenrowdytum der SA abschreckten. Nach Hitlers »Machtergreifung« schwenkte Gustav Krupp dann rasch ins Lager der Befürworter Hitlers um – eine Kehrtwende, die allein aus ökonomischen Beweggründen nicht zu erklären ist. Gustav Krupp ließ in den Folgejahren kaum eine Gelegenheit verstreichen, Hitler und der NSDAP seine Treue zu erweisen, war allerdings kein Antisemit. Nach Kriegsende planten die Alliierten zunächst, ihn vor dem Internationalen Militärgerichtshof in Nürnberg als Hauptangeklagten vor Gericht zu stellen. Gustav Krupp wurde nach mehreren Schlaganfällen jedoch für prozessunfähig erklärt.

3.4.14

Entwurf eines Schreibens Gustav Krupp von Bohlen und Halbachs an Reichsminister Hugenberg über die Einführung der »Adolf-Hitler-Spende der deutschen Wirtschaft«

30. Mai 1933 | Maschinenschrift, Papier | 29,8 x 21 cm | Historisches Archiv Krupp, Essen | FAH 23/761.19-20

Gustav Krupp von Bohlen und Halbach war seit September 1931 Präsident des Reichsverbands der Deutschen Industrie. In dem nicht abgeschickten Schreiben an den Reichsminister und früheren Krupp-Chef Alfred Hugenberg warb Krupp in dieser Funktion für eine Vereinheitlichung der Spendenpraxis mithilfe der »Adolf-Hitler-Spende der deutschen Wirtschaft«. Zuvor war es immer wieder zu zahlreichen, unkontrollierten Spendenforderungen verschiedener Organisationen der NSDAP an die Wirtschaft gekommen. Hitler beauftragte Gustav Krupp damit, die Spenden zu vereinheitlichen, in einer großen Sammlung zu konzentrieren und »die Regelung dieser Sammlung in die Hand zu nehmen.« Gustav Krupp wurde daraufhin Kuratoriumsvorsitzender der »Adolf-Hitler-Spende« und setzte quotenmäßig festgesetzte Spendenbeträge aller Wirtschaftszweige durch. Nach Hitlers »Machtergreifung« vom 30. Januar 1933 unterstützte die Wirtschaft und insbesondere die Ruhrschwerindustrie anlässlich der letzten halbfreien Wahlen vom 5. März 1933 massiv die NSDAP und die DNVP mit Millionenspenden.

3.4.15

Gustav Krupp von Bohlen und Halbach am Rednerpult anlässlich einer Kundgebung der deutschen Wirtschaftsführer in Berlin

Fotografie, 7. November 1933 | Bildarchiv Preußischer Kulturbesitz, Berlin

Als Präsident des Reichsverbandes der Deutschen Industrie (RDI) blieb Gustav Krupp auch nach 1933 zunächst im Amt. Er versuchte die Eigenständigkeit des RDI zu bewahren und organisierte den Umbau des inzwischen in »Reichsstand der Deutschen Industrie« umbenannten Verbandes nach dem Führerprinzip. 1934 gab Krupp sein Amt auf, da er aufgrund des wachsenden natio-

3.4.16

3.4.17

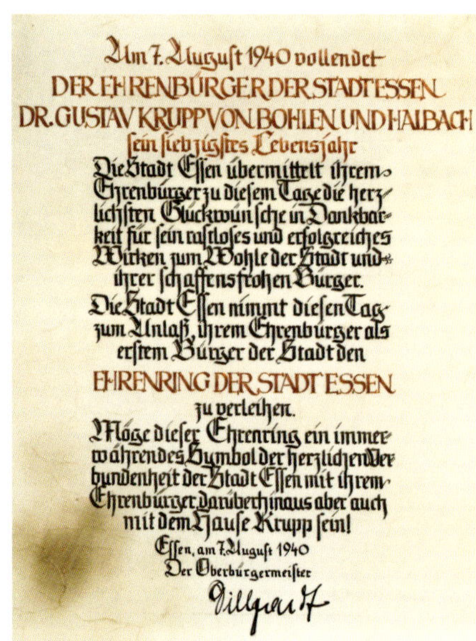

Am 7. August 1940 vollendet
DER EHRENBÜRGER DER STADT ESSEN
DR. GUSTAV KRUPP VON BOHLEN UND HALBACH
sein siebzigstes Lebensjahr
Die Stadt Essen übermittelt ihrem Ehrenbürger zu diesem Tage die herzlichsten Glückwünsche in Dankbarkeit für sein rastloses und erfolgreiches Wirken zum Wohle der Stadt und ihrer schaffensfrohen Bürger.
Die Stadt Essen nimmt diesen Tag zum Anlaß, ihrem Ehrenbürger als erstem Bürger der Stadt den
EHRENRING DER STADT ESSEN
zu verleihen.
Möge dieser Ehrenring ein immerwährendes Symbol der herzlichen Verbundenheit der Stadt Essen mit ihrem Ehrenbürger darüber hinaus aber auch mit dem Hause Krupp sein!
Essen, am 7. August 1940
Der Oberbürgermeister

3.4.18

nalsozialistischen Einflusses seine organisatorischen und personellen Ziele innerhalb des Verbandes nicht länger verwirklichen konnte.

3.4.16
Deutsches Olympia-Ehrenzeichen I. Klasse in Kassette
Waldemar Raemisch (Entwurf), 1936 | Messing, emalliert; Etui: Samt, Leder | 8,5 x 6 x 1 cm (Orden), 3,5 x 8,5 x 3 cm (Kassette) | Historisches Archiv Krupp, Essen | S 4/67
Das Ehrenzeichen in Form eines fünfstrahligen Sterns mit den olympischen Ringen und dem Reichsadler wurde in zwei Klassen verliehen und geht auf eine Stiftung Adolf Hitlers zurück. Ausgezeichnet wurden damit nicht die Teilnehmer der Olympischen Sommerspiele 1936 in Berlin, sondern Personen, die sich besondere Verdienste bei der Organisation und Durchführung der Spiele erworben hatten. In diesem Zusammenhang war die 1. Klasse, mit der auch Gustav Krupp von Bohlen und Halbach ausgezeichnet wurde, für besondere Verdienste in der Leitung der Organisation der Olympiade vorbehalten.

3.4.17
Urkunde über die Verleihung des Ehrenrings der Stadt Essen an Gustav Krupp von Bohlen und Halbach anlässlich seines 70. Geburtstags
Essen, 7. August 1940 | Pergament, Leder, Textilien | 30 x 23 x 2 cm | Historisches Archiv Krupp, Essen | FAH 4 D 62
In den Einband der Urkunde ist das Essener Stadtwappen geprägt. Der Ehrenring und die dazugehörige Urkunde wurden Gustav Krupp verliehen »für sein rastloses und erfolgreiches Wirken zum Wohle der Stadt und ihrer schaffensfrohen Bürger«. Der Ehrenring selbst ist verschollen.

3.4.18
Porträt Gustav Krupp von Bohlen und Halbachs auf einer Kohlekeramikplatte
Albert Marotti, 1951 | Gepresste Kohle | Dm 16 cm | Deutsches Bergbau-Museum Bochum | 03350407000

3.5. Alfried Krupp von Bohlen und Halbach

Alfried von Bohlen und Halbach wurde am 13. August 1907 in Essen geboren. Nach dem Abitur studierte er Hüttenkunde in München, Berlin und Aachen; die weitgehend unbeschwerte Studienzeit entschädigte ihn zumindest zeitweise für die harte und menschlich kühle Erziehung. Anschließend war er für den Krupp-Konzern tätig und pflegte u. a. Kontakt zu Fritz Todt und Albert Speer. Bei den Olympischen Sommerspielen 1936 gewann der sportbegeisterte Alfried eine Bronzemedaille im Segeln. Seit 1938 im Vorstand der Firma tätig und Mitglied der NSDAP, trat er im März 1943 die Nachfolge seines Vaters als Vorsitzender des Direktoriums an, um im Dezember desselben Jahres Alleineigentümer des Unternehmens zu werden. Hitler hatte mit der so genannten »Lex Krupp« verfügt, die Aktiengesellschaft wieder in ein Einzelunternehmen umzuwandeln. Alfried war fortan auch vor dem Gesetz ein »Krupp« und durfte sich »Krupp von Bohlen und Halbach« nennen.

Als Erstgeborener wurde er ein Leben lang auf die Position des Firmenchefs vorbereitet – eine Rolle, die er wohl zunehmend als Last empfand und die ihn für anderthalb Jahre zum Hauptverantwortlichen für die dunklen Kapitel Zwangsarbeit und Rüstungsproduktion machte. So wurde Alfried Krupp, der sich im Gegensatz zu seinem Vater Gustav mit Loyalitätsbekundungen zum Regime eher zurückhielt, im April 1945 von amerikanischen Soldaten in der Villa Hügel verhaftet und unter Arrest gestellt. 1948 stand er anstelle seines prozessunfähigen Vaters vor einem amerikanischen Internationalen Militärgerichtshof in Nürnberg unter Anklage und wurde »wegen Plünderung und Förderung von Sklavenarbeit« zu zwölf Jahren Gefängnis verurteilt; sein persönliches Vermögen wurde eingezogen. Trotz seiner Verstrickung in das NS-System lehnte Krupp eine persönliche Schuld für das unter der Naziherrschaft Geschehene zeitlebens ab. Letztlich saß Alfried nicht nur für Gustav Krupp, sondern auch stellvertretend für die deutsche Industrie im Gefängnis.

Im Januar 1951 wurde Krupp durch den amerikanischen Hohen Kommissar John McCloy amnestiert. Zwei Jahre später übernahm er wieder die Leitung des Unternehmens und erlangte bald darauf auch sein zuvor beschlagnahmtes Vermögen zurück. Krupp holte 1953 den Manager Berthold Beitz in die Firma und zog sich sukzessive aus dem alltäglichen Geschäft zurück. Krupp und Beitz bildeten ein ebenso gegensätzliches wie kongeniales Gespann und führten den Konzern an die Spitze der europäischen Stahlproduktion zurück. 1967 kündigte Alfried Krupp die Umwandlung der Firma in eine Kapitalgesellschaft im Besitz einer Stiftung an, die seinen Namen tragen sollte. Dieser Schritt wurde erst durch den Erbverzicht seines Sohnes Arndt möglich. Nach zwei Ehen und zwei Scheidungen war Alfried Krupp gegen Ende seines Lebens ein einsamer und verschlossener Mann. Einzig beim Reisen und Segeln, in der Fotografie und in der Musik konnte er sich zeitweilig von der Bürde des Firmenchefs befreien. Er starb am 30. Juli 1967 an Lungenkrebs. IW

3.5.1

3.5.1

Alfried Krupp von Bohlen und Halbach

Fotografie, gerahmt, 1966 | 60,5 x 46 x 1 cm, Bildausschnitt 38,7 x 28,4 cm | Historisches Archiv Krupp, Essen | F 26/37

3.5.2

Telegramm des Deutschen Kaisers Wilhelm II. an Bertha Krupp von Bohlen und Halbach

15. August 1907 | Handschrift, Papier | 30 x 21 cm | Historisches Archiv Krupp, Essen | FAH 4 E 782.58

Der Kaiser beglückwünschte Bertha Krupp zur Geburt eines Erben und wünschte darüber hinaus die Patenschaft für Alfried zu übernehmen. Die angetragene Patenschaft dokumentiert die enge Beziehung der Krupps zu den Hohenzollern: »Ich wünsche Pathenstelle zu übernehmen und bitte Mittheilung des Tauftages. Wilhelm I. R.«

3.5.3

Deutsch-Kladde von Alfried von Bohlen und Halbach aus seiner Zeit am Realgymnasium in Essen-Bredeney

1924 | Handschrift, Papier, 39 Seiten | 15,5 x 20 cm | Historisches Archiv Krupp, Essen | FAH 24/490.54-92

3.5.4

Verhaftung Alfried Krupp von Bohlen und Halbachs in der Villa Hügel durch amerikanische Soldaten des 131. Infanterieregiments

Fotografie, 11. April 1945 | Bildagentur Getty Images

3.5.5

Alfried Krupp von Bohlen und Halbach während einer Vernehmung im Zuge des Nürnberger Prozesses

Fotografie von Henry Ries, 1948 | 9 x 13 cm | Ruhr Museum, Essen | RI29

3.5.4

3.5.6
Patiencestatistiken von Alfried Krupp von Bohlen und Halbach aus der Landsberger Haftzeit

August bis Dezember 1948 | Zeichnung, Papier | 20,5 x 33 cm | Historisches Archiv Krupp, Essen | FAH 24/8.4

Patience ist ein Kartenspiel, das zumeist von einer Person gespielt wird. Die Statistiken enthalten das Datum und die genaue Uhrzeit der einzelnen Spiele. Um sich die Zeit in der Haft zu vertreiben, erstellte Alfried Krupp eine ganze Reihe solcher Statistiken, die akribisch den Verlauf der einzelnen Spiele dokumentieren. Darüber hinaus betätigte er sich an der Werkbank, las Romane und gärtnerte. Alfried Krupp war anstelle seines haftunfähigen Vaters Gustav vor dem Internationalen Militärtribunal

3.5.5

in Nürnberg angeklagt worden. Eine persönliche Schuld für die Verbrechen während der nationalsozialistischen Gewaltherrschaft lehnte er zeitlebens ab. Nachdem er im April 1945 von amerikanischen Soldaten auf der Villa Hügel verhaftet worden war, verblieb Alfried Krupp von August 1948 bis zu seiner Begnadigung am 31. Januar 1951 im Kriegsverbrechergefängnis im bayerischen Landsberg.

3.5.7
Reiseschreibmaschine »Tippa«, Alfried Krupp von Bohlen und Halbach zugeschrieben

Gossen & Co. GmbH, Erlangen, um 1950 | Metall, Kunststoff | 30 x 30 x 7 cm | Historisches Archiv Krupp, Essen | S 10/32

Die »Tippa« war Alfried Krupp bei der akribischen Verzeichnung seiner gewalti-

3.5.7

gen Schallplattensammlung zu Diensten. So dokumentierte er auf den Karteikarten penibel u. a. Interpret und Titel des Tonträgers.

3.5.8
»Industrialist Krupp«, Titelstory über Gegenwart und Geschichte der Industriellendynastie

Nachrichtenmagazin »Time« Nr. 8 vom 19. August 1957 | Papier, 70 Blatt | 28 x 21 cm | Historisches Archiv Krupp, Essen

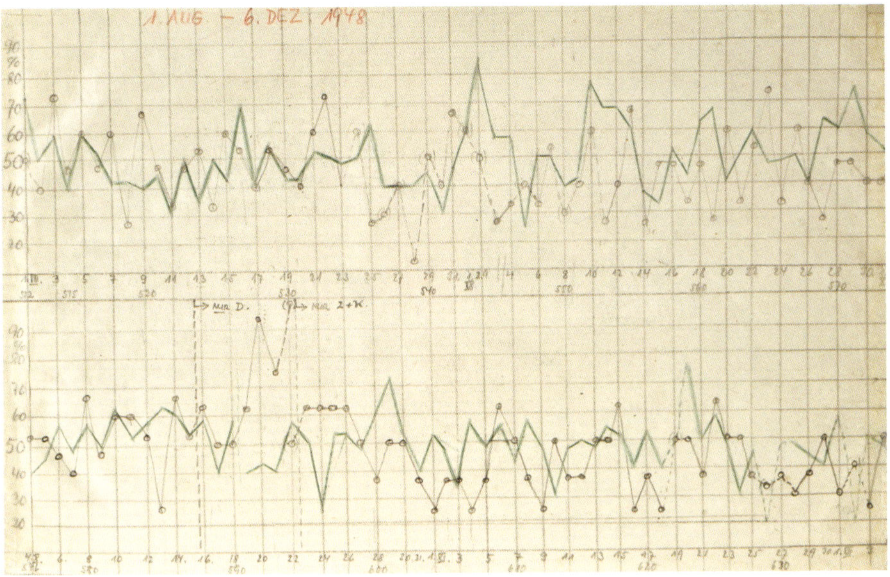

3.5.6

3.5.9

Zwei Reisepässe von Alfried Krupp von Bohlen und Halbach

5. September 1955 und 27. Juni 1957 | Papier, Karton, Textil | je 15,5 x 10,5 cm | Historisches Archiv Krupp, Essen | FAH 24 / 478

Die mit zahlreichen Visavermerken versehenen Reisepässe dokumentieren Alfried Krupps Reiseleidenschaft sowie sein unermüdliches, weltweites Engagement für die Firma. In späteren Jahren kann die zunehmende Reisetätigkeit allerdings auch als ein Dokument der »Entziehung« aus den zunehmend als Last empfundenen Aufgaben als Firmenchef gewertet werden.

3.5.10

Grußkarte von Alfried Krupp von Bohlen und Halbach

Dezember 1956 | Karton, Vordruck mit Unterschrift | 10,5 x 14,8 cm | Ruhr Museum, Essen

3.5.11

Visitenkarte von Alfried Krupp von Bohlen und Halbach

10. Juni 1958 | Karton, mit Stempelaufdruck | 6 x 10 cm | Ruhr Museum, Essen

3.5.8

3.5.12

Im Eigenverlag produzierte Bildbände mit Reisefotografien von Alfried Krupp von Bohlen und Halbach

a) »Im Fluge durch Australien und Neuseeland«
b) »Im Norden Argentiniens«
c) »Im Fluge durch Marokko«
d) »Im Fluge durch Südost-Asien und Ägypten«
e) »Im Fluge durch Japan«
f) »Im Fluge durch Brasilien, Chile, Peru, Mexico«
g) »Im Fluge durch die Türkei«

Grafische Anstalt, Essen, 1956 – 1966 | Karton, Leineneinband, Papier | je 30,7 x 30,7 x 1,5 cm | Ruhr Museum, Essen

Die Bildbände seiner Reisen in ferne Länder dokumentieren Alfried Krupps Fernweh und sind gleichzeitig Zeugnis seiner fotografischen Passion. Die meisten Fotografien nahm der Fotoamateur Krupp mit der legendären Kamera Leica M3 auf. Zwischen 1956 und 1966 entstanden acht Bände, die in der Grafischen Anstalt bei Krupp gefertigt wurden und als Privatdrucke erschienen. Die Bücher wurden in kleiner Auflage gedruckt und an Geschäftsfreunde und Mitarbeiter verschenkt.

3.5.13

Fotoalbum über Alfried Krupp von Bohlen und Halbachs Teilnahme an der Jagd in Sevelen bei Kleve

20. Dezember 1958 | Karton, Papier, Kunststoff | 18 x 23 x 2 cm | Privatbesitz Doris Ottmann

Die Teilnahme an Jagdgesellschaften gehörte für Alfried Krupp zu den gesellschaftlichen Verpflichtungen eines Firmenchefs.

3.5.12 a

3.5.14

Alfried Krupp von Bohlen und Halbach am Ruder der »Germania V« im Hafen von Buenos Aires

Fotografie, 1962 | Historisches Archiv Krupp, Essen | F 27/41

1962 nahm Alfried Krupp von Bohlen und Halbach mit seiner Yacht »Germania V« an dem Buenos Aires-Rio Race teil, einer der wichtigsten Langstrecken-Regatten für Hochseeyachten. Er hatte das Segeln im jungen Alter an der Ostsee gelernt und blieb dem maritimen Sport sein Leben lang eng verbunden; an Bord der »Germania V« fand er einen privaten Rückzugsort.

3.5.15

Berthold Beitz mit Alfried Krupp von Bohlen und Halbach

Fotografie, 1967 | Historisches Archiv Krupp, Essen | F 29/293

Beitz und Krupp lernten sich 1952 kennen. Ein Jahr später machte Krupp ihn zu seinem Generalbevollmächtigten. Im Laufe der Jahre entwickelte sich zwischen ihnen eine enge Freundschaft.

3.5.16

Filmstation: Alfried Krupp von Bohlen und Halbach

Zusammenstellung: Paul Hofmann, Kinemathek im Ruhrgebiet, Duisburg, 2012

a) Entlassung Alfried Krupp von Bohlen und Halbachs aus dem Gefängnis Landsberg
aus: »Neue Deutsche Wochenschau«, Nr. 054 (06.02.1951)

b) Eröffnung einer Ausstellung auf Villa Hügel 1959
aus: »Krupp '59« (Archivtitel)

c) Besuch der Hannover-Messe 1960
aus: »Messe Hannover 1960«

d) Ankunft von Alfried Krupp und Arndt von Bohlen und Halbach bei der Jubilarfeier 1961 / Verleihung der Ehrendoktorwürde der RWTH Aachen / Eröffnung des Schmiedewerks in Campo Limpo, Brasilien / Alfried Krupp von Bohlen und Halbach und Berthold Beitz
aus: »Krupp '61 – dokumentation und rückblick«

e) Alfried Krupp von Bohlen und Halbach in einem WDR-Interview mit Walter Erasmy zur Geschichte seiner Firma
aus: »150 Jahre Krupp«, Hier und Heute, 20.11.1961

f) Übergabe der ersten deutschen »Europa-Lokomotive« an die Deutsche Bundesbahn
aus: »Krupp – Dokumentation 1966«

g) Stapellauf des Forschungsschiffs »Meteor« auf der AG Weser mit Bundespräsident Heinrich Lübke und Alfried Krupp
aus: »Krupp '63 – Dokumentation 3«

h) Jubilarfeier 1964 im Saalbau Essen
aus: »Krupp – Dokumentation 1964«

i) Besuch im Werk / Stapellauf der »Naess Norseman«, erstes Schiff auf der neuen Helling der AG Weser
aus: »Krupp – Dokumentation 1965«

j) Alfried Krupp rauchend
aus: »Alfried Krupp von Bohlen und Halbach«

k) Alfried Krupp von Bohlen und Halbach auf den Bahamas
aus: »Bahamas 1954« (Archivtitel)

l) Alfried Krupp von Bohlen und Halbach auf seiner Yacht »Germania V«
aus: »Germania V segelt über den großen Teich«, Filmbericht von der Teilnahme an dem Bermuda-Rennen und der Transatlantik-Regatta 1960

3.5.15

m) Alfried Krupp von Bohlen und Halbach auf einer Farm in Argentinien
aus: »Ampascachi«, Jahreswende 1962/63

n) Alfried Krupp von Bohlen und Halbach auf Segelregatta
aus: »Ocean Yacht Race Newport – Bermuda 1962« (1962)

o) Alfried Krupp von Bohlen und Halbach im Kreis seiner Segelfreunde
aus: »Ziel: Carneval in Rio«, 2. Teil (Februar 1962)

p) Alfried Krupp von Bohlen und Halbach am Ruder der »Germania V«
aus: »Ziel: Carneval in Rio«, 3. Teil (Februar 1962)

q) 50. Jubilarfeier 1967 / Bekanntgabe der Umwandlung der Firma in eine Kapitalgesellschaft
aus: »Krupp-Rede 1967« (Archivtitel)

r) Rückblick auf die Sondermeldung »Alfried Krupp ist tot«
aus: »Krupp-Entflechtung von Großbritannien aufgehoben«, Hier und Heute (03.08.1968)

s) Trauerfeier und Beisetzung von Alfried Krupp von Bohlen und Halbach
aus: »Abschied von Alfried Krupp«, Hier und Heute (01.08.1967)

a) Deutsche Wochenschau GmbH, Hamburg; b–d, f–q) Historisches Archiv Krupp, Essen; e, r, s) WDR, Köln

3.6. Arndt von Bohlen und Halbach

Arndt von Bohlen und Halbach, der letzte Nachfahre der Familie Krupp in direkter Linie, hatte in vielfacher Hinsicht ein schweres Erbe zu tragen. Von ihm wurde erwartet, das Weltunternehmen in sechster Generation fortzuführen. Am 24. Januar 1938 in Berlin geboren, wuchs er nach der Scheidung der Eltern bei seiner dominanten Mutter Annelise und in Internaten auf. Er war sensibel und scheu, durchaus nicht »hart wie Kruppstahl«; belastend waren zudem die Gefängnisjahre von Alfried Krupp, durch die er praktisch ohne Vater aufwuchs. Arndt interessierte sich für Ästhetik und Kunst und wollte die Schauspielschule besuchen. Dennoch schrieb er sich, wie von der Familie verlangt, in den Fächern Betriebswirtschaft, Volkswirtschaft und Jura ein.

Als sich herausstellte, dass er für die Führung des in die Krise geratenen Unternehmens nicht geeignet und interessiert genug war, brachte ihn der Generalbevollmächtigte der Firma, Berthold Beitz, als väterlicher Freund dazu, auf das Milliarden-Erbe zu verzichten. Mit der Beurkundung am 20. September 1966 stand der Gründung der »Alfried Krupp von Bohlen und Halbach-Stiftung« nichts mehr im Wege, und wenig später wurde 1967 die Firma Fried. Krupp in eine GmbH umgewandelt und in die Stiftung eingebracht. Arndt wurde großzügig abgefunden: Er erhielt eine jährliche Apanage von zwei Millionen DM, und in der Boulevardpresse häuften sich die Berichte über den »reichsten Frührentner Deutschlands«.

Am 1. Februar 1969 heiratete Arndt von Bohlen und Halbach Henriette Prinzessin von Auersperg. Er behielt sein luxuriöses und ausschweifendes Jetset-Leben bei und pendelte zwischen dem geerbten Familienschloss Blühnbach bei Salzburg, seinem Stadtpalais in München, seiner Villa in Palm Beach und seinem »Märchenpalast« in Marrakesch. Ständig um Anerkennung in der High-Society bemüht, achtete er sehr auf sein äußeres Erscheinungsbild und wurde zum Star, aber auch zum Opfer der »Yellow Press«. Bei den »Kruppianern«, die von ihrem ehemaligen Firmenchef Alfried ein anderes Arbeitsethos gewohnt waren, stieß seine Lebensart auf Ablehnung und Empörung.

Die Homosexualität von Arndt wurde in der Familie nicht als Problem gesehen, stand aber durch das Verbot im Paragraphen 175 des Strafgesetzbuches unter dem Zwang der Verheimlichung. Erfüllung fand er – dies zumindest in Krupp'scher Tradition – in seiner großzügigen Wohltätigkeitsarbeit. Er unterstützte in Thailand den Bau von Schulen, Altenheimen und einer Leprastation und dokumentierte in Listen großzügige Einzelspenden an Privatpersonen. In einer aufwendigen Zeremonie ließ er sich 1985, nachdem er 1982 in Manila zum katholischen Glauben konvertiert war, von einem Mitglied der römischen Kurie zum »Ritter des patriarchalischen Ordens vom Heiligen Kreuz zu Jerusalem« schlagen – Ausdruck des Dankes für seine Spende für Flüchtlinge im libanesischen Bürgerkrieg. Am 8. Mai 1986 starb Arndt von Bohlen und Halbach 48-jährig im Münchener Klinikum Großhadern an Mundbodenkrebs. Die Inszenierung seiner Beerdigung hatte er zuvor bis ins Detail selbst festgelegt. DB

3.6.1

Arndt von Bohlen und Halbach

Fotografie, gerahmt, um 1970 | Holz, Glas, Papier, Karton | 53,6 x 43,8 x 1,3 cm | Ruhr Museum, Essen

Die gerahmte repräsentative Fotografie zeigt Arndt von Bohlen und Halbach als jungen Mann etwa in dem Alter, als er durch seinen Erbverzicht den Weg für die Gründung der Alfried Krupp von Bohlen und Halbach-Stiftung freimachte. Die damit verbundene Abfindung von jährlich zwei Millionen DM ermöglichte ihm anschließend ein Leben im internationalen Jetset, aber auch zahlreiche karitative Aktivitäten in der Tradition des Krupp'schen Mäzenatentums. Ob er in seinem schillernden Leben abseits der Firma Krupp glücklich wurde, bleibt ungewiss. Die Fotografie aus dem Besitz seiner Witwe Henriette von Bohlen und Halbach, die ihn in seinem früheren Leben zeigt, hing jeweils in seinem Büro.

3.6.2

Arndt von Bohlen und Halbach als Kind

Fotografie, um 1945 | Papier | 8,8 x 6,5 cm | Historisches Archiv Krupp, Essen | FAH 30/V 55

Arndt von Bohlen und Halbach wurde am 24. Januar 1938 in Berlin-Charlottenburg als Sohn von Alfried Krupp von Bohlen und Halbach und seiner Frau Annelise geboren. Die ersten Jahre verbrachte er, durch den Krieg bedingt, in verschiedenen Städten Deutschlands und Österreichs, wo er jeweils die Volksschule besuchte. Nach der Scheidung seiner Eltern 1941 lebte er bei seiner Mutter.

3.6.1

3.6.3

Osterzeugnis Arndt von Bohlen und Halbachs für die Klasse 2 der Stiftung Landerziehungsheim Schondorf am Ammersee

23. März 1950 | Papier | 35 x 22,5 cm | Historisches Archiv Krupp, Essen | FAH 30/V 40-1

Seit seinem zehnten Lebensjahr lebte Arndt von Bohlen und Halbach in verschiedenen Internaten, darunter für zwei Jahre in Schondorf am Ammersee und für fünf Jahre im Landschulheim Stein bei Traunstein. Die letzten Jahre seiner Schulausbildung verbrachte er im Lyceum Alpinum Zuoz in der Schweiz.

Sein persönliches Resümee bezüglich seiner Internatszeit fällt insgesamt eher negativ aus. Als Schüler zeigte er gute Leistungen. Vor allem sein vielfältiges kreatives Talent, welches das Theaterspielen genauso umfasste wie das Malen oder das Zeichnen, fiel nicht nur seiner damaligen Kunsterzieherin auf.

3.6.4
Arndt von Bohlen und Halbach als Jugendlicher

Fotografie, um 1952 | Papier | 9 x 6 cm | Historisches Archiv Krupp, Essen | FAH 30/V 55

Durch die Inhaftierung seines Vaters Alfried wuchs Arndt von Bohlen und Halbach zwischen seinem siebten und dreizehnten Lebensjahr praktisch ohne Vater auf.

3.6.5
Wehrpass

Kreiswehrersatzamt Essen, 15. Mai 1959 Papier, Karton | 15 x 10,5 cm | Historisches Archiv Krupp, Essen | FAH 30/V 40-1

3.6.3

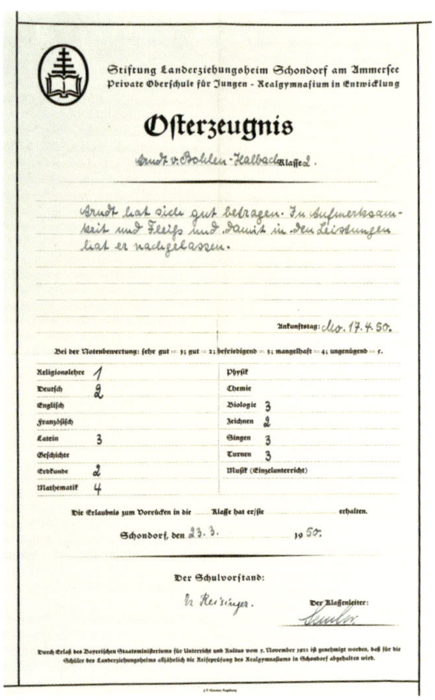

Stiftung Landerziehungsheim Schondorf am Ammersee
Private Oberschule für Jungen - Realgymnasium in Entwicklung

Osterzeugnis

Arndt v. Bohlen-Halbach Klasse 2.

Arndt hat sich gut betragen. In Aufmerksamkeit und Fleiß und damit in den Leistungen hat er nachgelassen.

Ankunftstag: Mo. 17.4.50.

Bei der Notenbewertung: sehr gut = 1; gut = 2; befriedigend = 3; mangelhaft = 4; ungenügend = 5.

Religionslehre	1	Physik	
Deutsch	2	Chemie	
Englisch		Biologie	3
Französisch		Zeichnen	2
Latein	3	Singen	3
Geschichte		Turnen	3
Erdkunde	2	Musik (Einzelunterricht)	
Mathematik	4		

Die Erlaubnis zum Vorrücken in die ...... Klasse hat er/sie ...... erhalten.

Schondorf, den 23.3. 1950.

Der Schulvorstand:
Dr. Reisinger.

Der Klassenleiter:
Semler

Durch Erlaß des Bayerischen Staatsministeriums für Unterricht und Kultus vom 5. November 1911 ist genehmigt worden, daß für die Schüler des Landerziehungsheims alljährlich die Reifeprüfung des Realgymnasiums in Schondorf abgehalten wird.

3.6.9

3.6.6
Arndt von Bohlen und Halbach, Alfried Krupp, Theodor Heuss, Ludwig Erhard und Berthold Beitz beim Firmenjubiläum 1961 in Essen

Fotografie von Willy van Heekern, 20. November 1961 | Ruhr Museum, Essen | VH 2147/1

Zum 150-jährigen Firmenjubiläum von Krupp nahm Arndt von Bohlen und Halbach, wie zu anderen Empfängen und Jubilarehrungen auch, pflichtbewusst seine Repräsentationsaufgaben wahr. Fünf Jahre später, am 20. September 1966, verzichtete er auf Anraten seines väterlichen Freundes Berthold Beitz auf sein Milliarden-Erbe und gab sich mit einer jährlichen Apanage von zwei Millionen DM zufrieden. Damit machte er den Weg frei zur Gründung der »Alfried Krupp von Bohlen und Halbach-Stiftung«.

3.6.7
Sprechplatte Arndt von Bohlen und Halbachs mit Berichten zu einer Reise nach Mexiko City

1960 | Magnettonträger | 16 x 16 cm | Historisches Archiv Krupp, Essen | FAH 30/V 40 – 1

Arndt von Bohlen und Halbach nahm für seinen Vater seine Reiseeindrücke aus Mexiko City auf Sprechplatten auf und schickte ihm diese auf dem Postweg nach Hause.

3.6.8
Bescheinigung über eine Klausur in Wirtschaftsmathematik an der Universität Köln

Universität Köln, 21. März 1964 | Druck mit handschriftlichen Einträgen, Papier | 15 x 20 cm | Historisches Archiv Krupp, Essen | FAH 30/V 40-2

Arndt von Bohlen und Halbach studierte Betriebswirtschaft, Volkswirtschaft und Jura zunächst an den Universitäten Freiburg/Br., München und Köln. In den Semesterferien absolvierte er 1961 jeweils ein betriebswirtschaftliches Praktikum in Hannover, Mexico City und Essen.

3.6.9

Arndt von Bohlen und Halbach und Henriette von Auersperg bei ihrer Hochzeit

Fotografie, 14. Februar 1969 | Papier | 20 x 29 cm | Ruhr Museum, Essen

Am 14. Februar 1969 heiratete Arndt von Bohlen und Halbach in der Kapelle seines Schlosses Blühnbach bei Salzburg Henriette (»Hetty«) Prinzessin von Auersperg. Zu diesem medialen Großereignis wurden zur Braut-Soiree über vierzig Pressevertreter, u.a. der Chefredaktionen von »Spiegel«, »Stern« und »Neue Revue«, eingeladen.

3.6.10

Stoffaufnäher für die Schiffscrew der Yacht »Antinous II« Arndt von Bohlen und Halbachs

um 1969 | Polyester | 4,6 x 5,6 cm | Ruhr Museum, Essen

Nach seinem Verzicht auf das Firmenerbe und dem Rückzug auf Schloss Blühnbach in Österreich verbrachte Arndt von Bohlen und Halbach viel Zeit auf seiner dreißig Meter langen Motoryacht »Antinous II«. In ihrem Holzrumpf fanden nicht nur der Eigner und sechs Gäste Platz, sondern auch das Kapitänsehepaar, ein Maschinist sowie zwei Matrosen und ein Steward. Das Schiffsabzeichen mit dem gekrönten »A« auf der österreichischen Fahne existierte seit 1969, als Arndt mit seiner Frau zur Hochzeitsreise auf der »Antinous II« erstmals in See stach.

3.6.10

3.6.14

3.6.12

3.6.11

Zwei Weihnachtskarten mit den Unterschriften Arndt von Bohlen und Halbachs und seiner Frau Henriette

um 1980 | Karton | je 17,5 x 12,5 cm | Ruhr Museum, Essen

3.6.12

Stempel zur Herstellung eines Wachssiegels

um 1980 | Holz, Metall | H 9 cm, B 3,5 cm, T 3,5 cm | Ruhr Museum, Essen

Der Stempel aus dem persönlichen Besitz Arndt von Bohlen und Halbachs diente zum Prägen eines Wachssiegels. Das Siegel enthält ein Alexanderkreuz mit den charakteristischen fünf Balken und dem Buchstaben »A« auf einem

Stern. Nach seiner Konversion zum römisch-katholischen Glauben führte Arndt den Taufnamen »Alexander«.

3.6.13
Taschenrechner aus dem Besitz Arndt von Bohlen und Halbachs
Canon, Japan, um 1980 | Metall, Kunststoff | 11 x 6,5 x 0,3 cm | Ruhr Museum, Essen

Der noch funktionstüchtige Taschenrechner der Marke Canon enthält zahlreiche Benutzungsspuren. Sie sind auf seinen Besitzer Arndt von Bohlen und Halbach zurückzuführen, der das Gerät angesichts prekärer finanzieller Angelegenheiten malträtierte. Laut Aussage seines kaufmännischen Verwalters, Holger Lippert, war das Gerät »vor allem bei der Planung seiner Budgets starken Belastungen ausgesetzt.«

3.6.14
Arndt von Bohlen und Halbach mit seiner Mutter bei einem Spendenbesuch in Thailand
Fotografie, 1983 | Papier, Karton | 13 x 18 cm | Ruhr Museum, Essen

Arndt von Bohlen und Halbach zeichnete sich in guter Krupp-Tradition durch großzügige Wohltätigkeitsarbeit aus. In Thailand zum Beispiel, einem Land, dem er sehr verbunden war und das er viel besuchte, unterstützte er den Bau von Schulen, Altenheimen und einer Leprastation.

3.6.15
Antwortschreiben an eine Bittstellerin
Arndt von Bohlen und Halbach, 23. Februar 1984 | Handschrift, Papier, 2 Seiten | 18 x 21,5 cm | Ruhr Museum, Essen

Dem Antwortbrief auf ein Bittgesuch war eine »kleine Hilfe«, vermutlich Bargeld, beigefügt (»nicht viel, denn auch ich muss haushalten«). Laut Aussage seines kaufmännischen Verwalters betrug der jährliche Etat für die Beantwortung der zahlreichen Bittgesuche rund 80.000 DM. Arndt von Bohlen und Halbach behielt seine Spendenbereitschaft auch angesichts seiner von hohen Steuerschulden geprägten finanziellen Situation bei und bezeichnete seinen Erbverzicht als »soziale Großtat«; in seiner Sicht hatte er als Gegenleistung für den generösen, milliardenschweren Verzicht lediglich ein »steuerstrittiges Einkommen« zugebilligt bekommen.

Der Briefbogen enthält in seinem Wappen das fünfarmige Alexanderkreuz und ist unterzeichnet mit »Krupp von Bohlen und Halbach«. Den lateinischen Spruch »Cave Grypem« (Hüte dich vor dem Greif!) entnahm Arndt dem Wappen der Familie von Bohlen und Halbach.

3.6.16
Auszug aus einem Budgetentwurf Arndt von Bohlen und Halbachs für das Jahr 1986
6. März 1986 | Handschrift, Papier, 5 Seiten | 21 x 15 cm | Ruhr Museum, Essen

Der handschriftliche Budgetentwurf enthält als mehrseitige Kostenaufstellung Spenden und Weihnachtsgeschenke für das Jahr 1986. Zwei Monate später verstarb Arndt von Bohlen und Halbach.

3.6.17
Anweisungen und Instruktionen über das Begräbnis von Arndt von Bohlen und Halbach
Arndt von Bohlen und Halbach, 1. Mai 1985 | Papier, Vordruck mit Wappen, Handschrift, 31 Seiten | 21 x 29,8 cm | Ruhr Museum, Essen

Sein ausgeprägter Hang zur Ästhetik begleitete Arndt von Bohlen und Halbach bis in den Tod. Dies zeigt sich in dem Bemühen, sogar die Inszenierung seiner eigenen Beerdigung bis ins Detail zu planen. In seinem über dreißig Seiten umfassenden handschriftlichen Manuskript mit den Anweisungen bezüglich seines Begräbnisses fordert er: »Sodann soll meine Leiche, vor oder nach Eintreten der Leichenstarre, in die dunkelblaue Galauniform mit gelber Schärpe und dem dazugehörigen Orden (Order of the Empire) eingekleidet werden.«

Gott, mein Vater!

Du hast in Deiner ewigen Weisheit
mir dieses Kreuz ausersehen,
das ich getragen habe.
Du hast mit Deinen allwissenden
Augen mein Kreuz betrachtet,
ehe Du es schicktest;
Du hast es geprüft und gewogen,
ob es auch nicht zu groß und
zu schwer für mich sei.
Du hast es gesegnet mit Deiner Gnade
und dann mich und meine schwache
Kraft mit dem Blick der Liebe
umfangen.
Ich nehme an was mir von Deiner
Hand geschickt ist, als ein Gruß
von Dir, als eine Botschaft Deines
Vertrauens, als eine liebe Einladung
zu Dir; heim zu Dir Vater!

Amen.

(Franz von Sales)

Arndt Alexander
Krupp von Bohlen und Halbach
* 24. 1. 1938 † 8. 5. 1986

3.6.18

3.6.18

Trauerkarte zum Tod Arndt von Bohlen und Halbachs

1986 | Papier, Karton | 14 x 18,5 cm | Ruhr Museum, Essen

Die Bezeichnung »Krupp von Bohlen und Halbach« auf der Trauerkarte belegt, dass sich Arndt tatsächlich als »letzten Krupp« gesehen hat, auch wenn er vor dem Gesetz offiziell diesen Namen nicht führen durfte.

3.6.19

Trauerzug anlässlich der Beerdigung Arndt von Bohlen und Halbachs

Fotografie von Harry Flesch, 17. Mai 1986 | Ruhr Museum, Essen

Die kirchliche Aussegnung, das Requiem und die Beisetzung fanden unter großer medialer und gesellschaftlicher Anteilnahme in der Schlosskapelle von Blühnbach statt. In den Vorgaben zur Bekleidung zur Trauerfeier hieß es: »Schwarze Stadtkleidung, Uniformen, wie auch die landesübliche Tracht – vom Cutaway bitten wir abzusehen.«

3.6.20

Filmstation: Arndt von Bohlen und Halbach

Zusammenstellung: Paul Hofmann, Kinemathek im Ruhrgebiet, Duisburg, 2012

a) Interview mit Arndt von Bohlen und Halbach *aus: »Die großen Familien an Rhein und Ruhr: Das Haus Krupp«, 15.02.1985*

b) »Arndt von Bohlen und Halbach auf Geschäftsreise in Lateinamerika« (Archivtitel), 1960er-Jahre

c) Arndt von Bohlen und Halbach beim Hochofenabstich in Rheinhausen *aus: »Krupp ’61 – dokumentation und rückblick«*

d) Arndt von Bohlen und Halbach auf der Yacht von Aristoteles Onassis im Hafen von Monaco *aus: »Das letzte Paradies der Erde ist die Riviera« (1956)*

e) Smalltalk auf der Gartenterrasse *aus: »Empfang auf Villa Hügel für den Präsidenten von Togo«, 1961*

f) Arndt von Bohlen im Gespräch mit Prof. Auguste Piccard / mit Firmengästen auf der Hannover-Messe 1960 *aus: »Messe Hannover 1960«*

g) Arndt von Bohlen und Halbach bei der Beisetzung seines Vaters *aus: »Begräbnis Alfried Krupp«, Hier und Heute (03.08.1967)*

h) Hochzeit mit Henriette von Auersperg *aus: »Hochzeit Arndt von Bohlen und Halbach«, Hier und Heute (15.02.1969)*

i) Ritterschlag für Arndt *aus: »Der letzte Krupp«, Kulturszene (04.10.1998)*

b–f) *Historisches Archiv Krupp, Essen*

a, g–i) *WDR, Köln*

4. Die Frauen der Krupps – Die andere Geschichte

Die Rolle der Krupp-Frauen in der Familien- und Firmengeschichte wurde lange Zeit kaum untersucht. Vordergründig übernahmen sie die Aufgaben, die in den jeweiligen Epochen dem traditionellen Frauenbild entsprachen. Durch ihre Stellung als Industriellengattinnen ging ihre Rolle jedoch weit darüber hinaus. Für ihre Tätigkeitsfelder, die sich im Industrialisierungsprozess immer wieder veränderten, gab es keine tradierten Vorgaben. Sowohl vom adeligen als auch bürgerlichen Ideal übernahmen die Krupp-Frauen ausgewählte Muster; hinzu kamen aber Leitbilder wie Arbeit und Leistung, die in Industriellenfamilien im Vordergrund standen und von den Frauen weitgehend erfüllt wurden. So engagierten sie sich ebenfalls in Bereichen, die nachhaltig das Bild über Krupp prägten. Andererseits zeugt ihr nichtkonformes Verhalten von der Eigenständigkeit dieser Frauen.

Zu Therese Krupps Zeiten war es üblich, dass eine Witwe bis zur Volljährigkeit des Sohnes das Geschäft fortführte. Sie übernahm die hoch verschuldete Firma Fried. Krupp und war über 20 Jahre erfolgreiche Inhaberin, obwohl ihr Sohn Alfred längst volljährig war. Die typische Aufgabenteilung des vorindustriellen »Arbeitspaares« wurde in der Ehe von Alfred und Bertha Krupp von einem bürgerlichen, von Liebe und Emotionalität getragenen Eheideal abgelöst. Bertha begleitete den Aufstieg der Industriellenfamilie und übernahm die zunehmenden Repräsentationsaufgaben. Sie pflegte eine weit verzweigte Korrespondenz mit Gelehrten und Künstlern und bildete als Gastgeberin von Empfängen einen attraktiven Mittelpunkt. Als es jedoch zu unüberbrückbaren Konflikten zwischen den Eheleuten kam, verließ sie ihren Mann.

Die dritte Krupp-Ehe stellte eine Fusion zwischen verarmtem Adel und erfolgreichem Wirtschaftsbürgertum dar. Durch ihre Herkunft hatte Margarethe von Ende ausreichend Erfahrungen, um die Ansprüche dieser Großindustriellenfamilie mit ihren Kontakten bis in höchste Kreise zu erfüllen. Nach dem unerwarteten Tod Friedrich Alfred Krupps ging es darum, trotz der weiblichen Erbfolge die Kontinuität des Unternehmens zu sichern. Margarethe agierte als Vormund ihrer Tochter und bahnte erfolgreich deren standesgemäße Ehe an. Außerdem schuf sie durch die Einführung von Jubilarfeiern und ihr soziales Engagement in Essen eine Basis für die Identifikation mit der Firma Krupp. Bertha Krupp wurde im Jahre 1902 zur Alleinerbin. Da ihr Vater die Firmenleitung einer Frau nicht zutraute, hatte er die Umwandlung in eine Aktiengesellschaft verfügt. Bertha selbst war nicht im Aufsichtsrat vertreten, sondern überließ dies ihrem Ehemann Gustav. Bis in die 1920er-Jahre waren ihre kinderreiche Familie und das partnerschaftliche Einvernehmen Bestandteile einer öffentlichen Inszenierung.

Die beiden Ehen des letzten Firmeninhabers Alfried mit Annelise Bahr und Vera Hossenfeldt waren nur von kurzer Dauer. Beide Frauen waren nicht imstande, die an sie gestellten Anforderungen im Sinne der Familie Krupp zu erfüllen bzw. in zeitgemäßere Formen zu überführen. MD

4.1. Therese Krupp

Therese Krupp wurde 1790 als vierte Tochter des Essener Kaufmanns Johann und seiner Frau Wilhelmine Wilhelmi geboren. Sie gehörte dem reformierten Glauben an und ließ später auch ihre Kinder in dieser Konfession taufen. 1808 heiratete sie Friedrich Krupp und hatte mit ihm vier Kinder: Ida (1809 – 1882), Alfred (1812 – 1887), Hermann (1814 – 1879) und Friedrich (1820 – 1901). Sie starb 1850.

Die Bedeutung Therese Krupps für das Unternehmen liegt im Schatten der Erfolgsgeschichte ihres Sohnes Alfred und ist bislang kaum untersucht worden. Aufgrund des frühen Todes Friedrich Krupps und der Minderjährigkeit Alfreds kommt ihr jedoch eine wichtige Rolle für den Bestand der Firma zu. Da bereits zu Lebzeiten ihres Mannes schwierige finanzielle Situationen der Firma Fried. Krupp zu überbrücken waren, setzte sie sich bei ihrer Familie für Bürgschaften von Krediten ein. In diese Zeit fällt auch der Umzug der Familie vom Patrizierhaus in das kleine Fachwerkhaus auf dem Fabrikgelände. Nach dem Tod ihres Mannes erbte sie das hoch verschuldete Unternehmen und führte es als Inhaberin unter seinem Namen über 20 Jahre umsichtig und erfolgreich fort. Meist unterzeichnete sie mit »Wittwe Friedr. Krupp«. Vor dem Vormundschaftsgericht hatte sie erklärt, dass sie die Erbschaft für ihre Person annehme, sie im Namen der Kinder jedoch ausschlage. Dadurch rettete sie für ihre Kinder das Erbe der Großmutter Petronella Krupp. Laut Testament Friedrich Krupps sollte ihr ein selbst gewählter Sachkundiger bei der Abwicklung der Firmengeschäfte zur Hand gehen. Darüber hinaus wurde sie von ihren Verwandten und Kindern unterstützt.

Bereits kurz nach dem Tod Friedrichs veröffentlichte Therese Krupp in verschiedenen Zeitungen eine Anzeige, in der sie die Fortführung der Firma bekannt gab und darlegte, dass das Geheimnis zur Herstellung von Gussstahl nicht verloren gegangen, sondern dem ältesten Sohn bekannt sei. Beigefügt wurde eine Auflistung der von Krupp hergestellten Produkte. In den folgenden Jahren schrieb sie mehrmals an das preußische Innenministerium und den König und bat um einen zinsfreien Vorschuss für die Gussstahlfabrik oder um Erteilung von Aufträgen, wobei sie mit dem Nutzen ihrer Firma für die »Industrie des Vaterlandes« argumentierte. Allerdings wurden ihre Gesuche stets abgelehnt und sie musste nach anderen Finanzierungsmöglichkeiten suchen.

1844 schloss Therese Krupp einen Vertrag mit Friedrich Sölling aus Elberfeld, der diesen zum stillen Gesellschafter bestimmte und ihn zur Einlage von insgesamt 50.000 Talern in die Firma Fried. Krupp verpflichtete. Sie schuf damit eine neue wirtschaftliche Grundlage für das Unternehmen. Gleichzeitig wurde die Übertragung der Firmenleitung auf den Sohn Alfred geregelt. In ihrem Testament von 1848 setzte Therese Krupp ihre vier Kinder zu gleichberechtigten Universalerben ein. Ihre Tochter Ida sollte vorab ein paar »Mobilien«, Hausgeräte sowie Wäsche bekommen, aber auch das Recht an einem Grundstück. Die Firma selbst war bereits einige Wochen zuvor an Alfred verkauft worden. MD

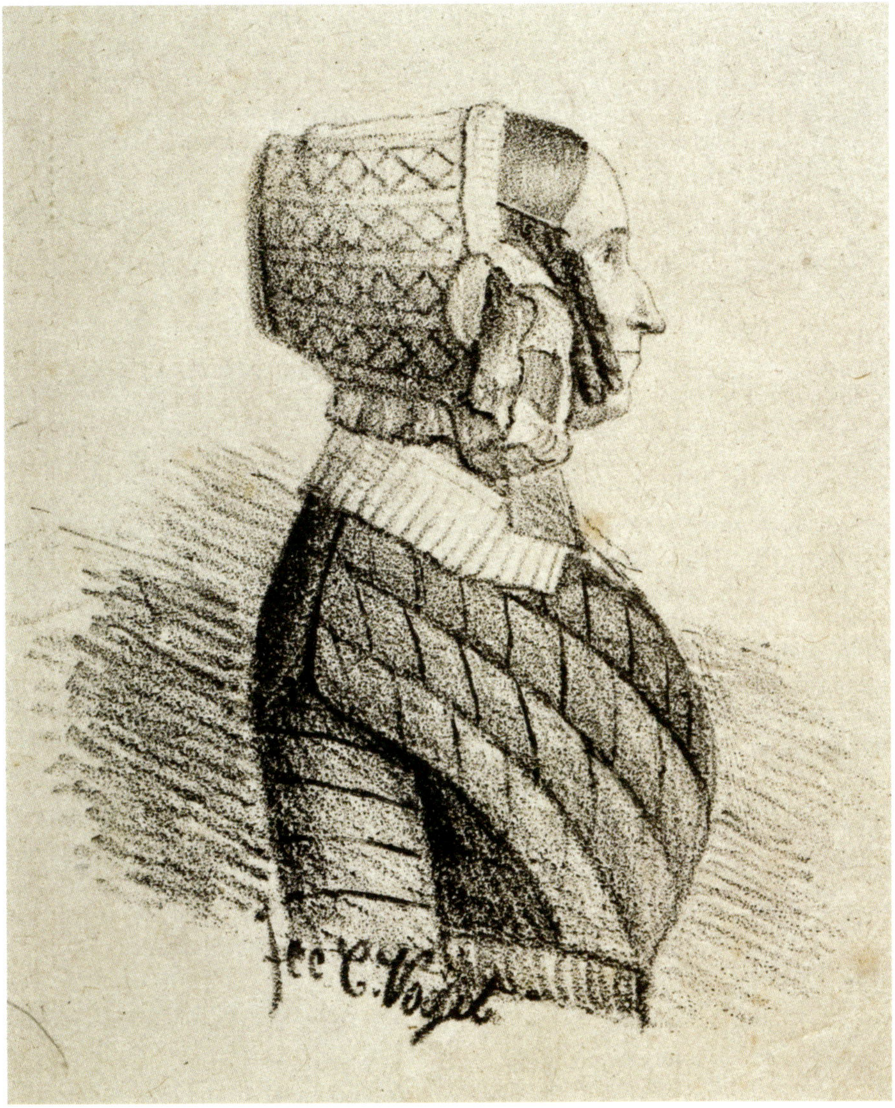

4.1.1

Therese Krupp ist nur in einer Reproduktion überliefert. Ein Grund für das Fehlen eines repräsentativen Gemäldes könnte in der finanziellen Not des Ehepaares liegen

4.1.2

Tauf-, Trau-, Konfirmations- und Sterberegister mit Eintrag der Eheschließung von Friedrich Krupp und Therese Wilhelmi im Jahre 1808

»Register der in der luth. Gemeinde zu Essen Aufgebotenen und Copulirten vom 1. Jan. 1805 – letzten Dec.«, Essen, 1805–1809 | Handschrift, Papier, Karton | 42 x 28 x 4,5 cm | Ev. Kirchengemeinde Essen-Altstadt | Bd. 6, S. 177, Nr. 14

Der Beruf des Bräutigams wird in diesem lutherischen Kirchenbuch mit »Kaufmann und Fabrikant auf der Eisenhütte zu Sterkrade« angegeben. Die fast 18-jährige Braut gehörte der reformierten Konfession an; daher wurde die Eheschließung beider auch im Kirchenbuch der reformierten Gemeinde eingetragen.

4.1.3

Brieftasche

1. H. 19. Jh. | Leder, Textilfutter, Stickerei | 13,5 x 10 x 1 cm | Ruhr Museum, Essen | 51/12

Die Brieftasche ist auf der Vorderseite mit einer Blume und türkisfarbenem Hintergrund bestickt. Sie wurde einst als Souvenir verkauft, wie die Aufschrift mit goldfarbenen Buchstaben auf einer Lasche vermerkt. Ob sie tatsächlich Therese Krupp gehörte, ist nicht mehr zu belegen. Sie gelangte mit einem Notizzettel ins Museum, auf dem vermerkt wurde: »Brieftasche der Frau Friedrich Krupp Therese geborene Wilhelmi, Mutter von Alfred Krupp geschenkt durch ihre Tochter Ida Krupp an treue Freundin Auguste Hammachek.«

4.1.1

Therese Krupp, geb. Wilhelmi (1790–1850)

Bleistiftzeichnung (Reproduktion) von C. Vogel, 2. V. 19. Jh. | Historisches Archiv Krupp, Essen | F 23/2

Die Zeichnung zeigt Therese Krupp im Profil. Sie trägt ein hochgeschlossenes Kleid mit Spitzenkragen. Unter ihrer haubenartigen Kopfbedeckung ist das gescheitelte und seitlich in Korkenzieherlocken gekringelte Haar zu sehen. Das einzige bekannte Porträt von

4.1.4

Brief Therese Krupps an ihren Vater Johann Wilhelmi mit der Bitte um eine Bürgschaft

14. Mai 1819 | Handschrift, Papier | 33,8 x 20,3 cm | Historisches Archiv Krupp, Essen | FAH 1 B 139, Bl. 2-3

Therese Krupp bittet ihren Vater in diesem Brief um eine Bürgschaft für die Zinsen eines Darlehens in Höhe von 12.000 Talern. Zunächst führt sie aus, dass der Gussstahl aus der Fabrik ihres Mannes nun überall gerühmt werde, die Unterstützung durch den Staat sich jedoch noch hinziehen könne. Der Schwager Friedrich von Müller würde ihm zwar weiteres Geld leihen, verlange aber eine Bürgschaft. Ihre Schwiegermutter sei derzeit dazu nicht in der Lage, obwohl sie sie sonst sehr unterstütze. Sie bittet ihren Vater zu sich ins Haus, da sie offenbar bei ihm nicht darüber sprechen könne; außerdem könne sie ihm dann weitere Unterlagen zeigen.

4.1.5

Anzeige der Witwe Therese Krupp in den Allgemeinen Politischen Nachrichten

Allgemeine Politische Nachrichten, Nro. 85, Sonntag den 22. Oktober 1826 | Druck, Papier | 24 x 20 x 3 cm | Historisches Archiv Krupp, Essen | FAH 1 D 129

Vierzehn Tage nach dem Tod ihres Mannes gab Therese Krupp in verschiedenen Zeitungen bekannt, dass Friedrich Krupp das Geheimnis für die Herstellung von Gussstahl seinem ältesten Sohn weitergegeben habe und die Firma unter seinem Namen fortgesetzt werde. Eine Aufzählung der lieferbaren Produkte verschaffte potentiellen Kunden einen Überblick.

4.1.6

Schuldschein Therese Krupps über ein Darlehen Heinrich Theodor Huyssens mit Quittierung der Rückzahlung

Essen, 1. Dezember 1826 und 28. Mai 1827 | Handschrift, Papier | 26 x 21 cm | Historisches Archiv Krupp, Essen | FAH 1 A 141

Friedrich Krupp hatte sich 1817 von Heinrich Theodor Huyssen einen bestimmten Geldbetrag geliehen. Therese Krupp bescheinigte ihm auf diesem Schuldschein, dass sie anstelle ihres verstorbenen Mannes bis zum Mai des nächsten Jahres sein Darlehen inklusive Zinsen und Gerichtskosten zurückbezahlen werde. Auf dem gleichen Schriftstück quittierte Huyssen im darauffolgenden Jahr den Erhalt des Geldes.

4.1.7

Abschrift eines Briefes von Therese Krupp an König Friedrich Wilhelm III. von Preußen

Essen, 31. März 1830 | Handschrift (Reproduktion), Papier, 4 Seiten | 34,8 x 22,2 cm | Historisches Archiv Krupp, Essen | FAH 2 B 1.52

Therese Krupp bat den preußischen König um einen zinslosen Vorschuss von 15.000 Talern. Sie argumentiert in ihrem Brief mehrmals damit, dass ihre Fabrik »der Industrie des Vaterlandes bei ihrem Gedeihen und Fortbestehen nicht unbedeutende Vortheile« bringe, da sie Gussstahl produziere.

4.1.8

Schreiben König Friedrich Wilhelms III. von Preußen an die verwitwete Stadträtin Therese Krupp

Berlin, 27. Juni 1830 | Handschrift (Reproduktion), Papier | 30 x 23 cm | Historisches Archiv Krupp, Essen | FAH 2 B 148

Das förmliche kurze Schreiben des preußischen Königs begründet die Ablehnung des Vorschusses von 15.000 Talern damit, »dass der für gewerbliche Zwecke überwiesene Fonds, die Ausleihung einer solchen Summe nicht gestattet.«

4.1.4

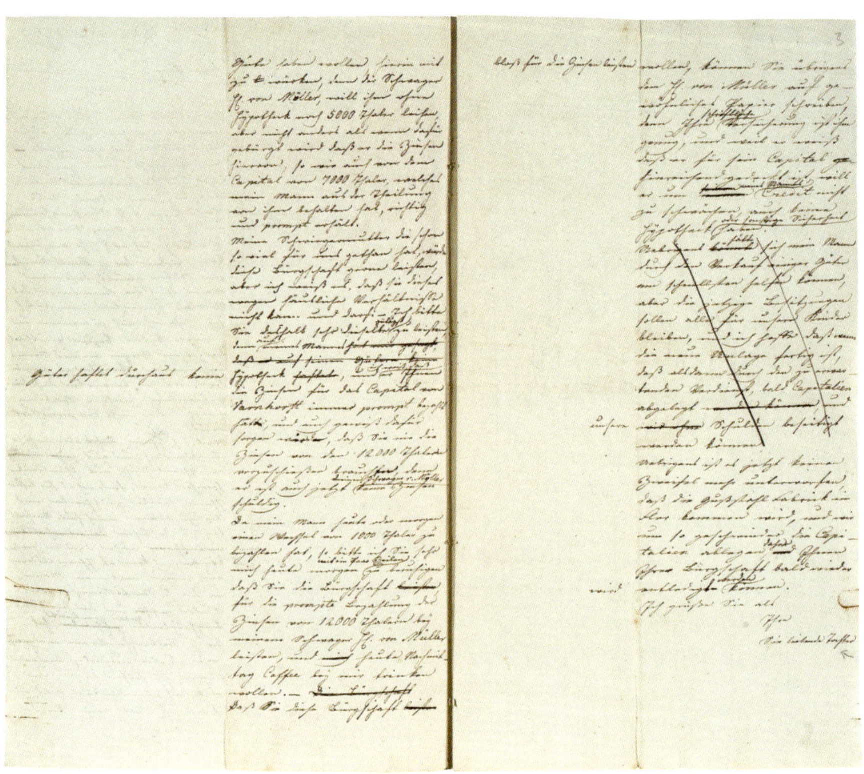

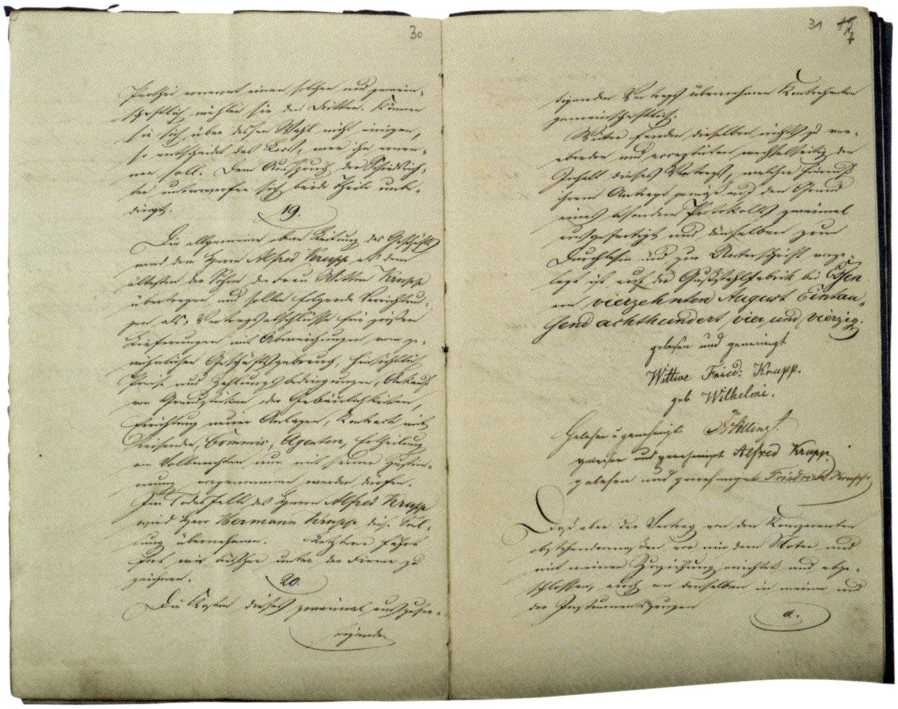

4.1.9

4.1.10

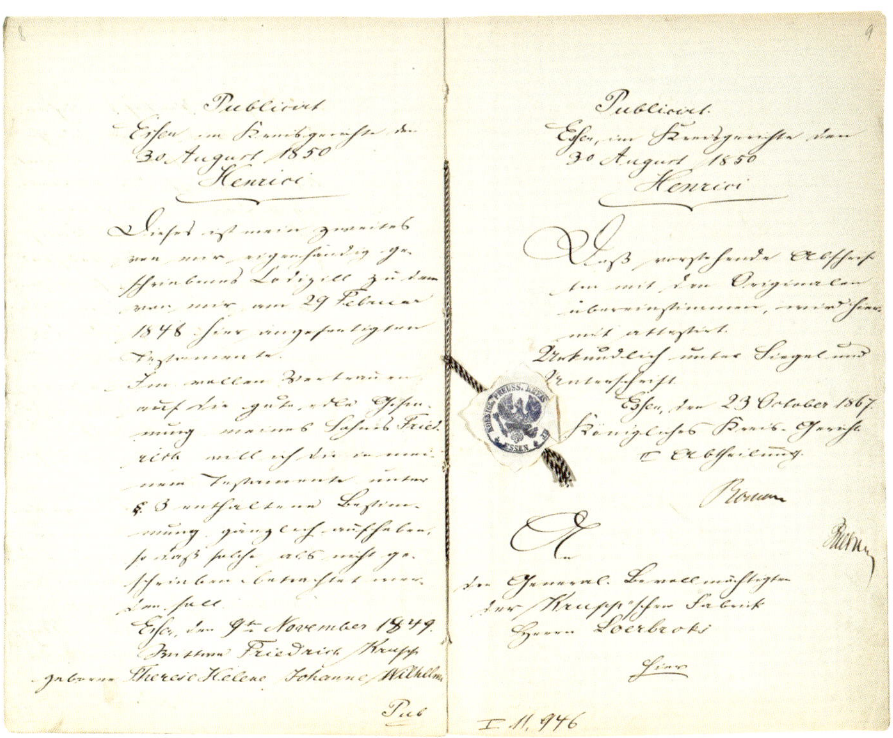

4.1.9

Vertrag zwischen Friedrich Sölling und Therese Krupp mit ihren Söhnen

Essen, 14. August 1844 | Papier, 15 Seiten, mit Gebührenstempel | 33,5 x 21 cm | Historisches Archiv Krupp, Essen | WA 4/113.17-31

Der Vertrag beinhaltete, dass Friedrich Sölling aus Elberfeld mit einer Einlage von 50.000 Talern Preußisch Courant, verteilt auf 18 Monate, in die Firma Friedrich Krupp investierte und damit zum stillen Gesellschafter wurde. Insgesamt umfasste der Vertrag zwanzig Abschnitte. Sölling wurde zu einem Viertel am Gewinn beteiligt und erhielt für seine Einlage viereinhalb Prozent Zinsen. In Abschnitt 19 wurde die obere Leitung des Geschäftes Alfred Krupp übertragen. Vertragspartner waren Friedrich Sölling und Therese Krupp als Inhaberin der Gussstahlfabrik mit ihren Söhnen Alfred und Friedrich. Die Laufzeit wurde auf zehn Jahre festgelegt.

4.1.10

Testament der Witwe Therese Krupp, geb. Wilhelmi

29. Februar 1848 (beglaubigte Kopie vom 23. Oktober 1867) | Handschrift, Papier, 10 Seiten | 34 x 21 cm | Historisches Archiv Krupp, Essen | FAH 2 B 144.2-9

Therese Krupp begann im Januar 1848 mit der Niederschrift ihres letzten Willens. Eine Fassung des Testaments stammt vom 29. Februar 1848; diese wurde mehrmals mit Nachträgen versehen. Die Fabrik war bereits im Vorfeld an Alfred Krupp verkauft worden, so dass sie für den übrigen Nachlass ihre vier Kinder als Universalerben einsetzte. Ihre Tochter Ida sollte zudem einige persönliche Gegenstände und ein Grundstück bekommen. Therese starb am 3. August 1850.

4.2. Bertha Krupp

Alfred Krupp lernte seine Frau Bertha 1853 bei einem Theaterbesuch kennen. Verlobung und Hochzeit fanden noch im gleichen Jahr statt und bereits ein Jahr später wurde ihr einziger Sohn Friedrich Alfred geboren. Die wesentlich jüngere, 1831 geborene Bertha entstammte einer bürgerlichen Kölner Familie und war die Tochter des Rheinzollinspektors August Eichhoff und seiner Frau Ernestine, geb. Böcking.

Bertha Krupps attraktive Erscheinung und ihr Bildungshintergrund entsprachen dem bürgerlichen Frauenideal, so dass sie für den aufstrebenden Stahlfabrikanten eine gute Partie darstellte. Mit ihr konnte er sich bei Empfängen zeigen und sie sollte ihn auf Geschäftsreisen begleiten. Sie war den schönen Künsten zugetan, konnte in verschiedenen Sprachen kommunizieren und führte eine weit verzweigte Korrespondenz mit Familienangehörigen, Freunden, Gelehrten, Künstlern, Schriftstellern und Komponisten. Ein Teil der an sie adressierten Briefe ist überliefert. Sie stammen von dem Naturforscher Alexander von Humboldt, dem Afrikareisenden Dr. Gustav Nachtigal, dem Komponisten und Vetter Max Bruch, dem Bildhauer Carl Cauer, aber auch von Kaiser Wilhelm I. und zeugen von ihren familiären Netzwerken und ihrer Aufgabe, einem großbürgerlichen Haus vorzustehen.

In Briefen an eine enge Freundin berichtete sie über ihren Alltag, von der Hetze, der sie nie entkomme, von ihren Reiseeindrücken und erklärte, dass Alfred und sie sich trotz seiner »gewöhnlichen Raschheit« und Eifersucht »wirklich so nöthig haben«. Aus dem Briefwechsel zwischen den Eheleuten geht ein vertrautes, humorvolles Miteinander hervor; Anklänge an das Eheideal der Romantik spiegeln sich in den Grußformen, Sehnsuchtsfloskeln und der Fürsorglichkeit füreinander. Alfred berichtete ihr auch von seinen Geschäftsreisen und den dabei auftretenden Problemen.

Der Alltag hatte aber auch Schattenseiten. Die Geburt ihres Kindes schwächte Bertha Krupp über Jahre, so dass sie zahlreiche Ärzte konsultierte und regelmäßig Kuren benötigte. Der anfällige Gesundheitszustand des Sohnes und die häufigen Klagen Alfred Krupps über den eigenen »Nervotismus« und sein Rheuma führten dazu, dass die Familie gemeinsame Kuraufenthalte in Pyrmont, Ems, Nauheim, Nizza, am Genfer See, im englischen Seebad Torquay und in Neapel verbrachte. Mit dem Neubau der Villa Hügel im Grünen hoffte Alfred Krupp ein »Mittel der Lebensverlängerung« für die ganze Familie zu schaffen und die teuren Bäderreisen ersetzen zu können. Dennoch verbrachten Bertha Krupp und ihr Sohn nach wie vor den Winter meist in südlichen Regionen.

Ende 1881 kam es zum Zerwürfnis. Ein Grund war vermutlich Alfred Krupps Ablehnung der Eheschließung Friedrich Alfreds mit Margarethe von Ende, eine Verbindung, die Bertha seit Jahren unterstützt hatte. 1882 verließ sie Essen und lebte fortan in Leipzig. Zu ihrem Sohn und Margarethe hielt sie weiterhin Kontakt, etwa durch gemeinsame Aufenthalte im Sayner Jagdschloss. Zur Beerdigung Alfreds kam Bertha nach Essen. Sie selbst starb ein Jahr später, am 14. September 1888, in der Villa Hügel. MD

4.2.1

Bertha Krupp, geb. Eichhoff (1831–1888)

Gemälde eines unbekannten Künstlers, 2. H. 19. Jh. | Öl auf Leinwand | 83x75x8 cm (m.R.) | Historisches Archiv Krupp, Essen | S4/244

Das Ovalporträt zeigt die Fabrikantengattin in schlichter, hochgeschlossener schwarzer Kleidung. Lediglich der weiße, mit Lochmuster versehene Kragen und die Brosche stechen hervor. Ihre Frisur mit den seitlichen Locken und der Kapotthut mit Schleifen entsprechen der zeitgenössischen Mode.

4.2.2

Carte de Visite-Fotografien von Bertha Krupp

a) Photographisches Atelier Emil Schink, Essen, um 1860 | Brauntonfotografie | 10x6,4 cm | Ruhr Museum, Essen | 3005/90

b) Philipp Graff, Hof-Photograph, Berlin, um 1866 | Albuminpapier | 10x6,2 cm | Historisches Archiv Krupp, Essen | F 23/61

c) Photoatelier Georg Brokesch, Leipzig, um 1886 | Albuminpapier | 10,5x6,5 cm | Historisches Archiv Krupp, Essen | F 23/68

Von Bertha Krupp gibt es mehrere Carte de Visite-Fotografien von verschiedenen Ateliers in Berlin, Leipzig und Essen. Die Visitenkartenfotos kamen Mitte des 19. Jahrhunderts in Mode. Fotografische Porträts wurden dabei auf ein herkömmliches Visitenkartenformat von ca. 6x9 cm verkleinert und die Papierkopien auf Karton aufgezogen. In der Regel wurden sie zwischen Freunden und Geschäftspartnern ausgetauscht bzw. verschenkt; Abbildungen herausragender Persönlichkeiten wurden aber auch käuflich erworben und gesammelt. Von Alfred Krupp ist überliefert, dass er es ablehnte, Fotografien seiner Frau an Kunden abzugeben. Sie sollten nur verschenkt werden, wenn es in ihrem persönlichen Interesse lag.

4.2.1

4.2.3

Einsteckalbum für Ferdinand und Luise Barchewitz

1864/74 | Holzdeckel mit Guttapercha-Relief und Einlagen aus Bein, Messingschließe, Halbleder, Karton, Papier, Goldschnitt | 15,5x13x5 cm | Ruhr Museum, Essen | 2012/004

Das Einsteckalbum wurde von Bertha Krupp zusammengestellt, wie eine handschriftliche Notiz auf dem Vorsatzpapier bezeugt. Es enthält 48 Carte de Visite-Fotografien von Ferdinand Barchewitz, der Familie Krupp und weiteren Personen. Barchewitz war von 1857 bis 1874 als Baumeister im Krupp'schen Werk tätig. Zunächst betreute er den Bau des Hammerwerkes »Fritz«, des »Gartenhauses« sowie der Arbeiterkasernen. Später fertigte er die Reinzeichnungen für den Neubau der Villa Hügel an. Ab den 1870er-Jahren war er nur noch für Neben- und Ökonomiebauten auf dem Hügel zuständig. Wahrscheinlich stammte auch der älteste Gartenentwurf von ihm. Unstimmigkeiten mit dem Bauherrn führten zu seiner Entlassung.

Bertha Krupp stellte das Album vermutlich als Anerkennung der Dienste Barchewitz' zusammen. Das Relief des

Vorderdeckels zeigt den Rütlischwur, der Rückdeckel das Schweizer Wappen mit Tieren der Bergwelt.

4.2.4
Album »Erinnerungen aus der Mädchenzeit«
Bertha Eichhoff, 1847–1854 | Papier, Ledereinband | 22,5 x 30 x 3 cm | Historisches Archiv Krupp, Essen | FAH 2 D 58.53

4.2.4

Das Album mit Zeichnungen, Karikaturen, Scherenschnitten, Lithographien und Stahlstichen wurde von Bertha Krupp zu großen Teilen vor ihrer Eheschließung angelegt. Es steht in der Tradition von Stamm- und Freundschaftsbüchern, denn neben Berthas eigenen Zeichnungen und Aquarellen enthält es auch auf Karton geklebte Blätter von Freunden. Das Album erscheint wie ein visuelles Tagebuch mit persönlichen Notizen, gedruckten Bildern und gesammelten Texten. Sie dokumentieren unter anderem Berthas Eindrücke von Berlin, Ostende und Straßburg. Der Ledereinband ist auf der Vorderseite mit einem goldfarbenen Ornament verziert.

4.2.5
Album »Erinnerungen an schoene Stunden«
Bertha Krupp, 1871/75 | Aquarelle und Zeichnungen auf Papier, Fotografien, gepresste Blumen, Ledereinband mit Gold- und Ornamentprägung | 53 x 30,5 x 3 cm | Historisches Archiv Krupp, Essen | FAH 2 D 59

Der Widmungstext nimmt Bezug auf die im Album gesammelten Dinge und Worte. Sie wurden zusammengetragen, um sich auch nach Jahren an schöne Stunden erinnern zu können. Die letzte Zeile lautet: »das Leben war doch reich und schön«. Bertha Krupp hat die Aquarelle und Zeichnungen in der Mehrzahl selbst angefertigt. Es wurden auch getrocknete Kräuter aus fernen Ländern eingeklebt, ebenso Zeichnungen ihres Sohnes, humoristische Skizzen ihres Mannes und Eintrittskarten für Konzerte. Die aufgeschlagene Seite zeigt eine Fotografie des Klosterbuschhofes, die von einer detailgetreu gemalten Blumengirlande umgeben ist.

4.2.6
»Blick auf Werden«
Aquarell von Bertha Krupp, 1872/1879 | Papier, Karton | beschriftet rechts unten: »Blick auf Werden. gem. v. Frau B. K.« | 22 x 30 cm (Motiv) | Historisches Archiv Krupp, Essen | FAH 2 D 62

Unter den zahlreichen Aquarellen, die Bertha Krupp gemalt hat, befindet sich auch die Landschaft des hügeligen Ruhrtals mit Blick auf Werden. Im Vordergrund sind beiderseits der Ruhr Fachwerkhäuser zu sehen. Hinter dem Hügel links erhöht liegt die Abteikirche St. Ludgerus, rechts davon am Flussufer die Tuchfabrik Wiese, die um 1835 an der Stelle des mittelalterlichen Kastells errichtet wurde.

4.2.7

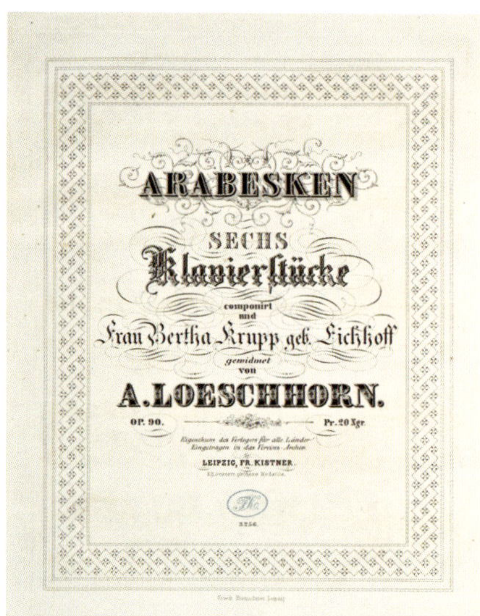

4.2.7
»Arabesken. Sechs Klavierstücke«
Albert Loeschhorn: »Arabesken. Sechs Klavierstücke, componirt und Frau Bertha Krupp geb. Eichhoff gewidmet«, Leipzig: Fr. Kistner, o.J. | Papier, grüner Samteinband mit Goldprägung und Initialen B.K. | 34 x 53,5 x 1 cm | Historisches Archiv Krupp, Essen | FAH 2 D 112d

Der Berliner Komponist und Musiklehrer Albert Loeschhorn (1819–1905) widmete Bertha Krupp sechs Klavierstücke mit dem Titel »Arabesken«. Sie war der Musik sehr zugetan, spielte selbst Klavier und unterhielt auch, wie Briefe belegen, Kontakte zu anderen Komponisten und Musikern.

4.2.8
Familienporträt mit Alfred, Bertha und Friedrich Alfred Krupp
Atelier Philipp Graff, Berlin, April 1866 | Fotografie | 15,2 x 9,2 cm | Historisches Archiv Krupp, Essen | FAH 2 D 75

Der aufrecht sitzende Vater bildet das Zentrum der Komposition. Seine Frau ist ihm zugewandt und stützt sich auf seine Schulter; ihr ernster Blick ist in die Ferne gerichtet. Allein Friedrich Alfred schaut offen und mit einem Lächeln auf den Betrachter. Er steht ebenfalls in körperlicher Nähe zu seinem Vater; sein Oberschenkel und der linke Arm berühren ihn. Das Vertrautheit suggerierende Familienporträt entstand im Atelier des renommierten Berliner Hoffotografen Philipp Graff, einem der Pioniere der Daguerreotypie und Fotografie in Deutschland.

4.2.9

4.2.9
Bertha, Alfred und Friedrich Alfred Krupp mit Freunden und Angestellten in Nizza

Fotografie, Atelier Ferret, Nizza, um 1868 | Historisches Archiv Krupp, Essen | F 29/8a

Auch diese Fotografie wurde im Atelier aufgenommen, wie man an der Ausstattung des Raumes erkennen kann. Dargestellt sind von links der Hauslehrer Dr. Hermann Schwengberg, Alfred Krupp, Friedrich Alfred Krupp, Clara Bruch, Bertha Krupp, der Hauslehrer Heinrich Ostheide (?) und der Hausarzt Dr. Friedrich Bode. Bertha, Alfred und Friedrich Alfred Krupp reisten aufgrund ihrer angegriffenen Gesundheit mehrere Wochen im Jahr zur Kur. Während die Eltern sitzend und einander zugewandt erscheinen, ist ihr Sohn stehend hinter den beiden, aber deutlich mehr auf der Seite des Vaters positioniert. Mit seinem rechten Arm stützt er sich auf Alfreds Schulter und weist sich damit eindeutig als dessen Nachfolger aus.

4.2.10
Brief Bertha Krupps an Alfred: »Mein einziggeliebter Mensch!!!???!!!!!!«

Bertha Krupp, Bad Schwalbach, 25. Juli 1857 | Handschrift, Papier, 4 Seiten und Kuvert | 22,3 x 14,2 cm und 10 x 14 cm | Historisches Archiv Krupp, Essen | FAH 2 D 10.54-56

Bereits aus der Anrede spricht der liebe- und humorvolle Umgang der Eheleute, den sie in ihren Briefen pflegten. Bertha schrieb Alfred aus Bad Schwalbach im Taunus, dass sie Heimweh nach ihm habe und sich um ihn sorge. Sie legte ihm dar, dass es nützlich für ihn und die Geschäfte wäre, wenn er materielle Dinge von einer dritten Person regeln ließe, da sein persönliches Einschreiten in solchen Angelegenheiten unangenehm werden könne. Im Weiteren erzählt sie ihm ihre Erlebnisse und berichtet, wie sehr sich ihr Sohn um sie kümmere. Ein Teil der Konversation zwischen Mutter und Sohn wurde offensichtlich in französischer Sprache geführt. Fritz war zu diesem Zeitpunkt dreieinhalb Jahre alt.

4.2.11
Brief Alfred Krupps an Bertha: »Mein lieber theuerer Schatz«

Alfred Krupp, Petersburg, Mai/Juni 1868 | Handschrift, Papier, 4 Seiten | 27 x 21 cm | Historisches Archiv Krupp, Essen | FAH 2 D 10.10-11

Alfred schrieb seiner Frau häufig Briefe von seinen Geschäftsreisen. Er brachte darin seine Sehnsucht nach ihr zum Ausdruck, beschrieb Reisepläne und informierte sie über geschäftliche Dinge. In seinem Brief aus Petersburg führte er aus, dass er den baldigen Abschluss der Geschäfte erhoffe, sich aber in Berlin Probleme ankündigten, falls dort englische Kanonen gekauft würden. Er meide daher den Kontakt mit Berlin, um keinen Streit anzufangen, der ihm schaden würde. Sollte es zur Einfuhr englischer Waffen kommen, werde er womöglich Berlin nie wieder betreten und sei gezwungen, seine Rückfahrt anders zu planen. Bertha müsse dann in einer angemessen beschützenden Gesellschaft nach Berlin reisen. Das Ganze dürfe aber nicht an die Öffentlichkeit gelangen; sie solle sich daher mündlich von Herrn Richter darüber informieren lassen. Aus den Briefen geht hervor, dass sich die Eheleute auch über Firmenangelegenheiten ausgetauscht haben.

4.2.12
Sterberegister der Gemeinde Essen-Altstadt mit Eintrag des Todes von Bertha Krupp, geb. Eichhoff

Essen, 1884–1890 | Papier | 42 x 28 x 6,5 cm | Ev. Kirchengemeinde Essen-Altstadt | Bd. 204, 197, No. 342

Aufgrund von Ehestreitigkeiten lebte Bertha Krupp seit 1882 in Leipzig. Bereits hier erkrankt, kehrte sie nach dem Tod ihres Mannes 1887 in die Villa Hügel zurück. Sie starb dort am 4. September 1888, wie der Eintrag im Essener Sterberegister belegt, im Alter von 57 Jahren.

4.3. Margarethe Krupp

Margarethe Krupp hat das Bild von sich und die Erinnerung an ihre Person in hohem Maße selbst mitbestimmt. Sie schuf die Grundlagen für die Herausbildung einer Familientradition, und durch ihr sozialpolitisches Engagement trug sie wesentlich zu einem positiven Firmenimage bei. Margarethe wurde 1854 in Breslau geboren. Ihre Mutter Eleonore war eine geborene Gräfin von Königsdorff, der Vater, August Freiherr von Ende, preußischer Beamter und einige Jahre Regierungspräsident in Düsseldorf. In Breslau besuchte Margarethe das Lehrerinnenseminar, danach war sie als Erzieherin in England und am anhaltinischen Hof in Dessau tätig. Friedrich Alfred Krupp lernte sie 1872 kennen, und auf Einladung Bertha Krupps verbrachte sie wiederholt einige Wochen auf dem Hügel. Nachdem Alfred Krupp die Verbindung zunächst abgelehnt hatte, willigte er schließlich 1882 ein. In den Jahren 1886 und 1887 wurden die Töchter Bertha und Barbara geboren.

Für die Familien- und Firmenrepräsentation hatte Margarethe Krupp viele Aufgaben zu erfüllen; vor allem oblag ihr das umfangreiche Management des Hügelkomplexes. Aus ihrer Korrespondenz geht hervor, dass sie die erforderlichen Netzwerke geschickt zu nutzen wusste. Mit dem Vorwurf der Homosexualität ihres Mannes konfrontiert, wurde Margarethe für Friedrich Alfred Krupp jedoch zu einem Risikofaktor: Nachdem sich bereits seit 1898 Ehekonflikte angedeutet hatten, wandte sie sich im Kontext dieser Angelegenheit auch an einflussreiche Personen. Daraufhin bewirkte er ihre Einlieferung in eine Jenaer Nervenklinik. Nach dem plötzlichen Tod ihres Mannes kehrte sie 1902 nach Essen zurück. Sie nahm seine Verleumdungsklage gegenüber dem »Vorwärts« zurück, sorgte für eine Beruhigung der aufgeheizten Stimmung und übernahm die Vormundschaft für ihre Tochter Bertha. Gemäß Friedrich Alfreds Verfügung, der die Leitung des Werks nicht in Frauenhände geben wollte, wurde die Firma in eine Aktiengesellschaft mit einem Aufsichtsrat umgewandelt. Dadurch waren Margarethes unternehmerische Möglichkeiten stark eingeschränkt. Während der Vormundschaft agierte sie im Interesse der Firma, die weiterhin einen Expansionskurs verfolgte und zwischen 1902 und 1906 Umsatzsteigerungen von 127 Millionen Mark verbuchen konnte. In heiklen Situationen schaltete sie sich als direkte Vermittlerin ein.

Margarethe Krupp traf Entscheidungen, die ihr bis heute einen Platz in der öffentlichen Wahrnehmung sichern. Mit der Einführung der Jubilarfeiern 1904 begründete sie eine bewusste Traditionspflege und stärkte die Unternehmensidentität. 1905 begann sie mit dem Aufbau des Familienarchivs, das heute Bestandteil des Historischen Archivs Krupp ist. 1906 stellte sie für die »Margarethe-Krupp-Stiftung für Wohnungsfürsorge« 50 Hektar Land und eine Million Mark zur Verfügung, wovon die architektonisch beispielhafte Gartenstadtsiedlung Margarethenhöhe gebaut wurde. Für ihr Engagement erhielt sie zahlreiche Ehrungen. Sie starb 1931. MD

4.3.1

4.3.1
Margarethe Krupp, geb. Freiin von Ende

Gemälde von Otto Propheter, 1909 | Öl auf Leinwand | 153 x 118,5 x 8 cm (m.R.) | Historisches Archiv Krupp, Essen | S4/185

Margarethe Krupp ist als Witwe im schwarzen Kleid dargestellt. Mit ihrem linken Arm stützt sie sich auf eine Stuhllehne. Sowohl ihre Körperhaltung als auch ihr Schmuck und die Pelzstola verweisen auf eine selbstbewusste, wohlhabende Frau aus dem Bürgertum. Der Karlsruher Künstler Otto Propheter malte auch Mitglieder des badischen Herrscherhauses und großindustrieller Familien in Baden. Ein weiteres Porträt von Margarethe Krupp schuf er für den Sitzungssaal der Margarethe Krupp-Stiftung auf der Margarethenhöhe.

4.3.2
Gedenkblatt zur Hochzeit von Margarethe und Friedrich Alfred Krupp am 19. August 1882

Franz Lohe, 1882 | Zeichnung auf Karton, aquarelliert | 65,5 x 46 cm | Historisches Archiv Krupp, Essen | FAH 3 D 21.4

Es war üblich, dass die Arbeiter der Gussstahlfabrik dem zukünftigen Firmeninhaber und seiner Braut zur Hochzeit gratulierten. Das reich geschmückte Gedenkblatt für Margarethe und Friedrich Alfred wurde von Franz Lohe gezeichnet und aquarelliert. Im Zentrum befinden sich Brustbilder der Brautleute, jeweils in einem Medaillon gefasst. Ein graziles Gerüst mit floralen Ranken, in denen Putten spielen, umgibt die Porträts, ebenso wie zahlreiche Bildfelder mit Gebäudeansichten der Firma aus unterschiedlichen Epochen. Auch Krupp'sche Wohnhäuser sind dargestellt: das »Stammhaus« mit dem späteren Anbau, in dem Friedrich Alfred geboren wurde, das »Gartenhaus« und die Villa Hügel. Im unteren Teil der Grafik sind Produkte der Gussstahlfabrik Fried. Krupp in großer Fülle sowie schmiedende Putten dargestellt.

4.3.3
Ehevertrag zwischen Margarethe von Ende und Friedrich Alfred Krupp

12. August 1882 | Handschrift (Reproduktion), Papier, mit Gebührenmarken, 4 Seiten | 33,5 x 21 cm | Historisches Archiv Krupp, Essen | FAH 3 D 20.104-107

Der Ehevertrag besteht aus sieben Paragraphen und hält Vereinbarungen fest, die von den geltenden Bestimmungen des Allgemeinen Preußischen Landrechts abweichen. So richteten sich die Ehepartner nicht nach dem seit dem 16. April 1860 geltenden Gesetz der Gütergemeinschaft, sondern schlossen diese explizit aus, auch die des Erwerbes. Mit dem Besitz der Ehefrau zur Zeit der Eheschließung und während der Ehe richtete man sich nach den Bestimmungen des fünften Abschnitts des ersten Titels im zweiten Teil des Preußischen Allgemeinen Landrechts: Die Braut erhält ein jährliches Nadelgeld von 12.000 Mark, das ihr zur freien Verfügung steht. In der Erbfolge wurden ebenfalls die gesetzlichen Bestimmungen übernommen, jedoch unter dem Vorbehalt, das Testament abändern zu können.

4.3.2

4.3.4

Blick in den Salon Margarethe Krupps

Aquarell von Margarethe Krupp, um 1892 | Papier | 27,5 x 37,5 cm | Historisches Archiv Krupp, Essen | FAH 3 M 69

In einer Mappe mit dem Titel »Erinnerungen von eigenen Arbeiten« befinden sich Zeichnungen und Aquarelle, die Margarethe Krupp selbst gemalt hat. Das ausgestellte Aquarell gewährt einen Einblick in ihren Salon, in dessen Mitte sich ein Sockel mit der Figur eines Puttos befindet. Im Vorzimmer rechts und links der Durchgangstür befinden sich Gemälde, ein Schränkchen mit kleinen Sammlungsobjekten und ein Kamin.

4.3.5

»Adressen Buch« von Margarethe Krupp

Ende 19. Jh. – ca. 1930 | Buch mit handschriftlichen Einträgen, Papier, 94 Seiten | 25 x 21 x 2 cm | Historisches Archiv Krupp, Essen | FAH 3 M 93

Das 94 Seiten umfassende, mit einem alphabetischen Register versehene Heft wurde von Margarethe Krupp handschriftlich geführt und mit roter Tinte aktualisiert. Die eingetragenen Adressen verweisen auf ihre internationalen Kontakte wie z.B. die Familie Fuentes in Madrid und Henry C. Ahlborn in Boston. Am Schluss befinden sich Einladungslisten mit farbig markierten Zu- und Absagen aus den Jahren 1910–1912 und 1921.

4.3.6

Bitten und Ratschläge Friedrich Alfred Krupps an seine Frau für den Fall seines vorzeitigen Todes

31. Dezember 1900 | Handschrift (Reproduktion), 3 Seiten | 33 x 21 cm | Historisches Archiv Krupp, Essen | FAH 3 D 17

Da mit Einführung des Bürgerlichen Gesetzbuches die rechtliche Stellung der Mutter gestärkt wurde, teilte Friedrich Alfred Krupp seiner Frau in einem nach seinem Tod zu öffnenden Schreiben seine Wünsche mit. Er bat sie, als gesetzliche Vertreterin der minderjährigen Erbin in allen rechtsgeschäftlichen, industriellen und kaufmännischen Angelegenheiten auf die von ihm berufenen Beistände, die Herren Gustav Hartmann und Ernst Haux, zu vertrauen. Er hielt es für ausgeschlossen, dass eine Frau die oberste Leitung des Werkes übernehmen könne. Friedrich Alfred Krupp hatte sein erstes Testament am 25. Juli 1887 verfasst und bis zum 31. Dezember 1900 mehrfach verändert und ergänzt.

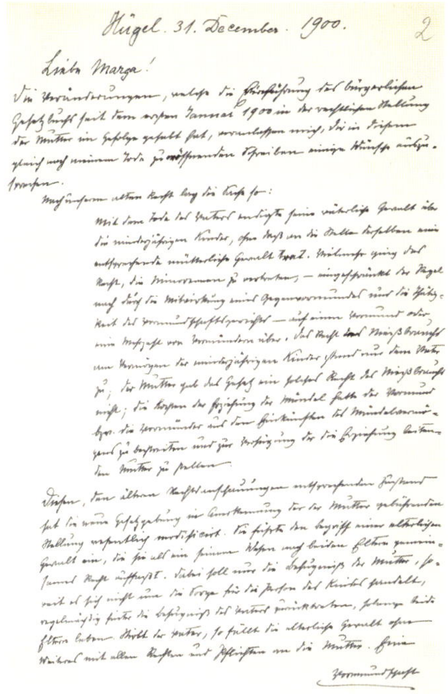
Hügel. 31. December. 1900. 2

Liebe Marga!

4.3.6

4.3.7

Brief Friedrich Alfred Krupps an Kaiser Wilhelm II. über die Krankheit seiner Frau Margarethe

13. Oktober 1902 | Handschrift, 4 Seiten | 27,8 x 21,8 cm | Geheimes Staatsarchiv Preußischer Kulturbesitz, Berlin | Brandenburg-Preußisches Hausarchiv, Rep. 53 J, Lit. K, Nr. 11, Bl. 10/11

Friedrich Alfred Krupp informierte den Kaiser darüber, dass sich seine Frau einer medizinischen Behandlung bei Dr. Binswanger in Jena unterziehen werde. Er hatte erst vor kurzem erfahren, so führte er aus, dass die »von ihr in Umlauf gesetzten Gerüchte in weitere Kreise drangen«. Die Herren Hollmann, Korn und Dr. Vogt hatten ihn über Äußerungen und Handlungen seiner Frau in Kenntnis gesetzt. Damit spielte er auf die Konflikte mit seiner Frau an, die sich zuspitzten, als er in italienischen und deutschen Zeitungen der Homosexualität bezichtigt wurde. In anderen Briefen beschrieb er seine Frau als hochgradig nervös.

4.3.8

Bekanntmachung Margarethe Krupps bezüglich des Übergangs der Gussstahlfabrik auf Bertha Krupp

Plakat, 27. November 1902 | Druck, Papier | 42 x 54 cm | Historisches Archiv Krupp, Essen | S 18/250

Fünf Tage nach dem Tod Friedrich Alfreds teilte Margarethe Krupp dem Direktorium mit, dass die gesamte Firma samt Außenwerken ungeteilt an ihre Tochter Bertha übergegangen sei und sie deren Rechte bis zur Volljährigkeit vertrete. Gleichzeitig bestätigte sie die Vollmachten der Direktoriumsmitglieder.

4.3.9

Brief Margarethe Krupps an Adolf Lauter bezüglich Unterlagen zur Geschichte der Fabrik

16. Dezember 1905 | Handschrift, Papier, Karton, 3 Seiten | 17,2 x 12,7 cm | Historisches Archiv Krupp, Essen | WA 56/81

Nach dem Tod Friedrich Alfred Krupps und im Zuge der Vorbereitungen für das Firmenjubiläum wurde damit begonnen, Unterlagen aus der Familien- und Firmengeschichte systematisch zusammenzutragen. Margarethe Krupp kümmerte sich in erster Linie darum, Material zur Familie zu sammeln und auszuwählen; sie übte damit großen Einfluss auf die Darstellung der Familiengeschichte aus. Zu diesem Zweck und auf Wunsch von Adolf Lauter, dem Chef des Nachrichtenbüros und späteren Leiter des Familien- und Werksarchivs, wurde ein Termin auf dem Hügel vereinbart, um bisher ungeordnetes Material gemeinsam durchzusehen.

4.3.10

Verleihung des Wilhelm-Ordens an Margarethe Krupp

10. August 1906 | Druck auf Pergament, mit Goldhöhungen und handschriftlichen Einträgen | 38 x 50 cm | Historisches Archiv Krupp, Essen | FAH 3 M 5

Margarethe Krupp erhielt von Kaiser Wilhelm II. im Jahre 1906 diese dritthöchste preußische Auszeichnung. Der selten verliehene Wilhelm-Orden ehrte Personen, die sich hervorragende Verdienste um die Wohlfahrt, besonders auf sozialpolitischem Gebiet, erworben hatten. Das Ordenspatent ist mit dem großen Siegel des Kaisers und einem kleinen Siegel geschmückt, das auf seinen Großvater, Kaiser Wilhelm I., verweist, zu dessen Andenken der Orden eingeführt wurde. Der Orden selbst bestand aus einer vergoldeten Kette und einer Medaille mit dem Bildnis Kaiser Wilhelms I. Das Ordensabzeichen wurde in der Regel nach dem Tod der Geehrten zurückgegeben.

4.3.11

Stiftungsurkunde und Verfassung der Margarethe Krupp-Stiftung für Wohnungsfürsorge

Verlag C. Daube, Essen, 1. Dezember 1906 | Druck, Papier, Karton, 8 Seiten | 19,5 x 12 cm | Historisches Archiv Krupp, Essen | FAH 3 M 94.4

Die Stiftung wurde von Margarethe Krupp anlässlich der Vermählung ihrer ältesten Tochter Bertha ins Leben gerufen. Das Vermögen bestand aus einem Kapital von einer Million Mark sowie einem Baugelände von ca. 50 Hektar. Die gedruckte Stiftungsurkunde besteht aus 15 Paragraphen. Es wurde festgehalten, dass die Verwaltung der Stiftung einem

4.3.13

Vorstand oblag, der aus dem Oberbürgermeister der Stadt Essen, fünf von Margarethe Krupp ernannten Mitgliedern und fünf von der Stadtverordnetenversammlung gewählten Mitgliedern bestehen solle. Der Zweck lag in der Wohnungsfürsorge minderbemittelter Klassen der Stadt Essen; Angehörige der Krupp'schen Werke sollten in angemessener Weise berücksichtigt werden.

4.3.12

Porträt Margarethe Krupps

Radierung von Hermann Kätelhön, um 1918 | Papier | 40,5 x 34 cm (Blatt) | Ruhr Museum, Essen | 394:943 (E) C 397

Die Radierung von Hermann Kätelhön zeigt Margarethe Krupp in einer nachdenklichen Pose und bereits als ältere Frau. Sie protegierte den Künstler, der von 1917 bis 1930 in Essen, seit 1919 in einem eigens für ihn erbauten Atelierhaus auf der Margarethenhöhe lebte. Während seines Schaffens in Essen war Kätelhön Mittelpunkt der dort entstehenden Künstlerkolonie. 1924 regte er die Gründung einer keramischen Werkstatt auf der Margarethenhöhe an.

4.3.13

Gedenkblatt zum 75. Geburtstag von Margarethe Krupp

Karl Sauer, Essen, 14. März 1929 | Pergament, handbemalt und beschrieben | 39,5 x 30 cm | Historisches Archiv Krupp, Essen | FAH 3 M 80

Am Vorabend des 75. Geburtstages von Margarethe Krupp versammelten sich Frauen und Männer auf der Margarethenhöhe, um ihre Verehrung und Dankbarkeit gegenüber der Jubilarin zum Ausdruck zu bringen. Das zu diesem Anlass entstandene Gedenkblatt, unterzeichnet von der Wirtschaftlichen Vereinigung Verkehrs- und Verschönerungsverein Essen e.V., wurde ihr in einem Stafettenlauf des Turn- und Sportvereins Margarethenhöhe überbracht. Sowohl die Abbildungen mit Ansichten der Margarethenhöhe auf der linken Seite als auch die Schrifttype sind expressionistisch inspiriert.

4.3.14

Vertrauliche Notizen über ein Gespräch Margarethe Krupps mit Kaiser Wilhelm II. bezüglich der Germaniawerft

Essen, 8. August 1906 | Maschinendurchschrift mit handschriftlichen Zusätzen, 4 Seiten | 33 x 21 cm | Historisches Archiv Krupp, Essen | FAH 4 C 9.343

Aus den Aufzeichnungen eines Vieraugengesprächs zwischen Margarethe Krupp und Kaiser Wilhelm II. mit dem Vermerk »Streng vertraulich!« wird deutlich, dass sich Margarethe Krupp in heiklen, die Firma betreffenden Angelegenheiten engagierte bzw. sich in Absprache mit dem Direktorium einschalten ließ. In diesem Fall ging es um Personalentscheidungen und Produktionsperspektiven in der Kieler Germaniawerft, in die sich der Kaiser einmischen wollte, was seitens der Firma nicht hingenommen werden konnte. Im Geheimen Preußischen Staatsarchiv in Berlin sind diesbezüglich weitere Briefe zwischen den beiden vom Januar 1906 überliefert. Die Notizen auf der Durchschrift beziehen sich auf den Kaiserbesuch vom 8. bis 10. August 1906.

4.3.15

Dank- und Ergebenheits-Adresse des Krupp'schen Direktoriums an Margarethe Krupp

Gussstahlfabrik, Essen, 29. März 1907 | Buch mit Ledereinband und 4 Pergamentseiten | 36,5 x 27 x 1,5 cm | Historisches Archiv Krupp, Essen | FAH 3 M 4

Die Direktoriumsmitglieder der Fa. Fried. Krupp bedankten sich am Tag der Volljährigkeit von Bertha Krupp von Bohlen und Halbach bei deren Mutter für ihren Einsatz als oberste Leiterin der Krupp'schen Unternehmungen. In dieser Zeit habe sie zusammen mit dem Direktorium zur Lösung zahlreicher Aufgaben und zum beispiellosen Aufschwung der Firma beigetragen. Außerdem habe sie in starkem Maße die Wohlfahrt der Werksangehörigen gefördert. Es wird die Absicht bekundet, als Erinnerung ihr Bildnis für das Sitzungszimmer der Firma anfertigen zu lassen. Auf der Vorderseite des Ledereinbandes sind Abbildungen des Stammhauses, der Friedrich-Alfred-Hütte und der Margarethenhöhe eingeprägt.

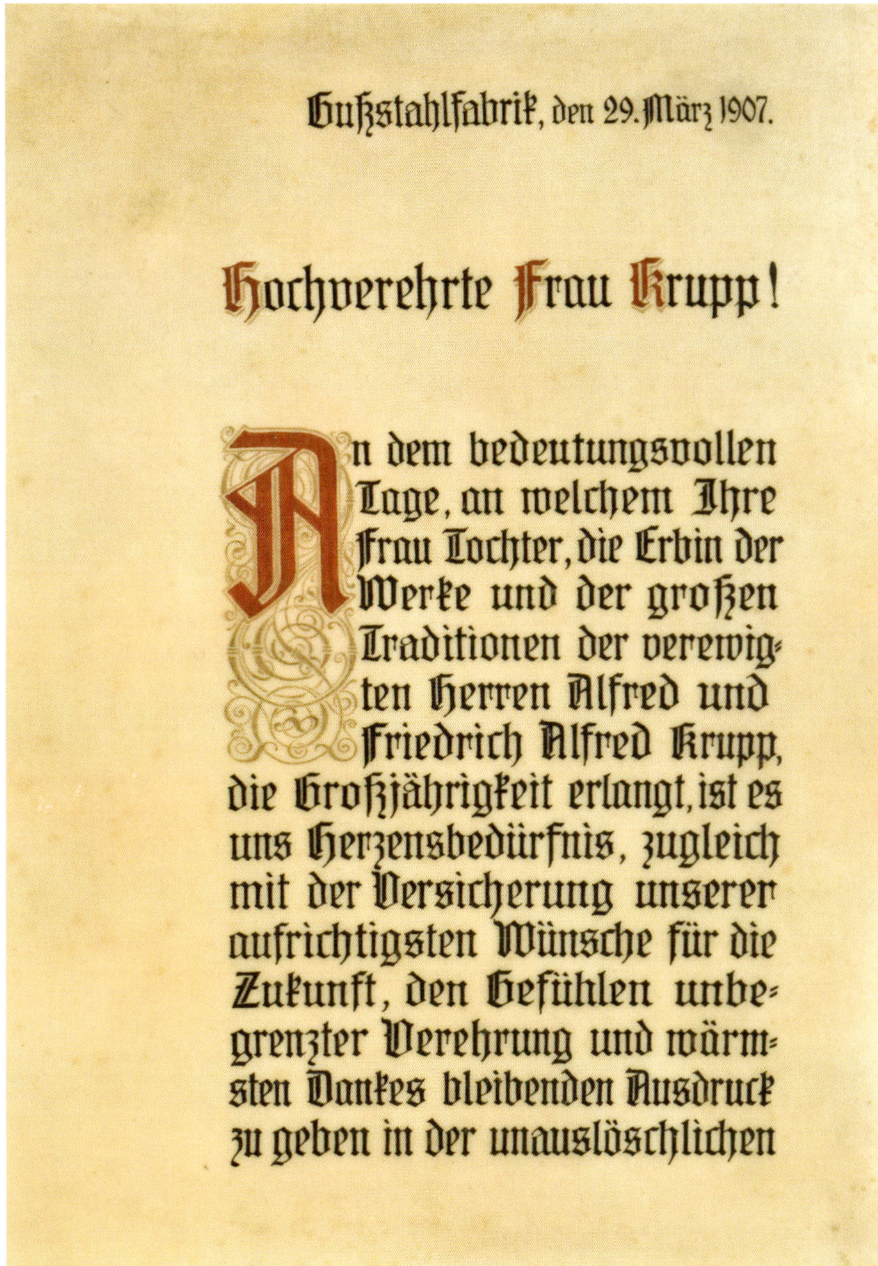

Gußstahlfabrik, den 29. März 1907.

Hochverehrte Frau Krupp!

An dem bedeutungsvollen Tage, an welchem Ihre Frau Tochter, die Erbin der Werke und der großen Traditionen der verewigten Herren Alfred und Friedrich Alfred Krupp, die Großjährigkeit erlangt, ist es uns Herzensbedürfnis, zugleich mit der Versicherung unserer aufrichtigsten Wünsche für die Zukunft, den Gefühlen unbegrenzter Verehrung und wärmsten Dankes bleibenden Ausdruck zu geben in der unauslöschlichen

4.3.15

4.4. Bertha Krupp von Bohlen und Halbach

Als ältere der beiden Töchter von Friedrich Alfred und Margarethe Krupp wurde die 1886 geborene Bertha schon früh zur Firmenerbin bestimmt. Dieser Aufgabe war sie sich zeitlebens bewusst. Mit ihrer Schwester Barbara wurde sie von Privatlehrern unterrichtet. Naturwissenschaftliche Fächer und Sport spielten dabei eine große Rolle, da es ein Anliegen ihres Vaters war, dass seine Töchter »die Erde mit allen ihren Erscheinungen als ein gesetzmäßiges zusammenhängendes Ganzes« erkannten. Vier Jahre lang unterrichtete sie der Naturwissenschaftler Dr. Ernst Kahrs, der spätere Leiter des Essener Städtischen Museums und Vorläufers des Ruhr Museums. 1903 besuchten sie für wenige Monate eine Haushaltungsschule in Baden-Baden.

Bereits 1902 trat der Erbfall ein. Allerdings wurde die Firma – wie ihr Vater testamentarisch festgelegt hatte – 1903 in eine Aktiengesellschaft umgewandelt. Von insgesamt 160.000 Aktien blieben bis auf vier Stück alle im Besitz der Erbin. An der Spitze des Unternehmens stand ein Aufsichtsrat. Bis zur Volljährigkeit Berthas nahm ihre Mutter die Rechte und Pflichten der Firmeninhaberin wahr. Laut »Jahrbuch des Vermögens und Einkommens der Millionäre im Königreich Preußen« war Bertha 1912 die reichste Person Preußens.

Ihren Mann Gustav von Bohlen und Halbach lernte sie im März 1906 während einer Romreise kennen, wo er als preußischer Legationsrat im Vatikan tätig war. Die Hochzeit fand am 15. Oktober desselben Jahres statt. Neben den 125 Gästen und Kaiser Wilhelm II. waren auch 60 Beamte und Angestellte des Hügels, 10 Arbeiter und 19 Pensionäre der Firma eingeladen. Obwohl ihr Mann Vorsitzender des Aufsichtsrats war, musste Bertha Krupp von Bohlen und Halbach bei Grundsatzfragen der Firma hinzugezogen werden. Dass sie wichtige Entscheidungen zusammen trafen, drückt sich symbolisch in dem Doppelschreibtisch aus, der nach den Umbauarbeiten in der Villa 1914 im Arbeitszimmer aufgestellt wurde. Bei wichtigen Verlautbarungen sprach das Paar mit einer Stimme, außerdem engagierten sich beide karitativ und mäzenatisch. Wie ihre Mutter nahm auch Bertha repräsentative Aufgaben mit großer Disziplin wahr, was besonders in den 1950er-Jahren eine wichtige Rolle für das Firmenansehen in der Stadt Essen gespielt hat. Das Ehepaar hatte acht Kinder: Alfried, Arnold, Claus, Irmgard, Berthold, Harald, Waldtraut und Eckbert. Auf Gemälden und Fotografien wurde die kinderreiche, großbürgerliche Familie dargestellt und damit das Fortbestehen des Unternehmens unterstrichen. In der Öffentlichkeit wurde stets die Übereinstimmung beider Ehepartner betont.

Am 15. Dezember 1943 wurde die Fried. Krupp AG in eine Personengesellschaft umgewandelt. Alleineigentümerin wurde Bertha Krupp von Bohlen und Halbach; sie setzte aber sogleich ihren ältesten Sohn Alfried als ihren Nachfolger ein und überschrieb ihm ihre Anteile am Unternehmen. Seit dem Sommer 1944 lebte sie mit ihrem Mann in Blühnbach und kehrte erst nach dessen Tod nach Essen zurück, wo sie 1957 starb.
MD

4.4.1

Bertha Krupp von Bohlen und Halbach (1886–1957)

Gemälde von Hela Peters-Ebbecke, 1957 | Öl auf Leinwand | 96,5 x 81 x 7,5 cm (m.R.) | Historisches Archiv Krupp, Essen | S 4 / 236

Die Porträtkünstlerin Hela Peters-Ebbecke (1885–1973) malte Bertha Krupp von Bohlen und Halbach als 71-Jährige. Die einstige Firmenerbin sitzt in einem Sessel, blickt direkt auf den Betrachter und trägt ein graues Kleid. Ihr direkter, offener Blick korreliert mit der würdevollen Körperhaltung. Das naturalistisch gemalte Porträt könnte auch nach einer Fotografie angefertigt worden sein, da es im gleichen Jahr entstanden ist, in dem Bertha Krupp verstarb.

4.4.2

Grundsteinlegung für das »Spatzenhaus«

Photogr. Atelier Fried. Krupp, 29. März 1894 | Fotografie, Papier | 23,5 x 32 cm | Historisches Archiv Krupp, Essen | SH 55/1

Die Grundsteinlegung für das so genannte »Spatzenhaus« fand in Anwesenheit von Bertha und Barbara Krupp sowie festlich gekleideter Hausangestellten statt. Das Fachwerkgebäude wurde 1894 im »picturesquen Stil« gebaut und bestand aus einem Spielzimmer, einer Küche mit bäuerlicher Ausstattung und einem Raum im Obergeschoss. Es befindet sich noch heute am Hang des Hügelgeländes unterhalb einer westlich gelegenen Terrassenmauer der Villa. Die Töchter sollten auf realistische Weise den Alltag im Haushalt nachspielen können.

4.4.1

4.4.3

Bertha und Barbara Krupp mit Fahrrädern auf dem Gelände der Villa Hügel

Fotografie, 1897 | Historisches Archiv Krupp, Essen | FAH 3 M 121.379

Die beiden Krupp-Töchter wurden zuhause von Privatlehrern unterrichtet. Großer Wert wurde auf eine sportliche Betätigung gelegt. So lernten sie schon in jungen Jahren Fahrradfahren, Tennisspielen und Reiten.

4.4.4

Zoologische Ausarbeitungen über das »System des Thierreichs«

Bertha Krupp, 1899–1902 | Ledereinband, Papier, Handschrift und Zeichnungen, 474 Seiten | 22 x 17 x 3 cm | Historisches Archiv Krupp, Essen | FAH 3 D 183.93

Bertha Krupp begann als 13-Jährige mit der Anlage eines umfangreichen Schreibheftes mit Abhandlungen über das System des Tierreichs. Auf den linken Seiten befinden sich meist die von ihr angefertigten Zeichnungen mit den

4.4.4

lateinischen und deutschen Bezeichnungen. Auf den rechten Seiten beschrieb sie ausführlich die Tiere mit ihren Eigenschaften. Auf den Umschlag des Heftes wurde in goldfarbenen Buchstaben der Titel »Zoologie 1899–1902« und der Name der Verfasserin »Bertha Krupp« geprägt. Anregungen für ihre zoologischen Ausarbeitungen erhielt Bertha vermutlich von ihrem Vater, der auf Capri selbst Tiefseeforschungen betrieb und dafür sorgte, dass seine Töchter zwischen 1899 und 1903 naturwissenschaftlichen Unterricht erhielten.

4.4.5

Beileidsbrief Kaiser Wilhelms II. an Bertha Krupp

Potsdam, 12. Dezember 1902 | Handschrift (Reproduktion), Papier, 6 Seiten | 22,5 x 15 cm | Historisches Archiv Krupp, Essen | FAH 4 E 782.134-137

In einem Brief teilte Kaiser Wilhelm II. der Firmenerbin seine Anteilnahme am Tod ihres Vaters mit und versuchte, sie auf ihre zukünftigen Aufgaben vorzubereiten. Da sie keinen Bruder habe, so führte er aus, sei die ganze Firma mit ihren Aufgaben, Lasten und Tausenden von Arbeitern nun in ihre Hände gelegt. Es sei ihre Pflicht, diese große Verantwortung zu übernehmen und ihr Leben in deren Dienst zu stellen. Er riet ihr, täglich in die Fabrik zu gehen und Kontakt mit den Arbeitern zu suchen, denn sie sollten wissen, dass sie von »Fräulein Bertha Krupp« abhingen und nicht von einem Aufsichtsrat oder Direktorium.

4.4.5

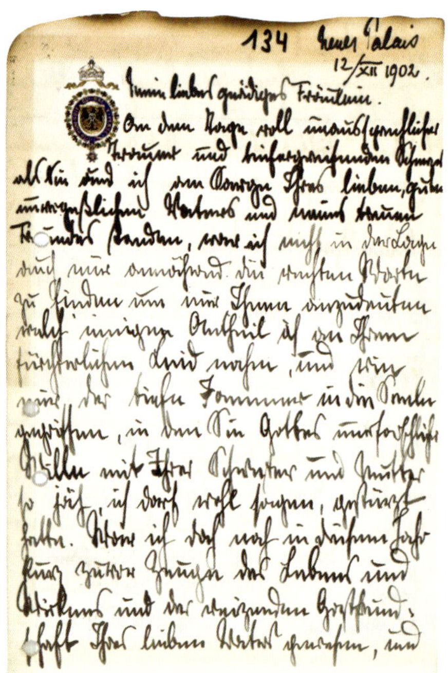

134 Neues Palais 12/XII 1902.

4.4.6

Artillerie-Vorführungen vor Margarethe Krupp und ihren Töchtern in Meppen

Fotografie, 26. Juli 1905 | Historisches Archiv Krupp, Essen | WA 16 e 76.32

Die äußerst seltene Dokumentation von Frauen auf dem Schießplatz in Meppen liegt darin begründet, dass Bertha Krupp zu diesem Zeitpunkt bereits Firmenerbin, aber noch unmündig und nicht verheiratet war. Margarethe Krupp übte die Vormundschaft für ihre Töchter aus und ist in schwarzer Kleidung zwischen den beiden platziert. Die weiteren dargestellten Personen sind durch Nummerierungen namentlich zu identifizieren.

4.4.7

Bertha und Barbara Krupp mit ihren Verlobten

Fotografie von Margarethe Krupp, Sommer 1906 | Historisches Archiv Krupp, Essen | FAH 3 M 119.63

Das Foto zeigt von links nach rechts Barbara Krupp, Tilo von Wilmowsky, Bertha Krupp und Gustav von Bohlen und Halbach. Sie sitzen fröhlich und in gleicher Körperhaltung mit vor sich aufgestützten Tennisschlägern auf einer Parkbank. Bertha und Gustav hatten sich in der Osterzeit 1906 in Rom kennengelernt; ihre Verlobung wurde bereits am 31. Mai dem Direktorium der Firma bekannt gegeben.

4.4.8

Bildpostkarte zur Vermählung von Bertha Krupp und Gustav von Bohlen und Halbach auf dem Hügel am 15. Oktober 1906

Verlag F. Flothmann GmbH, Essen, 15. Oktober 1906 | Lichtdruck, Karton | 14 x 8,9 cm | Historisches Archiv Krupp, Essen | S 6/2.11

4.4.6

Zum Tag der Vermählung der Firmenerbin wurde eine Bildpostkarte gedruckt. In vier Medaillons sind links und rechts Porträts der beiden Brautleute und darüber der Brautmutter dargestellt, in einem weiteren der Krupp'sche Familienwohnsitz, die Villa Hügel. Eine Abbildung des bereits verstorbenen Vaters, Friedrich Alfred Krupp, fehlt. Die Medaillons sind durch Blattwerk und weiße Rosenblüten miteinander verbunden.

4.4.9

Teilnehmerliste der Vermählungsfeier von Bertha Krupp mit Gustav von Bohlen und Halbach

15. Oktober 1906 | Druck, Papier, Karton, 7 Seiten | 21,4 x 15 cm | Historisches Archiv Krupp, Essen | FAH 4 F 515.173

Die Hochzeit von Bertha Krupp und Gustav von Bohlen und Halbach wurde am 15. Oktober 1906 auf dem Hügel groß gefeiert. Die Feierlichkeiten zogen sich über mehrere Tage hin und wurden minuziös geplant. Da keine Fotografien zu diesem Ereignis existieren, gibt eine gedruckte Teilnehmerliste Auskunft über die geladenen Gäste. Kaiser Wilhelm II. mit seinem Gefolge führt diese Liste an.

4.4.10

Bekanntmachung wider das Gerücht der Ehescheidung von Bertha und Gustav Krupp von Bohlen und Halbach

Plakat, 2. April 1909 | Druck, Papier | 43,1 x 35 cm | Historisches Archiv Krupp, Essen | FAH 4 F 46.10

Nachdem mehrere in- und ausländische Zeitungen über Eheprobleme im Hause Krupp berichtet hatten, die auch die Essener »Arbeiter-Zeitung« aufgriff, sah sich das Ehepaar veranlasst, die Krupp'schen Werksangehörigen mit einem in der Firma aufgehängten Plakat zu informieren. Sie erklärten, dass die Gerüchte jeglicher Grundlage entbehrten und von A bis Z frei erfunden seien. In Zeitungen wie der Berliner »B. Z.«, den »Danziger Neuesten Nachrichten«, aber auch französischen, italienischen und amerikanisches Zeitungen war behauptet worden, Bertha Krupp fühle sich von ihrem Mann schlecht behandelt; durch den plötzlichen Tod des zweitgeborenen Sohnes Arnold stehe die Ehe kurz vor der Scheidung.

4.4.11

Die Familie Krupp von Bohlen und Halbach

Fotografie, 1928 | Papier, Karton | 51 x 66,5 cm | Ruhr Museum, Essen | 394:943 (E) C 399 I

Die Familie Krupp von Bohlen und Halbach ließ sich auf Fotografien häufig als großbürgerliche Familie festhalten und demonstrierte auf diese Weise das gesicherte Fortbestehen des Unternehmens auch in der Zukunft. Mit Hilfe choreographischer Mittel und sorgfältiger Ausleuchtung wurde dabei die hierarchische Familienordnung subtil betont. Auf dieser Fotografie sind die einzelnen Personen von links nach rechts wirkungsvoll vor der Gemäldegalerie postiert: Irmgard, Berthold, Alfried, Harald, Waldtraut, Eckbert, Bertha, Gustav und Claus. Vor allem in den 1930er-Jahren wurden ähnliche Fotografien in Werkszeitungen publiziert oder gerahmt und – häufig mit einer Widmung versehen – an langjährige Mitarbeiter verschenkt.

4.4.12

Taschenetui mit Fotografien der Kinder von Bertha und Gustav Krupp von Bohlen und Halbach

um 1930/40 | Silber, Glas, Papier | 6,7 x 13 x 5 cm | Privatbesitz

Das vierteilige faltbare Taschenetui mit Fotografien ihrer Kinder war ein ständiger Reisebegleiter Bertha Krupp von Bohlen und Halbachs. In den ovalen Ausschnitten erscheinen von links nach rechts Fotos von Alfried und Claus, Irmgard und Berthold, Waldtraut und Eckbert. Im letzten Medaillon sind alle sieben Kinder zu sehen, in der vorderen Reihe Harald, Irmgard und Waldtraut und in der hinteren Claus, Eckbert, Alfried und Berthold.

4.4.8

4.4.13

Schloss Blühnbach von Süden aus gesehen

Bertha Krupp von Bohlen und Halbach, um 1920/50 | Aquarell auf Papier | 46,5 x 38 cm (m.R.) | Privatbesitz

Wie in bürgerlichen Kreisen üblich und wie zuvor ihre Großmutter Bertha und ihre Mutter Margarethe, erhielt auch Bertha Krupp als junges Mädchen Mal- und Zeichenunterricht. Auf diesem Aquarell hielt sie das Feriendomizil in der Nähe Salzburgs fest, in dem die Gesamtfamilie häufig ihre Urlaube verbrachte und sie ihren Mann in seinen letzten Lebensjahren pflegte.

4.4.14

Ehrenbürgerbrief der Stadt Essen für Bertha Krupp von Bohlen und Halbach

20. November 1936 | Ledereinband, Pergament, 2 Seiten, Siegellack | 38 x 30 cm | Historisches Archiv Krupp, Essen | FAH 4 D 55

Anlässlich des 125-jährigen Firmenjubiläums erhielten Bertha und Gustav Krupp von Bohlen und Halbach am 20. November 1936 die Ehrenbürgerschaft der Stadt Essen verliehen. Bertha wurde als Förderin der Stadt Essen und Vertreterin der Familie Krupp geehrt. Die Urkunde ist vom Oberbürgermeister, den Stadträten und Stadtherren sowie dem Beauftragten der NSDAP unterschrieben.

Margarethe Krupp wurde die Ehrenbürgerschaft als erster Frau in Essen bereits 1912 zum 100-jährigen Firmenjubiläum verliehen. Auf Beschluss der Gemeindevertretung vom 27. März 1946 wurden alle Ehrenbürgerschaften, die in der Zeit des Nationalsozialismus verliehen worden waren, aufgehoben. Im Einzelnen waren dies Adolf Hitler, Herman Göring, Heinrich Unger sowie Bertha und Gustav Krupp von Bohlen und Halbach.

4.4.15

Verleihung des Ehrenbürgerbriefes an Bertha und Gustav Krupp von Bohlen und Halbach

Fotografie, 20. November 1936 | Stadtbildstelle Essen | 1003 d

Auf der Fotografie ist der Verleihungsakt der Ehrenbürgerschaft an Bertha und Gustav von Bohlen und Halbach in der Halle der Villa Hügel festgehalten. Anwesend sind neben Stadtverordneten in Zivil auch Vertreter der Stadt in NS-Uniform. Oberbürgermeister Dr. Theodor Reismann-Grone, der auf dieser Fotografie nicht zu sehen ist, vollzog die Ehrung. Auch der Beauftrage der NSDAP, Kreisleiter Hermann Freytag, war zugegen.

4.4.16

Entsperrungsanordnung für das Privatvermögen von Bertha Krupp von Bohlen und Halbach

Finanzministerium des Landes Nordrhein-Westfalen, Düsseldorf, 1. März 1952 | Papier | 30 x 21 cm | Historisches Archiv Krupp, Essen | FAH 21/404.51

Nachdem das Privatvermögen von Bertha Krupp von Bohlen und Halbach nach 1945 von den Alliierten gesperrt worden war, teilte ihr Anfang März 1952 das Amt für gesperrte Vermögen im Finanzministerium des Landes Nordrhein-Westfalen in Düsseldorf die Entsperrung mit, wie sie von der Besatzungsmacht angeordnet worden war. Mit diesem Schreiben konnte sie die Löschung von Sperrvermerken in öffentlichen Registern und Bankkonten beantragen. Ihr Wohnort war zu dieser Zeit nicht mehr die Villa Hügel, sondern das Haus Frankenstraße 349 in Essen.

4.4.17

Bertha Krupp von Bohlen und Halbach bei der Ehrung von Jubilaren auf dem Hügel

Fotografie von Marga Kingler, 25. März 1956 | Ruhr Museum, Essen | K 1278/1

Im März 1956 wurden auf der Villa Hügel 452 Arbeitsjubilare der Firma Fried. Krupp geehrt. 22 Jubilare feierten ihr 50-jähriges, 152 ihr 40-jähriges und 278 ihr 25-jähriges Berufsjubiläum. Bertha Krupp von Bohlen und Halbach gratulierte den Jubilaren, obwohl sie die Firma längst ihrem ältesten Sohn übergeben hatte.

4.4.18

Filmstation: Krupp'sches Familienleben

Zusammenstellung: Paul Hofmann, Kinemathek im Ruhrgebiet, Duisburg, 2012 | aus: »Bertha von Bohlens Kinofilme I–III« (ca. 1929–1934)

a) Sayneck, Pfingsten 1929
b) Winterurlaub in Silvaplana, Suvrettahaus, 1930
c) Schloss »Blühnbach, 1930«
d) Pferd »Pluto II«, Hügel 1930
e) »Junge Neufundländer«, Hügel 1930
f) »Zum 15. Oktober 1931«; Film der Kinder zur Silberhochzeit der Eltern, darin u. a. Flug über Werden und Villa Hügel, Paddeln auf der Ruhr, Kutschfahrt im Hügelpark

a–f) Historisches Archiv Krupp, Essen

4.4.12

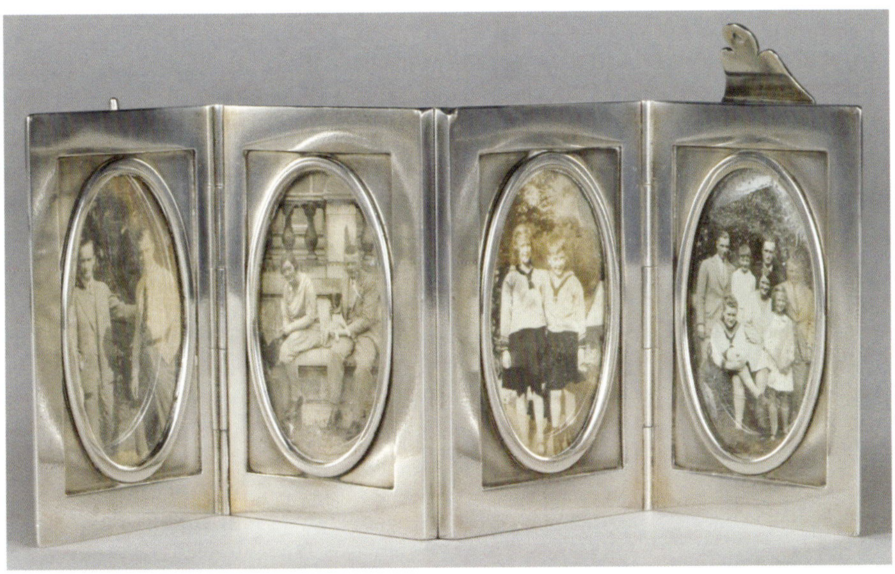

4.5. Annelise von Bohlen und Halbach und Vera Krupp von Bohlen und Halbach

Annelise von Bohlen und Halbach entstammte der Hamburger Kaufmannsfamilie Bahr und wurde 1909 geboren. Nach einer ersten gescheiterten Ehe heiratete sie im November 1937 Alfried von Bohlen und Halbach auf Schloss Wiesenburg in Brandenburg. Bereits am 24. Januar 1938 wurde ihr Sohn Arndt geboren. Eineinhalb Jahre später kam es zu massiven Konflikten mit den Schwiegereltern, die dazu führten, dass Alfried vor die Entscheidung gestellt wurde, entweder auf die Firmennachfolge zu verzichten oder sich scheiden zu lassen. Wie aus Briefen an ihre Schwägerin Irmgard von Bohlen und Halbach hervorgeht, gab Annelise zwar Fehler zu, bemühte sich aber, die an sie gestellten Anforderungen zu erfüllen. Trotzdem wurde die Ehe 1941 geschieden. Für ihren Sohn hatten die Eltern ein gemeinsames Sorgerecht. Arndt wuchs in den ersten Jahren vorwiegend bei seiner Mutter auf, die jedoch – wie aus dem Briefwechsel mit Bertha Krupp von Bohlen und Halbach in den Kriegsjahren deutlich wird – von den Krupps beratend und finanziell unterstützt wurde. Zeit ihres Lebens – sie starb 1998 – wurde dafür Sorge getragen, dass sie ein standesgemäßes Leben führen konnte. Ab dem zehnten Lebensjahr war Arndt zwar vorwiegend in verschiedenen Internaten untergebracht; der Kontakt zwischen Mutter und Sohn blieb jedoch sehr eng.

Seine zweite Ehe ging Alfried mit Vera Knauer, geb. Hossenfeldt, ein, die 1909 geboren wurde und in Düsseldorf und Wiesbaden aufwuchs. Beide kannten sich noch aus Studienzeiten, und Vera, die bereits dreimal geschieden war, nahm während seiner Gefängnishaft wieder Kontakt zu Alfried auf. Die Ehe wurde am 19. Mai 1952 in Berchtesgaden geschlossen. Der Wohnort der Braut wurde in der standesamtlichen Bescheinigung mit Hollywood angegeben, als Trauzeugen zeichneten die Vermieter einer Oberschönauer Pension, in der beide derzeit wohnten. Fotografien zeigen, dass Vera Krupp von Bohlen und Halbach an offiziellen Anlässen der Firma Friedr. Krupp teilnahm. So besuchte sie mit Alfried nach seiner Haftentlassung das Hauptverwaltungsgebäude, gestaltete die Jubilarfeiern mit und war Gastgeberin bei Empfängen von politischen und wirtschaftlichen Repräsentanten. Kurzfristig brachte sie Glamour in die öffentliche Wahrnehmung der Familie Krupp von Bohlen und Halbach. Die karitativen und repräsentativen Aufgaben genügten ihr jedoch nicht und so betätigte sie sich selbst unternehmerisch. Unter dem Label VERAL gründete sie eine internationale Handelsagentur, die auch den Handel mit Stahl für die USA beinhalten sollte. Bereits 1956 trennte sich das Paar; ein Jahr später wurde die Ehe geschieden. Vera wurde finanziell großzügig abgefunden, den Familiennamen durfte sie nicht mehr weiterführen. Sie starb am 17. Oktober 1967.

Beide Frauen tauchten nach ihren Ehescheidungen regelmäßig in den Klatschspalten der Regenbogenpresse auf. Während Annelise von Bohlen und Halbach, die am Jetset-Leben ihres Sohnes teilnahm, als exzentrisch beschrieben wurde, galt Vera als selbstbewusst und extrovertiert. MD

4.5.1

4.5.2

4.5.1

Annelise von Bohlen und Halbach, geb. Bahr (1909–1998)

Fotografie von Gabriele Gräfin von Arnim, München, 1960 | Privatbesitz Gabriele Gräfin von Arnim

Die repräsentative Atelieraufnahme zeigt Annelise von Bohlen und Halbach als 51-Jährige, fast 20 Jahre nach ihrer Scheidung von Alfried von Bohlen und Halbach. Sie trägt ein dunkles Spitzenkleid mit floralem Muster sowie Perlenschmuck. Den Familiennamen behielt sie bis zu ihrem Lebensende.

4.5.2

Annelise und Alfried von Bohlen und Halbach

Fotografie von Ernst Schneider, Berlin, um 1937 | Papier, Karton | 37,8 x 26,2 cm | Historisches Archiv Krupp, Essen | FAH 31/108

Ernst Schneider, einer der bekanntesten Lifestyle-Fotografen Berlins, fertigte eine Serie von unterschiedlichen Doppelporträts des jung vermählten Paares an. Die Hochzeit fand im November 1937 fernab des Hügels, auf Schloss Wiesenburg in der Mark, statt.

4.5.3

Alfried von Bohlen und Halbach mit Eltern und Familie in Blühnbach

Fotografie, 1938 | Historisches Archiv Krupp, Essen | FAH 4 H 54.72

Alfried und Annelise von Bohlen und Halbach besuchen mit ihrem Sohn Arndt seine Eltern auf ihrem Feriensitz Schloss Blühnbach bei Salzburg.

4.5.7

4.5.4
Annelise von Bohlen und Halbach mit ihrem Sohn Arndt
Fotografie, 1939 | Historisches Archiv Krupp, Essen | FAH 31/80
In der Momentaufnahme wirken Mutter und Sohn fröhlich und ungezwungen. Annelise verbrachte jedoch 1939 mehrere Wochen im Krankenhaus und ihre Ehe mit Alfried stand bereits kurz vor der Trennung. In einem Briefwechsel vom Sommer 1939 teilte sie ihrer Schwägerin Irmgard mit, dass ihre Schwiegereltern sie nicht mehr empfingen.

4.5.5
Alfried, Annelise und Berthold von Bohlen und Halbach auf dem Torrener Joch
Fotografie, 7. August 1938 | Historisches Archiv Krupp, Essen | ÜF 2/14.11.7.18
Alfried, Annelise und Berthold von Bohlen und Halbach machen Rast in einer Berghütte auf dem Torrener Joch, die sich in der Nähe von Schloss Blühnbach im Salzburger Land befindet. Alle drei sind in Tracht gekleidet.

4.5.6
Annelise und Arndt von Bohlen und Halbach bei den Bayreuther Festspielen
Fotografie, 1956 | Bromsilbergelatinepapier | 25 x 12,5 cm | Historisches Archiv Krupp, Essen | FAH 31/33

4.5.7
Arndt mit Annelise von Bohlen und Halbach in seiner Villa in Palm Beach, Florida
Fotografie von Slim Aarons, 1982 | Bildagentur Getty Images
Der US-amerikanische Fotograf Slim Aarons hielt in seiner Fotografie Arndt von Bohlen und Halbach mit seiner Mutter im weißen Salon seiner Villa in Palm Beach fest. Sowohl im Arrangement des Bildausschnitts als auch in der Wahl des Fotografen wird ihr Lebensstil deutlich. Aarons war berühmt für seine Dokumentation der amerikanischen »feinen Gesellschaft«.

4.5.8
Vera Krupp von Bohlen und Halbach, geb. Hossenfeldt (1909–1967)
Fotografie, 1950/60 | Bildagentur Picture-Alliance
Vera Knauer heiratete 1952 Alfried Krupp von Bohlen und Halbach. Auf dieser Porträtaufnahme nimmt sie eine selbstbewusste Pose ein und wirkt wie ein Model oder eine Schauspielerin.

4.5.9
Eheschließung von Vera Knauer und Alfried Krupp von Bohlen und Halbach
Fotografie, 19. Mai 1952 | Bildagentur AP Association
Die Fotografie zeigt die Eheschließung von Vera und Alfried Krupp von Bohlen und Halbach am 19. Mai 1952 im Berchtesgadener Standesamt. Als Trauzeugen stehen links und rechts des Brautpaares der Bäckermeister und Skifahrer Ferdy Stoll und seine Frau Ruth. Das Brautpaar wohnte zu der Zeit in deren Pension in Oberschönau. Vera Knauers Wohnsitz war laut Standesamtsurkunde Hollywood.

Die Ehe wurde am 26. Februar 1957 vom Landgericht Essen geschieden; Vera wurde untersagt, den Familiennamen Krupp von Bohlen und Halbach weiterzuführen.

4.5.8

4.5.9

4.5.10
Vera und Alfried Krupp von Bohlen und Halbach in der Lichtburg
Fotografie von Marga Kingler, 29. Juni 1954 | Ruhr Museum, Essen | K 1376/17
Vera Krupp von Bohlen und Halbach begleitete ihren Mann häufig bei offiziellen Anlässen, die fotografisch festgehalten wurden. Hier ist sie beim Besuch der Uraufführung des Films »Die Stadt der Goldenen Madonna« in der Essener Lichtburg zu sehen, in dem die Geschichte der Stadt Essen erzählt wird.

4.5.11
Vera Krupp von Bohlen und Halbach während einer Jubilarfeier
Fotografie eines Werksfotografen, 1953/57 | Historisches Archiv Krupp, Essen | WA 16 o 74
Wie andere Familienmitglieder der Krupps nahm auch Vera Krupp von Bohlen und Halbach an den offiziellen Jubilarfeiern teil, gratulierte den Jubilarinnen und Jubilaren und überreichte ihnen Geschenke.

4.5.12
Besuch des griechischen Ministerpräsidenten Alexandros Papagos und seiner Frau in Essen
Fotoalbum »Zur Erinnerung an den Staatsbesuch S.E. des Königl. griechischen Ministerpräsidenten Marschall Alexander Papagos bei Herrn Alfried Krupp von Bohlen und Halbach in Essen am Montag, dem 5.7.1954« mit Fotografien eines Werksfotografen | Karton, Papier, Textil | 15,5 x 21,5 cm | Ruhr Museum, Essen
Bei offiziellen Anlässen wie etwa Staatsbesuchen hatten auch die Ehefrauen der Krupps ihre Aufgaben zu erfüllen. Die Fotografie zeigt Vera Krupp von Bohlen und Halbach und ihre Schwiegermutter Bertha Krupp bei der Unterhaltung mit der Ehefrau des griechischen Ministerpräsidenten Alexandros Papagos im Bungalow von Alfried Krupp. Das Album dokumentiert den gesamten Staatsbesuch.

4.5.13
Vera und Alfried Krupp von Bohlen und Halbach beim Besuch einer Kunstausstellung
Fotografie von Marga Kingler, Essen, 1956/57 | Ruhr Museum, Essen | K 610/4
Die Essener Bildjournalistin Marga Kingler hielt für die Westdeutsche Allgemeine Zeitung zahlreiche öffentliche Auftritte von Vera und Alfried Krupp von Bohlen und Halbach fest. Diese Aufnahme zeigt das Paar beim Betrachten eines Porträts von Harald von Bohlen und Halbach (1916–1983), eines jüngeren Bruders von Alfried, der erst 1955 aus russischer Kriegsgefangenschaft zurückgekehrt war.

4.5.14

4.5.14
Vera Krupp von Bohlen und Halbach am Schreibtisch
Fotografie von Ralph Crane, 1. Februar 1954 | Bildagentur Getty Images
Der bekannte LIFE-Magazine-Fotograf Ralph Crane fotografierte Vera Krupp von Bohlen und Halbach in ihrem Essener Arbeitszimmer. An der Wand hinter ihr befinden sich eine Madonnenskulptur und die Darstellung eines Gekreuzigten. Die Ausstattung mit Möbeln ist im Rokokostil gehalten und enthält keine modernen Details, die auf die 1950er-Jahre verweisen.

4.5.15
Korrespondenz der Fa. VERAL. Internationale Handelsagentur G.m.b.H.
3. April 1954 | Maschinenschrift, Durchschlagpapier | 29,3 x 21 cm | Historisches Archiv Krupp, Essen | FAH 24/451.187
Vera Krupp von Bohlen und Halbach gründete die international agierende Handelsagentur VERAL G.m.b.H. und ließ sich, während sie sich in Amerika aufhielt, von ihrem Mitarbeiter N. Z. Moreno über den Stand der Dinge unterrichten. Es wurde eine Kooperation mit Stahlbau Rheinhausen angedacht, um Stahlexporte in die USA zu bewerkstelligen. Außerdem plante ihr Mitarbeiter eine Büroniederlassung in New York, die zugleich die Krupp'schen Interessen in den USA vertreten könnte. Da VERAL vom Krupp-Konzern finanzielle Zuwendungen erhielt und ihr internationales Agieren nicht unkritisch zur Kenntnis genommen wurde, mussten wichtige Vorgänge mit der Firmenleitung abgesprochen werden.

5. Die Firma – Von der Gussstahlfabrik zum ThyssenKrupp Konzern

Am Anfang stand der Stahl. Eisenbahnmaterial und Rüstungsgüter bildeten die Säulen einer Firma, deren kometenhafter Aufstieg aus kleinsten Anfängen in gigantische Dimensionen schon Zeitgenossen staunen ließ. Der Krupp-Konzern marschierte beständig an der Spitze des technischen Fortschritts und seine Modernität war über die Zeitläufte hinweg beispielgebend. Krupp – das war einerseits das zeitweise größte deutsche Industrieunternehmen, das aufgrund seiner hochwertigen Produkte in der ganzen Welt berühmt war. Krupp wurde andererseits aber auch mit dem Unglück identifiziert, das Deutschland in zwei selbst verschuldeten Kriegen über die Welt gebracht hatte. Denn bei Krupp wurden eben nicht nur harmlose Landmaschinen und Registrierkassen hergestellt, sondern auch Waffen und Munition, und die Firma hat immer gut daran verdient.

Das Unternehmen profitierte in seiner Frühphase von der allgemeinen Wirtschaftsentwicklung in Deutschland. So wurde die Gründung der Firma im Jahr 1811 durch die napoleonische Kontinentalsperre begünstigt, eine Wirtschaftsblockade des britischen Königreiches, die die englische Konkurrenz von den Märkten fernhielt. Durch den 1834 ins Leben gerufenen Deutschen Zollverein wurde der zollfreie Warenhandel innerhalb Deutschlands ermöglicht. Die Firma Krupp repräsentierte als selbst ernannte »Waffenschmiede des Reiches« wie kein zweites Unternehmen die Industrialisierung in Deutschland. Schon bald nach dem Ersten Weltkrieg, besonders aber nach Beendigung des Zweiten Weltkriegs zahlte sie die Zeche einer dramatisch ins Negative gewendeten Symbolik: Die Firma wurde entflochten, zahlreiche Betriebsteile wurden enteignet, verschrottet und teilweise demontiert, das Konzernvermögen sichergestellt. Als die Firma 1947/48 im Krupp-Prozess vor Gericht gestellt wurde, saß auch der Mythos Krupp auf der Anklagebank.

Dabei hatte die Firma im Zeitalter der Weltkriege einen signifikanten Verlust ihrer Autonomie und die Indienstnahme als Rüstungsproduzent durch den Staat hinzunehmen. In seiner wechselvollen Geschichte musste das Unternehmen zudem schwere Krisen bewältigen: die Finanzkrise der 1870er-Jahre, die Schuldenkrise der 1920er-Jahre, die große Zerstörung der Firma im Bombenkrieg oder die 1987 erbittert geführten Arbeitskämpfe in Rheinhausen. Der letztlich erfolgreiche Kampf der Firma um die Einheit des Unternehmens angesichts von Verkaufsauflagen und Entflechtung sowie die Abkehr vom Waffengeschäft nach 1945 markieren ebenfalls signifikante Etappen der Firmenhistorie.

Der Konzentrationsprozess in der deutschen Stahlindustrie mündete 1992 in die feindliche Übernahme von Hoesch durch Krupp und die Fusion von Thyssen und Krupp im Jahr 1999. Der global operierende ThyssenKrupp Konzern gehört heute zu den 20 größten Industrieunternehmen in Deutschland. Größter Anteilseigner ist dabei die Krupp-Stiftung, die über gut 25 Prozent der Aktien verfügt. ThyssenKrupp bezeichnet sich selbst als integrierten Werkstoff- und Technologiekonzern, zu dessen Markenkern aber immer noch ein Produkt gehört – der Stahl. IW

5.1. Ein mittelständisches Unternehmen (1811–1853)

Am 20. November 1811 gründete Friedrich Krupp zusammen mit den Brüdern von Kechel, zwei ehemaligen Offizieren mit angeblichen Kenntnissen auf dem Gebiet der Stahlerzeugung, eine Gussstahlfabrik in Essen. Nach ebenso erfolglosen wie kostspieligen Versuchen, die Geheimnisse der Gussstahlproduktion nach englischem Vorbild zu ergründen, trennte sich Friedrich Krupp gegen Ende des Jahres 1814 von den Brüdern. Mit dem Bau einer Stahlschmelze und eines Hammerwerks in der Walkmühle 1812 sowie der Errichtung des Schmelzbaus am späteren Stammsitz im Jahr 1819 gelang es ihm, qualitativ hochwertigen Tiegelstahl herzustellen und diesen zu Stangen zu schmieden bzw. zu Werkzeugen, Münzstempeln und Walzenrohlingen weiterzuverarbeiten. Später kamen auch Hacken, Steinbohrer und Keilhauen für den rasch expandierenden Bergbau hinzu.

Mit dem frühen Tod des Gründers Friedrich Krupp ging 1826 die Verantwortung für die Firma auf die Witwe Therese und den erst 14-jährigen Sohn Alfred über. Die Gussstahlfabrik war zu dieser Zeit ein zwar überschuldeter, aber hoch spezialisierter Kleinstbetrieb in einer Zukunftsbranche – freilich in einem vorindustriellen, noch überwiegend agrarisch geprägten Milieu. Die Eigenkapitaldecke des Unternehmens war äußerst dünn und ein mit heutigen Verhältnissen vergleichbarer Bankensektor existierte noch nicht. Alfred Krupp versuchte die Stahlproduktion zu standardisieren und auf eine solidere Grundlage zu stellen. Immer um die Erweiterung des Kundenkreises und seines Know-hows auf dem Gebiet der Stahlerzeugung bemüht, bereiste er unermüdlich diverse Nachbarstaaten. Ab 1830 konnte Krupp fertige Walzen und Walzmaschinen mit Qualitätsgarantie anbieten. Die Aufhebung der innerdeutschen Zollschranken mit der Gründung des Deutschen Zollvereins wirkte sich ab 1834 günstig auf die Firmenentwicklung aus.

Die erste, 1835 in Betrieb genommene Dampfmaschine ersetzte das wasserbetriebene Hammerwerk an der Walkmühle in Altenessen und sorgte für die Erweiterung der Betriebsstätten und der Produktpalette sowie einen Anstieg der Essener Mitarbeiter auf 124 im Jahr 1845. Zwei Jahre zuvor hatte sich Krupp an der Gründung einer Besteckfabrik in Berndorf bei Wien beteiligt. Er reinvestierte die Gewinne beständig in die weitere Expansion des Essener Betriebes. Durch Revolutionswirren und eine massive Wirtschaftskrise musste die Belegschaft in den Folgejahren allerdings nahezu halbiert werden.

Nachdem Alfred Krupp 1848 Alleininhaber der Firma geworden war, bot sich ihm bald darauf ein neues Geschäftsfeld im Eisenbahnbau, der kommenden »Konjunkturlokomotive« der sich Bahn brechenden Industrialisierung. Von Krupp hergestellte Achsen, Stoßfedern und Kurbelwellen sowie der 1852/53 zur Anwendung gebrachte, bruchsichere und nahtlos geschmiedete Eisenbahnradreifen befeuerten das schnelle Wachstum der Fabrik. Die Radreifen wie auch die Ende der 1840er-Jahre begonnenen Versuche, Kanonen aus Gussstahl herzustellen, begründeten die zwei Säulen des Betriebes: Eisenbahnmaterial und Rüstungsgüter. IW

5.1.1

Gründungsvertrag der Gussstahlfabrik zwischen Friedrich Krupp und den Brüdern von Kechel

Notar Theodor Schaumburg, 20. November 1811 | Handschrift mit Papiersiegel (Reproduktion), 12 Seiten | 30 x 21,5 cm | Historisches Archiv Krupp, Essen | FAH 1 B 169

Der handschriftlich verfasste Vertrag zwischen Friedrich Krupp und den mittellosen früheren Offizieren Carl und Wilhelm von Kechel ist das Gründungsdokument der Firma. Die Gebrüder Kechel wurden an Umsatz und Gewinn der Gussstahlfabrik beteiligt und verpflichteten sich im Gegenzug, »all jene zur Betreibung dieser Fabrik erforderlichen Kenntnisse und Wissenschaften, zusammt allen Handgriffen, die zur praktischen Kenntniß der Fabrik zu wissen nöthig sind, dem Herrn Friederich Krupp gründlich beizubringen und zu lehren«. Die Kechels führten Friedrich Krupp zwar in die Grundlagen der Gussstahltechnik ein; ihr Versprechen, Gussstahl nach englischem Vorbild zu liefern, blieben sie jedoch schuldig. Im Herbst 1814 löste Friedrich den Vertrag daher auf.

Nach zahlreichen Fehlschlägen gelang es ihm später, hochwertigen Tiegelstahl in »englischer Manier« herzustellen. Die napoleonische Kontinentalsperre stellte einen wichtigen Beweggrund für die Gründung der Fabrik dar, da hierdurch englische Waren vom europäischen Festland ferngehalten wurden.

5.1.2

Preis-Übersicht für Feilen

1814/15 | Vordruck mit handschriftlichen Ergänzungen | 12 x 24,2 cm | Historisches Archiv Krupp, Essen | FAH 1 A 46.6

5.1.3

»Preiss-Verzeichniss für Gussstahl-Waaren«

G.D. Baedeker, Essen, März 1829 | Druck mit handschriftlichen Einträgen, 2 Seiten | 21 x 26 cm | Historisches Archiv Krupp, Essen | WA 4/268 a 12-13

Bei dem im Preis-Verzeichnis angebotenen »Gußstahl in Stangen und Stücken« handelte es sich um Halbfertigprodukte aus Stahl nach englischem Vorbild, aus denen weiterverarbeitende Betriebe Fertigwaren herstellten. Englischer Stahl war der Qualitätsmaßstab, an dem Alfred Krupp sich orientierte. Neben den in erster Linie angebotenen Spezialwerkzeugen für Handwerksbetriebe erlangten in den 1830er-Jahren Münzprägestempel

5.1.1

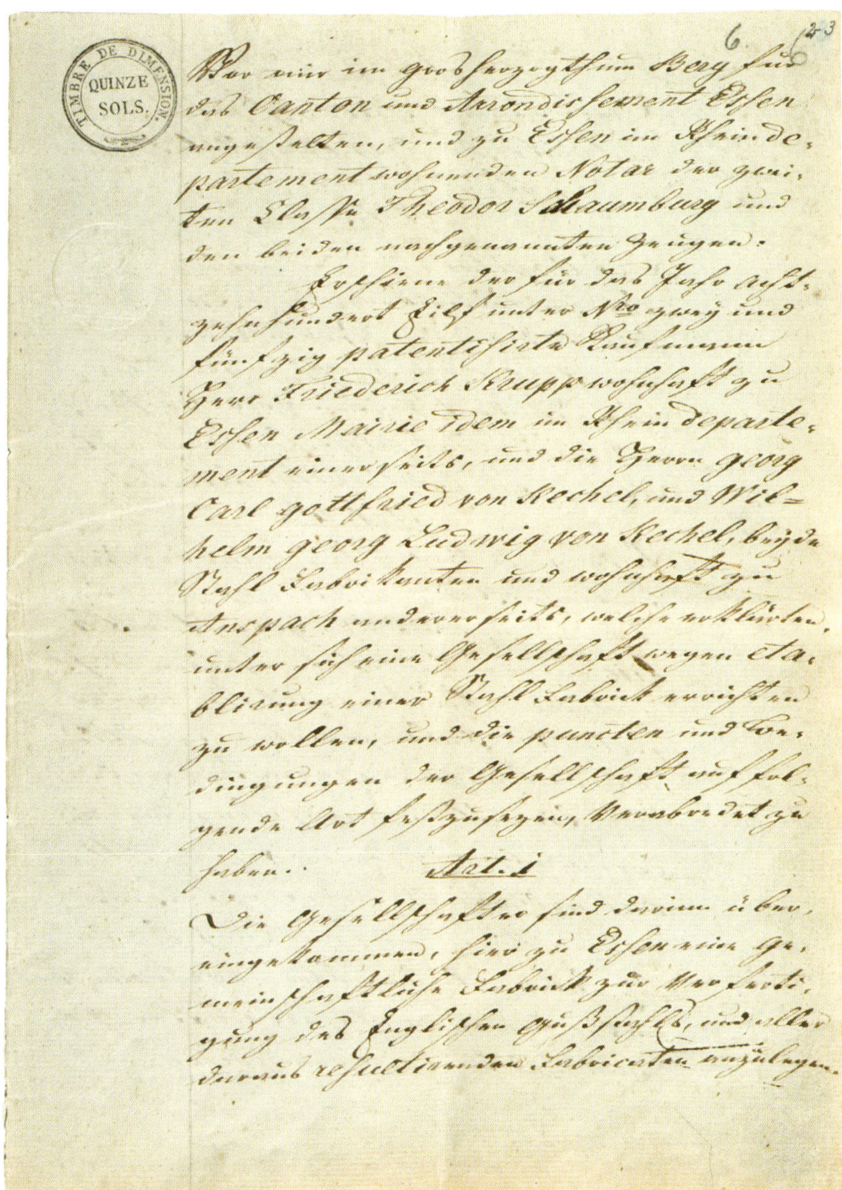

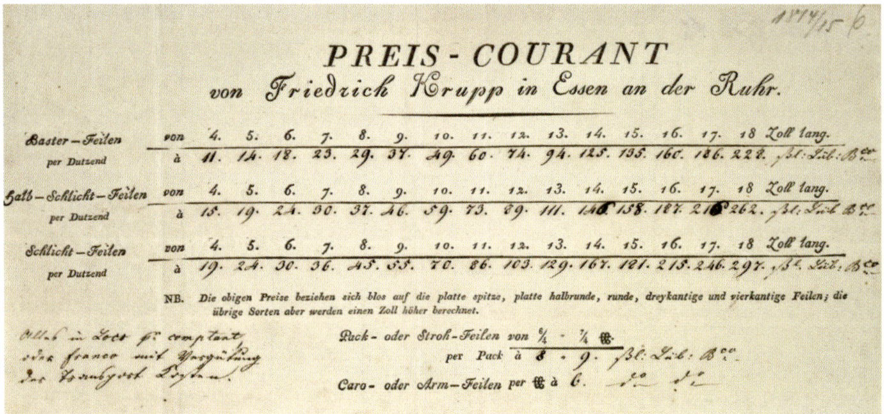

PREIS-COURANT
von Friedrich Krupp in Essen an der Ruhr.

Baster-Feilen	von	4.	5.	6.	7.	8.	9.	10.	11.	12.	13.	14.	15.	16.	17.	18	Zoll lang.
per Dutzend	à	11.	14.	18.	23.	29.	37.	49.	60.	74.	94.	125.	135.	160.	186.	222.	
Halb-Schlicht-Feilen	von	4.	5.	6.	7.	8.	9.	10.	11.	12.	13.	14.	15.	16.	17.	18	Zoll lang.
per Dutzend	à	15.	19.	24.	30.	37.	46.	59.	73.	89.	111.	140.	158.	187.	216.	262.	
Schlicht-Feilen	von	4.	5.	6.	7.	8.	9.	10.	11.	12.	13.	14.	15.	16.	17.	18	Zoll lang.
per Dutzend	à	19.	24.	30.	36.	45.	55.	70.	86.	103.	129.	167.	181.	215.	246.	297.	

NB. Die obigen Preise beziehen sich blos auf die platte spitze, platte halbrunde, runde, dreykantige und vierkantige Feilen; die übrige Sorten aber werden einen Zoll höher berechnet.

Pack- oder Stroh-Feilen von 6/4 - 7/4 ℔
per Pack à 8 . 9.

Caro- oder Arm-Feilen per ℔ à 6.

5.1.2

und besonders Walzen und komplette Walzwerke eine große wirtschaftliche Bedeutung für den Kleinbetrieb. Die Firma Fried. Krupp war zunächst noch eine Manufaktur für Nischenerzeugnisse und wuchs erst seit Mitte der 1830er-Jahre allmählich zum mittelständischen Betrieb an.

5.1.4
»Preis-Verzeichniß der Gußstahl-Waaren«
1840 | Druck mit handschriftlichen Einträgen, 2 Seiten | 26 x 22 cm | Historisches Archiv Krupp, Essen | WA 4/268 a 22-23

5.1.3

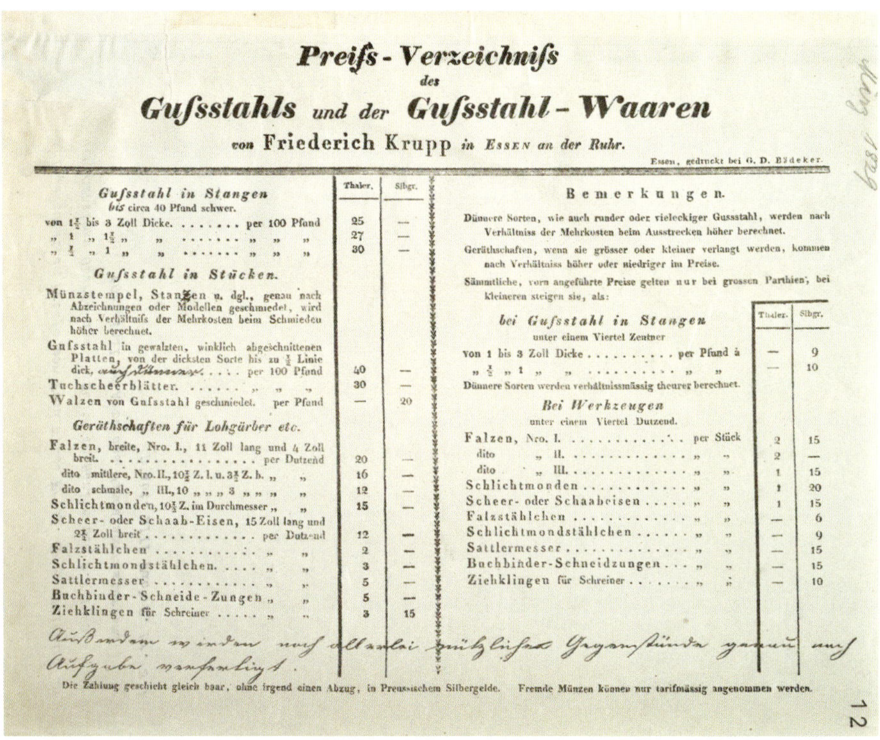

Preiſs-Verzeichniſs des Guſsstahls und der Guſsstahl-Waaren
von Friederich Krupp in Essen an der Ruhr.

Essen, gedruckt bei G. D. Bädeker.

	Thaler.	Silbgr.
Guſsstahl in Stangen bis circa 40 Pfund schwer.		
von 1½ bis 3 Zoll Dicke .... per 100 Pfund	25	—
„ 1 „ 1½ „ „ .... „ „ „	27	—
„ ½ „ 1 „ „ .... „ „ „	30	—
Guſsstahl in Stücken.		
Münzstempel, Stangen u. dgl., genau nach Abzeichnungen oder Modellen geschmiedet, wird nach Verhältniſs der Mehrkosten beim Schmieden höher berechnet.		
Guſsstahl in gewalzten, winklich abgeschnittenen Platten, von der dicksten Sorte bis zu ½ Linie dick, ... per 100 Pfund	40	—
Tuchscheerblätter. .... „ „ „	30	—
Walzen von Guſsstahl geschmiedet. per Pfund	—	20
Geräthschaften für Lohgärber etc.		
Falzen, breite, Nro. I., 11 Zoll lang und 4 Zoll breit. .... per Dutzend	20	—
dito mittlere, Nro. II., 10½ Z. l. u. 3½ Z. b. „ „	16	—
dito schmale, „ III., 10 „ „ „ 3 „ „ „ „	12	—
Schlichtmonden, 10½ Z. im Durchmesser „ „	15	—
Scheer- oder Schaab-Eisen, 15 Zoll lang und 2½ Zoll breit .... per Dutzend	12	—
Falzstählchen .... „ „	2	—
Schlichtmondstählchen. ..... „ „	3	—
Sattlermesser .... „ „	5	—
Buchbinder-Schneide-Zungen „ „	5	—
Ziehklingen für Schreiner ...... „ „	3	15

Bemerkungen.

Dünnere Sorten, wie auch runder oder vieleckiger Gussstahl, werden nach Verhältniss der Mehrkosten beim Ausstrecken höher berechnet.

Geräthschaften, wenn sie grösser oder kleiner verlangt werden, kommen nach Verhältniss höher oder niedriger im Preise.

Sämmtliche, vorn angeführte Preise gelten nur bei grossen Parthien, bei kleineren steigen sie, als:

	Thaler.	Silbgr.
bei Guſsstahl in Stangen unter einem Viertel Zentner		
von 1 bis 3 Zoll Dicke .... per Pfund à	—	9
„ ½ „ 1 „ „ .... „ „	—	10
Dünnere Sorten werden verhältnissmässig theurer berechnet.		
Bei Werkzeugen unter einem Viertel Dutzend.		
Falzen, Nro. I. .... per Stück	2	15
dito „ II. .... „ „	2	—
dito „ III. .... „ „	1	15
Schlichtmonden .... „ „	1	20
Scheer- oder Schaabeisen ...... „ „	1	15
Falzstählchen .... „ „	—	6
Schlichtmondstählchen ...... „ „	—	9
Sattlermesser .... „ „	—	15
Buchbinder-Schneidzungen ... „ „	—	15
Ziehklingen für Schreiner ...... „ „	—	10

Die Zahlung geschieht gleich baar, ohne irgend einen Abzug, in Preussischem Silbergelde. Fremde Münzen können nur tarifmässig angenommen werden.

12

5.1.5
Zwei Geschäftskarten in französischer und deutscher Sprache
um 1840 | Karton, Druck mit handschriftlichen Einträgen | je 10 x 14,2 cm | Historisches Archiv Krupp, Essen | WA 4/268 a 25/1 + 25/2

5.1.6
Gründungsvertrag der Berndorfer Metallwarenfabrik
Wien, 26. Mai 1843 | Handschrift mit Papiersiegel und Gebührenstempel, 8 Seiten | 41 x 26 cm | Historisches Archiv Krupp, Essen | FAH 2 B 158

Am 26. Mai 1843 gründete Alexander Schoeller die Berndorfer Metallwarenfabrik und nahm die Firma Krupp als stillen Gesellschafter mit auf. Krupp sollte die zur Fabrikation notwendigen Maschinen und das Patent auf die Löffelwalze beisteuern. Der Münchner Goldschmied und Graveur Anton Wiemer gab 1838 die erste von ihm entworfene Löffelwalze bei Krupp in Auftrag. Hermann Krupp, der jüngere Bruder Alfreds, verbesserte dieses Konstruktionsprinzip und entwickelte daraus ein Patent. Mit der Walze konnten Löffel aus Metallplatten geprägt werden. Hermann Krupp wurde später Leiter der Berndorfer Metallwarenfabrik und begründete den österreichischen Zweig der Krupp-Dynastie. 1844 wurde mit der Produktion von Löffeln und Blechen aus Silber begonnen. In dem vorliegenden Vertrag war u. a. geregelt, dass die Maschinen »in 12 Stunden 150 Dutzend Esslöffel flach gewalzt« liefern sollten und zwar in »33 vorläufig bestimmten Details«.

5.1.7
Geschäftskarte »Gussstahlfabrik bei Essen a/d Ruhr in Rhein-Preussen«
1853/54 | Druck mit Kupferstich-Ansicht, 4 Seiten | 21 x 27 cm | Historisches Archiv Krupp, Essen | WA 4/268 a 73-76

5.1.7

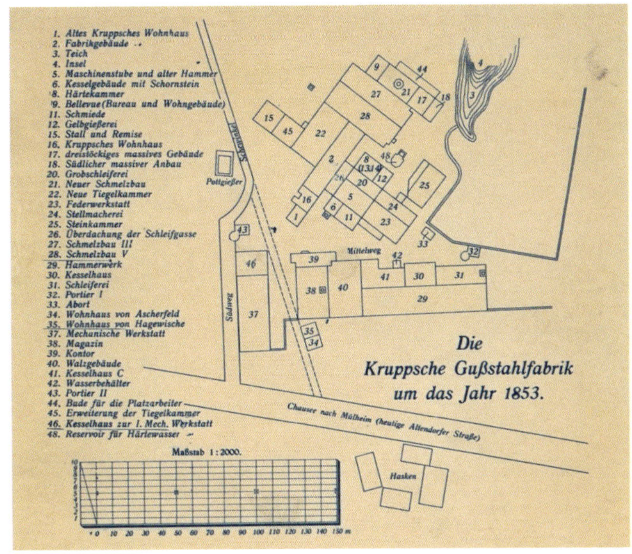

5.1.11

5.1.8

Geschäfts- und Visitenkarte der amerikanischen Krupp-Vertretung in New York

um 1855 | Druck, Karton | 6,5 x 10 cm | Historisches Archiv Krupp, Essen | WA 4/268 a 49

Krupp hatte schon frühzeitig internationale Märkte im Visier und lieferte seit Mitte der 1830er-Jahre Münzprägestempel ins europäische Ausland. Die Firma »Fried. Krupp. Cast Steel Manufacturer, Essen, Rhenish Prussia« (Fried. Krupp, Hersteller von Gussstahl, Essen, Rheinpreußen) belieferte seit 1841 Mexiko und ab 1845 Indien; 1847 verschiffte sie erstmals Stahlerzeugnisse in die USA. Krupp hatte Repräsentanten in London, Paris und Russland. Seit 1851 vertrat Thomas Prosser & Son in New York die deutsche Firma, wie die vorliegende Geschäftskarte aus dem Jahr 1855 belegt. Die Internationalisierung des Geschäfts erfuhr insbesondere durch Waffenlieferungen in alle Welt einen weiteren Aufschwung.

5.1.9

Lieferverzeichnis der bei Krupp in den Jahren 1847–1858 gefertigten Gussstahl-Kanonenrohre

G.D. Baedeker, Essen, 1858 | Druck, 2 Seiten | 27,5 x 21 cm | Historisches Archiv Krupp, Essen | WA 4/268 a 202

5.1.10

Grundriss »Die Kruppsche Gußstahlfabrik um das Jahr 1842«

1900/10 | Umdruck in blauer Farbe, Papier auf Karton, Maßstab 1:2000 | 27 x 22 cm | Historisches Archiv Krupp, Essen | WA 15 a 47

5.1.11

Grundriss »Die Kruppsche Gußstahlfabrik um das Jahr 1853«

1900/10 | Umdruck in blauer Farbe, Papier auf Karton, Maßstab 1:2000 | 22 x 26,6 cm | Historisches Archiv Krupp, Essen | WA 15 a 49

Der Vergleich der Grundrisskarten belegt das rasante Wachstum der Firma: Innerhalb von nur elf Jahren verdreifachte sich die Ausdehnung des Werkes. Es entstanden u. a. Schmelzbauten, Werkstätten und Wohngebäude.

5.1.12

Das Krupp'sche Haus mit Versuchswerkstatt in der Weberstraße 17 um 1812

C. Thiemann, 1911 | Holzschnitt | 7,8 x 9,4 cm (Motiv), 32,5 x 45 cm (Passepartout) | Ruhr Museum, Essen | 62 Kr (E) C244TE

Aus der Frühphase der Gussstahlfabrik sind keine Originalansichten überliefert. Die meisten Darstellungen sind Rekonstruktionen, die in Verbindung mit den Jubiläumsfeierlichkeiten im Jahr 1912 angefertigt wurden. Die Festschrift, eine Sonderausgabe der »Kruppschen Mitteilungen«, zeigte zahlreiche Werksansichten in der damals populären Kunstauffassung des Jugendstils.

5.1.13

Die Walkmühle in Altenessen mit Wasserhammer und Schmelzbau um 1812/13

C. Thiemann, 1911 | Holzschnitt | 9,5 x 17,5 cm (Motiv), 32,5 x 45 cm (Passepartout) | Ruhr Museum, Essen | 62 Kr (E) C2b

5.1.14

5.1.15

5.1.18

5.1.14

Stammhaus und Schmelzbau der Krupp'schen Fabrikanlage um 1819

A. Ritscher, April 1910 | Holzstich | 18 x 25 cm (Passepartout) | Historisches Archiv Krupp, Essen | WA 16 a 302

5.1.15

Ansicht der Krupp'schen Fabrikanlage um 1836

A. Ritscher, April 1910 | Holzstich | 11 x 17,5 cm (Motiv), 18 x 25 cm (Passepartout) | Historisches Archiv Krupp, Essen | WA 16 a 302

5.1.16

Ansicht der Krupp'schen Fabrikanlage um 1841

A. Ritscher, April 1910 | Holzstich | 18 x 25 cm (Passepartout) | Historisches Archiv Krupp, Essen | WA 16 a 302

5.1.17

Ansicht der Krupp'schen Fabrikanlage um 1848

A. Ritscher, April 1910 | Holzstich | 18 x 25 cm (Passepartout) | Historisches Archiv Krupp, Essen | WA 16 a 302

5.1.18

Südansicht der Krupp'schen Fabrikanlage um 1852/53

A. Ritscher, April 1910 | Holzstich | 10,2 x 17,7 cm (Motiv), 18 x 25 cm (Passepartout) | Historisches Archiv Krupp, Essen | WA 16 a 302

5.2. Expansion zum Großkonzern (1854–1913)

Mit der Patentierung des nahtlosen Eisenbahnradreifens 1853 und dem Boom im Eisenbahnbau konnte der wirtschaftliche Erfolg der Firma verstetigt und auf eine solide Grundlage gestellt werden. Alfred Krupp, stets auf der Suche nach neuen Verwendungs- und Absatzmöglichkeiten für seinen Tiegelstahl, hatte seit 1847 die Idee einer aus Gussstahl gefertigten Kanone verfolgt und beständig weiterentwickelt. Doch erst die Begegnung mit dem späteren Kaiser Wilhelm I. sorgte für den Durchbruch im Rüstungssektor, als dieser 1859 eine geplante Bestellung von 72 Kanonenrohrblöcken eigenhändig auf 300 Stück erhöhte. Krupp trat zunehmend in Konkurrenz zu den staatlichen Heereswerkstätten und begann bald darauf seine Geschütze weltweit zu vermarkten.

Ein weiterer Expansionsschub erfolgte 1862 durch die Einführung des Bessemer-Verfahrens, welches ebenso wie das Siemens-Martin-Verfahren ab 1869 die Massenproduktion von Eisenbahnschienen und Stahlblechen ermöglichte. Mit dem Erwerb von Eisenerzfeldern im Lahngebiet (1864) und im spanischen Bilbao (1872), dem Kauf der Sayner Hütte (1865), der Hermannshütte (1871), der Johanneshütte sowie der Zeche Hannover (1872) forcierte Alfred Krupp den Ausbau der Firma zu einem vertikal gegliederten Konzern, der vom Rohstoff bis zum Endprodukt alle Herstellungsprozesse kontrollierte. Durch die Erweiterung der Rohstoffbasis deckte Krupp nicht nur den eigenen, stetig wachsenden Bedarf, sondern machte sich auch von seinen Lieferanten unabhängig.

Nachdem die Firma im Zuge der Gründerkrise der 1870er-Jahre in ernste finanzielle Turbulenzen geraten war, baute Friedrich Alfred Krupp nach dem Tod seines Vaters 1887 das Unternehmen durch Zukäufe zu einem horizontal und vertikal strukturierten Konzern aus: So wurden verarbeitende Betriebe verwandter Produktionssektoren erworben; auf die Übernahme des Stahlwerks Annen 1886 folgte 1893 der Erwerb des Magdeburger Grusonwerks, durch das Krupp nunmehr auch im Anlagen- und Maschinenbau vertreten war. 1896 begann der Konzern durch die Übernahme der Germania-Werft in Kiel sein Engagement im Schiffbau und sicherte sich nicht zuletzt aufgrund der Panzerplatten zahlreiche lukrative Aufträge. Durch den 1896 begonnenen und 1904 fertiggestellten Bau des integrierten Hüttenwerkes in Rheinhausen wurde die Roheisen-, Rohstahl- und Walzwerkbasis des Unternehmens ausgebaut.

Ein Jahr nach dem Tod Friedrich Alfred Krupps im Jahr 1902 wurde der Konzern in eine Aktiengesellschaft umgewandelt; die Anteile des Unternehmens verblieben aber fast alle im Besitz der Familie. Hatte das Unternehmen 1857 erstmals über 1000 Mitarbeiter beschäftigt, so standen kaum 25 Jahre später, 1892, schon über 25.000 Menschen bei Krupp auf der Lohnliste. 1913, am Vorabend des Ersten Weltkriegs, erwirtschafteten annähernd 75.000 Mitarbeiter einen Reingewinn von rund 33 Millionen Mark. Die Firma war durch ihre geschickte Expansionspolitik im Zeitalter der Hochindustrialisierung erst zum Konzern und dann zum Großkonzern angewachsen. IW

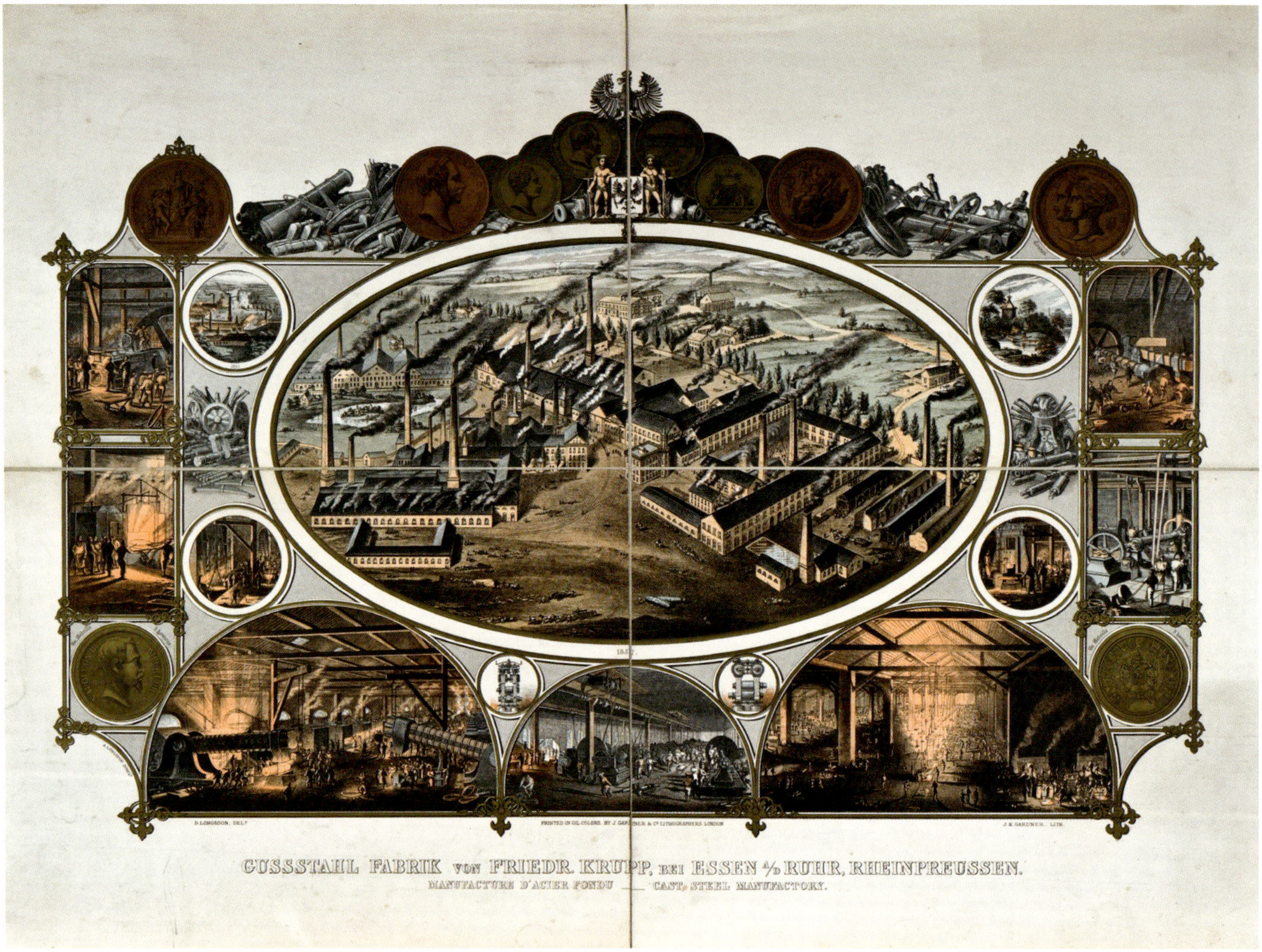

5.2.1

5.2.1

Werbeblatt mit Außen- und Innenansichten der Krupp'schen Gussstahlfabrik

Lithographie von J.K. Gardner nach D. Longsdon, London, 1857 | Papier, auf Stoff aufgezogen | 67 x 88 cm | Ruhr Museum, Essen | GR 203

Das Unternehmen erlebte in den 1850er-Jahren ein enormes Wachstum und eine zunehmende Internationalisierung. Die ebenso farbenprächtige wie detailreiche Lithographie wurde für Werbezwecke produziert. Sie zeigt Details aus dem Innenleben der Krupp'schen Gussstahlfabrik und bietet einen interessanten Blick aus der Vogelperspektive auf die gewaltige Ausdehnung des Werkes gegen Ende der 1850er-Jahre. Dynamik und Vielgestaltigkeit der Produktionsprozesse werden dabei eindrucksvoll illustriert: Man vermag das Dröhnen der Hämmer aus den Werkstätten fast zu hören und die gewaltigen, aus den Schornsteinen aufsteigenden Rauchschwaden förmlich zu riechen. Neben den Krupp'schen Produkten, wie z. B. den Radreifen und den Kanonenrohren, sind die errungenen Preismedaillen zu erkennen.

Das Werbeblatt idealisiert die Fabrikdarstellung; so sind etwa Ausdehnung und Höhe der Werkshallen übertrieben dargestellt. Über der Szenerie wacht der preußische Reichsadler – ein Hinweis auf Alfred Krupps Vaterlandsliebe.

5.2.2

Übersichtskarte der Gussstahlfabrik Essen

aufgenommen durch das Geometer Bureau der Gussstahlfabrik, Berliner Lithogr. Institut, 1. Juli 1878 | Original: Druck, Papier, in 36 Einzelblättern auf Leinen geklebt, Maßstab 1:5000 | Reproduktion: Druck, Papier, auf Pressspanplatte aufgezogen | 103,3 x 71,1 x 1,5 cm | Ruhr Museum, Essen

Die Karte zeigt die rasante Ausdehnung des Krupp-Werksgeländes auf dem Stadtgebiet in Essen: Rund zwei Drittel der Stadtfläche waren von der Krupp'schen Fabrik belegt.

5.2.3
Frachtbrief über die Beförderung von Gussstahl-Fabrikaten der Fa. Fried. Krupp durch die Köln-Mindener Eisenbahngesellschaft
1859 | Druck | 22x26 cm | Historisches Archiv Krupp, Essen | WA 4/268 a 204-205
Die Eisenbahn galt ab 1850 als Schlüsselsektor in einem sich selbst verstärkenden Kreislauf der Schwerindustrie: Sie benötigte Eisenbahnmaterial und war gleichzeitig Transporteur von Stahlerzeugnissen. Die quer durch das Ruhrgebiet verlaufende, eingleisige Verkehrsverbindung zwischen Köln-Deutz und Minden in Ostwestfalen wurde 1847 vollständig in Betrieb genommen. Sie bedeutete einen gewaltigen Schub für den weiteren Verlauf der Industrialisierung im Ruhrgebiet.

Die Köln-Mindener-Eisenbahngesellschaft war nicht nur Spediteur von Frachtgut der Gussstahlfabrik, was der vorliegende Frachtbrief dokumentiert; sie war auch einer der ersten Großkunden der Firma Krupp als Abnehmer von Eisenbahnmaterial. So bestellte die Eisenbahngesellschaft im Jahr 1849 nach einer zufriedenstellend verlaufenden Probebestellung insgesamt 36 Achsen sowie eine größere Anzahl Federn. Später kamen dann auch die ersten nahtlos geschmiedeten Radreifen für Lokomotiven und Waggons hinzu.

5.2.4
Preis-Verzeichnis über Gussstahl-Fabrikate
Verlag G. D. Baedeker, Essen, 1862 | Druck | 27,5x21 cm | Historisches Archiv Krupp, Essen | WA 4/268 b 259-260

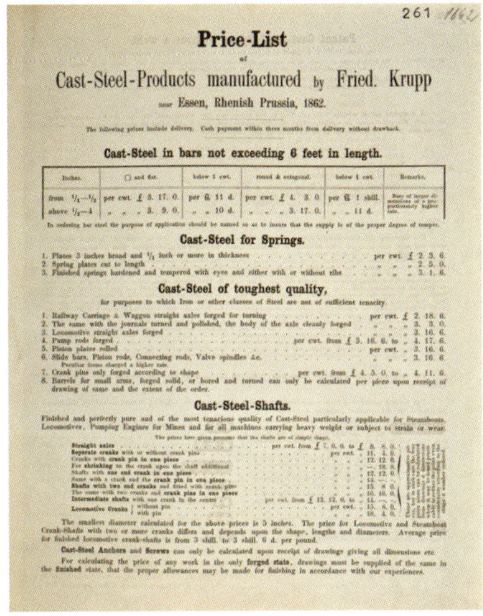
261

Price-List
of
Cast-Steel-Products manufactured by Fried. Krupp
near Essen, Rhenish Prussia, 1862.

The following prices include delivery. Cash payment within three months from delivery without drawback.

Cast-Steel in bars not exceeding 6 feet in length.

Inches.	▢ and flat.	below 1 cwt.	round & octagonal.	below 1 cwt.	Remarks.
from ¼–½	per cwt. £ 3. 17. 0.	per ℔ 11 d.	per cwt. £ 4. 3. 0.	per ℔ 1 shill.	Bars of larger dimensions at a proportionately higher rate.
above ½–4	„ „ „ 3. 9. 0.	„ „ 10 d.	„ „ „ 3. 17. 0.	„ „ 11 d.	

In ordering bar steel the purpose of application should be named so as to insure that the supply is of the proper degree of temper.

Cast-Steel for Springs.

1. Plates 3 inches broad and ¼ inch or more in thickness . . . per cwt. £ 2. 3. 6.
2. Spring plates cut to length . . . „ „ „ 2. 5. 0.
3. Finished springs hardened and tempered with eyes and either with or without ribs . . . „ „ „ 3. 1. 6.

Cast-Steel of toughest quality,
for purposes to which Iron or other classes of Steel are not of sufficient tenacity.

1. Railway Carriage & Waggon straight axles forged for turning . . . per cwt. £ 2. 18. 6.
2. The same with the journals turned and polished, the body of the axle cleanly forged . . . „ „ „ 3. 3. 0.
3. Locomotive straight axles forged . . . „ „ „ 3. 16. 6.
4. Pump rods forged . . . per cwt. from £ 3. 16. 6. to „ 4. 17. 6.
5. Piston plates rolled . . . per cwt. „ 3. 16. 6.
6. Slide bars, Piston rods, Connecting rods, Valve spindles &c. . . . „ „ „ 3. 16. 6.
Peculiar forms charged a higher rate.
7. Crank pins only forged according to shape . . . per cwt. from £ 4. 5. 0. to „ 4. 11. 6.
8. Barrels for small arms, forged solid, or bored and turned can only be calculated per piece upon receipt of drawing of same and the extent of the order.

Cast-Steel-Shafts.

Finished and perfectly pure and of the most tenacious quality of Cast-Steel particularly applicable for Steamboats, Locomotives, Pumping Engines for Mines and for all machines carrying heavy weight or subject to strain or wear.

The smallest diameter calculated for the above prices is 5 inches. The price for Locomotive and Steamboat Crank-Shafts with two or more cranks differs and depends upon the shape, lengths and diameters. Average price for finished locomotive crank-shafts is from 3 shill. to 3 shill. 6 d. per pound.

Cast-Steel Anchors and **Screws** can only be calculated upon receipt of drawings giving all dimensions etc.

For calculating the price of any work in the only **forged state**, drawings must be supplied of the same in the **finished** state, that the proper allowances may be made for finishing in accordance with our experiences.

5.2.5

5.2.5
Preisliste in englischer Sprache
»Price-List of Cast-Steel-Products manufactured by Fried. Krupp near Essen, Rhenish-Prussia, 1862«, Verlag G. D. Baedeker, Essen 1862 | Druck | 28,5x23 cm | Historisches Archiv Krupp, Essen | WA 4/268 b 261-262

5.2.6
Verzeichnis der bei Krupp von 1847 bis 1887 gefertigten Kanonen
Fa. Fried. Krupp, Essen, um 1890 | Druck | Papier, Pappe | 27x21,5x1 cm | Stiftung Westfälisches Wirtschaftsarchiv, Dortmund | N 10, Nr. 16

5.2.11

5.2.7
Angebot der Fa. Fried. Krupp an die Märkische Maschinenbau-Anstalt in Wetter/Ruhr über Gussstahlprodukte
27. Dezember 1887 | Handschrift, Papier | 28x22 cm | Stiftung Westfälisches Wirtschaftsarchiv, Dortmund | F 1, Nr. 1170

5.2.8
Angebot der Fa. Fried. Krupp an die Märkische Maschinenbau-Anstalt in Wetter/Ruhr
29. Mai 1890 | Vordruck mit Handschrift, Papier | 25,5x21 cm | Stiftung Westfälisches Wirtschaftsarchiv, Dortmund | F 1, Nr. 1170

5.2.9
Geschäftsbrief der Gussstahlfabrik Fried. Krupp an die Märkische Maschinenbau-Anstalt in Wetter/Ruhr
19. März 1892 | Vordruck mit Handschrift, Papier | 25x21 cm | Stiftung Westfälisches Wirtschaftsarchiv, Dortmund | F 1, Nr. 1170

5.2.10
Bestellschein der Fa. Fried. Krupp an die Fa. F.& L. Langenbach in Lünen
12. Dezember 1893 | Vordruck mit Handschrift, Papier | 25x21 cm | Stiftung Westfälisches Wirtschaftsarchiv, Dortmund | N 9, Nr. 57

5.2.11
Siegelmarke der Gussstahlfabrik Fried. Krupp A.G.
1. H. 20. Jh. | Papier | H 3 cm, B 4 cm | Ruhr Museum, Essen | PS 53
Eine Siegelmarke ist ein gummiertes, rundes oder ovales Aufklebesiegel, meist von einer Behörde, aber auch von Firmen oder Privatpersonen. Siegelmarken wurden von etwa 1850 bis 1945 zur Versiegelung vor Briefumschlägen und zur Kennzeichnung von schriftlicher Korrespondenz verwendet.

5.2.12

Siegelmarke der Gusstahlfabrik Essen Fried. Krupp, Rheinpreußen

1. H. 20. Jh. | Papier | H 2,6 cm, B 4 cm | Ruhr Museum, Essen | PS 52

5.2.13

Urkunde über die Eintragung des Warenzeichens »Drei Ringe« vom 9. Dezember 1875 (Abschrift)

Königliches Kreisgericht Essen, I. Abtheilung, 11. Februar 1876 | Papier | 23,5 x 17 cm | Historisches Archiv Krupp, Essen | WA 57 B 3794

Alfred Krupp versah bis zum Jahr 1875 seine Produkte mit Prägestempeln wie »Krupp zu Essen«, »Fr. Krupp« oder einfach nur »Krupp«. Am 9. Dezember 1875 ließ er beim Königlichen Kreisgericht in Essen die »Drei Ringe« als offizielles Firmensymbol und »Fabrikzeichen« der Firma Krupp eintragen. Der offizielle Rechtsakt ist auf der vorliegenden Abschrift der Urkunde über die Eintragung des Warenzeichens dokumentiert.

Die übereinandergelegten »Drei Ringe« waren als Firmensymbol klug gewählt: Sie verkörperten anschaulich Qualität und Herkunft der bekanntesten Erfindung Krupps, des nahtlos geschmiedeten Radreifens. 1895 wurde das Dreiringzeichen als Warenzeichen beim Deutschen Patentamt registriert. Das zeitlose Design der Krupp'schen Ringe ist als Firmensignum weltberühmt; es hat manch stürmische Periode der Unternehmensgeschichte überdauert und im Firmenzeichen des ThyssenKrupp Konzerns, freilich ergänzt um den »Thyssen-Bogen«, bis heute überdauert.

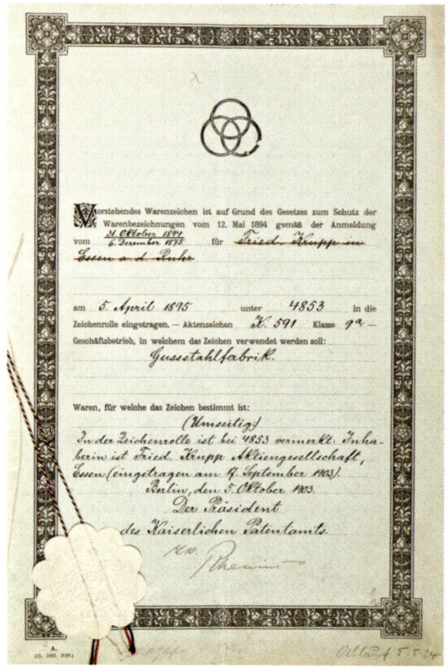
Vorstehendes Warenzeichen ist auf Grund des Gesetzes zum Schutz der Warenbezeichnungen vom 12. Mai 1894 gemäß der Anmeldung vom 31. Oktober 1894 / 6. December 1875 für Fried. Krupp in Essen a. d. Ruhr

am 5. April 1895 unter 4853 in die Zeichenrolle eingetragen. – Aktenzeichen K. 591 Klasse 9a –

Geschäftsbetrieb, in welchem das Zeichen verwendet werden soll:

Gussstahlfabrik.

Waren, für welche das Zeichen bestimmt ist:

(Umseitig)

In der Zeichenrolle ist bei 4853 vermerkt: Inhaberin ist Fried. Krupp Aktiengesellschaft, Essen (eingetragen am 17. September 1903).

Berlin, den 5. Oktober 1903.

Der Präsident des Kaiserlichen Patentamts.

5.2.14

5.2.14

Urkunde über die Verlängerung des Patents auf das Dreiringzeichen als Warenzeichen der Krupp'schen Gussstahlfabrik

Kaiserliches Patentamt, Berlin, 5. Oktober 1903 | Papier, Leinen, 6 Seiten, Papiersiegel | 32,8 x 20,8 cm | Historisches Archiv Krupp, Essen | WA 57 B 3794

5.2.15

Arabisch geschriebener Vertrag zwischen der Firma Krupp und dem Emir von Afghanistan

7. August 1901 | Handschrift und Malerei auf Papier | 60 x 42 cm | Historisches Archiv Krupp, Essen | FAH 3 B 43.49

In dem mit farbenprächtigen Ornamenten geschmückten und in feiner Kalligraphie geschriebenen Vertrag wurde die Lieferung von je zwei Batterien Gebirgsgeschützen und Schnellfeuer-Feldhaubitzen sowie Halbfabrikaten für weitere Kanonen vereinbart. Die internationale Ausrichtung des Konzerns nahm insbesondere durch Waffenlieferungen in die ganze Welt einen enormen Aufschwung. Dieselbe Akte im Krupp-Archiv enthält den Auszug eines Berichtes aus Kabul, nach dem der Emir von Afghanistan gesagt habe, die Firma Krupp sei ihm und den meisten orientalischen Fürsten durch die Lektüre der »Tagebücher des Schahs von Persien« bekannt. Der Schah hatte Krupp in Essen im Jahr 1889 besucht.

5.2.16

Glückwunschbrief Kaiser Wilhelms II. an Margarethe Krupp zur erfolgten Umwandlung der Firma in eine Aktiengesellschaft

Wartburg (Eisenach), 26. April 1903 | Handschrift, 2 Seiten | 29,8 x 21 cm | Historisches Archiv Krupp, Essen | FAH 4 E 782.117-118

Ein Jahr nach dem Tod Friedrich Alfred Krupps im Jahr 1902 wurde das Unternehmen in eine Aktiengesellschaft umgewandelt. Fast alle Anteile verblieben allerdings im Besitz der Erbin Bertha Krupp.

5.2.17

Panoramabild der Gussstahlfabrik als »Innere Ansicht«

8 Fotografien von Hugo van Werden, Oktober 1864 | montiert, auf Karton | je 45,5 x ca. 40 cm, gesamt 61,5 x 330 cm | Ruhr Museum, Essen | 2528/89

Die Krupp'schen Panorama-Fotografien, die vor allem auf Ausstellungen und in Musterbüchern präsentiert wurden, stehen in der Tradition gemalter Rundpanoramen, die zu Beginn des Industriezeitalters aufkamen. Neben der wirklichkeitsgetreuen Darstellung der Werksanlagen war vor allem der erhöhte Standort attraktiv, der dem Betrachter eine souveräne Übersicht aus der Vogelschau ermöglichte. In der Fotografie konnte ein Panorama von 90 Grad bis zur 360-Grad-Rundumsicht nur durch die Montage von Einzelaufnahmen erzielt werden.

Alfred Krupp, der diese Perspektive vor allem auch als Fabrikbesitzer schätzte, beauftragte zwischen 1861 und 1875 seinen Werksfotografen Hugo van Werden mit zahlreichen Panoramen. Die größte dieser Arbeiten, eine elfteilige Ansicht, wurde über sieben Meter lang.

Das achtteilige Panorama der Gussstahlfabrik ist vom Turm der Kanonenwerkstatt I aus aufgenommen. Die Ausmaße der Fabrik lassen die Silhouette der Stadt Essen zur Randerscheinung schrumpfen.

5.2.15

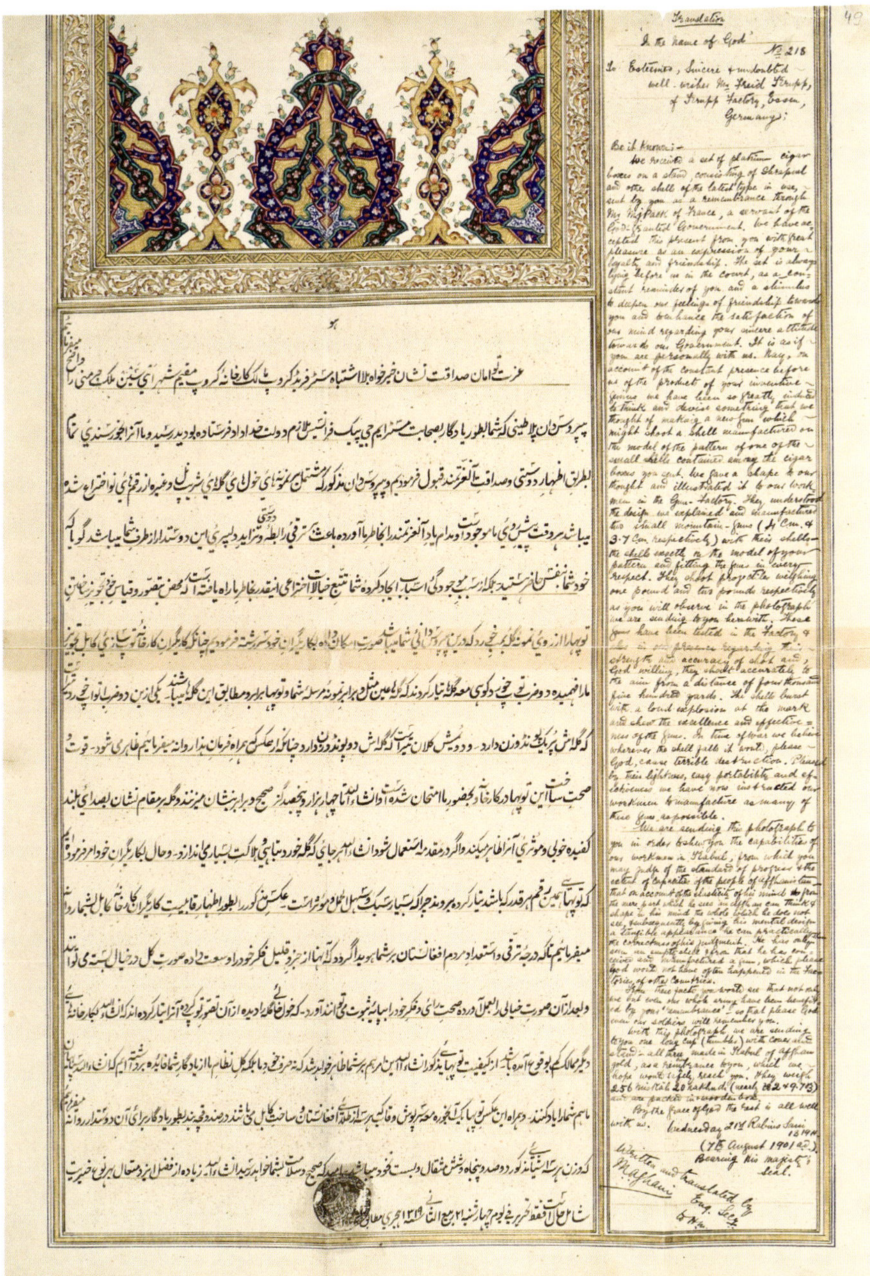
Translation
In the name of God
No 218
To Esteemed, Sincere & undoubted well-wisher Mr Fried. Krupp, of Krupp Factory, Essen, Germany;
Be it known:-

5.2.18

Frühe Panoramaansicht der Krupp'schen Gussstahlfabrik

Fotografien von Hugo van Werden, 1862 | montiert und auf Leinen aufgezogen | 50 x 118 cm | Historisches Archiv Krupp, Essen | WA 15 c 66.1

Das Panorama wurde vom Kamin des Dampfhammers Fritz aus aufgenommen.

5.2.19

Das Hauptverwaltungsgebäude der Firma Krupp

Fotografie, 1873 | Historisches Archiv Krupp, Essen | WA 16 a 36

5.2.20

Kanonenwerkstatt V

Photographische Anstalt Fried. Krupp, um 1902 | Historisches Archiv Krupp, Essen | WA 16 b 203.27

5.2.21

Hauptschiff der IV. Mechanischen Werkstatt

Photographische Anstalt Fried. Krupp, 1906 | Historisches Archiv Krupp, Essen | WA 16 b 203.32

5.2.22

VIII. Mechanische Werkstatt

Fotografie, 1906 | Historisches Archiv Krupp, Essen | WA 16 b 203.20

5.2.23

Bandagenwalzwerk II

Photographische Anstalt Fried. Krupp, 1906 | Historisches Archiv Krupp, Essen | WA 16 b 203.18

5.2.24

Putzraum und Werkstätte zum Abschneiden der Eingüsse im Martinwerk I

Fotografie, 1906 | Historisches Archiv Krupp, Essen | WA 16 b 203.4

5.2.17

5.2.18

5.2.22

5.2.24

5.2.25

Gießraum für Stahlformgüsse im Martinwerk III

Fotografie, 1906 | Historisches Archiv Krupp, Essen | WA 16 b 203.5

5.2.26

Dreh- und Fräswerkstatt im Essener Fahrzeugbau II

Photographische Anstalt Fried. Krupp, vor 1906 | Historisches Archiv Krupp, Essen | WA 16 b 203.40

5.2.27

Lehrlingswerkstatt

Photographische Anstalt Fried. Krupp, 1908 | Historisches Archiv Krupp, Essen | WA 16 b 181

5.2.28

Frontalansicht des Dampfhammers Fritz

Fotografie, 4. März 1911 | Historisches Archiv Krupp, Essen | WA 16 b 42

5.2.29

Erzverladeplatz der Krupp'schen Lahngruben in Oberlahnstein

Fotografie, um 1870 | Historisches Archiv Krupp, Essen | WA 16 c 145.46

Durch den Zukauf und die Beteiligung an Erzgruben und Kohlezechen erfolgte die Entwicklung zu einem vertikal aufgefächerten Konzern, der sich zunehmend von seinen Lieferanten unabhängig machte.

5.2.26

5.2.30

5.2.30
Gießhalle der Sayner Hütte bei Koblenz
Fotografie, 1869 | Historisches Archiv Krupp, Essen | WA 16 c 38.2
Im Jahr 1865 erwarb Alfred Krupp vom preußischen Staat die Sayner Hütte in der Nähe von Koblenz. Das aus den in der Nähe gelegenen Erzgruben geschmolzene »Sayner Eisen« verfügte aufgrund seiner Reinheit über einen guten Ruf und war als Grundstoff für den von Krupp produzierten Tiegelstahl heiß begehrt. Krupp hatte beim Kauf der Hütte letztlich die Versorgung seines Unternehmens mit Rohstoffen im Visier, denn zum Hüttenbesitz gehörten auch die Eisenerzgruben bei Horhausen. Krupp bemühte sich sehr um den Zuschlag für die Hütte und wandte sich sogar direkt an den preußischen Ministerpräsidenten Otto von Bismarck sowie an König Wilhelm I. Gegen einen Kaufpreis von 500.000 Talern erwarb Krupp das »Eisenhüttenwerk zu Sayn« mitsamt den »Eisensteingruben bei Horhausen« im März 1865 vom preußischen Fiskus. Die Sayner Hütte wurde im Jahr 1926 stillgelegt; sie befindet sich heute im Besitz der Stadt Bendorf und kann als Zeugnis der Eisenverhüttung im Rheinland besichtigt werden.

5.2.31
Hermannshütte in Neuwied
Fotografie, 1892 | Historisches Archiv Krupp, Essen | WA 16 c 77.4
In der 1871 erworbenen Hermannshütte wurde Eisenerz verhüttet und mit dem gewonnenen Roheisen das Ausgangsmaterial für die Stahlproduktion gewonnen.

5.2.32
Johannes-Hütte bei Duisburg-Hochfeld
Fotografie, 1881 | Historisches Archiv Krupp, Essen | WA 16 c 65
Auch in der 1872 erworbenen Johanneshütte wurde Eisenerz verhüttet und Ausgangsmaterial für die Stahlherstellung gewonnen.

5.2.33
Koksofenanlage der Krupp'schen Zeche Hannover-Hannibal in Bochum
Fotografie, um 1930 | Historisches Archiv Krupp, Essen | WA 16 v 6.5
Der wachsende Bedarf an Kokskohle für die Stahlherstellung führte 1872 zum Erwerb der Zeche Hannover, die ausgebaut und 1899 mit der Zeche Hannibal vereinigt wurde.

5.2.34
Die Krupp'sche Eisenerzgrube Cesar in Bilbao (Spanien)
Fotografie, 1875/80 | Historisches Archiv Krupp, Essen | WA 16 c 3.2
Durch die 1872 erfolgte Beteiligung an der Eisenerzgrube machte sich Krupp von seinen Lieferanten unabhängiger und sicherte den stetig steigenden Bedarf an Rohstoffen. Insbesondere das Bessemer-Verfahren verlangte nach phosphorarmen Erzen. Für den Transport der Erze aus Spanien wurde 1877 eigens eine Reederei in Rotterdam gegründet.

5.2.35
Krupp'sches Stahlwerk Witten-Annen
Fotografie, 1893 | Historisches Archiv Krupp, Essen | WA 16 v 1b.52
Die Firma Krupp übernahm das Stahlwerk Witten-Annen – Spezialist auf dem Gebiet des Stahlformgusses – im Jahr 1886. Neben Eisenbahnmaterial und Schiffszubehör wurden dort auch Gewehrläufe hergestellt.

5.2.36
Zeche Vereinigte Sälzer & Neuack in Essen
Fotografie, 1892 | Historisches Archiv Krupp, Essen | WA 16 v 1a.35
Im Jahr 1889 erwarb Krupp die Mehrheit an der Zeche Vereinigte Sälzer & Neuack und erweiterte dadurch seine Rohstoffbasis und Kohleversorgung.

5.2.37
Teilansicht der Westfälischen Drahtindustrie Hamm
Fotografie, um 1940 | Historisches Archiv Krupp, Essen | WA 16 c 93.07
Im Rahmen eines Betriebsüberlassungsvertrages kam die Westfälische Drahtindustrie in Hamm als eigenständiges Werk 1911 zum Krupp-Konzern. 1978 verkaufte Krupp seine Anteile an die Klöckner-Werke AG.

5.2.38
Grusonwerk in Magdeburg
Fotografie, um 1882 | Historisches Archiv Krupp, Essen | WA 16 p 55
Krupp erweiterte durch die Übernahme des Grusonwerkes 1893 sein Engagement im Anlagen- und Maschinenbau. Eine Spezialität des Grusonwerkes waren Hartgussprodukte aus Gusseisen für den Maschinen- und Eisenbahnbau, wie z. B. Weichen und Straßenbahnräder. Auch auf dem Gebiet von Panzerungen zum Schutz von Unterständen und Festungsanlagen sowie in Teilbereichen der Rüstungsproduktion besaß das Unternehmen aus Magdeburg einen guten Ruf. Der Kaufpreis des Werkes lag 1893 bei seinerzeit beachtlichen 24 Millionen Mark.

5.2.39
Werbeblatt des Magdeburger Grusonwerkes
Kupfertiefdruck von H. Osterwald, Hannover, um 1930 | Papier | 29,2 x 20,5 cm | Ruhr Museum, Essen | 1985/286

5.2.40
Werbeprospekt des Magdeburger Grusonwerkes
Fried. Krupp AG, Essen, um 1920/40 | 28,9 x 22,5 cm | Ruhr Museum, Essen

5.2.41
Fabrikschild einer Blechschere »Fried. Krupp Grusonwerk Magdeburg-Buckau«
nach 1900 | Metall | 7 x 12 x 1 cm | Historisches Archiv Krupp, Essen | S 10/96

5.2.42
Panoramaansicht der Werksanlagen der Germaniawerft in Kiel
Fotografien, 1906, montiert | 17,5 x 42 cm | Historisches Archiv Krupp, Essen | WA 16 r 91
1896 unterzeichnete die Firma Krupp – sehr zur Freude von Kaiser Wilhelm II., der Krupp zuvor ausdrücklich ermuntert hatte, sich im Schiffbau zu engagieren – eine Vereinbarung über eine Option auf den Kauf der Germaniawerft in Kiel. Die im Jahr 1902 ausgeübte Kaufoption markierte den Einstieg des Unternehmens in den Schiffbau. Krupp baute die Germaniawerft rasch aus, so dass Betriebsfläche und Anzahl der Mitarbeiter stark anstiegen. Bis zum Beginn des Ersten Weltkriegs wurden auf der Germaniawerft Dampfer, Spezialschiffe und Yachten, aber auch Schlachtschiffe, Torpedo- und U-Boote hergestellt. Während des Zweiten Weltkriegs wurde die Germaniawerft, die während ihrer gesamten Zeit niemals wirklich profitabel gearbeitet hatte, infolge alliierter Luftangriffe stark beschädigt; nach dem Krieg wurde sie aufgelöst. Die Panoramaansicht zeigt die gewaltige Ausdehnung der Werftanlagen im Kieler Stadtteil Gaarden.

5.2.41

5.2.38

5.2.44

5.2.43
Glückwunschtelegramm Kaiser Wilhelms II. zum Erwerb der Kieler Germaniawerft aus dem Savoy-Hotel in London an die Firma Krupp
29. September 1896 | Papier | 14,2 x 22 cm | Historisches Archiv Krupp, Essen | FAH 3 B 178.28

5.2.44
Fabrikschild der Krupp'schen Germaniawerft
1. H. 20. Jh. | Metall | 25 x 20 cm | Ruhr Museum, Essen | 2011/27.9

5.2.45
Hochofenanlage der Friedrich-Alfred-Hütte in Duisburg-Rheinhausen
Fotografie, um 1904 | 19,5 x 27 cm | Historisches Archiv Krupp, Essen | WA 16 c 63.02
Der 1896 begonnene und 1904 abgeschlossene Bau des integrierten Hüttenwerkes Rheinhausen verbreiterte die Roheisen-, Rohstahl- und Walzwerkbasis des Unternehmens. Lange Zeit galt das Werk in Rheinhausen als das größte und modernste seiner Art in Europa. Neben Schienen und Halbzeug wurden in der Friedrich-Alfred-Hütte auch Schwellen und Walzdraht hergestellt. Insgesamt zehn Hochöfen waren 1913 nach Abschluss der letzten Ausbaustufe in Betrieb.

5.2.46
Werbebroschüre der Friedrich-Alfred-Hütte
Fried. Krupp, Essen, 1914 | Papier, Karton | 21 x 27 cm | Historisches Archiv Krupp, Essen | S 2 FAH 1/2

5.2.47
Werbebroschüre »Guide through the Friedrich-Alfred-Hütte«
Fried. Krupp, Essen, 1913 | Papier | 21 x 13,7 x 0,5 cm | Ruhr Museum, Essen
Der englischsprachige Führer durch die Friedrich-Alfred-Hütte ist ein frühes Beispiel für die globale Ausrichtung und Wahrnehmung des Krupp-Konzerns.

5.2.48
Plakette der Friedrich-Alfred-Hütte
um 1930/40 | Bronze | 15 x 10 cm | Ruhr Museum, Essen | 2011/27.1
Die Plakette trägt das Relief zweier breitbeinig und frontal nebeneinander stehender Arbeiter in Lederschutzkleidung, die eine lange Zange und einen Stahlblock in Händen halten. Zwischen ihnen erscheint das Dreiringesymbol. Hinter den Gießern sind ein Schmelzofen und Fabrikaufbauten erkennbar.

5.2.49
Vier Bände der englischen Zeitschrift »Engineering« mit Krupp-Ansichten
»Engineering. An illustrated weekly journal, Published by the Offices for Advertisements and Publication«, London, 1912–1914
a) The Fried. Krupp Establishments, Essen, *in: Vol. XCIV, Juli-Dezember 1912, S. 214ff.*
b) The Fried. Krupp Grusonwerk, Magedeburg-Buckau, *in: Vol. XCVII, Januar-Juni 1914, S. 546ff.*
c) Stahlwerk Witten-Annen, *in: Vol. XCIV, Juli-Dezember 1912, S. 866ff.*
d) Friedrich-Alfred-Hütte, Rheinhausen, *in: Vol. XCVI, Juli–Dezember 1913, S. 310, 416 ff.*
je 37 x 55 x 5 cm
a, b) Ruhr Museum, Essen
c, d) Universitätsbibliothek Dortmund | ZS 44q
Die Zeitschrift richtete sich an eine technisch versierte Leserschaft. Das Firmenporträt über Krupp erstreckte sich über mehrere Ausgaben; die Firma konnte so ihren Bekanntheitsgrad im Ausland steigern.

5.2.45

5.3. Der Konzern im Schatten der Weltkriege (1914–1950)

Der Beginn des Ersten Weltkriegs markierte für den Krupp-Konzern eine tiefe Zäsur. Binnen Jahresfrist war die Firma zu einem »Weltkriegs-Konzern« umgebaut worden. Die strategische Bedeutung der Artillerie im Stellungskrieg und der riesige Bedarf an Munition sorgten seit 1914 für außerordentliche Wachstumsraten der Firma. So verdreifachte sich der Umsatz von 478 Millionen Mark im ersten Kriegsjahr auf über 1,5 Milliarden Mark im Zeitraum 1917/18. Die Zahl der Beschäftigten stieg zur selben Zeit von 83.000 auf rund 168.000 bei Kriegsende. Der Krieg bedeutete für das Stahlunternehmen Krupp zwar den weitgehenden Wegfall der internationalen Märkte, die enorme Nachfrage des Reiches nach Rüstungsgütern sorgte jedoch dafür, dass die Umsätze geradezu explodierten. Insbesondere das Hindenburg-Programm, welches eine massive Ausweitung der Rüstungsproduktion vorsah, sorgte ab 1916 für einen weiteren Expansionsschub.

Nach der deutschen Niederlage im Herbst 1918 musste das Unternehmen von Kriegswirtschaft auf Friedenswirtschaft umgestellt werden. Die Belegschaftsstärke wurde annähernd auf die Hälfte reduziert, denn der Versailler Vertrag gestattete es dem Konzern nicht länger, Rüstungsgüter herzustellen. Besonders die 1920er-Jahre stellten für die Firma eine permanente Krise dar: Nicht nur die Umstellung auf die Produktion ziviler Güter wie LKWs, Landmaschinen und Lokomotiven musste gemanagt – auch die Folgen des Weltkriegs, insbesondere die Hyperinflation und der Ruhrkampf (1923), mussten bewältigt werden. Mit den neuen Werkstoffen Nirosta (1912) und Widia (1926) erschloss sich Krupp Zukunftsmärkte; zudem schärfte die Inbetriebnahme des Hüttenwerks Borbeck (1929) das Profil des Konzerns in der Roheisenerzeugung.

Nach der nationalsozialistischen Machtergreifung kehrte das Unternehmen 1934 offiziell ins Waffengeschäft zurück. Die Firma war in der Folgezeit massiv in Hitlers Rüstungsprogramm eingebunden und wurde 1939 zum »Wehrmachtsbetrieb« erklärt. Nach der Übernahme der AG Weser in Bremen im Jahr 1941 und der Gründung des Berthawerks bei Breslau (1942) wurde der Konzern 1943 im Zuge der »Lex Krupp« wieder in ein Einzelunternehmen umgewandelt. Bis zu 220.000 Menschen waren im Krieg bei Krupp beschäftigt, darunter rund 75.000 Fremd- und Zwangsarbeiter, die zumeist unter erbärmlichen Bedingungen schuften mussten.

Gegen Ende des Krieges waren über 60 Prozent der Werksanlagen der Firma infolge massiver Luftangriffe der Alliierten zerstört bzw. stark beschädigt. Die unmittelbare Nachkriegszeit stand im Zeichen der Verschrottung, Demontage und Enteignung. So wurde das Hüttenwerk Borbeck in den Jahren 1946/49 als Reparationsgut komplett demontiert und in die Sowjetunion verfrachtet. Krupp verlor nicht nur die Germaniawerft, das Berthawerk und die Berndorfer Besteckfabrik, auch das Magdeburger Grusonwerk wurde enteignet. Das Konzernvermögen kam unter die Obhut der britischen Militärregierung. Alfried Krupp und elf seiner Direktoren wurden 1948 in Nürnberg zu langjährigen Haftstrafen verurteilt. IW

5.3.1

Übersichtsplan der Krupp'schen Gussstahlfabrik

Haßler, Landmesserei der Fried. Krupp Aktiengesellschaft, Graph. Anstalt der Fried. Krupp AG, Januar 1932 | Druck, Papier, auf Leinen aufgezogen, Maßstab 1:5000 | 224 x 106 cm | Ruhr Museum, Essen | (E)912:711.5 (434.2) D153

Der Übersichtsplan lässt die große Ausdehnung der »Kruppstadt« auf dem Stadtgebiet von Essen erkennen. Alle Gebäude- und Werksteile, die dem Krupp'schen Kosmos zuzuordnen sind, wurden grau eingefärbt. Die Fabrikanlagen, Arbeiter-Siedlungen, Konsum-Anstalten und Zechen liegen verstreut über große Flächen des gesamten Stadtgebiets. Vom Stammhaus bis zur nördlich gelegenen Lokomotivfabrik sind zahlreiche Werksteile akribisch aufgeführt und einzeln benannt. Die Villa Hügel in Bredeney liegt außerhalb des Plans.

5.3.2

Organisationsplan des Krupp-Konzerns mit seinen Beteiligungen

31. Januar 1944 | Druck mit handschriftlichen Einträgen, Papier | 117 x 67 cm | Historisches Archiv Krupp, Essen | S 2 Fk 4.2/22

Das Organigramm gibt Aufschluss über die Konzernstruktur sowie über Beteiligungen und Verflechtungen der Firma während des Zweiten Weltkriegs.

5.3.3

Aufruf »Friedensarbeit! Kruppsche Werksangehörige!« mit Preisausschreiben

in: Kruppsche Mitteilungen Nr. 48, 9. Jg., vom 7. Dezember 1918, S. 1 | Druck, Papier | 34 x 24 cm | Historisches Archiv Krupp, Essen | S 1 K 22

Durch das Verbot der Waffenherstellung trat nach dem Ersten Weltkrieg die Friedensproduktion an die Stelle der Rüstung. Ziel des Preisausschreibens war es, aus dem Kreise der Belegschaft möglichst viele praktikable Vorschläge für die zivile Produktion bei Krupp zu erhalten. Der erste Preis war mit 3000 Mark dotiert.

5.3.4

»Liste der bis zum 3. April 1919 zur engeren Wahl gestellten Vorschläge, die infolge des Preisausschreibens eingegangen sind«

3. April 1919 | Maschinenschrift mit handschriftlichen Ergänzungen, Papier, 2 Seiten | 33 x 21 cm | Historisches Archiv Krupp, Essen | WA 4/2286.197-199

5.3.5

Vertrag zwischen Krupp und dem schwedischen Konzern AB Bofors

28. September/6. Oktober 1921 | Maschinenschrift auf Durchschlagpapier, 2 Seiten | 29,8 x 21,5 cm | Historisches Archiv Krupp, Essen | WA 42/244

Schon Ende 1920 schloss Krupp mit der schwedischen Aktiebolaget (AB) Bofors eine Vereinbarung über die Weitergabe metallurgischer Entwicklungen. Im September/Oktober 1921 wurde darüber hinaus eine Abmachung über Kriegsmaterial getroffen, in deren Rahmen Krupp dem schwedischen Konzern seine Schutzrechte, Konstruktionen, Fabrikationsmethoden und Erfahrungen »auf dem K.M.-Gebiete« (Kriegsmaterial) kostenlos zur Verfügung stellte. Auch überließ Krupp Bofors Personal und beteiligte sich finanziell an dem Unternehmen. Die Verbindung der Unternehmen in der Zwischenkriegszeit diente vorrangig dem Zweck, die rüstungswirtschaftlichen Aktivitäten des Essener Konzerns zu verschleiern, die gemäß des Versailler Vertrages verboten waren. Überdies hatte der Krupp-Konzern ein Interesse am Erhalt seiner Erfahrungen in der Konstruktion von Waffen, zumal in Schweden Rüstungsgüter nicht nur gezeichnet und hergestellt wurden, sondern auch ihre Anwendungsreife getestet werden konnte.

5.3.6

Abschrift des »Geheim-Abkommens« über die Zusammenarbeit des Reichswehrministeriums mit der Firma Fried. Krupp

25. Januar 1922 | Maschinenschrift, 2 Seiten | 29,9 x 21 cm | Historisches Archiv Krupp, Essen | WA 42/244

5.3.9

Mit dem »Geheim-Abkommen« wurde u. a. der gegenseitige Austausch von Erfahrungen zur Weiterentwicklung von Geschützen bis 17 cm-Kaliber, von Munition und Fahrzeugen vereinbart. Krupp wurde überdies an der Entwicklung neuartiger Waffen beteiligt und gewährte dem Reichswehrministerium dafür im Gegenzug das Recht, bereits vorhandene Konstruktionen und Erfahrungen verwenden zu dürfen. Mit dem Abkommen wurden die Bestimmungen des Versailler Vertrages von 1919 unterlaufen, der Rüstungsproduktion nur noch in einem sehr begrenzten Umfang gestattete.

5.3.7

Luftbild der Widiafabrik in Essen

Fotografie, um 1960 | Historisches Archiv Krupp, Essen | WA 16 a 398

Die Etablierung des Werkzeugmetalls »Widia« gelang in den 1920er-Jahren. 1935 wurden dafür neue Fabrikationsanlagen im Stadtteil Frohnhausen errichtet. Krupp verkaufte die Widia GmbH Anfang der 1990er-Jahre an einen US-amerikanischen Hersteller von Werkzeugmaschinen. Das Luftbild entstand um 1960.

5.3.8

Die Krupp'sche Werft AG Weser in Bremen

Fotografie, um 1950 | Historisches Archiv Krupp, Essen | WA 16 g 17.1.90

Die AG Weser kam 1941 durch den Erwerb einer Mehrheitsbeteiligung zur Fried. Krupp AG. Der Krupp-Konzern schloss die Werft zum Jahresende 1983.

5.3.9

Krupp'sches Hochofenwerk in Essen-Borbeck

Fotografie, um 1928/30 | Historisches Archiv Krupp, Essen | WA 16 a 350.00 a

Das 1929 in Betrieb genommene Hüttenwerk Borbeck verstärkte die Massenstahlsparte der Firma und galt seinerzeit als die modernste Anlage der Welt.

Krupp

Zeitschrift
der Kruppschen Betriebsgemeinschaft
Nr. 1 / 1. Oktober 1937

Mussolini und Hitler auf der Gußstahlfabrik

Am 27. September 1937 hatte die Firma Krupp die Ehre, den Führer und Reichskanzler Adolf Hitler mit seinem Gast, dem Duce des italienischen Volkes Benito Mussolini, samt den Herren ihres Gefolges, in der Gußstahlfabrik zu empfangen. Am Eingang des Hauptverwaltungsgebäudes begrüßte sie der Chef der Kruppwerke, Herr Dr. Krupp von Bohlen und Halbach, und geleitete sie in den festlich geschmückten Lichthof, um in einem kurzen Vortrag die Besucher über Aufbau und Organisation der Kruppwerke zu unterrichten. Hierauf wurden verschiedene Betriebe, u. a. das Schmiedepreßwerk, der Panzerbau, die Lokomotivfabrik und einige Werkstätten für Heeres- und Marinegerät besichtigt.

Unser Bild vom Lichthof des Hauptverwaltungsgebäudes zeigt (von links nach rechts): den Führer, Reichsminister Heß, Frau Krupp von Bohlen und Halbach, Mussolini, Reichsorganisationsleiter Dr. Ley, Herrn Dr. Krupp von Bohlen und Halbach.

5.3.11

5.3.10

Dampfhydraulische 15.000-Tonnen-Schmiedepresse in den Werkstätten der Fried. Krupp AG

Fotografie, 1928 | Bildarchiv Preußischer Kulturbesitz, Berlin

Die dampfhydraulische Schmiedepresse war die seinerzeit größte Anlage ihrer Art. Sie wurde, wie das Hüttenwerk in Borbeck, nach dem Zweiten Weltkrieg vollständig demontiert.

5.3.11

Hitler und Mussolini treffen Gustav Krupp von Bohlen und Halbach vor der Krupp'schen Hauptverwaltung in Essen

Deckblatt der Krupp-Werkzeitschrift vom 1. Oktober 1937 (Reproduktion) | Historisches Archiv Krupp, Essen | S 1 K 22

5.3.12

»Krupp erhielt die ›Goldene Fahne‹«

Bildbericht in der Krupp-Werkzeitschrift Nr. 16., 31. Jg., vom 15. Mai 1940 | Druck, Papier | 29,8 x 21 cm | Historisches Archiv Krupp, Essen | S 1 K 22

Am 1. Mai 1940 wurde die Firma Krupp in Anwesenheit von Hitlers Stellvertreter Rudolf Heß feierlich zum »Nationalsozialistischen Musterbetrieb« erklärt und erhielt die »Goldene Fahne«.

5.3.13

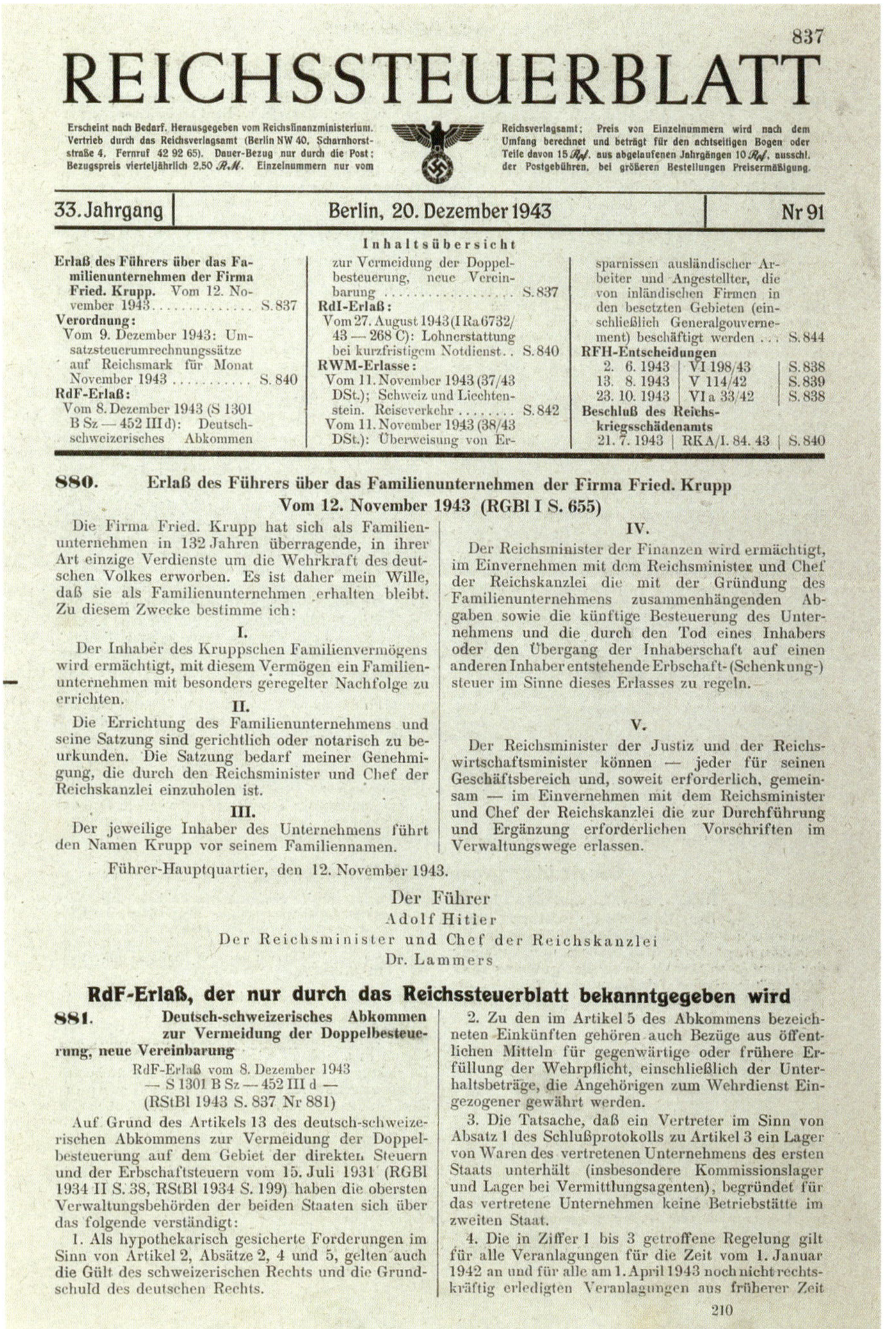

837

REICHSSTEUERBLATT

Erscheint nach Bedarf. Herausgegeben vom Reichsfinanzministerium. Vertrieb durch das Reichsverlagsamt (Berlin NW 40, Scharnhorststraße 4, Fernruf 42 92 65). Dauer-Bezug nur durch die Post; Bezugspreis vierteljährlich 2,50 RM. Einzelnummern nur vom Reichsverlagsamt; Preis von Einzelnummern wird nach dem Umfang berechnet und beträgt für den achtseitigen Bogen oder Teile davon 15 Rpf. aus abgelaufenen Jahrgängen 10 Rpf. ausschl. der Postgebühren, bei größeren Bestellungen Preisermäßigung.

33. Jahrgang | Berlin, 20. Dezember 1943 | Nr 91

Inhaltsübersicht

Erlaß des Führers über das Familienunternehmen der Firma Fried. Krupp. Vom 12. November 1943 ... S. 837

Verordnung:
Vom 9. Dezember 1943: Umsatzsteuerumrechnungssätze auf Reichsmark für Monat November 1943 ... S. 840

RdF-Erlaß:
Vom 8. Dezember 1943 (S 1301 B Sz — 452 III d): Deutsch-schweizerisches Abkommen zur Vermeidung der Doppelbesteuerung, neue Vereinbarung ... S. 837

RdI-Erlaß:
Vom 27. August 1943 (I Ra 6732/43 — 268 C): Lohnerstattung bei kurzfristigem Notdienst ... S. 840

RWM-Erlasse:
Vom 11. November 1943 (37/43 DSt.); Schweiz und Liechtenstein. Reiseverkehr ... S. 842
Vom 11. November 1943 (38/43 DSt.): Überweisung von Ersparnissen ausländischer Arbeiter und Angestellter, die von inländischen Firmen in den besetzten Gebieten (einschließlich Generalgouvernement) beschäftigt werden ... S. 844

RFH-Entscheidungen

2. 6. 1943	VI 198/43	S. 838
13. 8. 1943	V 114/42	S. 839
23. 10. 1943	VI a 33/42	S. 838

Beschluß des Reichskriegsschädenamts

21. 7. 1943	RKA/I. 84. 43	S. 840

880. Erlaß des Führers über das Familienunternehmen der Firma Fried. Krupp
Vom 12. November 1943 (RGBl I S. 655)

Die Firma Fried. Krupp hat sich als Familienunternehmen in 132 Jahren überragende, in ihrer Art einzige Verdienste um die Wehrkraft des deutschen Volkes erworben. Es ist daher mein Wille, daß sie als Familienunternehmen erhalten bleibt. Zu diesem Zwecke bestimme ich:

I.

Der Inhaber des Kruppschen Familienvermögens wird ermächtigt, mit diesem Vermögen ein Familienunternehmen mit besonders geregelter Nachfolge zu errichten.

II.

Die Errichtung des Familienunternehmens und seine Satzung sind gerichtlich oder notarisch zu beurkunden. Die Satzung bedarf meiner Genehmigung, die durch den Reichsminister und Chef der Reichskanzlei einzuholen ist.

III.

Der jeweilige Inhaber des Unternehmens führt den Namen Krupp vor seinem Familiennamen.

IV.

Der Reichsminister der Finanzen wird ermächtigt, im Einvernehmen mit dem Reichsminister und Chef der Reichskanzlei die mit der Gründung des Familienunternehmens zusammenhängenden Abgaben sowie die künftige Besteuerung des Unternehmens und die durch den Tod eines Inhabers oder den Übergang der Inhaberschaft auf einen anderen Inhaber entstehende Erbschaft-(Schenkung-)steuer im Sinne dieses Erlasses zu regeln.

V.

Der Reichsminister der Justiz und der Reichswirtschaftsminister können — jeder für seinen Geschäftsbereich und, soweit erforderlich, gemeinsam — im Einvernehmen mit dem Reichsminister und Chef der Reichskanzlei die zur Durchführung und Ergänzung erforderlichen Vorschriften im Verwaltungswege erlassen.

Führer-Hauptquartier, den 12. November 1943.

Der Führer
Adolf Hitler
Der Reichsminister und Chef der Reichskanzlei
Dr. Lammers

RdF-Erlaß, der nur durch das Reichssteuerblatt bekanntgegeben wird

881. Deutsch-schweizerisches Abkommen zur Vermeidung der Doppelbesteuerung, neue Vereinbarung

RdF-Erlaß vom 8. Dezember 1943
— S 1301 B Sz — 452 III d —
(RStBl 1943 S. 837 Nr 881)

Auf Grund des Artikels 13 des deutsch-schweizerischen Abkommens zur Vermeidung der Doppelbesteuerung auf dem Gebiet der direkten Steuern und der Erbschaftsteuern vom 15. Juli 1931 (RGBl 1934 II S. 38, RStBl 1934 S. 199) haben die obersten Verwaltungsbehörden der beiden Staaten sich über das folgende verständigt:

1. Als hypothekarisch gesicherte Forderungen im Sinn von Artikel 2, Absätze 2, 4 und 5, gelten auch die Gült des schweizerischen Rechts und die Grundschuld des deutschen Rechts.

2. Zu den im Artikel 5 des Abkommens bezeichneten Einkünften gehören auch Bezüge aus öffentlichen Mitteln für gegenwärtige oder frühere Erfüllung der Wehrpflicht, einschließlich der Unterhaltsbeträge, die Angehörigen zum Wehrdienst Eingezogener gewährt werden.

3. Die Tatsache, daß ein Vertreter im Sinn von Absatz 1 des Schlußprotokolls zu Artikel 3 ein Lager von Waren des vertretenen Unternehmens des ersten Staats unterhält (insbesondere Kommissionslager und Lager bei Vermittlungsagenten), begründet für das vertretene Unternehmen keine Betriebstätte im zweiten Staat.

4. Die in Ziffer 1 bis 3 getroffene Regelung gilt für alle Veranlagungen für die Zeit vom 1. Januar 1942 an und für alle am 1. April 1943 noch nicht rechtskräftig erledigten Veranlagungen aus früherer Zeit

210

5.3.13

Reichssteuerblatt Nr. 91 mit dem Erlass des »Führers« über das Familienunternehmen Fried. Krupp (»Lex Krupp«)

Berlin, 12. November 1943 | Papier | 29,8 x 21 cm | Ruhr Museum, Essen

Die »Lex Krupp« war ein Erlass Adolf Hitlers vom 12. November 1943, durch den die Aktiengesellschaft Fried. Krupp AG in »ein Familienunternehmen mit besonders geregelter Nachfolge« umgewandelt wurde. Faktisch wurde die Firma nach Inkrafttreten einer Familiensatzung und der Vorwegnahme des Erbfalles von Bertha Krupp auf ihren ältesten Sohn, Alfried von Bohlen und Halbach, übertragen. In der Präambel des mit Gesetzeskraft ausgestatteten Führererlasses wurde diese Ausnahmeregelung mit den »in ihrer Art einzige[n] Verdienste[n] um die Wehrkraft des deutschen Volkes« begründet. Alfried von Bohlen und Halbach wurde nicht nur Alleineigentümer, er durfte sich fortan zudem »Krupp von Bohlen und Halbach« nennen. Die »Lex Krupp« belegt als Sondergesetz des »Führers« letzthin die Ausnahmestellung der Firma Krupp im Deutschen Reich.

5.3.14

Beglaubigte Photokopie des Führererlasses »Lex Krupp«

Reichskanzlei, Berlin, 12. November 1943 | Maschinenschrift, Papier | 29,8 x 21 cm |

Historisches Archiv Krupp, Essen | WA 41/2-176
Die Kopie der »Lex Krupp« enthält die Unterschriften von Adolf Hitler und Hans Heinrich Lammers, dem Chef der Reichskanzlei, der die Ausarbeitung des Erlasses federführend übernommen hatte.

5.3.15
Zwei britische Soldaten inspizieren einen Strafspind des Krupp-Werkschutzes
Fotografie, um 1945 | Haus der Essener Geschichte/Stadtarchiv | Archiv Ernst Schmidt
Der Lagerführer des »Ostarbeiter«-Lagers auf dem Gelände des »Panzerbaus IV« in Essen, der dem Krupp'schen Werkschutz angehörte, ließ sowjetische Zwangsarbeiterinnen und -zwangsarbeiter zur Bestrafung für Stunden in einen engen Spind einsperren. Die Bewachung der Lager sowjetischer Zwangsarbeiter und die Disziplinierung der ausländischen Arbeiter im Betrieb war Aufgabe des Werkschutzes; durch ihn kam es häufig zu Misshandlungen.

5.3.16
Krupp-Zwangsarbeiterlager Hamburger Straße
Fotografie, um 1945 | Haus der Essener Geschichte/Stadtarchiv
Das Foto zeigt die Situation nach einem Bombenangriff. Häufige Zerstörungen durch Bomben machten die Unterkünfte in den Lagern seit März 1943 oft unbewohnbar.

5.3.17
Album mit Fotografien aus dem Zwangsarbeiterlager der Krupp'schen Zeche Hannover
M. Carrie, 22. Juni 1948 | Karton, Papier | 22x30,4x ca. 2 cm | LWL-Industriemuseum, Westfälisches Landesmuseum für Industriekultur, Dortmund | WIM 2004/228
Das 1948 zusammengestellte Album vermittelt ein inszeniertes und beschönigendes Bild der Situation von Zwangsarbeitern. Gerade im Bergbau waren häufige Misshandlungen und harte Antreiberei die Regel. Die Behandlung der einzelnen Nationalitäten durch die Behörden war sehr unterschiedlich und folgte der nationalsozialistischen Rassenideologie. Im Interesse der Arbeitsproduktivität gab es bei Krupp Bestrebungen, Hunger und extrem schlechte Behandlung der Zwangsarbeiter zu vermeiden. Diese fanden jedoch ihre Grenze in der Rolle der Firma als Teil des nationalsozialistischen Kriegswirtschaftssystems mit seinem Produktionsdruck und seiner Ressourcenknappheit.

5.3.17

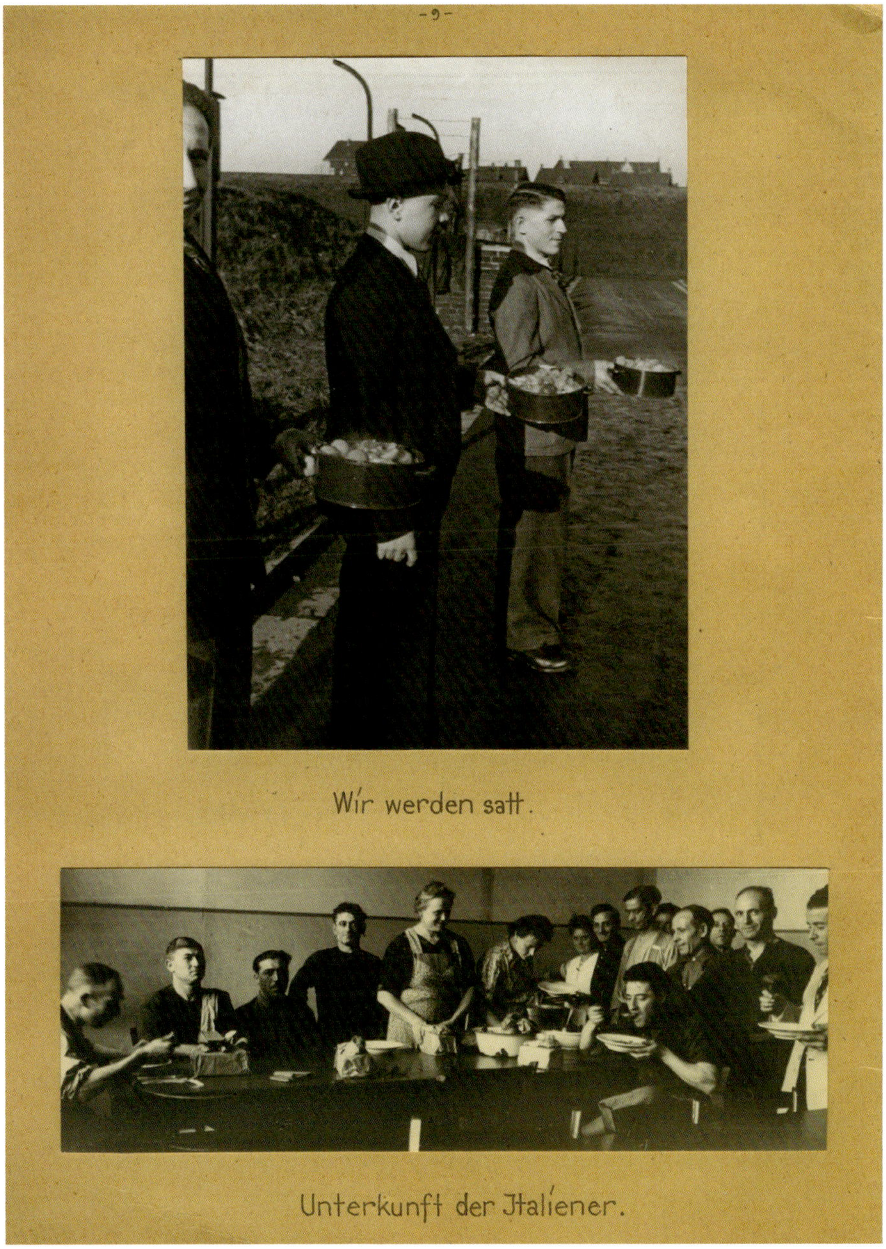

Vor allem die nahezu rechtlosen sowjetischen Zivilarbeiter und Kriegsgefangenen erhielten oft nur Hungerrationen. Schutz gegen Bombenangriffe war für sie teils vorhanden, überwiegend aber unzureichend. Im Betrieb reichte das Verhalten der deutschen Vorarbeiter und Werkschutzleute von grausamen Schikanen bis zu versteckter Hilfe.

5.3.18

Zwei Formblätter des Arbeitsamtes Essen mit ärztlichen Gutachten über den Gesundheitszustand von Zwangsarbeitern der Firma Krupp

25. November 1944 und 1. März 1945 | Papier | 29,7 x 21 cm | Ruhr Museum, Essen | 2002/17.64

Die Gutachten wurden vom Arbeitsamt Essen angefordert, das den Zwangsarbeiter-Einsatz vor Ort organisierte. Sie betrafen einen 21-jährigen Polen und einen 24-jährigen Franzosen. In beiden Fällen empfiehlt der Arzt »Rückführung«, bei dem polnischen Arbeiter wegen Lungentuberkulose, im Falle des französischen Arbeiters wegen allgemeiner Körperschwäche. Der Allgemeinzustand wird mit »matt« bzw. »elend« angegeben, »Fettpolster« als »fehlend«.

Nachdem 1942 fast die Hälfte der deutschen Arbeiter der Gussstahlfabrik als Soldaten eingezogen war, bemühte sich die Firma intensiv und mit Erfolg darum, ausländische Zivilarbeiter und Kriegsgefangene zugewiesen zu bekommen. Während des Krieges waren insgesamt – bei einer hohen Fluktuation – etwa 100.000 Zwangsarbeiter in Krupp'schen Betrieben eingesetzt. Am höchsten war die Zahl im September 1944 mit rund 74.000, fast einem Drittel der Gesamtbelegschaft. Dauerhaft arbeitsunfähige ausländische Zivilarbeiter ließ die Firma Krupp nach Hause schicken.

5.3.19

Hörstation: Bericht von Rose Warmer, KZ-Häftling und Zwangsarbeiterin bei Krupp

Interview der Alten Synagoge Essen mit Rose Warmer, 1981, nachgesprochen 2012 | Alte Synagoge Essen | AR 5782 (Tondokument der Ausstellung »Ortstermin«, 1981)

Rose Warmer gehörte zu den 520 ungarischen Jüdinnen, die in Auschwitz für den »Arbeitseinsatz« in Deutschland ausgewählt wurden und von August 1944 bis März 1945 bei Krupp Zwangsarbeit leisteten. Sie waren in Essen im Lager Humboldtstaße, einem Außenlager des Konzentrationslagers Buchenwald, untergebracht. Im März 1945 wurden sie nach Bergen-Belsen gebracht; die meisten von ihnen überlebten. Bereits kurz vorher konnten sechs der Frauen fliehen und sich mit der Hilfe mehrerer Essener Bürger – darunter ein Krupp-Arbeiter und seine Frau, ein Lebensmittelhändler, ein SA-Mann und ein Angehöriger der Waffen-SS – bis zur Befreiung versteckt halten.

Rose Warmer berichtet von ihrer schweren Arbeit bei Krupp, zu der sie nicht angelernt wurde. Bei den unvermeidlichen Fehlern wurde sie häufig geschlagen. »Wir waren der Abschaum der Erde, Gewürm, Ungeziefer«.

5.3.20

Flugblatt der Royal Air Force: »Der größte bisherige Erfolg der R.A.F.«

Royal Air Force, England, März 1943 | Papier | 21,4 x 26,5 cm | Ruhr Museum, Essen

Das deutschsprachige Propaganda-Flugblatt zeigt eine Karte des Krupp-Werksgeländes mit rot umrandeten Flächen, auf denen Bombenschäden infolge britischer Luftangriffe markiert sind. Eine detaillierte Legende listet die zerstörten Gebäude auf. Rund 60 Prozent der Krupp'schen Betriebsanlagen wurden im Zuge alliierter Luftangriffe zerstört bzw. stark beschädigt. Die Gussstahlfabrik geriet nicht zuletzt aufgrund des Mythos von der »Waffenschmiede des Reiches« in das Visier alliierter Bomber.

5.3.21

MILITARY GOVERNMENT — GERMANY
BRITISH ZONE OF CONTROL

NOTICE OF ASSUMPTION OF CONTROL

Property of
FIRMA FRIEDRICH KRUPP

1. NOTICE IS HEREBY GIVEN that the under-mentioned property is now under the control of Military Government pursuant to Military Government Law No. 52 and General Order No. 3.

2. The time and date of assumption of control is 10-30 hours on 16th November, 1945.

3. Any interference with such property or any trespass thereon is strictly forbidden and is punishable by a Military Government Court.

DESCRIPTION OF PROPERTY

Factories, Works, Plant, Equipment, Buildings, Land, Estates, Goods, Bank Balances and Accounts Receivable, Stores, and other Assets of all kind whatsoever in Essen (Ruhr), Rheinhausen, and any other places within the British Zone of Occupation in Germany.

By Order of Military Government

MILITÄRREGIERUNG — DEUTSCHLAND
BRITISCHES KONTROLLGEBIET

BEKANNTMACHUNG BETREFFS ÜBERNAHME

Vermögen der
FIRMA FRIEDRICH KRUPP

1. ES WIRD HIERMIT BEKANNTGEMACHT, dass gemäss Gesetz Nr. 52 und Allgemeiner Anordung Nr. 3 der Militärregierung das im Nachfolgenden erwähnte Vermögen nunmehr der Kontrolle der Militärregierung unterworfen ist.

2. Der Zeitpunkt der Ubernahme ist der 16. November, 1945, um 10.30 Morgens.

3. Unbefugte Eingriffe jeder Art, soweit sie dieses Vermögen betreffen, sind streng verboten und unterliegen der Bestrafung durch Gerichte der Militärregierung.

BESCHREIBUNG DES VERMOGENS

Fabriken, Werke, Anlagen, Einrichtungen, Baulichkeiten, Grundstücke, Liegenschaften, Güter, Waren, Guthaben, Läger, sowie sonstige Aktiven jeder Art in Essen (Ruhr), Rheinhausen und sämtlichen anderen Orten innerhalb des Britischen Kontrollgebeits in Deutschland.

Im Auftrage der Militärregierung

Printed by the PRINTING AND DISTRIBUTION UNIT, Control Commission for Germany (B.E.)

5.3.23

5.3.21

Zweisprachige Bekanntmachung der Vermögensübernahme der Firma Fried. Krupp

Plakat der Britischen Militärregierung, 1945 | Druck, Papier | 30 x 41 cm | Historisches Archiv Krupp, Essen | S 18/47

5.3.22

Kopie der Anklageschrift des Militärgerichtshofs zum Nürnberger Krupp-Prozess, »Fall Nr. 10«

15. August 1948 | Papier, 75 Seiten | 30 x 21 x 1 cm | Historisches Archiv Krupp, Essen | WA 56/14

Krupp wurde im Ausland wie kein zweites Unternehmen mit der »unheiligen Allianz« aus Schwerindustrie und deutschem Militarismus identifiziert. Der Prozess der Vereinigten Staaten von Amerika gegen Alfried Krupp sowie elf Krupp-Direktoren wurde am 17. November 1947 als »Fall Nr. 10« vor dem Militärtribunal III eröffnet. Die Anklageschrift umfasste vier Hauptvorwürfe: Die Firma und ihre Direktoren waren unter Punkt I angeklagt, Verbrechen gegen den Frieden begangen zu haben. Unter Punkt II wurde ihnen die Beteiligung an Plünderungen in den besetzten Gebieten zur Last gelegt; unter Punkt III war der Vorwurf gefasst, »Zwangs- und Sklavenarbeiter« beschäftigt zu haben. Punkt IV der Anklage enthielt den Vorwurf, eine Verschwörung zum Angriffskrieg sowie Kriegsverbrechen und Verbrechen gegen die Menschlichkeit begangen zu haben. Alle Angeklagten wurden von den Anklagepunkten I und IV freigesprochen, am 31. Juli 1948 jedoch zu hohen Haftstrafen wegen »Plünderung« und »Sklavenarbeit« verurteilt.

5.3.23

Fotoalbum zum Nürnberger Krupp-Prozess

Fa. Fried. Krupp, 1947/48 | Papier, Pappe | 24 x 35 x 6 cm | Historisches Archiv Krupp, Essen | WA 16 v 25

Das Fotoalbum enthält zahlreiche Aufnahmen zu einem der Nürnberger Nachfolgeprozesse gegen Krupp und die Direktoren der Firma. Der Prozess hatte einen hohen symbolischen Charakter und unterstellte letztlich, dass die Firma mehr gewesen sei als »nur« ein Stahlunternehmen. Neben dem Alleininhaber Alfried Krupp waren angeklagt: Ewald Loeser, Eduard Houdremont, Erich Müller, Friedrich Janssen, Karl Pfirsch, Max Ihn, Karl Eberhardt, Heinrich Korschan, Friedrich von Bülow, Heinrich Lehmann sowie Hans Kupke. Die Angeklagten er-

5.3.24

5.3.25

5.3.26

hielten Freiheitsstrafen zwischen zwei und zwölf Jahren; Direktor Karl Pfirsch wurde freigesprochen. Alfried Krupp wurde wegen »Plünderung und Förderung von Sklavenarbeit« zu einer Gefängnisstrafe von zwölf Jahren und zur Einziehung seines gesamten Vermögens verurteilt.

Bereits 1951 wurden die Angeklagten durch den amerikanischen Hohen Kommissar John McCloy begnadigt. Auch die bislang einmalige Entscheidung, Alfried Krupps Vermögen zu beschlagnahmen, wurde aufgehoben.

5.3.24

Russische Journalisten besichtigen die Demontage des Stahlwerks in Essen-Borbeck

Fotografie von Peter Kleu, 1947 | Ruhr Museum, Essen | Kl 109/4

Das Hüttenwerk Borbeck wurde als Reparationsgut bis April 1949 vollständig demontiert und in die Sowjetunion verfrachtet; dort wurde es allerdings nie in Betrieb genommen.

5.3.25

Durch Bombenangriffe zerstörte Krupp-Werksanlagen in Essen

Fotografie, 11. April 1945 | Imperial War Museum, London | IWM, CL 2377

5.3.26

Trümmergelände bei Krupp mit Klassifizierung der Gebäudeschäden für die britischen Vewaltungsbehörden

Fotografie, Dezember 1948 | Historisches Archiv Krupp, Essen | WA 16 a 449.1

Rund 60 Prozent der Krupp'schen Betriebsanlagen wurden im Zuge alliierter Luftangriffe zerstört bzw. stark beschädigt.

5.3.27

Das Krupp'sche Werksgelände von der Schwanenkampstraße aus gesehen

Fotografie, März 1951 | Ruhr Museum, Essen | 62 Kr (E) C61 IIb

5.3.28

Filmstation: Ereignisse aus der Firmengeschichte 1902–1948

Zusammenstellung: Paul Hofmann, Kinemathek im Ruhrgebiet, Duisburg, 2012

a) Trauerzug anlässlich der Beisetzung Friedrich Alfred Krupps am 26. November 1902 in »Essen«, 1902 / Skizze des Stadtgebiets von Essen mit den Fabrikflächen von »Krupp« / Skizze des neuen Hochofenwerks in Rheinhausen / Germaniawerft in Kiel / Aufnahmen verschiedener Produktionsstätten im Werk / Jubilarehrung und Maifeier im Schmiedepresswerk mit einer Rede Gustav Krupp von Bohlen und Halbachs am 1. Mai 1934
aus: »Pioniere der deutschen Technik« (1935)

b) Ansichten der Gussstahlfabrik in Essen-West, um 1918 / Flugaufnahmen von der Friedrich-Alfred-Hütte in Rheinhausen, um 1928
aus: »Frühe Filmdokumente aus dem Ruhrgebiet 1909–1935« (1985)

c) Ansichten der Gussstahlfabrik in Essen-West, um 1918
aus: »Die Krupp-Werke in Essen« (um 1918)

d) Gustav Krupp von Bohlen und Halbach bei einem Stapellauf auf der Germaniawerft, 1931
aus: »Bertha von Bohlens Kinofilme II«

e) Generalfeldmarschall Hermann Göring besucht die Firma Fried. Krupp, 9. Mai 1935 / Krupp erhält den Titel »N.S.-Musterbetrieb«, 1. Mai 1940 / Herr Dr. Gustav Krupp von Bohlen und Halbach vollendete am 7. August 1940 das 70. Lebensjahr. Feier im Lichthof des Hauptverwaltungsgebäudes
aus: »Krupp – Armament and Politics 1933–1940« (1947)

f) Rede Adolf Hitlers an die deutsche Jugend, Reichsparteitag Nürnberg, 14. September 1935
aus: »Gebt mir vier Jahre Zeit«, 1937

g) »Wahlkampf-Rede« Adolf Hitlers in der Krupp'schen Lokomotivbauhalle in Essen, 27. März 1936

h) Hitler und Mussolini besuchen die Krupp-Werke in Essen, 27. September 1937
aus: »Deulig-Tonwoche 300« (30.09.1937)

i) Rudolf Heß verleiht Krupp den Titel »N.S.-Musterbetrieb«, Essen, 1. Mai 1940
aus:« Ufa-Tonwoche 505« (08.05.1940)

j) Adolf Hitler gratuliert Gustav Krupp von Bohlen und Halbach in der Villa Hügel zum 70. Geburtstag
aus: »Die Deutsche Wochenschau 519« (16.08.1940)

k) Überfliegung zerstörter Werksanlagen
aus: »Die Krupps - Teil 2: Von der Institution zur Stiftung« (01.05.1973)

l) Löscharbeiten der Werksfeuerwehr 1943
aus: »Ein Land in Schutt und Asche«, Folge 6: »Krupps Waffenschmiede – Das Schicksal von Essen« (06.11.1979)

m) Trümmerräumarbeiten an der Hauptverwaltung / Flug über die zerstörten Werksanlagen in Essen (um 1945)
aus: »Fried. Krupp nach der Zerstörung« (ca.1945)

n) Urteil im Krupp-Prozess, Nürnberg, 31. Juli 1948
aus: »Welt im Film Nr. 167« (06.08.1948)

a, c–e, m) Historisches Archiv Krupp, Essen; b) Kinemathek im Ruhrgebiet, Duisburg; k, l) WDR, Köln; f, h–j) Bundesarchiv-Filmarchiv / Transit Film, Berlin / München; g) British Pathé Ltd., London; n) Deutsche Wochenschau GmbH, Hamburg

5.4. Neuausrichtung, Krisen und Fusionen (1951–2011)

Der Schatten des Zweiten Weltkriegs wirkte noch lange nach: Der Krupp-Konzern sah sich in den 1950er-Jahren wegen der weltweiten Ächtung, der Zerstörungen und Demontagen zu einem grundlegenden Neuanfang veranlasst. Alfried Krupp machte sich ab 1953 zusammen mit Berthold Beitz an eine fundamentale Neuausrichtung. Da sich der Konzern aufgrund der Bestimmungen des Mehlemer Vertrages von 1953 von seinem gesamten Bergwerks- und Montanbesitz trennen musste, der ausgegliedert wurde und zum Verkauf anstand, fokussierte man sich auf die Verarbeitungsbereiche der Firma, die um den modernen Anlagenbau erweitert wurden. Krupp entwickelte in der Folgezeit völlig neue Produktlinien und bot ganze Industrieanlagen, Hütten- und Walzwerke bis hin zu chemischen Fabriken an. Neue Absatzgebiete wurden in Indien, Südamerika und Osteuropa erschlossen. Die bisher noch nicht veräußerten Montanbetriebe – und das waren fast alle – wurden ab 1960 organisatorisch zusammengelegt und 1965 nach der Übernahme des Bochumer Vereins in die Fried. Krupp Hüttenwerke AG überführt. Die Firma gewann damit ihre traditionelle Stahlgrundlage zurück, zumal die Alliierten die Verkaufsauflagen des Mehlemer Vertrages nach Alfried Krupps Tod 1967 fallen ließen.

Das Unternehmen wurde nach dem Erbverzicht Arndt von Bohlens in eine Kapitalgesellschaft umgewandelt, deren Anteile bei der Alfried Krupp von Bohlen und Halbach-Stiftung liegen. In den 1970er-Jahren baute der Konzern durch Beteiligungen und Übernahmen sein Engagement im Anlagen- und Maschinenbau aus. Der Konzern, 1967 in eine ernste Liquiditätskrise geraten, machte 1974 Schlagzeilen durch die Beteiligung des iranischen Staates mit jeweils 25 Prozent an der Fried. Krupp Hüttenwerke AG und 1976 am Stammkapital der Fried. Krupp GmbH. Dadurch konnte die chronisch dünne Kapitalbasis des Unternehmens zwar verbessert werden, die strukturelle Krise im Stahlbereich spitzte sich aber in den Folgejahren aufgrund subventionierter ausländischer Massenstähle und Überkapazitäten im Zuge einer weltweit sinkenden Nachfrage weiter zu. Die Ankündigung der Firma, den traditionsreichen, aber verlustbringenden Standort Rheinhausen zu schließen, setzte 1987 eine beispiellose Protestbewegung und landesweite Solidarisierung in Gang. Rheinhausen wurde 1993 stillgelegt, ohne dass es zu Entlassungen kam.

1992 übernahm Krupp den Hoesch-Konzern. Der wesentlich kleinere Krupp-Konzern, mittlerweile Marktführer in der Edelstahlsparte, wagte sich 1997 an die feindliche Übernahme des Duisburger Konkurrenten Thyssen. Die Übernahmeschlacht führte zur Fusion im Flachstahlbereich und 1999 zur völligen Verschmelzung beider Unternehmen. Der ThyssenKrupp Konzern erzielte 2010 einen Umsatz von 42,6 Milliarden Euro und beschäftigte rund 177.000 Mitarbeiter weltweit. Im selben Jahr verlegte die Firma ihr Hauptquartier von Duisburg nach Essen und errichtete in Alabama und Rio de Janeiro zwei neue kostspielige Stahlwerke. Gegenwärtig verlagert sich allerdings der Schwerpunkt weg vom Stahl hin zu einem modernen Technologiekonzern. IW

5.4.1

5.4.1

Firmenschilder von Krupp

1950er-/1960er-Jahre
a) Metall | H 8 cm, L 30 cm, T 1,3 cm
b) Metall | H 5,5 cm, B 7,6 cm, T 0,3 cm
c) Metall | H 7,6 cm, L 10,7 cm, T 0,5 cm
d) Metall | H 4 cm, L 15 cm, T 0,3 cm
e) Metall | H 10 cm, L 39,7 cm, T 1,2 cm
f) Metall | H 15 cm, L 21,2 cm, T 0,5 cm
g) Metall, dreieckig | H 45,3 cm, L 50,4 cm, T 2,1 cm, 4,5 kg
h) 39 dreieckige Fabrikschilder | Blech | H 8 cm, B 9 cm, T 4 cm
a–g) Ruhr Museum, Essen | 2007/004
h) Historisches Archiv Krupp, Essen | S 10/127

Die drei übereinandergelegten Ringe bilden seit 1875 das Firmenzeichen des Krupp-Konzerns. Nach dem Zweiten Weltkrieg fand die Firma schnell zur alten Größe zurück und erlebte ein fulminantes Comeback.

5.4.2

»Mehlemer Abkommen« der Hohen Kommission der Alliierten zur Entflechtung der Firma Krupp

4. März 1953 | Papier, Maschinenschrift, 24 Seiten | 29,8 x 21 cm | Historisches Archiv Krupp, Essen | WA 4/3346 a 2-24

5.4.2

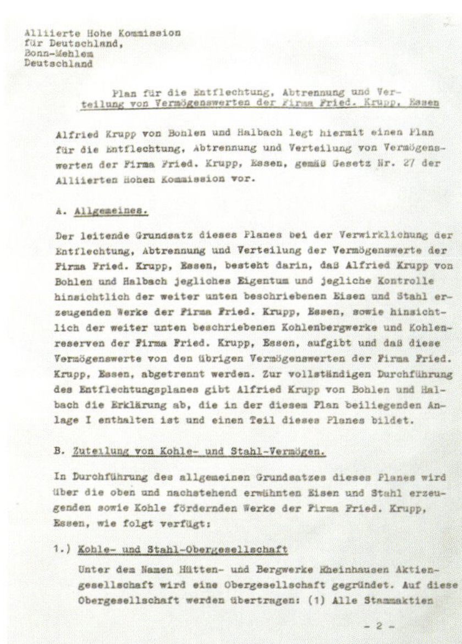

Alliierte Hohe Kommission
für Deutschland,
Bonn-Mehlem
Deutschland

Plan für die Entflechtung, Abtrennung und Verteilung von Vermögenswerten der Firma Fried. Krupp, Essen

Alfried Krupp von Bohlen und Halbach legt hiermit einen Plan für die Entflechtung, Abtrennung und Verteilung von Vermögenswerten der Firma Fried. Krupp, Essen, gemäß Gesetz Nr. 27 der Alliierten Hohen Kommission vor.

A. Allgemeines.

Der leitende Grundsatz dieses Planes bei der Verwirklichung der Entflechtung, Abtrennung und Verteilung der Vermögenswerte der Firma Fried. Krupp, Essen, besteht darin, daß Alfried Krupp von Bohlen und Halbach jegliches Eigentum und jegliche Kontrolle hinsichtlich der weiter unten beschriebenen Eisen und Stahl erzeugenden Werke der Firma Fried. Krupp, Essen, sowie hinsichtlich der weiter unten beschriebenen Kohlenbergwerke und Kohlenreserven der Firma Fried. Krupp, Essen, aufgibt und daß diese Vermögenswerte von den übrigen Vermögenswerten der Firma Fried. Krupp, Essen, abgetrennt werden. Zur vollständigen Durchführung des Entflechtungsplanes gibt Alfried Krupp von Bohlen und Halbach die Erklärung ab, die in der diesem Plan beiliegenden Anlage I enthalten ist und einen Teil dieses Planes bildet.

B. Zuteilung von Kohle- und Stahl-Vermögen.

In Durchführung des allgemeinen Grundsatzes dieses Planes wird über die oben und nachstehend erwähnten Eisen und Stahl erzeugenden sowie Kohle fördernden Werke der Firma Fried. Krupp, Essen, wie folgt verfügt:

1.) Kohle- und Stahl-Obergesellschaft

Unter dem Namen Hütten- und Bergwerke Rheinhausen Aktiengesellschaft wird eine Obergesellschaft gegründet. Auf diese Obergesellschaft werden übertragen: (1) Alle Stammaktien

- 2 -

Das »Mehlemer Abkommen« war ein Plan zur Entflechtung und Umgestaltung des montanindustriellen Besitzes und zur Verteilung von Vermögenswerten der Fa. Fried. Krupp. Die Firma wurde von der Hohen Kommission der Alliierten mit Sitz in Bonn-Mehlem dazu verpflichtet, ihren gesamten Bergwerks- und Hüttenbesitz auszugliedern und innerhalb von fünf Jahren zu verkaufen. Montan- und Hüttenbetriebe des Konzerns wurden aber nur zu einem geringen Teil verkauft; langfristig bestand die Strategie der Firma darin, die alliierte Verkaufsauflage zu verschleppen, bis günstigere politische Rahmenbedingungen geschaffen waren.

Nach dem Tod Alfried Krupp von Bohlen und Halbachs bestanden die Alliierten nicht länger auf ihrem Verkaufsgebot. In dem Abkommen wurde darüber hinaus bestimmt, dass die vier noch lebenden Geschwister Alfried Krupps, der Sohn des gefallenen Bruders Claus sowie Alfrieds Sohn Arndt von Bohlen und Halbach jeweils 11 Millionen DM in bar bzw. in Unternehmensbeteiligungen erhielten.

5.4.3

Zeitungsbericht über das Abkommen der Fried. Krupp AG mit der Jewish Claims Conference und die Entschädigung jüdischer KZ-Häftlinge bei Krupp

Dezember 1959 | Papier | 21 x 15 cm | Historisches Archiv Krupp, Essen | WA 55 v 2025

Als eines der ersten Unternehmen in der Bundesrepublik übernahm Krupp die moralische Verantwortung für die Beschäftigung jüdischer Häftlinge während des Zweiten Weltkriegs. Aufgrund der Vereinbarung mit Krupp wurden in den Folgejahren zehn Millionen DM an frühere Häftlinge ausgezahlt. Jeder »juedische Antragsteller« sollte »ohne Anerkennung einer Rechtspflicht« eine Summe in Höhe von 5000 DM als Entschädigung ausgezahlt bekommen. Neben der moralischen Verpflichtung des Unternehmens ist das Abkommen mit der Jewish Claims Conference auch als Teil einer strategischen Imageverbesserung der Firma im Ausland zu bewerten.

5.4.4
Konstituierende Sitzung des Kuratoriums der Alfried Krupp von Bohlen und Halbach-Stiftung
Fotografie, 23. Januar 1968 | Historisches Archiv Krupp, Essen | WA 16 l 141
Der Krupp-Konzern sah sich in den 1950er-Jahren zu einem grundlegenden Neuanfang veranlasst. Durch den alliierten Entflechtungsplan wurde die Firma unter großen Modernisierungsdruck gesetzt und letztlich gezwungen, ihren industriellen Schwerpunkt zu verlagern. Neue Produktlinien entstanden; Absatzgebiete in Indien, China, Südamerika und Osteuropa wurden erschlossen. 1968 wurde die Firma in eine Kapitalgesellschaft umgewandelt und in die Alfried Krupp von Bohlen und Halbach-Stiftung überführt. Die Stiftung sollte die Einheit und das wirtschaftliche Gedeihen des Unternehmens sichern und überdies gemeinnützig wirken. Voraussetzung für die Gründung der Stiftung war der Erbverzicht Arndt von Bohlen und Halbachs.

Mit der Stiftungsgründung, deren konstituierende Kuratoriumssitzung auf der Fotografie zu sehen ist, ging die Ära des Krupp'schen Familienunternehmens endgültig zu Ende. Bis in die Gegenwart hat die Krupp-Stiftung rund 600 Millionen Euro für gemeinnützige Zwecke ausgeschüttet.

5.4.5
Arndt von Bohlen und Halbach unterzeichnet Dokumente zur Rechtsformänderung der Firma im Zuge seines Erbverzichts und der Stiftungsgründung
Fotografie, 31. Dezember 1967 | Historisches Archiv Krupp, Essen | WA 16 l 50.187

5.4.6
Satzung der Alfried Krupp von Bohlen und Halbach-Stiftung
nach 1967 | Broschüre, Papier, 20 Seiten | 21 x 13 cm | Historisches Archiv Krupp, Essen | S2 AKBH 2/2
Die Satzung ist die rechtliche Grundlage der Alfried Krupp von Bohlen und Halbach-Stiftung. Sie wurde von Arndt von Bohlen und Halbach, Berthold Beitz und Dedo von Schenck unterzeichnet.

5.4.7
Luftbild des Werksgeländes von Krupp Metalúrgica in Campo Limpo (Brasilien)
Fotografie, um 1960 | Historisches Archiv Krupp, Essen | F 4/22450
Das 1961 eingeweihte Gesenkschmiedewerk Krupp Metalúrgica in Campo Limpo bei Sao Paulo war als moderner Zulieferbetrieb für die Automobilindustrie eine der erfolgreichsten Werksgründungen der Firma.

5.4.8
Das Krupp'sche Hüttenwerk in Rourkela (Indien)
Fotografie, 1960 | Historisches Archiv Krupp, Essen | F 4/29362
Das unter der Federführung von Krupp entstandene Hüttenwerk in Rourkela galt seinerzeit als das modernste Asiens. In Rourkela wurde so genannter Oxygenstahl nach dem modernen Sauerstoff-Blasverfahren produziert. Der Betrieb wurde am 12. Januar 1960 feierlich eingeweiht und stand im Kontext einer neuen, globalen Geschäftsoffensive des Konzerns, die zur Gründung weiterer Handelsgesellschaften und Auslandsvertretungen führte.

5.4.4

5.4.7

5.4.8

5.4.9

Luftbildaufnahme des Bochumer Vereins

Fotografie, 10. August 1964 | Historisches Archiv Krupp, Essen | F 4/29532

Der schwedische Großindustrielle Axel Lennart Wenner-Gren hatte seit 1954 Anteile am Bochumer Verein erworben und diese einige Jahre später Alfried Krupp von Bohlen und Halbach im Rahmen eines Vorkaufsrechts angeboten. Der Erwerb des Bochumer Vereins stand im Zusammenhang mit einer Konzernstrategie, sich entgegen den Bestimmungen des Entflechtungsplanes wieder eine breite Stahlbasis zu verschaffen.

Für die Übernahme des einstigen, »ewigen« Konkurrenten aus Bochum sicherte sich die Firma im Jahr 1959 die Genehmigung der Europäischen Gemeinschaft für Kohle und Stahl (EGKS). Geplant war, den Bochumer Verein in die konzerneigene Holding, die Hütten- und Bergwerke Rheinhausen AG, die nach dem Mehlemer Vertrag eigentlich verkauft werden musste, einzugliedern. Durch diesen Zukauf wurde die Rheinhausen-Holding aufgrund ihrer schieren Größe praktisch »unverkäuflich«. Im Dezember 1965 wurde der Bochumer Verein dann endgültig übernommen und ging in der Fried. Krupp Hüttenwerke AG auf.

5.4.10

Krupp-Hauptverwaltung mit dem Turmhaus

Fotografie, 1976 | Historisches Archiv Krupp, Essen | WA 16 a 380.01

Das im Herzen der Gussstahlfabrik gelegene Turmhaus wurde als neue Hauptverwaltung des Konzerns in Gegenwart von Kaiser Wilhelm II. und Reichskanzler Theobald von Bethmann Hollweg anlässlich der Hundertjahrfeier der Firma am 8. August 1912 formell seiner Bestimmung übergeben. Der Neubau beherbergte die gesamte Unternehmensleitung mitsamt den kaufmännischen Abteilungen und technischen Büros. Der sechsstöckige Gebäudekomplex, erbaut in den Jahren 1908 bis 1911, war um einen Innenhof herum gruppiert und wurde von dem rund 62 Meter hohen, charakteristischen Turm überragt, von dessen Spitze aus man die ganze »Kruppstadt« überblicken konnte.

Die in die Jahre gekommene Hauptverwaltung des Konzerns wurde 1976 abgerissen. Erst spät wurde erkannt, dass die Stadt Essen mit dem Abbruch des Turmhauses um ein prägnantes Wahrzeichen ärmer geworden war.

5.4.10

5.4.11

Spiegel-Titel »›Wir verdienen unser Geld auch so!‹ Nie wieder Kanonen – Alfried Krupp von Bohlen und Halbach«

Der Spiegel, Nr. 49/1955, 30. November 1955 | Papier | 30,5 x 22,5 x 1 cm | Ruhr Museum, Essen

Zum neuen Selbstverständnis der Firma gehörte, dass nach 1945 keine Waffen mehr hergestellt wurden. Krupp kreierte vielmehr neue Produkte und konnte schon bald fertige Industrieanlagen, Kanalbrücken, Raffinerien, Hütten- und Walzwerke bis hin zu chemischen Fabriken anbieten. Die veränderte industrielle Ausrichtung des Konzerns legte die Grundlage für ein von vielen kaum für möglich gehaltenes Comeback der Firma: Krupp war wieder da - und das bis auf Weiteres ganz ohne die traditionellen Erzeugnisse der Rüstungsindustrie. Gleichwohl war man bei Krupp nicht gewillt, dauerhaft auf die schwerindustrielle Kernkompetenz des Konzerns zu verzichten. Trotz aller neuen Engagements in den unterschiedlichsten Geschäftsfeldern blieb der Stahl doch das Basisgeschäft der Firma.

5.4.12

Spiegel-Titel »Krupp in Nöten«

Der Spiegel, Nr. 12/1967, 13. März 1967 | Papier | 30,5 x 22,5 x 1 cm | Privatbesitz Ingo Wuttke

Hintergrund des Spiegel-Titels war eine Liquiditätskrise bei Krupp: Der Bund und das Land Nordrhein-Westfalen sicherten im März 1967 mit Bürgschaften über 450 Millionen DM Exportaufträge ab – unter der Bedingung der Umwandlung der Firma in eine Kapitalgesellschaft.

5.4.13

Spiegel-Titel »Die Perser kommen – Öl-Geld in der deutschen Industrie«

Der Spiegel, Nr. 30/1974, 22. Juli 1974 | Papier | 30,5 x 22,5 x 1 cm | Ruhr Museum, Essen

Der iranische Staat beteiligte sich 1974 über die National Iranian Steel mit 25,04 Prozent an der Fried. Krupp Hüttenwerke AG. 1976 erwarb der Iran weitere 25,01 Prozent der Anteile am Mutterkonzern, der Fried. Krupp GmbH. Insgesamt flossen durch die iranische Beteiligung rund 1,3 Milliarden DM an »Öl-Geld« in den Krupp-Konzern. Die Beteiligung sollte das Problem der chronischen Unterfinanzierung des Konzerns lösen. Auf dem Spiegel-Titelbild ist der persische Schah Mohammad Reza Pahlavi abgebildet, mit dem sich Berthold Beitz mehrfach persönlich traf.

Nach dem Sturz des Schahs führten die Mullahs das iranische Engagement bei Krupp fort. Erst nachdem die USA den Iran nach dem 11. September 2001 auf die Liste der »Schurkenstaaten« gesetzt hatten, kaufte der fusionierte ThyssenKrupp Konzern einen Großteil der iranischen Anteile zurück, da die Gefahr bestand, keine Aufträge mehr aus Amerika zu erhalten. Gegenwärtig liegt der Anteil der iranischen Beteiligung am Konzern unter fünf Prozent.

5.4.14

Spiegel-Titel »Der Krupp-Schlachtplan für die Thyssen-Übernahme: Geheimaktion ›Hammer und Thor‹«

Der Spiegel, Nr. 13/1997, 24. März 1997 | Papier | 30,5 x 22,5 x 0,9 cm | Privatbesitz Ingo Wuttke

Der Spiegel-Titel gibt einen Eindruck von dem gewaltigen Echo in Medien,

5.4.12

Öffentlichkeit, Politik und Belegschaften, das die versuchte Übernahme des Thyssen-Konzerns durch Krupp hervorrief. In der Illustration von Tom Ungemach bemächtigt sich eine stählerne (Krupp-) Hand der Werksanlagen des Duisburger Konkurrenten Thyssen.

Seit März 1997 versuchte Krupp im Stillen mit Unterstützung eines Bankenkonsortiums die wesentlich größere Thyssen AG zu übernehmen. Nachdem der vielfach als »Dallas im Ruhrgebiet« geschmähte Plan, der als Bankenexpertise unter dem Geheimnamen »Hammer und Thor« geführt wurde, vorzeitig bekannt geworden war, ruderte Krupp-Chef Cromme zurück und schwor beide Konzerne auf eine Teilfusion im Stahlbereich ein. Diese bildete jedoch nur den Ausgangspunkt für eine vollständige Fusion beider Unternehmen, die nach harten Verhandlungen schließlich mit der Unterzeichnung eines Verschmelzungsvertrages im September 1998 besiegelt wurde.

5.4.15

Aktie der Fried. Krupp Hüttenwerke AG über 100 Deutsche Mark

Fried. Krupp AG, Dezember 1965 | Papier | 29,8 x 21 cm | Ruhr Museum, Essen

5.4.14

Unter dem Dach der Fried. Krupp Hüttenwerke AG waren seit 1965 die Bergwerks- und Hüttenbetriebe der Firma organisatorisch zusammengefasst, die aufgrund alliierter Bestimmungen verkauft werden mussten – was aber nur zum Teil geschah. In die Fried. Krupp Hüttenwerke AG war auch der zuvor übernommene, traditionsreiche einstige Konkurrent, der Bochumer Verein für Gussstahlfabrikation AG, eingebracht worden. Das neue Konzernunternehmen mit Sitz in Bochum verschaffte sich auf diese Weise eine solide Stahlbasis.

Die Vorzugsaktie mit dem Nennwert von einhundert DM trägt u. a. die Unterschrift von Berthold Beitz als Aufsichtsratsvorsitzendem der Fried. Krupp Hüttenwerke AG.

5.4.16

Aktie der Krupp Stahl AG über 50 Deutsche Mark

Fried. Krupp AG, Juni 1990 | Papier | 29,8 x 21 cm | Ruhr Museum, Essen

Die Fried. Krupp Hüttenwerke AG wurde 1980 in die Krupp Stahl AG umgewandelt. Sitz der neuen Krupp Stahl AG blieb Bochum.

5.4.17

Aktie der Fried. Krupp AG Hoesch-Krupp über 50 Deutsche Mark

Fried. Krupp AG Hoesch-Krupp, Essen/Dortmund, Dezember 1992 | Papier | 21 x 29,8 cm | Ruhr Museum, Essen | HW 9

Die Übernahme des traditionsreichen Stahlkonzerns Hoesch durch den Konkurrenten Krupp aus Essen war der wohl spektakulärste Coup in der deutschen Wirtschaft im Jahr 1992. Mit Hilfe der WestLB und der Schweizerischen Kreditanstalt erwarb Krupp unter absoluter Geheimhaltung die Aktienmehrheit des Dortmunder Konkurrenten. Krupp-Chef Gerhard Cromme begründete die Übernahme mit Synergieeffekten und großen Einsparpotentialen.

5.4.15

Durch den Zusammenschluss entstand 1992 die fusionierte Fried. Krupp AG Hoesch-Krupp.

Die vorliegende Aktie mit einem Nennwert von 50 DM erinnert an die erste erfolgreich verlaufene feindliche Unternehmensübernahme in Deutschland. Krupp konnte damit vorübergehend zum größeren Konkurrenten Thyssen aufschließen. Der Konzentrationsprozess in der deutschen Stahlindustrie war durch die Fusion freilich nur vorübergehend abgeschlossen: vier Jahre später, 1997, wagte sich der Krupp-Konzern an die Übernahme des Duisburger Thyssen-Konzerns.

5.4.18

Werbebroschüren des ThyssenKrupp Konzerns

a) »Die Krupp-Werke in Essen«, *Juli 1950 | Papier, Karton | 24 x 18 cm*
b) »Krupp to-day«, *um 1960 | Papier | 21 x 21 cm*
c) »Krupp. Informationen über den Konzern«, *März 1961 | Papier, Karton | 21 x 21 cm*

d) »Krupp in Japan«,
1984 | Papier | 30 x 21 cm
e) »India and Krupp«,
1988 | Papier | 30 x 21 cm
f) »ThyssenKrupp und China«,
2004 | Papier | 30 x 21 cm
a) Ruhr Museum, Essen
b–f) Historisches Archiv Krupp, Essen | S 2 Fk 1/23 (e), S 2 Fk 1/26+1, S 2 Fk 18/22 (dH Jap), S 2 Fk 18/19 (e), S 2 Fk 18/18 (e)

5.4.19
»Verschmelzung der Fried. Krupp AG Hoesch-Krupp und der Thyssen AG zur ThyssenKrupp AG«
ThyssenKrupp AG, 1999 | Papier | 30 x 21 cm | Historisches Archiv Krupp, Essen | S 2 Fk 19.2/1

5.4.20
Das neue Logo des ThyssenKrupp Konzerns
Titelbild der Krupp-Mitteilungen Nr. 1, Februar 1999 | Papier | 30 x 21 cm | Historisches Archiv Krupp, Essen | S 1 K 22
Im neuen Logo des fusionierten ThyssenKrupp Konzerns überwölbt der Thyssen-Bogen die drei Krupp'schen Ringe.

5.4.21
Protestierende Krupp-Arbeiter vor der Villa Hügel während der Aufsichtsratssitzung der Fried. Krupp GmbH
Fotografie von Manfred Vollmer, 9. Dezember 1987 | Ruhr Museum, Essen | Bestand Vollmer
Krupp-Arbeiter, die gegen die Schließung des Standortes Rheinhausen protestierten, drangen im Dezember 1987 in die Villa Hügel in Essen ein und störten eine Aufsichtsratssitzung.

5.4.22
Demonstrierende Stahlarbeiter in der Villa Hügel
Fotografie von Manfred Vollmer, 9. Dezember 1987 | Ruhr Museum, Essen | Bestand Vollmer

5.4.23
Besetzung der Duisburger Rheinbrücke durch protestierende Stahlarbeiter
Fotografie von Manfred Vollmer, 20. Januar 1988 | Ruhr Museum, Essen | Bestand Vollmer
Nachdem der Krupp-Konzern Ende 1987 seine Absicht bekundet hatte, den Duisburger Traditionsstandort Rheinhausen aufgrund strukturell bedingter Millionenverluste zu schließen, brach sich eine beispiellose Protestbewegung Bahn. 5000 Jobs standen in Rheinhausen auf dem Spiel. Der Standort geriet zum Symbol für den drohenden Niedergang einer ganzen Region, wurde aber auch zunehmend als Chiffre für eine beeindruckende Solidarität der Menschen wahrgenommen. So protestierten auf der später in »Brücke der Solidarität« umbenannten Rheinhausener Rheinbrücke nicht nur Stahlarbeiter, sondern Tausende Menschen aus dem ganzen Revier.

Der erbittert geführte Arbeitskampf, der 160 Tage dauerte und bundesweit Aufsehen erregte, konnte die letztgültige Schließung des Hüttenwerkes allerdings nicht verhindern: Rheinhausen wurde im August 1993 stillgelegt. Die Schließung gestaltete sich aber sozialverträglich. Niemand wurde entlassen, zahlreiche Kruppianer gingen in Frührente oder nahmen Ersatzjobs an.

5.4.18 c

5.4.24
Dreischeibenhaus in Düsseldorf, ab 1999 Sitz der Hauptverwaltung der ThyssenKrupp AG
Fotografie von Fritz Henle, 1961 | Historisches Archiv Krupp, Essen | WA 16 v 162
Bis zum Juni 2010 wurde das Dreischeibenhaus in Düsseldorf als Hauptverwaltung der ThyssenKrupp AG genutzt.

5.4.25
Die neu errichtete Hauptverwaltung des ThyssenKrupp Konzerns in Essen
Fotografie von Rainer Rothenberg, 29. September 2010 | Ruhr Museum, Essen
Im Juni 2010 wurde das Headquarter des ThyssenKrupp Konzerns von Düsseldorf an den historischen Krupp-Standort Essen verlagert.

5.4.26
Filmstation: Ereignisse aus der Firmengeschichte 1947–2011
Zusammenstellung: Paul Hofmann, Kinemathek im Ruhrgebiet, Duisburg, 2012
a) Vernichtung von Kriegsmaterial bei den Krupp-Werken in Essen *aus: »Welt im Film Nr. 101« (ca. 02.05.1947)*
b) Flug über das demontierte Hüttenwerk in Borbeck und die Gussstahlfabrik / Hannover-Messe (1955 ?) *aus: »Krupp heute – Menschen und Werk« (1958)*
c) Wiederaufbau durch die Kruppianer *aus: »Die großen Familien an Rhein und Ruhr: Das Haus Krupp« (15.02.1985)*
d) Leipziger Messe 1957
e) Nikita S. Chruschtschow am Krupp-Stand, Leipziger Frühjahrsmesse, 6.3.1959 *aus: »Krupp '59« (Archivtitel)*
f) Bau eines neuen Stahlwerks im indischen Rourkela *aus: Stählerne Brücken – Rourkela (um 1959)*

g) Deutsche Industrieausstellung Teheran 1960
h) Campo Limpo, 1962
i) Jubilarfeier im Jahr des 150-jährigen Firmenjubiläums und Festakt in der Traglufthalle *aus: »Krupp '61– dokumentation und rückblick«*
j) Krupp-Stand Hannover-Messe 1962 / 50 Jahre Nirosta 1912–1962 *aus: »Krupp '62 – dokumentation und rückblick«*
k) Alfried Krupp zu den Qualitätsprinzipien der Firma *aus: »Krupp '63 – Dokumentation 3«*
l) Stahlhochstraße in Essen *aus: »Krupp – Dokumentation 1964«*
m) Krupp-Stand Hannover-Messe 1965 / Atlas Werke, Bremen / Drehbrücke über den Suezkanal / Besuch Premier Kossygins am Messestand in Moskau *aus: »Krupp – Dokumentation 1965«*
n) Schiffbau auf der AG Weser (1966) *aus: »Krupp – Dokumentation 1966«*
o) Bundeswirtschaftsminister Karl Schiller besucht den Krupp-Messestand in Hannover *aus: »Krupp '67« (Archivtitel)*
p) Die Firmen im Krupp-Konzern *aus: »Alfried Krupp von Bohlen und Halbach gestorben – Gedenkfilm«, Hierzulande – Heutzutage (31.07.1967)*
q) Rede von Alfried Krupp von Bohlen und Halbach zur Jubilarfeier 1967 mit der Ankündigung der Firmen-Umwandlung *aus: »Jubilarfeier 1967«*
r) Die Beteiligung des Irans am Konzern / Stahlkrise in der 2. Hälfte der 1980er-Jahre / Thyssen-Krupp-Fusion *aus: »Berthold Beitz – Der Herr der drei Ringe« (24.09.2003)*
s) Interview mit Berthold Beitz zur neuen Beteiligung des Irans *aus: »Beitz und Mommsen aus Teheran zurück«, Hier und Heute (18.09.1974)*
t) Firmenzukäufe *aus: »Deutsche Denkmäler – Das Haus Krupp – Ein deutscher Wirtschaftsmythos«, T. 2 (07.03.1980)*
u) Demonstrationen und Aktionen gegen die Schließung der Friedrich-Alfred-Hütte in Rheinhausen 1988/89 / Rede Helmut Laakmann am 30.11.1987 *aus: »Erinnerung an Rheinhausen« (ZDF, 07.05.1990)*

b, d–o, q) Historisches Archiv Krupp, Essen; a) Deutsche Wochenschau GmbH, Hamburg; c, p, r–t) WDR, Köln; u) Rainer Komers Filmproduktion, Mülheim a. d. Ruhr

5.4.23

5.4.25

6. Vom Tiegel- zum Flussstahl – Das Geheimnis der Gussstahlerzeugung

Der Produktionsprozess der Eisen- und Stahlindustrie lässt sich in drei Phasen gliedern: die Herstellung von Roheisen im Hochofen durch Reduktion des Eisenerzes, die Umwandlung des Roheisens in gieß- und formbaren Stahl und dessen Weiterverarbeitung durch Schmieden oder Walzen. In dieser Einteilung ist der Krupp'sche Tiegelstahl ein Spezialprodukt aus der mittleren Phase des Produktionsprozesses.

Eisen ist ein chemisches Element, das in der Natur überwiegend in gebundener Form als Eisenerzverbindung vorliegt. Um verwertbares Eisen zu gewinnen, muss es von den übrigen Bestandteilen getrennt werden. Das bekannte älteste Verfahren zur Gewinnung von Eisen ist das Rennfeuer. Durch Einschmelzen von Eisenerzen mit Holzkohle in Erdgruben mit darüber errichteten Lehmschächten und natürlicher Luftzufuhr an Hanglagen erhielt man eine zähe Masse. Die noch eingeschlossene Schlacke musste anschließend durch Hämmern entfernt werden. Aus den Rennfeuern entwickelten sich die Hochöfen, die zunächst mit Holzkohle, später mit Kokskohle betrieben wurden. Sie erzielten mit Temperaturen von 1600 Grad Celsius ein Roheisen, das zwar bequem in Formen zu gießen, aufgrund seines hohen Kohlenstoffgehalts aber nicht schmied- oder formbar war. Um eine Weiterverarbeitung zu ermöglichen, musste dem Hochofeneisen Kohlenstoff entzogen werden: Beim »Frischen« wurde das Eisen in kleinen offenen Herden einem Gebläsewind ausgesetzt, der durch Oxydation zu einer Kohlenstoffreduktion führte.

Die Erfindung des Puddelofens 1784 durch Henry Cort ermöglichte es, Kohle statt Holzkohle beim Frischen einzusetzen. Cort war es gelungen, Feuerstelle und Eisen in einem Flammofen strikt zu trennen, so dass das Eisen den sauerstoffhaltigen Verbrennungsgasen ausgesetzt war. Durch stetiges Rühren (engl. »to puddle«) mittels eines langen Hakens wurde die teigige Masse immer wieder dem Sauerstoffstrom ausgesetzt. Das Ergebnis war ein unförmiger Klumpen – die »Luppe«, die wiederum durch Hämmern oder Walzen von Schlackenbestandteilen getrennt werden musste. Das Frischen erlaubte sowohl die Herstellung von Schmiedeeisen als auch von Stahl. Vereinfacht ausgedrückt, kann man Eisen mit weniger als zwei Prozent Kohlenstoffgehalt als Stahl bezeichnen. Er zeichnet sich dadurch aus, dass er warm und kalt verformbar, schweißbar und durch plötzliches Abkühlen zu härten ist.

Mit der Umstellung auf Koksbetrieb steigerten die Hochöfen zu Beginn des 19. Jahrhunderts ihre Leistungsfähigkeit. Aufgrund der neuen Technologie des Windfrischens nach Bessemer und einer stetigen Vergrößerung der Hochöfen wurde das handwerklich strukturierte Puddelverfahren zurückgedrängt. Die chemischen Abläufe sowohl im Hochofen als auch beim Frischen waren bis in die zweite Hälfte des 19. Jahrhunderts weitgehend unbekannt. Man griff auf experimentelles Erfahrungswissen zurück, was der Stahlherstellung lange den Nimbus des Geheimnisvollen verlieh. So stellte man erst spät fest, dass Bessemer phosphorarmes Roheisen verwendet hatte, worauf einige Fehlschläge in der praktischen Umsetzung zurückzuführen waren. FK

6.1. Mythos Stahl

Eisen und Stahl sind seit alters her von einer Aura des Mythischen und Geheimnisvollen umgeben. Dass es sich um ein Material handelt, welches allen anderen Metallen überlegen war, spiegelte sich schon früh in der gesellschaftlichen Stellung der Schmiede: Sie genossen Sonderrechte, waren sie doch in der Lage, Naturgewalten wie das Feuer zu beherrschen und mit seiner gezähmten Kraft Waffen herzustellen, die Macht versprachen und diese symbolisierten. Nach dem Zeitalter der Aufklärung haftete der Herstellung von Stahl diese Aura noch bis zum Beginn des 20. Jahrhunderts an. In der Kunst zeigt sich dies etwa an den Gemälden »Die Krupp'schen Teufel« von Heinrich Kley aus dem Jahre 1914 oder »Tiegelstahlguss im alten Schmelzbau« von Otto Bollhagen von 1912: Rot glühende, gleißende Farben tauchen die dunklen Szenerien in gespenstisches Licht und spielen mit der Assoziation des »Höllenfeuers«. Gleichzeitig vermitteln die Gemälde aber auch den Stolz auf die Beherrschung der Naturgewalten durch Mensch und Industrie.

Auch im Geschäftsleben agierte man mit dem Mythos der Stahlherstellung. So teilte die Witwe Friedrich Krupps 1826 den Geschäftspartnern mit, dass »das Geheimnis der Bereitung des Gussstahls nicht verloren«, sondern auf ihren Sohn Alfred Krupp übergegangen sei. Dabei setzte sie bewusst auf die Vorstellung, dass es sich bei der Gussstahlherstellung eher um eine alchemistische Prozedur mit allerlei geheimen Mitteln als um ein gewerbliches Produktionsverfahren handele. Tatsächlich hatte Friedrich Krupp lange experimentiert, bis ihm die Herstellung des Gussstahls gelang. Dabei kristallisierte sich allerdings heraus, dass die Auswahl der Rohstoffe und die Standardisierung der Arbeitsschritte und Rahmenbedingungen die zentralen Elemente für das Gelingen der Arbeit waren.

Fabrikintern bestand aber weiterhin ein Interesse daran, der Gussstahlproduktion etwas Geheimnisvolles zuzuschreiben. Indem den Arbeitern die Kenntnisse des Gesamtprozesses vorenthalten wurden, suchte Krupp zu verhindern, dass die Konkurrenz über die Abwerbung von Arbeitskräften Vorteile erlangte. Noch zu Beginn der 1860er-Jahre war »Geheimniskrämerei« zur Sicherung von Wissensvorsprüngen nicht ungewöhnlich. So ließ Alfred Krupp um das neu errichtete Bessemerwerk einen hohen Holzzaun errichten, reglementierte strikt den Zugang und verwendete für die Anlage die Tarnbezeichnung »Räderwalzwerk C«.

Über die Urgewalt des Elements Feuer blieb auch noch die Massenstahlherstellung mit mythischen Vorstellungen verbunden. Erkennbar wird dies beim Bessemer- bzw. Thomasverfahren: Wegen der enormen Geräuschkulisse und der spektakulären Lichterscheinungen des Funkenregens beim Blasvorgang wurden die Werkstätten von den Arbeitern anfangs als »little hell« bezeichnet. Mit der Einführung von Laboratorien und Versuchsanstalten und der zunehmenden Verwissenschaftlichung trat zwar seit den 1870er-Jahren eine Versachlichung ein, aber auch heute noch stellt ein Hochofenabstich oder ein Konverter in Aktion für Außenstehende ein spektakuläres, unvergessliches Ereignis dar. FK

6.1.1

»Die Krupp'schen Teufel«

Gemälde von Heinrich Kley (1863–1945), 1914 | Öl auf Leinwand | 165 x 234,5 cm | LWL-Industriemuseum, Westfälisches Landesmuseum für Industriekultur, Zeche Zollern, Dortmund | WIM 1999/1877

Im Schmelzbau, dem Zentrum der Krupp'schen Tiegelstahlproduktion, versorgen sich zwischen den Arbeitern riesenhafte Teufel mit flüssig-glühendem Stahl wie bei einem Trinkgelage. Die Szene ist geprägt von den rot glühenden Tiegeln und erscheint insgesamt in gespenstischem Licht. Das Gemälde, die wohl bekannteste Auftragsarbeit Kleys für die Firma Krupp, hing im Kasino des Hüttenwerks in Duisburg-Rheinhausen. Es entstand als Reaktion auf anti-deutsche Propaganda in der englischen Presse: Die »Illustrated War News« hatte kurz nach Ausbruch des Ersten Weltkrieges Krupp-Gemälde von Bollhagen publiziert und mit »The Devils Foundry: For Germanys Great Guns: The Krupp Works at Essen« untertitelt. Kley stellte die »Teufel« daraufhin in satirischer Überzeichnung dar.

Heinrich Kley arbeitete auch für die Zeitschriften »Simplicissimus« und »Jugend«, in der auch »Die Krupp'schen Teufel« publiziert wurden. Seine vermenschlichten Tierdarstellungen waren eine Inspiration und Vorlage für Entwürfe und Filme Walt Disneys.

6.1.1

6.1.2

»Tiegelstahlguss im alten Schmelzbau bei Krupp«

Gemälde von Friederich Ferdinand Otto Bollhagen (1861–1924), 1912 | Öl auf Leinwand | 113 x 173 x 6 cm | Historisches Archiv Krupp, Essen | S 4/279

Bollhagen hielt in diesem Gemälde den arbeitskräfteintensiven Vorgang eines großen Tiegelstahlgusses fest. Unter einer im Feuerschein rot beleuchteten Deckenkonstruktion und vor weiß glühenden Schmelzöfen holen Arbeiter mit langen Stangen links und rechts im Bild die Tiegel aus den Öfen, die zu einer großen Gussform in der Mittel des Bildes getragen und dort entleert werden. Die Farbwahl Bollhagens lässt unmittelbare Assoziationen an das »Höllenfeuer« entstehen. Gleichzeitig bringt das Bild aber auch die für die Herstellung eines großen Gusses erforderliche hohe Koordinationsleistung und Kraftanstrengung der zahlreichen Arbeiter zum Ausdruck, die die glühenden Tiegel aus den Öfen holen und transportieren müssen.

Bollhagen hat mehrfach Aufträge für Krupp ausgeführt. Dazu zählte auch die Bebilderung der Festschrift zum hundertjährigen Jubiläum. Sein Gemälde »Tiegelstahlguss« fand als Postkartenmotiv Verbreitung.

6.1.2

6.2. Tiegelstahl

Tiegelstahl entsteht durch erneutes Einschmelzen von Stahl in Tiegeln. Das Produkt war ein gießfähiger, sehr homogener Werkstoff mit bis dahin unbekannter Belastbarkeit und Zuverlässigkeit. Erfunden wurde er 1740 von dem englischen Uhrmacher Benjamin Huntsman. Friedrich Krupp gelang in den 1810er-Jahren die Nacherfindung. Viele Versuche führten schließlich zu den richtigen Rohstoffen für Schmelzeinsatz und Tiegelmaterial.

Die Qualität der Tiegel war ein zentraler Faktor. Sie mussten den flüssigen Inhalt gegen das Feuer abschirmen und auch bei Temperaturen von über 1500 Grad Celsius noch stabil genug sein, um mit Zangen aus dem Ofen geholt und zum Gießbett gebracht werden zu können. Für möglichst gleichmäßige Ergebnisse wurde jeder Tiegel nur einmal benutzt. Danach wurde er von anhaftender Schlacke befreit, zerschlagen, zermahlen und – mit frischem Ton und Graphit angereichert – zur Herstellung neuer Tiegel verwendet. In den 1820er-Jahren lag das Fassungsvermögen Krupp'scher Tiegel bei 21 Kilogramm. Die Dauer des Schmelzvorgangs betrug zwischen vier und sechs Stunden. Der aufwendige Herstellungsprozess machte Tiegelstahl zunächst so teuer, dass er keine breite Anwendung fand. Erst der große Bedarf des Maschinenbaus einschließlich des Verkehrs- und Militärwesens führten hier zu einer Änderung.

Zunächst wurden nur Güsse aus jeweils einem Tiegel hergestellt. 1834 gelang ein Guss aus insgesamt acht Tiegeln. Für den Gussstahlblock der Londoner Weltausstellung 1851 benötigte man rund 100 Tiegel; vier Jahre später waren für die Pariser Weltausstellung schon etwa 170 Tiegeleinsätze erforderlich. Die Anfertigung solch großer Güsse bedingte eine genau koordinierte Abfolge der einzelnen Schritte. Die Tiegel mussten nacheinander gießbereit sein; die Entnahme aus den Öfen und ihr Transport zur Gussform mittels spezieller Zangen legte den Arbeitern einen nahezu militärischen Drill auf. Blieb der Einsatz zu lange im Tiegel, veränderte sich die chemische Zusammensetzung – der Tiegel drohte weich zu werden und zu brechen. Beim Gießen selber durfte keine Unterbrechung eintreten, weil dies zu Ungleichmäßigkeiten bis hin zu Lufteinschlüssen führen konnte. Die Anfertigung großer Güsse mit dem minutiös abgestimmten Ablauf gehörte zu dem spektakulären Teil Krupp'scher Technik, war allerdings in den 1850er-Jahren eher die Ausnahme. Alltäglich waren Größen von zwölf Tiegeln, auch wenn die Gesamtkapazität aller Öfen auf rund 250 Tiegel ausgebaut worden war.

Seine Hochphase hatte der Tiegelstahl zwischen den 1850er- und 1870er-Jahren. Sukzessiv wurde er danach durch die in größeren Chargen produzierbaren, stetig verbesserten Massenstähle verdrängt. Nach 1900 blieb Gussstahl zunächst auf die Waffenproduktion beschränkt, verlor aber auch dieses Einsatzgebiet nach 1918. Danach wurde er nur noch für wenige Spezialprodukte verwendet. Mit der Schließung des Schmelzbaus auf der Gussstahlfabrik kam 1928 das Ende des für Krupp in vielerlei Hinsicht prägenden Materials. FK

6.2.1

»Gießer, Tiegel von den Schmelzöfen nach der Form tragend«

Glasdiapositiv aus der Laternbilder-Vortragsserie »Krupp und sein Werk« von Ed. Liesegang, vor 1902 | Historisches Archiv Krupp, Essen | WA 16 v 12.19

Im Hintergrund des Lichtbilds sieht man eine Anhäufung bereits geleerter Tiegel. Für große Güsse wurden mehrere hundert Tiegel benötigt, die bei Krupp zur besseren Kontrolle der Stahlqualität nur einmal verwendet wurden.

6.2.2

»Im Tiegelstahl-Schmelzbau«

Heliogravüre von Meisenbach Riffarth & Co. Berlin, nach einer Vorlage von Anders Montan, 1896 | Papier | 11 x 14 cm (Motiv), 23 x 31 cm (Blatt) | Historisches Archiv Krupp, Essen | S 4/161

Die dunkel gehaltene Darstellung des Krupp'schen Tiegelstahlgusses dürfte den realen Lichtverhältnissen im Schmelzbau sehr nahe kommen. Die Vielzahl der abgebildeten Arbeiter verdeutlicht den aufwendigen Herstellungsprozess.

Der schwedische Maler Anders Montan (1845–1917) wurde von Krupp unter anderem Ende der 1880er-Jahre mit der Anfertigung von sechs großen Gemälden beauftragt. Ihr Verbleib ist unbekannt. Sie wurden jedoch in einem 1898 von Friedrich C.G. Müller aufwendig gestalteten Werbeband für Krupp publiziert.

6.2.2

6.2.3

6.2.5

6.2.3
Kleine Tiegelzange
um 1900 | Eisen | L 34 cm, B 26 cm | Ruhr Museum, Essen | 2009/2
Die kleine Tiegelzange wurde bei der Herrichtung des ehemaligen Essener Krupp-Geländes für eine Neunutzung an der Altendorfer-/Hans-Böckler-Straße gefunden.

6.2.4
Lange Tiegelstahlzange mit einseitigem Doppelgriff
Fried. Krupp, Essen, um 1900 | Stahl | L 235,5 cm, B 51 cm, T 16 cm, 16,5 kg Deutsches Museum, München | 2006-430
Mit der Stange transportierten jeweils zwei Arbeiter die glühenden Tiegel zur Gussform. Der Doppelgriff vereinfachte und erleichterte die Drehbewegung und damit das Ausgießen der Tiegel.

6.2.5
Teil-Rekonstruktion eines Schmelztiegels
Stadtarchäologie Essen, 2005 | Ton, Graphit, Gips, Capaplex, Trockenpigmente | H 39 cm, Dm 22,4 cm | Ruhr Museum, Essen
Von der Stadtarchäologie Essen wurden auf dem ehemaligen Kruppgelände an der Altendorfer-/Hans-Böckler-Straße Original-Fundstücke von Schmelztiegeln der Gussstahlfabrik sichergestellt und teilweise rekonstruiert. Tiegel waren eine Massenware, die in eigener Produktion bei Krupp aus einer besonderen Ton-Graphit- Mischung hergestellt wurden. Nach einmaligem Einsatz wurden die Tiegel zerschlagen, gemahlen und der frischen Mischung für die Herstellung neuer Tiegel zugegeben. In langen Testreihen fand man durch Auswahl und konstante Verwendung ausgesuchter Ton- und Graphitqualitäten eine Materialbeschaffenheit, die die chemischen Prozesse beim Einschmelzen positiv beeinflusste und verhinderte, dass die Tiegel in der großen Hitze der Öfen schmolzen.

6.2.6
Tiegelscherben
1840 – 1920 | Stadtarchäologie Essen, 2005 | Ton, Graphit | Ruhr Museum, Essen
Die Tiegelscherben wurden bei Bauarbeiten zum neuen Headquarter des ThyssenKrupp Konzerns an der Altendorfer Straße gefunden.

6.2.7
»Fabrik-Zeichen des Gußstahls Friedrich Krupp«
Verlag G.D. Baedeker, Essen, 1860/70 | Druck, Papier, 2 Seiten | 27,8 x 20,2 cm | Historisches Archiv Krupp, Essen | WA 4/268 b 221-222
Die Auflistung der verschiedenen Stahlsorten »nach den verschiedenen Qualitäten und deren vorzugsweise Verwendung« zeigt, dass es sich beim Krupp'schen Gussstahl um eine weiche, aber zähe Stahlart handelte. Seine besondere Beschaffenheit entsprach also nicht der durch Adolf Hitler bekannt gewordenen Redewendung »Hart wie Kruppstahl«. Die einzelnen Sorten wurden mit Kronen, Sternen, Kreuzen oder Rauten versehen.

6.3. Flussstahl

Dem Engländer Henry Bessemer gelang Mitte der 1850er-Jahre eine Revolution in der Stahlproduktion, indem er Luft durch flüssiges Roheisen presste. Die heftige Reaktion des Sauerstoffs mit dem Eisen erzeugte so viel Energie, dass kein zusätzlicher Brennstoff erforderlich war und der Stahl flüssig blieb. Eine Bessemerbirne lieferte in 20 Minuten die Menge Stahl, für die der Puddelofen 24 Stunden benötigte. Da Puddelstahl seit den 1850er-Jahren das Ausgangsprodukt für den Krupp'schen Tiegelstahl war, sorgte sich Krupp um den Bestand seiner Puddelwerke und sah auch seinen Tiegelstahl gefährdet – konnten doch große Mengen flüssigen Stahls jetzt kostengünstig in kurzer Zeit hergestellt werden. Durch eine Vereinbarung mit dem Erfinder sicherte sich Alfred Krupp zunächst dessen exklusive Beratung für Preußen. 1862 wurde in Essen die erste Charge Bessemerstahl auf dem europäischen Kontinent erblasen. Damit war der Grundstein der modernen Eisen- und Stahlindustrie gelegt, die Stahlproduktion in Deutschland wuchs enorm. Mit 15 Konvertern und einer Gesamtleistung von 65 Tonnen war das Essener Bessemerwerk 1875 das größte Werk seiner Art auf dem Kontinent und das zweitgrößte weltweit. Mit 71.000 Tonnen lag die Jahresproduktion fünffach höher als die des Tiegelstahls, der sich aber aufgrund seiner Qualität ebenfalls behaupten konnte.

Auch bei der Einführung des Siemens-Martin-Verfahrens in Deutschland 1869 war Krupp einer der Ersten. In einem in Frankreich konstruierten Ofen wurde mittels der Siemens'schen Regenerativgasfeuerung mit 1800 Grad Celsius eine Temperatur erzielt, die Roheisen und Schrott zu flüssigem Stahl schmelzen ließ. Zunächst zur Verwertung von Bessemer-Schrottabfällen genutzt, konnte es den Tiegelstahl in einigen Bereichen ersetzen. Die Produktionszahlen des Konverterverfahrens erreichte es aber nie.

Das 1878 erfundene Thomasverfahren führte Krupp erst auf dem 1896 gegründeten Hüttenwerk Rheinhausen ein. Es unterscheidet sich vom Bessemerverfahren durch eine basische Auskleidung des Konverters, die den Einsatz phosphorreichen Roheisens aus deutschen und lothringischen Erzen zuließ. Große Investitionen in den Bezug phosphorarmen Eisens standen jedoch bei Krupp einer schnellen Ablösung des Bessemerverfahrens entgegen, das auf der Gussstahlfabrik erst 1925 eingestellt wurde.

Heute wird Stahl noch in zwei Verfahren hergestellt. Beim Elektrostahlverfahren, das 1906 zuerst praktiziert und 1907 bei Krupp eingeführt wurde, wird über drei Graphitelektroden ein bis zu 3500 Grad heißer Lichtbogen erzeugt, der eingesetzten kalten Schrott und/oder flüssiges Roheisen in fließenden Stahl verwandelt. Dieses Verfahren eignet sich besonders zur Herstellung legierter Stähle. Bei dem seit den 1950er-Jahren angewandten Sauerstoffaufblas-Verfahren wird mittels einer wassergekühlten Kupferlanze Sauerstoff mit bis zu Überschallgeschwindigkeit in flüssiges Roheisen geblasen. Neben den Kapazitäten der Konverter besteht hier der Vorteil in der genauen Steuerung der chemischen Vorgänge über die Sauerstoffverteilung. FK

6.3.1

Bessemer-Stahlwerk der Gussstahlfabrik

Fotografie, vor 1910 | Papier auf Karton | 22 x 28,6 cm | Historisches Archiv Krupp, Essen | WA 16 b 53

Das Bild vermittelt einen guten Eindruck von den Dimensionen der technischen Apparaturen in einem Konverterstahlwerk gegen Ende des 19. Jahrhunderts. Links ist ein Bessemer-Konverter zu erkennen, der gerade aufgerichtet wird. Der austretende Feuerschweif zeigt den begonnenen Blasvorgang an. In der Bildmitte wird aus einer Gießpfanne, in die vorher der flüssige Stahl aus der Bessemerbirne eingefüllt wurde, in die in einer Gießgrube bereitstehenden Kokillen gegossen. Daneben ist ein Arbeiter zu erkennen, der einen Probeguss entnimmt.

6.3.2

»Im Bessemerwerk«

Heliogravüre von Meisenbach Riffarth & Co., Berlin, nach einer Vorlage von Anders Montan, 1896 | 31 x 23 cm | Historisches Archiv Krupp, Essen | S 4/162

Der aus einem arbeitenden Konverter austretende Funken- und Feuerregen ist in der oberen Bildhälfte deutlich zu erkennen. Während die Arbeiter auf der oberen Arbeitsbühne in sichere Distanz gehen, werden in den unten liegenden Gießgruben Aufräum- und Vorbereitungsarbeiten für den nächsten Guss ausgeführt.

6.3.3

Im Martinwerk I der Essener Gussstahlfabrik

Fotografie, Fried. Krupp A. G. Essen-Ruhr, vor 1910 | Papier auf Karton | 22,1 x 28,8 cm | Historisches Archiv Krupp, Essen | WA 16 b 51

Beim Siemens-Martin-Verfahren gelang es Alfred Krupp wie beim Bessemerverfahren, einen Vorsprung gegenüber der Konkurrenz zu erzielen. Er führte als Erster in Deutschland das Verfahren ein. Hierbei wird in einer von dem Franzosen Pierre-Emile Martin erfundenen Herdkonstruktion Roheisen zusammen mit Schrott eingeschmolzen. Die erforderlichen Temperaturen liefert eine Siemens'sche Regenerativfeuerung. Sie ermöglicht durch die Vorerwärmung der Verbrennungsgase mittels der Ofenabwärme Temperaturen von bis zu 1800 Grad. Das Foto zeigt die südliche Ofenreihe, die 1910 abgebrochen wurde.

Das Verfahren war über 100 Jahre eine wichtige Technologie der Stahlherstellung, verlor aber seit Mitte der 1960er-Jahre zunehmend an Bedeutung und spielt heute nur noch in Osteuropa und China eine Rolle.

6.3.4

»Giessen im Martinstahlwerk IV«

Heliogravüre von Meisenbach Riffarth & Co., Berlin, nach einer Vorlage von Anders Montan, 1893 | 16,4 x 12,8 cm | Ruhr Museum, Essen | 1986/437 93/8

6.3.5

Im Martinstahlwerk VII der Essener Gussstahlfabrik in Borbeck

Fotografie, nach 1907 | Historisches Archiv Krupp, Essen | WA 16 v 6

In der Mitte der Fotografie ist zu sehen, wie der glühendheiße, flüssige Inhalt eines Siemens-Martin-Herdes in eine Gießpfanne gefüllt wird. Im Vordergrund stehen schon die Kokillen zur Aufnahme des Stahls bereit.

6.3.6

Blasen einer Thomasbirne im Hüttenwerk Rheinhausen

Fotografie, 1958 | Historisches Archiv Krupp, Essen | F 4/29713

Das Thomasverfahren verwendet die gleiche Apparatur wie das Bessemerverfahren. Durch die auf den Engländer Sydney Thomas zurückgehende Idee, für die feuerfeste Auskleidung des Konverters basisches Dolomit-Material zu verwenden, war es möglich geworden, phosphorreiches Roheisen zu verarbei-

6.3.1

6.3.5

ten. Das Verfahren ebnete damit den Weg für den Einsatz deutscher, luxemburgischer und lothringischer Minetterze. Die deutsche Eisen- und Stahlindustrie übernahm das Thomasverfahren Anfang der 1880er-Jahre, das in England als »basic Bessemer process« bezeichnet wird, und machte sich damit unabhängiger von spanischen und nordafrikanischen Erzen sowie englischem Roheisen. Bei Krupp wurde das Thomasverfahren erst 1896 mit dem Bau des Hüttenwerks in Rheinhausen, der späteren Friedrich-Alfred-Hütte, übernommen, da man sehr viel Geld in die Bessemeranlagen und den Bezug dafür geeigneter Erze investiert hatte.

6.3.7
Beschicken eines 35 Tonnen fassenden LD-Tiegels in einem Stahlwerk von Krupp

Fotografie, 1960 | Deutsches Historisches Museum, Berlin | BA 90/2772

Seit den 1950er-Jahren entwickelte sich das Linz-Donawitz-Verfahren zur weltweit bedeutendsten Stahlherstellungsmethode. Der Name geht zurück auf die Städte Linz und Donawitz, in denen das Verfahren zur Industriereife entwickelt wurde. Der Anteil des LD-Verfahrens an der Welt-Stahlproduktion betrug 1960 vier Prozent und lag 2008 bei zwei Dritteln der Produktion.

Bei dem Verfahren wird mittels einer wassergekühlten Lanze Sauerstoff auf das flüssige Roheisenbad geblasen. Unter Hinzugabe von Schrott entsteht so aus kohlenstoffreichem Roheisen kohlenstoffarmer Stahl. Die Idee, Sauerstoff anstatt atmosphärischer Luft zum Frischen des Roheisens zu verwenden, hatte schon Henry Bessemer. Allerdings konnte man bis 1928 reinen Sauerstoff großtechnisch nicht herstellen.

6.3.8
Abstich eines 120-Tonnen-Elektroofens in einem Stahlwerk von Krupp

Fotografie, aus: Krupp Mitteilungen, Sonderausgabe 150 Jahre Fried. Krupp, Essen, 20. November 1961 | Historisches Archiv Krupp, Essen

Das Elektrostahlverfahren wurde kurz nach der Wende zum 20. Jahrhundert bei Krupp eingeführt. Ein elektrisch erzeugter Lichtbogen erzielt, frei von den Nebenwirkungen der Heizgase, eine Temperatur von rund 3500 Grad.

6.3.8

6.3.11

6.3.9
Elektrostahlofen
Fotografie, 1920er-Jahre | Historisches Archiv Krupp, Essen | WA 16 v 6
Deutlich zu erkennen sind die drei glühenden Elektroden, die zur Erzeugung des Lichtbogens dienen.

6.3.10
Acht Fallwerksproben (Eisenbahnschienen) und vier Kugeldruckproben
Fried. Krupp, 1925 | Stahl | L 13–30 cm | Deutsches Museum, München | 60012
Zur Kontrolle der Qualität wurde das Material unterschiedlichen mechanischen Belastungen ausgesetzt. Die Gussstahlfabrik war eines der ersten Werke, die zu Beginn der 1860er-Jahre systematisch Materialproben durchführten.

6.3.11
Torsionsprobe aus vier ineinander verdrahteten Bessemer-Rundstäben
Fried. Krupp, Essen (?), 1936 | Stahl | L 72 cm, Dm 9 cm, 32 kg | Deutsches Museum, München | 67491
Systematische Qualitätskontrollen waren vor allem seit der mit dem Bessemerverfahren einsetzenden Massenstahlproduktion erforderlich. Dies hing mit den unzureichenden Kenntnissen über die chemischen Vorgänge bei der Stahlherstellung zusammen.

6.3.14

6.3.12
Neun Bessemerstahlbrüche
Fried. Krupp, Essen, 1905 | Stahl | 3 x 16 x 21,5 cm | Deutsches Museum, München | 2812

6.3.13
Torsionsprobe aus V2A-Stahl
Fried. Krupp, Essen, 1925 | Stahl | L 24,5 cm, H 24 cm, Dm 24,5 cm, T 2 cm | Deutsches Museum, München | 53538

6.3.14
Plakette auf die erste Schmelzung im Elektro-Stahlwerk Borbeck
unbekannter Künstler, 14. Juni 1939 | Gusseisen | 15 x 10 cm | Ruhr Museum, Essen | 2011/27.4
1917 hatte Krupp in Borbeck das Martinwerk VII errichtet. 1922 kamen ein Walzwerk und 1929 eine Hochofenanlage, Ende der 1930er-Jahre ein Elektrostahlwerk hinzu. 1945 wurde das Werk komplett demontiert.

Die Plakette zeigt den Erzengel Michael, dessen gesenktes Schwert auf das Krupp'sche Dreiringesymbol zielt. Das ungewöhnliche Motiv verweist auf die nationale Bedeutung, die der Firma Krupp beigemessen wurde: Michael galt als Schutzpatron des Heiligen Römischen Reiches sowie der Soldaten und wurde, wie etwa am Völkerschlachtsdenkmal in Leipzig 1913, auch als Nationalheiliger vereinnahmt.

7. Der Herr der Ringe – Krupp'sche Produktionsentwicklung

Über Jahrzehnte machte bei Krupp der Verkauf von Tiegelstahl in Form von Halb- und Fertigerzeugnissen den größten Teil des Umsatzes aus. Zum Verkaufsschlager entwickelten sich bis zur Mitte des 19. Jahrhunderts die Essener Werkzeuge, Münzstempel und Walzen. Tiegelstahl war ein Spezialstahl, dessen Herstellung aufgrund der hohen Kosten nur in wenigen Unternehmensbranchen wie etwa der Metallbearbeitung in Münzämtern Sinn machte. Da die Kunden wenig Grund für weitere Aufträge sahen – die Produkte waren kaum verschleißanfällig und mussten nicht ersetzt werden – warben Alfred Krupp und seine Firmenvertreter im In- und Ausland permanent um Neukunden.

Zu einer Erweiterung der Produktpalette um Federn und Achsen kam es in der Jahrhundertmitte durch den Einstieg in den Eisenbahnbau. 1852/53 gelang Alfred Krupp durch die Herstellung eines nahtlosen Radreifens eine grundlegende Innovation. Trotz der Proteste der Bochumer Konkurrenten erhielt Krupp von der preußischen Regierung ein Patent auf seine Erfindung. Zu einem weiteren Massengeschäft entwickelte sich seit 1862 der Verkauf von Schienen aus Bessemerstahl. Auch wenn weiterhin der Tiegelstahl hoch im Kurs stand, eröffneten neue Stahlherstellungsverfahren neue Produktsegmente. Zu einer wahren Explosion des Warenangebots kam es durch den Erwerb weiterer Werke, vor allem des Grusonwerks in Magdeburg und der Kieler Germaniawerft sowie durch den Aufbau eines eigenen Hüttenwerks in Rheinhausen (Friedrich-Alfred-Hütte).

Alle Werke mussten nach dem verlorenen Ersten Weltkrieg ihre Fertigung radikal umstellen: weg von den Kanonen und Panzerplatten und hin zu Konversionsprodukten. Diese Verlagerung wurde durch die Einführung neuer Material- und Stahlsorten erleichtert. Nun produzierte Krupp Alltagsgüter vom LKW bis zur Landmaschine. Für höchste Qualität standen neben den Stahlprodukten neue Materialien: Nirosta (V2A Stahl), Widia (»wie Diamant«) und Wipla (»wie Platin«) – basierend auf eigenen Erfindungen oder aufgrund des Erwerbs von Lizenzen. Nach dem Zweiten Weltkrieg stellte Krupp neben Halbfertigprodukten weiter technisch aufwendige Endprodukte wie Lastkraftwagen und Lokomotiven her, stieg nun aber auch in den Bau indus-

trieller Anlagen ein. Zu den bekanntesten gehörte das Stahlwerk im indischen Rourkela, welches Krupp seit 1956 zusammen mit weiteren Firmen realisierte. Durch die Fusion mit der Bochumer Verein für Gussstahlfabrikation AG verbreiterte die Fried. Krupp Hüttenwerke AG 1965 ihre Stahlbasis. Der Konzern kaufte bis in die 1980er-Jahre Firmen hinzu und fasste im Maschinen- und Anlagenbau stärker Fuß. Die Fusion mit der Hoesch AG 1992 erbrachte keine wesentliche Produkterweiterung.

Zwischen der Thyssen Stahl AG und der Krupp Hoesch Stahl AG kam es 1997 im Bereich der Flachstahlherstellung zu einer Verständigung über eine Fusion. Weitere Verhandlungen führten 1999 zur Gründung der ThyssenKrupp AG, in der alle Unternehmungsbereiche in den Divisions Materials und Technologies zusammengefasst sind. 2012 kündigte der Konzern seinen weitgehenden Rückzug aus der Edelstahlsparte an. AH

7.1. Frühe Produkte

Stahl ist nicht gleich Stahl. Unterschiedliche Herstellungsverfahren und Qualitäten ermöglichen eine Vielzahl von Anwendungen. Friedrich Krupp erkannte, dass sich sein Tiegelstahl vom englischen unterschied und dass es gerade seine zähen Eigenschaften waren, die ihm eine Marktnische zur Konkurrenz eröffneten. Deshalb ist es eigentlich falsch, von »hart wie Kruppstahl« zu sprechen. Während sich der englische Stahl vor allem für Messer und Federn eignete, war der Krupp'sche Spezialstahl durch seine Biegsamkeit aufgrund der Tiefenhärtung besonders belastbar und eignete sich für massivere Werkstücke wie Werkzeuge, Prägestempel und Walzen.

In den frühen Firmenjahren bereitete die Produktion von hochwertigem Tiegelstahl noch Schwierigkeiten. Daher wurden auch Tiegel, die für die eigene Produktion entwickelt worden waren, und Feilen aus Zementstahl verkauft. Kerngeschäft blieb jedoch der Tiegelstahl. Halb- und Fertigprodukte gehörten zum Warensortiment, und an dieser Ausrichtung änderte sich auch wenig durch den Wechsel der Firmenspitze nach dem Tod Friedrich Krupps im Jahr 1826. Gussstahl wurde in Form von Stangen, Stücken, Platten und (Klavier-)Draht verkauft. An Fertigprodukten vertrieb die Firma Gerberwerkzeuge, Münzstempel, kleinere Walzen und Walzmaschinen. Krupp etablierte sich in den 1830er-Jahren als Spezialfirma für Gussstahlwalzen, die bis nach St. Petersburg, Brasilien und Batavia, die heutige indonesische Hauptstadt Jakarta, geliefert wurden.

Zu einem Aufschwung kam es durch die Erfindung der Besteckwalze. Die ursprüngliche Idee eines Münchner Goldschmieds wurde von Alfred Krupp und seinen Brüdern 1843 weiterentwickelt. Das Patent für die so genannte »Löffelwalze« konnte Krupp auch nach England und Frankreich verkaufen. Alfreds Bruder Hermann übernahm die Anteile einer von Krupp gegründeten Besteckfabrik in Österreich. Drei Viertel des Krupp'schen Firmenumsatzes von 570.000 Talern gingen 1848 auf den Verkauf von Stahlwalzen und Walzwerken zurück.

Alfred Krupp suchte mit seinem Stahl in immer neuen Branchen Fuß zu fassen und experimentierte in den 1840er-Jahren mit der Herstellung von Gewehrläufen und Kanonenrohren. Während sich dieser Zweig langfristig als lukrativ erweisen sollte, misslang der Einstieg in die Produktion von »Läutwerken für Kirchen« und die Herstellung von Brust- und Rückenpanzern (Kürassen) für die Kavallerie. Die Kirchengemeinden mieden die Anschaffung des Stabgeläuts aus Gussstahl, da das Material weder im Klang noch in der Reichweite des Schalls an die Bronzeglocken heranreichte. Auch der Vertrieb von Kürassen scheiterte. Die Brustharnische erregten zwar 1851 auf der Londoner Weltausstellung Aufsehen, doch blieben große Aufträge der Militärbehörden aus. Trotz solcher Fehlschläge konnte die Firma Ende der 1840er-Jahre ihre Umsätze geringfügig steigern. Allerdings blieb der Kundenkreis auf solche Käufer beschränkt, die an hochwertigen Einzelstücken interessiert waren – ein unbefriedigender Zustand für Alfred Krupp, der sein Ziel in der Massenproduktion sah. AH

7.1.1

Werkzeug eines Hufschmieds (Pferdegabel)

Fried. Krupp, 1820/50 | Gussstahl | L 24 cm, B 3,2 cm, T 4,8 cm | Deutsches Museum, München | 7499

7.1.2

Feile

Fried. Krupp, um 1820 | Gussstahl | L 50 cm, B 2 cm, T 2 cm | Historisches Archiv Krupp, Essen | S 10/260

Feilen wurden bei Krupp nur in den ersten Jahren produziert. Im Jahr 1817 scheiterte ihre Herstellung, da sie zu weich ausfielen und damit unbrauchbar waren. Die Firma stellte stattdessen Schuhmachermesser, Bohrer, Drehmeißel, Schneidräder für die Fingerhutfabrikation sowie Tuchscheren her. In den Jahren 1821 – 1823 hatte die Scherenproduktion einen Anteil von sechs Prozent am Firmenumsatz.

7.1.3

Scherdegen

Fried. Krupp, Essen, um 1850 | Gussstahl, Holz | L 94 cm, Dm 3,5 cm | Historisches Archiv Krupp, Essen | S 10/130

Der Scherdegen ist ein Lohgerberwerkzeug. Tierhäute wurden in Bädern mit gemahlener Baumrinde (Lohe) gegerbt. Die Scherdegen dienten zum Entrinden der Bäume. Zwischen 1817 und der Mitte der 1850er-Jahre war dieser Produktzweig ein nicht unbedeutender Teil im Warenprogramm. Abnehmer fanden sich in den waldreichen Landstrichen des Bergischen Landes und den Mittelgebirgen. Für Alfred Krupp stellten die Lohgerberwerkzeuge »in schweren Zeiten eine nicht unwesentliche Hilfe« dar.

7.1.4

Schraubenfalz (Lohfalz)

Fried. Krupp, Essen, um 1820 | Gussstahl, Holz | L 49,5 cm, B 25,5 cm, T 3,5 cm | Historisches Archiv Krupp, Essen | S 10/320

Der Schraubenfalz ist ein Werkzeug zur Lederbearbeitung, mit dem die Dicke des Leders angepasst (nivelliert) werden kann. Die Lohgerber bezogen von Krupp Scher- und Schabeisen, Schlichtmonde, Falzen und auch »Stählchen« zum Schärfen der Werkzeuge.

7.1.5

Goldwalze

Fried. Krupp, um 1850 | Eisen | H 37 cm, B 30 cm, T 25 cm | Historisches Archiv Krupp, Essen | S 10/251

Das Besondere des Krupp'schen Stahls war seine Tiefenhärtung. Anders als der englische Stahl mit seiner oberflächlichen Härtung, der sich hervorragend für Messer und Federn eignete, war der durchgehärtete Essener Tiegelstahl attraktiv für die Produktion von massiven Werkstücken. Die Krupp'schen Walzen hielten hohem Druck gut stand und eigneten sich zum Ausstrecken von Metallen. Zwischen 1837 und 1851 machte der Verkauf von Walzen und Walzenmaschinen zwischen 65 und 85 Prozent des Umsatzes der Firma aus. Alfred Krupp unternahm ausgedehnte Reisen in den deutschsprachigen Raum, aber auch nach Frankreich und England, um für seine hochwertigen Spezialmaschinen zu werben. Ein wichtiger Abnehmerkreis waren die Pariser Schmuckhersteller.

7.1.6

Besteckwalze

Fried. Krupp, um 1850 | Gussstahl | L 36 cm, Dm 10 cm | Historisches Archiv Krupp, Essen | S 10/338

Eine spezielle Essbesteckherstellung war die Erfindung Krupps im Jahre 1843: Eine erste Walze (Vordruckwalze) gab dem Besteck seine Form und Größe, die zweite (Fertigwalze) drückte das Muster ein.

7.1.7

Stanzform für Gabeln

Fried. Krupp, um 1860 | Gussstahl | H 7 cm, B 22,5 cm, T 7 cm | Historisches Archiv Krupp, Essen | S 10/21

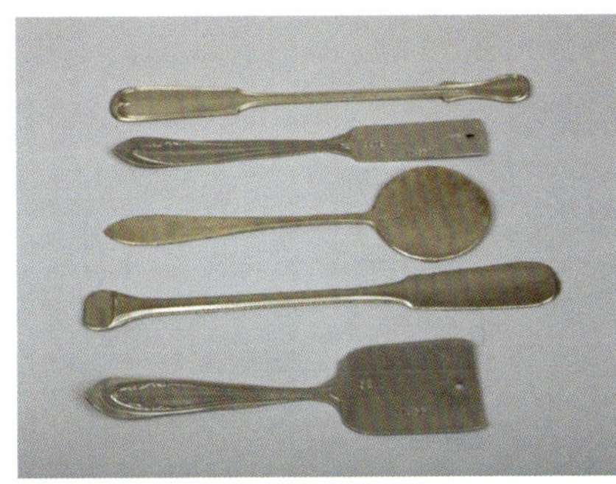

7.1.8

7.1.8

Besteckrohlinge

Fried. Krupp, 1850er-Jahre | Blech | L 22-28 cm, B 3-6 cm, T 0,2 cm | Historisches Archiv Krupp, Essen | S 10/322

7.1.4

7.1.6

7.2. Massenware für die Eisenbahn

Alfred Krupp erkannte früh das wirtschaftliche Potenzial des neuen Verkehrsmittels Eisenbahn. Sehr früh und konsequent verfolgte er das Ziel, seine Firma als Zulieferer von Eisenbahnprodukten zu etablieren. Die Eisenbahngesellschaften brauchten Stahl für Streckenausbau und Fahrzeuge, sei es als Schiene, Schwelle, Rad, Feder, Radsatz, Achse oder ganze Lokomotive. Die Expansion im Verkehrssektor war für das Ruhrgebiet der »Take-off«, der Startschuss für einen Aufschwung, der dann auch den Bergbau und die Schwerindustrie erfasste. Krupp entwickelte sich zu einem der weltweit führenden Lieferanten im Eisenbahnwesen. Dies entsprach der Firmenpolitik Alfred Krupps, neue Kundenkreise zu gewinnen und so früh wie möglich neue Märkte aufzuspüren.

1852/53 gelang Alfred die Ausformung eines geschmiedeten Stahlstücks zu einem Radreifen, der erstmals keine bruchanfällige Schweißnaht aufwies. Die Erfindung des nahtlosen Radreifens war ein zentraler Einschnitt für die Firma und wurde auch von Alfred als seine bedeutendste angesehen. Nicht von ungefähr bestimmte er 1875 drei übereinander gelegte Radreifen zum Markenzeichen seiner Firma. Der Aufschwung der Gussstahlfabrik beruhte innerhalb der zwanzig Jahre von 1850 bis 1870 im Wesentlichen auf den Bestellungen der Eisenbahngesellschaften. Der Umsatz stieg in diesem Zeitraum von 814.418 auf über 29 Millionen Mark. Ende der 1860er-Jahre wurden pro Jahr 32.000 Radreifen produziert. Zu einem zweiten Standbein entwickelte sich der Vertrieb von Massengütern, vor allem Eisenbahnschienen, die aus dem 1862 gegründeten Essener Bessemerwerk und später, ab 1897, aus der Friedrich-Alfred-Hütte in (Duisburg-)Rheinhausen stammten.

Krupp konnte zeitweise durch Patente die Konkurrenz auf Distanz halten. Auf die nahtlosen Radreifen galt ein solches über 15 Jahre – ein Wettbewerbsvorsprung, der auch noch in den folgenden Jahrzehnten trug. Auf dem stetig wachsenden Markt für Eisenbahnmaterial warb Krupp mit der besonderen Güte seiner Produkte. Die hohen Preise rechtfertigte er mit der hervorragenden, höchster Belastung standhaltenden Qualität seiner Waren. Allerdings waren die Produkte nicht immer so einzigartig, wie Alfred glauben machen wollte. Falls es bei ausgelieferten Werkstücken doch einmal zu Brüchen kam, wurden diese stillschweigend und kostenlos ersetzt. In den 1850er-Jahren experimentierte die Firma bei der Tiegelstahlherstellung auf Kosten der Qualität mit preisgünstigen Rohstoffen. Anders als in den Firmenbroschüren behauptet, musste man kurzfristig einige Rückschläge bei der Güte der Produkte hinnehmen.

Die Essener Firma produzierte auch noch in anderen Sparten. Besonders die riesigen Werkstücke für den Schiffsbau wie Schiffswellen und Rudersteven hielten den legendären Ruf der Firma aufrecht. In den Außenwerken in Magdeburg und Kiel verließen zahlreiche weitere Stahlprodukte die Fabriktore. Sieht man von den Kanonen ab, so kam bei den frühen Krupp'schen Produkten in seiner Bedeutung aber nichts an das Eisenbahnmaterial heran. AH

7.2.1

Eisenbahnradreifen

Fried. Krupp, Essen, 1902 | Stahl | Dm 100 cm | Stiftung Deutsches Technikmuseum Berlin | 1/1945/1590 000

Der nahtlose Radreifen war – wie Alfred Krupp selbst betonte – seine wichtigste Erfindung. An den bisherigen Radreifen der Eisenbahn war es bei langem Einsatz an den Schweißstellen immer wieder zu Brüchen gekommen. Die Eisenbahngesellschaften benötigten dringend einen haltbaren und wenig verschleißanfälligen Typ von Rädern.

Krupp entwickelte 1852/53 ein neues Herstellungsverfahren: In ein Stahlstück trieb er eine Öffnung, die dann immer weiter ausgeformt wurde, bis schließlich die Form des Reifens ausgewalzt werden konnte. Dabei wurde zwischen Rädern für Lokomotiven und für Waggons unterschieden. Auch auf die Wünsche der Eisenbahngesellschaften bezüglich regional variierender Maße ging die Essener Firma ein. Krupps Radreifen, die trotz des hohen Preises zahlreiche Abnehmer fanden, standen exemplarisch für den zivilen Sektor des Unternehmens. Daher bestimmte Alfred Krupp drei übereinander gelegte nahtlose Radreifen, das Drei-Ringe-Symbol, zum Markenzeichen seiner Firma.

7.2.2

Radreifen in halbfertigem Zustand

Fried. Krupp, Essen, um 1900 | Stahl | Dm 62 cm, T 15 cm, 245 kg | Stiftung Deutsches Technikmuseum Berlin | 1/1945/1588 0

Das halbfertige Werkstück wird später zu einem nahtlosen Radreifen ausgewalzt. Ab den 1850er-Jahren waren diese »Bandagen«, wie sie im 19. Jahrhundert auch genannt wurden, ein wahrer Verkaufsschlager. Zwischen 1853 und 1857 verkaufte Krupp allein 5685 nahtlose Radreifen. Im Historischen Archiv Krupp hat sich für diesen Zeitraum ein Verzeichnis der Besteller erhalten. Dezidiert wird aufgelistet, welcher Kunde wie viele Bandagen und für welchen Zweck er sie ankaufte. Das ausgestellte Halbfertigprodukt eines nahtlosen Radreifens ist jüngeren Datums, wohl um 1900 gefertigt.

7.2.3

Eisenbahnschienenstück

Fried. Krupp, 1889 | Stahl, bezeichnet »Krupp 1889 BS 5 G« | L 158 cm, H 10 cm, B 12,5 cm | LWL-Industriemuseum, Westfälisches Landesmuseum für Industriekultur, Dortmund | 2006/22.18

Bis zur Errichtung der seit 1896 im Bau befindlichen Friedrich-Alfred-Hütte in Duisburg-Rheinhausen fand die Fertigung von Eisenbahnschienen in Essen statt. Die Schienen wurden aus Kostengründen aus Bessemerstahl produziert.

7.2.4

Kleinbahnschienenstück

Fried. Krupp, 1879 | Stahl, bezeichnet »KRUPP 79« | L 25,1 cm, H 10,8 cm, B 9 cm | Stiftung Deutsches Technikmuseum Berlin | 1/1945/0293

Eisenbahnschienen und Schwellen waren Massengüter, die zuerst in Essen und dann im Stahlwerk in Duisburg-Rheinhausen produziert wurden. Allein im Geschäftsjahr 1913/14 setzte Krupp 197.000 Tonnen an Eisenbahnmaterial ab.

7.2.1

7.2.2

7.2.7

7.2.5
Breitfußschienenstück
Fried. Krupp A.G., 1920 | Stahl | L 63 cm, B 10 cm, H 13 cm | LVR-Industriemuseum - Rheinisches Landesmuseum für Industrie- und Sozialgeschichte, Oberhausen | ob 95/163

7.2.6
Krampen
Fried. Krupp A.G., 1931 | Stahl | H 4,3–4,5 cm, B 7–7,8 cm, T 6,5 cm | Ruhr Museum, Essen
Krampen dienten zur Befestigung der Schienen an den Eisenbahnschwellen.

7.2.7
Präsentation einer Tagesproduktion der Fa. Fried. Krupp anlässlich des Besuchs des deutschen Kaisers Wilhelm I.
Fotografie von Hugo van Werden, Essen, 2. September 1877 | Papier auf Karton | 21,5 x 30,8 cm | Historisches Archiv Krupp, Essen | WA 16 g 43
Die Essener Firma stellte zu dieser Zeit täglich 1000 Granaten, 160 Radreifen, 120 Lokomotiv- und Waggonachsen, 160 Eisenbahnräder, 430 Eisenbahnfedern und 1800 Schienen her. Im Hintergrund des Fotos sind zwei Kanonenrohre auf firmeneigenen Radgestellen aufgebaut.

7.2.8
Musterbuch für Gussstahl-Fabrikate
Fried. Krupp, Essen, 1862 | Papier, Karton, Leinen | 51 x 67 cm | Historisches Archiv Krupp, Essen | WA 15 c 66
Das Musterbuch diente der Werbung für Krupp'sche Produkte. Firmenvertreter konnten den Kunden, die nicht nach Essen reisen konnten, anhand der Abbildungen und Beschreibungen das Warensortiment vorstellen. Das präsentierte Sortiment umfasste neben den Radsätzen verschiedene Federn für die Eisenbahnen; zur Warenpalette gehörten aber auch Kanonenrohre, Kurbelwellen und Münzwalzwerke. Dass in einem Musterbuch sowohl Rüstungs- als auch zivile Produkte vorgestellt wurden, entsprach

7.2.10

den Vorstellungen Alfred Krupps. In einem Brief an Alexander von Humboldt schilderte er 1858 seine Firmenphilosophie: »Ueber die hiesige Thätigkeit will ich mir noch eine kurze Mittheilung erlauben. Dieselbe umfaßt vorzugsweise die Fabrikation von Achsen und Rädern für Eisenbahnen und Dampfschiffe. Neben diesen Werkzeugen für den Verkehr des Friedens werden auch die des Krieges ›Geschütze‹ bedacht.«

7.2.9

»Gussstahl-Fabricate von Fried. Krupp in Essen«

Fried. Krupp, Essen, um 1850/65 | Konstruktionszeichnungen auf Karton | 45 x 58 cm | Deutsches Museum - Archiv, München | TZ 3996 / 02

Seit 1848 lieferte die Firma Federn an Eisenbahngesellschaften. Da die Werkstücke auch bei hohen Belastungen nicht brechen durften, verwendete Krupp seinen Tiegelstahl zur Herstellung.

7.2.10

Abnahme- und Versandhalle für Radsätze

Fotografie, Fried. Krupp A.G., in: Kruppsche Monatshefte, Bd. 6, 1925, S. 147 | Historisches Archiv Krupp, Essen

Bis zu 6000 Radsätze konnte die Essener Firma in dieser Halle lagern.

7.2.11

Werbeanzeigen des Krupp'schen Stahlwerks in Annen

Kruppsches Stahlwerk zu Annen, 1887 | Lithographie | 28 x 46 cm | Stiftung Westfälisches Wirtschaftsarchiv, Dortmund | F 1 Nr. 1170

Zum Eisenbahnbedarf gehörten Räder, Achsen, Schienen, Schwellen und Federn. Sie wurden nicht nur in Essen, sondern auch in den Außenwerken produziert.

7.2.12

Werbeblatt für Eisenbahnschwellen der Friedrich-Alfred-Hütte in Rheinhausen

Graphische Anstalt der Fried. Krupp A.G., 1940 | 28,8 x 21 cm | Historisches Archiv der Stiftung Deutsches Technikmuseum, Berlin | III. 2 / 10105

Das Hüttenwerk Rheinhausen setzte im Geschäftsjahr 1913/14 Roheisen und Fertigprodukte im Wert von 99,12 Millionen Mark ab. An Stahlbauteilen und Walzprodukten gehörten Profil-, Stab-, Flach- und Rundeisen ebenso wie Schienen, Schwellen und Draht zum Lieferprogramm.

7.2.13

Werbung der Fried. Krupp Lokomotivfabrik Essen

a) Werbung für Federn
um 1930 | 29,6 x 21 cm

b) Werbung für Prägepolierapparate
um 1960 | 29,8 x 21,1 cm

Historisches Archiv der Stiftung Deutsches Technikmuseum, Berlin | III. 2/51364 und 53466

7.2.13 a

1919 gründete Krupp in Essen den »Lokomotiv- und Wagenbau« (Lowa). Nach dem Zweiten Weltkrieg setzte die Firma mit der »Fried. Krupp Lokomotivfabrik« in Essen diese Tradition fort.

7.3. Neue Stähle – neue Produkte

Der Erste Weltkrieg bildete eine Zäsur für die Firma Krupp. Nach Kriegsende stand sie 1918 als führendes deutsches Rüstungsunternehmen vor der Aufgabe, die Fabrikation in Essen wie auch in den Außenwerken auf zivile Güter umzustellen. Die Anpassung an die Entwicklung und Fertigung neuer Produkte gelang schnell, da Krupp seit Jahren intensive Materialforschung und Produktentwicklung betrieben hatte. Schon bald waren die Krupp'schen LKWs, Lokomotiven, Registrierkassen und landwirtschaftlichen Geräte konkurrenzfähig. Andere, erfolglose Innovationen wie der Krupp-Motorroller verschwanden wieder aus der Angebotspalette.

Ein direkter Erfolg in der Unternehmensumstrukturierung war der Einstieg in die Fertigung von Edel- und Sonderstählen. Die schon 1912 entwickelten Nirosta- (»nicht rostender Stahl«) bzw. V2A-Stähle (»Versuch 2, Austenit«) wurden zu Verkaufsschlagern. Die korrosionsfesten Stahlsorten setzten der Zerstörung der Oberfläche einen hohen Widerstand entgegen und machten sie für die chemische und die Nahrungsmittelindustrie, aber auch für die Medizintechnik und das Baugewerbe interessant. Die Erfolgsgeschichte dieser Spezialstähle riss auch nach dem Zweiten Weltkrieg nicht ab und hat die Fusion mit ThyssenKrupp 1999 bis heute überdauert. Ein weiteres Marktsegment eröffnete sich Krupp mit dem Verbundwerkstoff Widia (»wie Diamant«). Die Firma kaufte das Patent auf und brachte das gesinterte, rost- wie säurebeständige Hartmetall 1926 auf den Markt. Bis in die Gegenwart wird Widia aufgrund seiner Härte in der Werkzeugtechnik eingesetzt und in Essen produziert. Allerdings verkaufte Krupp 1994 seine Widia-Fabrik an ein amerikanisches Unternehmen.

Im Zweiten Weltkrieg wurde das Krupp'sche Produktionsprogramm vor allem auf Kriegsrüstung umgestellt. Nach Kriegsende und der Verpflichtung des Unternehmens auf »friedliche« Produkte stellten die Essener und Duisburger Firmen wieder Dieselmotoren und Eisenbahnmaterial her. Die Krupp'schen Motoren- und Kraftwagenfabriken (Krawa) bauten Omnibusse, LKWs und andere Nutzfahrzeuge. Aufgrund sinkender Verkaufszahlen wurde die Produktion allerdings 1968 eingestellt. Seit den 1950er-Jahren erwarb Krupp weitere Unternehmen und war auf zahlreichen Stahlmärkten vertreten. Stahl verließ – als Halbzeug oder weiterverarbeitet – auch die Krupp'schen Anlagen in Duisburg-Rheinhausen. In Bremen hielt Krupp eine Mehrheitsbeteiligung an der AG Weser, bei der vor allem Tanker vom Stapel liefen. Durch die Übernahmen des Bochumer Vereins (1965) und Hoeschs in Dortmund (1992) kamen weitere Stahlstandorte und -produkte hinzu.

Teil der Firmenstrategie war der Durchbruch im Anlagen- und Maschinenbau. Krupp erwarb Betriebe, die auf Anlagenbau spezialisiert waren, und lieferte Stahl für die zu bauenden Werke. Komplette Anlagen wie Hütten-, Stahl- und Walzwerke, Ölraffinerien, chemische, Kalk- und Gipsfabriken wurden für Asien, Lateinamerika, das westliche Ausland und den Ostblock entwickelt. Durch die Beteiligung an weiteren Firmen fasste Krupp in zahlreichen metallverarbeitenden Branchen Fuß. AH

7.3.1

Abbauhammer Typ PNKA 30/31

Fried. Krupp A.G., 1932 | Stahl | L 32 cm, B 19 cm, T 7 cm | Deutsches Bergbau-Museum Bochum | 030120821000

Krupp gehörte zu den Stahlunternehmen, die ab der zweiten Hälfte des 19. Jahrhunderts Gerät für den Bergbau entwickelten. Zentrale Sparte dieses Krupp'schen Produktionszweiges waren die Bohrer, die unter Tage größten Belastungen ausgesetzt waren. Handbohrer wie auch Pressluftbohrhämmer waren aus Stahl gefertigt, um den Verschleiß so gering wie möglich zu halten. Bei dem Hammer des Typs PNKA 30/31 handelt es sich um eine leichte Ausführung. Krupp lieferte auch Bohrer für Verwendungsbereiche außerhalb des Bergbaus.

7.3.2

Abbaustempel der Bauart Voss

Fried. Krupp A.G, Essen, 1933 | Stahl | H 80 cm, B 28 cm, T 27 cm | Deutsches Bergbau-Museum Bochum | 030170129000

Die Firma trat um 1844 als Zulieferer von Werkzeugen für den Bergbau (Gezähe) auf den Plan. Steinbohrer im gehärteten Zustand und Keilhauen, deren gusseiserne Schaufeln an der Spitze mit Tiegelstahl ausgeschmiedet waren, fanden auf den Zechen Absatz, da sie höchstem Verschleiß ausgesetzt waren. Mit der fortschreitenden Expansion des Bergbaus setzten die Zechen Stahl anstelle von Holz für das Auskleiden der Schächte (Tübbinge) und für den Ausbau der Stollen ein. Zum Firmensortiment gehörten nun Förderwagen, ebenso wie Förderkörbe inklusive Dämpfungseinrichtungen. Für die Krupp-Zeche Hannover I/II entwickelte man nach einem neuen Prinzip ein Fördergerüst, welches – in modifizierter Form – auch bei Hannover III/IV eingesetzt wurde. Krupp'sche Produkte fanden auch im Braunkohletagebau Verwendung. Ab 1925 wurden Tief- und Schwenkabsetzer im Abraumbetrieb eingesetzt.

7.3.3

Registrierkasse

Fried. Krupp A.G., Essen, 1920 | Kupfer, Holz, Metall, Kunststoff | H 59,3 cm, B 67,6 cm,T 51,4 cm | Ruhr Museum, Essen

Mit dem Kriegsende 1918 rief die Firma ihre Werksangehörigen auf, Vorschläge für die Produktion von zivilen Gütern zu unterbreiten. Anstelle der Kanonen und Granaten sollten nun in den riesigen Werkshallen Endprodukte aus Stahl wie Landmaschinen, Lokomotiven, Lastkraftwagen und Edelstahl für die Zahntechnik produziert werden. Zudem ging die Firma die Herstellung von Rechenmaschinen und Registrierkassen an. Der Erfolg blieb jedoch aus. Nach der Hyperinflation 1924/25 zog die Firmenleitung Bilanz: Im Vergleich zum Betriebskapital trat bei den Registrierkassen ein Minus von 14,7 Prozent, bei Filmprojektoren von 14,4 und bei Maschinen für die Textil- und Papierindustrie von 34,4 Prozent auf.

7.3.4

35 mm-Heimkinoprojektor »Kinox I«

Krupp-Ernemann Kinoapparate AG, Dresden, 1920/22 | Metall, Glas, Porzellan, Kunststoff, Textil, Untergestell Holz | H 54 cm, B 48 cm, T 27 cm | LVR-Industriemuseum - Rheinisches Landesmuseum für Industrie- und Sozialgeschichte, Oberhausen | ob 95/129

7.3.1

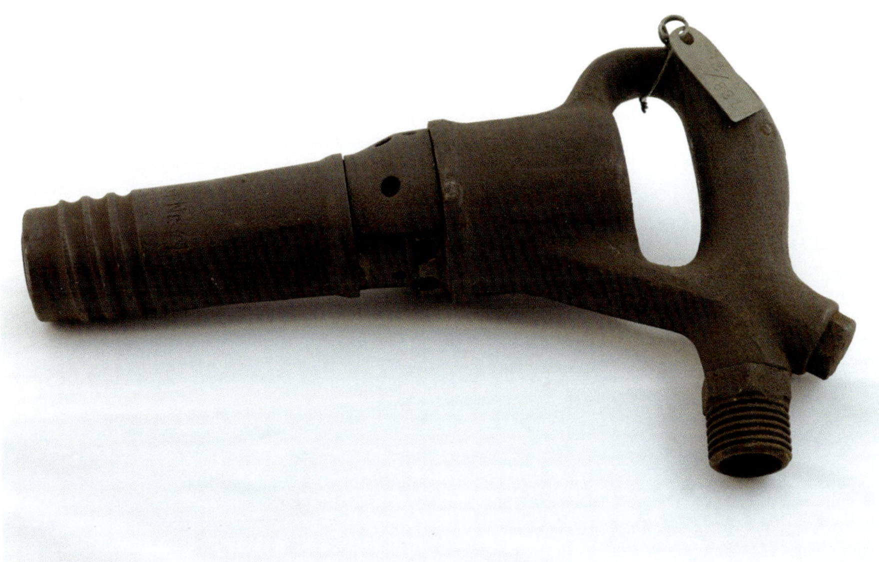

7.3.4

Krupp kooperierte 1920 mit der Dresdener Firma Ernemann. Unter einem gemeinsamen Label – drei Ringe mit innenliegendem Malteserkreuz – führte diese Interessengemeinschaft auch den Kinoprojektor im Programm, den die Dresdner schon 1914 entwickelt hatten. Als Nachfolgemodell brachte man um 1922 den Kinoprojektor Kinox II auf den Markt. Beide Projektoren wurden wahlweise mit Handkurbel oder mit Elektromotor angetrieben.

7.3.5
Signalhorn für die Schifffahrt

Fried. Krupp Germaniawerft A. G., Kiel, um 1923/27 | Eisen, Kupfer, Messing | H 60 cm, B 40 cm, T 33 cm | Stiftung Deutsches Technikmuseum, Berlin | 1/1945/0328 0

Die Werft entwickelte 1898 einen Dampfkessel (Schulz-Kessel), den die Deutsche Kriegsmarine als Normalkessel für ihre Schiffe übernahm. 1906 begann sie mit der Fertigung eines Dieselmotors, den sie 1907 als Versuchsmotor in das von ihr entwickelte erste Unterseeboot einbaute. Für die deutsch-amerikanische Petroleum-Gesellschaft Hamburg baute sie 1912/13 zwei Tankschiffe mit dem innovativen Antrieb durch Dieselmotoren. Nach dem Ersten Weltkrieg stellte die Werft ihre Produktion von Kriegsschiffen bis 1933 ein. In Kiel liefen vornehmlich Motortankschiffe und seegehende Luxus-Motoryachten vom Stapel. Bis 1945 gehörten auch Dieselmotoren zum Fertigungsprogramm. Das Signalhorn diente wie andere Schallgeber, etwa Pfeifen und Schiffsglocken, zur Kommunikation in der Schifffahrt.

7.3.6
Werbeschriften für Konversionsprodukte

Fried. Krupp AG, Essen; Fried. Krupp Essener Maschinenbau; Kraftwagenfabrik, Essen; Fa. Krupp-Ernemann GmbH, Dresden; Grusonwerk Magdeburg; Fried. Krupp Germaniawerft A. G., Kiel | 1920er–1930er-Jahre

a) Bedienungshandbuch zum Krupp-Motorroller
b) »Kauft Krupp-Kassen«
c) »Krupp Diesel-Lokomotiven«
d) Krupp-Diesel-Omnibusse
e) Steinbohrer »Suprham«
f) »Der neue Krupp 6-cbm-Müllwagen«
g) Ölreinigungs-Separatoren
h) »Für jeden Zweck«: Krupp-LKWs im weltweiten Einsatz
i) Krupp-Ernemann Projektor »Imperator II«
j) Anlagen zum Gewinnen von Koks und Kohle aus Brennstoffrückständen
k) Dose mit Werbung für »Krupp Erntemaschinen«, *um 1930*
l) Krupp Dieselmotoren, *1930/40*
m) »Krupp Erntemaschinen«, *1926*
n) Dreisprachige Werbung für Gleisstopfmaschinen

Papier, Karton | 21–30 x 15–60 cm | Kunststoffdose, Dm 5,5 cm, H 1,2 cm a) Historisches Archiv Krupp, Essen | S 3 St F 5/2; b, k–m) Ruhr Museum, Essen; c–h, n) Deutsches Bergbau-Museum Bochum; i, j) Historisches Archiv der Stiftung Deutsches Technikmuseum, Berlin | III. 2/05737 und III. 2/53498

Die Firmenleitung stellte die Produktion von Waffen auf die von Maschinen und

7.3.6 c

7.3.6 h

7.3.6 m

Fertigerzeugnissen um. Während Lastkraftwagen und Lokomotiven langfristig erfolgreich waren, setzten sich Motorroller und Kinoprojektoren nicht auf dem Markt durch. Die Produktion von Landmaschinen entwickelte sich dagegen zu einer lukrativen Sparte. Neben Heuwendern und Mähmaschinen bot man auch »Krupp-Original-Ersatz-Teile« an.

Die Ankündigung der Firma »Für jeden Zweck« war im Produktionszweig des Fahrzeugbaus Programm. Krupp lieferte nicht nur seine Wagen in die »Dritte Welt«, sondern bediente auf dem heimischen Markt die ganze Palette an Nutzfahrzeugen: Feuerwehrwagen, Straßenkehrmaschinen, Müllwagen, Lastkraftwagen und Omnibusse. 1936 stellte Krupp in Essen Schnelllastwagen für 2 bis 6,5 Tonnen Nutzlast her. In Essen wurde der erste Viertakt-Dieselmotor hergestellt, der mit seinen 55 PS in die Zwei- und Zweieinhalb-Tonnen-Wagen eingebaut wurde.

7.3.7

Olympia-Fackel

Fried. Krupp A.G., Essen, 1936 | Nirosta-Stahl | L 27 cm, Dm 15 cm | Historisches Archiv Krupp, Essen | S 10/8

Zu den Olympischen Spielen in Berlin stiftete Krupp die Fackeln aus dem firmeneigenen Werkstoff Nirosta. Den »nicht-rostenden« Stahl hatte die Firma schon 1912 patentieren lassen. Nach dem Ersten Weltkrieg war das neue Material eines der zukunftsträchtigen Produkte des Konzerns. Da Nirosta (V2A Stahl) zudem säurebeständig ist, fand er in der Chemie- wie Nahrungsmittelindustrie ebenso wie in der Medizintechnik und im Bauwesen Verwendung. Krupp fertigte Kessel für die Brauereien und stellte Haushaltsgegenstände aus dem nichtrostenden Material her. Das innovative Material wurde weltweit zu einem Begriff der Krupp'schen Produktqualität. Die international beachteten Olympischen Spiele boten eine hervorragende Plattform, um für den neuen Krupp'schen Werkstoff zu werben.

7.3.8

Damenarmbanduhr

1960er-Jahre | Armband: Nirosta | L 11 cm | Historisches Archiv Krupp, Essen | S 10/20

7.3.9

Zwei Scheren

1960er-Jahre | Nirosta | L 14 cm, B 5 und 6 cm | Historisches Archiv Krupp, Essen | S 10/20

7.3.10

Taschenmesser

1960er-Jahre | Nirosta | L 8,2 cm, B 1,5 cm | Historisches Archiv Krupp, Essen | S 10/20

7.3.11

Kochtopf

1940er-Jahre | Nirosta | H 12,5 cm, B 24 cm, Dm 20 cm | Historisches Archiv Krupp, Essen | S 10/101

Nirosta-Stähle kamen in der Getränke- und Lebensmittelindustrie ebenso wie in privaten Haushalten zum Einsatz. Das Kochgeschirr war leicht und gründlich zu reinigen und damit hygienisch. Zudem reagierte das Metall nicht mit den Nahrungsmitteln. Nicht nur für Endverbraucher wurden Produkte aus Nirosta (V2A-Stahl) entwickelt. Metallverarbeitende Fabriken griffen auf diese Stahlsorte zurück und entwickelten eigene Produkte. Die Württembergische Metallwarenfabrik (WMF) stellte 1927 ihr unter der Marke »Cromargan« entwickeltes Tafelgeschirr und Küchengerät vor. Die Nahrungsmittelindustrie setzte Nirosta aufgrund seiner schwachen Korrosionsbeanspruchung bei der Produktion von Hefe, Bier, Milch und Butter ein.

7.3.12

Sechs kleine Trinkbecher im Etui

1960/80 | Nirosta, innen vergoldet, Leder | H 10 cm, Dm 4 cm (Etui) | Ruhr Museum, Essen | 2011/27.10

7.3.13

Aschenbecher

Krupp-Dolberg, Dortmund, 1960er-Jahre | Nirosta | 13 x 13 cm, H 1,5 cm | Privatbesitz Stefan Kasper

7.3.14

Fackel der XX. Olympiade

Fa. Fried. Krupp, Essen, 1972 | Nirosta | L 74 cm, Dm 22 cm | Deutsches Museum, München | 81146

Die Fackel ist aus Nirosta produziert. In den Fuß des Handgriffs wurde das Drei-Ringe-Symbol der Fa. Fried. Krupp eingraviert. Ein Mitarbeiter des Deutschen Museums trug die Fackel bei seinem Lauf durch den Hof des Deutschen Museums in München und gab das Feuer weiter. Zum 31. Dezember 1972 schenkte Krupp die Fackel dem Münchner Museum.

7.3.14

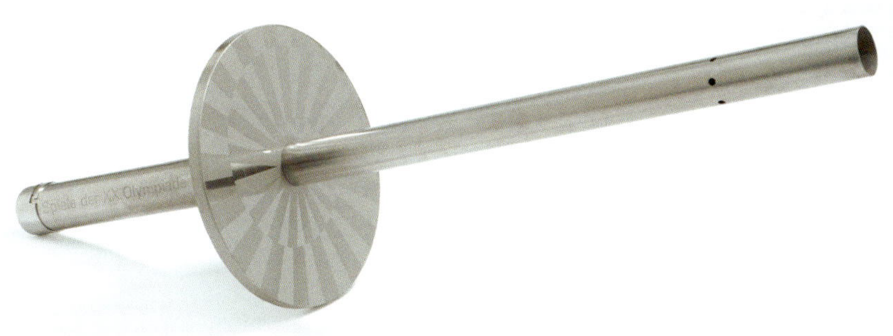

7.3.15

Medizinische Hakenzange (nach Schroeder)

Fried. Krupp AG, 1920/30 | V2A Stahl | L 26 cm, B 6 cm | Medizinhistorische Sammlung der Ruhr-Universität Bochum | Gyn. 354

Das gynäkologische Instrument ist mit »Krupp V2A 4523« graviert. Die Markierung »D.R.P.a.« steht für »Deutsches Reichspatent, angemeldet« und bezieht sich vermutlich auf die Stahlsorte V2A.

7.3.16

Vier Kanülen zur Blutentnahme mit Griffplatte (nach Strauß)

Fa. Acufirm, Dreieich, 1960er-Jahre | V2A-Stahl | L 6,8–7 cm, B 2,2–2,6 cm, T 1,8–2,2 cm | Medizinhistorische Sammlung der Ruhr-Universität Bochum | Diagn. 43

Krupp ließ sich 1919 die »Herstellung von Nadeln für ärztliche, insbesondere zahnärztliche Zwecke aus nichtrostendem Stahl« patentieren. Zahlreiche weitere Produkte wie Schneidinstrumente, Zangen, Scheren, Knochensägen, Drähte, Stifte und Kanülen aus nichtrostendem Stahl kamen hinzu. Außerdem stellte die Firma vollständige Fabrikationsanlagen zur Herstellung von Impfstoffen, Penicillin und anderen Medikamenten her.

7.3.17

Bluttransfusionsgerät (nach Braun)

1930er-Jahre | Nirosta, verschiedene Materialien | Kasten L 25 cm, B 12,5 cm, T 2 cm | LVR-Industriemuseum - Rheinisches Landesmuseum für Industrie- und Sozialgeschichte, Oberhausen | Chri. 234/ Eigentum der Medizinhistorischen Sammlung der Ruhr-Universität Bochum

7.3.18

Holzkasten mit einem Mustersatz von Zahnkronen

Fried. Krupp AG, Abteilung Wipla, Essen, 1930er-Jahre | Wipla, Holz, Textil | B 19,5 cm, T 11,5 cm, H 2,5 cm | LVR-Industriemuseum - Rheinisches Landesmuseum für Industrie- und Sozialgeschichte, Oberhausen | rz 04/1453

»Wipla« (wie Platin) war der eingetragene Markenname des Nirosta-Stahls in der Zahnheilkunde. Seit 1918 erprobte Krupp VA-Werkstoffe in seiner firmeneigenen Zahnklinik und ließ sich ein Jahr später Patente auf deren Herstellung ausstellen. In den 1920er-Jahren verließen monatlich 1000 Metallgebisse die Essener Fabrik. 1926 gelang der Guss von Gebissplatten. Die Nirosta-Stähle konnten durch Warm- oder Kaltverformung in jede gewünschte Form gebracht werden und hielten hohen mechanischen Beanspruchungen stand. Entscheidend waren jedoch ihre chemischen Eigenschaften: Sie wurden weder von antiseptischen Mitteln noch von Körperflüssigkeiten angegriffen.

7.3.19

Werbeschriften für Nirosta und Spezialstähle

Fried. Krupp A.G., Essen, 1924–1945

a) »Sonderstahle für die Erdölindustrie«, *1935*
b) »Sonderstähle für den Kraftwagen, Flugzeug- und Maschinenbau«
c) Werbeblatt für den Krupp-Milchentrahmer, *1924/30*
d) »Alterungs- und laugenrißbeständige Izett-Stähle«
e) »Stahlbleche für den Flugzeugbau«
f) Werbeblatt »Das Krupp-Fass«, *Offsetdruck Fritz Busche, Dortmund*
g) Nirosta-Spitze des Chrysler-Buildings, *Fotografien im Album »Fotos der Krupp-Nirosta-Ausstellungsräume«, um 1934*
h) Zahnersatz aus Vitallium

Druck, Papier, Karton | 15–30 x 20–23 cm | Album: 33 x 35 x 6 cm

7.3.18

7.3.19 c

7.3.19 e

a – b, d – e) Deutsches Bergbau-Museum Bochum; c) Ruhr Museum, Essen; f, h) Historisches Archiv der Stiftung Deutsches Technikmuseum, Berlin | III. 2/53758 und III. 2/51331; g) Historisches Archiv Krupp, Essen | WA 16 h 701
Krupp stellte 1924 Gefäße für Brauereien, Molkereien und Mineralwasserfabriken her. Ein Jahr später kamen erste Milchzentrifugen hinzu. Ab 1926 folgte dann die Produktion von Bierfässern aus Nirosta-Stahl. 1927 verkaufte die Firma schon das 10.000ste Bierfass. Bis 1930 hatten sich Nirosta-Produkte in allen Sparten der Getränke-, Nahrungs- und Genussmittelindustrie durchgesetzt. Vom Schöpflöffel über Hohlmaße bis hin zu Fässern, Lagertanks, Großküchen und Apparaten für die chemische Industrie reichte die Krupp'sche Produktpalette. Die alterungs- und laugenrissbeständigen »Izett«-Stähle (»iz« = immer zäh) wurden ab 1925 im Kesselbau verwendet und für die Energiewirtschaft und die chemische Industrie produziert.

7.3.20

Trennwerkzeuge

Fried. Krupp WIDIA Fabrik, Essen, 1980er-/1990er-Jahre

a) Kreisscherenmesser
THM-F Feinstkorn WC-Co | Dm 10,6 cm, H 0,11 cm

b) Scherenteil für eine Spinnmaschine
Zirkon Oxid, Yttrium stabilisiert | L 7,60 cm, B 3 cm

Privatbesitz Gerdt Schraven

7.3.21

Gleitringdichtungen

Fried. Krupp WIDIA Fabrik, Essen, 1980er-/1990er-Jahre | GTD Normalkorn WC - NI/Cr | Dm 6 cm, H 1,15 cm | Privatbesitz Gerdt Schraven
Die Entwicklung des Hartmetalls ging auf ein Patent der Firma Osram zur Herstellung von Werkzeugen für das Ziehen von Drähten in der Glühlampenindustrie zurück. Krupp brachte 1926 das eisenfreie Sinterhartmetall unter dem Namen Widia („Wie Diamant«) auf den Markt.

7.3.22

Spikes für PKW-Reifen

Fried. Krupp WIDIA Fabrik, Essen, 1965/75 | Widia BT 20 Grobkorn WC-Co, stahlarmiert | L 1,4 cm, Dm 0,8 cm | Privatbesitz Gerdt Schraven

7.3.21

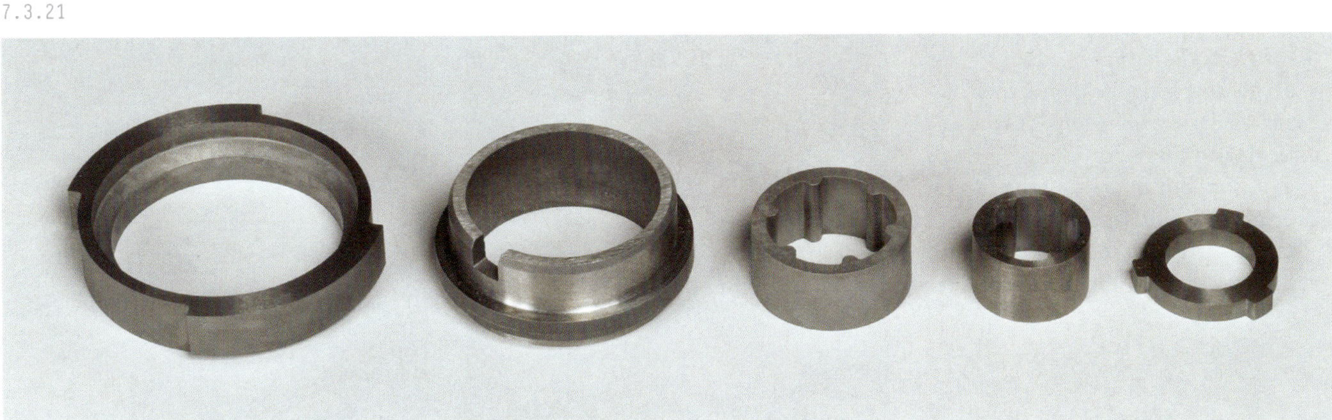

Die Spikes bestehen aus einem von Stahl ummantelten Kern aus Widia-Material. Aufgrund des hohen Straßenabriebs wurden sie 1975 generell in der Bundesrepublik Deutschland verboten.

7.3.23

Ziehdorn für die Rohrherstellung

Fried. Krupp WIDIA Fabrik, Essen, 1980er-/1990er-Jahre | GT20 Normalkorn WC-Co | H 5,5 cm, Dm 3,9 cm | Privatbesitz Gerdt Schraven

7.3.24

Schlagbohrer Typ K K 80 A (Großlochbohrer)

Fried. Krupp WIDIA Fabrik, Essen, 1949 | Stahl | H 10 cm, Dm 8 cm | Deutsches Bergbau-Museum Bochum | 030100652000

7.3.25

Hartmetallwalze für die Goldbearbeitung

Millacron LLC, Cincinnati, 2002 | Widia-Stahl | L 25 cm, Dm 6 cm | Ruhr Museum, Essen | 2003 / 042

Die Widia-Fabrik wurde 1984 an die US-amerikanische Firma Millacron verkauft, die sie wiederum Ende 2002 an den US-Hartmetallhersteller Kennametal veräußerte. Die Produktion in Essen wurde eingestellt.

7.3.24

7.3.26

Werbeschriften für Widia-Produkte

Fried. Krupp AG, Essen, 1930er-Jahre

a) »Krupp-Widia für Bergbauwerkzeuge«

b) »Was muß man vom Hartmetall Widia wissen?«, *Februar 1937*

c) »Widia im Bergbau«

d) Krupp Hartmetalle in der Bohrindustrie, *1936*

e) »Krupp Schnellarbeitsstähle mit neuer Legierungsgrundlage«, *um 1937*

Druck, Papier | je ca. 21 x 15 cm

a, c–e) Deutsches Bergbau-Museum Bochum; b) Ruhr Museum, Essen

7.3.27

Kühlergrill des Lastkraftwagens Cummins

Fried. Krupp Motoren- und Kraftwagenfabriken, Essen, 1963/68 | Stahlblech | H 70 cm, B 89 cm, T 10 cm | NVC-Nutzfahrzeuge Oberhausen

Krupp stieg 1919 in die Herstellung von Lastkraftwagen ein und produzierte nach dem Zweiten Weltkrieg weiterhin LKWs, Nutzfahrzeuge und Omnibusse.

7.3.26 e

7.3.28 a

7.3.28 b

7.3.28 f

7.3.28 i

Von 1946 bis 1954 hieß die Essener Fabrik »Südwerke« und wurde dann in »Krupp Krawa« (Fried. Krupp Motoren- und Kraftwagenfabrik) umbenannt. 1964 stellte sie die Fertigung von Zweitakt-Dieselmotoren auf Viertakt-Motoren der Firma Cummins um. Allerdings erfüllte die Produktsparte nicht die betrieblichen Erwartungen, und 1969 wurde der Bau von Nutzfahrzeugen und LKWs in Essen endgültig eingestellt.

7.3.28

Werbeschriften für Anlagenbau und Nachkriegsprodukte

1930 – 1995

a) »Krupp-Technik plant und baut industrielle Großanlagen oder wichtige Teil-Anlagen«, *Graphische Anstalt Fried. Krupp, Essen, 1930er-Jahre*
b) Werbung für die Lokomotiv Export Union
c) »Krupp – Ihr Partner für die Planung und Realisierung kompletter Anlagen«, *1970er-Jahre*
d) Krupp Mitteilungen zum Bau der Dachkonstruktion des Münchener Olympiastadions, *Januar 1972*
e) Krupp Hydraulikhämmer, *Krupp Industrietechnik GmbH, Essen*
f) »Krupp Fördertechnik: 100-Kilometer Conveyor in the Sahara«, *Krupp Industrie- und Stahlbau*
g) Krupp-Tunnelfräser, *um 1970*
h) »Krupp Fördertechnik. Bagger- und Fördergeräte«, *Krupp Industrie- und Stahlbau*
i) Stahlwerk Rourkela in Indien
j) »Hammerbrecher«
k) Triebköpfe für den Hochgeschwindigkeitszug Intercity Express, *um 1995*
l) Dreisprachige Werbebroschüre für Krupp Trockenbagger
m) Mobile Brech- und Siebanlagen, *Krupp Fördertechnik GmbH*

Druck, Papier, Karton | je ca. 30 x 21 cm
a–d, i, k) Historisches Archiv Krupp, Essen | S 3 Ebw 2/38, S 3 IPA 1/2, S 3 IPA 1/19 + 1, S 1 K 22, S 3 Hüt 1/57 (e), S 3 Ebw 2/152; e–h, j, l–m) Deutsches Bergbau-Museum Bochum

7.4. ThyssenKrupp-Produkte

Durch die Fusion von Thyssen und Krupp entstand 1999 ein neuer Großkonzern, der sich in die fünf Segmente Steel, Automotive, Industries, Engineering sowie Materials & Services gliederte. Um die Produktentwicklung und den Vertrieb effizienter zu gestalten, erfolgte bereits zehn Jahre später eine Neustrukturierung. Seit dem 1. Oktober 2009 sind die einzelnen Geschäftsfelder (»Business Areas«) in zwei »Divisions« zusammengefasst: Materials und Technologies. Inzwischen hat sich ThyssenKrupp zu einem integrierten Werkstoff- und Technologiekonzern entwickelt; 2010 verfügte er direkt und indirekt über 830 Unternehmen und Beteiligungen in 80 Ländern.

In der Division »Materials« sind die Handelsbereiche Steel Europe, Steel Americas und Materials Services vertreten. Aus Stainless Global ist 2012 Inoxum geworden. Der Schwerpunkt beim weltweiten Verkauf von Werkstoffen liegt bei den Flachstahlprodukten. Auf spezielle Kundenwünsche nach Härtbarkeit, Streckgrenze, Schweißneigung und Blechdicke kann individuell reagiert werden. Abnehmer der hochwertigen Stähle, die in Form von aufgerollten Stahlblechen (Coils) verkauft werden, ist die weiterverarbeitende Industrie. Großserienhersteller finden sich in der Autoindustrie, der Nahrungsmittelbranche und unter den Haushaltsgeräteherstellern.

Das Unternehmen kündigte 2012 den Verkauf der Edelstahlsparte an, allerdings wird der Konzern über eine Minderheitsbeteiligung weiterhin im Edelstahlgeschäft tätig sein. Für den Flugzeugbau, insbesondere den Airbus A 380, werden Hochleistungswerkstoffe aus Titan- und Nickellegierungen produziert, die Gewicht und Treibstoffverbrauch des Flugzeugs senken. Korrosionsbeständiger Edelstahl wird für den Hochbau genutzt. Stadiondächer aus Stahl-Sandwichelementen sowie Fassaden von Hochhäusern – so auch die des höchsten Gebäudes der Welt, Burj Khalifa in Dubai – werden aus ThyssenKrupp-Stahl gefertigt. Aufgrund ihrer Oberflächeneigenschaften kommen Edelstähle in unterschiedlichsten Funktionen zum Einsatz.

Die Division »Technologies« versammelt die vier Geschäftsbereiche Elevator Technology, Plant Technology, Components Technology und Marine Systems. Elevator Technology verkauft und wartet Aufzüge, vor allem für Hochhäuser wie etwa den künftigen Freedom Tower in New York. Im Bereich des Anlagenbaus bietet ThyssenKrupp schlüsselfertige Fabriken wie auch Maschinen- und Bauteile für die Industrie an. Für die Automobilindustrie stellt der Konzern Nocken- und Kurbelwellen, Bremsanlagen, Lenk- und Federsysteme her. Windkraftanlagen werden mit Ringen und Großwälzlagern ausgestattet. Auf den konzerneigenen Werften laufen Überwasserkriegsschiffe und U-Boote vom Stapel. Ziel des Konzerns ist die Entwicklung von Produkten und Dienstleistungen von hoher Energie- und Ressourceneffizienz. Weltweit arbeiten 3500 Ingenieure und Wissenschaftler in der Produktentwicklung des Konzerns. AH

7.4.1

Spezialbehälter für die Einlagerung deutschen Kulturguts

ThyssenKrupp Nirosta, Werk Dillenburg (Edelstahl), UCON AG Containersysteme KG, Haiger, 2011 | Edelstahl, Kunststoff, Kupfer | H 110 cm, Dm 42 cm | UCON AG Containersysteme KG, Haiger

Deutsches Kulturgut von herausragender Bedeutung ist auf Mikrofilmen erfasst, die in Stollen bei Freiburg gelagert sind. Das Filmmaterial in den 1450 Nirosta-Behältern ist 500 Jahre lang lagerfähig. ThyssenKrupp warb für diese Art von Behältern: »Das Material stammt vom Dillenburger Werk der ThyssenKrupp Nirosta und zeichnet sich durch seine besondere Tiefziehfähigkeit aus. Eine weitere Besonderheit ist die Verschlusstechnik mit einem Kupferring, der eine völlige Abdichtung gewährleistet.«

7.4.2

Künstliches Hüftgelenk

ThyssenKrupp VDM, Essen, 2010 | Titan, Kunststoff | L 20,5 cm, B 5,5 cm, T 7 cm | ThyssenKrupp VDM, Essen

Das bruch- und korrosionsfeste Titan und die Titanlegierungen sind körperverträglich, korrosionsbeständig und allergieneutral. Das Material eignet sich aufgrund seines geringen Gewichts, seiner hohen Festigkeit und seiner geringen Elastizität zum Einsatz in der Medizintechnik und für Implantate.

7.4.3

Hostienschale

ThyssenKrupp AG, 2005 | Edelstahl | H 8 cm, Dm 16 cm | ThyssenKrupp AG, Essen

Die Edelstahlschale wurde während des Besuchs von Papst Benedikt XVI. auf dem Weltjugendtag 2005 in Köln verwendet.

7.4.4

Waschmaschinentrommel

Fa. Miele, Gütersloh, 2011 | Stahl | H 37 cm, Dm 55 cm | Miele Museum, Gütersloh

Miele bezog im Jahr 2010 50.000 Tonnen Stahl von ThyssenKrupp, davon 13.000 Tonnen Edelstahl. Der Stahl wird zu Waschmaschinentrommeln und Laugenbehältern weiterverarbeitet.

7.4.5

Werbebroschüre für den »Metrorapid«

Projektgesellschaft METRORAPID mbH, Ministerium für Verkehr, Energie und Landesplanung, 2001 | Druck | 29,7 x 21 cm | Privatbesitz

Unter dem Namen »Metrorapid« sollte der Transrapid eine Referenzstrecke durch das Ruhrgebiet erhalten. Das Projekt, an dem ThyssenKrupp beteiligt war, scheiterte schon in der Planungsphase an der Finanzierung.

7.4.6

Errichtung des One World Trade Centers (Freedom Tower) in New York

ThyssenKrupp AG, Essen, 2010

a) Fotografie während der Bauarbeiten
b) Computeranimation des fertig gestellten Gebäudes

ThyssenKrupp AG, Essen

Als Stahllieferant für den Hochbau blickt Krupp auf eine lange Tradition zurück. Für das 1976 eröffnete Centre Pompidou in Paris produzierte die Firma den Stahl für die Skelettkonstruktion; das futuristisch anmutende Gebäude besteht aus 13.500 Tonnen Stahl, Stahlguss und Schleuderguss. Auch nach der Fusion zur ThyssenKrupp AG lieferte das Unternehmen Material für innovative Gebäude, so auch 2010 zum Bau des One World Trade Centers (Freedom Tower) in New York. Die Verkleidung der schräg verlaufenden Außenkanten der Fassade bestehen aus Paneelen, die von der Kölner Firma Christian Pohl GmbH aus 250 Tonnen ThyssenKrupp-Edelstahl hergestellt wurden.Einen weiteren Auftrag für diesen New Yorker Wolkenkratzer erhielt ThyssenKrupp Elevator: Die Firma lieferte 71 Aufzüge und wird die Wartung der Anlagen übernehmen.

7.4.7

Werbung für ThyssenKrupp-Produkte

ThyssenKrupp AG, 2011 | Druck | je 30 x 21 cm | Ruhr Museum, Essen

7.4.1

8. Die Waffenschmiede – Kriegs- und Rüstungsproduktion

Nahezu ein Jahrhundert lang, von der Mitte des 19. Jahrhunderts bis 1945, nahm die Entwicklung und Produktion von Kriegsgerät bei Krupp eine wichtige und zeitweise dominierende Rolle ein. Damit eng verbunden war eine ausgeprägte Nähe der Firmeninhaber zur jeweiligen staatlichen Macht. Der Mythos Krupp geht wesentlich auf diese beiden Faktoren zurück.

Alfred Krupp setzte Energie und Erfindergeist daran, dem bahnbrechenden Werkstoff der Industrialisierung – dem Stahl – in der Waffenproduktion denselben Rang zu verschaffen, den dieser für den Bau von Eisenbahnen, Brücken und industriellen Anlagen erlangte. Der deutsch-dänische Krieg von 1864 zeigte zum ersten Mal die Überlegenheit der Krupp'schen Stahlkanonen gegenüber den herkömmlichen Bronzegeschützen. Im deutsch-französischen Krieg von 1870/71 trugen die Krupp-Kanonen entscheidend zum deutschen Sieg bei. Die Folge war ein internationaler Durchbruch der Firma im Waffengeschäft. Im deutschen Kaiserreich wurde Krupp als »Waffenschmiede des Reiches« zu einer nationalen Institution. Die gigantische Zunahme und technische Perfektionierung der Warenproduktion infolge der Industrialisierung und das imperialistische Machtstreben der Staaten, als dessen legitimes Mittel Kriege galten, steigerten sich gegenseitig zu einem Wettrüsten, in dem die Firma Krupp Waffen an viele Seiten lieferte. Von der sozialdemokratischen Opposition im Reichstag und Teilen der Presse wurde sie deshalb heftig kritisiert.

Im Ersten Weltkrieg arbeitete die Firma fast ganz im Dienst des Krieges. Der »Kanonenkönig« stand an der Spitze der Rüstungstechnologie in der Waffengattung, die zur wichtigsten des Ersten Weltkriegs wurde: der Artillerie. Nach dem verlorenen Krieg musste sich die Firma Krupp völlig neu auf zivile Produktion umstellen. Daraus zog sie Konsequenzen, als nach 1933 die von ihr begrüßte neue Aufrüstung begann: Sie vermied es im Zweiten Weltkrieg erfolgreich, fast ausschließlich Rüstungsgüter zu produzieren, wie sie das im Ersten Weltkrieg getan hatte. Krupp war jetzt ein wichtiger Rüstungsproduzent neben anderen; komplizierte Waffensysteme wurden vielfach außerhalb des Ruhrgebiets hergestellt. Der Mythos der »Waffenschmiede des Reiches« hatte seine Geschäftsgrundlage weitgehend eingebüßt. Dennoch wurde er von den Nationalsozialisten und auch von Krupp selbst weiter gepflegt; vor allem aber bestimmte er entscheidend das Feindbild der alliierten Kriegsgegner und damit ganz wesentlich die Ziele bei der Bombardierung Essens.

Nach 1945 wurden bei Krupp in Essen tatsächlich, wie Alfried Krupp es versprochen hatte, keine Waffen mehr produziert. Die vielfältigen und weit verzweigten Beteiligungen der Firma führten in den Jahrzehnten danach aber

durchaus auch zu Aktivitäten im Rüstungsgeschäft, so beim Feuerleitsystem des Leopard-Panzers und heute bei U-Booten und anderen Kriegsschiffen durch die Firmen Atlas Elektronik GmbH und ThyssenKrupp Marine Systems. Das Rüstungsgeschäft machte 2009 etwa drei Prozent vom Gesamtumsatz des ThyssenKrupp Konzerns aus. MJ/IW

8.1. Der Kanonenkönig

Vor der Industrialisierung lag die Waffenproduktion zumeist in der Hand staatlicher Werkstätten. Im Deutschen Kaiserreich trieben Akteure in Regierung und Militär und private Unternehmer in engem Zusammenwirken die Rüstung voran, standen andererseits aber in einem strukturellen Interessengegensatz zueinander: möglichst viele Waffen fürs Geld, möglichst viel Geld für die Waffen. In diesem Konflikt nutzten Alfred und Friedrich Alfred Krupp im Interesse der Firma häufig ihre engen Kontakte zum Kaiserhaus und zu einzelnen Vertrauten auf Seiten des Militärs. Hiervon zeugt ein vertrauliches Handschreiben Friedrich Alfred Krupps vom 30. September 1890 an einen unbekannten »Gönner« in der »Kanonenfrage« – einige Tage später musste der preußische Kriegsminister Julius von Verdy du Vernois zurücktreten, der sich bei Wilhelm II. für die hergebrachten Bronzekanonen und gegen die wesentlich teureren Krupp'schen Stahlkanonen ausgesprochen hatte.

Die Besuche von Regierungs- und Militärangehörigen aus aller Welt auf den Krupp'schen Schießplätzen wurden systematisch gepflegt und in aufwendigen Fotografien und Fotoalben verewigt. Die Waffenproduktion war durch technische Perfektionierung und Verwissenschaftlichung sowie eine ausgefeilte Produktkontrolle gekennzeichnet; Schießversuche mit Geschützen und Panzerplatten wurden fotografisch dokumentiert und ausgewertet. Die Werkstätten nahmen immer gigantischere Ausmaße an.

Neben der allgemeinen Konjunktur führte die Flottenpolitik Wilhelms II., an deren Propagierung Friedrich Alfred Krupp aktiv beteiligt war, zu einem weiteren Aufschwung der Firma. Die Gewinne ergaben sich hier weniger aus dem Kriegsschiffsbau selbst – bei Krupp auf der Germaniawerft –, sondern durch Schiffsgeschütze und Panzerplatten, die zusammen fast 60 Prozent der Kosten eines Kriegsschiffs ausmachten. Auf deren Produktion hatte Krupp faktisch ein Monopol, bei Panzerplatten gemeinsam mit dem saarländischen Stahlindustriellen Carl Ferdinand von Stumm-Halberg. Es entwickelte sich ein Wettrüsten zwischen Geschützen mit ständig gesteigerter Durchschlagskraft und den immer stärkeren Panzerungen, an dem Krupp auf beiden Seiten beteiligt war. Die Gewinnspannen der Firma betrugen bei der Artillerie rund 30, bei Panzerplatten 60 Prozent – ziemlich genauso viel, wie es die Kritiker im Reichstag angeprangert hatten –, und sie waren deutlich höher als bei zivilen Produkten, wo sie von etwa 10 auf 20 Prozent stiegen.

Das Herzstück der Firma, die Essener Gussstahlfabrik, produzierte in den zehn Jahren vor dem Ersten Weltkrieg zu 60 bis 70 Prozent Rüstungsgüter. Infolge des starken Wachstums der übrigen Konzernteile war der Rüstungsanteil am Umsatz des Gesamtkonzerns erheblich niedriger: Er betrug im selben Zeitraum knapp 42 Prozent. Auf die Artillerie entfielen in diesen Jahren 32 Prozent, auf Panzerplatten knapp sechs, auf den Kriegsschiffbau etwa vier Prozent des Gesamtumsatzes. Fast die Hälfte des gesamten Artilleriematerials (45 Prozent) und drei Prozent der Panzerplatten wurden ins Ausland geliefert. MJ/IW

8.1.1

6-Pfünder-Gussstahl-Mantel-Rohrgeschütz (9,5 cm)

Fotografie, 1849/50 | 29 x 21,5 cm | Historisches Archiv Krupp, Essen | WA 16 f 1.2.2.

Alfred Krupp machte das Geschütz vom Kaliber 9,5 cm in den Jahren 1849 – 1850 dem preußischen König Friedrich Wilhelm IV. zum Geschenk.

8.1.2

Preisbücher für Kriegsmaterial der Firma Krupp

a) »Preis-Buch für Kriegsmaterial«, *1873 | Druck, Karton, Papier, 10 Seiten | 15 x 10 cm*

b) »Feld-Geschütze«, *Krupp'sche Buchdruckerei, Essen 1875 | Druck, Karton, Papier | 16 x 9 cm*

c) »Festungs-, Belagerungs-, Schiffs- und Küsten-Geschütze«, *Krupp'sche Buchdruckerei, Essen 1875 | Druck, Karton, Papier, 6 Seiten | 20,5 x 11 cm*

d) »Preis-Buch für Kriegsmaterial«, *G. D. Baedeker, Essen 1876 | Druck, Karton, Papier, 38 Seiten | 15 x 10 cm*

Historisches Archiv Krupp, Essen | WA 4/268b.290-296, WA 4/268b.319-323, WA 4/268b.324-328, WA 4/268b.334

Die Bücher spiegeln die Ausdehnung und Differenzierung des Krupp'schen Waffengeschäfts: 1873 noch ganz von Hand geschrieben, wurden bereits 1875 die Produktlisten gedruckt und die Preise von Hand eingetragen.

8.1.3

Preisbuch für Kriegsmaterial in französischer Sprache

»Prix-Courant pour le matériel de guerre«, Essen 1878 | Druck, Karton, Papier | 16 x 10 cm | Historisches Archiv Krupp, Essen | WA 4/268b.341

Nach eigener Aussage lieferte Krupp keine Waffen mehr an Frankreich; die Broschüre war wohl eher für die vielen Staaten bestimmt, in denen Französisch die Sprache der Diplomatie und des Außenhandels war.

8.1.4

Technische Zeichnung eines Panzerstands mit handschriftlichen Randbemerkungen von Alfred Krupp

sign. 28. Februar 1882 | Druck mit handschriftlichen Ergänzungen, Papier | 68 x 84 cm | Historisches Archiv Krupp, Essen | WA 4/515.315

Der Text der Randbemerkung rechts lautet: »Jetzt bitte ich nochmals alle gemeinschaftlich das Projekt durchzusehen, und was etwa noch dienlich erscheint zu verbessern. Die Details überlasse ich den Herren. Den 28. Febr. 82 gez. Alfr. Krupp«.

8.1.5

»Kanonenbureau der Krupp'schen Gussstahlfabrik 1889«

Fotografie, 1. November 1889 | Historisches Archiv Krupp, Essen | WA 16 o 108 h

8.1.5

8.1.3

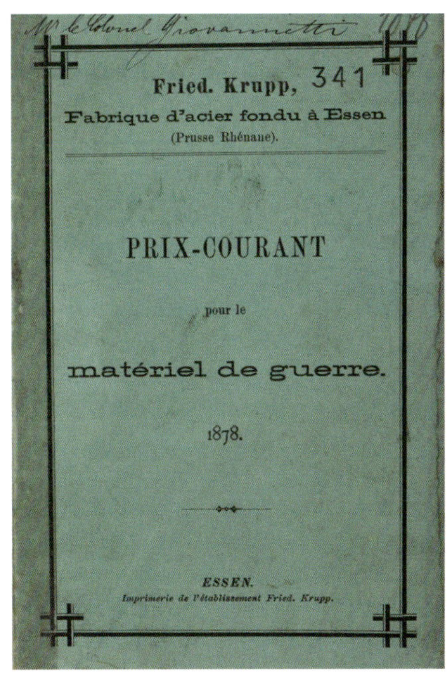
Fried. Krupp, 341

Fabrique d'acier fondu à Essen

(Prusse Rhénane).

PRIX-COURANT

pour le

matériel de guerre.

1878.

ESSEN.

Imprimerie de l'établissement Fried. Krupp.

8.1.6

Vertrauliches Handschreiben Friedrich Alfred Krupps »in der Kanonenfrage«

30. September 1890 | Handschrift, Papier, 2 Seiten | 22 x 13,5 cm | Ruhr Museum, Essen | 1992/54.170

Der preußische Kriegsminister von Verdy hatte sich gegen die teureren Krupp'schen Stahlkanonen und für die herkömmlichen Bronzegeschütze ausgesprochen; wenige Tage nach dem Schreiben F.A. Krupps an den unbekannten »Gönner« trat er zurück. Der handschriftliche Text lautet: »30/9.90. Vertraulich - Mein hochverehrter Gönner! Aus dem officiellen Schreiben R. 2444 v. 29. dM. entnehme ich, daß ich von nun an fernere Zusendungen in der Kanonen-Frage unterlassen soll. Ich werd mich danach richten u., wenn Sie es für richtig halten, fernerhin nur mündlich Seine Excellenz auf dem Laufenden zu halten. Es lag mir viel daran, daß Seine Excellenz von dem Schreiben des Kriegsdepartements Kenntnis nehmen, da es eine gute Illustration ist zu dem Standpunkt des Kriegsministeriums gegen meine Fabrik; zu dem Standpunkt, wie er seit vielen vielen Jahren existiert. Den 7ten kommenden Monats hoffe ich Sie wieder begrüßen zu können. Unter herzlichen Grüßen Ihr ganz ergebenster F A Krupp.«

8.1.7

Fotoalbum »Schiess-Versuche der Fried. Krupp'schen Gussstahlfabrik auf dem Schiessplatz in Meppen«

2./3. Oktober 1890 | Papier, Karton mit Goldrand, Kunststoffeinband | 24,3 x 36 x 5 cm | Historisches Archiv Krupp, Essen | WA 16 e 110

8.1.8

Album mit Fotografien vom Abnahmeschießen und von der Vorführung auf den Krupp'schen Schießplätzen in Essen und Meppen

7.–9. April 1908 | Karton, Papier, Ledereinband | 33 x ca. 40 x 2 cm | Wehrtechnische Studiensammlung des Bundesamtes für Wehrtechnik und Beschaffung, Koblenz | 001 Nachlass Rausenberger

8.1.7

8.1.9

Fotoalbum über den Bau von zwei Torpedokreuzern für die Türkei

Photogr. Anstalt Fried. Krupp, um 1907 | Karton, Papier, Ledereinband | 35 x 43 x 5,5 cm | Historisches Archiv Krupp, Essen | WA 16 r 86

Der Stapellauf der in dem Album dokumentierten Torpedokreuzer fand Ende 1907 statt.

8.1.10

Stapellauf des Linienschiffes »Schleswig-Holstein«

Fotografie, 17. Dezember 1906 | Historisches Archiv Krupp, Essen | WA 16 r 87.12

Als Linienschiffe wurden bis etwa 1920 die schweren Kriegsschiffe bezeichnet. Gepanzert und mit schweren Geschützen bestückt, waren sie der aufwendigste Teil der Flottenrüstung unter Wilhelm II.

8.1.11

Linienschiff »Deutschland«

Fotografie, 1906 | Historisches Archiv Krupp, Essen | WA 16 v 67.30

8.1.12

Torpedoboot-Hellinge auf der Germaniawerft in Kiel

Fotografie, 1906 | Historisches Archiv Krupp, Essen | WA 16 r 91.7

Als Helling bezeichnet man den Platz in einer Werft, auf dem ein Schiff gebaut wird. Heute werden zumeist Schiffbauhallen oder Baudocks benutzt.

8.1.13

Ansicht der Kanonenwerkstatt V

Fotografie aus einer Mappe »Fried. Krupp Essen a.d. Ruhr 1892/93« mit Werksansichten | Historisches Archiv Krupp, Essen | WA16 v 1b.33

Das Foto trägt die Aufschrift »Fried. Krupp Essen a. d. Ruhr/Kanonenwerkstatt V. Vollendungsarbeiten an den Rohren mittleren und schwersten Kalibers und an deren Verschlüssen. 1892«.

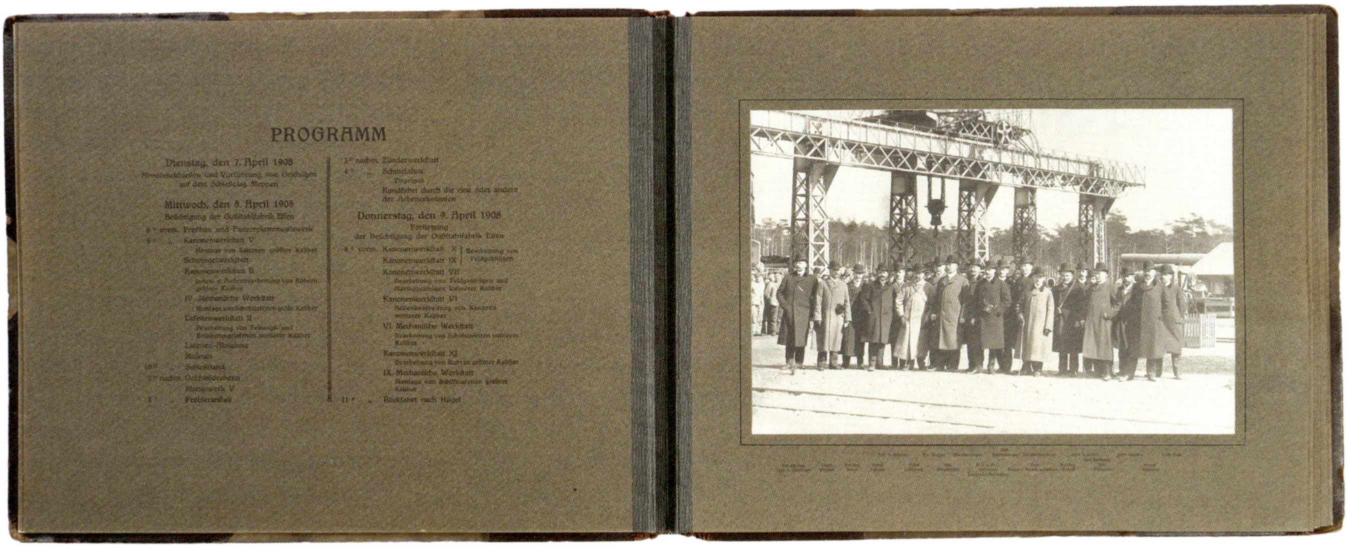

8.1.8

8.1.14

Geschossproduktion und Geschossabnahme bei Krupp

Fotografie, um 1906 | Historisches Archiv Krupp, Essen | WA 16b 203.47

Das Foto wurde dem Album »Ansichten von Anlagen und Werkstätten der Gussstahlfabrik Essen-Ruhr und der Friedrich-Alfred-Hütte in Rheinhausen« entnommen.

8.1.15

Krupp'sche Geschossdreherei

Fotografie, 1912 | Haus der Essener Geschichte/Stadtarchiv | Fotosammlung 952/0 K14/18

8.1.16

Auffangplatte einer zu Versuchszwecken beschossenen Panzerplatte vom Krupp'schen Schießplatz Meppen

Fried. Krupp, um 1900 | Stahlblech | H 105 cm, B 99,8 cm, T 2 cm | Deutsches Museum, München | 3504T1

Die Platte diente wahrscheinlich dazu, Geschosse aufzufangen, die beim Versuchsschießen die zugehörige Panzerplatte durchschlugen. Die entsprechende Original-Panzerplatte war mehr als zehnmal so stark. Panzerplatten waren im Festungsbau und vor allem für Kriegsschiffe von Bedeutung. Schweißeisenplatten gehörten zu den Verbundpanzern, mit denen man zugleich Festigkeit und Elastizität erzielte. Um 1890 setzte sich der Nickelstahlpanzer durch, den Krupp zu technischer Perfektion entwickelte.

Es kam zu einem Wettrüsten zwischen Geschützen mit ständig gesteigerter Durchschlagskraft und den immer stärkeren Panzerungen, an dem Krupp auf beiden Seiten beteiligt war. Die Flottenpolitik Wilhelms II. führte zu

8.1.15

8.1.16

hohen Umsätzen und Gewinnen mit Panzerplatten für die neu gebauten Kriegsschiffe. In Deutschland hatte Krupp gemeinsam mit dem saarländischen Stahlindustriellen Carl Ferdinand von Stumm-Halberg ein Monopol bei der Produktion; auch international war die Firma ein Marktführer.

8.1.17

Ansichten von Panzerplatten nach Beschuss mit Hartguss-Granaten

Drei Fotografien, 7. Juli 1875 | Papier, je 11 x 16,5 cm | Historisches Archiv Krupp, Essen | WA 16 e 13.3, 15.2, 19.2

Die Schießversuche der Kaiserlich Deutschen Marine fanden auf dem Krupp'schen Schießplatz Visbeck bei Dülmen im Juli 1875 statt. Verschossen wurden Hartguss-Granaten mit einem Kaliber von 7 bis 30,5 cm. Die schwersten Kaliber waren für Schiffsgeschütze bestimmt.

8.1.18

Gruppenfotografie anlässlich der Schießvorführung in Meppen vor 97 Vertretern von Heer und Marine aus 18 Staaten

Fotografie, 5./8. August 1879 | Historisches Archiv Krupp, Essen | WA 16 e 39.2

8.1.19

Gruppenfotografie anlässlich der Schießvorführungen in Meppen am 29. und 30. März 1882 vor Vertretern von 13 Staaten

Fotografie, 29./30. März 1882 | Historisches Archiv Krupp, Essen | WA 16 e 111.7

8.1.20

Japanische Delegation auf dem Krupp'schen Schießplatz in Meppen

Fotografie, 1. Februar 1887 | Historisches Archiv Krupp, Essen | WA 16 e 111

8.1.21

Geschützexerzieren chinesischer Artillerieschüler auf dem Krupp'schen Schießplatz in Essen im Beisein von Friedrich Alfred Krupp

Fotografie, 19. März 1890 | Historisches Archiv Krupp, Essen | WA 16 e 111.11

8.1.22

Gruppenfotografie anlässlich eines Besuchs von Vertretern englischer und französischer Panzerplattenwerke auf dem Schießplatz in Meppen

Fotografie, 28. August 1896 | Historisches Archiv Krupp, Essen | WA 16 e 111.38

8.1.23

»Sammlung milit.-technischer Ausdrücke. I. Teil: Deutsch-Französisch«

Fried. Krupp, Essen, 1902 | Druck, Papier | 16,5 x 11,5 x 3 cm | Ruhr Museum, Essen

8.1.24

»Sammlung milit.-technischer Ausdrücke. I. Teil: Deutsch-Englisch«

Fried. Krupp, Essen, 1903 | Druck, Papier | 16,5 x 12 x 2,5 cm | Ruhr Museum, Essen

8.1.25

Fotoalbum »Meppen, am 15. April 1907« zum Kaiserbesuch auf dem Krupp'schen Schießplatz

Fried. Krupp AG, Essen, 15. April 1907 | Karton, Papier, Textileinband | 33 x 42 x 2 cm | Wehrtechnische Studiensammlung des Bundesamtes für Wehrtechnik und Beschaffung, Koblenz | 001 Nachlass Rausenberger

8.1.22

8.1.17

8.2. Kriegsproduktion im Ersten Weltkrieg

Zu Beginn des Ersten Weltkriegs trugen die Krupp-Kanonen und insbesondere das geheim entwickelte 42 cm-Geschütz »Dicke Berta« erheblich zu der schnellen Besetzung Belgiens und damit auch zum deutschen Vormarsch in Nordfrankreich bei. Der Stolz auf die Erfolge der Krupp'schen Waffen spricht aus einem vertraulichen Bericht Gustav Krupps über seine »Reise durch das eroberte Belgien« am 9. und 10. Oktober 1914. Professor Fritz Rausenberger, der Direktor des Artilleriebereichs bei Krupp und Konstrukteur der »Dicken Berta«, entwickelte gegen Kriegsende auch das Krupp-Ferngeschütz mit der damals sensationellen Reichweite von 120 Kilometern. Von März bis August 1918 wurde Paris damit beschossen, 256 Zivilisten wurden getötet. Das Dank-Telegramm des Kaisers für das »Paris-Geschütz« druckte die Firma als Plakat.

Für die »Materialschlachten« mit ihrem enormen Munitionsverbrauch, wie er sich bei den Kämpfen um Verdun und an der Somme erwiesen hatte, sollte in Deutschland seit dem Herbst 1916 das »Hindenburg-Programm« der Obersten Heeresleitung die Kriegsproduktion vervielfachen – jetzt kam es auf Massenproduktion an. Für Krupp bedeutete dies, die Firma, insbesondere die Essener Gussstahlfabrik, fast ganz in den Dienst der Kriegswirtschaft zu stellen. In der Gussstahlfabrik wurden die bereits sehr großen Werkstattflächen für Kriegsmaterial auf das Zweieinhalbfache ausgebaut; die Mitarbeiterzahl dort stieg von knapp 40.000 im Jahr 1914 auf 105.000 bei Kriegsende. Ein Viertel von ihnen waren nun Frauen, in den Geschütz- und Munitionswerkstätten sogar 30 Prozent. Etwa ein Drittel aller deutschen Geschütze und zehn Prozent der Munition wurden von der Firma Krupp produziert, die damit der wichtigste deutsche Rüstungslieferant war.

Die Umsätze der Gussstahlfabrik stiegen zeitweilig auf das Fünffache der Vorkriegszeit; die Gewinne – nach Abzug von Steuern und Sozialausgaben – summierten sich in den fünf Kriegsjahren auf 574 Millionen Mark. Zum Vergleich: In den gesamten 17 Geschäftsjahren davor hatte sich die Summe der Bruttogewinne aus den Rüstungsgeschäften der Firma – vor Abzug von Steuern und Sozialausgaben – auf rund 542 Millionen Mark belaufen. Ein großer Teil der Gewinne während des Krieges sowie ein staatlicher Zuschuss von 55 Millionen Mark wurden in die kriegsbedingten Erweiterungsbauten investiert. Zudem bildete die Firma hohe Rückstellungen. Danach lag die Summe der Reingewinne für die Kriegsjahre immer noch bei 265 Millionen, bereinigt um die Inflationsrate bei real 177 Millionen Mark.

Nach der deutschen Niederlage von 1918 waren die fast ganz auf Rüstungsproduktion angelegten Werkstätten der Gussstahlfabrik und die während des Krieges getätigten Investitionen zunächst wertlos – der Versailler Vertrag verbot die Waffenproduktion weitgehend. Die Umstellung auf Friedensproduktion gestaltete sich für Krupp schwieriger als für andere Firmen, die nicht ausschließlich Waffen produziert hatten. Die Gewinne aus der Kriegsproduktion wurden durch die nach dem Krieg nochmals erhöhte Inflation zum Teil aufgezehrt. MJ/IW

8.2.1

Granate und Kartuschhülse eines 42 cm-Mörsers der Firma Krupp (genannt »Dicke Berta«)

Fried. Krupp AG, um 1914

a) Anschussgranate
Metall | L 132 cm, Dm 41,8 cm, ca. 620 kg

b) Kartuschhülse für 42 cm-Gamma-Mörser L/16
Metall | L 82,5 cm, Dm 46 cm (Liderungsring), ca. 70 kg

Militärhistorisches Museum der Bundeswehr, Dresden | BBAD2785, BAAS0878

Der »Dicke Berta« genannte Mörser, der solche Granaten verschoss, repräsentierte im Ersten Weltkrieg die Spitze des rüstungstechnischen »Fortschritts« in der Artillerie. Die »Dicke Berta« gehörte zu den schwersten Ausführungen eines so genannten Hinterlader-Mörsers, eines Steilfeuergeschützes mit dem sehr großen Kaliber 42 cm. Die Artillerie entwickelte sich neben dem Maschinengewehr zur wichtigsten Waffe dieses ersten industrialisierten Krieges; sie war verantwortlich für bis dahin kaum vorstellbare Zerstörungen und den größten Teil aller Verwundungen von Soldaten. Der bei Krupp in Essen hergestellte Mörser ermöglichte zu Kriegsbeginn die rasche Einnahme der belgischen Forts und damit auch den deutschen Einmarsch nach Frankreich. Gegen die modernen französischen Stahlbeton-Befestigungen konnte auch die »Dicke Berta« nichts ausrichten. Im späteren Verlauf des Krieges war sie nicht mehr von militärischer Bedeutung, aber in Deutschland immer noch sehr populär.

8.2.1

8.2.2

8.2.2

Deutscher Sappenpanzer für Infanteriesoldaten, Modell II

Fried. Krupp AG, Essen, 1917/18 | Nickelstahl, Leinenbänder, Filz | H 65 cm, B 40 cm, T 28 cm, 9,5 kg | Wehrtechnische Studiensammlung des Bundesamtes für Wehrtechnik und Beschaffung, Koblenz

Die hohen Verluste im Stellungskrieg an der Westfront und die furchtbaren Verletzungen infolge von Granaten und Geschosssplittern hatten die Oberste Heeresleitung seit Oktober 1916 zur Entwicklung von Brustpanzern für die Mannschaften in den Laufgräben – auch Sappen genannt – veranlasst. Es wurde festgelegt, dass 500.000 Infanteriepanzer in zwei Größen von der Fried. Krupp AG gefertigt wurden. Für die Herstellung benötigte man insgesamt 4125 Tonnen Stahl und 130 Tonnen Nickel. Der Nickelstahlpanzer, der in der Form an den Harnisch einer mittelalterlichen Ritterrüstung erinnert, sollte Hals, Schultern, Brust oder Rücken der Soldaten vor Schrapnellkugeln und Granatsplittern schützen. Er besteht aus einer Brustplatte sowie aus drei mit Tragbändern aufgehängten, beweglichen Bauchplatten. In der Praxis erwies sich der Sappenpanzer jedoch nur für Beobachtungsposten als geeignet, da er mit einem Gewicht von etwa neun Kilogramm als zu schwer empfunden wurde und die Bewegungsfreiheit stark einschränkte.

8.2.3

Soldaten mit Sappenpanzern

Fotografie, 1914/18 | Bibliothek für Zeitgeschichte in der Württembergischen Landesbibliothek, Stuttgart

8.2.5

8.2.4

Rüstungsproduktion bei Krupp im Ersten Weltkrieg

Fotografien, 1914/18

a) Kanonen-Werkstatt IV
b) Geschoss-Dreherei IV
c) Revision der Geschoss-Dreherei
d) Zwei Geschütze auf Güterzug

Historisches Archiv Krupp, Essen | WA 16 a 283 b.14, WA 16 a 283 b.34, WA 16 a 283 b.36, WA 16 a 283 b.56

In der Essener Gussstahlfabrik wurden während des Ersten Weltkriegs die bereits sehr großen Werkstätten für Kriegsmaterial auf das Zweieinhalbfache ausgebaut.

8.2.5

Frauenarbeit in der Krupp'schen Rüstungsproduktion während des Ersten Weltkriegs

2 Fotografien, 1914/18 | Historisches Archiv Krupp, Essen | WA 16 a 283 a. 106, WA 16 a 283 a.102 b

In der Essener Gussstahlfabrik stieg die Mitarbeiterzahl von knapp 40.000 im Jahr 1914 auf 105.000 bei Kriegsende. Frauenarbeit war, neben dem Einsatz von Jugendlichen und Kriegsgefangenen, die wichtigste Möglichkeit, die als Soldaten eingezogenen männlichen Arbeiter zu ersetzen und den gewaltigen zusätzlichen Arbeitskräftebedarf der Kriegswirtschaft zu decken. Gegen Ende des Ersten Weltkriegs arbeiteten in der bisherigen (und auch nachmaligen) Männerdomäne der Essener Gussstahlfabrik 25 Prozent Frauen, in den Geschütz- und Munitionswerkstätten sogar 30 Prozent.

8.2.6

Der Krupp'sche 42 cm-Mörser »Dicke Berta«

Fotografie, 1915 | Papier | 12,7 x 17,8 cm | Historisches Archiv Krupp, Essen | F 4/12427/1

8.2.7

Vertraulicher Bericht Gustav Krupp von Bohlen und Halbachs über seine »Fahrt durch das eroberte Belgien« mit kommentierten Fotografien

Oktober 1914 | Maschinenschrift, Papier, 14 Seiten | 33 x 21 cm | Historisches Archiv Krupp, Essen | FAH 4 E 20

Gustav Krupp unternahm die Reise am 9. und 10. Oktober 1914 gemeinsam mit Professor Fritz Rausenberger, dem Direktor des Artilleriebereichs bei Krupp. Im Auftrag des deutschen Generalstabs inspizierte dieser gelegentlich die Krupp'schen Geschützstellungen auf dem Kriegsschauplatz.

8.2.8

Deutsche Propaganda-Postkarten zum Krupp'schen 42 cm-Mörser »Dicke Berta«

a) »So schießen die feindlichen Kanonen u. so unsere großen Brummer«, *J. B. Scholz, Köln, um 1914*

b) »Kein Feuer, keine Kohle kann brennen so heiss wie Kruppsche Mörser, von denen niemand was weiss!«, *um 1914*

c) »Viel Glück im neuen Jahr!«, *Sächsische Verlagsanstalt, Dresden, um 1914*

d) »Gesegnete Ostern! Die Osterglocken traulich läuten Möge uns allen Frieden bedeuten!«, *Albert Oesterreicher, Leipzig, um 1915*

e) »Das hättet ihr wohl nie geträumt/ wie Krupp u. Zeppelin aufräumt?« *Kunstverlag Gustav Pielmeier, um 1914*

f) »Die ›Dicke Berta‹ 42 cm Riesenmörser in Orig.-Größe«, *Günther Steinbach, um 1914*

g) »Ein Deutscher Gruß aus Essen. 42 cm«, *1916*

h) »La France. Madame gestatten: Meine Tante aus Essen, Halsweite 42 cm«, *1914*

i) »Unsere Tante aus Essen, Halsweite 42 cm«, *um 1914*

8.2.8 f

8.2.8 g

Papier, Pappe, Textilien | je ca. 9 x 14 cm a–f) Historisches Archiv Krupp, Essen | S 6/40.1, S 6/40.32, S 6/40.40, S 6/40.49, S 6/40.16, S 6/40.20; g–i) Privatbesitz Herbert Westphalen

Die militärischen Erfolge der schweren Krupp-Kanonen, insbesondere der »Dicken Berta«, zu Beginn des Krieges beflügelten den maßlosen deutschen Siegesrausch. Im späteren Verlauf des Krieges war die »Dicke Berta« kaum noch von militärischer Bedeutung; ihre Legende wirkte aber weiter.

8.2.9

Zwei Original-Fotografien des Paris-Geschützes

aus dem Nachlass des Krupp-Direktors Fritz Rausenberger, Fried. Krupp AG, Essen, 1918 | Papier, je 13 x 21,5 cm | Wehrtechnische Studiensammlung des Bundesamtes für Wehrtechnik und Beschaffung, Koblenz | 001 Nachlass Rausenberger 01 Mappe 1

Professor Fritz Rausenberger (1868–1926), Artillerie-Direktor bei Krupp, konstruierte unter anderem dieses Ferngeschütz mit der damals sensationellen Reichweite von gut 120 Kilometern. Es wurde in drei Exemplaren gebaut. Von März bis August 1918 beschossen diese von den deutschen Stellungen in Nordfrankreich aus Paris und versetzten die Bewohner in Angst und Schrecken; 256 Menschen wurden getötet. Das Ziel, die öffentliche Ordnung in Paris lahmzulegen und damit auch die französische militärische Zentrale zu behindern, wurde jedoch nicht erreicht. Unmittelbar nach dem Waffenstillstand vom November 1918 wurden die Geschütze in Deutschland zerstört und eingeschmolzen, um das Konstruktionsgeheimnis des Ferngeschützes zu wahren.

8.2.10

Deutsche Artillerie-Karte von Nordfrankreich mit Einzeichnung der »Wilhelm-Stellungen«

aus dem Nachlass Fritz Rausenbergers, 1918 | Druck, Papier, Maßstab 1:80.000 | 32 x 47 cm | Wehrtechnische Studiensammlung des Bundesamtes für Wehrtechnik und Beschaffung, Koblenz | 001 Nachlass Rausenberger 01 Mappe 1

Das »Paris-Geschütz« wurde auch »(Kaiser) Wilhelm-Geschütz« genannt; bei den eingezeichneten Standorten handelte es sich also um die geheimen Stellungen dieses Ferngeschützes bei Laon und Crépy.

8.2.11

Bekanntmachung der Fried. Krupp AG über ein Dankes-Telegramm des Kaisers Wilhelm II. an die Krupp-Mitarbeiter anlässlich der Beschießung von Paris durch Krupp'sche Geschütze

Graphische Anstalt der Fried. Krupp AG, Essen, 26. März 1918 | Druck, Papier | 59 x 47 cm | Historisches Archiv Krupp, Essen | S 18/256

Die Beschießung von Paris durch das Krupp'sche Ferngeschütz begann am 23. März 1918. Aus dem Danktelegramm Wilhelms II. an die Krupp-Mitarbeiter werden die Hoffnungen deutlich, die mit dem Einsatz dieser neuen und für damalige Verhältnisse sensationellen Waffe im Rahmen der deutschen Frühjahrsoffensive 1918 verknüpft wurden. Da das Ferngeschütz nur großflächige – und daher nicht planbare – Ziele treffen konnte, war es jedoch militärisch kaum von Nutzen.

8.2.12

Fotoalbum »Zur Erinnerung an den Besuch an der Flandrischen Küste«

15. September 1915 (Fotos) | Papier, Karton, Textileinband | 19,5 x 24 x 3,5 cm | Wehrtechnische Studiensammlung des Bundesamtes für Wehrtechnik und Beschaffung, Koblenz | 001 Nachlass Rausenberger 87.0126

Das Album aus dem Nachlass des Artillerie-Direktors bei Krupp, Fritz Rausenberger, enthält unter anderem zahlreiche Aufnahmen von deutschen Stellungen an der Westfront während des Ersten Weltkriegs.

8.2.13

Atlas der Firma Krupp über artillerietechnische Ergebnisse des Ersten Weltkriegs

Fried. Krupp AG, Essen, 1919 | Druck, Papier, Karton | 33 x 22 x 1 cm | Wehrtechnische Studiensammlung des Bundesamtes für Wehrtechnik und Beschaffung, Koblenz | 001 Nachlass Rausenberger 87.0055

Obwohl Krupp nach 1918 aufgrund des Verbots durch den Versailler Vertrag keine Waffen produzierte, wurde die Forschung fortgesetzt, zuerst in der Form einer Auswertung der Krupp'schen Kriegsproduktion im Ersten Weltkrieg. Diesem Ziel diente die vorliegende Bilanz der im Krieg gewonnenen artillerietechnischen Erkenntnisse ebenso wie eine umfangreiche Denkschrift über »Die Firma Krupp im Weltkrieg«, die nach dem Krieg zusammengestellt wurde.

8.2.9

8.3. Rüstungsproduktion für den Zweiten Weltkrieg

Das nahezu vollständige Produktionsverbot für Waffen durch den Versailler Vertrag umging Krupp teilweise durch internationale Kooperationen – vor allem mit dem schwedischen Konzern AB Bofors. Sie sollten das technische Know-how der Krupp'schen Konstrukteure bewahren und eine spätere Rückkehr ins Waffengeschäft ermöglichen. Dieselbe Funktion erfüllte seit 1922 die geheime Zusammenarbeit mit der Reichswehr. Bereits 1934 übernahm die Firma die ersten Aufträge im Rahmen der nationalsozialistischen Wiederaufrüstung. In seiner Rede bei der Jubilarfeier am 30. April 1939 nannte Gustav Krupp die Wiederaufnahme der Waffenproduktion »die Stunde, in der wir wieder, wenn ich so sagen darf, ganz Krupp sein durften – sie schlug, als Adolf Hitler die Geschicke des Reiches in seine Hand nahm«.

Die nationalsozialistische Organisation der Kriegswirtschaft war für Krupp wie für andere private Unternehmen mit einer weitgehenden Einschränkung der unternehmerischen Entscheidungsfreiheit verbunden. Dem standen, insbesondere bei Krupp, ein großes Entgegenkommen der staatlichen Seite in den Fragen der Preisgestaltung sowie Abschreibungsmöglichkeiten und staatliche Zuschüsse gegenüber, was nicht unbeträchtliche Gewinne ermöglichte. Es gelang der Firma auch – anders als im Ersten Weltkrieg –, nicht ausschließlich Waffen zu produzieren, sondern im Blick auf die Zukunft nach dem Krieg eine breitere Produktpalette aufrechtzuerhalten und hohe Rücklagen zu bilden. Die erheblichen, für Kriegszwecke notwendigen Erweiterungsbauten wurden weitgehend durch die Wehrmacht finanziert.

Die Essener Gussstahlfabrik wurde 1939 – als ein Rüstungszentrum unter vielen – der Wehrmacht unterstellt. Ihre Stärke lag in der Entwicklung von Waffen und der Produktion von Teilen, weniger in der Massenfertigung. Der Versuch, mit dem Berthawerk in Markstädt nahe Breslau zur Serienproduktion in großem Stil überzugehen und zugleich größere Teile der Essener Produktion in das weniger bombengefährdete Schlesien zu verlegen, war nur von begrenztem Erfolg. Mehr als 4000 KZ-Häftlinge waren hier als Zwangsarbeiter beschäftigt – unter elenden Lebensbedingungen, so wie in zahlreichen deutschen Großunternehmen. Krupp produzierte im Verlauf des Krieges unter anderem schwere Geschütze, den Panzerkampfwagen IV, Panzerwannen und -türme, Granaten, Kriegsschiffe und U-Boote. Die 8,8 cm-Flugabwehrkanone (Flak) war eine Krupp'sche Entwicklung, ebenso das vom Chefkonstrukteur Erich Müller auf Anregung Hitlers hin entwickelte Riesengeschütz »Dora«. An der Konstruktion des »Tiger«-Panzers war Krupp mit anderen Rüstungsfirmen beteiligt.

Die politische Indienstnahme traf bei Gustav Krupp auf eine bereitwillige Selbstverpflichtung. Die Firma pflegte den Mythos der Waffenschmiede des Reiches. Und die alliierten Kriegsgegner nahmen sie in dieser Rolle so ernst, dass sie nicht nur große Teile der Krupp-Werke in Schutt und Asche legten, sondern auch gegen Krupp neben Flick und IG Farben stellvertretend für das gesamte System der NS-Kriegswirtschaft Anklage erhoben. MJ/IW

8.3.1

Zwei Artillerie-Geschosse aus Krupp'scher Produktion, Zweiter Weltkrieg

a) Geschoss (Granate) der 21 cm-Kanone K 38
Fried. Krupp AG, Essen, 1942 | Stahl | L 90 cm, Dm 21 cm, ca. 115 kg

b) Geschoss (Granate) der 17 cm-Kanone 18
Fried. Krupp AG, Essen, um 1940 | Stahl | L 81,5 cm, Dm 17 cm, ca. 65 kg

Wehrtechnische Studiensammlung des Bundesamtes für Wehrtechnik und Beschaffung, Koblenz | 9996205 und ohne Inv. Nr.

8.3.2

Kartuschen von Granaten der 8,8 cm-Flugabwehrkanone (Flak)

Hersteller unbekannt, vermutlich Fried. Krupp, 1943/44 | Messing, Eisen | L 86 cm, Dm 9 cm | Ruhr Museum, Essen

Kartuschen nennt man die Hülsen für die Treibstoffladung eines Geschosses mit großem Kaliber. Je nach Material werden sie beim Abschuss nicht verbrannt, sondern fallen zu Boden.

8.3.3

8,8 cm-Flugabwehrkanone (Flak)

Fotografie von Walther, 1943 | Bundesarchiv Koblenz | 101I-635-3999-24

Die 8,8 cm-Flugabwehrkanone zur Bekämpfung von alliierten Bombern wurde bei Krupp entwickelt und war als Standard-Flakgeschütz der Wehrmacht weit verbreitet. Rund 200.000 Jugendliche waren als »Flakhelfer« eingesetzt. Die Kanone beruhte auf einer Kooperation mit dem schwedischen Rüstungskonzern AB Bofors und ging ab 1933 in Serienfertigung. Insgesamt wurden bei zahlreichen Rüstungsfirmen über 20.000 Exemplare hergestellt, die aufgrund ihrer enormen Durchschlagskraft auch im Bodenkampf als panzerbrechende Waffe zum Einsatz kamen. Eine modifizierte Version der »Acht-acht« wurde im »Tiger«-Panzer verwendet.

8.3.4

Stück vom Rohr des Krupp'schen 80 cm-Eisenbahngeschützes »Dora«

Fried. Krupp AG, Essen, 1937/41 | Stahl | H ca. 15 cm, B ca. 30 cm, T ca. 20 cm | Wehrtechnische Studiensammlung des Bundesamtes für Wehrtechnik und Beschaffung, Koblenz

8.3.5

Das 80 cm-Geschütz »Dora«

Fotografie, 1942 | Historisches Archiv Krupp, Essen | ÜF 2/6.9.9

Das Eisenbahngeschütz »Dora« gilt als die größte jemals gebaute und tatsächlich eingesetzte Kanone der Welt. Es wurde auf eine Anregung Hitlers von Erich Müller (»Kanonen-Müller«) bei Krupp entwickelt und in zwei Exemplaren hergestellt (»Dora« und »Gustav«). Das »Dora«-Geschütz wog 1350 Tonnen; das Rohr war 32 Meter lang bei einem Durchmesser von 80 Zentimetern. »Dora« kam im Juni/Juli 1942 gegen die Festung Sewastopol auf der Krim zum Einsatz. Der ungeheure logistische und finanzielle Aufwand stand aber in keinerlei Verhältnis zum militärischen Nutzen – der Aufbau des Geschützes dauerte 56 Stun-

8.3.1 a

8.3.3

8.3.5

den und beschäftigte mit sämtlichen Vorarbeiten mehrere tausend Mann.

Eisenbahngeschütze hatten die Aufgabe, militärische Ziele des Fernkampfes zu zerstören. Diese Rolle übernahm im Zweiten Weltkrieg jedoch zunehmend die Luftwaffe. Auch die Entwicklung der V-Waffen und die enormen Kosten der Geschütze stoppten eine weitere Verbreitung dieser Waffengattung. 1945 wurde »Dora« von den Sowjets gesprengt.

8.3.6

Ankunft Adolf Hitlers auf dem Versuchsschießplatz der Firma Krupp in Meppen

Fotografie, April 1936 | bpk-Bildagentur für Kunst, Kultur und Geschichte, Berlin

Hitler, hier in Empfang genommen durch einen Abteilungsleiter von Krupp und einen Ortsgruppenleiter der NSDAP, galt aufgrund seiner Prägung durch den Ersten Weltkrieg als Anhänger und Förderer der Artillerie.

8.3.7

Alfried Krupp mit dem Gauleiter von Niederschlesien, Karl Hanke, während der Besichtigung des Berthawerkes in Markstädt bei Breslau

Fotografie, 6. Juni 1944 | Historisches Archiv Krupp, Essen | WA 16 c 287.4

Das Berthawerk wurde 1942 in Markstädt nahe Breslau gegründet und mit erheblichen staatlichen Zuschüssen betrieben. Es sollte Krupp den Einstieg in die rationalisierte Serienproduktion bringen, zunächst von Waffen im Auftrag der Wehrmacht. Die schweren Bombenangriffe auf Essen im März 1943 ließen den Aspekt der Verlagerung der Krupp'schen Rüstungsproduktion in weniger gefährdete Gebiete in den Vordergrund treten; ganze Werkstätten wurden nach Markstädt verlegt.

Unter anderem wurden Feldhaubitzen, Panzerabwehrkanonen, Flugabwehrkanonen (Flak) und Granaten vom Kaliber 7,5 cm hergestellt. Der Erfolgsdruck durch die Speer'sche Rüstungsverwaltung war bei knappen Ressourcen groß. Ende 1944 beschäftigte Krupp im Berthawerk jeweils mehr als 4000

8.3.8

ausländische Zwangsarbeiter und KZ-Häftlinge, auch aus Auschwitz. Als einen Pluspunkt für das Berthawerk bezeichnete eine firmeninterne Notiz für Alfried Krupp 1942 die Verfügbarkeit von »Sträflingen und Strafjuden« beim Aufbau der Fabrik.

8.3.8

Fotoalbum »Zur Erinnerung an das Walzen der 25.000sten Platte am 18. Dezember 1937«

1937 | Karton, Leder | 25,5 x 35,5 x 1,5 cm | Historisches Archiv Krupp, Essen | WA 16 b 201

8.3.9

Bericht über das Krupp-Schwert als Geschenk der »deutschen Waffenschmiede« für Hermann Göring

in: Krupp-Mitteilungen Nr. 6, 15. Dezember 1940, S. 11 | Druck, Papier | 30 x 21 cm | Historisches Archiv Krupp, Essen

Der Artikel beschreibt ein Schwert, das Gustav Krupp von Bohlen und Halbach und Alfried von Bohlen und Halbach am 13. November 1940 Hermann Göring überreichten. Anlass war der Abschluss des Vierjahresplanes von 1936, der unter der Leitung von Göring die deutsche Aufrüstung und wirtschaftliche Kriegsvorbereitung koordiniert hatte; danach wurde er eine Dauereinrichtung als Lenkungsbehörde für die Kriegswirtschaft. Das Geschenk sollte »die Mitwirkung der Krupp-Werke bei der Durchführung des Vierjahresplanes und bei der Wiederwehrhaftmachung des deutschen Volkes versinnbildlichen«. Es wurde in der Krupp'schen Versuchsanstalt geschmiedet. Griff und Parierstange waren mit grünen Halbedelsteinen verziert, die Scheide aus Silber. Die Klinge trug die Krupp'schen drei Ringe und die Inschrift »Dem Schmied des Vierjahresplanes, Reichsmarschall Hermann Göring, die deutsche Waffenschmiede« – ein wichtiges Dokument für die Selbststilisierung der Firma, die den Mythos der »Waffenschmiede« weiter pflegte.

8.3.10

8.3.10

U-Boot 203, »für das die Stadt Essen die Patenschaft übernahm«

Abbildung und Bildunterschrift, in: Krupp Werkzeitschrift Nr. 11/1. März 1941 | Druck, Papier | 34 x 24,5 cm | Historisches Archiv Krupp, Essen

Die Stadt Essen übernahm 1941 die Patenschaft für das auf der Krupp'schen Germaniawerft in Kiel erbaute U-Boot 203, das am 25. April 1943 im Nordatlantik von einem britischen Zerstörer versenkt wurde.

8.3.11

Briefwechsel zwischen Albert Speer und Gustav Krupp zum »Tiger«-Panzer

a) Übermittlung der Anerkennung Hitlers für die ersten »Tiger«-Panzer an Gustav Krupp durch Albert Speer
Albert Speer, Berlin, 28. April 1942 | Reproduktion | 29,7 x 21 cm

b) Antwort Gustav Krupps an Albert Speer
Gustav Krupp, Essen, 6. Mai 1942 | Durchschrift (Reproduktion) | 21 x 16,5 cm

Historisches Archiv Krupp | FAH 23/758.92 und FAH 23/758.94

Mit Stolz auf das Lob des »Führers« für die beteiligten Unternehmen versprach Gustav Krupp, die Firma werde weiterhin »ihr Äußerstes« für die Ziele der nationalsozialistischen Kriegswirtschaft einsetzen.

8.3.12

Panzerkampfwagen VI »Tiger« vor der Schlacht um Kursk (»Unternehmen Zitadelle«)

Fotografie von Friedrich Zschäckel, Juni 1943 | Bundesarchiv Koblenz

Der Panzerkampfwagen VI (Tiger) wurde von mehreren deutschen Rüstungsfirmen entwickelt und 1942 bis 1944 von Henschel in Kassel hergestellt. Er kam ab 1942 zum Einsatz. Mit 1350 produzierten Exemplaren war die militärische Bedeutung des sehr störanfälligen schweren Panzers in der Praxis geringer, als es seinem legendären Ruf entsprach. Krupp baute die Wanne des Tiger-Panzers und entwickelte den Turm und das Geschütz; hergestellt wurden diese Komponenten jedoch von anderen Rüstungsfirmen.

8.3.13

Technische Zeichnungen des Panzerkampfwagens IV, Ausführung G und H

Fried. Krupp, Juli 1944 | Druck, Papier | 30 x 64 cm | Historisches Archiv Krupp, Essen | WA 52/89, Bild 9

Der Panzerkampfwagen IV gilt als der wichtigste deutsche Panzer im Zweiten Weltkrieg. Er wurde seit 1934 von Rheinmetall, MAN und Krupp entwickelt und von 1937 bis Ende 1943 im Krupp-Gruson-Werk in Magdeburg gebaut, seit 1942 auch in anderen Unternehmen. Insgesamt wurden mehr als

8.3.14

8.3.16

8000 Stück produziert. Die Essener Gussstahlfabrik lieferte Stahlplatten, Wannen und Türme. Die Zeichnung ist Bestandteil eines Aktenbandes mit dem Titel »Panzerkampfwagen IV Ausf. G und H. Gerätbeschreibung und Bedienungsanweisung zum Aufbau«.

8.3.14

28 cm-Eisenbahngeschütz »K 5« an der französischen Kanalküste bei Calais

Fotografie von Arthur Grimm, Calais, Oktober 1940 | bpk-Bildagentur für Kunst, Kultur und Geschichte, Berlin

25 Kanonen der Bauart »K 5« in Eisenbahnlafette wurden für den Feldeinsatz ausgeliefert. Das Geschütz »K 5« mit dem 28-Zentimeter-Kaliber galt als Standardgeschütz der deutschen Eisenbahnartillerie. »K 5« - Batterien standen an der französischen Kanalküste, wurden aber auch in allen größeren Feldzügen der Wehrmacht eingesetzt. Die Schussweite des Geschützes betrug bis zu 62 Kilometer. Als letztes überhaupt noch vorhandenes Eisenbahngeschütz in restauriertem Zustand befindet sich ein Exemplar der »K 5« auf dem Freigelände des Armeemuseums in Aberdeen/Maryland; es wurde 1944 von der US-Army in Italien erbeutet.

8.3.15

Motorisierte Kolonne mit Krupp-Protze während des Einmarsches deutscher Truppen in Polen

Fotografie von Heinz Boesig/Max Ehlert, September 1939 | Bundesarchiv Koblenz

Die motorisierte »Krupp-Protze« diente als Transportmittel für leichte Geschütze, als Mannschaftstransportwagen oder Fernmeldewagen.

8.3.16

Werbebroschüre »MaK Wehrtechnik Land. Moderne Technologie für die Streitkräfte«

Krupp Maschinenbau Kiel, um 1984 | Druck, Papier | 29,7 x 21 cm | Historisches Archiv Krupp, Essen | S 3 WT 10/1

Nach 1945 wurden bei Krupp in Essen tatsächlich, wie Alfried Krupp es versprochen hatte, keine Waffen mehr produziert. Die vielfältigen und weit verzweigten Beteiligungen der Firma führten in den Jahrzehnten danach aber durchaus auch zu Aktivitäten im Rüstungsgeschäft, so bei den Firmen Krupp Maschinenbau Kiel und Krupp Atlas Elektronik, heute im Bereich Kriegsschiffbau von ThyssenKrupp Marine Systems.

8.3.17

Filmstation: Erster und Zweiter Weltkrieg

Zusammenstellung: Paul Hofmann, Kinemathek im Ruhrgebiet, Duisburg, 2012

a) Waffenproduktion vor und im Ersten Weltkrieg
aus: »Pioniere der deutschen Technik« (1935)

b) Flugaufnahmen von den Kriegszerstörungen in Nordfrankreich, November 1919

c) Stapellauf des Schweren Kreuzers »Prinz Eugen«, Kiel, Germaniawerft, 22. August 1938 / »Das siegreiche U-Boot von Scapa-Flow trifft unter seinem Kommandanten, Kptlt. Prien, auf der Bauwerft in Kiel ein«, ca. Dezember 1940 / Hitler und der Artillerie-Chefkonstrukteur Erich Müller bei Geschützvorführungen, August 1940
aus: »Krupp – Armament and Politics 1933–1940 (1947)

d) 80 cm-Eisenbahngeschütz »Dora« vor Sewastopol, Juni/Juli 1942
aus: »Deutsche Wochenschau Nr. 617« (01.07.1942)

a, c) Historisches Archiv Krupp, Essen; b) Foundation Musée départemental Albert-Kahn, Boulogne-Billancourt; d) Bundesarchiv-Filmarchiv / Transit Film, Berlin / München

9. Die Welt zu Gast auf dem Hügel – Von Kaiser Wilhelm bis zu Andy Warhol

Die Villa Hügel steht als Synonym für Repräsentation und das Verhältnis der Firma Krupp und ihrer Eigentümer zur politischen Macht. Sie ist Ausdruck der wirtschaftlichen Bedeutung der Gussstahlfabrik als einer quasi nationalen Institution. Die Villa Hügel spiegelt den Stolz auf die erbrachte Leistung und die neue Stellung des industriellen Unternehmers in der Gesellschaft und im Staat. Und sie ist das zu Stein gewordene Symbol des persönlichen Erfolgs von Alfred Krupp.

Die national und international immer größer werdende Bedeutung der Firma und ihr faktisches und angestrebtes Verhältnis zum preußischen Staat und dessen Repräsentanten verlangte nach einem entsprechenden Rahmen. Krupp hatte den preußischen Ministerpräsidenten Otto von Bismarck 1864 noch in seinem Gartenhaus auf dem Fabrikgelände empfangen müssen. Gestalt und Lage des Gebäudes entsprachen zwar im Grunde seinem Verständnis der bürgerlichen Bescheidenheit und der engen Bindung an die Fabrik; Größe und Repräsentationsfähigkeit des Hauses wurden der Bedeutung des Unternehmens aber nicht mehr gerecht. Als dann 1869 der ägyptische Vizekönig seinen Besuch anmeldete, formulierte Alfred Krupp, dass er diesen »ganz mit äußerstem Glanz« beeindrucken wolle. Mit der Villa Hügel im Süden der Stadt über der Ruhr erschuf sich Alfred Krupp einen Ort, an dem er Geschäftspartner und Politiker mit dem entsprechenden Ambiente und auf Augenhöhe empfangen konnte. Nicht allein das Gebäude, auch seine Lage inmitten eines großzügig angelegten Parks mit altem Baumbestand und einer großen Anzahl von Wirtschaftsgebäuden hinterließen bei den Gästen einen nachhaltigen Eindruck.

Die Villa Hügel war nicht nur als Ort für ein zurückgezogenes Familienleben oder für die Bequemlichkeit des Fabrikherrn konzipiert. Von Beginn an war sie zum Zwecke einer den großbürgerlichen Rahmen fast schon sprengenden Hofhaltung gedacht und geplant – zum Empfang von Königen und Kaisern. Die Perspektive war immer auch auf die Erfordernisse des Unternehmens gerichtet. So diente die Einladung einer großen Zahl von Gästen pro Jahr keineswegs der reinen Geselligkeit, sondern den Interessen und der Prosperität des Unternehmens. Die Villa war ein funktionaler Bestandteil, eine spezifische

Betriebsstätte des Unternehmens. Im Testament von Friedrich Alfred Krupp wurde sie deshalb auch nicht dem Privat-, sondern dem Geschäftsvermögen zugeschrieben.

Nicht nur für die Repräsentation, auch für andere Belange der Firma wurde die Villa immer wichtiger. Vorbereitet wurde die Unternehmenspolitik in der Firma; entschieden wurde – mit Abstand zur Fabrikation – auf Hügel. Dabei verlieh der Ort den Entscheidungen noch einmal eine besondere Bedeutung. Unter Alfred Krupp und seinen Nachfolgern bis hin zu Alfried Krupp entwickelte sich die Villa Hügel nicht nur zu einem zentralen Ort für das Unternehmen, sondern auch zu einem der herausragendsten Empfangsorte des Ruhrgebiets, der er bis heute geblieben ist. FK

9.1. Deutsche Herrscher

Zwischen der Hohenzollern-Dynastie und der Firma und Familie Krupp bestand eine besondere Beziehung. Sie fand Ausdruck in einer beachtlichen Zahl an Besuchen und einer umfangreich überlieferten Korrespondenz seit den 1850er-Jahren. Der spätere Wilhelm I. war vor und nach seiner Krönung insgesamt viermal zu Besuch bei Krupp. Wilhelm II. weilte zwischen 1890 und 1918 insgesamt zehnmal in Essen und übernachtete bei sieben Besuchen auf Hügel. Die meist sehr aufwendig inszenierten Besuche verliehen der Firma und der Familie einen besonderen Glanz.

Zwischen Alfred Krupp, dem Industriemagnaten von der Ruhr, und Wilhelm I., König von Gottes Gnaden in Berlin, bestand eine stabile, aber auch distanzierte Beziehung. Sie kann als eine sich gegenseitig in ihrer Macht stützende Verbindung bezeichnet werden. Wilhelm I. hat Krupp schon als Kronprinz und später als König und Kaiser wiederholt und auch in schwieriger Geschäftslage entscheidend unterstützt und gefördert. Er setzte auf den technischen Vorsprung und die Verlässlichkeit Krupp'scher Waffen. Für Alfred Krupp waren die preußischen Rüstungsaufträge von großer Wichtigkeit, und es war ihm daran gelegen, seiner Firma eine ihr – wie er glaubte – zustehende Sonderrolle in Preußen zu verschaffen. Allerdings bedurfte es anhaltender Bemühungen, sich das Wohlwollen des Königs und Kaisers zu erhalten, da Krupp in der preußischen Armee und im Kriegsministerium auf Widerstände traf.

Die Beziehungen änderten sich, als 1888 Wilhelm II. den Thron bestieg und Friedrich Alfred Krupp 1887 die Leitung der Firma übernahm. Gegenüber ihren Vorgängern gab es nun eine noch größere Übereinstimmung zwischen Staats- und Firmeninteressen, und die wirtschaftliche und damit politische Position der Ruhrgebietsunternehmer war stärker als zuvor. Krupp als größter Stahl- und Waffenproduzent des Kaiserreichs wurde für Wilhelm II. zum Symbol und Aushängeschild für Deutschlands industrielle Stärke. Der technikbegeisterte Wilhelm II. förderte Krupp nicht nur direkt durch Auszeichnungen und Aufträge, sondern suchte die Firma auch stärker an das Staatsinteresse zu binden. Die enge Zusammenarbeit mit dem Militär bescherte Krupp in einigen Rüstungsbereichen die Stellung eines Beinahe-Monopolisten.

Unter Gustav Krupp blieb die Orientierung an der Staatsmacht unverändert. Allerdings kühlte sich das Verhältnis nach 1902 ab und die Besuche erhielten eher symbolischen Charakter. Gustav Krupp blieb dem Kaiser auch nach dessen Rücktritt verbunden, suchte aber auch in der Weimarer Republik und im »Dritten Reich« die Nähe zum Staat. Besuche von deutschen Staatsführern findet man – mit Ausnahme eines Besuches Hindenburgs im September 1925 – bis 1934 nicht. Hitler besuchte Krupp in der Zeit zwischen 1934 und 1940 insgesamt neunmal. Viermal wurde er – nach anfänglicher Weigerung Bertha Krupps – auch auf dem Hügel empfangen. Die tradierte Staatsloyalität sowie die Wahrung der Firmeninteressen, des eigenen Besitzes und der gesellschaftlichen Stellung führten zur Kooperation mit dem nationalsozialistischen Staat. FK/CT

9.1.1

»An den Gußstahl-Fabrikanten Alfred Krupp in Essen im Namen Seiner Majestät des Königs«

Sanssouci, den 16. August 1859 | Papier | 27,5 x 22 cm | Historisches Archiv Krupp, Essen | FAH 2 B 72.2

Der Brief ist ein frühes Zeugnis für die bis zum Ende der Monarchie guten Kontakte zwischen den Krupps und dem Hause Hohenzollern. In ihm wird die Annahme des Geschenks eines 60 Pfund-»Bombenkanonenrohres von Gussstahl mit gusseisernem Mantel« bestätigt und der patriotische Sinn Alfred Krupps gelobt. Preußischer König war Friedrich Wilhelm IV.; aufgrund seiner Krankheit wurde er aber seit 1857 von seinem Bruder, dem späteren Wilhelm I., vertreten.

9.1.2

»Besuch König Wilhelms I. auf der Gußstahlfabrik am 9. Oktober 1861«

Fotografie (späterer Abzug), 9. Oktober 1861 | Chlorsilberpapier | 10,4 x 16,5 cm | Historisches Archiv Krupp, Essen | FAH 2 D 66.79

Das Foto hält den ersten Besuch des seit dem 2. Januar 1861 amtierenden preußischen Königs bei Krupp fest. Als Prinz hatte Wilhelm I. Krupp bereits acht Jahre zuvor einen Besuch abgestattet. Krupp legte besonderen Wert auf die öffentliche Wahrnehmung des Kaiserbesuchs. An den offiziellen Empfang am Altenessener Bahnhof schloss sich eine vierstündige Besichtigung der Krupp'schen Werke an.

9.1.3

Programm für den Besuch Kaiser Wilhelms I. auf der Gussstahlfabrik am 2. September 1877

Buchdruckerei des Krupp'schen Etablissements, Essen, September 1877 | Karton | 16,7 x 10 cm | Historisches Archiv Krupp, Essen | FAH 2 B 67.208-209

Beginnend mit einem Besuch des Gartenhauses auf dem Gelände der Fabrik, lag der Schwerpunkt auf der Besichtigung von Werkstätten für die Rüstungsproduktion. Auf dem Weg zur Villa Hügel wurden die Arbeiterkolonien »Schederhof« und Kronenberg durchfahren.

9.1.4

9.1.4

Festblatt zur »Begrüssung Sr. Majestät des Kaisers Wilhelm I.«

Lithographische Anstalt Joseph Fedter, Essen, 2. September 1877 | Papier, 4 Seiten | 33,8 x 20,8 cm | Historisches Archiv Krupp, Essen | FAH 2 B 67.181-184

Krupp war sehr daran gelegen, dass die ihm und seiner Fabrik geltenden Besuche des Kaisers eine breite Öffentlichkeit fanden. Das Festprogramm mit dem Titel »Aufstellung der Behörden, Corporationen, Krieger- und sonstigen patriotischen Vereine zur Begrüßung Sr. Majestät des Kaisers Wilhelm I. bei Allerhöchstdessen Fahrt durch die Bürgermeisterei Altendorf behufs Besichtigung der Colonien Schederhof und Cronenberg am 2. September 1877« spannte daher zahlreiche Vereine und Verbände in die Begrüßungszeremonie mit ein.

9.1.2

9.1.5
Wilhelm II. und Friedrich Alfred Krupp besichtigen das festlich geschmückte Stammhaus auf dem Gelände der Gussstahlfabrik
Fotografie, 20. Juni 1890 | Karton mit Goldrand | 14 x 22 cm | Historisches Archiv Krupp, Essen | FAH 3 H 18
Das Stammhaus diente Alfred Krupp immer wieder dazu, die Herkunft seiner Fabrik aus »kleinsten Anfängen« zu beschwören, und gehörte zum festen Besichtigungsprogramm.

9.1.6
»Programm für die Besichtigung der Krupp'schen Fabrik am 20.Juni 1890 durch Seine Majestät den Kaiser«
20. Juni 1890 | Papier | 17,5 x 10,8 cm | Historisches Archiv Krupp, Essen | FAH 3 B 120.3 + 2
Nach einer zweistündigen Besichtigung der Kanonenwerkstätten stand für eine halbe Stunde der Besuch des Stammhauses und des Schmelzbaus auf dem Programm. Für die Stippvisite ausgesuchter Institutionen von Wohlfahrtseinrichtungen war eine Stunde eingeplant. Für Mittag- und Abendessen und zwei offizielle Darbietungen auf Hügel wurden siebeneinhalb Stunden veranschlagt.

9.1.7
Auflistung der Wagenfolge
zum 20. Juni 1890 | Handschrift, Papier | 21 x 16 cm | Historisches Archiv Krupp, Essen | FAH 3 C 239.43

9.1.8
»Eintheilung der Bedienung« anlässlich des Kaiserbesuches auf Hügel
zum 20. Juni 1890 | Handschrift, Papier, 6 Doppelseiten | 28,6 x 44,3 cm | Historisches Archiv Krupp, Essen | FAH 3 C 239.15b S. 27

9.1.5

9.1.9
»Dienerschaft im Gefolge seiner Majestät des Kaisers«
zum 20. Juni 1890 | Handschrift, Papier | 27,7 x 20 cm | Historisches Archiv Krupp, Essen | FAH 3 C 239.52

9.1.10
Zimmerverteilung im Haupt- und im Nebenhaus auf Villa Hügel
zum 20. Juni 1890 | Druck, Karton | 17,7 x 12 cm | Historisches Archiv Krupp, Essen | FAH 3 C 239.54

9.1.8

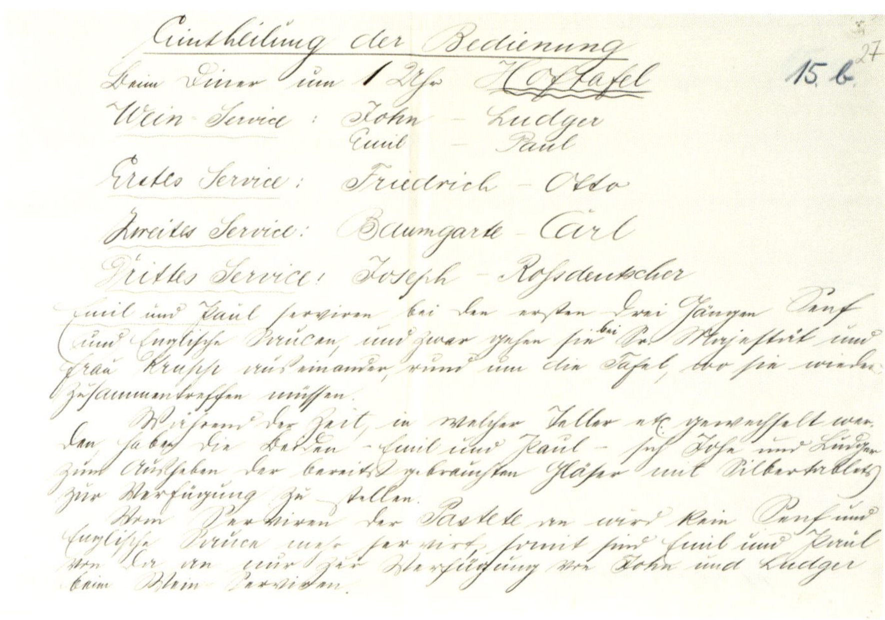
27
15. b
Eintheilung der Bedienung
Beim Diner am 1 Uhr Hoftafel
Wein Service: John – Ludger
Emil – Paul
Erstes Service: Friedrich – Otto
Zweites Service: Baumgarte – Carl
Drittes Service: Joseph – Roßdeutscher

9.1.11
Speisekarte für die Mittagstafel auf dem Hügel am 20. Juni 1890
Verlag Gustav Hanneck, Braunschweig | Juni 1890 | Druck, Karton mit Goldrand | 23,8 x 15,5 cm | Historisches Archiv Krupp, Essen | FAH 3 C 239.34

9.1.12
Tischplatzierung für das Abendessen am 20. Juni 1890 im Holländischen Zimmer auf Hügel
Juni 1890 | Druck, Papier, Karton | 13 x 8 cm | Historisches Archiv Krupp, Essen | FAH 3 B 120.5

9.1.13
Speisekarte für die Abendtafel auf dem Hügel am 20. Juni 1890
Druck, Karton | 12 x 8 cm | Historisches Archiv Krupp, Essen | FAH 3 C 239.39

9.1.14
Musikprogramm für den 20. Juni 1890
Druck, Karton | 18,3 x 12,4 cm | Historisches Archiv Krupp, Essen | FAH 3 C 239.22

9.1.15

9.1.15
Besuch der Kaiserin Auguste Viktoria und des Prinzen Heinrich in Essen und auf der Gussstahlfabrik am 7. und 8. August 1896
Fotografie, 7./8. August 1896 | Papier | 10,2 x 15 cm | Historisches Archiv Krupp, Essen | FAH 3 H 21

Ganz links ist Friedrich Alfred Krupp im Gespräch mit der Kaiserin zu sehen. Prinz Heinrich, in Uniform, steht mit dem Rücken zur Kamera, rechts daneben erscheint Margarethe Krupp.

9.1.12

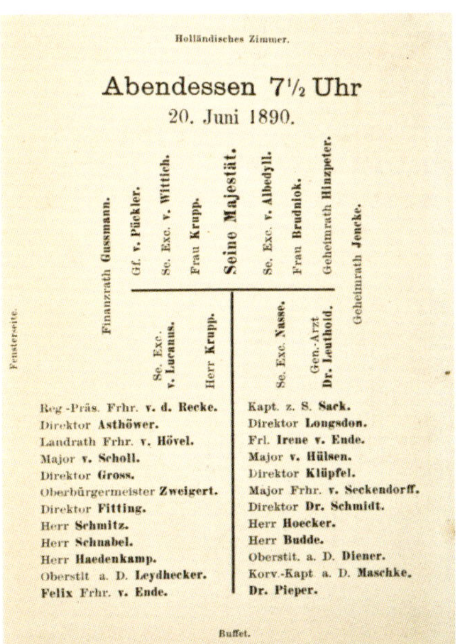

Holländisches Zimmer.

Abendessen 7½ Uhr
20. Juni 1890.

Finanzrath Gussmann.
Gf. v. Pückler.
Se. Exc. v. Wittich.
Frau Krupp.
Seine Majestät.
Se. Exc. v. Albedyll.
Frau Brudniok.
Geheimrath Hinzpeter.
Geheimrath Jencke.

Fensterseite.

Se. Exc. v. Lucanus.
Herr Krupp.
Se. Exc. Nasse.
Gen.-Arzt Dr. Leuthold.

Reg.-Präs. Frhr. v. d. Recke.	Kapt. z. S. Sack.
Direktor Asthöwer.	Direktor Longsdon.
Landrath Frhr. v. Hövel.	Frl. Irene v. Ende.
Major v. Scholl.	Major v. Hülsen.
Direktor Gross.	Direktor Klüpfel.
Oberbürgermeister Zweigert.	Major Frhr. v. Seckendorff.
Direktor Fitting.	Direktor Dr. Schmidt.
Herr Schmitz.	Herr Hoecker.
Herr Schnabel.	Herr Budde.
Herr Haedenkamp.	Oberstlt. a. D. Diener.
Oberstlt a. D. Leydhecker.	Korv.-Kapt a. D. Maschke.
Felix Frhr. v. Ende.	Dr. Pieper.

Buffet.

9.1.16

9.1.16

Prinz Heinrich von Preußen und Friedrich Alfred Krupp auf der Gussstahlfabrik

Fotografie, 7./8. August 1896 | Papier | 10,2 x 15 cm | Historisches Archiv Krupp, Essen | FAH 3 H 21

9.1.17

»Programm für den Besuch Ihrer Majestät der Kaiserin und Königin und Sr. Kgl. Hoheit des Prinzen Heinrich von Preussen in Vertretung Sr. Majestät des Kaisers u. Königs«

zum 7./8. August 1896 | Druck, 3 Seiten, Karton mit Goldrand | 16 x 10,5 cm | Historisches Archiv Krupp, Essen | FAH 3 B 265.92

Die Kaiserin Auguste Viktoria und ihr Sohn, Prinz Heinrich von Preußen, vertraten den terminlich verhinderten Kaiser. Zwei Monate später stattete der Kaiser Krupp dann aber wieder persönlich einen Besuch ab.

9.1.17

92

Programm

für den

Besuch Ihrer Majestät der Kaiserin und Königin

und

Sr. Kgl. Hoheit des Prinzen Heinrich von Preussen

in Vertretung Sr. Majestät des Kaisers u. Königs

auf dem Hügel

7. u. 8. August 1896.

9.1.20

9.1.18

Kaiser Wilhelm II. und Friedrich Alfred Krupp in einem Zweispänner beim Besuch der Gussstahlfabrik im Oktober 1896

Fotografie, 27./28. Oktober 1896 | Papier, Karton | 11 x 16,5 cm | Historisches Archiv Krupp, Essen | FAH 3 H 22.16

9.1.19

»Programm für den Besuch Sr. Majestät des Kaisers und Königs auf dem Hügel am 11.–13. August 1899«

August 1899 | Druck, Papier, Karton | 16,3 x 11,5 cm | Historisches Archiv Krupp, Essen | FAH 3 C 152.103

Bei dieser Visite stand kein Besuch der Gussstahlfabrik auf dem Programm. Nach der Eröffnung des Dortmunder Hafens hielt sich der Kaiser, unterbrochen von einer Tagesreise nach Remscheid am 12. August, meist auf Hügel auf. Lediglich nach der Rückkehr aus Remscheid waren Besichtigungen eines »Arbeiter-Logirhauses« und einer Kolonie (Brandenbusch oder Altenhof) vorgesehen.

9.1.20

Besuch der Wohnsiedlung Altenhof durch den Kronprinzen Wilhelm und Friedrich Alfred Krupp

Fotografie, 18./20. Juli 1902 | 15,2 x 21,4 cm | Historisches Archiv Krupp, Essen | WA 16 k 95.6

Der Kronprinz – das Foto zeigt ihn mit der Mütze des Studentencorps Borussia – wurde von Friedrich Alfred Krupp am 18. Juli 1902, aus Bonn kommend, am Essener Hauptbahnhof empfangen. Neben einer Besichtigung der Fabrik stand auch ein Besuch des Altenhofs und eines Gottesdienstes in der dortigen Kapelle auf dem Plan.

9.1.21

»Preszstimmen zum Kaiserbesuch bei Fried. Krupp A.G. vom 8.–10. August 1906«

darin: Zeitungsartikel aus »Vorwärts«, Nr. 184, vom 10. August 1906 | Buchdruck, Karton, Leder, Papier | 23 x 23,5 cm | Historisches Archiv Krupp, Essen | FAH 3 C 154 b 144

In einer Zusammenstellung von Pressemeldungen zum Kaiserbesuch, angelegt durch die Firma Krupp, befindet sich auch der äußerst kritische Artikel aus dem SPD-Parteiorgan »Vorwärts«. Er nimmt explizit Bezug auf die SPD-feindliche, so genannte »Tischtuchrede« des Kaisers, die dieser anlässlich der Beerdigung Friedrich Alfred Krupps 1902 gehalten hatte. Darin beschuldigte er die Sozialdemokratie, durch die Veröffentlichung von Artikeln im »Vorwärts« über die angebliche Homosexualität Friedrich Alfred Krupps für dessen Tod verantwortlich zu sein.

9.1.22

Wilhelm II. und Gustav Krupp von Bohlen und Halbach beim Besuch der Margarethenhöhe

Fotografie von Erich Benninghoven, 8. August 1912 | Papier | 29 x 40,5 cm | Historisches Archiv Krupp, Essen | FAH 4 A 8.3.2

Der Kaiser, links im Bild mit Pickelhaube und Uniformmantel, besichtigte die Margarethenhöhe anlässlich seines Besuchs bei Krupp zur Hundertjahrfeier der Gussstahlfabrik. Die Siedlung Margarethenhöhe geht zurück auf eine Stiftung Margarethe Krupps und wurde von dem Architekten Georg Metzendorf nach dem Vorbild englischer Gartenstädte entworfen. Gedacht war sie für Mitarbeiter der Fabrik und andere Einwohner der Stadt Essen.

9.1.23

Letzter Besuch Kaiser Wilhelms II. auf der Gussstahlfabrik

Fotografie aus einem Album mit Bildern vom 9. und 10. September 1918 | Historisches Archiv Krupp, Essen | WA 16 k 6

Der letzte Besuch des Kaisers Wilhelm II. auf der Gussstahlfabrik fand am 9. und 10. September 1918, zwei Monate vor seiner erzwungenen Abdankung, statt. Angesichts der Kriegs- und innenpolitischen Situation sowie der äußerst prekären Lage der Zivilbevölkerung wurde dieser Besuch nicht, wie sonst üblich, öffentlichkeitswirksam inszeniert. Einzige Ausnahme war eine »Durchhalterede«, die Wilhelm II. vor Krupp'schen Arbeitern hielt.

9.1.23

9.1.24
»Hindenburg in Duisburg – Die Fahrt nach Hügel«

Artikel in der Rheinisch-Westfälischen Zeitung, 43. Jg., Nr. 565, 19. September 1925 (Reproduktion) | Institut für Zeitungsforschung, Dortmund

Unter der Überschrift »Hindenburg in Duisburg« wird der einzige Besuch eines Staatsoberhauptes der Weimarer Republik in der Villa Hügel kurz erwähnt. Hindenburg besuchte die Villa Hügel auf Einladung von Gustav Krupp von Bohlen und Halbach. Bei dem gemeinsamen Frühstück waren auch führende Persönlichkeiten der rheinisch-westfälischen Industrie anwesend. Dazu zählten August Thyssen, Emil Kirdorf, Carl Duisberg, Karl Haniel, Friederich Springorum und Albert Vögler.

Adolf Hitler und Rudolf Heß
in der Gußstahlfabrik

9.1.26

9.1.25
Auflistung der Hitler-Besuche bei Krupp

»Besondere Besucher aus den Jahren 1933 – 1941«, Krupp'sche Abteilung für Besuchswesen, 8. Mai 1941 | Maschinenschrift, Papier | 21 x 15 cm | Historisches Archiv Krupp, Essen | WA 48/181

In dieser Auflistung sind unter dem Namen »Adolf Hitler« insgesamt neun Besuche mit dem jeweiligen Datum aufgeführt. Unter dem 8. April 1936 ist als Zusatz noch der Hinweis auf die bekannte Rede Hitlers im Lokomotivbau vermerkt.

9.1.26
»Adolf Hitler und Rudolf Heß in der Gußstahlfabrik«

Zeitungsbericht, in: Kruppsche Mitteilungen, Jg. 25, Nr. 20, 15. Juli 1934 | Druck, Karton, Papier | 33 x 24 cm | Haus der Essener Geschichte/ Stadtarchiv | Th II 39, 25

Hitler nutzte seinen Aufenthalt in Essen am 28. Juni 1934 anlässlich der Hochzeit des Gauleiters Terboven zu einem ersten Besuch der Gussstahlfabrik. Er wurde von Bertha und Gustav Krupp von Bohlen und Halbach in der Ehrenhalle der Hauptverwaltung begrüßt und anschließend durch einige Werksbereiche geführt. Einige Tage zuvor hatte bereits Rudolf Heß, der Stellvertreter des »Führers«, die Kruppwerke besucht.

9.1.27
»Der Führer auf der Gussstahlfabrik«

Zeitungsbericht, in: Kruppsche Mitteilungen, Jg. 27, Nr. 1, 15. Oktober 1935 | Druck, Karton, Papier | 33 x 24 cm | Haus der Essener Geschichte/ Stadtarchiv | Th II 39, 27

Bei seinem dritten Besuch der Gussstahlfabrik wurde Hitler auch erstmals auf der Villa Hügel empfangen. Allerdings enthält der Artikel hiervon keine Bilder, sondern zeigt den von den Krupp-Arbeitern umjubelten »Führer« bei der Fahrt durch das Werk und während seiner Reden. Bereits am 14. April hatte Hitler verschiedene Industrieunternehmen in Bochum und Essen besichtigt und dabei die Gussstahlfabrik zum zweiten Mal besucht.

9.1.28
Besuch des »Führers« im Lokomotivbau der Gussstahlfabrik am 27. März 1936

Zeitungsartikel, in: Kruppsche Mitteilungen, Jg. 27, Nr. 14, 15. April 1936 | Druck, Karton, Papier | 33 x 24 cm | Haus der Essener Geschichte/ Stadtarchiv | Th II 39, 27

9.1.29
Aktennotiz über den fünften Besuch Adolf Hitlers auf der Gussstahlfabrik

Abteilung für Besuchswesen, 11. April 1937 | Maschinenschrift, Papier, 4 Seiten | 30 x 20 cm | Historisches Archiv Krupp, Essen | WA 48/52

Nach einem Besuch der Rheinmetallwerke in Düsseldorf empfing die Familie Krupp Adolf Hitler auf der Villa Hügel zum Mittagessen. Auf eine Fahrt über den Altenhof folgte eine Werksbesichtigung inklusive der Inaugenscheinnahme von »ganz besonders geheimem Gerät«. Diesem Sachverhalt ist im Wesentlichen auch die Entstehung dieser Notiz zu verdanken. Auf der zweiten Seite ist nämlich protokolliert, dass der nicht angemeldete Kommandeur der Schutzpolizei, Oberstleutnant Herf, von der weiteren Teilnahme, sprich der Besichtigung des besonders geheimen Geräts, ausgeschlossen wurde.

9.1.30
»Das große Ereignis Essens im Bild«: Hitler und Mussolini in Essen
Zeitungsartikel mit Bilderserie von Willy van Heekern, in: Essener Volkszeitung, 70. Jg., Nr. 267, 28. September 1937 | Druck, Papier | 52 x 35 x 2,5 cm | Haus der Essener Geschichte / Stadtarchiv | 0026-071
Die Essener Volkszeitung widmete dem gemeinsamen Besuch des »Führers« und Benito Mussolinis, dem Ministerpräsidenten und Diktator Italiens, in Essen und auf der Gussstahlfabrik am 27. September einen mehrseitigen Bericht.

9.1.31
»Der Führer in Essen«
Zeitungsartikel, in: Essener Volkszeitung, Jg. 71, Nr. 282, 14. Oktober 1938 | Druck, Karton, Papier | 52 x 35 x 2,5 cm | Haus der Essener Geschichte/ Stadtarchiv | 0026-071
Am 14. Oktober veröffentlichte die Essener Volkszeitung einen Bericht über den Besuch Hitlers auf der Krupp'schen Fabrik. Im Rahmen einer Reise durch das Rheinland waren am Tag zuvor verschiedene Werksanlagen eingehend besichtigt worden. Nicht erwähnt wird Hitlers Anwesenheit auf dem Hügel anlässlich dieses Besuches.

9.1.33

9.1.32
»Der Führer gratuliert auf dem Hügel«
Zeitungsartikel, in: Essener Volkszeitung, Jg. 73, Nr. 218, 8. August 1940 | Druck, Karton, Papier | 53 x 37 x 1,5 cm | Haus der Essener Geschichte/ Stadtarchiv | 0026-073
Anlass für den letzten Besuch Adolf Hitlers auf dem Hügel war der 70. Geburtstag Gustav Krupp von Bohlen und Halbachs am 7. August 1940, zu dem der »Führer«, so der Artikel, »völlig unerwartet« erschien.

9.1.33
Bertha Krupp, Adolf Hitler und Gustav Krupp bei der Betrachtung eines Schachspiels
Fotografie von Heinrich Hoffmann, 7. August 1940 | Ullstein Bilderdienst
Hitler gratulierte Gustav Krupp persönlich zum 70. Geburtstag und machte ihm auf dem Hügel seine Aufwartung. Das Bild zeigt ihn zwischen dem Ehepaar Krupp bei der Begutachtung eines Schachspiels, dem Geburtstagsgeschenk der Belegschaft. Im Bildhintergrund links ist Eckbert von Bohlen und Halbach, zwischen Hitler und Krupp Dr. Fritz Todt, seit März 1940 Reichsminister für Bewaffnung und Munition, zu erkennen.

9.1.34
Gustav Krupp von Bohlen und Halbach, seine Frau Bertha und Adolf Hitler beim Spaziergang im Garten der Villa Hügel
Fotografie, 7. August 1940, aus den Kruppschen Mitteilungen, Jg. 31, Nr. 21, 7. August 1940 | Historisches Archiv Krupp, Essen | WA S1 K22

9.2. Staatsmänner aus aller Welt

Schon Alfred Krupp war beim Aufbau seiner Firma sehr um internationale Beziehungen bemüht. Da Eisenbahn-, insbesondere aber Rüstungsmaterial überwiegend von Staaten erworben wurden, konzentrierte sich die Aufmerksamkeit bei der Kontaktpflege auf die Kaiser-, Königs- und Fürstenhäuser, die Machthaber europäischer und außereuropäischer Staaten. So bemühte sich Alfred Krupp, den russischen Zaren anlässlich seines Deutschlandbesuchs 1860 zu einem Besuch der Gussstahlfabrik zu bewegen.

Parallel zum Aufschwung der Fabrik erhöhte sich unter Friedrich Alfred und später unter Gustav Krupp die Anzahl der Besuche ausländischer Potentaten und ihrer Gesandtschaften auf dem Hügel. Die Quantität und zunehmende Bedeutung der internationalen Kontakte spiegeln sich in der ausführlichen Dokumentation von Besucherlisten und der Einrichtung eines Besucherdienstes. Zu den Gästen zählten unter anderem die Könige von Brasilien, Siam, Afghanistan, Ägypten, Madagaskar, der Sandwichinseln sowie der Vizekönig von China, der Schah von Persien und japanische Prinzen und Prinzessinnen.

Die Bemühungen um gute Geschäftsbeziehungen beruhten aber nicht nur auf dem Empfang ausländischer Gäste. Wenige Wochen nach dem Tod seines Vaters stattete Friedrich Alfred Krupp den wichtigsten Kunden in Begleitung des Vorsitzenden des Direktoriums Jencke einen persönlichen Besuch ab. Neben einer Audienz beim Kaiser in Berlin galten die Antrittsbesuche König Leopold von Belgien, dem rumänischen König Carol und Sultan Abdul Hamid II. in Konstantinopel, außerdem der spanischen Königin und dem Zaren in Russland. Mit erheblichem Kostenaufwand wurden die Beziehungen zu Staatsoberhäuptern mit einem manchmal engen Kalender von Empfängen und Reisen über Jahre hinweg gepflegt. Zum Aufbau und zur Pflege der Beziehungen zu potentiellen und bereits gewonnenen Geschäftskunden gehörte auch die Vorführung von und die Ausbildung am Artilleriegerät. Festlichkeiten für hohe ausländische Offiziere auf Hügel wurden zu einer festen Einrichtung. Bei den Aufenthalten von Italienern, Rumänen, Türken, Argentiniern, Brasilianern, Chilenen, Bulgaren, Engländern, Japanern, Russen und Chinesen galt es allerdings darauf zu achten, dass nicht gerade gegeneinander aufrüstende oder sich sogar im Kriegszustand befindliche Staaten aufeinander trafen.

Die Besucherpolitik diente nicht nur der Akquisition von Aufträgen, sondern war auch für die Position der Firma gegenüber der Reichsleitung und den preußischen Militärbehörden bedeutsam. Zudem verlieh sie Friedrich Alfred Krupp firmenintern einen zusätzlichen Einfluss gegenüber dem Direktorium, denn nur er konnte Verhandlungen auf höchster Ebene führen. Gustav Krupp führte die Tradition im Wesentlichen fort. Im Ersten Weltkrieg und den folgenden Jahren fanden allerdings keine großen Festlichkeiten mehr statt. Mit dem Wirtschaftsaufschwung in den 1930er-Jahren kamen wieder mehr Gäste; dabei nahmen jedoch die Besuche ausländischer Monarchen, Prinzen und Fürsten gegenüber Arbeitsbesuchen von Politikern, Militärs und Industriellen ab. FK

9.2.1

Kaiser Pedro de Alcantara von Brasilien

Fotografie, Atelier Adèle, Wien, 6. Dezember 1877 | Papier auf Karton | 16,5 x 11 cm | Historisches Archiv Krupp, Essen | FAH 3 H 47.35

Auch der Kaiser von Brasilien, Dom Pedro II. – mit vollständigem Namen Pedro de Alcântara João Carlos Leopoldo Salvador Bibiano Francisco Xavier de Paula Leocádio Miguel Gabriel Rafael Gonzaga de Bragança e Habsburgo – zählte zu den Gästen auf Villa Hügel. Zur Erinnerung überließ er Krupp die im Atelier Adèle in Wien angefertigte Aufnahme.

Brasilien wurde 1815 durch Beschluss des Wiener Kongresses zu einem Königreich erklärt und in Personalunion mit Portugal verbunden. Dom Pedro II., Sohn einer Tochter des Österreichischen Kaisers Franz II. und Pedro I. (als Peter IV. König von Portugal), wurde 1831 mit sechs Jahren Kaiser von Brasilien und blieb dies bis zur Ausrufung der Republik Brasilien im Jahr 1889. Er verstarb zwei Jahre später in seinem französischen Exil.

9.2.2

Li Hung Chang, Vizekönig der chinesischen Provinz Zihil

Fotografie, Atelier E. Biber, Berlin und Hamburg, Juni 1896 | Papier auf Karton | 35 x 27 cm | Historisches Archiv Krupp, Essen | FAH 3 H 47.27

Li Hung Chang oder Li Hongzhang war Vizekönig der im Norden Chinas liegenden Provinz Zihil, kaiserlicher Staatsrat und einer der mächtigsten Staatsmänner der bis 1911 herrschenden Mandschu-Dynastie. Die chinesische Provinz Zihil war Schwerpunkt der Ausschreitungen der unter deutscher Führung stehenden alliierten Truppen gegen die chinesische Bevölkerung bei der Niederschlagung des Boxeraufstandes im Jahr 1901. Das Foto ist mit einer persönlichen Widmung für Friedrich Alfred Krupp versehen.

9.2.1

9.2.2

9.2.3

Besuch von Li Hung Chang auf der Gussstahlfabrik

Fotografie, Ende Juni/Anfang August 1896 | Historisches Archiv Krupp, Essen | FAH 3 H 37.12

Die Außenaufnahme zeigt den 73-jährigen Vizekönig der chinesischen Provinz Zihil im Rollstuhl; Friedrich Alfred Krupp ist der zweite von links mit Zylinder.

Erste Kontakte mit China knüpfte Alfred Krupp anlässlich der ersten Reise einer chinesischen Delegation durch Europa im Jahr 1866. Im Juli des Jahres besuchte eine chinesische Delegation die Gussstahlfabrik in Essen. Seit 1870 unterhielt Krupp eine Vertretung in China in der Person des Kölner Kaufmanns Friedrich Peil. Eine erste Lieferung Krupp'scher Produkte fand 1871 statt; es handelte sich um 328 Kanonen. 1877 wurden chinesische Artillerieschüler in Essen im Umgang mit den Krupp-Geschützen geschult, die Krupp an China lieferte. Zur Intensivierung der Handelsbeziehungen wurden 1890 weitere Schulungen chinesischer Artillerieschüler in Essen durchgeführt; Ergebnis war eine erneute Bestellung von 150 Geschützen. Insgesamt lieferte Krupp zwischen 1871 und 1896, dem Jahr des Besuches Li Hung Changs in Essen, rund 2000 Geschütze an China.

9.2.4

Besuchsprogramm für den König von Siam, Chulalongkorn den Großen, Rama V.

Essen, 3. bis 6. September 1897 | Karton mit Goldrand, 3 Seiten | 16,5 x 11 cm | Historisches Archiv Krupp, Essen | WA 4/2009.145-147

Chulalongkorn, von 1886 bis 1910 König von Siam, knüpfte als erstes siamesisches Staatsoberhaupt Kontakte zu europäischen Königshäusern. Auf seiner ersten von insgesamt zwei Europareisen besuchte er 1897 unter anderem Deutschland und in diesem Zusammenhang auch die Gussstahlfabrik in Essen.

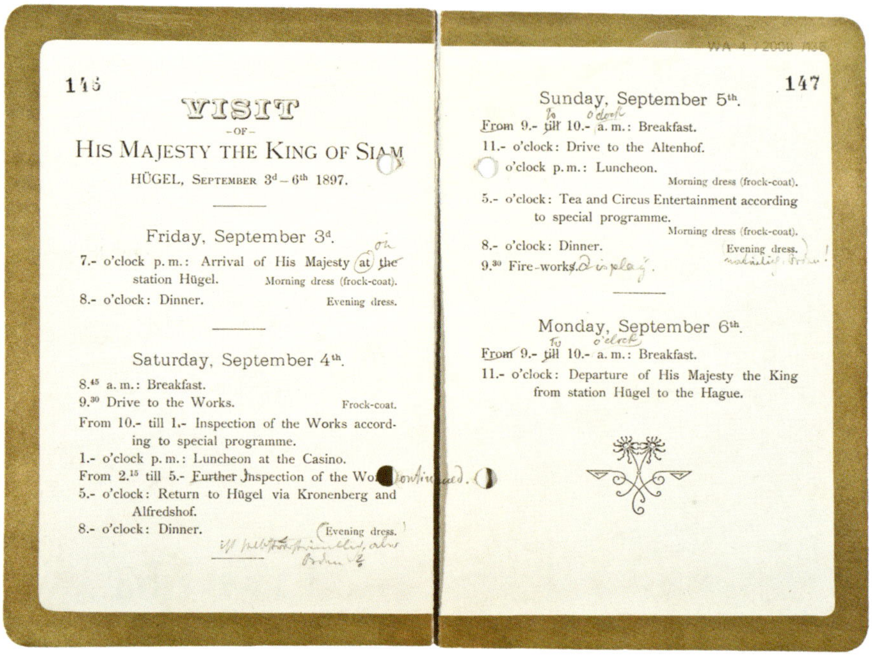

145

VISIT
– OF –
HIS MAJESTY THE KING OF SIAM
HÜGEL, SEPTEMBER 3^d – 6th 1897.

Friday, September 3^d.

7.- o'clock p. m.: Arrival of His Majesty at the station Hügel. Morning dress (frock-coat).
8.- o'clock: Dinner. Evening dress.

Saturday, September 4th.

8.45 a. m.: Breakfast.
9.30 Drive to the Works. Frock-coat.
From 10.- till 1.- Inspection of the Works according to special programme.
1.- o'clock p. m.: Luncheon at the Casino.
From 2.15 till 5.- Further inspection of the Works.
5.- o'clock: Return to Hügel via Kronenberg and Alfredshof.
8.- o'clock: Dinner. Evening dress.

147

Sunday, September 5th.

From 9.- till 10.- a. m.: Breakfast.
11.- o'clock: Drive to the Altenhof.
o'clock p. m.: Luncheon. Morning dress (frock-coat).
5.- o'clock: Tea and Circus Entertainment according to special programme. Morning dress (frock-coat).
8.- o'clock: Dinner. Evening dress.
9.30 Fire-works.

Monday, September 6th.

From 9.- till 10.- a. m.: Breakfast.
11.- o'clock: Departure of His Majesty the King from station Hügel to the Hague.

9.2.4

9.2.5
Chulalongkorn der Große, Rama V., auf der Gussstahlfabrik in Essen
Fotografie, 3./6. September 1897 | Historisches Archiv Krupp, Essen | FAH 3 H 51.4

9.2.6
Gruppenfoto mit dem chinesisch-kaiserlichen Gesandten Chang Yin Huan vor der Villa Hügel
Fotografie, 18. Juli 1897 | Historisches Archiv Krupp, Essen | FAH 3 H 36.3

Der Besuch des chinesisch-kaiserlichen Gesandten fand in dem Jahr statt, in dem deutsches Militär chinesische Gebiete – die spätere Kolonie Tsingtau (chin. Qingdao) – okkupierte. Nach der Besetzung der Jiaozhou-Bucht durch deutsche Truppen im November 1897 spekulierte Krupp auf Aufträge für den Ausbau der Stellungen mit schwerem Küstengeschütz. Russische und englische Truppen besetzten als Reaktionen auf die militärische Aktion der Deutschen ebenfalls Gebiete in der Region – unter anderem Port Arthur, mit dessen wehrtechnischer Ausrüstung Friedrich Alfred Krupp gerechnet hatte. Die Gruppenaufnahme zeigt als vierte von rechts stehend die Gastgeberin, Margarethe Krupp; im Vordergrund posieren ihre Töchter Bertha und Barbara.

9.2.7
Die Familie Krupp mit dem König von Siam bei Vorführungen in der Reithalle der Villa Hügel
Fotografie, 5. September 1897 | Historisches Archiv Krupp, Essen | SH 52/13

9.2.8
Verabschiedung von Naser ad-Din, Schah von Persien, nach dem Besuch der Gussstahlfabrik
Fotografie, 16. Juni 1889 | Historisches Archiv Krupp, Essen | FAH 3 H 35.1
Im Anschluss an Aufenthalte in Berlin beim deutschen Kaiser und der Garnison in Kassel besuchte der persische Schah Krupp in Essen. Nach Besichtigung der Villa Hügel und des Parks ging es in einer Wagenkolonne durch ein Spalier von Kriegervereinen zur Besichtigung der Kanonenwerkstätte. Nach dem Besuch wurde Naser ad-Din am Bahnhof durch Friedrich Alfred Krupp offiziell verabschiedet.

9.2.7

9.2.9
Besuch des chinesischen Prinzen Chun auf Villa Hügel

Fotografie, 24. September 1901 | 16 x 22 cm | Historisches Archiv Krupp, Essen | FAH 3 H 33.1

Das Foto zeigt Friedrich Alfred Krupp neben dem so genannten »Sühneprinzen«. Die als »Boxeraufstand« benannte chinesische Bewegung gegen internationale imperialistische Bestrebungen wurde von einer internationalen Streitmacht unter deutschem Oberbefehl im Jahre 1900 niedergeschlagen. In einem Protokoll vom 7. September 1901 wurde den Unterlegenen unter anderem die Entsendung einer chinesischen Gesandtschaft als Zeichen der Sühne und öffentlichen Abbitte für den Aufstand auferlegt. Der 18-jährige Bruder des chinesischen Kaisers, Prinz Chun, führte diese Delegation an. Er hatte das besagte Protokoll in Anwesenheit der Vertreter von Russland, Frankreich und Deutschland und von Gustav von Bohlen und Halbach unterzeichnet. Dieser war damals an der deutschen Botschaft in Peking tätig.

9.2.10
Besuch des japanischen Prinzen Komatsu Akihito auf der Gussstahlfabrik

Fotografie, 22. Juli 1902 | Historisches Archiv Krupp, Essen | FAH 3 H 34

1902 erfolgte der zweite Besuch des Prinzen Komatsu Akihito in Essen. Bereits 1894 hatte er die Krupp-Werke besucht und war Gast auf Villa Hügel. Erste Berührungspunkte Krupps mit Japan reichen bis ins Jahr 1858 zurück. 1885 konnte Krupp dann eine Schienenlieferung an Japan in seinen Büchern notieren.

9.2.11
Djemal Pascha zu Besuch auf Hügel

Fotografie, 2./3. September 1917 | Historisches Archiv Krupp, Essen | WA 16 k 36 b.20

Der türkische General und Marineminister war ein führendes Regierungsmitglied des Osmanischen Reiches. Das Foto zeigt ihn zwischen Bertha, Alfried und Gustav Krupp von Bohlen und Halbach. Nach Ende des Ersten Weltkrieges wurde Djemal Pascha wegen seiner Verantwortlichkeit für den Völkermord an

9.2.8

9.2.12

den Armeniern als Kriegsverbrecher gesucht. 1918 ermordete ihn eine armenische Geheimorganisation.

9.2.12

Besuch des Königspaares von Afghanistan auf Hügel

Fotografie, 7./8. März 1928 | Historisches Archiv Krupp, Essen | WA 16 y 482.1 + 3

Amanulla Khan war von 1919 bis 1926 Emir und seit 1926 König von Afghanistan. Seine Deutschlandreise führte ihn 1928 nach Essen und Berlin, wo er die Ehrendoktorwürde der Technischen Hochschule erhielt. Das Foto zeigt in der Bildmitte das afghanische Königspaar, links davon Bertha Krupp und rechts Gustav Krupp von Bohlen und Halbach.

9.2.13

König Fuad von Ägypten zu Besuch auf Hügel

Fotografie, Juni 1929 | Historisches Archiv Krupp, Essen | WA 16 k 60

Die Fotografie zeigt den ägyptischen König zwischen Bertha und Margarethe Krupp. Fuad al-awwal war seit 1917 Sultan von Ägypten und trug seit der Unabhängigkeit Ägyptens 1922 den Titel »König von Ägypten und des Sudans, Souverän von Nubien, Kordofan und Dafur«. Seit 1882/83 vom Osmanischen Reich losgelöst, gehörte Ägypten während des Ersten Weltkriegs zur britischen Einflusssphäre.

9.2.14

Prinz Takamatsu Nobuhito und Prinzessin Takamatsu Kikuko auf der Villa Hügel

Fotografie, 22. Oktober 1930 | Historisches Archiv Krupp, Essen | WA 16 k 64

Der Prinz, jüngster Bruder des japanischen Kaisers Hirohito, war mit großem

Gefolge am 19. Oktober 1930 in Frankfurt/Main zu einem Deutschlandbesuch eingetroffen. Drei Tage später reiste er zur Villa Hügel. Die Gruppenaufnahme zeigt das Paar zwischen Bertha und Gustav Krupp von Bohlen und Halbach. Im Zweiten Weltkrieg war der Prinz für die Marineluftwaffe zuständig.

9.2.15

»Seine Excellenz H.H. Kung« auf Hügel

Fotografie, 16. Januar 1933 | Historisches Archiv Krupp, Essen | WA 16 k 68

Kung Hsinag-his, so sein chinesischer Name, bekleidete von 1928 bis 1931 den Posten des Ministers für Industrie und Wirtschaft der Nationalen Nanking-Regierung. Von 1933 bis 1944 hatte er das Amt des Finanzministers inne. Er war verheiratet mit einer Schwester von Chiang Kai-shek, dem mehrmaligen Präsidenten der Republik China (Festland und Taiwan).

9.2.17

9.2.18

9.2.16

Besuch der chinesischen Excellenzen Lio Von tao und T.V. Soong

Fotografie, 23. Juli 1933 | Historisches Archiv Krupp, Essen | WA 16 k 72

Unter Gustav Krupp von Bohlen und Halbach, der von 1900 bis 1903 als Gesandtschaftssekretär in Peking tätig gewesen war, wurden die Beziehungen zu China noch einmal intensiviert. Zur Erinnerung an seine Tätigkeit richtete er auf der Villa Hügel ein chinesisches Zimmer ein. Das Foto zeigt vorn von links Gustav Krupp, Excellenz Soong, Bertha Krupp und Excellenz Lio Von tao.

9.2.17

Besuch des Königs Prajadhipok von Siam, Rama VII., in der Gussstahlfabrik

Fotografie, 24. Juli 1934 | Historisches Archiv Krupp, Essen | WA 16 k 29

Prajadhipok war der jüngste Sohn des Königs Chulalongkorn, Rama V., der die Fabrik bereits 1897 besucht hatte. Zehn Tage vor seinem Besuch in Essen war der König von Hitler in Berlin begrüßt worden. 1935, ein Jahr nach dem Besuch in Essen, dankte der König ab und ging nach England.

9.2.18

Besuch des Herzogspaars von Windsor

Fotografie, 15. Oktober 1937 | Historisches Archiv Krupp, Essen | WA 16 k 31.22

Die Aufnahme zeigt Gustav Krupp von Bohlen und Halbach im Gespräch mit dem Herzog und der Herzogin von Windsor am 15. Oktober 1937. Hinter Gustav Krupp sind seine Frau Bertha

9.2.19

9.2.25

und rechts sein ältester Sohn Alfried zu sehen.

Nach seinem Rücktritt als König von England Ende 1936 trug der ehemalige Edward VIII. nur noch den Titel des Herzogs von Windsor. Er hatte auf den Königstitel verzichtet, um die bereits zweimal geschiedene Amerikanerin Wallis Simpson heiraten zu können.

9.2.19
Kaiser Haile Selassie von Äthiopien, Berthold Beitz und Alfried Krupp von Bohlen und Halbach auf Hügel
Fotografie von Peter Kleu, 11. November 1954 | Ruhr Museum, Essen | KL 538/13
Haile Selassie, der letzte Kaiser Äthiopiens, war das erste ausländische Staatsoberhaupt, das der 1949 gegründeten Bundesrepublik Deutschland einen Staatsbesuch abstattete. Er traf Präsident Heuß und Kanzler Adenauer, besichtigte Universitäten, Krankenhäuser und Pferdegestüte sowie führende Industrieunternehmen.

9.2.20
Das griechische Königspaar Frederike und Paul I. von Griechenland in der Villa Hügel
Fotografie von Peter Kleu, 19. Juni 1956 | Ruhr Museum, Essen | KL 728
Frederike von Griechenland war als Enkelin Kaiser Wilhelms II. eine geborene Prinzessin von Hannover. 1938 heiratete sie den griechischen Prinzen, der 1947 griechischer König wurde. Auch König Paul I. hatte deutsche Wurzeln; seine Mutter war eine Schwester Wilhelms II. Das Bild zeigt das griechische Königspaar mit Bertha und Alfried Krupp von Bohlen und Halbach in der Villa Hügel.

9.2.21
Prinz Bernhard der Niederlande, geborener Prinz zu Lippe-Biesterfeld, im Gespräch mit Alfried Krupp
Fotografie, 14. Juli 1959 | Historisches Archiv Krupp, Essen | WA 16 k 96
Der Gemahl der niederländischen Königin Juliane besuchte die Villa Krupp anlässlich der Ausstellung »5000 Jahre Kunst aus Indien«. Links im Bild ist der Referent des Prinzen, H.J. Geengs Gerritsen, zu sehen.

9.2.22
Das Kronprinzenpaar von Äthiopien zu Gast auf Hügel
Fotografie, 30. November 1959 | Historisches Archiv Krupp, Essen | WA 16 k 356
Das Foto – eine von 109 anlässlich dieses Termins entstandenen Aufnahmen – zeigt das Kronprinzenpaar in der Villa Hügel in Begleitung von Berthold Beitz und Alfried Krupp von Bohlen und Halbach.

9.2.23
Empfang des Präsidenten der Elfenbeinküste, Felix Houphouet-Boigny, und seiner Ehefrau
Fotografie, 16. Juni 1962 | Historisches Archiv Krupp, Essen | WA 16 k 581.61
Felix Houphouet-Boigny war Arzt und hatte bereits zur Zeit der französischen Kolonialherrschaft zur politischen Elite der Elfenbeinküste gehört. Er wurde 1945 in Paris zum Mitglied der verfassungsgebenden Versammlung und 1946 zum Abgeordneten der Nationalversammlung gewählt. Unter Charles de Gaulle war er Ende der 1950er-Jahre Minister. Seit der Unabhängigkeit von Frankreich im Jahre 1960 bis 1993 war Houphouet-Boigny der erste, autokratisch herrschende Präsident der Elfenbeinküste. Das Foto zeigt Berthold und Else Beitz neben dem afrikanischen Präsidentenpaar.

9.2.26

9.2.27

9.2.24

Begrüßung des Staatspräsidenten der Republik Mali, Modibo Keita, durch Berthold Beitz sowie Alfried Krupp und Arndt von Bohlen und Halbach

Fotografie, 8. Juni 1962 | Historisches Archiv Krupp, Essen | WA 16 k 98

Auch Modibo Keita zählte schon während der französischen Kolonialherrschaft zur politischen Elite. Seit 1956 war er Mitglied der malischen Territorialvertretung als Teil von französisch Westafrika und Staatssekretär in zwei französischen Kabinetten. Er gehörte der französischen Nationalversammlung an, deren erster afrikanischer Vizepräsident er war. Unter dem Vorsitz von Felix Houphouet-Boigny war er Generalsekretär der Partei Rassemblement Démocratique Africain.

Ganz offensichtlich standen die Staatsbesuche der Präsidenten neuer postkolonialer Staaten Westafrikas im Zusammenhang mit dem Aufbau neuer politischer und wirtschaftlicher Beziehungen. In den Zeiten des herrschenden Kalten Krieges ging es dabei in Konkurrenz zur Sowjetunion um die Sicherung von Einflusssphären. Wie konkret dies war, zeigt der Aufenthalt Modibo Keitas in Moskau unmittelbar vor seiner Reise nach Deutschland.

9.2.25

König Bhumibol, Rama IX., und Prinzessin Sirikit aus Thailand beim Empfang auf Villa Hügel

Fotografie von Anton Tripp, 27. Juli 1960 | Ruhr Museum, Essen | T 1632

Im Rahmen ihres Staatsbesuches wurde das thailändische Königspaar von Wilhelmine Lübke, der Frau des Bundespräsidenten, und Alfried Krupp von Bohlen und Halbach auf Hügel empfangen. Die Königin sollte, wie vom Auswärtigen Amt angeregt, im Rahmen des »Damenprogramms« Sozialeinrichtungen besuchen. Die Gattin des deutschen Botschafters in Bangkok wandte ein, Sirikit habe ihr Interesse an einem Einblick in die Produktionsbereiche betont. Daraufhin wurden die Besichtigungen der Industrie- und Sozialeinrichtungen miteinander kombiniert.

Auf die Trennung in einen männlich-technischen und weiblich-sozialen Teil wurde erstmals beim Besuch des Präsidenten von Mali, Modibo Keita, 1962 verzichtet. Betonung des Sozialen und Begegnung mit den Menschen hieß die neue Devise – eine Reaktion auf den vorangegangenen Besuch des malischen Präsidenten in Moskau. So gab es etwa einen Einsatz des Krupp'schen Männerchors und ein gemeinsames Frühstück in der Rheinhausener Lehrwerkstatt mit Lehrlingen und ausländischen Praktikanten.

9.2.26

Empfang des Prinzen Juan Carlos von Spanien und seiner Frau Sophia

Fotografie von Willy van Heekern, Dezember 1966 | Ruhr Museum, Essen | VH3083

Prinz Juan Carlos und Prinzessin Sophia von Spanien wurden im Dezember 1966 durch Alfried Krupp von Bohlen und Halbach auf dem Hügel empfangen. Die Konversation mit der spanischen Königin konnte auf Deutsch geführt werden: Sophia von Spanien ist eine geborene von Schleswig-Holstein-Sonderburg-Glücksburg Hannover, Herzogin von Braunschweig-Lüneburg und eine Ururenkelin von Kaiser Wilhelm I.

9.2.27

Erich Honecker, Staatsratsvorsitzender der DDR, bei einem Interview vor der Villa Hügel

Fotografie von Marga Kingler, 9. September 1987 | Ruhr Museum, Essen | K4923

Im Rahmen seiner mit großem Medienaufwand begleiteten »Westreise« im Jahr 1987 war Honecker auf Einladung von Berthold Beitz auch Gast auf der Villa Hügel. Rechts neben Honecker sind Johannes Rau, Ministerpräsident des

Landes Nordrhein-Westfalen, sowie Berthold Beitz zu sehen. Der Besuch Honeckers in der Bundesrepublik war vom damaligen Kanzleramtsminister Wolfgang Schäuble vorbereitet worden.

9.2.28

Der russische Präsident Wladimir Putin beglückwünscht Berthold Beitz zu dessen 88. Geburtstag

Digitalfotografie, 26. September 2001 | Historisches Archiv Krupp, Essen | WA 16 k 1137

Rechts im Bild neben Putin erscheint der damalige Ministerpräsident Nordrhein-Westfalens, Wolfgang Clement, dem Putin mit seinem Glückwunsch zuvorkommt. Putin war auf Einladung des Ost-Ausschusses der deutschen Wirtschaft zu Gesprächen mit den Spitzen der deutschen Industrie und Banken auf den Hügel eingeladen worden.

9.2.29

Filmstation: Empfang auf Villa Hügel

Zusammenstellung: Paul Hofmann, Kinemathek im Ruhrgebiet, Duisburg, 2012

a) Kaiser Haile Selassie von Äthiopien, 1954
aus: »Kaiser Haile Selassie von Äthiopien besucht Fried. Krupp am 11. November 1954«

b) König Paul und Königin Friederike von Griechenland, September 1956
aus: »Krupp heute – Menschen und Werk« (1958)

c) Eröffnung der Ausstellung »5000 Jahre Kunst aus Indien«, Mai 1959
aus: »5000 Jahre Kunst aus Indien« (01.06.1959)

d) Staatspräsident Arturo Frondizi (Argentinien), 29. Juni 1960
aus: »Hier und Heute« (29.06.1960)

e) König Bhumibol Adulyadej Rama IX. von Thailand und Königin Sirikit, 27. Juli 1960

f) Staatspräsident Sylvanus Épiphanio Olympio (Republik Togo), 17. Mai 1961

g) Premierminister Ali Amini (Iran), 24. Februar 1962
aus: »Hier und Heute« (24.02.1962)

h) Staatspräsident Ibrahim Abboud (Sudan), 14. April 1962 / ehem. japanischer Premierminister Yoshida Shigeru (Japan), 29. Mai 1962 / Staatspräsident Modibo Keïta (Mali), 8. Juni 1962
aus: »Krupp ’62 – dokumentation und rückblick«

i) König Mahendra und Königin Radna (Nepal), 16. April 1964 / Minister Abramow (Bulgarien), 1964
aus: »Krupp – Dokumentation 1964«

j) Prinz und Prinzessin Hitashi von Japan, 11. November 1965
aus: »Krupp – Dokumentation 1965«

k) Außenhandelsminister Gheorge Cioara (Rumänien) / Präsident Habib Bourguiba (Tunesien), 1966
aus: »Krupp – Dokumentation 1966«

l) Präsident Francois Tombalbaye (Tschad), 13. April 1967

m) Botschafter Semjon Zarapkin (UdSSR), 27. Juni 1967
aus »Hier und heute« (27.06.1967) und »Krupp ’67« (Archivtitel)

n) Staatsratsvorsitzender Erich Honecker (DDR), 9. September 1987
aus: »Erich Honecker in NRW: Villa Hügel« (09.09.1987 und 24.09.2003)

o) Ministerpräsident Mieczyslaw Rakowski (Polen), 1989
aus: »Der letzte Krupp – Berthold Beitz«; Landesspiegel (21.09.1993)

p) Staatspräsident Wladimir Putin (Russland), 26. September 2001
aus: »Putin ist da – Empfang Villa Hügel«, Aktuelle Stunde (26.09.2001)

a – f, h – m) Historisches Archiv Krupp, Essen; d, g, m – p) WDR, Köln

9.3. Prominenz auf Hügel

Nach dem Zweiten Weltkrieg diente die Villa Hügel der Familie Krupp nicht mehr als Wohnhaus. Anfang der 1950er-Jahre wurden verschiedene Möglichkeiten für den weiteren Betrieb erwogen. Sie reichten von einem »Haus der Wissenschaften« als einer zentralen Stelle aller nationalen Forschungsbelange über ein repräsentatives »Industrie-Kongreß-Haus« für ausländische Besucher des Ruhrgebiets bis zur Ansiedlung der Max-Planck-Gesellschaft. All diese Überlegungen scheiterten jedoch am allzu repräsentativen Charakter der Villa. Alfried Krupp und seine Mutter Bertha beschlossen 1953, den Hügel für kulturelle Zwecke zur Verfügung zu stellen. 1954 wurde der gemeinnützige Verein »Villa Hügel e.V.« gegründet. Hauptmitglied waren die Krupp-Werke. Das zentrale Satzungsziel gab die Ausgestaltung der Villa zu einem über die Grenzen Essens hinausreichenden Kulturzentrum im Ruhrgebiet vor.

Anfang der 1950er-Jahre begann ein Reigen international bedeutender kunst- und kulturhistorischer Ausstellungen, die seit 1984 durch die von Berthold Beitz gegründete Kulturstiftung Ruhr fortgesetzt werden. Präsentationen wie »5000 Jahre Kunst aus Indien«, »Kunst im Iran«, »Das alte China« oder »Petersburg um 1800« wurden in Anwesenheit ausländischer Vertreter, häufig der Staatsoberhäupter des jeweiligen Ausstellungslandes, eröffnet.

Dabei blieb aber die Funktion der Villa Hügel als zentraler Repräsentationsort erhalten. Alfried Krupp und sein Generalbevollmächtigter Berthold Beitz empfingen auf Hügel weiterhin hochrangige prominente Gäste. Zu ihnen zählten Persönlichkeiten wie Kaiser Haile Selassie von Äthiopien, König Bhumipol und Prinzessin Sirikit von Thailand, das griechische Königspaar und andere Mitglieder aus Königshäusern, deren Besuche in der Regenbogenpresse auf großes Interesse stießen. Es fanden aber – häufig abseits der öffentlichen Wahrnehmung – auch weiterhin wichtige Geschäftsgespräche statt. Auf Hügel wurden die Ostgeschäfte der Firma verhandelt und Staatschefs wie Erich Honecker und Wladimir Putin empfangen.

Zu den Traditionen zählt auch die Anwesenheit der politischen Führung Deutschlands. Neben den Bundeskanzlern waren alle Präsidenten der Bundesrepublik offizielle Gäste oder Schirmherren hochkarätiger Kulturveranstaltungen. Auch unabhängig von den Kulturveranstaltungen dient die Villa Hügel als Treffpunkt der politischen Elite und Prominenz. So fand 1984 hier die Verabschiedung des Bundespräsidenten Karl Carstens durch das Land NRW statt – ein deutliches Signal für die ungebrochene Bedeutung Krupps im politischen Leben der Bundesrepublik. Die Villa Hügel dient auch weiterhin als Veranstaltungsort für große internationale Anlässe wie den EU-Gipfel 1994 oder das Treffen der G8-Umweltminister im Jahr 2007. Im Fokus der öffentlichen Wahrnehmung steht heute aber weniger die wirtschaftliche Bedeutung Krupps als vielmehr das soziale und kulturelle Engagement. Dazu trug auch die Übertragung des Krupp-Vermögens inklusive der Villa in die Alfried Krupp von Bohlen und Halbach-Stiftung im Jahr 1967 bei. FK

9.3.1

Begrüßung des Bundeskanzlers Konrad Adenauer anlässlich der ersten Kunstausstellung in der Villa Hügel

Fotografie von Willy van Heekern, 13. November 1953 | Ruhr Museum, Essen | VH26/22

Die Ausstellung »Kunstwerke aus Kirchen-, Museums- und Privatbesitz. Der Essener Münsterschatz« wurde am 10. Mai 1953 auf Hügel eröffnet. Bundeskanzler Konrad Adenauer wurde bei seinem Besuch am 13. November, wie das Foto zeigt, von den Brüdern Berthold von Bohlen und Halbach und Alfried Krupp von Bohlen und Halbach sowie von Carl Hundhausen, dem geschäftsführenden Vorstandsmitglied des gemeinnützigen Vereins Villa Hügel e.V., empfangen.

9.3.2

Empfang des amtierenden ersten Präsidenten der Bundesrepublik Deutschland, Theodor Heuss, durch Berthold von Bohlen und Halbach

Fotografie von Peter Kleu, Juni 1953 | Ruhr Museum, Essen | KL501

9.3.3

Besuch des Bundesministers für Atomfragen, Franz-Josef Strauß

Fotografie, 25. Juli 1956 | Historisches Archiv Krupp, Essen | WA 16 k 830.3

9.3.4

Bundespräsident Theodor Heuss mit Berthold von Bohlen und Halbach vor der Villa Hügel

Fotografie von Franz Fischer, September 1956 | Ruhr Museum, Essen | F9

1956 wurde in der Villa Hügel die sehr erfolgreiche Ausstellung »Werdendes Abendland an Rhein und Ruhr« gezeigt, für deren Katalog der Bundespräsident das Vorwort verfasst hatte. 270.000 Besucher besichtigten die rund tausend Exponate, die im unteren und oberen Stockwerk des Großen Hauses ausgestellt waren.

9.3.5

Bundespräsident Heinrich Lübke beim Empfang auf der Villa Hügel anlässlich der Eröffnung der Ausstellung »5000 Jahre Ägyptische Kunst«

Fotografie, 5. August 1961 | Historisches Archiv Krupp, Essen | WA 16 k 1062

Bundespräsident Dr. Heinrich Lübke besuchte mit seiner Gattin Wilhelmine am 5. August 1961 die Ausstellung

9.3.1

»5000 Jahre Ägyptische Kunst« in der Villa Hügel, wo sie von Dr. Tilo Freiherr von Wilmowsky willkommen geheißen wurden. Dieser war als Ehemann von Barbara Krupp ein Onkel Alfried Krupps und Mitinitiator des für die Ausstellungen auf dem Hügel verantwortlichen Gemeinnützigen Vereins Villa Hügel e.V.

9.3.6

Begrüßung des Bundespräsidenten Heinrich Lübke durch Berthold Beitz zum Besuch der Ausstellung »7000 Jahre Kunst im Iran«

Fotografie von Willy van Heekern, 1962 | Ruhr Museum, Essen | VH677

9.3.7

Empfang Ludwig Erhards auf Hügel

Fotografie von Willy van Heekern, 1963 | Ruhr Museum, Essen | VH2129

Ludwig Erhard, bis 1963 Bundesminister für Wirtschaft und danach Nachfolger Adenauers als Bundeskanzler, wurde nach seiner Landung mit dem Hubschrauber auf dem Gelände vor der Villa Hügel von Berthold Beitz empfangen.

9.3.8

Bundespräsident Gustav Heinemann mit Frau Hilda und Tochter Uta Ranke-Heinemann zu Gast auf Hügel

Fotografie von Marga Kingler, Oktober 1973 | Ruhr Museum, Essen | K4826

Otto Heinemann, der Vater des Bundespräsidenten, war seit 1913 Leiter des Büros für Arbeiterangelegenheiten und von 1923 bis 1931 Prokurist der Firma Krupp.

Gustav Heinemann war von 1946 bis 1949 Oberbürgermeister der Stadt Essen. Das Foto entstand kurz vor dem Ende seiner fünfjährigen Amtszeit als Bundespräsident.

9.3.4

9.3.9

Begrüßung des Bundespräsidenten Walter Scheel durch Berthold Beitz zur Eröffnung der Ausstellung »Götter – Pharaonen«

Fotografie von Marga Kingler, Anfang Juni 1978 | Ruhr Museum, Essen | K3378

Die Ausstellung wurde vom 2. Juni bis zum 17. September 1978 auf Hügel gezeigt. Mit 485.000 Besuchern war sie eine der erfolgreichsten Ausstellungen des Vereins Villa Hügel e.V.

9.3.10

Bundespräsident Karl Carstens in der Villa Hügel anlässlich der Eröffnung der Ausstellung »Peru«

Fotografie, 1984 | Historisches Archiv Krupp, Essen | WA 16 k 1246

In der zweiten Hälfte der 1950er-Jahre war Karl Carstens im Dienst des Auswärtigen Amtes tätig. Berührungspunkte mit Berthold Beitz gab es erstmals, als dessen Kontaktaufnahme mit osteuropäischen Staaten mit einer vorsichtigen

9.3.5

9.3.7

Aufnahme wirtschaftlicher Beziehungen auf Staatsebene zusammenfiel. Das Foto zeigt die beiden Ehepaare in den Ausstellungsräumen.

9.3.11
Verabschiedung des Bundespräsidenten Karl Carstens durch das Land Nordrhein-Westfalen in der Villa Hügel
Fotografie, 25. Juni 1984 | Historisches Archiv Krupp, Essen | WA 16 k 117 3
Das Foto zeigt Berthold Beitz als Gastgeber, Bundespräsident Karl Carstens und Johannes Rau als Ministerpräsident des Landes Nordrhein-Westfalen beim Eintritt in die Villa Hügel.

9.3.12
Gespräch zwischen Berthold Beitz und dem Bundespräsidenten Richard von Weizsäcker auf der Gartenterrasse
Fotografie, 10. Juni 1988 | Historisches Archiv Krupp, Essen | WA 16 k 1083.1.36
Anlass für den Besuch des Bundespräsidenten war die Eröffnung der Ausstellung »Prag um 1600«. Sie war der zweite Teil der von der Kulturstiftung Ruhr veranstalteten Reihe »Europäische Metropolen«, die 1986 mit »Barock in Dresden« begonnen hatte, und wurde vom 10. Juni bis zum 30. Oktober 1988 gezeigt.

9.3.13
Gespräch zwischen Berthold Beitz und dem Bundespräsidenten Roman Herzog in der Ausstellung »Breughel-Brueghel«
Fotografie, Mitte August 1997 | Historisches Archiv Krupp, Essen | WA 16 k 1226

9.3.12

9.3.14

Die Ausstellung »Breughel-Brueghel – Flämische Malerei um 1600, Tradition und Fortschritt« wurde von Bundespräsident Roman Herzog eröffnet. Sie war vom 16. August bis zum 16. November 1997 zu sehen.

9.3.14

Alt-Bundespräsident Roman Herzog, Bundespräsident Johannes Rau, Berthold Beitz und Alt-Bundespräsident Walter Scheel bei der Eröffnung der Ausstellung »Korea – die alten Königreiche«

Fotografie von Josef Heinrich Darchinger, Anfang Juni 1999 | Historisches Archiv Krupp, Essen | WA 16 k 1263.4

9.3.15

Fotoalbum mit Bildern vom Besuch Andy Warhols auf Villa Hügel

Mai 1972 | Karton, Kunststoff, Papier | 30 x 35 x 4,5 cm | Privatbesitz Volker Heibel

Volker Heibel war von 1970 bis 1996 Fach-Pressereferent für den Bereich Maschinenbau bei der Fried. Krupp GmbH. Die Fotografien vom Besuch des Pop-Art-Künstlers Andy Warhol auf der Villa Hügel am 19. Mai 1972 finden sich in einem privaten Fotoalbum unvermittelt zwischen Familien- und Urlaubsfotos.

10. Zu Gast in der Welt – Welt- und Gewerbeausstellungen

Die Entscheidung der Firma Krupp, sich an Gewerbe- und Weltausstellungen zu beteiligen, ist eng mit der Person Alfred Krupp verbunden. Schon zwei Jahre nach seinem Eintritt in den Betrieb versuchte er 1828 an einer preußischen Gewerbeausstellung teilzunehmen, was ihm aber erst 1844 in Berlin gelang. Für 1851 war die erste Weltausstellung in London angekündigt. Krupp erkannte sofort den Wert der neuen Präsentationsmöglichkeit und gestaltete seine Teilnahme mit hohem Aufwand, um international Kunden zu gewinnen. Der Auftritt des Unternehmens in London stellte dann einen Meilenstein in der Firmengeschichte dar: Über Nacht wurde Alfred Krupp mit seiner Firma weltweit in der Presse wahrgenommen. Krupp bediente die Sensationslust der Öffentlichkeit und stellte – unter Verwendung von Superlativen – bisher noch nicht Gesehenes aus: das erste Kanonenrohr aus Stahl und den größten Stahlblock aller Zeiten. Nur in Essen, so Alfreds Botschaft, konnte man dank des perfektionierten Tiegelstahlverfahrens hochwertigsten Stahl beziehen.

Auf jeder Weltausstellung musste Krupp den Anspruch, den besten Stahl zu produzieren, neu einlösen. Zum Beweis der Stahlgüte ließ Krupp seine Werkstücke verbiegen, ohne sie zu brechen. Einem jeden sollte die Qualität sichtbar werden. Aber nicht nur das Essener Unternehmen beherrschte die Tiegelstahlherstellung. Konkurrenten aus dem In- und Ausland drängten in den expandierenden Stahlmarkt und boten vergleichbare Werkstücke zu niedrigeren Preisen an. Da alle Unternehmen auf die Qualität ihrer Produkte abhoben, wurde auf den Ausstellungen ein Prämierungssystem etabliert. Jurys vergaben Preismedaillen für die besten Produkte, was den Kunden den Vergleich erleichterte.

Die Ausstellungen wurden zur Bühne für den Konkurrenzkampf der (Stahl-) Unternehmen. Sie bildeten die Plattform für die Präsentation der neuesten Produkte und die Pflege des Kundenstamms. Denn auch wenn den spektakulären Krupp'schen Ausstellungsständen das Interesse und die Bewunderung der breiten Öffentlichkeit sicher waren, so lag die Hauptintention der Firma doch immer bei der Gewinnung neuer und der Pflege alter Kunden.

Der Zwang zur Präsentation immer größerer und schwererer Produkte wie Gussstahlblöcke, Kanonen oder Schiffskurbelwellen stieß gegen Ende des 19. Jahrhunderts an seine Grenzen. Die explodierenden Kosten für die Ausstellungsteilnahmen überstiegen zunehmend den tatsächlichen Nutzen. Während die Firma zu Lebzeiten Alfred Krupps kaum Kosten und Mühen bei Ausstellungspräsentationen scheute, ließ unter seinem Nachfolger Friedrich Alfred das Interesse erheblich nach. Nur aufgrund der Intervention Kaiser Wilhelms II. rang sich das Unternehmen zur Teilnahme an der Weltausstellung in Chicago 1893 durch. Je stärker das Firmenengagement für das internationale Ausstellungswesen sank, desto mehr wurden die frühen Teilnahmen und das Marketinggenie Alfred Krupp verklärt. So schrieb 1887 eine Zeitung in ihrem Nachruf auf den Firmenpatriarchen, Krupp habe schon auf der Londoner Ausstellung (1851) das Erstaunen der Welt erregt. AH

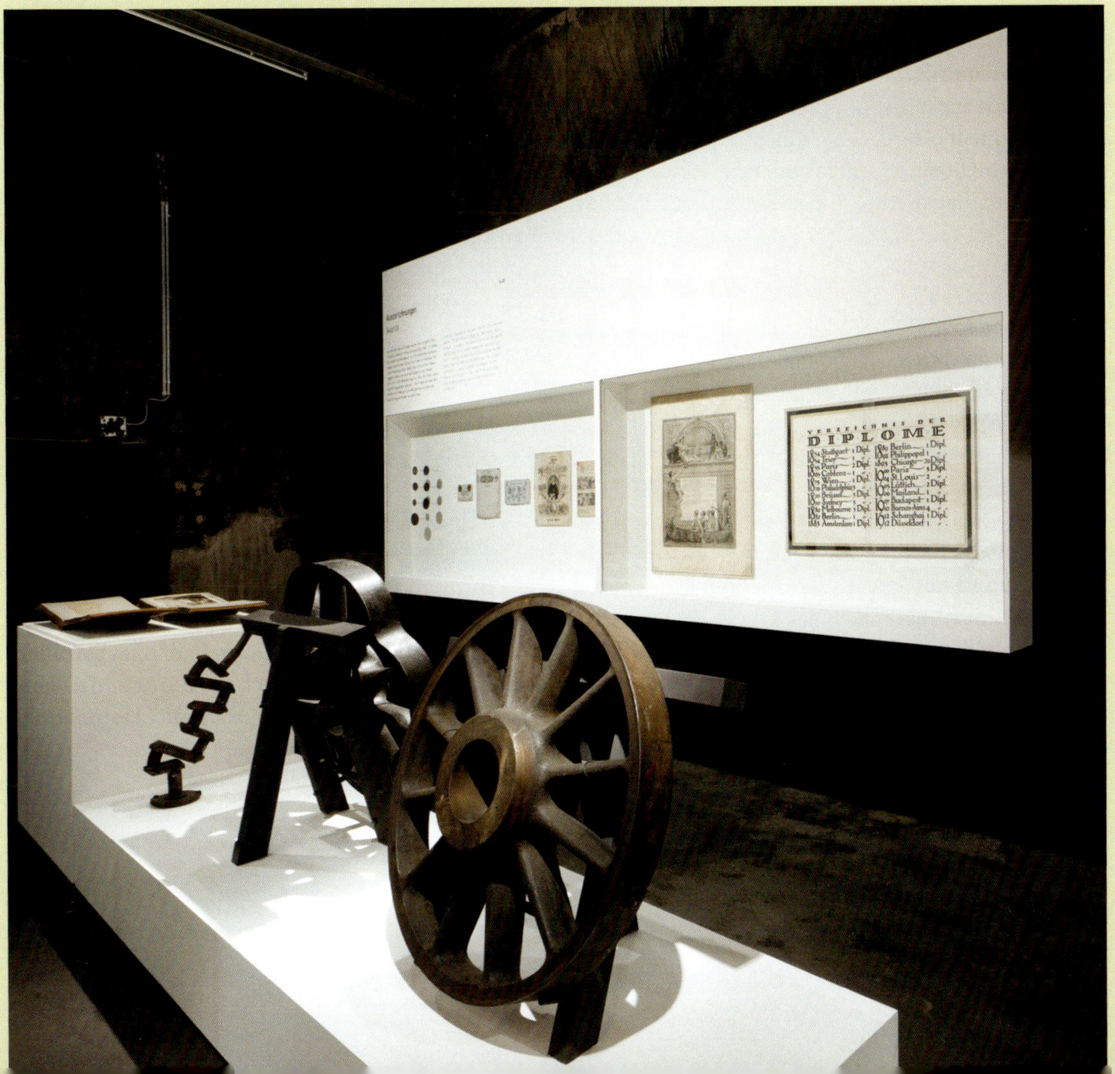

10.1. Präsentationsformen

Die erste Weltausstellung in London 1851 setzte schon im Vorfeld Maßstäbe. Früh erkannte Alfred Krupp ihre Bedeutung und investierte – auch gegen den Rat aus seiner Firma – viel Energie und große Firmenkapazitäten in die Teilnahme. Krupps Ausstellungsstand in London wurde zum Programm, das die Firma in den kommenden Jahren modifizierte und erweiterte: Stets stellte sie ihre neusten Produkte aus, immer wieder führte sie der Welt den größten Stahlblock vor. 1851 war die Zahl der ausgestellten Produkte noch bescheiden: Zentralobjekt war eine Gussstahlkanone, die von Kürassen (Brustharnischen) aus Stahl flankiert wurde. Nach Eröffnung der Ausstellung im Crystal Palace kam jedoch noch ein Stahlblock hinzu, den Alfred von England aus in Essen in Auftrag gegeben hatte. Die innovativen Ausstellungsobjekte waren bezeichnend für die Krupp'sche Produktpräsentation: Die Gussstahlkanone war die weltweit erste aus dem neuen Material Stahl; der Stahlblock mit einem Gewicht von 4325 Pfund war der größte der Welt und wurde entsprechend prämiert.

Auf der Pariser Weltausstellung 1855 beteiligte sich die Firma mit einem noch größeren Stahlblock. Als unfreiwillige Publicity entpuppte sich ein Unfall mit diesem Ungetüm, das kaum zu transportieren war: Die Zeitungen berichteten von dem Durchbruch des Blocks durch den Boden der Ausstellungshalle. Alfred Krupp erkannte die Werbewirkung und forderte für die kommenden Präsentationen, keine Schwierigkeiten und Umstände zu scheuen, um in der Presse Aufsehen für die Firma zu erregen. Krupp präsentierte auf den Weltausstellungen in London (1862) und Paris (1867) perfekt inszenierte Stände. Die riesigen Werkstücke fanden das rege Interesse des breiten Publikums und Alfred wusste dies als Instrument zu nutzen, um den bisher überschaubaren Kreis der Käufer zu erweitern. Die Firma stellte haltbare und wenig verschleißanfällige Werkstücke wie Räder, Federn, Kurbelwellen und Kanonen aus. Zum Qualitätsnachweis dienten Produkte, die man harten Belastungstests aussetzte – mit der Botschaft, dass Kruppstahl zwar verbogen, nicht aber gebrochen werden könne.

Seit 1867 präsentierte Krupp auch das firmeneigene Sozialwerk. Der Leistungsnachweis auf den Feldern der Versicherungseinrichtungen, des Werkswohnungsbaus, des Ausbaus der Konsum-Anstalt und sonstiger Vergünstigungen für die Krupp'schen Arbeiter wurde zur Pflege des Images einer verantwortungsbewussten Firma gezielt eingesetzt. Friedrich Alfred Krupp betonte diesen Bereich auf der Weltausstellung in Chicago 1893 nochmals stärker. Auf der Düsseldorfer Gewerbeausstellung 1902 ließ die Firma sogar eine Werkswohnung auf dem Messegelände errichten. Der Schwerpunkt dieser Präsentation lag aber insgesamt bei den Stahlprodukten – Waffen, Eisenbahnmaterial und den vielen auch in den Außenbetrieben produzierten Gütern. Mit dem Ausbruch des Ersten Weltkriegs endete die Ära der Weltausstellungen; erst nach dem Zweiten Weltkrieg sollten sie eine Renaissance erleben. AH

10.1.1

Ausstellungsstand der Fa. Fried. Krupp auf der Weltausstellung in London 1851

Reproduktion einer (verschollenen) Lithographie, um 1851 | aus: Krupp. Zeitschrift der Kruppschen Werksgemeinschaft 25, 1934, S. 121 | Historisches Archiv Krupp, Essen | S 1 K 22

Das Bild zeigt Besucher der ersten Weltausstellung vor der Gussstahlkanone und den Brustpanzern aus Stahl, die Alfred Krupp unter einem Baldachin in der Abteilung »Deutscher Zollverein« präsentierte. Erst nach der Eröffnung konnte die Firma ihren Gussstahlblock vorstellen, welcher der größte der Welt war. Als der westfälische Industrielle und Politiker Friedrich Harkort die Ausstellung besuchte, urteilte er über den Krupp'schen Stahlblock: »Dieses Ding da wird einer der merkwürdigsten Denksteine in der Geschichte der industriellen Entwicklung Deutschland werden.« Der Ausstellungsstand machte die Firma international berühmt. Noch im Nachruf auf Alfred Krupp 1887 lobte die Presse seine Londoner Präsentation, welche »das Erstaunen der Welt wachrief, da man solches bisher noch nicht gesehen hatte.«

10.1.2

Ausstellungsstand der Fa. Fried. Krupp auf der Weltausstellung in London 1862

Fotografie, Photogr. Atelier der Gussstahlfabrik, 1862 | Papier auf Karton | 31,9 x 45,3 cm | Historisches Archiv Krupp, Essen | WA 16 h 2

Das Schild mit der Firmenbezeichnung wurde nachträglich in das Foto montiert. Krupp präsentierte 1862 in einer beeindruckenden Materialschau sechs Geschützrohre unterschiedlichen Kalibers, einen Gussstahlblock von 20 Tonnen und vor allem Eisenbahnmaterial. Für die Achsen und Bandagen beschei-

10.1.3

nigte ihm die Ausstellungskommission »ganz außerordentliche Leistungen«; auch lobte sie die »vorzügliche Beschaffenheit« des Krupp'schen Stahls. Allerdings errang Krupp nicht wie auf den beiden vorherigen Weltausstellungen in London und Paris die höchste Auszeichnung, sondern musste sich mit zwei Bronzemedaillen zufrieden geben.

10.1.3

Ausstellungsstand der Fa. Fried. Krupp in Dublin 1865

Fotografie, London Stereoscopic & Photographic Company, 1865 | Papier auf Karton | 22,7 x 27,5 cm | Historisches Archiv Krupp, Essen | WA 16 h 7

Der Dubliner Ausstellungsstand präsentierte die Schwerpunkte der Krupp'schen Produktion. Im Zentrum stehen die beiden wichtigsten Sparten: Kanonen und Eisenbahnmaterial. Neben den Scheibenrädern für die Eisenbahn zeigt das Foto im Vordergrund die Biegeprobe einer Schiene. Durch die Verbiegung um 180 Grad sollte deutlich werden, dass der Krupp'sche Stahl zwar gebogen, nicht aber gebrochen werden kann. Die Qualität des Stahls war gerade für Eisenbahngesellschaften ein entscheidendes Kaufkriterium. Sie erwarben hochwertige Stahlprodukte, um die Gefahr von Unfällen durch Materialermüdung im Zugverkehr zu reduzieren.

Mit einer gerahmten Panoramaansicht aneinandergesetzter Einzelfotografien stellte die Firma ihre Werksanlagen vor, um den potenziellen Kunden die Größe und Modernität des Essener Betriebes zu vermitteln. Für den Fotografen hat sich wohl ein Firmenmitarbeiter an der Kanone positioniert, um durch den Größenvergleich die Dimension der Kanone deutlich zu machen.

10.1.4

10.1.4

Die 1000 Pfund-Kanone der Fa. Fried. Krupp auf der Weltausstellung in Paris 1867

Stereofotografie, M. Leon & J. Levy, 1867 | Albuminpapier | 8,2 x 17,2 cm | Historisches Archiv Krupp, Essen | WA 16 h 197

Krupp wollte auf den Ausstellungen jeweils den größten Gussstahlblock und die größte Kanone der Welt präsentieren. In Paris stellte die Firma einen Block von 80 Tonnen und ein Geschütz aus, welches auf 1000 Pfund schwere Geschosse ausgelegt war. Während der Ausstellung bezweifelten französische Spezialisten die Handhabbarkeit. Im Rückblick deuteten die Franzosen nach dem verlorenen deutsch-französischen Krieg 1870/71 die deutsche Kanone von 1867 als Vorboten des deutschen Militarismus.

10.1.5

Ausstellungspavillon der Fa. Fried. Krupp auf der Weltausstellung in Wien 1873

Fotografie, 1873 | Papier auf Karton | 23,5 x 29,5 cm | Historisches Archiv Krupp, Essen | WA 16 h 1

Der im linken Teil der Halle erkennbare Gussstahlblock hatte ein Gewicht von 52 Tonnen. Allerdings war die Weltausstellung insgesamt kein Erfolg. Der Börsenkrach von 1873 war in die »Gründerkrise« übergegangen. Die Rezession führte zu Auftragseinbrüchen bei den Ausstellern.

10.1.6

Ausstellungsstand der Fa. Fried. Krupp auf der Weltausstellung in Philadelphia 1876

Fotografie, Centennial Photographic Co., 1876 | Papier auf Karton | 44,2 x 54,3 cm | Historisches Archiv Krupp, Essen | WA 16 h 12

Im Vorfeld der Ausstellung hatte sich Alfred Krupp 1875 bei seinem Berliner Firmenvertreter Carl Meyer in Bezug auf eine mögliche Teilnahme in Philadelphia ausbedungen, dass »ich alleiniger Vertreter der Rhein.-Westfälischen Industrie bin«. Außerdem forderte er staatliche Subventionen, »da ich nicht gesonnen bin, mir große Kosten zu machen.« Für die Ausstellungsteilnahme fielen schließlich 272.370 Mark an.

Das fahnengeschmückte Firmenschild mit dem Buchstaben »K« weist als Zusatz bereits das Drei-Ringe-Symbol auf.

10.1.6

10.1.9

10.1.7

»Krupp-Pavillon« auf der Weltausstellung in Chicago 1893

Fotografie, 1893 | Papier auf Karton | 33,2 x 39,1 cm | Historisches Archiv Krupp, Essen | WA 16 h 64

Die Firma ließ von dem Frankfurter Architekten Heinrich Theodor Schmidt ein 60 Meter langes und 25 Meter breites Gebäude als Ausstellungshalle entwerfen.

10.1.8

Krupp-Halle auf der Weltausstellung in Chicago 1893

Fotografie, 1893 | Papier auf Karton | 24 x 30,2 cm | Historisches Archiv Krupp, Essen | WA 16 h 49

Der Schwerpunkt der Präsentation lag auf den Waffen. Neben Kanonen und Munition wurden auch Panzerplatten ausgestellt. Das größte Aufsehen erregte die Krupp'sche 42 cm-Kanone mit einem Gewicht von 122 Tonnen. Ursprünglich hatte sich Friedrich Alfred Krupp gegen eine Teilnahme ausgesprochen, da er es nicht für möglich hielt, auf dem amerikanischen Markt lukrative Aufträge abzuschließen.

10.1.9

Selbstdarstellung der Firma auf der Weltausstellung in Chicago 1893

Fotografie, 1893 | Papier auf Karton | 25 x 30 cm | Historisches Archiv Krupp, Essen | WA 16 h 68

An den Wänden des Ausstellungsraumes stellten sich die Firmen in Plänen und Ansichten vor. Für Krupp war neben dem Fabrikgelände auch die Wohnungsfürsorge sowie das Denkmal für Alfred Krupp auf dem Ostfeld ein Thema.

10.1.10

»Schiessplatz Meppen. (für Chicago 1893)«

Fotografie, 1893 | Papier auf Karton, 22 x 42 cm | Historisches Archiv Krupp, Essen | WA 16 d 9

Mit dieser Aufnahme warb Krupp für die Qualität seiner Kanonen, die auf dem Meppener Schießplatz permanenten Tests unterzogen wurden.

10.1.11

Zeitungsnotiz zu einem Unfall auf der Pariser Weltausstellung 1855

Augsburger Allgemeine Zeitung, Abschrift von Adolf Lauter, Essen, 1905/12 | Maschinenschrift, Papier | 12,3 x 20 cm | Historisches Archiv Krupp, Essen | Sachkartei, N II 1

Die Presse berichtete von den Transport- und Aufstellungsproblemen der überschweren Krupp'schen Produkte. Alfred Krupp erkannte jedoch den Wert solcher Zwischenfälle, da die Pressenachrichten den Bekanntheitsgrad seiner Firma steigerten. Die Zusammenfassung des Augsburger Artikels für die Essener »Allgemeinen Politischen Nachrichten« erfolgte durch Adolf Lauter, den Leiter des Krupp'schen Nachrichtenbüros.

10.1.12

Telegramm an Heinrich Haaß über die Anlieferung einer Krupp'schen Kanone für die Weltausstellung in Paris 1867

1867 | Papier | 16,5 x 23,8 cm | Historisches Archiv Krupp, Essen | WA 4/3596.2

10.1.14

10.1.13

Abschrift eines Briefes von Alfred Krupp zur Präsentation seiner Kanone in Paris

Adolf Lauter, 1905/08 | Papier | 12,3 x 20 cm | Historisches Archiv Krupp, Essen | Sachkartei, N II 1

»Je mehr Schwierigkeit je mehr Umstände je mehr Spectacle, bruit und relief für die Fabrik« – Alfred Krupp erkannte, wie man »Unfälle« auf den Ausstellungen für das Marketing nutzen konnte. Der Imagegewinn resultierte aus aufsehenerregenden Schlagzeilen und daraus, dass man alle Schwierigkeiten meistern konnte. Adolf Lauter (1858-1908) war Leiter des Nachrichtenbüros bei Krupp. Die Zusammenstellung von Informationen zur Firmenkorrespondenz und zu den Ausstellungsteilnahmen gehörte zur Vorbereitung der Festschrift zum hundertjährigen Firmenjubiläum von 1912.

10.1.14

Zweibändiges Fotoalbum zur Düsseldorfer Industrie- und Gewerbe-Ausstellung

Fried. Krupp, 1902 | Karton, Leder | je H 31 cm, B 39 cm, T 6 cm | Historisches Archiv Krupp, Essen | WA 16 h 139

Zu Werbezwecken ließ Krupp ein Fotoalbum über den Firmenauftritt bei der Düsseldorfer Ausstellung anfertigen. Die Firma gehörte zu denjenigen der Montanindustrie, die in Düsseldorf eigens ein komplettes Ausstellungsgebäude errichteten. Ungewöhnlich war, dass die Essener Firma zusätzlich noch ein Arbeiterwohnhaus in den Rheinwiesen aufbauen ließ. So konnte sie anschaulich auf den Stellenwert der Krupp'schen Wohlfahrtseinrichtungen verweisen.

10.1.15

Speichenrad

Fried. Krupp, Essen, 1902 | Eisen | Dm 95 cm, 190 kg | Stiftung Deutsches Technikmuseum Berlin | 1/1945/1587

Das Rad gehört zu einem Satz verschiedener Eisenbahnräder, welche Krupp auf einem eigens gefertigten Gestell bei der Gewerbeausstellung 1902 in Düsseldorf, einer Leistungsschau der rheinisch-westfälischen Industrie, präsentierte. Krupp war mit einem eigenen Pavillon vertreten, in dem die Firma zahlreiche Produkte aus den einzelnen Bereichen sowohl der Essener Firma als auch der Außenwerke vorstellte. Neben der Präsentation der neuesten Rüstungsgüter (Kanonen, Geschosse und Panzerplatten) lag ein Schwerpunkt auf Produkten aus dem Eisenbahnwesen. Im Anschluss an die Ausstellung schenkte Krupp dem Berliner Verkehrsmuseum zwei Gestelle mit Eisenbahnachsen beziehungsweise mit -rädern. Zum letzteren gehört auch dieses Speichenrad.

10.1.16

Stahlguss-Speichenrad, geprobt

Fried. Krupp A.G., um 1905 | Stahl | Dm 85 cm, T 18 cm | Deutsches Museum, München | 4141

Gerade im Verkehrswesen müssen Räder, Achsen und Federn höchsten Ansprüchen genügen. Ein Radbruch bei hoher Geschwindigkeit kann fatale Konsequenzen haben. Das Speichenrad wurde zum Qualitätsbeweis »geprobt«. Die Deformierungen zeigen, dass Krupp'scher Stahl gebogen, nicht aber gebrochen werden kann. Die Kurbelwelle wurde dem Deutschen Museum am 12. Juli 1905 von der Fried. Krupp A.G. gestiftet.

10.1.17

Kurbelwelle für ein Automobil

Fried. Krupp A. G., 1912 | Stahl | H 64 cm, B 16 cm, T 36,5 cm | Deutsches Museum, München | 36827

Die für ein Automobil entwickelte Kurbelwelle wurde zu Demonstrationszwecken kalt gebogen. Nach dem Fest zur Hundertjahrfeier der Firma Fried. Krupp wurde sie dem Deutschen Museum am 30. September 1912 geschenkt.

10.1.17

10.2. Auszeichnungen

Das Bild der Firma Krupp wurde international durch die (Welt-)Ausstellungen geprägt. Wie die Konkurrenz nutzte auch das Essener Stahlunternehmen die Ausstellungsstände zur Vermarktung seiner Produkte. Für den internationalen Vergleich begutachtete eine Jury alle Anbieterprodukte und vergab Medaillen für die besten und innovativsten Erzeugnisse. Schon auf der ersten Weltausstellung in London zeichnete die Jury 1851 die Essener Firma mit der großen Verdienstmedaille (Council Medal) für ihren riesigen Gussstahlblock aus. Der westfälische Verkehrspolitiker und Sozialreformer Friedrich Harkort bewertete diesen Block als einen der »merkwürdigsten Denksteine in der Geschichte der industriellen Entwicklung« in Deutschland.

Einen ersten Preis zu erringen, war nicht nur eine Frage des Prestiges, sondern bescherte den Firmen mittelbar Aufträge. Die Medaillen waren Gütesiegel und Werbeträger zugleich. Krupp machte von der Praxis ausgiebig Gebrauch und warb schon im Anschluss an die Berliner Gewerbeausstellung von 1844 auf seinem Briefkopf mit der Preismedaille. In den kommenden Jahrzehnten finden sich diese Motive auf Briefköpfen, Geschäftskarten und Grafiken des Unternehmens wieder. Neben den Medaillen, mit denen sich besonders auf internationaler Ebene werben ließ, wurden auf den Weltausstellungen auch Diplome für herausragende Produkte vergeben. Alfred Krupp hielt seine zahlreichen Diplomierungen 1912 eigens in einer Übersicht fest. Zu einem eigenen Firmenprodukt entwickelten sich am Ende des 19. Jahrhunderts die Wohlfahrtseinrichtungen, da die Jurys der (Welt-)Ausstellungen auch das soziale Engagement der Unternehmen bewerteten. Krupp nahm 1900 auf der Pariser Weltausstellung und 1910 in Brüssel sogar ausschließlich mit der Präsentation seiner Wohlfahrtseinrichtungen teil und wurde prompt prämiert.

Krupp scheute bei den Wettbewerben keine Auseinandersetzung mit seinen Konkurrenten – vor allem der Firma Mayer & Kühne (Bochumer Verein). Auf der Pariser Weltausstellung von 1855 musste er allerdings eine Niederlage hinnehmen, da die Bochumer ein innovatives Stahlformgussverfahren entwickelt hatten. Der mit einer Goldenen Medaille prämierte Sieg der unmittelbaren Konkurrenz war eine herbe Niederlage für Alfred Krupp.

Aus den Auszeichnungen gehen die Bewertungen der Jury, also der Veranstalter und Vertreter der Ausstellungen, hervor. Welche Marketingwirkung die Krupp'schen Ausstellungsstände hatten, geben hingegen die subjektiven Darstellungen einzelner Besucher, Publizisten und Pressevertreter wieder. Ihre Wertungen haben sich in Besucherbüchern, in Zeitungen und Monografien erhalten und lassen einen Wandel in der öffentlichen Wahrnehmung erkennen: Während die Beteiligung Krupps in London 1851 noch ungeteilte Bewunderung erfuhr, konnten sich die Besucher mit seinem historistischen Ausstellungsgebäude in Düsseldorf 1902 nicht mehr anfreunden. Das Krupp'sche Konzept, alle Produktionsbereiche und den Werkskosmos abzubilden, hatte seinen Höhepunkt überschritten und wurde folgerichtig eingestellt. AH

10.2.1
Ausstellungsmedaillen

a) Weltausstellung London, 1851
Zinn | Dm 5,4 cm
b) Weltausstellung Paris, 1855
Zink | Dm 5,03 cm
c) Weltausstellung London, 1862
Zinn | Dm 4,19 cm
d) Weltausstellung Philadelphia, 1876
H. Mitchell | Bronze | Dm 7,64 cm
e) Weltausstellung Chicago, 1893
Boldenweck & Co | Zinn | Dm 5,83 cm
f) Weltausstellung Paris, *1900*
Bronze | Dm 5,33 cm
g) Gewerbeausstellung Düsseldorf, 1902
Bronze | Dm 7 cm
Ruhr Museum, Essen | Me 833, Me 844, ME 832, Me 97, Me 843, Me 838, Me 156

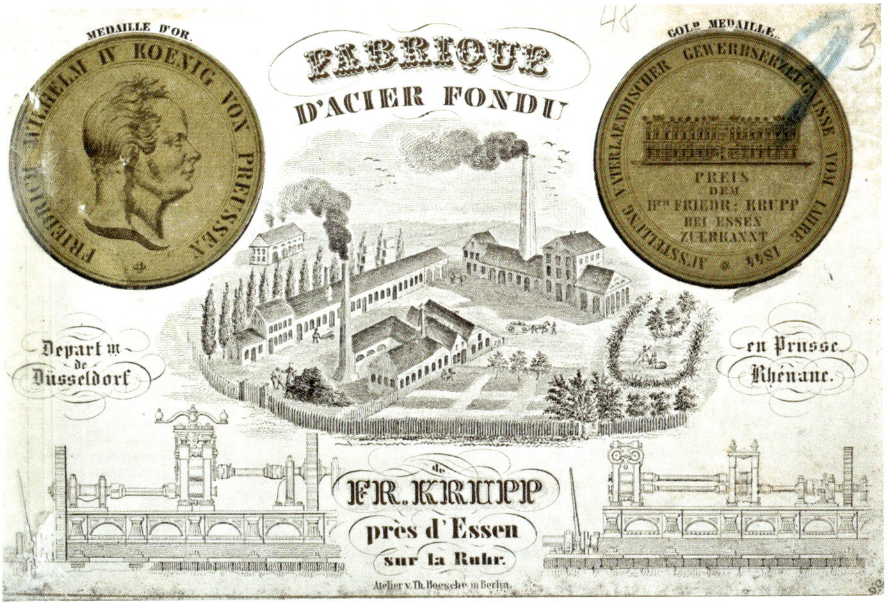

10.2.2

10.2.1a

10.2.2
Geschäftskarte in französischer Sprache

Th. Boesche, Berlin, 1844 | Karton | 9,5 x 14,8 cm | Historisches Archiv Krupp, Essen | FAH 1 B 29.3

In Berlin fand 1844 die erste deutsche Industrieausstellung statt, an der 3040 Aussteller teilnahmen. Für ihre hier präsentierten Produkte wurde der Firma Krupp eine Goldmedaille verliehen. Die Auszeichnung diente fortan der Werbung. Neben der mit Vorder- und Rückseite abgebildeten Medaille finden sich auf der Geschäftskarte eine Ansicht der florierenden Fabrik und Zeichnungen von Walzmaschinen, der wichtigsten Produktsparte. In Frankreich und besonders bei den Pariser Schmuckherstellern fand Krupp Abnehmer für seine für die weiterverarbeitende Industrie attraktiven Maschinen.

10.2.3
Firmenrechnung

Essen, 11. März 1850 | Papier | 28 x 22,5 cm | Historisches Archiv Krupp, Essen | WA 4/268 a 50

Der Briefkopf zeigt eine Vogelschauansicht der Firma Krupp. Sie wird eingefasst von der Vorder- und Rückansicht der Goldmedaille, die Krupp auf der Berliner Gewerbeausstellung 1844 errungen hatte und mit der er seitdem auf die Güte seiner Produkte hinwies. Das Marketing der Firma sollte sich ein Jahr darauf ändern, denn auf der Londoner Weltausstellung 1851 erhielt das Essener Unternehmen einen international anerkannten Preis und warb von da an mit der Londoner Medaille.

10.2.5

10.2.4

Geschäftskarte für die Pariser Firmenvertretung

1859 | Karton | 14 x 22,1 cm | Historisches Archiv Krupp, Essen | WA 4/268a.206

Den Firmennamen von zwei Walzenbildern eingerahmt, stellt Krupp auf dieser französischen Karte seine zahlreichen errungenen Medaillen vor. Die beiden bedeutendsten Auszeichnungen sind zentral angeordnet: in der Mitte die Vorder- und Rückseite der Goldmedaille für die Firma Fried. Krupp in Paris (1855), links und rechts davon die beiden Seiten der Medaille zur Weltausstellung in London (1851). Neben den Medaillen verliehen die Preisgerichte auf den Ausstellungen auch Diplome für einzelne Produktsparten, die ebenfalls zum Renommee der Firma beitrugen.

10.2.5

Würdigung der Leistungen Alfred Krupps auf dem Gebiet der Kanonenherstellung

Lithographie, 1867 | 39 x 30 cm | Historisches Archiv Krupp, Essen | WA 16 m 1,19

Die anonym gefertigte Lithographie erschien anlässlich der Pariser Weltausstellung. Ausgehend von der Erfindung des Schwarzpulvers, stellt sie – um ein Porträt des »Kanonenkönigs« Alfred Krupp gruppiert – die waffentechnische Entwicklung des Kanonenbaus anhand der militärischen Erfolge von Brandenburg-Preußen wie auch des Deutschen Bundes in den Einigungskriegen dar. Den Zenit der Entwicklung bildet der »Tausendpfünder«, die Kanone der Essener Fabrik, die auf Geschosse von 500 Kilogramm ausgelegt war.

10.2.6

»Bilder aus der Pariser Weltausstellung« mit Darstellung der Krupp'schen Kanone

Zeitungsartikel, aus: Die illustrirte Welt. Blätter aus Natur und Leben, Jg. 16, Stuttgart 1868 | Papier | 28,2 x 18 cm | Historisches Archiv Krupp, Essen | WA 4/3977

Krupps Teilnahme an der Weltausstellung war so bekannt, dass sie Eingang in die zeitgenössische Unterhaltungsliteratur fand. Vermittelt wurde das Bild eines erfolgreichen Kanonenherstellers, vor dessen größtem Produkt französisches Militär nur ehrfürchtig erstarren konnte.

10.2.7

Urkunde der Chicagoer Weltausstellung für das von Krupp entwickelte Pumpengestänge für den Bergbau

1893 | Druck | 83,5 x 62,5 cm | Ruhr Museum, Essen (Leihgabe Historisches Archiv Krupp, Essen)

Die Weltausstellung fand anlässlich der 400-jährigen »Entdeckung« Amerikas durch Christoph Kolumbus statt. Die Urkunde zeigt den Seefahrer am Steuer eines Bootes, das von Personifikationen der vier an der Ausstellung teilnehmenden Erdteile – Europa, Afrika, Amerika und Asien – gerudert wird. Ihr Ziel ist das Gelände der Weltausstellung, das oben im Hintergrund einer Amerika-Allegorie zu sehen ist. Die drei Knaben, ein Indianer, ein schwarzer Junge mit Baumwollzweig und ein weißer mit Buch und Hammer, verweisen auf die Wurzeln der amerikanischen Bevölkerung.

10.2.8

Verzeichnis der auf Ausstellungen errungenen Diplome

Fried. Krupp A.G., 1912 | Pergament mit Tusche und Goldprägung, auf Karton aufgezogen | 60 x 83 cm | Historisches Archiv Krupp, Essen | S 5/58

Das Verzeichnis der 57 zwischen 1854 und 1912 erlangten Auszeichnungen wurde wohl anlässlich der Hundertjahrfeier der Firma angefertigt.

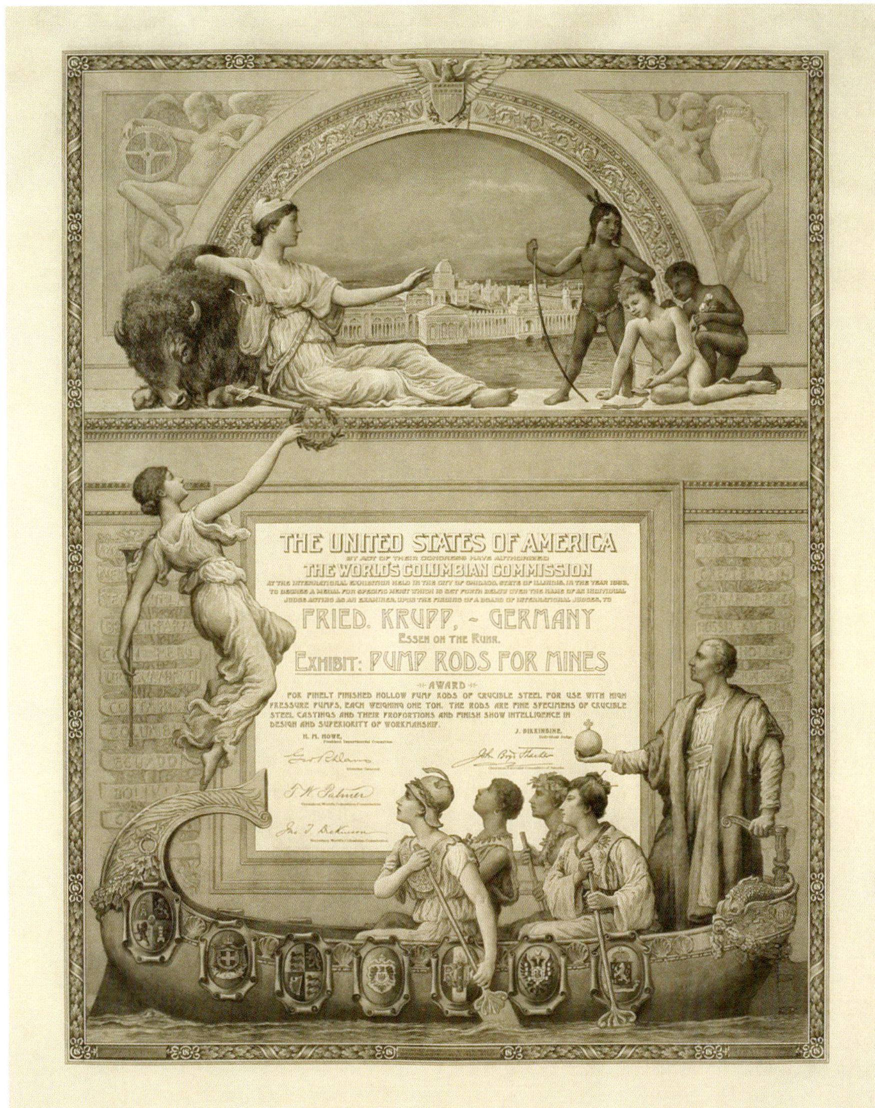

10.2.7

11. Krupp'sche Geschichtspolitik – Denkmäler und Jubiläen

Die Verbundenheit mit den Wurzeln der Firma und ihrer Geschichte hat bei Krupp Tradition und ist ein wesentlicher Bestandteil des Mythos Krupp. Schon Alfred Krupp begründete dieses Geschichtsbewusstsein durch verschiedene Maßnahmen, unter anderem durch die Nutzung des Mediums der Fotografie und die Errichtung der Photographischen und Lithographischen Anstalt, die die Produkte und Entwicklung der Firma, ja sogar die Mitarbeiter dokumentierte und damit für die Nachwelt festhielt. Im Zentrum dieser Bemühungen stand die Feier seiner 25-jährigen Alleininhaberschaft der Firma im Jahr 1873.

Dienten diese frühen historischen Bemühungen und die Fokussierung der Firmengeschichte auf seine Person vor allem dem Erfolgsnachweis und der Bindung der Mitarbeiter an die Firma, so nahmen sie nach seinem Tod, vor allem aber nach dem seines Sohnes Friedrich Alfred neue Dimensionen an. In ihrer Heimatstadt Essen, aber auch an anderen Orten Krupp'scher Präsenz entstanden mehrere persönliche Denkmäler im öffentlichen Raum, die für eine Unternehmerfamilie – selbst im Zeitalter des wilhelminischen Denkmalkultes – ohne Beispiel sind. Sie wurden in der Regel nicht von der Familie Krupp initiiert, dienten aber der öffentlichen Erinnerung und historischen Repräsentation der Firma und ihrer Inhaber.

Diese Demonstration öffentlicher Geschichtskultur gipfelte im einhundertjährigen Jubiläum der Firma im Jahre 1912, in dessen Inszenierung man einen Ausdruck bewusster Geschichtspolitik sehen kann. Das Jubiläum in Anwesenheit und zu Ehren des Kaisers geriet zur nationalen Feier am Vorabend des Ersten Weltkrieges, und erst jetzt wurde der Begriff des »Kruppianers« geboren – Geschichte im Dienste mythologischer Überhöhung. Die Geschichtspolitik der Firma Krupp erfuhr mit der Jahrhundertfeier aber keinesfalls ihr Ende. Bereits zum 125-jährigen Jubiläum wurde der Geschichte der Firma – naturgemäß etwas kleiner und jetzt im Schatten des NS-Regimes – wieder gedacht und diese im neuen Medium Film gefeiert. Weiterhin fanden jährlich, meist im Frühjahr, die Jubilarfeiern statt, in denen verdiente Mitarbeiter geehrt und der Geist der Werksgemeinschaft bestätigt wurde.

Die Beschwörung des »Kruppianers« erfolgte noch einmal auf dem 150-jährigen Jubiläum, das im Jahre 1961 ganz im Zeichen der Rehabilitierung von den Verstrickungen der Firma in der NS-Zeit stand. Man feierte nicht mehr den ungebremsten Erfolg, sondern den gemeinsamen Weg der Firmenangehörigen durch Erfolge, Niederlagen und sogar Katastrophen. Als symbolisches Zeichen wurde das im Krieg zerstörte und für diesen Anlass wieder aufgebaute Stammhaus eingeweiht, und im Kleinen Haus der Villa Hügel wurde die Historische Ausstellung Krupp eröffnet. Dass die Nachkriegsgeschichte mit diesem Ereignis ihren Abschluss fand, zeigen die Verleihung des Ehrenringes der Stadt Essen an Alfried Krupp von Bohlen und Halbach und die Festansprache von Altbundespräsident Theodor Heuss, der die Waffenproduktion der Firma Krupp im Zweiten Weltkrieg in den europäischen Kontext einordnete und damit relativierte.
HTG

11.1. Frühe Geschichtsbemühungen

Im Jahre 1873 feierte Alfred Krupp seine 25-jährige Alleininhaberschaft der Firma, die er im Jahre 1848 nach dem Ausscheiden seiner Brüder angetreten hatte. Dabei stellte er in einem Schreiben an die Mitarbeiter bewusst das so genannte Stammhaus in den Mittelpunkt, dessen Abbildung er handschriftlich mit einer kurzen Notiz zur Firmengeschichte versah, die den Aufstieg der Firma aus kleinsten Verhältnissen und seine Rolle in diesem Prozess zum Thema hatte.

Schon 1871 hatte er überlegt, wie seine Ideen und Vorstellungen der Nachwelt erhalten bleiben könnten: »Nichts bleibt von mir übrig als Briefe, Zettel, Notizen … Ich wünsche aber, dass nicht verloren gehen möge, was … noch vorhanden ist«. 1874 wandte er sich an die Geschäftsleitung mit der Forderung, es sei »notwendig, dass im Zentrum der Verwaltung eine Geschichte geschrieben« werde, denn ohne »geschichtliche, persönliche und tabellarische Berichte« gingen die Kenntnisse der Mitarbeiter verloren. Diese Überlegungen entstanden in einer Zeit, in der die Firma so groß geworden war, dass sie sich der vollständigen Kontrolle und Übersicht des Inhabers entzog und in der Alfred Krupp zudem seinen Rückzug aus dem aktiven Tagesgeschäft vorbereitete. Sie entsprangen vor allem seinen Nützlichkeitserwägungen, die vielleicht auch ausschlaggebend für das bereits 1871 eingerichtete Firmenmuseum waren, das Alfred Krupp selbst als »Showroom« bezeichnete und in dem die sichtbaren Errungenschaften der Firma dokumentiert wurden.

Dies gilt aber keinesfalls für die Geschichtsinitiativen, die man nach dem Tode Friedrich Alfred Krupps ergriff und die vor allem von seiner Witwe Margarethe ausgingen. Das Fehlen eines männlichen Erben und die komplizierte Situation der neuen Aktiengesellschaft mit der minderjährigen Erbin Bertha ließen Margarethe Krupp eine starke Firmen- und Familientradition als wichtig erscheinen. Daher begann sie historische Unterlagen aus Familienbesitz zusammenzutragen. Parallel dazu entwickelte der Chef des Nachrichten-Bureaus der Fried. Krupp AG, Adolf Lauter, 1905 den Plan einer »Zentral-Denkschrift« zum 100-jährigen Bestehen der Firma Krupp im Jahre 1912. Krupp gründete zur Vorbereitung eine neue Organisationseinheit, die »Geschichtliche Abteilung«, die im Frühjahr 1905 ihre Arbeit aufnahm: Das erste Firmenarchiv Deutschlands war geboren. Adolf Lauter übernahm sowohl die Leitung des Familien- als auch des Werksarchivs, deren Bestandsbezeichnungen FA und WA noch heute voneinander getrennt sind.

Das Archiv war nicht nur Voraussetzung für die Krupp-Festschrift, die zum 100-jährigen Jubiläum in bemerkenswerter Qualität erschien. Es war auch die Hauptquelle für eine Reihe bedeutender Editionen und Publikationen, die bis heute das Bild der Firma und Familie Krupp mitbestimmen. Hervorzuheben ist die 21-bändige Sammlung der Briefe und Niederschriften Alfred Krupps, mit der seine Anregungen von 1871 Gestalt annahmen, sowie die Biographien zu Friedrich und zu Alfred Krupp, die vom späteren Leiter des Archivs, Wilhelm Berdrow, verfasst wurden. HTG

11.1.1

Anweisung Alfred Krupps an die Prokura zum Wiederaufbau des Stammhauses

Alfred Krupp, Torquay, 14. Januar 1872 | Handschrift, Papier, 4 Seiten | 21,3 x 17 cm | Historisches Archiv Krupp, Essen | FAH 2 F 18.1-2

Das Schreiben Alfred Krupps aus dem englischen Seebad Torquay an die Prokura verdeutlicht sein entstehendes Geschichtsbewusstsein Anfang der 1890er-Jahre. Er schreibt: »Dieses kleine Haus, in der Mitte der Fabrik jetzt, welches wir im Jahre 1822/23 bezogen, nachdem mein Vater ein ansehnliches Vermögen der Erfindung der Gußstahlfabrikation ohne Erfolg und außerdem seine ganze Lebenskraft und Gesundheit geopfert hatte, dieses damalige einzige Wohnhaus der Familie, worin ich mit derselben eine Reihe von Jahren des Elends und Kummers durchlebt habe ... wo ich in der Dachstube X hunderte von Nächten in Sorge und fieberhafter Angst mit wenig Aussicht auf die Zukunft durchwachte ... muß ... ganz wieder so hergestellt werden, als es ursprünglich war ... Das kleine Haus soll gar keine geschäftliche Bestimmung haben. Ich wünsche, daß dasselbe so lange erhalten bleibe, als die Fabrik bestehen wird und daß meine Nachfolger so wie ich, mit Dank und Freude hinblicken werden auf dieses Denkmal, diesen Ursprung des großen Werks«.

11.1.2

Brief Alfred Krupps an die Arbeiterschaft zum 25-jährigen Jubiläum seines Firmenbesitzes

Alfred Krupp, mit Fotografie von Hugo van Werden, Februar 1873 | Handschrift mit späteren Ergänzungen, Karton, Papier | 28,4 x 21,8 cm | Historisches Archiv Krupp, Essen | FAH 2 F 10.5

Sein historisches Vermächtnis formulierte Alfred Krupp zum 25-jährigen Jubiläum seiner Alleininhaberschaft der Firma im Februar 1873 in einem Brief an die Arbeiterschaft, den er mit einem Foto des wiederhergestellten Stammhauses versah: »Vor fünfzig Jahren war diese Arbeiterwohnung die Zuflucht meiner Eltern. Möchte jedem unserer Arbeiter der Kummer fern bleiben, den die Gründung dieser Fabrik über uns verhängte. 25 Jahre lang blieb der Erfolg zweifelhaft, der seitdem allmählig die Entbehrungen, Anstrengungen, Zuversicht und Beharrlichkeit der Vergangenheit, endlich so wunderbar, belohnt hat. Möge dieses Beispiel Andere in Bedrängniß ermuthigen, möge es die Achtung vor kleinen Häusern und das Mitgefühl für die oft großen Sorgen darin vermehren. Der Zweck der Arbeit soll das Gemeinwohl sein, dann bringt Arbeit Segen, dann ist Arbeit Gebet. Möge in unserem Verbande Jeder vom Höchsten zum Geringsten mit gleicher Überzeugung sein häusliches Glück dankbar und be-

11.1.2

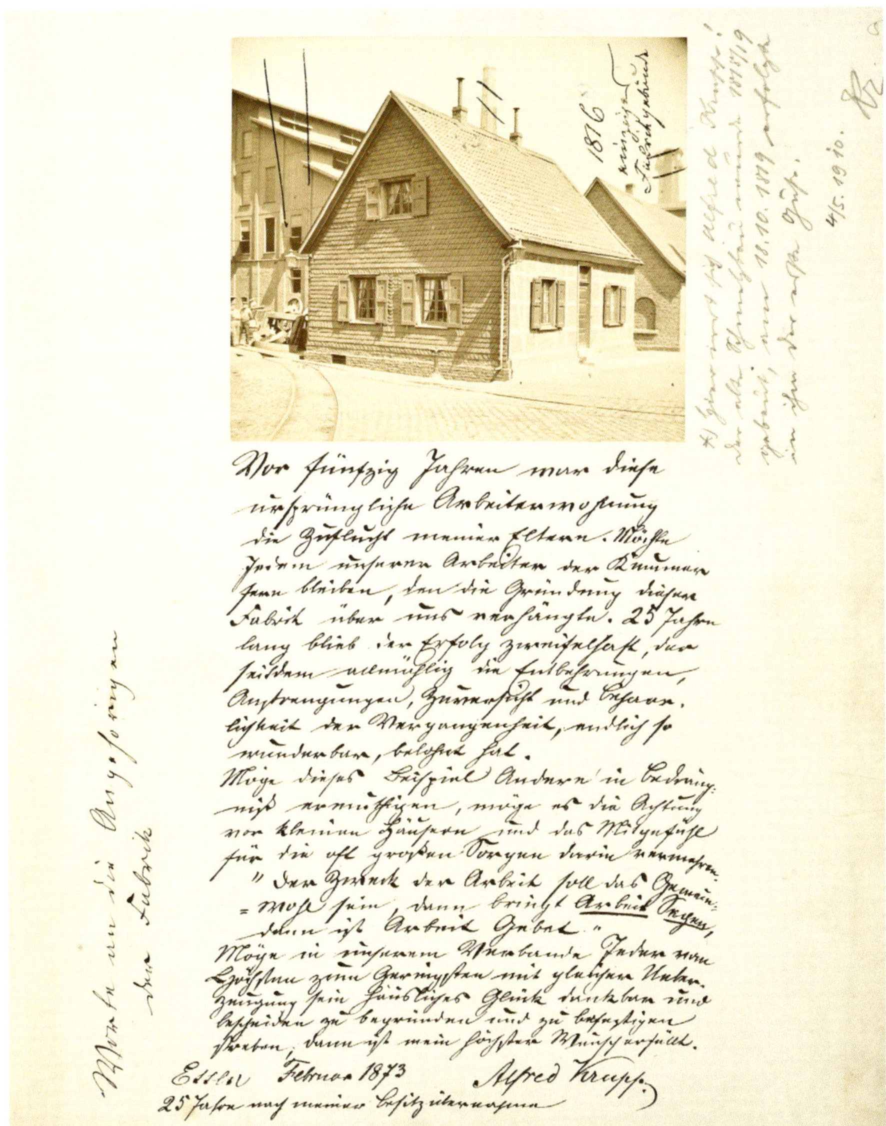

11.1.5

scheiden zu begründen und zu befestigen streben, dann ist mein höchster Wunsch erfüllt. /Essen Februar 1873/ Alfred Krupp, 25 Jahre nach meiner Besitzübernahme.«

11.1.3

Ansichtskarte mit dem Jubiläumsmotiv von 1873

Druck, Papier | 13,8 x 8,9 cm | Ruhr Museum, Essen | 3643/93

Alfred Krupps historisches Vermächtnis hatte eine Breitenwirkung, die weit über die Krupp'schen Arbeiter hinausging, an die es ursprünglich gerichtet war. Das Stammhaus und der historische Kommentar wurden sogar als Postkarte, dem populärsten Massenmedium der Zeit, gedruckt, tausende Mal vervielfältigt und mit einem »Gruß aus der Kanonenstadt Essen« verschickt.

11.1.4

»Alfred Krupp und die Entwickelung der Gussstahlfabrik zu Essen«

Diedrich Baedeker, Essen 1889 | Druck, Papier, Pappe | 23 x 52,5 cm | Ruhr Museum, Essen

Welchen Stellenwert Alfred Krupps Geschichtsentwurf in relativ kurzer Zeit erlangte, zeigt sich im Buch Diedrich Baedekers über die Entwicklung der Gussstahlfabrik. Es erschien bereits zwei Jahre nach Alfreds Tod und widmete dem Jubiläum 1873 ein eigenes Kapitel. Das Faksimile des Briefs und des Stammhaus-Fotos wurde in Originalgröße zum Aufklappen eingebunden – gleichsam als zentrales Vermächtnis Alfred Krupps.

11.1.5

Gedenkblatt zum 25. Jahrestag der Fabrikübernahme durch Alfred Krupp

Aquarellierte Bleistiftzeichnung von Carl Scheuren, Düsseldorf, 24. Februar 1873 |

Papier | 50 x 69 cm | Historisches Archiv Krupp, Essen | FAH 2 H 11 C
Zum Gedenktag der Fabrikübernahme Alfred Krupps erschien ein repräsentatives Schmuckblatt, dessen Bildprogramm das Geschichtsverständnis des Firmeninhabers verdeutlicht: Die Mitte zeigt die Gussstahlfabrik, eingerahmt von antikisierenden, qualmenden Schornsteinen mit den Initialen FK und AK. Gerahmt wird die Fabrik von Abbildungen der drei Wohnhäuser der Familie Krupp, dem Stammhaus, dem Gartenhaus und der Villa Hügel. Links und rechts werden die typischen Produkte, Kanonenrohr und Eisenbahnrad, von einem Soldaten und dem Handelsgott Merkur präsentiert. Im unteren Bildteil halten zwei allegorische Frauengestalten Hammer, Zange, Amboss, ein Füllhorn und die lorbeergekränzte Gründungsurkunde. Die Aufschrift auf dem stilisierten Torbogen über der Fabrik lautet: »Arbeit ist des Bürgers Zierde, Segen ist der Mühe Preis, Ehrt den König seine Würde, Ehret uns der Hände Fleiß./Ultima ratio regis/Mach's nach!/F. Krupp Essen«.

11.1.6
»Briefe und Niederschriften von Alfred Krupp 1826–1887«, Bd. 21
Fried. Krupp A.G., Essen, Mai 1921 | Maschinenschrift, Papier, Karton, Ledereinband | 33,2 x 23 x 4,6 cm | Historisches Archiv Krupp, Essen | FAH 2 M 78.21
Schon 1867 hatte Alfred Krupp die Prokura angewiesen, die Firma solle eine Sammlung seiner grundlegenden Schriftstücke in Reinschrift anlegen, als Nachschlagewerk für ihn selbst, aber auch als Leitfaden für die zukünftige Unternehmensführung. Das Projekt wurde zunächst nicht umgesetzt und erst zur Hundertjahrfeier 1912 erneut aufgegriffen; es konnte erst 1921, lange nach seinem Tod, abgeschlossen werden. Das Ergebnis ist ein 21-bändiges Werk mit ca. 20.000 Briefen und Niederschriften.

11.1.7
Schreiben von Direktor Ehrensberger an Adolf Lauter wegen Übersendung von Schriftstücken und Drucksachen an das Archiv
23. November 1905 | Maschinenschrift mit handschriftlichen Ergänzungen | Papier | 23 x 14 cm | Historisches Archiv Krupp, Essen | WA 56/90
Das Begleitschreiben von Direktor Ehrensberger zur Übersendung von Schriftstücken, Drucksachen sowie handschriftlichen Notizen von Alfred Krupp an Adolf Lauter belegt das offizielle Bemühen der Firma zur Anlage eines historischen Archivs.

11.1.8
Schreiben von Adolf Lauter an Herrn Heindorff zwecks Überlassung von Unterlagen für das Geschichtsarchiv
9. Dezember 1905 | Maschinenschrift mit handschriftlichen Ergänzungen, Papier | 23 x 14 cm | Historisches Archiv Krupp, Essen | WA 56/90

11.1.8

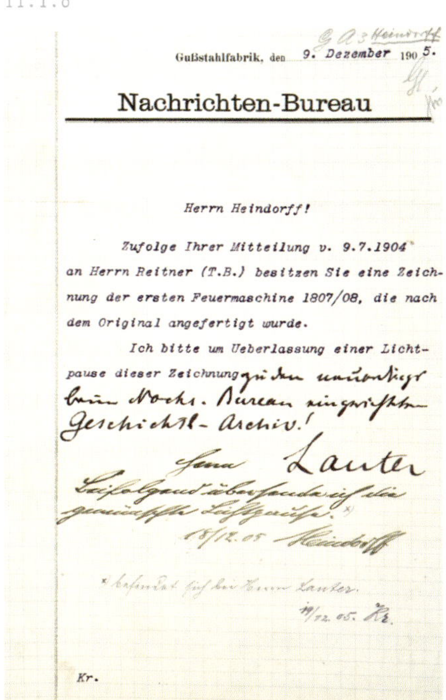
Gußstahlfabrik, den 9. Dezember 1905.

Nachrichten-Bureau

Herrn Heindorff!

Zufolge Ihrer Mitteilung v. 9.7.1904 an Herrn Reitner (T.B.) besitzen Sie eine Zeichnung der ersten Feuermaschine 1807/08, die nach dem Original angefertigt wurde.

Ich bitte um Ueberlassung einer Lichtpause dieser Zeichnung

Lauter

Kr.

Adolf Lauter sammelte von Anfang an aktiv, indem er um Überlassung von Unterlagen bat. Hier geht es um eine Zeichnung der ersten Feuermaschine für das neue »Geschichts-Archiv«.

11.1.9
Aktennotiz zur Terminierung der Hundertjahrfeier der Firma Krupp
Statistisches Bureau, Essen, 19. August 1911 | Maschinenschrift mit handschriftlichen Ergänzungen, Papier | 33 x 22 cm | Historisches Archiv Krupp, Essen | WA 56/119
Im Zuge der Vorbereitung der Festschrift und der Hundertjahrfeier der Firma wurde im August 1911 der 20. November 1811 als Gründungstag fixiert, gleichzeitig aber der Bau- und Produktionsbeginn auf das Frühjahr 1812 terminiert. Als Termin für die Feierlichkeiten wurde deshalb das Frühjahr 1912 mit dem zeitgleichen hundertsten Geburtstag von Alfred Krupp festgelegt.

11.1.10
Prachtausgabe der Festschrift »Krupp 1812–1912«
Graphische Anstalt der Gussstahlfabrik, Fried. Krupp A.G., 1912 | Büttenpapier, Karton, Leder, Goldschnitt, mit Schuber und Siegel | 39,2 x 30,8 x 6,5 cm | Historisches Archiv Krupp, Essen | S 1 K 7.16
Die Festschrift zum hundertjährigen Krupp-Jubiläum war ein bemerkenswertes Werk. Ihr gingen jahrelange Forschungen zwischen 1909 und 1912 voraus. Das Buch wurde im Kern entlang der Krupp'schen Dynastie gegliedert. Sein großer Vorzug war die allgemeinverständliche Darstellung technikgeschichtlicher Prozesse. Man legte erkennbar großen Wert auf genaueste Information. Prominente Künstler aus dem Umkreis von Hugo Lederer wurden verpflichtet, um auf der Grundlage der von der Lithographischen Anstalt bereitgestellten Fotografien Radierungen zu erstellen.

11.1.10

11.1.12

11.1.11

Volksausgabe der Festschrift »Krupp 1812–1912«

Graphische Anstalt der Gussstahlfabrik, Fried. Krupp A.G., 1912 | Papier, Karton, Leinen | 37,1 x 28 x 5,1 cm | Ruhr Museum, Essen

Die Festschrift wurde bezeichnenderweise zum hundertsten Geburtstag Alfred Krupps im April 1812 herausgebracht und trug den Titel »Krupp 1812–1912«. Sie erschien in einer großen Ausgabe im Folioformat und in einer erkennbar preisgünstigeren text-, nicht seitenidentischen Volksausgabe. Man ließ 50 Exemplare als Prachtausgabe, 500 Exemplare in Bütten, 10.000 in einer »Volksausgabe A« und 6000 in einer »Volksausgabe B« drucken, die im August/September 1913 mit einem Einleger zum Festakt der Hundertjahrfeier in der Krupp'schen Hauptverwaltung versehen wurde.

11.1.12

Fried. Krupp AG Essen a.d. Ruhr. 1812–1912

Lithographische Anstalt der Gussstahlfabrik, Fried. Krupp A.G., 1912 | Karton, Papier, 278 Seiten | 27,8 x 36,8 x 4,8 cm | Ruhr Museum, Essen

Neben der eigentlichen Festschrift erschien eine zweite Arbeit, die nicht die Familien-, sondern die Firmengeschichte in den Mittelpunkt stellte. Die so genannte »Querfestschrift« wurde mit hervorragenden Fotos der Krupp'schen Betriebe und Produktionsprozesse bestückt – darunter eingeklebte Farbabzüge –, die von der Photographischen Anstalt der Firma Krupp hergestellt worden waren.

11.2. Denkmäler

Bereits drei Wochen nach dem Tod Alfred Krupps beschlossen die Essener Stadtverordneten die Errichtung eines Denkmals für den Verstorbenen. Mit der Ausführung wurde der Berliner Bildhauer Fritz Schaper beauftragt, als Standort wählte man den Marktplatz gegenüber dem Rathaus im Zentrum der Stadt. Am 14. Juli 1889, dem zweiten Todestag Alfred Krupps, wurde das Denkmal feierlich enthüllt. Es zeigt den reifen Industriellen in überlebensgroßer Figur in Reitrock und Reitstiefeln, auf einen Amboss gestützt. Der Sockel trägt die Inschrift »Die dankbare Vaterstadt«.

Dieses Denkmal hatte Vorbildcharakter für ein weiteres großes Standbild, das schon auf einem Treffen der Krupp'schen Arbeiterschaft am 31. Juli 1887 geplant worden war, aber erst am 28. August 1892 vor der Belegschaft und in Anwesenheit der Familie Krupp enthüllt wurde. Die auf dem Ostfeld vor dem Haupteingang der Krupp'schen Fabrik aufgestellte Skulptur ähnelte dem städtischen Denkmal sehr, nur trägt Alfred Krupp hier einen einfachen Gehrock und stützt sich auf eine Gießform. Zwei Assistenzfiguren symbolisieren die Arbeit und die Menschlichkeit, und am Fuß des Sockels steht sein Wahlspruch »Der Zweck der Arbeit soll das Gemeinwohl sein«. Ein drittes Standbild von Alfred Krupp wurde in Berlin von den Vereinen Deutscher Eisenhüttenleute und der deutschen Eisen- und Stahlindustriellen vor der Technischen Universität errichtet.

Das erste Denkmal für Friedrich Alfred Krupp wurde bereits kurz nach seinem Tod enthüllt. Initiatoren waren die Bewohner des Altenhofes, den Friedrich Alfred 1899 als Altensiedlung für verdiente Mitarbeiter gestiftet hatte. Der Gedenkstein mit Porträtrelief stammte von dem Münchner Bildhauer Otto Lang, der schon eine Statuette Alfreds und dessen Grabmal geschaffen hatte und wenig später auch das Grabmal Friedrich Alfreds gestalten sollte. Im gleichen Jahr, 1903, erteilte Kaiser Wilhelm II. dem Berliner Bildhauer Wilhelm Haverkamp den Auftrag zu einem Bronzestandbild Friedrich Alfred Krupps, das vor dem kaiserlichen Yachtclub in Kiel, in dem beide Mitglied waren, 1904 aufgestellt wurde. Es zeigt Krupp mit geöffnetem Gehrock, Zylinder und Stock in der linken Hand.

Das Essener Denkmal für Friedrich Alfred wurde ebenfalls direkt nach seinem Tod geplant. Aufgrund der komplizierten Zusammensetzung der Initiatoren – Angehörige, Freunde, Stadt und Firma – konnte es aber erst am 17. November 1907 auf dem Limbecker Platz eingeweiht werden. Bei dem Entwurf von Hugo Lederer handelt es sich um ein Ensemble, in dem Krupp von zwei Arbeitern und einer Arbeiterfamilie als Symbolen der Industrie und Wohltätigkeit flankiert wird. Lederer schuf 1935 zudem eine Porträtbüste für die Friedrich-Alfred-Hütte in Rheinhausen; eine zweite wurde von Jean Sprenger im Jahre 1962 als Ersatz für das als Metallspende im Zweiten Weltkrieg zum Opfer gefallene Kieler Denkmal angefertigt. Er gestaltete auch die Büste von Alfried Krupp, die heute in Essen, Greifswald und Kiel an Orten steht, an denen die Alfried Krupp von Bohlen und Halbach-Stiftung besonders aktiv ist. HTG

11.2.1

Alfred Krupp

Standbild von Alois Meyer (1855–1936) und Josef Wilhelm Menges (1856–1916), W. Rapp'sche Kunstgießerei München, 1892 | Bronze | H 306 cm, B 120 cm, T 120 cm | Ruhr Museum, Essen

Das überlebensgroße Standbild von Alfred Krupp wurde 1892, fünf Jahre nach seinem Tod, von der Krupp'schen Arbeiterschaft errichtet. Es stürzte während der starken Zerstörungen im Zweiten Weltkrieg vom Sockel, blieb aber unbeschädigt und wurde in den Krupp'schen Baubetrieben zwischengelagert, bis es am 16. Mai 1954 eine erneute Aufstellung in unmittelbarer Nähe seines ursprünglichen Standortes fand. Im Rahmen der Umgestaltung des Limbecker Platzes wurde das Standbild samt Sockel im Januar 1962 in den Hügelpark gebracht. Ende der 1990er-Jahre ersetzte man das beschädigte Bronzestandbild durch einen neuen Abguss. Das Original wurde dem Ruhr Museum übergeben, das es nach aufwendiger Restaurierung in seiner Dauerausstellung zur Geschichte des Ruhrgebiets zeigt.

11.2.2

Alfred Krupp mit Reitgerte

Statuette von Otto Lang (1855–1928), 1888 | Bronze | H 50 cm, B 10 cm, T 10 cm | Ruhr Museum, Essen

Bei der Statuette handelt es sich um eines der so genannten Zimmerdenkmale, die sich – wie auch Porträtbüsten – in nicht unbeträchtlicher Zahl auf der Villa Hügel befanden und ebenso wie die öffentlichen Erinnerungsdenkmale repräsentativen Zwecken dienten. Die Bronzestatuette von Alfred Krupp wurde von Otto Lang gestaltet, der 1891 auch dessen Grabmal und 1905 das Grabmal für Friedrich Alfred entwarf. Er war ein Freund des Münchner Landschaftsmalers Felix von Ende, des Bruders von Margarethe Krupp, der die Familie in Kunstfragen beriet.

11.2.1

11.2.3

Alfred Krupp

Statuette von Fritz Schaper (1841–1919), um 1889 | Bronze, Marmorsockel | H 50 cm, B 10 cm, T 10 cm | Historisches Archiv Krupp, Essen | S 10/316

Die Statuette ist eine Miniatur des Alfred Krupp-Denkmals vor der Marktkirche von Fritz Schaper, das 1889 als erstes der Krupp-Denkmäler eingeweiht wurde. Sie zeigt noch den im Original zwei Meter hohen Sockel mit der Aufschrift »Alfred Krupp 1812–1887«, der beim Standbild nach dem Zweiten Weltkrieg entfernt wurde.

11.2.4

Alfred Krupp

Bronzekopf, 1920er-Jahre | Bronze, Marmorsockel | H 50 cm, B 24 cm, T 24 cm | Gymnasium Alfred Krupp Schule, Essen

Das Porträt zeigt den naturalistisch dargestellten Alfred Krupp ähnlich wie bei den Denkmälern auf dem Ostfeld und an der Marktkirche. Andere Exemplare dieses Kopfes aus der Alfred Krupp Schule standen wohl in mehreren Krupp'schen Sozialeinrichtungen.

11.2.5

Friedrich Alfred Krupp

Statuette von Wilhelm Haverkamp (1864–1929), 1904 | Bronze | H 51 cm, B 19 cm, T 17 cm | Ruhr Museum, Essen

Die Statuette ist die verkleinerte Version des 1904 in Kiel errichteten Denkmals von Wilhelm Haverkamp. Sie zeigt Friedrich Alfred erstaunlich unrepräsentativ mit Zylinder und Spazierstock in ungezwungener Eleganz.

11.2.6

Friedrich Alfred Krupp

Büste von Hugo Lederer (1871–1940), Berlin, 1908 | Metall | H 86,5 cm, B 58,5 cm, T 40 cm | Historisches Archiv Krupp, Essen | S 10/314

Die monumentale, überlebensgroße Büste ist eine Kopie des Kopfes der Statue Friedrich Alfred Krupps vom Denkmal am Limbecker Platz, das Hugo Lederer 1907 geschaffen hatte.

11.2.7

Gustav Krupp von Bohlen und Halbach zu Pferde

Statuette von Albert Hinrich Hußmann (1874–1946), 1912 | Bronze | H 70 cm, L 80 cm, B 18 cm | Historisches Archiv Krupp, Essen | S 10/317

Bei der Reiterstatuette handelt es sich um ein seltenes Denkmal von Gustav Krupp von Bohlen und Halbach, von dem keine großen öffentlichen Ausführungen existieren. Es wurde vom Tierbildhauer Albert Hinrich Hußmann anlässlich der Hundertjahrfeier gegossen und zeigt den bürgerlichen Gustav mit Reitanzug und Melone zu Pferd. Sie bildet das Pendant zur Darstellung Gustavs als Ritter in der gleichen Serie.

11.2.2

11.2.3

11.2.4

11.2.6

11.2.8

Bertha Krupp von Bohlen und Halbach

Bronzekopf von Jean Sprenger (1912–1980), Essen, um 1960 | Bronze | H 43 cm, B 20 cm, T 33 cm | Bertha-Krupp-Realschule, Essen

Der Bronzekopf Bertha Krupps von Jean Sprenger war ein Geschenk Alfried Krupp von Bohlen und Halbachs zur Eröffnung des neuen Schulgebäudes der ehemaligen Mädchenrealschule West an der Kerckhoffstraße. Die Eröffnung am 14. November 1961 ging mit der Umbenennung in »Bertha-Krupp-Schule« einher.

11.2.9

Alfried Krupp von Bohlen und Halbach

Bronzekopf von Jean Sprenger (1912–1980), Essen, um 1960/65 | Bronze | H 40 cm, B 15 cm, T 25 cm | Alfried Krupp von Bohlen und Halbach-Stiftung, Essen

Das Porträt ist das Werk des mit Alfred Krupp befreundeten Künstlers Jean Sprenger, der auch den Ersatz für das im Zweiten Weltkrieg zerstörte Denkmal für Friedrich Alfred Krupp im Jahr 1962 schuf. Ob der Bronzekopf vorher oder nachher entstand, ist unklar. Er ziert heute viele Einrichtungen der Alfried Krupp von Bohlen und Halbach-Stiftung wie das Alfried Krupp Krankenhaus, die Essener Philharmonie, das Wissenschaftskolleg Greifswald oder den Kieler Yachtclub.

11.2.10

Alfred Krupp zeigt Otto von Bismarck seine Geschütze

Relief vom Bismarckdenkmal am Bismarckplatz, Essen, von Reinhold Felderhoff (1865–1919), 1899 | Bronze (Gipsabguss) | H 105,5 cm, B 132 cm, T 8 cm | Ruhr Museum, Essen

Neben den Persönlichkeitsdenkmälern findet sich Krupp im Essener Stadtbild auch auf dem Bismarckdenkmal am gleichnamigen Platz wieder. Vor dem ehemaligen Reichsbahngebäude steht das Bronze-Denkmal, das die Stadt 1899 ihrem Ehrenbürger, Reichskanzler Fürst Otto von Bismarck, errichtete. Unter der überlebensgroßen Bismarckskulptur trägt der Sockel vier Reliefplatten, die dem Verhältnis von Bismarck zum Deutschen Reich und zur Stadt Essen gewidmet sind. Die hier gezeigte Platte spielt auf den Besuch des Preußischen Ministerpräsidenten 1864 in Essen an. Sie zeigt Bismarck und Alfred Krupp vor einer der Krupp'schen Kanonen, mit denen im Krieg 1870/71 die Reichseinigung erfochten wurde.

11.2.11

»Denkmal des Herrn A. Krupp auf dem Marktplatz«

Photogr. Atelier der Gussstahlfabrik v. Fried. Krupp, 1889 | Karton, Papier | 37,8 x 31,2 cm | Historisches Archiv Krupp, Essen | WA 16 z 78a.38

Das Denkmal vor der Marktkirche war das erste Standbild, das in Essen für Alfred Krupp errichtet wurde. In

11.2.8

11.2.9

11.2.18

11.2.19

der Stadtverordnetenversammlung vom 5. August 1887 wurde die Errichtung eines Denkmals für 60.000 Mark auf dem Marktplatz beschlossen. Mit der Ausführung wurde der renommierte Berliner Bildhauer Fritz Schaper beauftragt. Alfred Krupp ist in einfachem Reitanzug gezeigt, das rechte Bein ist vorgestellt. Die linke Hand ist in die Hüfte gestemmt, gleichzeitig hält sie den für Alfred Krupp obligatorischen zusammengeknüllten Hut. Mit der Rechten stützt er sich auf einen Amboss, auf dem ein Schutzfell hängt – Attribute seiner Tätigkeit. Der Kopf, bestimmt durch die kraftvoll gezeichneten Haupt- und Barthaare und den energischen Gesichtsausdruck, ist leicht nach links gewandt und bildet ein Gegengewicht zum vorgestellten rechten Bein.

11.2.12
Einladung Friedrich Alfred Krupps zur Einweihung des Alfred Krupp-Denkmals an der Marktkirche
Friedrich Alfred Krupp, 5. Juli 1889 | Handschrift, Karton | 25,6 x 20,5 cm | Stiftung Westfälisches Wirtschaftsarchiv, Dortmund | N 13
Die Einweihung des ersten Krupp-Denkmals in Essen am 14. Juli 1889 war ein feierlicher Akt, an dem neben Honoratioren der Stadt, Vertretern der Kirche und verschiedener Vereine natürlich auch Mitglieder der Familie Krupp, des Direktoriums und der Belegschaft der Firma teilnahmen. Friedrich Alfred Krupp lud dazu bedeutende Personen wie den Soester Justizrat Loerbrocks persönlich ein.

11.2.13
»Erinnerung an die Enthüllungsfeier des Standbildes« von Alfred Krupp
Fotografie von Ferdinand Zaborsky, 14. Juli 1889 | Karton, Papier | 37,5 x 45,5 cm | Ruhr Museum, Essen
In der Enthüllungsrede bezeichnete der Essener Oberbürgermeister Zweigert das Denkmal gegenüber dem Rathaus als »Zeichen der Dankbarkeit der Bürger der Stadt Essen«. In seiner Dankesrede kündigte Alfred Krupps Sohn an, 500.000 Mark für gemeinnützige und wohltätige Zwecke zu spenden.

11.2.14
Enthüllung des Alfred Krupp-Denkmals an der Marktkirche
Fotografie, 14. Juli 1889 | Karton | 17 x 25 cm | Historisches Archiv Krupp, Essen | WA 16 m 3.13+16

11.2.15
Zeitungsbericht über das am 14. Juli enthüllte Alfred-Krupp-Standbild in Essen
Titel der »Illustrirten Zeitung«, Leipzig und Berlin, 27. Juli 1889 | Papier | 38,8 x 28 cm | Ruhr Museum, Essen | 1990/013-011
Die Errichtung des Krupp-Denkmals in Essen war ein national wahrgenommenes Ereignis, dem die in Leipzig und Berlin erscheinende »Illustrirte Zeitung« eine Titelseite und einen langen Artikel widmete.

11.2.16
»Lageplan über die Verlegung des Kruppdenkmals am Marktplatz«
1914 | Zeichnung auf Papier, Maßstab 1:250 | 46,8 x 37 cm | Historisches Archiv Krupp, Essen | WA 41/1 – 15.14
Das Denkmal an der Marktkirche wurde mehrfach versetzt, zum ersten Mal im Jahr 1914. Bedingt durch die verkehrstechnischen Umgestaltungen des Marktplatzes wurde das Denkmal näher und ohne Gitter an die Marktkirche gesetzt. 1945 wurde es aus unbekannten Gründen vom Sockel gestürzt und anschließend mehrere Jahre auf Krupp'schem Werksgelände zwischengelagert. Erst 1952 baute man es außerhalb des Innenstadtbereichs zwischen Erlöserkirche

und Ruhrlandmuseum, ohne nachweisbaren Bezug zur Umgebung, wieder auf. Anlässlich der 150-Jahrfeier wurde das Denkmal wieder an die Marktkirche versetzt, aber etwas abseits an der Westseite. Zugleich erhielt es einen neuen, einen Meter niedrigeren Sockel, der jedoch die gleiche Inschrift wie das Original trägt: »Alfred Krupp – Die dankbare Vaterstadt«. Erst 2006 wurde das Denkmal an seinen Originalstandort an der Südseite der Marktkirche versetzt. Von hier blickt Alfred Krupp nun wieder die Kettwiger Straße hinauf.

11.2.17

Übersicht über die Einnahmen des »Comité für Errichtung des Krupp Denkmals« am Ostfeld

3. Juni 1888 | Handschrift, Papier, 2 Seiten | 35 x 20,8 cm | Historisches Archiv Krupp, Essen | WA 41/1 – 14.35

Im Unterschied zum städtischen Denkmalprojekt mussten die Mittel für das Denkmal der Krupp'schen Belegschaft erst eingesammelt werden. Das vorbereitende Komitee bestand aus fünf Arbeitern und vier leitenden Angestellten. Am 3. Juni 1888 waren knapp 50.000 Mark an Spenden erreicht, im Juli die gesamte Summe. Mit Hinweis auf die reichlich zur Verfügung stehenden Mittel wurde ein größeres Standbild als das städtische geplant, das auch Assistenzfiguren umfassen sollte.

11.2.18

Alfred Krupp-Denkmal auf dem Ostfeld

Fotografie, 1908 | Vintage, Papier, Karton | 15 x 22,3 cm | Ruhr Museum, Essen | 62 KR (E) C 241 III

Das Alfred Krupp-Denkmal am Ostfeld wurde in unmittelbarer Nähe des Haupteingangs zur Fabrik errichtet. Zu der repräsentativen Anlage führten eine Treppe und je ein seitlicher Weg. Die Umgebung wurde gärtnerisch gestaltet. Ein Gitter fasste das Denkmal weiträumig ein. Der Sockel wurde von dem Münchner Architekten Friedrich von Thiersch entworfen. Er schuf einen dreistufigen Unterbau aus rotem Granit, auf dem sich der Sockel aus grauem, poliertem Granit erhob. Ihm war an den Seiten jeweils ein Halbrund vorgesetzt, das allegorische Figuren aufnahm. Am Fuß des Sockels stand der Wahlspruch Alfred Krupps »Der Zweck der Arbeit soll das Gemeinwohl sein«. Im Mittelfeld waren der Name »Alfred Krupp« und die Lebensdaten »1812 – 1887« zu lesen. Die Rückseite trug die Inschrift »Gewidmet von den Angehörigen seiner Werke«.

11.2.19

Alfred Krupp-Denkmal auf dem Ostfeld

Fotografie, nach 1900 | Vintage, Papier auf Karton | 22,3 x 34,3 cm | Ruhr Museum, Essen | 62 Kr (E) C 241 II

Die Bronzefigur von Alfred Krupp im Denkmal am Ostfeld ist fast identisch mit der an der Marktkirche. Den Unterschied in der Anlage des Denkmals machen die Assistenzfiguren, die wie die Figur Krupps in anderthalbfacher Lebensgröße in Bronze gegossen waren. Die linke Figur zeigte einen sitzenden Schmied, der in der rechten Hand einen Hammerstiel hält. Aus der Krupp'schen Produktpalette waren das typische Eisenbahnrad und ein Kanonenrohr beigefügt. Die Figur symbolisierte die Arbeit, die der Fabrikinhaber gibt. Auf der rechten Seite saß eine Frauengestalt, in ihrer Rechten einen Lorbeerzweig und ein Pergamentblatt haltend, versehen mit den Goethe'schen Worten »Edel sei der Mensch, hilfreich und gut«. An ihre linke Seite schmiegte sich ein Kind. Als Witwe eines Arbeiters mit ihrem Kind, die vom Patriarchen Alfred Krupp beschützt wird, symbolisierte diese Gruppe die Humanitas. Durch die Assistenzfiguren wurde Krupp somit nicht allein als Unternehmer, sondern auch als sozialfürsorglicher Patriarch gezeigt.

11.2.22

11.2.20

Einladung zur Teilnahme an der Einweihung des Alfred Krupp-Denkmals

Direktorium der Fa. Fried. Krupp, 12. August 1892 | Handschrift, Papier | 28 x 21,6 cm | Stiftung Westfälisches Wirtschaftsarchiv, Dortmund | N 13

Die Einweihung des Denkmals am Ostfeld hatte für die Firma Krupp sicherlich den gleichen Stellenwert wie diejenige drei Jahre zuvor an der Marktkirche. Die Einladung an den Justizrat Loerbrocks wurde diesmal von Mitgliedern des Direktoriums unterschrieben.

11.2.21

Enthüllung des Alfred Krupp-Denkmals am Ostfeld

3 Fotografien, 1892 | Papier auf Karton mit Goldrand | je 17,5 x 25 cm | Historisches Archiv Krupp, Essen | WA 16 m 3.22

Die feierliche Enthüllung des Denkmals am Ostfeld war die alleinige Angelegenheit der Firma. Nach der Rede des Vorsitzenden des Krupp'schen Denkmalkomitees Dicke und dem Vertreter der

Arbeiter Rüster sprach Friedrich Alfred Krupp und kündigte an, Pensionärshäuser zu bauen – die Geburtsstunde der Siedlung Altenhof. Da die große Zahl der Werksangehörigen auf dem Denkmalsplatz nicht unterzubringen war, formierte sich nach den Feierlichkeiten ein langer Zug, der an dem Denkmal vorbeimarschierte und Alfred Krupp huldigte.

11.2.22
»Das Alfred Krupp-Denkmal«
Sonderdruck aus den »Mittheilungen«, August Bagel, Düsseldorf 1892 | Druck, Papier, Pappe | 23 x 15,5 cm | Historisches Archiv Krupp, Essen | FAH 2 G 17

Die Errichtung des Alfred Krupp-Denkmals erfuhr eine solche Beachtung, dass sie in einem Sonderdruck der »Mittheilungen des Vereins zur Wahrung der gemeinsamen wirthschaftlichen Interessen im Rheinland und Westfalen« beschrieben wurde.

11.2.23
»Das Alfred Krupp-Denkmal«
Sonderdruck aus »Stahl und Eisen«, hg. v. August Bagel, Düsseldorf, Nr. 18, 1892 | Papier, Karton | 28,2 x 19,2 cm | Stahlinstitut VDEh, Düsseldorf | VDEh 0073661
Auch die Zeitschrift »Stahl und Eisen« widmete der Einweihung des Alfred Krupp-Denkmals eine Sonderseite.

11.2.24
»Das Alfred-Krupp-Denkmal in Essen«
Titel der Illustrirten Zeitung, 8. Oktober 1892 | Papier | 41 x 28 cm | LVR-Industriemuseum – Rheinisches Landesmuseum für Industrie- und Sozialgeschichte, Oberhausen | ob 92/723
Beachtung fand die Denkmaleinweihung nicht nur in den Fachzeitschriften der Wirtschaft und Stahlindustrie, sondern auch im neuen Medium der Bild-Illustrierten, so der »Illustrirten Zeitung«.

11.2.28

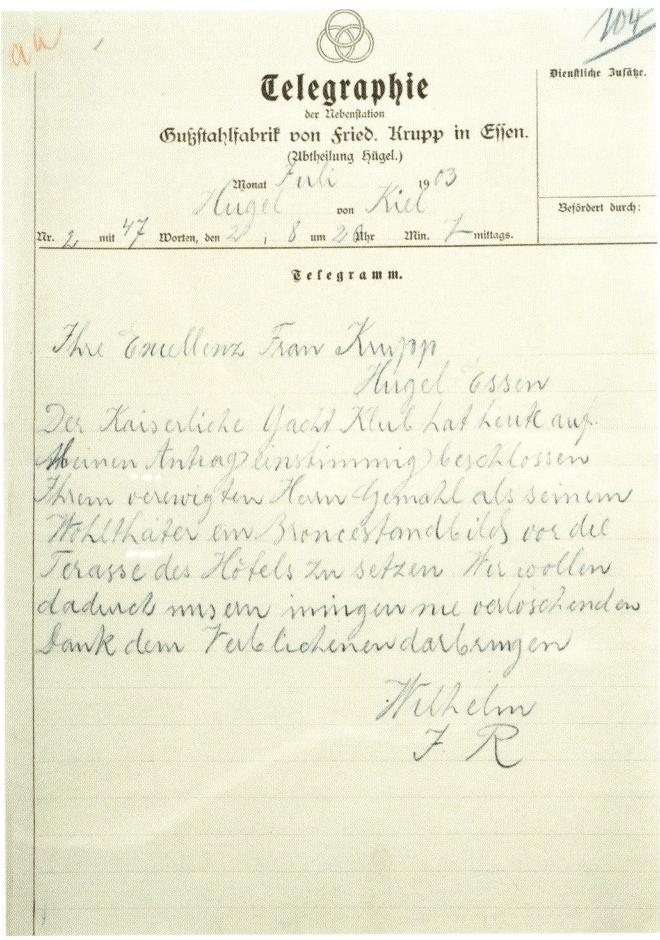
104

Telegraphie der Nebenstation Gußstahlfabrik von Fried. Krupp in Essen. (Abtheilung Hügel.)

Dienstliche Zusätze.

Monat Juli 1903
Hügel von Kiel
Nr. 2 mit 47 Worten, den 2/8 um 2 Uhr Min. 7 mittags.

Beförderd durch:

Telegramm.

Ihre Excellenz Frau Krupp
Hügel Essen
Der Kaiserliche Yacht Klub hat heute auf Meinen Antrag einstimmig beschlossen Ihrem verewigten Herrn Gemahl als seinem Wohlthäter ein Broncestandbild vor die Terasse des Hotels zu setzen. Wir wollen dadurch unseren immer nie verlöschenden Dank dem Verblichenen darbringen
Wilhelm
I R

11.2.29

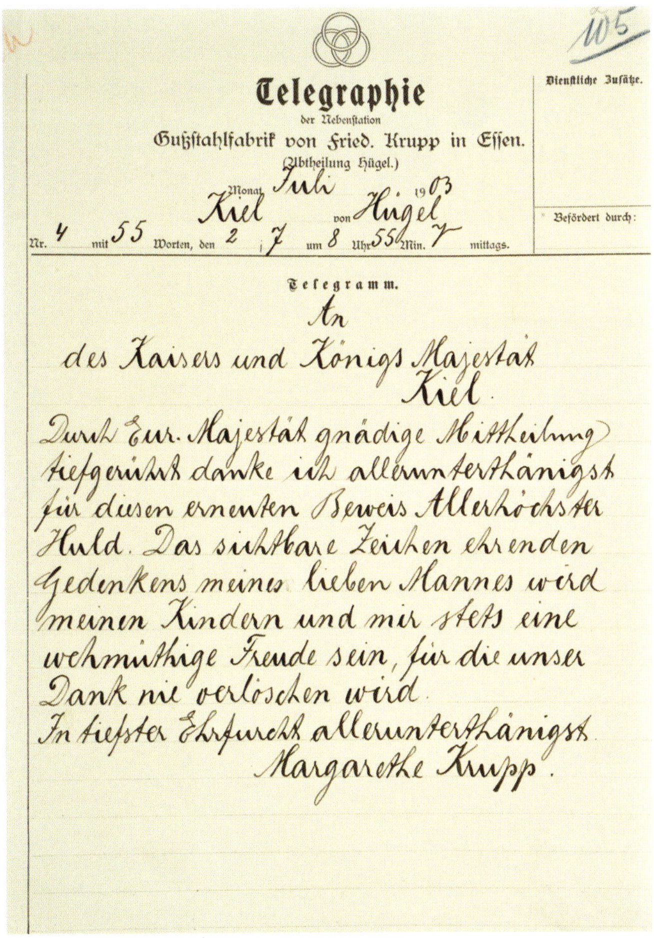
105

Telegraphie der Nebenstation Gußstahlfabrik von Fried. Krupp in Essen. (Abtheilung Hügel.)

Dienstliche Zusätze.

Monat Juli 1903
Kiel von Hügel
Nr. 4 mit 55 Worten, den 2/7 um 8 Uhr 55 Min. 7 mittags.

Beförderd durch:

Telegramm.

An
des Kaisers und Königs Majestät
Kiel.
Durch Eur. Majestät gnädige Mittheilung tiefgerührt danke ich allerunterthänigst für diesen erneuten Beweis Allerhöchster Huld. Das sichtbare Zeichen ehrenden Gedenkens meines lieben Mannes wird meinen Kindern und mir stets eine wehmüthige Freude sein, für die unser Dank nie verlöschen wird.
In tiefster Ehrfurcht allerunterthänigst
Margarethe Krupp.

11.2.25

Medaillen zur Errichtung des Krupp-Denkmals am Ostfeld

Entwurf: A. Scharff, Wien, 1892 | Bronze, teilweise vergoldet | je Dm 4,2 cm, H 0,3 cm | Ruhr Museum, Essen | 2003/30 – 24 , Me 14, Me 20, Me 634, Me 635, Me 708, Me 15, SKR 800, SKR 849, Me 429

Anlässlich der Enthüllung des Denkmals wurde eine Medaille mit und ohne Aufhängeöse als Erinnerung für die Werksangehörigen geprägt. Auf der Vorderseite zeigt sie Alfred und Friedrich Alfred Krupp im Profil, auf der Rückseite das Alfred Krupp-Denkmal. Die Inschrift auf der vorderen Seite lautet: »Alfred Krupp 1812–1887 Friedrich Alfred Krupp«, auf der Rückseite: »Der Zweck der Arbeit soll das Gemeinwohl sein. Errichtet von seinen Werksangehörigen 1892«.

11.2.26

Programm zur Enthüllung des Friedrich Alfred Krupp-Denkmals in der Kolonie Altenhof

14. Juni 1903 | Karton | 23 x 14,5 cm | Historisches Archiv Krupp, Essen | FAH 3 G 23

Das erste Denkmal für Friedrich Alfred Krupp errichteten die Bewohner der Kolonie Altenhof, die Friedrich Alfred anlässlich der Einweihung des Denkmals für seinen Vater im Jahre 1892 ins Leben gerufen hatte.

11.2.27

Enthüllung des F.A. Krupp-Denkmals in der Kolonie Altenhof

3 Fotografien, 1903 | Fotos auf Karton | 27 x 20,5 cm bzw. 20,5 x 27 cm | Historisches Archiv Krupp, Essen | WA 16 m 3.31

Das Denkmal für Friedrich Alfred Krupp im Altenhof stand ursprünglich auf einem dreigestuften Sockel. Es handelte sich um einen grob behauenen Granitblock mit einer Höhe von 2,5 Metern. Auf der Vorderseite war ein rechteckiges Relief mit dem Brustbild Friedrich Alfreds sowie dem Namen des Dargestellten eingelassen. Darunter befand sich in Bronzelettern die Inschrift »unserem Lieben unvergesslichen Wohltäter«. Das Denkmal stammt von Otto Lang, einem Freund der Familien Krupp und von Ende, der 1891 schon das Grabmal für Alfred gestaltet hatte und 1905 auch das Grabmal für Friedrich Alfred entwerfen sollte.

11.2.28

Telegramm Kaiser Wilhelms II. an Margarethe Krupp bezüglich des F.A. Krupp-Denkmals in Kiel

2. Juli 1903 | Handschrift, Papier | 31 x 21 cm | Historisches Archiv Krupp, Essen | FAH 3 G 22 a 1

In seinem Telegramm informiert Kaiser Wilhelm II. Margarethe Krupp von dem Beschluss des Kaiserlichen Yachtclubs Kiel, auf seinen Antrag hin ihrem Mann ein Bronzestandbild vor das Yachtclubgebäude zu setzen. Friedrich Alfred Krupp war seit 1900 Ehrenmitglied des Clubs.

11.2.29

Telegramm Margarethe Krupps an Kaiser Wilhelm II. bezüglich des F.A. Krupp-Denkmals in Kiel

*2. Juli 1903 | Handschrift, Papier | 31 x 21 cm | Historisches Archiv Krupp, Essen | FAH 3 G 22 a 2*Margarethe Krupp bedankt sich bei Kaiser Wilhelm II. für die Initiative zur Errichtung des Denkmals für ihren Mann in Kiel.

11.2.30

Enthüllung des Friedrich Alfred Krupp-Denkmals in Kiel

2 Fotografien von A. Renard, Juni 1904 | Papier, Karton | je 34,5 x 44,1 cm | Historisches Archiv Krupp, Essen | WA 16 r 83.2+3

Die Enthüllung des Friedrich Alfred Krupp-Denkmals in Kiel fand bereits 19 Monate nach seinem Tod und ein knappes Jahr nach der Entscheidung für das Denkmal am 22. Juni 1904 statt. Neben Honoratioren der Stadt Kiel und des Yachtclubs nahmen auch Kaiser Wilhelm II., Margarethe Krupp und ihre beiden Töchter teil. Das überlebensgroße Bronzestandbild des Berliner Bildhauers Wilhelm Haverkamp ist völlig unheroisch gestaltet und zeigt Friedrich Alfred im Straßenanzug mit geöffnetem Gehrock, Zylinder und Stock in der linken Hand.

11.2.35

11.2.33

11.2.31
Das Friedrich Alfred Krupp-Denkmal am Limbecker Platz in Essen

Postkarte, um 1916 | 8,80 x 13,5 cm | Ruhr Museum, Essen | 2044/89

Die von Hugo Lederer entworfene Denkmalanlage für Friedrich Alfred Krupp entstand 1907 auf halbkreisförmigem Grundriss. Zu dem erhöhten Unterbau führten sieben Stufen hinauf. Eine Wand aus Muschelkalkblöcken bildete den Hintergrund für das Standbild Krupps und die symbolischen Assistenzfiguren. Die überlebensgroße Bronzefigur zeigte Friedrich Alfred als schlichten Bürger im knielangen Gehrock, als mächtigen Industriellen, aber auch als fürsorglichen Arbeitgeber.

Beidseitig wurde das Standbild von je einem Figurenpaar begleitet. Das linke Paar bildeten zwei Arbeiter mit nacktem Oberkörper, jeweils auf eine Zange gestützt, das rechte ein Mann und eine Frau mit Kind, eine Arbeiterfamilie, als Symbol für die Wohltätigkeit des Geehrten. Beide Gruppen rahmten je eine Inschrift ein: links »Friedrich Alfred Krupp 1854–1902. stand seit 1887 an der Spitze der Werke. Die Schöpfung seines Vaters treu pflegend und weiterbauend«, rechts »In Dankbarkeit, die Angehörigen seiner Werke, die Vaterstadt, die Freunde, 1907«.

11.2.32
Einteilung des Festplatzes zur Enthüllung des Friedrich Alfred Krupp-Denkmals

Lageplan, 17. November 1907 | Papier | 37 x 45 cm | Historisches Archiv Krupp, Essen | FAH 3 G 25.64

Die Einweihung des Friedrich Alfred Krupp-Denkmals 1907 war eine der bis dahin größten Feierlichkeiten der jungen Industriestadt Essen, die generalstabsmäßig vorbereitet wurde.

11.2.33
Einladung zur Enthüllung des Friedrich Alfred Krupp-Denkmals

17. November 1907 | Karton | 23 x 28 cm | Historisches Archiv Krupp, Essen | FAH 3 G 50.72-73

Zur Enthüllung des Friedrich Alfred Krupp-Denkmals, die am 17. November 1907, wenige Tage vor seinem fünften Todestag stattfand, wurden gedruckte Einladungskarten verschickt. Nach der Übergabe des Denkmals durch den Bildhauer Hugo Lederer sprachen der Vorsitzende des Denkmalkomitees, Klöpfel, der Essener Oberbürgermeister Wilhelm Holle sowie Gustav Krupp von Bohlen und Halbach.

11.2.34
Enthüllung des Friedrich Alfred Krupp-Denkmals am Limbecker Platz

3 Fotografien, 1907 | Papier, Karton | je 31 x 38 cm | Historisches Archiv Krupp, Essen | WA 16 m 3.32

Bei der Enthüllung des Friedrich Alfred Krupp-Denkmals durch die drei Stiftergruppen – die Werksangehörigen, die Freunde des Verstorbenen und die Stadt Essen – stiftete die Witwe Margarethe Krupp Geldbeträge für die Förderung der Gesundheit und der Krankenpflege und übereignete der Stadt Grundbesitz in Essen-Rüttenscheid zur Anlage von Naherholungsgebieten.

11.2.36

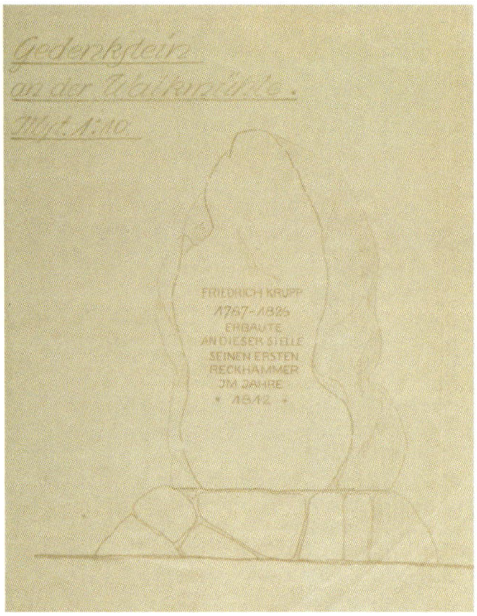

11.2.38

11.2.35

»Enthüllung des F.A. Krupp-Denkmals 17. November 1907«

Broschüre, 17. November 1907 | Papier, Karton | 25 x 32 cm | Historisches Archiv Krupp, Essen | FAH 3 G 25.403

11.2.36

Grabmal Friedrich Alfred Krupps

Postkarte, gestempelt am 11. September 1923 | Karton | 9 x 14 cm | Ruhr Museum, Essen | 3641/93 – 3650/93

1891, vier Jahre nach dem Tod Alfred Krupps, hatte der Münchner Bildhauer Otto Lang, der mit Margarethe Krupps Bruder Felix von Ende befreundet war, das monumentale Grabmal Alfred Krupps errichtet. Später schuf er auch das Grabmal für Friedrich Alfred Krupp und einige andere Familienmitglieder. Ein riesiger Adler mit ausgebreiteten Schwingen wacht über der monumentalen marmornen Grabplatte Friedrich Alfred Krupps.

11.2.37

Ehrenhalle mit der Skulptur »Die Arbeit« von Hugo Lederer, Denkmal auf die Gründung der Gussstahlfabrik

Fotografie, nach 1912 | Papier | 23 x 27,5 cm | Historisches Archiv Krupp, Essen | WA 16 v 8.17

Das erste Denkmal zu Ehren Friedrich Krupps bzw. der Gründung der Gussstahlfabrik entstand im Kontext der Hundertjahrfeier der Firma 1912. Es handelt sich um die allegorische Figur »Die Arbeit« des Berliner Bildhauers Hugo Lederer, der fünf Jahre zuvor das Friedrich Alfred Krupp-Denkmal am Limbecker Platz geschaffen hatte. Die Skulptur bildete den Fluchtpunkt in der so genannten Ehrenhalle der neuen Hauptverwaltung an der Altendorfer Straße. Sie trägt die Aufschrift »Zum Andenken an Friedrich Krupp, den Begründer der Gussstahlfabrik 1812. Geb. 17. Juli 1787 Gest. 8. Oktober 1826«. Nach Kriegszerstörung und Abriss der Hauptverwaltung steht die Skulptur heute im Park der Villa Hügel.

11.2.40

11.2.38

Planung eines Gedenksteins für Friedrich Krupp an der Walkmühle

Zeichnung, 8. August 1926 | Karton | 32 x 27,5 cm | Historisches Archiv Krupp, Essen | WA 41/1-26.13

Zum hundertsten Todestag Friedrich Krupps entstand 1926 die Initiative für einen Gedenkstein am ersten Fabrikgebäude an der Walkmühle, versehen mit der Inschrift »Friedrich Krupp erbaute an dieser Stelle seinen ersten Reckhammer im Jahre 1812«.

11.2.39

Skizzen für den Gedenkstein Friedrich Krupps an der Walkmühle

Handzeichnungen, 13. Oktober 1926 | Papier, 2 Seiten | 20 x 28 cm | Historisches Archiv Krupp, Essen | WA 41/1-26.23+28

11.2.40

Entwurf für ein Tiegelstahldenkmal

Fotografie von Arthur Hoffmann, um 1935 | Papier, Karton | 39,2 x 28,4 cm | Historisches Archiv Krupp, Essen | WA 16 m 3,35.2

Das letzte Denkmal zur Geschichte der Firma Krupp ist das Tiegelstahldenkmal. Es wurde – eventuell im Kontext der 125-Jahrfeier – schon 1935 im Auftrag von Gustav und Bertha Krupp von Bohlen und Halbach vom Berliner Bildhauer Arthur Hoffmann entworfen, konnte aber erst 1952 realisiert werden. Es ist in Form eines Halbbogens 22 Meter lang und zeigt im Bronze-Hochrelief die verschiedenen Arbeitsschritte bei der Herstellung des Tiegelstahls. In der Nähe des Stammhauses gelegen, ist es das Denkmal für die Krupp'schen Produktionsstätten.

11.2.41

Krupp-Denkmäler im Essener Stadtraum und im Park der Villa Hügel

Fotografien von Bernd Langmack, 2011 | Bernd Langmack, Essen

a) Alfred Krupp-Denkmal vor der Marktkirche
b) Alfred Krupp-Denkmal im Hügelpark
c) Friedrich Alfred Krupp-Denkmal im Altenhof
d) Friedrich Alfred Krupp-Denkmal im Hügelpark
e) Friedrich Krupp-Denkmal an der Walkmühle
f) Denkmal »Die Arbeit« zur Erinnerung an Friedrich Krupp auf der Terrasse der Villa Hügel
g) Tiegelstahl-Denkmal am Stammhaus
h) Grabmal Alfred Krupps auf dem Friedhof Bredeney
i) Grabmal Friedrich Alfred Krupps auf dem Friedhof Bredeney

11.2.41 a

11.2.41 b

11.2.41 c

11.2.41 d

11.2.41 e

11.2.41 f

11.2.41 h

11.2.41 i

11.2.41 g

11.3. Die Hundertjahrfeier 1912

Die Planungen für das 100-jährige Jubiläum der Firma Krupp begannen bereits Jahre vorher. Sie betrafen sowohl inhaltliche und organisatorische Fragen als auch finanzielle Rückstellungen. Zunächst musste der Termin festgelegt werden. Ob man dabei bewusst auf das offizielle Datum der notariellen Eintragung der Firma am 20. November 1811 verzichtete oder ob sich dieses Datum erst mit den historischen Studien für die Jubiläumsfestschrift herauskristallisierte, bleibt unklar. Auf jeden Fall schien der fast gleichzeitige 100-jährige Geburtstag Alfred Krupps am 26. April 1912 in der Krupp'schen Familienchronologie viel opportuner. Insofern feierte man ein Doppeljubiläum, das Firma und Familie eng miteinander verknüpfte. Den eigentlichen Termin bestimmte aber der Terminplan des Kaisers, denn das Ereignis sollte zu Ehren und in Anwesenheit von Kaiser Wilhelm II. gefeiert werden.

Die Jubiläumsfeierlichkeiten begannen am 3. August mit der traditionellen Jubilarfeier des Doppeljahrgangs 1911 und 1912 auf dem Hügel. Ihr folgten am 6. August das große Belegschaftsfest im Saalbau und am 7. August eine große Ordensverleihung im Lichthof des neuen Hauptverwaltungsgebäudes der Firma. Der Kaiserbesuch und eigentliche Höhepunkt der Feierlichkeiten fand am 8. und 9. August in der Hoffnung auf »Kaiserwetter« statt. Alle Programmpunkte waren minutiös geplant, Festsäle und Straßen für den Empfang prächtig geschmückt.

Bei den zahlreichen Ansprachen und Reden während der Feierlichkeiten hoben Gustav Krupp von Bohlen und Halbach und das Direktoriumsmitglied Ernst Haux die Leistungen der Firmeninhaber und der »Kruppianer« als Werksgemeinschaft hervor, die der Direktoriumsvorsitzende Alfred Hugenberg im Sinne einer Volksgemeinschaft interpretierte. Kaiser Wilhelm bedankte sich, indem er neben der zivilen Produktion und den Wohlfahrtseinrichtungen vor allem die Geschütze und die Waffentechnik als die markantesten Leistungen der Firma herausstellte.

Schon nach dem offiziellen Festakt im Lichthof der Hauptverwaltung am Vormittag des 8. Augusts erreichte die Gesellschaft die Nachricht von einer großen Schlagwetterexplosion auf der Bochumer Zeche Lothringen, bei der, wie sich herausstellte, 115 Bergleute ihr Leben ließen. Da sich der Kaiser schon einmal im Ruhrgebiet befand, kam man überein, der Unglücksstelle am Nachmittag des kommenden Tages einen Besuch abzustatten, ohne jedoch die Feierlichkeiten zu unterbrechen. Diese sahen zunächst den Besuch der Krupp'schen Wohnsiedlungen Alfredshof, Altenhof und der neu entstandenen Margarethenhöhe, das festliche Bankett auf dem Hügel und am nächsten Vormittag die Besichtigung des Werkes vor. Der Kaiser zeigte sich vor allem an der Waffenproduktion, dem neu eingerichteten Artilleriemuseum und dem Schießplatz mit den Vorführungen Krupp'scher Waffentechnologie interessiert. Einzig das mittelalterliche Ritterspiel, das für den Nachmittag des 9. Augusts als ästhetischer und ideologischer Höhepunkt und Abschluss des Kaiserbesuchs geplant war, wurde für den Besuch der Unglücksstelle abgesagt. HTG

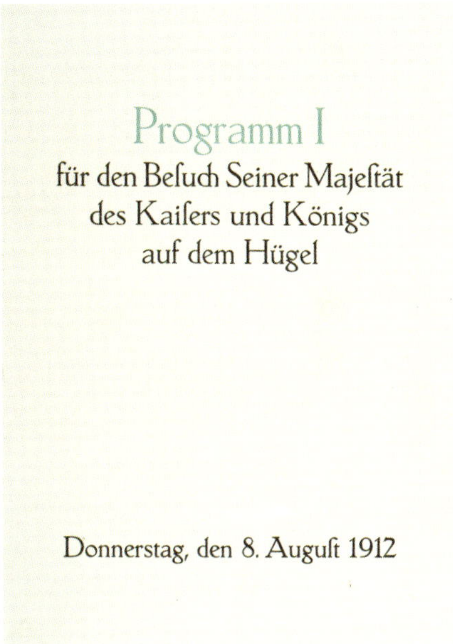

11.3.1

11.3.1
»Programm I für den Besuch Seiner Majestät des Kaisers und Königs auf dem Hügel«
8. August 1912 | Druck mit handschriftlichen Einträgen, Papier, 7 Seiten | 21 x 15 cm | Historisches Archiv Krupp, Essen | FAH 4 A 16.7–10, FAH 4 A 16.24+25

Die Feierlichkeiten zur Hundertjahrfeier wurden über Jahre vorbereitet und minutiös durchgeplant. Zum Besuch des Kaisers gab es für den 8. und 9. August pro Gast jeweils ein eigenes Programmheft, das nicht nur die genauen Termine und die Besetzung der Wagenkolonnen, sondern auch die Platzzuweisung bei den Mahlzeiten und beim Festakt vorsah. Das hier gezeigte Exemplar war für Bertha Krupp von Bohlen und Halbach bestimmt.

11.3.2
Alphabetisches Teilnehmerverzeichnis der Hundertjahrfeier
2 Hefte, 1912 | Druck, Papier | je 33 x 20 cm | Historisches Archiv Krupp, Essen | WA 41/2–171.14-39, WA 41/2–173.47-60

Für den eigentlichen Festakt am 8. August gab es ein gedrucktes Teilnehmerverzeichnis. Die Einträge beginnen mit dem Gefolge des Kaisers und den Militärbehörden. Dieses Exemplar war für Direktor Alfred Hugenberg bestimmt.

11.3.3
»Nachweisung der Wohnungen der im August 1912 auf Hügel anwesenden Herrschaften«
August 1912 | Papier, 5 Seiten | 21 x 16 cm | Historisches Archiv Krupp, Essen | FAH 4 A 21.4-8

Auch die Unterbringung der Gäste einschließlich ihrer Dienerschaft auf dem Hügel war bis ins Kleinste geregelt. Dabei wurden nicht nur Haupt- und Kleines Haus, sondern auch die Beamtenhäuser und für die Dienerschaft die Kegelbahn mit verplant.

11.3.4
»Diensteinteilung der Diener usw., anläßlich der Hundertjahrfeier«
8. August 1912 | Druck, Papier, 2 Seiten | 29 x 21 cm | Historisches Archiv Krupp, Essen | FAH 4 A 20.158+159

11.3.4

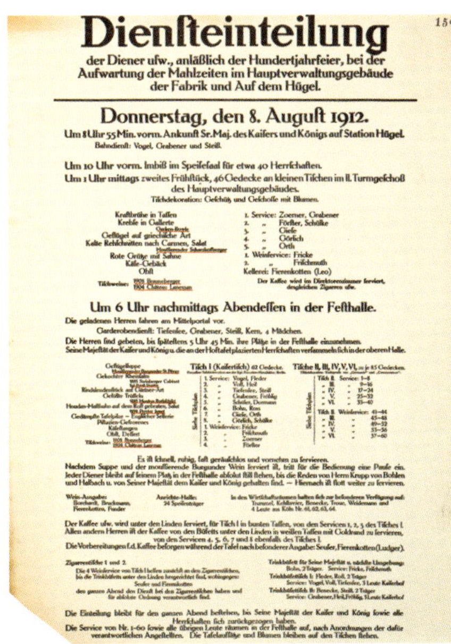
Diensteinteilung

der Diener usw., anläßlich der Hundertjahrfeier, bei der Aufwartung der Mahlzeiten im Hauptverwaltungsgebäude der Fabrik und Auf dem Hügel.

Donnerstag, den 8. August 1912.

Um 8 Uhr 55 Min. vorm. Ankunft Sr. Maj. des Kaisers und Königs auf Station Hügel.
Bahndienst: Vogel, Grabener und Steiß.

Um 10 Uhr vorm. Imbiß im Speisesaal für etwa 40 Herrschaften.
Um 1 Uhr mittags zweites Frühstück, 46 Gedecke an kleinen Tischen im II. Turmgeschoß des Hauptverwaltungsgebäudes.
Tischdekoration: Geschütz und Geschosse mit Blumen.

Kraftbrühe in Tassen
Krebse in Gallerte
Geflügel auf griechische Art
Kalte Rehschnitten nach Carmen, Salat
Rote Grütze mit Sahne
Käse-Gebäck
Obst

1. Service: Zoerner, Grabener
2. " Förster, Schülke
3. " Giese
4. " Görlich
5. " Orth
1. Weinservice: Fricke
2. " Frischmuth
Kellerei: Fierenkotten (Leo)

Der Kaffee wird im Direktorenzimmer serviert, desgleichen Zigarren usw.

Um 6 Uhr nachmittags Abendessen in der Festhalle.
Die geladenen Herren fahren am Mittelportal vor.
Garderobendienst: Tiefensee, Grabener, Steiß, Kern, 4 Mädchen.
Die Herren sind gebeten, bis spätestens 5 Uhr 45 Min. ihre Plätze in der Festhalle einzunehmen.
Seine Majestät der Kaiser und König u. die an der Hoftafel plazierten Herrschaften versammeln sich in der oberen Halle.

Tisch I (Kaisertisch) 62 Gedecke.
Tische II, III, IV, V, VI, zu je 85 Gedecken.

11.3.5
Programmheft zum Festabend im Saalbau
1912 | Druck, Papier, Kordel | 19 x 15 cm | Wehrtechnische Studiensammlung des Bundesamtes für Wehrtechnik und Beschaffung, Koblenz | 001 Nachlass Rausenberger 09

Für jeden einzelnen Teilnehmer gab es ein eigenes Programmheft – hier für das vorhergehende Belegschaftsfest am 6. August 1912 im Saalbau.

11.3.6
Programmheft für Fritz Rausenberger zum Festmahl der Krupp'schen Hundertjahrfeier auf Villa Hügel
August 1912 | Druck, Papier, Kordel | 15,5 x 11 cm | Wehrtechnische Studiensammlung des Bundesamtes für Wehrtechnik und Beschaffung, Koblenz | 001 Nachlass Rausenberger 09

Der Dienerschaft lag für die Aufwartung der Mahlzeiten auf dem Hügel und im Hauptverwaltungsgebäude der Firma eine gedruckte Diensteinteilung mit genauesten Anweisungen vor.

11.3.5

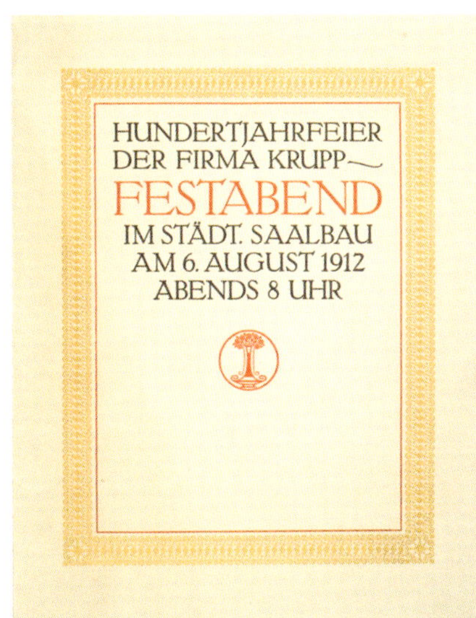

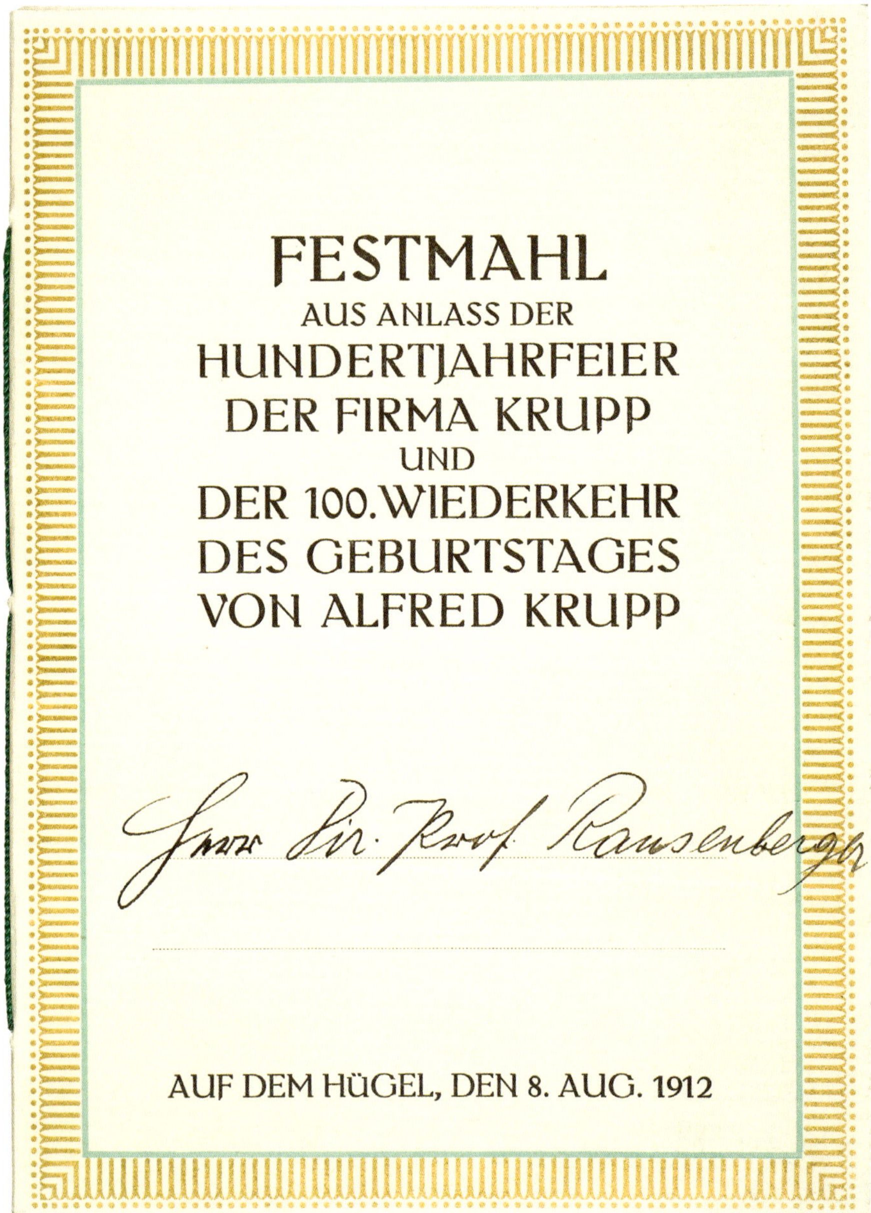
FESTMAHL
AUS ANLASS DER
HUNDERTJAHRFEIER
DER FIRMA KRUPP
UND
DER 100. WIEDERKEHR
DES GEBURTSTAGES
VON ALFRED KRUPP

Herrn Dir. Prof. Rausenberger

AUF DEM HÜGEL, DEN 8. AUG. 1912

11.3.6

Programmhefte gab es auch für die einzelnen Mahlzeiten, vor allem für das große »Kaiseressen« am Abend des 8. Augusts auf dem Hügel.

11.3.7

Bau des Festsaals im Lustgarten der Villa Hügel

Fotografie der Photographischen Anstalt der Fried. Krupp AG, 1912 | Historisches Archiv Krupp, Essen | SH 58/2

Für die Jubiläumsfeier, vor allem aber für das »Kaiseressen«, wurde im südlich an die obere Terrasse am großen Haus anschließenden »Lustgarten« der Villa Hügel ein eigenes Gebäude errichtet.

11.3.8

Zusätzlich errichteter Festsaal für die Hundertjahrfeier auf Villa Hügel

Fotografie der Photographischen Anstalt der Fried. Krupp AG, 1912 | Papier | 23 x 34 cm | Historisches Archiv Krupp, Essen | SH 58.3

Der »Festsaal« war im Stil einer Orangerie errichtet und erinnerte an den Gartensaal der Villa Hügel. Er war direkt mit dem Haupthaus verbunden.

11.3.9

»Abendtafel auf Hügel, den 8. August 1912«

Plan der Photographischen Anstalt der Fried. Krupp AG, August 1912 | Druck mit handschriftlichen Ergänzungen, Papier | 27,5 x 35,5 cm | Historisches Archiv Krupp, Essen | FAH 4 A 17.128

Für das »Kaiseressen« am Abend des 8. Augusts 1912 im neu errichteten Festsaal wurde ein Sitz- und Servierplan entwickelt, der exakt die Abläufe vorgab.

11.3.10

»Tischordnung für das Festessen auf dem Hügel am Donnerstag den 8. August 1912.«

1912 | Druck, Karton | 21 x 15 cm | Historisches Archiv Krupp, Essen | FAH 4 A 16.12–13

Die Tischordnung des »Kaiseressens« für die ca. 450 Gäste wurde ebenfalls genau durchgeplant. Mit einem roten Kreuz ist der Sitzplatz von Bertha Krupp von Bohlen und Halbach markiert, für die dieses Exemplar wohl vorgesehen war.

11.3.11

»Tischordnung für das Diner in der Festhalle auf dem Hügel« für Fritz Rausenberger

9. August 1912 | Druck, Karton | 30x21 cm | Wehrtechnische Studiensammlung des Bundesamtes für Wehrtechnik und Beschaffung, Koblenz | 001 Nachlass Rausenberger 09

Eine Tischordnung gab es auch für das zweite Abendessen auf Villa Hügel zum Abschluss der Feierlichkeiten am Abend des 9. Augusts 1912.

11.3.12

Programm- und Menükarte für das »Kaiseressen« auf dem Hügel

1912 | Druck, Papier, Karton, Kordel | 25x20 cm | Historisches Archiv Krupp, Essen | FAH 4 A 16.1

Für das »Kaiseressen« wurden aufwendig gestaltete Menükarten gedruckt, die neben der Speisefolge auch die Tafelmusik mit den gemeinsam zu singenden Liedern aufführten. Das Deckblatt wurde mit Abbildungen des Stammhauses, der Villa Hügel, zweier großer Werkshallen und zwei Türmen der Gussstahlfabrik versehen.

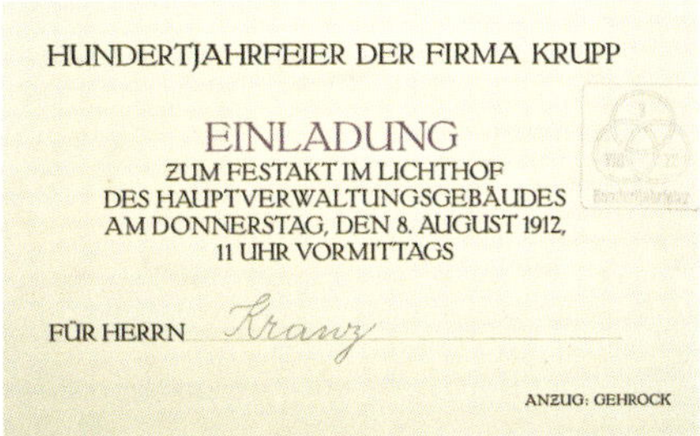
HUNDERTJAHRFEIER DER FIRMA KRUPP

EINLADUNG
ZUM FESTAKT IM LICHTHOF
DES HAUPTVERWALTUNGSGEBÄUDES
AM DONNERSTAG, DEN 8. AUGUST 1912,
11 UHR VORMITTAGS

FÜR HERRN Kranz

ANZUG: GEHROCK

11.3.13

11.3.13

Einladungskarte zum Festakt im Hauptverwaltungsgebäude am 8. August 1912

August 1912 | Druck, Karton | 13x20,5 cm | Historisches Archiv Krupp, Essen | WA 60/231.5

Zu allen Programmpunkten gab es eigene Einladungskarten. Hier handelt es sich um die Einladung für Richard

11.3.15

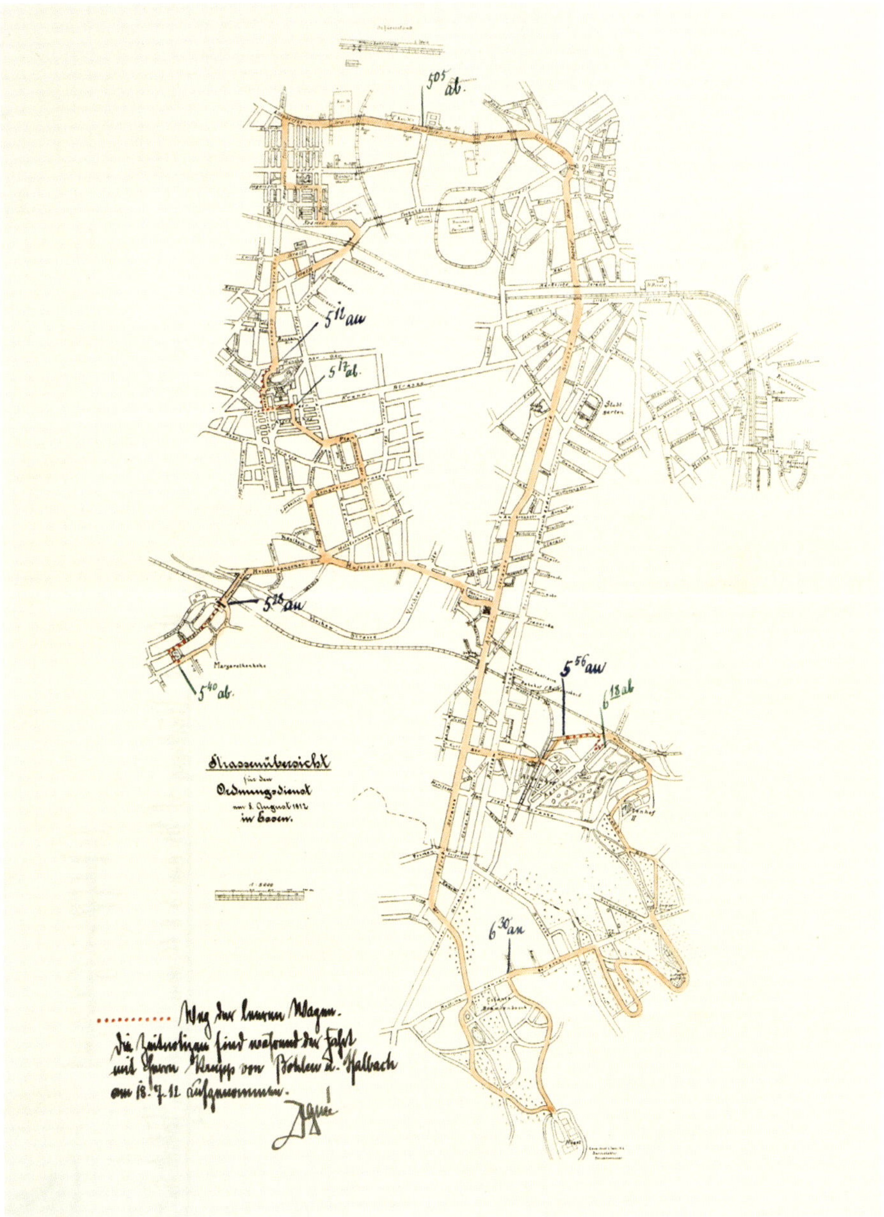

11.3.11

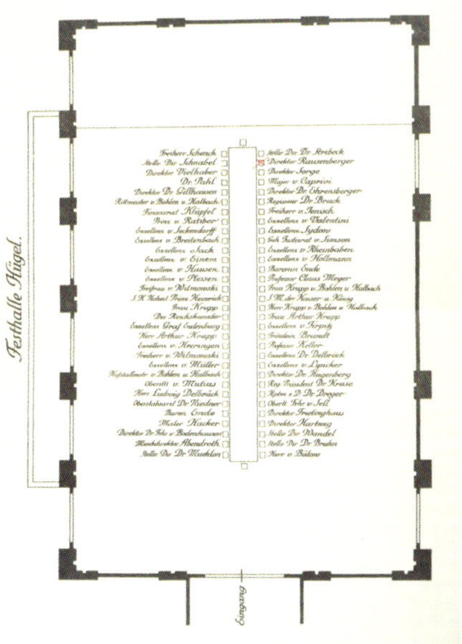

Kranz, den Betriebsführer der Lithographischen und Photographischen Anstalt der Fried. Krupp AG, zum Festakt im Lichthof des Hauptverwaltungsgebäudes am 8. August 1912, 11 Uhr vormittags.

11.3.14

Einladungskarte zum Festmahl auf dem Hügel am 8. August 1912

August 1912 | Druck mit handschriftlichen Ergänzungen, Karton | 18,5 x 26 cm | Historisches Archiv Krupp, Essen | WA 60/231.6

11.3.15

Der Weg des Kaisers durch Essen am 8. August 1912

Situationsplan mit eingezeichneter Fahrtroute und Zeitangaben, 18. Juli 1912 | Druck mit handschriftlichen Ergänzungen, Papier | 38 x 27,5 cm | Historisches Archiv Krupp, Essen | WA 41/2 – 172.127 – 128

Der Plan zeigt eine Probefahrt mit Zeitnotizen der Hin- und Rückfahrt des Kaisers vom Hügel über die Alfred- und Bismarckstraße durch die Stadt zur Fabrik und zurück inklusive einem Abstecher zur Margarethenhöhe und zum Altenhof.

11.3.16

Festschmuck an der Werkseisenbahnbrücke über die Altendorfer Straße am Eingang zur »Krupp-Stadt«

Fotografie der Photographischen Anstalt der Fried. Krupp AG, 8. August 1912 | Historisches Archiv Krupp, Essen | WA 16 v 9.42

Während des Autokorsos des Kaiserbesuchs waren die Straßen gemäß des in

11.3.16

11.3.17

Die Einladung zum Festakt am Abend des 8. Augusts an Herrn Kranz sah eine andere Kleiderordnung als beim Festakt vor. Die Gäste wurden mit einem Sonderzug vom Hauptbahnhof zum Bahnhof Hügel und zurück transportiert.

wilhelminischer Zeit üblichen »Adventus« mit Girlanden, Blumen und Fahnen geschmückt.

11.3.17

Fahnenschmuck im Werksgelände an der Altendorfer Straße

Fotografie der Photographischen Anstalt der Fried. Krupp AG, 8. August 1912 | Historisches Archiv Krupp, Essen | WA 16 v 9.40

Natürlich war auch die Firma entsprechend herausgeputzt. Das Foto zeigt den Fahnenschmuck auf dem Werksgelände an der Altendorfer Straße.

11.3.18

Empfang Kaiser Wilhelms II. durch die Stadt Essen

Fotografie von Erich Benninghoven, 8. August 1912 | Papier | 28,5 x 40 cm | Historisches Archiv Krupp, Essen | FAH 4 A 8.01.1

Der Autokorso führte vom Hügel über die Alfred- und Bismarckstraße bis zum Gebäude des Bergbaulichen Vereins, dem Glückauf-Haus. Dort war eine Ehrenpforte errichtet und Oberbürgermeister Holle nahm den Kaiser, der mit Gustav Krupp von Bohlen und Halbach im offenen Auto saß, in Empfang.

11.3.19

Empfang Kaiser Wilhelms II. durch die Stadt Essen

Fotografie der Photographischen Anstalt der Fried. Krupp AG, 8. August 1912 | Historisches Archiv Krupp, Essen | WA 16 v 9.31

Der Kaiser war Gast der Firma Krupp und nicht der Stadt Essen. Deswegen war der städtische Empfang auch nur ein Zwischenstopp. Die Rede von Oberbürgermeister Holle dauerte ganze drei Minuten, ehe der Kaiser und Gustav Krupp zum Festakt in der Hauptverwaltung der Gussstahlfabrik weiterfuhren.

11.3.18

11.3.20

Eisenbahnbrücke über die festlich geschmückte Altendorfer Straße

Fotografie der Photographischen Anstalt der Fried. Krupp AG, August 1912 | Historisches Archiv Krupp, Essen | WA 16 v 9.41

Das Bild zeigt noch einmal den Krupp'schen Triumphbogen an der Eisenbahnbrücke über die Altendorfer Straße, diesmal mit Blickrichtung zur Innenstadt. Der Kaiser ist vorbeigefahren, die Menge löst sich auf.

11.3.24

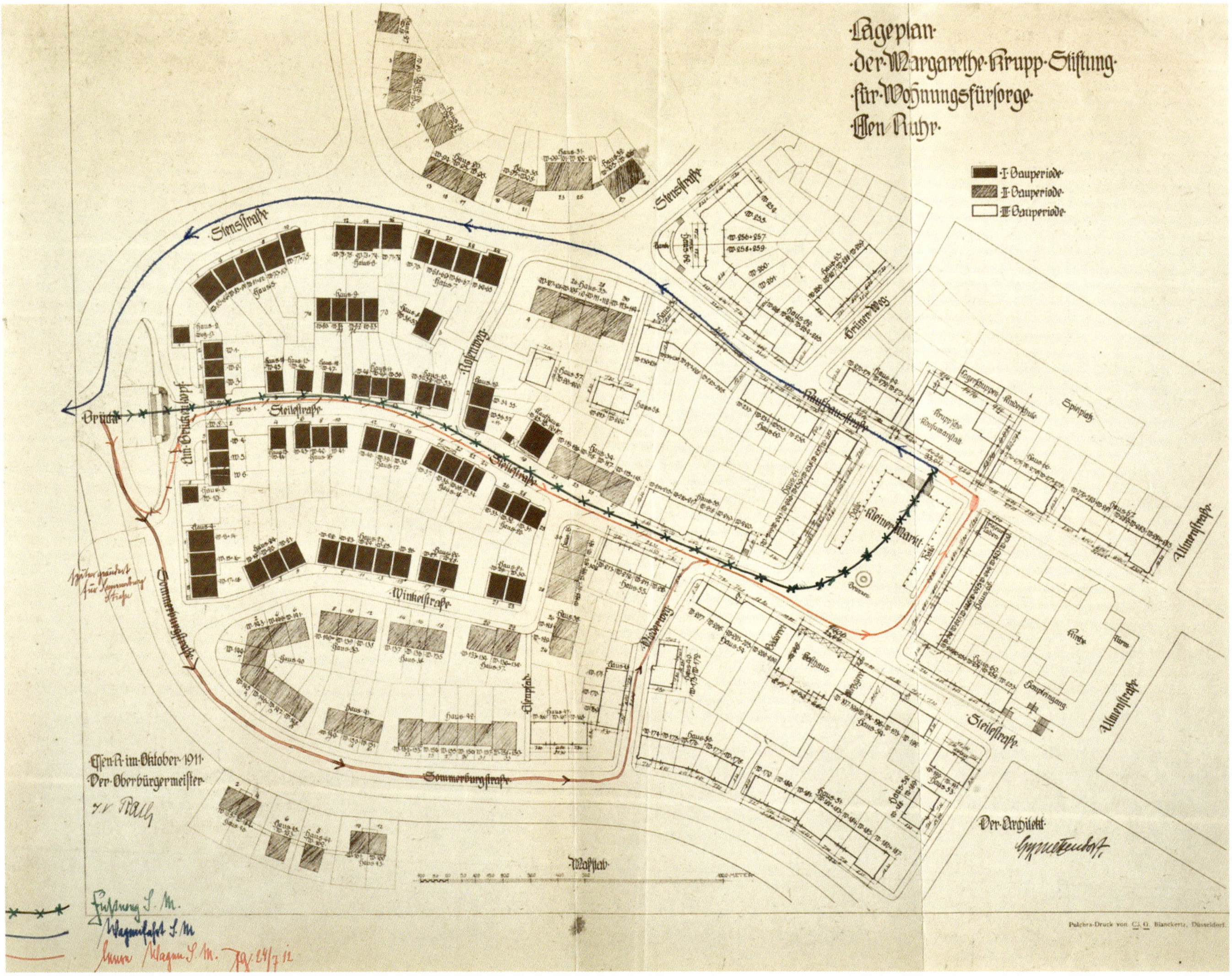

11.3.25

11.3.21

Empfang der Wagenkolonne mit Kaiser Wilhelm II. am Haupteingang des Hauptverwaltungsgebäudes

Fotografie der Photographischen Anstalt der Fried. Krupp AG, 8. August 1912 | Historisches Archiv Krupp, Essen | WA 16 v 9.33

Die Hinfahrt des Kaisers ist abgeschlossen. Die Wagenkolonne hat die Gussstahlfabrik erreicht, der Kaiser betritt das Gebäude.

11.3.22

»Oberlichthof« im Hauptverwaltungsgebäude, bestuhlt und geschmückt für den Kaiserbesuch

Fotografie, 1912 | Historisches Archiv Krupp, Essen | WA 16 v 9.11

11.3.23

Festakt am 8. August im Lichthof des Hauptverwaltungsgebäudes

Fotografie, 8. August 1912 | Historisches Archiv Krupp, Essen | WA 16 v 9.3

Die Begrüßungsansprache des Festaktes im Hauptverwaltungsgebäude hielt Gustav Krupp von Bohlen und Halbach als Vorsitzender des Aufsichtsrates, die eigentliche Festrede Alfred Hugenberg als Vorsitzender des Direktoriums.

11.3.24

Der Festakt zum hundertjährigen Jubiläum im Hauptverwaltungsgebäude

Lichtdruck nach einem verschollenen Gemälde von Theodor Rocholl, Düsseldorf, 1913 | Karton | 20,8 x 28,3 cm |

Historisches Archiv Krupp, Essen |
FAH 4 A 24/F 143
Das Gemälde von Theodor Rocholl zeigte Gustav Krupp von Bohlen und Halbach während seiner Ansprache. Links vom Kaiser sitzt Bertha Krupp, rechts von ihm sind Margarethe sowie Arthur und dessen Frau Margret zu sehen, der österreichische Zweig der Krupps. Der Farbdruck des heute verschollenen Gemäldes von Theodor Rocholl wurde im November 1913 von Gustav Krupp von Bohlen und Halbach als Erinnerungsgabe versandt.

11.3.27

11.3.25

Lageplan der Margarethenhöhe mit Wegroute des Kaiserbesuchs

Plan der Stadt Essen, Druck von C. G. Blanckertz, Düsseldorf, Oktober 1911 | Druck, Karton | 35,5 x 45 cm | Historisches Archiv Krupp, Essen | WA 41/2 – 172.131

Nach dem Festakt und dem Mittagessen in der Hauptverwaltung besuchte der Kaiser am Nachmittag des 8. Augusts auf der Rückfahrt zum Hügel den Altenhof und die Margarethenhöhe. Der Plan zeigt die Wagenroute und den Fußweg des Kaisers vom Bahnhof zum Marktplatz.

11.3.26

Kaiser Wilhelm II. auf dem Kleinen Markt der Margarethenhöhe

Fotografie, 8. August 1912 | Historisches Archiv Krupp, Essen | WA 16 v 9.24

Das Foto zeigt den Kaiser auf dem Weg zum neuen »Schatzgräberbrunnen« von Joseph Enseling auf dem Kleinen Markt der Margarethenhöhe.

11.3.26

11.3.27

Abfahrt Kaiser Wilhelms II. von der Margarethenhöhe

Fotografie von Erich Benninghoven, 8. August 1912 | Papier | 28,5 x 40 cm | Historisches Archiv Krupp, Essen | FAH 4 A 8.04.2

Kaiser Wilhelm II. verlässt mit Gustav Krupp von Bohlen und Halbach im Wagen den Marktplatz der Margarethenhöhe.

11.3.28

Route der Werksbesichtigung durch Kaiser Wilhelm II. am 9. August 1912

Plan, 9. August 1912 | Historisches Archiv Krupp, Essen | FAH 21/391.89

Am zweiten Tag seines Besuchs in Essen besichtigte Kaiser Wilhelm II. die Gussstahlfabrik. Im Plan ist der »Kaiserweg« durch die Fabrik eingezeichnet.

11.3.29

Kaiser Wilhelm II. besichtigt die schwersten Geschütze

Cyanotypie der Photographischen Anstalt der Fried. Krupp AG, 9. August 1912 | Papier | 16 x 22,5 cm | Historisches Archiv Krupp, Essen | WA 16 y 283 a 9

Besonderes Interesse zeigte Kaiser Wilhelm an der Krupp'schen Waffenproduktion. Hier besichtigt er die schwersten Geschütze.

11.3.30

Kaiser Wilhelm II. im Artilleriemuseum der Krupp-Werke

Fotografie, 9. August 1912 | Historisches Archiv Krupp, Essen | WA 16 v 9.52

Kurz vor dem Kaiserbesuch hatte die Firma Krupp ein eigenes Artilleriemuseum auf dem Werksgelände eingerichtet. Hier konnte sich der Kaiser über die Entwicklung der Krupp'schen Waffentechnik informieren.

11.3.30

11.3.34

11.3.31

»Schießplatz Essen«

Plan der Fried. Krupp AG, 1912 | Papier | 68 x 95 cm | Historisches Archiv Krupp, Essen | WA 41/2 – 172.147

Nördlich der Gussstahlfabrik, zwischen der Trasse der Rheinischen Eisenbahn und dem Segeroth-Friedhof, hatte die Firma Krupp einen Schießplatz eingerichtet. Die Besichtigung war Teil des kaiserlichen Fabrikbesuchs.

11.3.32
Kaiser Wilhelm II. mit seinem Gefolge auf dem Schießplatz der Krupp-Werke
Cyanotypie der Photographischen Anstalt der Fried. Krupp AG, 9. August 1912 | Papier, Karton | 16 x 22,5 cm | Historisches Archiv Krupp, Essen | WA 16 y 283a.12

11.3.33
Der Kaiser besichtigt die neuesten Geschütze auf dem Essener Schießplatz
Fotografie der Fried. Krupp AG, 1912 | Papier, Karton | 17,8 x 24,8 cm | Historisches Archiv Krupp, Essen | WA 16 y 283 a 5

11.3.34
Kaiser Wilhelm II. begutachtet ein Beobachtungsgerät
Cyanotypie der Fried. Krupp AG, 9. August 1912 | Papier, Karton | 17,5 x 24,8 cm | Historisches Archiv Krupp, Essen | WA 16 y 283 a 16
Zusammen mit seinem Bruder, Prinz Heinrich von Preußen, begutachtet Kaiser Wilhelm auf dem Essener Schießplatz ein neuartiges Beobachtungsgerät.

11.3.35
»Hie Barbara! Hie St. Georg!« Textbuch zum Ritterspiel auf dem Hügel
Ludwig Keller, Düsseldorf (1865–1928), August 1912 | Papier | 21 x 16,5 cm | Privatbesitz Georg Laurenz
Als Abschluss und gleichzeitiger Höhepunkt des Kaiserbesuchs und der Hundertjahrfeier war ein mittelalterliches Ritterspiel des Düsseldorfer Historienmalers Ludwig Keller geplant. »Hie Barbara, Hie St. Georg« sollte auf den Konflikt hinweisen zwischen alten und neuen Kräften im Mittelalter, zwischen den feudalen Eliten des Mittelalters (St. Georg) und den neuen, modernen wirtschaftlichen Kräften, verkörpert durch die heilige Barbara, der Schutzheiligen der Bergleute wie der Artillerie. Der Konflikt mündete in einer Versöhnung und einem neuen Bündnis der alten und neuen Eliten und der gleichzeitigen Apotheose des Kaisertums. Das Textheft zeigt in der oberen Zeichnung den fruchtlosen Konflikt und unten die versöhnte Vision: Der Georgsdrachen mit Krupp'schem Brandzeichen zieht die Krupp'sche Kanone, auf der der Reichsadler ruht.

11.3.36
»Festspiel aus Anlaß der Hundertjahrfeier der Firma Krupp auf dem Hügel«
Fotobuch in 2 Exemplaren, 1912/13 | Karton, Papier, Stoff, Fotopapier | je 38 x 48 x 6,5 cm | Privatbesitz Georg Laurenz
Das zur Krupp'schen Hundertjahrfeier geplante imposante mittelalterliche Spektakel, zu dem auch der Kaiser bereits angereist war, fand nicht statt. Anlass war das Grubenunglück auf der Bochumer Zeche Lothringen am 8. August 1912 mit 115 Todesopfern. Das allegorische Ritterspiel musste ausfallen, weil Kaiser Wilhelm am folgenden Tag zum Unglücksort fuhr. Die

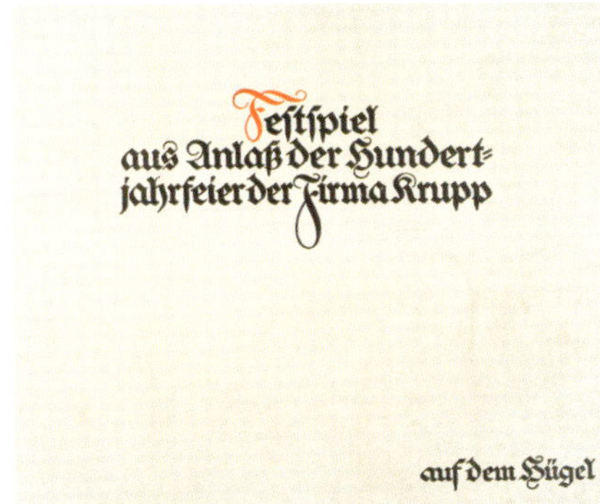

11.3.36

Bilder des opulenten Fotoalbums, das als repräsentatives Erinnerungsgeschenk konzipiert war, wurden im Sommer 1913 nachgestellt.

11.3.37
Ensemble des Ritterspiels von 1912
Fotografie der Photographischen Anstalt der Fried. Krupp AG, 11. Mai 1912 | Ruhr Museum, Essen
An dem Ritterspiel, das für die Krupp-Familie ein Riesenereignis war, sollten 314 Personen teilnehmen, darunter viele Kruppianer, vor allem leitende Ange-

11.3.37

stellte und die Gattinnen und Kinder des Leitungspersonals. Die Reitbahn, eine große Halle auf dem nordöstlichen Vorplatz der Villa Hügel, war mit großem Aufwand zum Festspielort, einem mittelalterlichen Burgplatz, umgestaltet worden. Das Schlussbild der Aufführung zeigt die Huldigung für den Kaiser: Alle Teilnehmer stehen der gegenüberliegenden Loge zugewandt, von der aus Kaiser Wilhelm II. der Aufführung beiwohnen sollte. Die Aufnahme wurde im Gegensatz zu den anderen Fotografien im Album bereits bei der Generalprobe aufgenommen.

11.3.38

Familie Krupp von Bohlen und Halbach in mittelalterlichen Kostümen

Fotografie, koloriert, Photographische Anstalt der Fried. Krupp AG, 1912 | Papier | Ruhr Museum, Essen

An der Aufführung nahmen Gustav, Bertha und ihr ältester Sohn Alfried selbst als Graf, Gräfin und Grafensohn Helfenstein teil.

11.3.38

11.3.39

Bertha und Gustav Krupp von Bohlen und Halbach bei Proben zum Ritterspiel

Fotografien der Photographischen Anstalt der Fried. Krupp AG, 11. Mai 1912

a) Bertha und Gustav Krupp von Bohlen und Halbach mit dem »Turniermarschall«

b) Gustav Krupp von Bohlen und Halbach als Graf von Helfenstein

c) Rüstung des Grafen Ludwig von Helfenstein

Ruhr Museum, Essen

Die Proben für das Ritterspiel zogen sich über Wochen hin und fanden große Beachtung in der Belegschaft, so in der Mitarbeiterzeitung, den »Kruppschen Mitteilungen«. Gustav Krupp spielte in dem Stück eine Hauptrolle als Barbararitter Ludwig von Helfenstein, der auf Seiten der Fortschritts-Partei gegen den Georgsritter, den Vertreter des alten Adels, antrat. Die Fotos wurden während der Generalprobe am 11. Mai aufgenommen.

11.3.40

Reiter aus dem Ritterspiel

Fotografie der Photographischen Anstalt der Friedrich Krupp AG, 1912 | Ruhr Museum, Essen

Das Foto zeigt die Botschaft des Ritterspiels: Die Eliten aus Feudalismus und Kapitalismus reiten gemeinsam über die Wiesen der Villa Hügel.

11.3.39 a

11.3.41

11.3.41

Gustav Krupp von Bohlen und Halbach als Graf von Helfenstein

Statuette von Albert Hinrich Hußmann (1874–1946), 1912 | Bronze, Marmor | H 105 cm, L 59 cm, T 27,5 cm | Ruhr Museum, Essen (Leihgabe des Historischen Archivs Krupp, Essen)

Welchen Stellenwert das Mittelalterspiel für die Familie Krupp hatte, zeigt der ungeheure Aufwand, der dafür betrieben wurde. Die Kostüme, Rüstungen und Requisiten mussten gekauft oder neu angefertigt werden; über Wochen und Monate fanden Proben statt. Bei der Statuette von Albert Hinrich Hußmann, die Gustav als Ritter zeigt, handelt es sich um ein so genanntes Zimmerdenkmal, das – mehrmals abgegossen – als repräsentatives Erinnerungsstück angefertigt wurde.

11.3.44

11.3.42

11.3.43

11.3.42

Bertha Krupp von Bohlen und Halbach als Gräfin von Helfenstein

Statuette von Albert Hinrich Hußmann (1874–1946), 1912 | Bronze, Marmor: H 71 cm, L 54,8 cm, T 21 cm | Ruhr Museum, Essen (Leihgabe des Historischen Archivs Krupp, Essen)

Bertha Krupp kamen beim Ritterspiel sicherlich ihre von klein auf im Hügelpark erworbenen Reitkünste zugute.

11.3.43

Alfried Krupp von Bohlen und Halbach als Sohn des Grafen von Helfenstein

Statuette von Albert Hinrich Hußmann (1874–1946), 1912 | Bronze, Marmor | H 52 cm, L 37 cm, T 16 cm | Historisches Archiv Krupp, Essen | S 10/248

Dem fünfjährigen Alfried Krupp kam in der ersten Fassung des Ritterspiels eine besondere Bedeutung zu. Er sollte auf einer Kanonenkugel wie Münchhausen »gewissermaßen als Sieger durch das Weltall« fliegen. Auf diese etwas eigentümliche Episode wurde in der Endfassung des Stückes aber verzichtet.

11.3.44

Kämpfende Ritter

Statuette von Albert Hinrich Hußmann (1874–1946), 1912 | Bronze, Marmor | H 59 cm, B 61,5 cm, T 55,8 cm | Historisches Archiv Krupp, Essen | S 10/249

Die Turnierszene zeigt Gustav von Bohlen und Halbach, zu erkennen am

»Elefanten-Helm« und Barbara-Wappen auf der Pferdestirn, der als Barbararitter von Helfenstein den Georgsritter aus dem Sattel hebt.

11.3.45

Besuch von Kaiser Wilhelm II. auf der Zeche Lothringen in (Bochum-) Gerthe anlässlich der Schlagwetterexplosion am 8. August 1912

Gemälde von Theodor Rocholl (1854–1933), 1914 | Öl auf Leinwand | 199x224 cm | Deutsches Bergbau-Museum Bochum | 030006845001

Anstelle der Teilnahme am Ritterspiel fuhr der Kaiser am 9. August nachmittags nach Bochum zum Unglücksort eines der größten Grubenunfälle des Ruhrgebiets. Das Mittelalterspektakel musste ausfallen. Bertha Krupp von Bohlen und Halbach spendete den Blumenschmuck für die Beerdigung der toten Bergleute. Das Gemälde von Theodor Rocholl zeigt den Kaiser und seine Begleitung, unter anderem seinen Bruder Prinz Heinrich von Preußen, im Gespräch mit den überlebenden Bergleuten der Zeche Lothringen.

11.3.46

Bergwerksunglück Zeche Lothringen

Ansichtskarte, 1912 | Karton | 9x14 cm | Stadtarchiv/Bochumer Zentrum für Stadtgeschichte | F II G 1

Die Schlagwetterexplosion auf der Zeche Lothringen war mit 115 Toten das zweitgrößte Grubenunglück in der Geschichte des Ruhrgebiets. Wie tief sich dieses Ereignis in das kollektive Gedächtnis eingrub, zeigt die Postkarte, die an das Ereignis erinnert und eine der meistgedruckten Anischtskarten im Kaiserreich war.

11.3.47

»Kaisertage in Essen-Ruhr«

Ansichtskarte, Verlag Hermann Lorch, Kunstanstalt, Dortmund, 1912 | Karton | 9x14 cm | Historisches Archiv Krupp, Essen | S 6/18.16

Ebenso ins kollektive Gedächtnis des Kaiserreichs, vor allem natürlich in Essen, schrieb sich die Hundertjahrfeier ein, zu der zahlreiche Postkarten gedruckt wurden.

11.3.46

11.3.50

11.3.48

Offizielle Festpostkarte zur Hundertjahrfeier

Verlag Cramers Kunstanstalt, Dortmund, 12. Juli 1912 | Karton | 9x14 cm | Historisches Archiv Krupp, Essen | S 6/18.4

Die offizielle Festpostkarte zur Hundertjahrfeier zeigt das ganze Programm: Friedrich Alfred und Gustav Krupp unter dem Denkmal des großen Alfred Krupp auf der linken, die Villa Hügel, die Gussstahlfabrik und die Stadt »Essen total« auf der rechten Seite. In der Mitte feuert die moderne Krupp-Kanone ihren »Gruß aus Essen« aus dem Geschützrohr.

11.3.49

»Große Medaille« zur Hundertjahrfeier

Entwurf: Wilhelm Gerstel, 1912 | Bronze | Dm 8 cm | Historisches Archiv Krupp, Essen | M1/21

Die »Große Medaille« von Wilhelm Gerstel zeigt auf der Vorderseite das Porträt Alfred Krupps mit dem Geburtsdatum 26.4.1812, auf der Rückseite die Krupp'schen Ringe mit Allegorien der

11.3.53

»Arbeit« und der Humanitas sowie die Daten der Firma Fried. Krupp 1812 und 1912. Die Gedenkmedaille wurde den Festgästen zur Erinnerung an die Hundertjahrfeier überreicht.

11.3.50

»Kleine Medaille« zur Hundertjahrfeier

Entwurf: Hermann Hahn, hg. von der Fried. Krupp AG, Essen, 1912 | Silber | H 6,23 cm, B 3,76 cm, T 0,24 cm | Ruhr Museum, Essen | Me 22, Me 108

Die hochovale, so genannte »Kleine Medaille« aus Silber wurde an alle Arbeiter vergeben. Sie sollte von nun an alle »Kruppianer« kenntlich machen und in Erinnerung an die Hundertjahrfeier zumindest bei Krupp'schen Veranstaltungen sichtbar getragen werden. Sie zeigt auf der Vorderseite das Porträt Alfred Krupps mit seinem Namenszug und Geburtsdatum. Die Rückseite zeigt einen Arbeiter mit nackter Brust und Lederschutz vor einem Amboss, in der Rechten einen Hammer, in der Linken ein Schwert haltend. Die Umschrift lautete: »1812 Friedr. Krupp 1912«.

11.3.51

»Zur Hundertjahrfeier der Firma Krupp 1812–1912«

Sonder-Ausgabe der Kruppschen Mitteilungen, 1912 | 2 Bände, Druck, Karton, Papier | je 33 x 24,7 x 1 cm | Ruhr Museum, Essen | 1984/152

Als Erinnerungsgabe an die Hundertjahrfeier erschien eine Sonderausgabe der seit 1910 erscheinenden »Kruppschen Mitteilungen«. Sie enthielt neben einem Großfoto der Gussstahlfabrik eine kurze Firmengeschichte mit großformatigen Fotos der Mitglieder der Familie Krupp, eine Liste der Jubilare, einen Abriss der Feierlichkeiten, die Liste der mit Ehrungen Ausgezeichneten sowie die Glückwünsche, Grußadressen und Geschenke zum Jubiläum. Die Festschrift wurde in kleiner Auflage gedruckt und bis Anfang 1913 mit Begleitschreiben an die Firmenmitglieder versandt.

11.3.52

»Volksausgabe« der Festschrift zur Hundertjahrfeier

»Zur Hundertjahrfeier der Firma Krupp. 1812 – 1912«, Verlag Giradet & Schmemann, Essen, 1912 | Papier, Karton, Leinen, 125 Seiten | 33,5 x 25 x 2,3 cm | Ruhr Museum, Essen

11.3.53

Fotoalbum »Hundertjahrfeier der Fried. Krupp A.G. Essen/Ruhr August 1912«

Fried. Krupp AG, Essen, 1912 | Karton, Papier, Ledereinband, 17 Fotografien | 36 x 50 x 5 cm | Wehrtechnische Studiensammlung des Bundesamtes für Wehrtechnik und Beschaffung, Koblenz | 001 Nachlass Rausenberger, 87.0141

Eine ganz besondere Ehrengabe war das opulente und repräsentative Fotoalbum mit echten, großformatigen Fotografien aller Stationen des Kaiserbesuchs, das sicherlich nur besonderen Persönlichkeiten überreicht wurde.

11.3.54

Jubiläumsausgabe der Kruppschen Mitteilungen zum 100-jährigen Geburtstag Alfred Krupps

Reproduktion des Titelblatts, Fried. Krupp AG, Essen, 29. April 1912 | Historisches Archiv Krupp, Essen | S 1 K 22

11.4. Die 125-Jahrfeier 1936

Naturgemäß handelte es sich bei dem 125-jährigen Jubiläum der Firma Krupp nicht um ein so bedeutendes Ereignis wie bei der Jahrhundertfeier, und zweifellos entsprach die Zeit der mittleren 1930er-Jahre auch nicht dem theatralischen Gepräge des Spätwilhelminismus am Vorabend des Ersten Weltkrieges. Trotzdem ist es bemerkenswert, dass und in welcher Form dieses Jubiläum begangen wurde. Zunächst fällt auf, dass diesmal das Gründungsdatum der Firma im Jahre 1811 und nicht der Geburtstag Alfred Krupps im Jahre 1812 den Ausschlag für die Terminierung gab. Das mag mit der größeren zeitlichen Distanz zu Alfred Krupp und seiner Geschichtsdeutung zu tun haben. Sicherlich spielt hier aber auch die Rehabilitation von Friedrich Krupp eine Rolle, die zunächst durch die Biographie Wilhelm Berdrows betrieben wurde, danach aber vor allem im Kontext seines 100-jährigen Todestages im Jahre 1926 erfolgte. In diesem Zusammenhang war ihm auch ein Gedenkstein an der ersten Produktionsstätte, der Walkmühle, errichtet worden.

Es scheint Gustav Krupp von Bohlen und Halbach aber auch daran gelegen gewesen zu sein, die Bedeutung der Firma etwas stärker von Alfred Krupp abzulösen und die Ahnenreihe damit nach hinten, aber auch nach vorne zu verlängern. Denn kaum anders ist zu verstehen, dass er das Jubiläum zum Anlass nahm, den Standort des Halbachhammers aus dessen Heimat im Siegerland nach Essen zu verlegen, ihn nahe der Margarethenhöhe wieder aufzubauen und als technisches Denkmal der frühen Metallverarbeitung der Stadt Essen zu schenken. Hierbei handelte es sich augenscheinlich um den Versuch, auch die Geschichte der von Bohlen und Halbachs in der Eisenverarbeitung zu verankern und das eigene Geschlecht mit der Familie Krupp thematisch zu verknüpfen. Dass er längst bei Krupp und in der Stadt Essen angekommen war und sich die Stadt auch ihm gegenüber dankbar erwies, zeigt sich darin, dass sie ihm und seiner Frau Bertha zum Jubiläum, wie vorher seinen Schwiegereltern, die Ehrenbürgerschaft verlieh.

Das eigentliche Jubiläum fand nicht wie 1912 in pompösen Feierlichkeiten statt, sondern im modernsten Medium der Zeit, dem Film. Die »Graphische Anstalt« der Firma Krupp, die 1913 um eine »Kinematographische Abteilung« erweitert worden war, hatte über Jahre eine Erfolgsgeschichte der Firma Krupp zusammengestellt und dabei auf früheste Filmaufnahmen zurückgegriffen. Der Film »Pioniere der deutschen Technik« mündete naturgemäß in die Gegenwart der 1930er-Jahre und thematisierte die Rolle, die Gustav Krupp von Bohlen und Halbach dabei spielte.

Bereits 1935 fertiggestellt, wurde der Film in der Essener Lichtburg, dem zur damaligen Zeit größten Kino Deutschlands, uraufgeführt. Eingeladen und anwesend war nicht die Reichs-, sondern die lokale und regionale Prominenz. Dass die Rolle Krupps und ihres Direktoriumsvorsitzenden im Zuge der erneuten Aufrüstung Mitte der 1930er-Jahre von der NS-Prominenz aber aufmerksam wahrgenommen wurde, bezeugen die Glückwunsch-Telegramme von Adolf Hitler, Hermann Göring und Josef Goebbels. HTG

11.4.1

Hermann Hagedorn: »Friedrich Krupp, der ewige Deutsche. Eine dramatische Bildfolge«

Th. Reismann-Grone GmbH/Walter Bacmeister Nationalverlag Essen, 1936 | Druck, Papier, Karton, 62 Seiten | 20,8 x 15,3 cm | Ruhr Museum, Essen

Die Aufmerksamkeit, die Friedrich Krupp im Rahmen der 125-Jahrfeier erfuhr, hängt sicherlich mit seinem zehn Jahre zuvor begangenen hundertjährigen Todestag zusammen. Die dramatische Bildfolge »Friedrich Krupp, der ewige Deutsche« von Hermann Hagedorn beschreibt in 16 Bildern die Bemühungen Krupps zur Herstellung des Tiegelstahls von der Gründung der Fabrik 1811 bis zu seinem Tod im Jahr 1826. Der Scherenschnitt, der den im Essener Walter Bacmeisters Nationalverlag erschienenen Band schmückt, ist erst im Zuge dieser Feierlichkeiten aufgetaucht und die einzige Darstellung des Firmengründers.

11.4.2

Drehbuchentwurf zum Film »Pioniere der deutschen Technik«

Alfred Huzel, 5. Februar 1935 | Maschinenschrift mit handschriftlichen Ergänzungen, Durchschlagpapier, 8 Seiten | 29,8 x 21 cm | Historisches Archiv Krupp, Essen | WA 56/153.26

Der Drehbuchentwurf zum Film »Pioniere der deutschen Technik« vom 5. Februar 1935 trägt noch den Untertitel »Aus dem Werdegang der deutschen Industrie. Deutschland im Jahre 1811«. Der Film scheint wohl noch im Jahr 1935 fertiggestellt worden zu sein. Er hat aber eine Reihe von Korrekturen erfahren und wurde erst im Herbst 1936 uraufgeführt.

11.4.3

Ankündigung des Films »Pioniere der deutschen Technik«

1936 | Druck, Papier, 2 Blätter | 22 x 16 cm | Historisches Archiv Krupp, Essen | WA 41/1-22.5-6

Die Uraufführung des Films in der Lichtburg fand nicht am 20. November statt, sondern im Rahmen einer Morgenfeier der Betriebsgemeinschaft Krupp zugunsten des Winterhilfswerks am

11.4.3

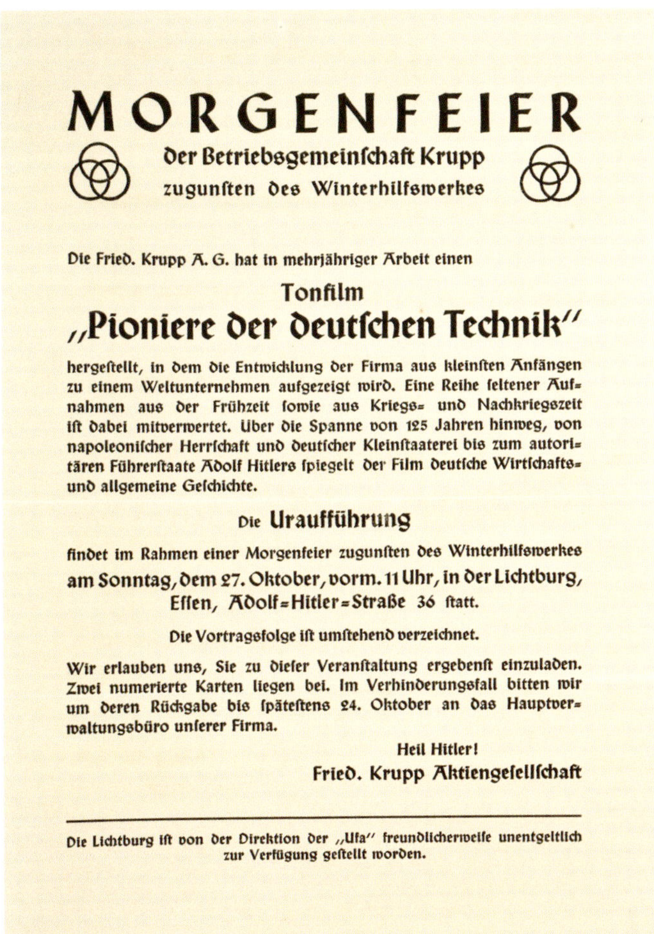

MORGENFEIER

der Betriebsgemeinschaft Krupp
zugunsten des Winterhilfswerkes

Die Fried. Krupp A. G. hat in mehrjähriger Arbeit einen

Tonfilm
„Pioniere der deutschen Technik"

hergestellt, in dem die Entwicklung der Firma aus kleinsten Anfängen zu einem Weltunternehmen aufgezeigt wird. Eine Reihe seltener Aufnahmen aus der Frühzeit sowie aus Kriegs- und Nachkriegszeit ist dabei mitverwertet. Über die Spanne von 125 Jahren hinweg, von napoleonischer Herrschaft und deutscher Kleinstaaterei bis zum autoritären Führerstaate Adolf Hitlers spiegelt der Film deutsche Wirtschafts- und allgemeine Geschichte.

Die Uraufführung

findet im Rahmen einer Morgenfeier zugunsten des Winterhilfswerkes am Sonntag, dem 27. Oktober, vorm. 11 Uhr, in der Lichtburg, Essen, Adolf-Hitler-Straße 36 statt.

Die Vortragsfolge ist umstehend verzeichnet.

Wir erlauben uns, Sie zu dieser Veranstaltung ergebenst einzuladen. Zwei numerierte Karten liegen bei. Im Verhinderungsfall bitten wir um deren Rückgabe bis spätestens 24. Oktober an das Hauptverwaltungsbüro unserer Firma.

Heil Hitler!
Fried. Krupp Aktiengesellschaft

Die Lichtburg ist von der Direktion der „Ufa" freundlicherweise unentgeltlich zur Verfügung gestellt worden.

11.4.4

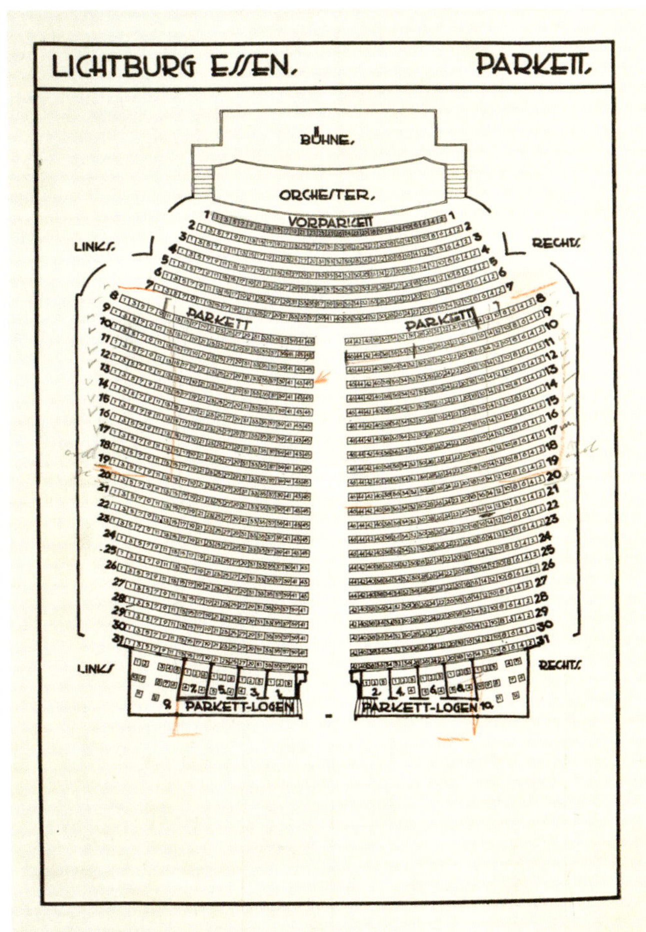

29. Oktober 1936. Der endgültige Titel lautete: »Pioniere der deutschen Technik. Ein Film von einem Stück deutscher Geschichte, gesehen im Spiegel 125-jähriger Entwicklung der Krupp-Werke«. Der Vorführung des ca. 45-minütigen Tonfilms gingen Musikeinlagen und nationaler Chorgesang des Krupp'schen Männergesang- und des Instrumentalvereins sowie eine Ansprache Gustav Krupp von Bohlen und Halbachs voraus.

11.4.4
Saalpläne der Lichtburg in Essen (Parkett und Rang)

Zeichnungen, 1936 | Papier | je 31 x 20 cm | Historisches Archiv Krupp, Essen | WA 41/1-22.23, WA 41/22.24

Die Uraufführung der »Pioniere der deutschen Technik« fand in dem damals größten und vielleicht auch schönsten Kino Deutschlands statt – der Essener Lichtburg. Geladen waren nicht nur das Direktorium und Mitarbeiter der Werksgemeinschaft, sondern auch Vertreter der Kommune, des Landes und der regionalen Wirtschaftsverbände.

11.4.5
Montage des Halbachhammers im Nachtigallental

Fotografie, 1935/36 | Ruhr Museum, Essen

Ein weiterer Baustein der 125-Jahrfeier war die Übergabe des Halbachhammers durch Gustav Krupp von Bohlen und Halbach an die Stadt Essen. Der 1417 erstmals erwähnte und 1920 stillgelegte Eisenhammer aus dem Siegerland, der Heimat Gustav Krupp von Bohlen und Halbachs, sollte dessen standesgemäße Herkunft aus einem »alten bergischen Schmiedegeschlecht« belegen und damit die Einbindung in die Krupp-Geschichte verstärken. Die feierliche Eröffnung fand am 9. November 1936, dem Todestag seines Vaters, statt.

11.4.6
Grußadresse der Technischen Nothilfe, Landesgruppe Westfalen-Niederrhein

Schubert, Köln, 20. November 1936 | Papier | 36,2 x 25,3 cm | Historisches Archiv Krupp, Essen | WA 41/2–175.2

Die Grußadresse der »Technischen Nothilfe« ist nur eine von zahlreichen Grußadressen, welche die Firma Krupp zum 125-jährigen Firmenjubiläum erreichten. Die Symbolik verdeutlicht aber, in welchem neuen Umfeld die Feierlichkeiten stattfanden.

11.4.7
Glückwunschtelegramme Hitlers, Goebbels und Görings zum 125-jährigen Krupp-Jubiläum

20. November 1936 | Reproduktionen, Papier | je 15 x 21 cm | Historisches Archiv Krupp, Essen | FAH 23/775.2,5,7

Die Glückwunsch-Telegramme von Hitler, Goebbels und Göring zeigen, dass die Firma in der NSDAP-Spitze die gebührende Wahrnehmung erfuhr. Während die Glückwünsche von Goebbels und Göring relativ allgemein gehalten sind, beglückwünschte Adolf Hitler »des deutschen Reiches erste Waffenschmiede«.

11.4.8
Glückwunschadresse von Hans Friedländer zum Firmenjubiläum

Hans Friedländer, Haifa (Israel), 9. Dezember 1936 | Maschinenschrift, handschriftlich unterschrieben, Papier | 29,7 x 20,6 cm | Historisches Archiv Krupp, Essen | WA 41/2–175.68

Dass die Firma auch zu Beginn der NS-Zeit wirtschaftliche Kontakte zu jüdischen Geschäftspartnern – auch im späteren Israel – hatte, zeigt die Glückwunschadresse von Hans Friedländer aus Haifa. Sie wurde etwas verspätet, am 9. Dezember 1936, abgeschickt.

11.4.7

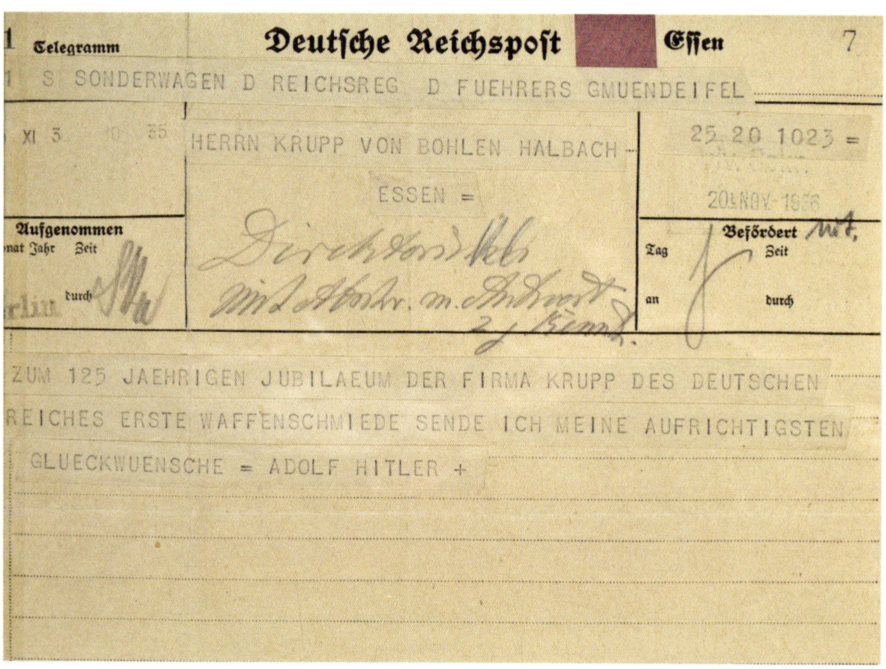

Telegramm — Deutsche Reichspost — Essen 7

S SONDERWAGEN D REICHSREG D FUEHRERS GMUENDEIFEL

HERRN KRUPP VON BOHLEN HALBACH – ESSEN =

25 20 1023 =

20 NOV 1936

Aufgenommen — Befördert

ZUM 125 JAEHRIGEN JUBILAEUM DER FIRMA KRUPP DES DEUTSCHEN REICHES ERSTE WAFFENSCHMIEDE SENDE ICH MEINE AUFRICHTIGSTEN GLUECKWUENSCHE = ADOLF HITLER +

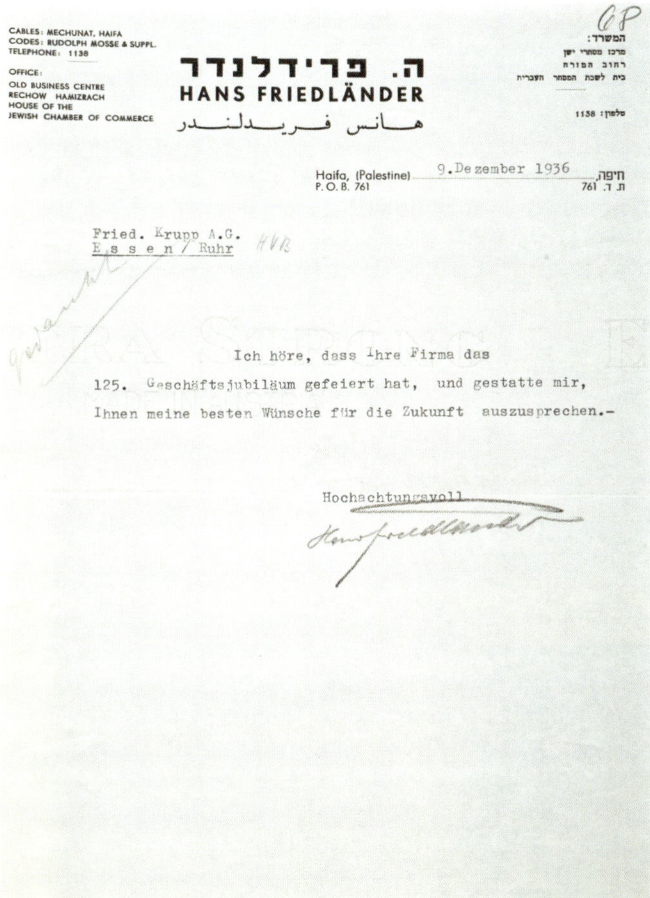

CABLES: MECHUNAT, HAIFA
CODES: RUDOLPH MOSSE & SUPPL.
TELEPHONE: 1138

OFFICE:
OLD BUSINESS CENTRE
RECHOW HAMIZRACH
HOUSE OF THE
JEWISH CHAMBER OF COMMERCE

ה. פרידלנדר
HANS FRIEDLÄNDER
هانس فريدلندر

המשרד:
מרכז מסחרי ישן
רחוב המזרח
בית לשכת המסחר העברית

טלפון: 1138

Haifa, (Palestine) 9.Dezember 1936 חיפה,
P.O.B. 761 ת. ד. 761

Fried. Krupp A.G.
Essen / Ruhr

Ich höre, dass Ihre Firma das 125. Geschäftsjubiläum gefeiert hat, und gestatte mir, Ihnen meine besten Wünsche für die Zukunft auszusprechen.-

Hochachtungsvoll

11.4.8

11.4.9

11.4.9
Jubiläumszeitschrift »125 Jahre Krupp«
Sonderausgabe der Kruppschen Mitteilungen, Essen, 20. November 1936 | Druck, Papier | 34,5 x 25,5 x 1 cm | Ruhr Museum, Essen
Zum 125-jährigen Jubiläum erschien zwar keine neue Festschrift, aber wie zur Hundertjahrfeier eine Sonderausgabe der Kruppschen Mitteilungen in der gewohnt hohen Auflage. Das Titelbild stammte von Erich Rühl aus Essen.

11.4.10
»Durch harte Kämpfe zu großen Leistungen«
Plakat, um 1936 | Druck, Papier | 69,6 x 50,6 cm | LVR-Industriemuseum – Rheinisches Landesmuseum für Industrie- und Sozialgeschichte, Oberhausen | ob 93/188
Als neues Medium des 20. Jahrhunderts wurde nun auch das Plakat genutzt.

11.4.11
Große Eisengussplakette mit Etui zum 125-jährigen Bestehen der Firma
»E. K.«, Fried. Krupp AG, 1937 | Eisenguss | H 18,3 cm, B 13,5 cm | Ruhr Museum, Essen | Mz 2131
In Erinnerung an das Jubiläum wurde eine große Eisengussplakette geprägt, die im März 1937 in einer Auflage von 500 Stück in der Gießerei der Gussstahlfabrik abgegossen wurde. Die hochrechteckige Plakette im Geschenketui zeigt auf der Vorderseite die Krupp-Ringe über Bergwerks- und Hüttenanlagen, darunter das Stammhaus. Die Umschrift lautet: »1811 Fried. Krupp AG 1936 / Anfangen im Kleinen / Ausharren in Schwierigkeiten / Streben zum Grossen«. Die leere Rückseite ist mit einem Aufhänger versehen.

11.5. Die 150-Jahrfeier 1961

Das dritte in der Krupp-Geschichte gefeierte Jubiläum stand ganz im Zeichen der Rehabilitation der Firma nach den Verstrickungen in das NS-System und die Kriegsverbrechen des Zweiten Weltkrieges. 1961 hatte sich die Firma wirtschaftlich konsolidiert; seit der Haftentlassung Alfried Krupp von Bohlen und Halbachs war ein Jahrzehnt vergangen, so dass dieser die Gelegenheit wahrnahm, an die Anfänge und die lange Geschichte der Firma Krupp zu erinnern und damit die kurze Spanne der Rüstungsproduktion im Nationalsozialismus zu relativieren.

Als symbolischer Akt diente der Wiederaufbau des im Krieg völlig zerstörten Stammhauses, das seit seiner Würdigung durch Alfred Krupp die gesamte Firmengeschichte überdauert und in der immer größer werdenden Gussstahlfabrik zwischen den riesigen Fabrikhallen seinen ursprünglichen Platz bewahrt hatte. Es stand bei der Jubiläumsfeier am 20. November 1961 in einer riesigen Traglufthalle, die 2000 Gästen Platz gab, neben dem Rednerpult. Für die Feier wurde ein großer Aufwand betrieben, der in der Nachkriegszeit unmöglich gewesen wäre und deren Ende signalisierte. Es gab einen Sonderzug von der Bundeshauptstadt Bonn nach Essen und verschiedene Speisekarten für die Menüs im Zug, auf Villa Hügel und im Festzelt. Anwesend war bundesrepublikanische politische Prominenz, angefangen bei Altbundespräsident Theodor Heuss und Wirtschaftsminister Ludwig Erhard.

Die Wertschätzung, die dem wieder erstarkten Krupp-Konzern entgegengebracht wurde, zeigt sich am eindrücklichsten in der Rede von Heuss. Der Altbundespräsident geißelte das »schwer erträgliche Pharisäertum« derjenigen, die die Firma Krupp als ehemalige Essener Waffenschmiede verdammten, ausländische Rüstungsfirmen jedoch hoch schätzten. Von höchster Stelle wurde hier das Stigma des Kriegsverbrechens von Alfried und der Firma genommen. Deutlich wird dies auch in der Versöhnungsgeste der Stadt Essen, die Gustav und Bertha Krupp unmittelbar nach dem Krieg die Ehrenbürgerschaft der Stadt aberkannt hatte. Nun erhielt Alfried Krupp aus der Hand des Oberbürgermeisters und ehemaligen Kruppianers Wilhelm Nieswandt den neu gestifteten Ehrenring, die höchste Auszeichnung der Stadt.

Neben dieser zentralen Jubiläumsfeier traf Alfried Krupp eine Reihe von weiteren geschichtspolitischen Maßnahmen, die das gestörte Bild der Firma Krupp wieder normalisieren sollten. Dazu gehörte vor allem die Einrichtung der ständigen Ausstellung Krupp im Kleinen Haus der Villa Hügel, die nun zum ersten Mal die Geschichte und Gegenwart der Firma und Familie Krupp einer interessierten Öffentlichkeit präsentierte. Und dazu gehörte auch die Wiederaufstellung des Alfred Krupp-Denkmals auf dem Marktplatz, zwar nicht am gleichen Standort vor, sondern etwas bescheidener seitlich der Kirche, aber doch im Herzen der Stadt. Der Versuch, einen Jubiläumsfilm zu produzieren, scheiterte. Das merkwürdige, aber bezeichnende Ergebnis dieser Bemühungen ist eine zeitgenössische Darstellung der Krupp'schen Stahlproduktion mit dem Titel »technik – 3 studien in jazz«. HTG

11.5.1

Einladung zum Festakt der 150-Jahrfeier der Firma Fried. Krupp

20. November 1961 | Druck, Papier, Karton, Kordel, 3 Seiten mit herausklappbarer Gesamtansicht der Gussstahlfabrik | 15x20 cm | Historisches Archiv Krupp, Essen | WA 48 B 428

Die schlichte Einladungskarte zur Jubiläumsfeier 1961 macht den Charakter der Veranstaltung deutlich, zu der die Firma Krupp einlud. Anschließend an den Festakt am Stammhaus, um das herum das Festzelt aufgebaut worden war, fanden eine Besichtigung der neuen ständigen Ausstellung zur Geschichte der Firma und Familie Krupp im Kleinen Haus der Villa Hügel und ein kaltes Bufett in der Villa statt.

11.5.2

Teilnehmerkarten zur 150-Jahrfeier

10 Exemplare, 1961 | Druck, Karton | je 10,5x20 cm | Historisches Archiv Krupp, Essen | WA 48 B 428

Die Veranstaltung wurde in Krupp'scher Tradition perfekt durchgeplant. Ein System von Teilnehmerkarten leitete die insgesamt 2000 Gäste durch die verschiedenen Stationen der Feierlichkeiten wie dem Mittagessen in der Villa Hügel oder dem Festakt an der Altendorfer Straße.

11.5.3

Drei Speisekarten

1961 | Druck, Papier, Karton, Kordel | je 15x15 cm | Historisches Archiv Krupp, Essen | WA 48 B 428

Die Speisekarten zeigen Motive der Villa Hügel sowie des Sonderzuges, der von Bonn nach Essen eingesetzt wurde. Letzterer verdeutlicht die Besonderheit der rheinischen Republik der frühen 1960er-Jahre, in der sich die gesamte politische Prominenz einschließlich der Wirtschaftsverbände zwischen Bonn und Düsseldorf versammelte. Die parallelen Mittagessen im Mittagszug nach Essen und auf der Villa Hügel hatten aber den Anschein von Modernität und Sachlichkeit, die der gesamten Jubiläumsfeier zu Grunde lag.

11.5.4

Traglufthalle zum Jubiläum 1961

Fotografie, 1961 | Foto auf Karton | 28x34,5 cm | Historisches Archiv Krupp, Essen | WA 16 v 21.6.179

Der eigentliche Festakt fand ebenfalls in einem hochmodernen Ambiente statt – in einer auf dem Kruppgelände eigens errichteten Traglufthalle, die nicht weniger als 2000 Gästen Platz gab. Das Ganze erinnert ein wenig an die zahlreichen Messen der Wirtschaftswunderzeit und gab dem Jubiläum ein sachliches Gepräge.

11.5.5

Theodor Heuss bei seiner Rede zum Krupp-Jubiläum

Fotografie von Marga Kingler, 20. November 1961 | Ruhr Museum, Essen | K745/6-39

Die Rede von Altbundespräsident Theodor Heuss bildete den Höhepunkt der Jubiläumsveranstaltung.

11.5.6

Alfried Krupp von Bohlen und Halbach bei seiner Rede vor dem Stammhaus in der Traglufthalle

Fotografie, 20. November 1961 | Historisches Archiv Krupp, Essen | WA 16 v 21.6.190

Die Halle umschloss das im Krieg völlig zerstörte und zum Jubiläum in der Nähe des Originalstandortes wieder aufgebaute Stammhaus, das die Kontinuität der Krupp-Geschichte und ihren Anfang symbolisieren sollte.

11.5.7

Theodor Heuss, Alfried Krupp von Bohlen und Halbach und Berthold Beitz während der Festveranstaltung zum 150-jährigen Firmenjubiläum

Fotografie von Willy van Heekern, 20. November 1961 | Ruhr Museum, Essen | VH 2147/3

11.5.3

11.5.3

Hinfahrt

Erfrischungen — Getränke

Tee
Kaffee
Kakao

Fruchtsäfte

Bier

Spirituosen

Auf Wunsch wird im Speisewagen Frühstück serviert

Rückfahrt

Teepause

Tee
Kaffee
Kakao

Fruchtsäfte

Kuchenauswahl — Canapés

Bier

Spirituosen

11.5.6

11.5.8

Eröffnung der Historischen Sammlung im Kleinen Haus der Villa Hügel

1961 | Papier | 28 x 34,5 cm | Historisches Archiv Krupp, Essen | WA 16 v 21.6.178

Den Abschluss der Jubiläumsfeier bildete die Eröffnung der neuen Dauerausstellung im Kleinen Haus der Villa Hügel. Sie stellte zugleich den Höhepunkt einer Reihe von Geschichtsinitiativen im Jubiläumsjahr dar, zu denen auch die Wiederaufstellung der im Krieg zerstörten Denkmäler für Alfred und Friedrich Alfred Krupp gehörten.

11.5.7

11.5.9

»150 Jahre Krupp 1811–1961. Reden zum 20. November 1961«

Fried. Krupp, Essen, 1961 | Druck, Papier, Karton, 26 Seiten | 21 x 21 cm | Historisches Archiv Krupp, Essen | WA 48 b/429

Welchen Stellenwert nicht nur die Rede von Theodor Heuss für Alfried Krupp von Bohlen und Halbach hatte, zeigt die Tatsache, dass die Ansprachen des Festaktes in hoher Auflage gedruckt und vertrieben wurden. Die Broschüre enthält die Reden u.a. von Wirtschaftsminister Erhard, Ministerpräsident Meyers, Oberbürgermeister Nieswandt und Alfried Krupp selbst, außerdem Glückwünsche des Bundespräsidenten Lübke, des Bundeskanzlers Adenauer sowie weiterer Gratulanten.

11.5.10

Doppelschallplatte mit der Gedenkrede des Altbundespräsidenten Prof. Dr. Theodor Heuss »150 Jahre Krupp 1811–1961« am 20. Nov. 1961 in Essen

1961 | Vinyl, Papier | 26 x 27,5 cm | Ruhr Museum, Essen | 2001/032

Es mag der Begeisterung von Alfried Krupp für das neue Medium der Schallplatte, das er mit großer Ernsthaftigkeit sammelte, aber auch seinem allgemeinen Interesse an der Sprachkultur geschuldet sein, dass er die Rede von Theodor Heuss als Schallplatte herausbringen ließ.

11.5.11

Theodor Heuss während seiner Rede zum 150-jährigen Krupp-Jubiläum

Titelblatt der Krupp Mitteilungen, 45. Jg., H. 8, 1961 | Ruhr Museum, Essen

Die Heuss-Rede lieferte auch das Titelfoto der obligatorischen Sondernummer der Krupp'schen Mitteilungen, wie sie schon zum 100. und 125. Jubiläum erschienen war.

11.5.10

11.5.12

Drei Postkarten zum 150. Jubiläum der Firma Fried. Krupp

November 1961 | Karton | je 10,6 x 14,7 cm | Ruhr Museum, Essen

Zum Jubiläum gab es ein Sonderpostamt und es erschienen mehrere Postkarten mit Sonderstempeln und unterschiedlichen Motiven: Die eine zeigte Altbundespräsident Theodor Heuss, eine andere das Stammhaus mit der Aufschrift »150 Jahre Krupp 1811 – 1961« und die dritte die Porträts von Alfred und Alfried Krupp mit der Aufschrift »150 Jahre Fried. Krupp Essen 1811 – 1961. 20. November 1961«.

11.5.13

Eisengussplakette zum Jubiläum 150 Jahre Firma Krupp

hg. von der Fa. Fried. Krupp, Entwurf: Jean Sprenger, Ausführung: Kunstguss Friedrichshütte Laasphe, 1961 | Eisenguss | 14,7 x 21 cm | Ruhr Museum, Essen | Mz 218

Die Eisengussplakette in Erinnerung an die 150-Jahrfeier zeigt die einander zugewandten Profile von Friedrich Krupp und Alfried Krupp von Bohlen und Halbach. Über den Köpfen befinden sich die Jahreszahlen 1811 und 1961 sowie das Kruppsymbol, unten die Namen der Dargestellten. Die rechteckige Plakette wurde von dem mit Alfried Krupp befreundeten Essener Bildhauer Jean Sprenger entworfen, der mehrere Büsten und Denkmäler für Krupp gestaltet hatte, darunter auch die Porträtbüsten für Alfried und Bertha Krupp. Die Plakette mit Aufhängevorrichtung auf der Rückseite wurde in der Friedrichshütte in Laasphe in hoher Auflage gegossen und in Schatullen verteilt.

11.5.14

Drei goldene Becher in einer Schatulle

Juwelier Bäckerbohm, Köln, 1961 | Silber, vergoldet, Samt, Seide, Metall | Schatulle: H 5 cm, B 12 cm, T 19 cm | Historisches Archiv Krupp, Essen | S 10/340

Neben der allgemeinen Gussstahlplakette wurden auch besondere Erinnerungsstücke zum 150-jährigen Jubiläum hergestellt, wie diese drei goldenen Becher in einer Samtschatulle.

11.5.13

11.6. Die 200-Jahrfeier 2011

»200 Jahre Krupp« war das erste Jubiläum, das nicht von der Firma Krupp begangen wurde, sondern von der Alfried Krupp von Bohlen und Halbach-Stiftung als Rechtsnachfolgerin der Firma. Mit dem Jubiläum wurde dem Gründungsdatum der ersten Gussstahlfabrik durch Friedrich Krupp 1811 in Essen gedacht und auf 200 Jahre Geschichte eines Unternehmens zurückgeblickt, das heute in der 1999 durch Fusion entstandenen ThyssenKrupp AG besteht, dem letzten verbliebenen Stahlkonzern des Ruhrgebiets. Ort der Feierlichkeiten war die Villa Hügel. Im Zentrum stand die Ausstellung »Krupp. Fotografien aus zwei Jahrhunderten«, die anhand der besten Fotos des Historischen Archivs die Krupp-Geschichte Revue passieren ließ. Sie wurde von 150.000 Menschen besucht und belegte eindrücklich das aktuelle Interesse der Bevölkerung am Thema Krupp. Der Katalog zur Ausstellung erschließt die hervorragenden fotografischen Bestände des Archivs Krupp. Darüber hinaus erschien eine neue Darstellung der Krupp-Geschichte von Harold James unter dem Titel »Krupp. Deutsche Legende und globales Unternehmen«. Die Stadt Essen erklärte das Jahr 2011 zum Krupp-Jahr und veranstaltete mit weiteren Akteuren Exkursionen und Führungen zu (ehemaligen) Krupp-Standorten im gesamten Ruhrgebiet.

Der eigentliche Festakt fand in Anwesenheit des Bundespräsidenten am Gründungstag der Firma, dem 20. November, vor 200 Gästen in der Villa Hügel statt. In seiner Ansprache beschrieb Berthold Beitz die Tradition der Firma, die in der engen Verbindung zwischen der Eigentümerfamilie und den Mitarbeitern, den »Kruppianern« bestehe, welche in dem Satz Alfred Krupps »Der Zweck der Arbeit soll das Gemeinwohl sein« ihren Ausdruck gefunden habe. Gleichzeitig formulierte er die Maxime des »moralischen Kapitalismus«, die auch sein eigenes Handeln im Auftrag von Alfried Krupp von Bohlen und Halbach stets bestimmt habe.

Es mag Zufall sein, dass im Jahr vor dem Jubiläum das Headquarter der ThyssenKrupp AG eröffnet wurde und der Konzern seinen Firmensitz nach Essen zurückverlegt hat. Und es mag ebenso Zufall sein, dass das Stammhaus in unmittelbarer Nähe der avantgardistischen Konzernzentrale rechtzeitig zum Jubiläum renoviert wurde. Auf jeden Fall bilden sie jetzt eine optische Einheit und verbinden symbolisch Vergangenheit, Gegenwart und Zukunft. Sicherlich kein Zufall ist es jedoch, dass im Jubiläumsjahr auch die Person und das Lebenswerk von Berthold Beitz in den Mittelpunkt rückten. Dazu trugen nicht nur zwei umfangreiche Biographien bei, sondern auch die Tatsache, dass er wie kein anderer die Tradition und die Werte des Hauses Krupp verkörpert. Zusammen mit seiner Frau Else wurde ihm auf der Villa Hügel wenige Tage nach dem Jubiläum, am 12. Dezember, von der Ministerpräsidentin der Staatspreis verliehen, die höchste Auszeichnung des Landes Nordrhein-Westfalen. HTG

11.6.3

11.6.1

Plakat zur Jubiläumsausstellung »Krupp. Fotografien aus zwei Jahrhunderten«

Alfried Krupp von Bohlen und Halbach-Stifung, Essen, 2011 | Druck, Papier | 84 x 60 cm | Historisches Archiv Krupp, Essen

Die Jubiläumsausstellung »Krupp. Fotografien aus zwei Jahrhunderten« begann bereits im Sommer 2011. Ihre Laufzeit vom 18. Juni bis zum 11. Dezember schloss aber das Jubiläumsdatum, den 20. November, mit ein. Die vom Historischen Archiv Krupp konzipierte Ausstellung in der Villa Hügel war bewusst kein historischer Abriss der Krupp-Geschichte, sondern widmete sich dem Abbildungsmedium des Industriezeitalters, der Fotografie, die durch die Photographischen Anstalten der Fa. Fried. Krupp wesentlich mit entwickelt wurde.

11.6.2

Ausstellungskatalog »Krupp – Fotografien aus zwei Jahrhunderten«

Alfred Krupp von Bohlen und Halbach-Stiftung (Hg.), Deutscher Kunstverlag, München 2011 | Karton, Papier | 30,5 x 24,5 x 3 cm | Ruhr Museum, Essen

Der opulente Katalog zur Jubiläumsausstellung gibt einen Überblick über die mehr als zwei Millionen Aufnahmen, die das Historische Archiv Krupp aufbewahrt. Die ca. 400 ausgestellten Fotografien reichen von industriegeschichtlichen Dokumenten bis hin zu Privatfotos der Familie Krupp. Viele sind Produkte der 1861 gegründeten Photographischen Anstalt der Firma Krupp. Die ältesten Aufnahmen stammen aus den 1840er-Jahren, die jüngsten entstanden durch die von der Alfried Krupp von Bohlen und Halbach-Stiftung geförderten Fotoprojekte. Der Katalog ist ein Standardwerk zur Bilddokumentation der Firma und Familie Krupp und zur Auseinandersetzung mit dem Medium Fotografie.

11.6.2

11.6.3

Berthold Beitz am Tag der Pressekonferenz zur Ausstellung »Krupp. Fotografien aus zwei Jahrhunderten«

Fotografie von Peter Wieler, 2011 | Alfried Krupp von Bohlen und Halbach-Stiftung, Essen

11.6.4

Einladungskarte zum Festakt »200 Jahre Krupp« am 20. November 2011 auf der Villa Hügel

November 2011 | Druck, Büttenpapier | 21 x 15 cm | Alfried Krupp von Bohlen und Halbach-Stiftung, Essen

Der Festakt zur 200-Jahrfeier fand vor 200 geladenen Gästen aus Politik, Wirtschaft und Kultur am 20. November 2011 in der Großen Halle der Villa Hügel statt. Eingeladen hatte der Vorsitzende des Kuratoriums der Alfried Krupp von Bohlen und Halbach-Stiftung, Berthold Beitz. Neben Beitz, Bundespräsident Christian Wulff und Ministerpräsidentin Hannelore Kraft sprachen der Essener Oberbürgermeister Reinhard Paß sowie der Betriebsratsvorsitzende Thomas Schlenz und der Aufsichtsratsvorsitzende des ThyssenKrupp Konzerns, Dr. Gerhard Cromme.

11.6.10

11.6.6

11.6.5
Festakt »200 Jahre Krupp« auf Villa Hügel
Fotografie von Peter Wieler, 20. November 2011 | Alfried Krupp von Bohlen und Halbach-Stiftung, Essen
Das Bild zeigt von links nach rechts Thomas Schlenz, Dr. Gerhard Cromme, Bundespräsident Christian Wulff, Berthold Beitz, Daniel Barenboim, Ministerpräsidentin Hannelore Kraft und Oberbürgermeister Reinhard Paß.

11.6.6
Berthold Beitz bei seiner Ansprache zum Festakt »200 Jahre Krupp«
Fotografie von Peter Wieler, 20. November 2011 | Alfried Krupp von Bohlen und Halbach-Stiftung, Essen

11.6.7
Redemanuskript von Berthold Beitz zum Festakt »200 Jahre Krupp«
20. November 2011 | Maschinenschrift mit Hervorhebungen, Papier, 8 Seiten | 30 x 22 cm | Privatarchiv Beitz
Die Ansprache von Berthold Beitz skizzierte die wichtigen Etappen der Krupp-Geschichte, beschäftigte sich aber auch mit der Gegenwart und Zukunft des ThyssenKrupp Konzerns. Dabei stellte er sich und den Konzern in die Tradition des »moralischen Kapitalismus« und des Begründers der Stiftung, Alfried Krupp von Bohlen und Halbach.

11.6.8
Speisekarte zum Mittagessen im Gartensaal der Villa Hügel
2011 | Papier, Pappe | 15 x 15 cm | Alfried Krupp von Bohlen und Halbach-Stiftung, Essen
Die Speisekarte zum anschließenden festlichen Mittagessen im Gartensaal der Villa Hügel war in Umfang und Gestaltung eine Reminiszenz an das Mittagessen auf Villa Hügel zur 150-Jahrfeier.

11.6.9
Ersttagsbrief zum 200-jährigen Krupp-Jubiläum
Deutsche Post/Erlebnis-Briefmarken, 9. Oktober 2011 | Papier | 11,2 x 16 cm | Historisches Archiv Krupp, Essen
Auch der Briefumschlag mit Sonderstempel der Deutschen Post und der Aufschrift »Krupp«, den drei Ringen, den Jahreszahlen »1811 200 Jahre 2011« und dem »Stammhaus der Familie Krupp« ist ein historisches Zitat, zeigt es doch mit dem Stammhaus das gleiche Motiv wie eine der Sonderpostkarten zum 150-jährigen Jubiläum 1961.

11.6.10
Stammhaus Krupp und ThyssenKrupp Hauptverwaltung
Fotografie von Peter Wieler, 2011 | 15 x 10 cm | Alfried Krupp von Bohlen und Halbach-Stiftung, Essen
Das Nebeneinander des zum Jubiläum noch einmal renovierten Stammhauses und des riesigen Gebäudes der im Jahr davor in unmittelbarer Nähe eröffneten ThyssenKrupp Hauptverwaltung symbolisiert am besten Vergangenheit, Gegenwart und Zukunft der drei Ringe.

12. Krupp und die Kinematographie – Selbstdarstellung im Film

Anlässlich der Beisetzung Friedrich Alfred Krupps entstanden am 26. November 1902 Filmaufnahmen vom Trauerzug durch die Essener Innenstadt. Mit ihnen taucht erstmals der Name Krupp in der Filmgeschichte auf. In dem Jubiläumsfilm »Pioniere der deutschen Technik« zum 125-jährigen Bestehen des Werkes (1935) ist daraus ein kurzer Ausschnitt überliefert – das älteste heute noch erhaltene Filmdokument zur Geschichte des Ruhrgebiets.

Noch im Kaiserreich erkannte Krupp die Vorzüge des neuen Bewegtbildmediums für eigene Zwecke. 1908 erhielt die »Lithographische (ab 1915 Graphische) Anstalt« einen ersten »kinematographischen Projektions- und Aufnahmeapparat«, spätestens 1913 wurde daraus die berühmte »Kinematographische Abteilung der Fried. Krupp A.G.«. Mit ihr besaß Krupp alle Voraussetzungen, um völlig autark und mit der notwendigen Geheimhaltung Filme drehen, entwickeln und kopieren zu können. Hier entstanden hunderte Filme, zunächst für werkseigene Zwecke, nach 1918 auch für externe Auftraggeber. Obwohl 1945 »untergegangen«, ist sie bis heute die größte Filmproduktionsstätte des Ruhrgebiets geblieben. Belege ihrer über 30-jährigen Tätigkeit sind jedoch äußerst dürftig; der Akten- und Archivfilmbestand wurde im Krieg nahezu vollständig vernichtet.

Außergewöhnlich für diese Zeit, plante Krupp für die Hundertjahrfeier im August 1912 das Medium Film neben Theater und Musik als künstlerisches Ausdrucksmittel ein. Aufgrund der Grubenkatastrophe auf der Zeche Lothringen wurde das vorgesehene Ritterspiel mit den vorbereiteten Projektionen jedoch nicht aufgeführt. Die dafür bereits gedrehten Filmaufnahmen gingen verloren.

Mit der Kinematographie ließen sich erstmals Bewegungsabläufe von Maschinen sowie Produktionsprozesse dokumentieren. Um schnelle Vorgänge zu studieren, etwa bei Geschützen, musste man sie verlangsamen können. Krupp beauftragte daher 1913 die Dresdener Firma Ernemann mit der Entwicklung einer Spezialkamera. 1914 war die so genannte »Zeitlupe« einsatzbereit, die auf einem bereits 1904 von August Musger zum Patent angemeldeten Gerät beruhte. Bilder der Apparatur wie auch ihrer Ergebnisse überliefert der Jubiläumsfilm von 1935. Auch die riesigen Werksanlagen wurden nun gefilmt. Was die Fotografie nur durch aufwendige Panorama-Bildmontagen erreichte, gelang mit der Filmkamera durch raumgreifende Schwenks von hohen Gebäuden und durch Aufnahmen von fahrenden Eisenbahnzügen aus. Es entstanden Bilder einer imposanten Industrielandschaft, wie sie etwa in dem Filmfragment

»Die Krupp-Werke in Essen« (um 1918) erhalten sind. Auch Impressionen aus der Alltagswelt der Kruppianer, etwa aus den Konsum-Anstalten, sind überliefert.

Nach 1945 verzichtete Krupp auf eine eigene Produktionsabteilung. Externe Auftragsproduzenten erstellten mit »Krupp heute – Menschen und Werk« (1958/59) eine monumentale Übersicht über den wieder erstandenen Konzern. Kurz darauf entstanden stark beachtete Kurzfilme wie das Experiment »technik – 3 studien in jazz« (1961) oder »Campo Limpo« (1962) über das neue Engagement Krupps in Südamerika. PH

12.1.1

12.1.1
»Die Krupp-Werke in Essen«

(Ausschnitt, 9 Min.)
Kinematographische Abteilung (?) der Fried. Krupp A. G., um 1918 | 14'24" Min., 35 mm, s/w, stumm | Reichsfilmzensur Nr. B.65704 | Bundesarchiv-Filmarchiv, Berlin

Der Film ist eines der wenigen überlieferten Dokumente aus der Frühzeit (vermutlich) der Kinematographischen Abteilung der Fried. Krupp AG. Es mag an der schieren Ausdehnung der Krupp'schen Werksanlagen gelegen haben, dass bereits damals, zu Beginn der Werkskinematographie, die Filmkamera entweder von hochgelegenen Standpunkten aus mit langen Schwenks über die Anlagen blickte oder dass die Kamera selbst in Bewegung gesetzt wurde und man durch Fahraufnahmen bemüht war, die Dimensionen des Motivs zu meistern.

12.1.2
»Pioniere deutscher Technik«

21 Min.
1965, Neufassung des Films »Pioniere der deutschen Technik« von 1935 | Originalfassung 1935: Manuskript und Aufnahmeleitung: Dipl.-Ing. Alfred Huzel, Essen | Kamera: Kurt Hartung | Produktion: Kinematographische Abteilung der Fried. Krupp A.-G., Essen | Neufassung 1965: B. von Winterfeld Wirtschaftsfilm GmbH, Berlin | 20'26" Min., 35 mm, s/w, Ton | Historisches Archiv Krupp, Essen | K1/48

Das bevorstehende 125-jährige Gründungsjubiläum der Firma lieferte 1935 den Anlass für die vermutlich aufwendigste Filmproduktion der Krupp'schen Kinematographischen Abteilung. Mit »Pioniere der deutschen Technik« wurde auf die bewegte Entwicklung der Firma und auch auf die deutsche Geschichte zurückgeschaut, wie der Originaltitel selbstbewusst verkündete: »Ein Film von einem Stück deutscher Geschichte, gesehen im Spiegel 125jähriger Entwicklung der Krupp-Werke«. Dabei konnte

12.1.2

man aus der immensen Fülle des eigenen, nur wenige Jahre später in den Kriegswirren durch Luftangriffe größtenteils vernichteten Filmarchivs schöpfen, das »Bilder aus den Anfängen der Photographie und der Kinematographie« enthielt, darunter früheste Zeitlupenaufnahmen. Die in der Ausstellung gezeigte, überarbeitete Neufassung wurde ab 1965 eingesetzt.

12.1.3

12.1.3
»technik – 3 studien in jazz«

Porta-Film GmbH Herbert Obscherningkat, Hamburg, 1961 | 9'05" Min., 35 mm, Farbe, Ton | Buch und Gestaltung: Hans Heinrich Hermann nach einer Idee von Herbert Obscherningkat unter Verwendung von Ausschnitten aus dem Material zum Film »Krupp heute – Menschen und Werk« von Eduard Wieser | Kamera: Peter Luis Vigg | Schnitt: Cas van den Berg | Tonmontage: Henning Ruete | Musik: Pete Rugolo, Martin Böttcher, Lloyd Lunham | Historisches Archiv Krupp, Essen | K1/882

Das opulente Rohmaterial und die reichlich angefallenen Schnittreste (etwa 20.000 Meter) zu dem großen Unternehmensfilm »Krupp heute – Menschen und Werk« inspirierten den am Schnitt beteiligten Produzenten Herbert Obscherningkat 1958 zum Konzept eines ungewöhnlichen Films. Es sollte jedoch trotz Fürsprache von Berthold Beitz drei Jahre dauern, bis alle Bedenken im Unternehmen überwunden waren und aus 6000 ausgewählten Filmmetern die 300 m-Fassung eines kommentarlosen, nur auf drei Jazz-Stücke geschnittenen Kurzfilms entstehen konnte. Das Ergebnis des am 1. September 1961 in Stuttgart uraufgeführten Films übertraf alle Erwartungen und erzielte neben dem höchsten Prädikat »besonders wertvoll« zahlreiche, auch internationale Preise.

12.1.4
»Campo Limpo«

Porta-Film GmbH Herbert Obscherningkat, Hamburg, 1962 | Buch und Gestaltung: Hans Heinrich Hermann | Kamera: Richard Schüler | Musik: Martin Böttcher | 17'20" Min., 16 mm, Farbe, Ton | Historisches Archiv Krupp, Essen | K1/686

Bereits in den 1950er-Jahren, unmittelbar nach dem Wiederaufbau, orientierte sich der Krupp-Konzern wieder global. »Die ganze Erde ist der Markt von morgen«, lautet ein Zitat von Berthold Beitz aus dem Jahr 1961. Die erste Neugründung eines Produktionsbetriebs im Ausland erfolgte in Brasilien. Ab 1958 entstand in Campo Limpo bei Sao Paolo mit der »Krupp Metalúrgica Campo Limpo S.A.« die modernste Gesenkschmiede Südamerikas, die für die damals stark expandierende brasilianische Automobilindustrie von großer Bedeutung war und am 17. Juni 1961 von Alfried Krupp von Bohlen und Halbach zusammen mit dem brasilianischen Staatspräsidenten Janio Quadros eingeweiht wurde. Mehrere Unternehmensfilme spiegeln die Bedeutung, die man dieser Investition zu ihrer Zeit gab.

12.1.5
35 mm-Filmprojektor

Krupp-Ernemann Kinoapparate AG, Dresden, 1920/26 | Eisen, Eisenblech, Messing, Glas, Keramik, Leder, Holzgestell | H 172 cm, B 77 cm, T 95 cm | Ruhr Museum, Essen

12.1.4

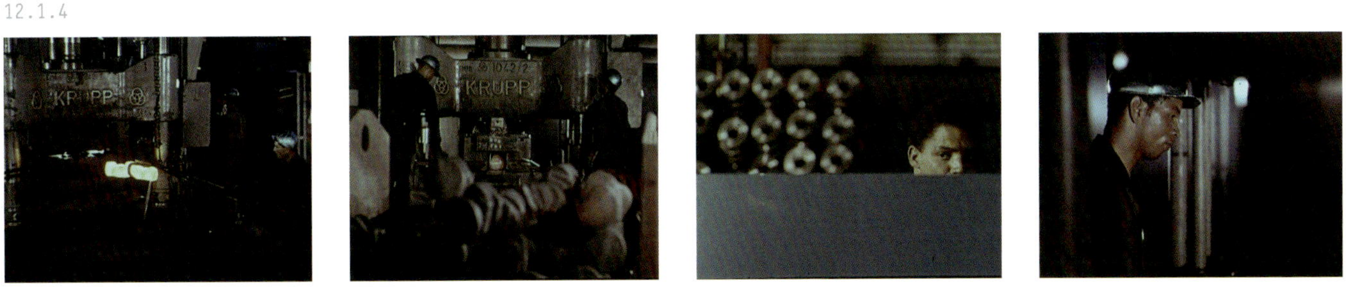

13. Die Leute um Krupp – Techniker, Manager und Finanziers

Alfred Krupp wäre allein und aus eigener Kraft kaum in der Lage gewesen, ein florierendes Stahlunternehmen am Markt zu etablieren und beständig zu erweitern. Hierzu war vielmehr die tatkräftige Unterstützung von Freunden und Förderern, Familienangehörigen und Finanziers vonnöten, durch deren Hilfe aus den bescheidenen Anfängen der Essener Gussstahlfabrik ein weltumspannender Konzern erwuchs. Die »Marke Krupp« und der damit verbundene Nimbus seiner Erzeugnisse lassen sich somit einerseits auf die geniale Erfindergabe des Stahlpioniers Alfred Krupp zurückführen. Andererseits hätte sich die dramatische Dynamik der Firmenentwicklung, die eng mit der Industriellen Revolution in Deutschland verwoben ist, kaum ohne die Leute um Krupp vollziehen können. Viele der vermeintlich »deutschen Tugenden« lassen sich auch und gerade im Krupp'schen Kosmos wiederfinden: Erfindergeist, Innovationsfreude, Präzisionsarbeit, Modernität sowie die Gabe, sich auf dem Niveau der Weltmärkte beständig zu behaupten.

Aber wer waren die Leute um Krupp, ohne die der rasante Aufstieg der Firma nicht möglich gewesen wäre? Wer waren die Familienmitglieder, die Geldgeber, Direktoren und Ingenieure, die die Produktpalette des Konzerns beständig weiterentwickelten und für immer neue marktfähige Erzeugnisse und Patente sorgten? Zunächst sind die beiden jüngeren Brüder Alfred Krupps zu nennen, Friedrich und Hermann, die in der Frühphase den Betrieb gemeinsam mit ihm führten und erst 1848 ausschieden. Hermann Krupp wurde 1844 Leiter der Berndorfer Metallwarenfabrik und damit zum Begründer des österreichischen Zweigs der Krupp-Dynastie. Richard Eichhoff, ein Vetter von Bertha Krupp, wurde 1862 Betriebsleiter des Bessemerwerkes; Ernst Eichhoff, der Schwager Alfred Krupps, übernahm die Leitung der Prokura 1871. Der Schwager Gustav Krupps, Tilo von Wilmowsky, war über dreißig Jahre lang im Aufsichtsrat der Firma tätig. Daneben stehen die Verwandten und Freunde, die sich in der frühen Zeit des Unternehmens als Finanziers und Teilhaber engagierten. Dazu zählen Alfred Krupps Vetter Carl Friedrich von Müller, der als aktiver Teilhaber in Erscheinung trat, sowie die stillen Gesellschafter Friedrich Sölling und das Brüderpaar Ernst und Julius Waldthausen.

Im Laufe der Zeit wurden die Familienmitglieder in der Firma durch angestellte Direktoren und Prokuristen abgelöst; Hanns Jencke und später Alfred Hugenberg stehen paradigmatisch für diese Entwicklung im Konzern. Als herausragende Techniker und Konstrukteure sind der Erfinder der »Dicken Berta«, Fritz Rausenberger, sowie Erich und Fritz Müller zu nennen. Der Name Benno Strauß ist untrennbar mit der Entwicklung des nichtrostenden Stahls Nirosta

verbunden. Der Generalbevollmächtigte Berthold Beitz repräsentiert den Konzern für die Phase nach dem Zweiten Weltkrieg. Nach der Fusion 1995 führten Gerhard Cromme als Aufsichtsratschef sowie der langjährige Vorstandsvorsitzende Ekkehard Schulz den neuen ThyssenKrupp Konzern. IW

13.1. Familienangehörige

Die engsten Familienmitglieder der Krupps spielten in der Frühphase der Firma eine nicht zu unterschätzende Rolle, allen voran Alfred Krupps jüngere Brüder Hermann und Friedrich. Hermann Krupp ging 1844 als technischer Leiter der ein Jahr zuvor von Alfred Krupp und dem Wiener Kaufmann Alexander Schoeller gegründeten Metallwarenfabrik nach Berndorf bei Wien. Die industrielle Fertigung von Tafelbesteck wurde zum Hauptgeschäftsfeld des neuen Unternehmens, das allerdings zehn Jahre benötigte, um Gewinne abzuwerfen. Die Walzmaschinen für die Besteckanfertigung wurden in der Essener Gussstahlfabrik hergestellt. Alfred und sein jüngster Bruder Friedrich, der sich als technisch versierter Mitentwickler von Gold- und Besteckwalzen erwies, hatten 1843 eine Besteckwalze konstruiert und zur Anwendungsreife gebracht. Zwei Jahre nachdem Alfred Krupp 1848 Alleineigentümer der Firma geworden war, schied Friedrich Krupp jun. allerdings endgültig aus dem Unternehmen aus. Erfolglos prozessierte er in den 1860er-Jahren gegen seinen Bruder Alfred aufgrund der als ungerecht empfundenen Ausbootung; Alfred Krupp zahlte ihm schließlich eine lebenslange Rente.

Der Sohn von Hermann Krupp, Arthur, war zeitweilig von seinem Onkel Alfred Krupp ausersehen, gemeinsam mit seinem eigenen Sohn Friedrich Alfred Krupp als Teilhaber in die Firma einzutreten. Nachdem dieser Plan verworfen wurde, übernahm Arthur im Alter von 23 Jahren die technische Leitung des Berndorfer Werkes und wurde 1890 dessen Alleineigentümer. Die Firma nahm in den Folgejahren einen enormen Aufschwung und beschäftigte 1924 rund 7000 Mitarbeiter. Eine Spezialität der seriell gefertigten Tafelbestecke stellte das ebenso haltbare wie erschwingliche Alpakka-Silber dar.

Ernst Eichhoff, der ältere Bruder von Alfred Krupps Frau Bertha, trat 1870 als Leiter des Kaufmännischen Departments in die Firma Krupp ein. Ein Jahr darauf wurde er zum Chef der »Prokura« berufen, der Führungsspitze des Unternehmens. In seine Amtszeit fiel u.a. die schwierige Phase der Gründerkrise der 1870er-Jahre. Eichhoff, von Alfred Krupp hoch geschätzt, behielt dieses Amt bis zu seinem Tod im Jahr 1881.

Tilo Freiherr von Wilmowsky heiratete Friedrich Alfred Krupps jüngere Tochter Barbara im Jahr 1907 und hatte mit ihr sechs Kinder. Von 1910 bis 1943 war der Schwager Gustav Krupps im Aufsichtsrat der Firma tätig, seit 1918 als stellvertretender Aufsichtsratsvorsitzender. Während Gustavs Gefängnisaufenthalt 1923 vertrat ihn Wilmowsky an der Spitze des Konzerns. Aufgrund seiner Kontakte zum Reusch-Kreis und zu Carl Friedrich Goerdeler wurden Wilmowsky und seine Frau Barbara nach dem Attentat auf Hitler vom 20. Juli 1944 inhaftiert. Wilmowsky überstand das KZ Sachsenhausen und trat im Krupp-Prozess als Zeuge der Verteidigung auf. Mit zwei Büchern zum Thema Krupp kämpfte er nach dem Krieg gegen die »moralische Verdammung« des Konzerns und eine »Kollektivschuld des deutschen Unternehmertums«. IW

13.1.1

13.1.2

13.1.3

13.1.1
Hermann Krupp (1814–1879)
Fotografie | Historisches Archiv Krupp, Essen | F 23/86
Hermann war der jüngere Bruder von Alfred Krupp. Er gilt als Begründer der Krupp-Dynastie in Österreich. Nach einer Tätigkeit im Essener Stammwerk ging er 1844 als technischer Leiter einer neugegründeten Besteckfabrik nach Berndorf bei Wien. Die in Essen hergestellten Walzmaschinen konnten täglich jeweils 1800 Löffel oder Gabeln fertigen. Zunächst ein reiner Zuschussbetrieb, arbeitete das Berndorfer Werk erst ab 1850 rentabel. Hermann Krupp pflegte ein gutes Verhältnis zu seinem Bruder Alfred und gewährte ihm Darlehen für Investitionen.

13.1.2
Friedrich Krupp jun. (1820–1901)
Fotografie | Historisches Archiv Krupp, Essen | F 23/9
Friedrich jun. war das Jüngste der Geschwister Krupp. Er galt als technisch versierter Mitentwickler der Gold- und Besteckwalzen und vertrat Alfred Krupp bei dessen Auslandsreisen in Essen. Nachdem er sich in Alfreds Abwesenheit zu sehr als Juniorchef geriert hatte, verließ Friedrich 1850 die Firma im Streit. Er zog nach Bonn und focht – allerdings erfolglos – den Vertrag an, der Alfred Krupp zum Alleineigentümer machte. In den 1860er-Jahren führte er einen erneuten Rechtsstreit mit seinem Bruder. Alfred bewilligte ihm eine Erhöhung seiner lebenslangen Rente.

13.1.3
Ernst Eichhoff (1820–1881)
Fotografie | Historisches Archiv Krupp, Essen | FAH 2 D 78
Ernst Eichhoff war ein Schwager Alfred Krupps. Er wurde als Nachfolger des verstorbenen Albert Pieper 1871 Chef der Prokura. Alfred Krupp lockte Eichhoff, der zuvor beim Österreichischen Lloyd in Triest tätig gewesen war, mit dem außerordentlich hohen Jahresgehalt von 100.000 Talern nach Essen. Der von Krupp sehr geschätzte Eichhoff leitete das »Kaufmännische Department« im Unternehmen. Er blieb bis zu seinem Tod an der Spitze der Prokura. Die existentielle Gründerkrise der 1870er-Jahre fiel in seine Amtszeit.

13.1.4

13.1.5

13.1.4
Arthur Krupp (1856–1938)
Fotografie | Historisches Archiv Krupp, Essen | F 4/14235
Hermann Krupps Sohn Arthur, der Neffe Alfred Krupps, übernahm im Alter von nur 23 Jahren die technische Leitung der Berndorfer Besteckfabrik. Der Betrieb ging 1890 in seinen Besitz über. Unter Arthur Krupp nahm das Werk einen rasanten Aufschwung; in Spitzenzeiten wurden bis zu 50.000 Bestecke täglich hergestellt. Krupp Berndorf wurde zum Synonym für hochwertige, industriell gefertigte Tafelbestecke. Arthur Krupp galt als autoritär, trieb aber auch den Ausbau der sozialen Einrichtungen in Berndorf voran.

13.1.5
Tilo Freiherr von Wilmowsky (1878–1966)
Fotografie | Historisches Archiv Krupp, Essen | WA 16 l 33.322
Der Ehemann von Barbara und Schwager von Gustav Krupp war von 1910 bis 1943 im Aufsichtsrat bei Krupp tätig. Aus der Ehe gingen sechs Kinder hervor. Wilmowsky war seit 1937 Mitglied der NSDAP und galt als einflussreicher Wirtschaftsführer. Nach dem Attentat auf Hitler wurden er und seine Frau unter dem Vorwurf verhaftet, Kontakte zum Widerstand zu unterhalten. Wilmowsky kam in das »Prominenten-Zellenhaus« im KZ Sachsenhausen, überlebte und überstand auch den Todesmarsch aus dem Lager. 1948 trat er als Zeuge der Verteidigung im Krupp-Prozess auf.

13.2. Finanziers und Teilhaber

Als gravierendes Wachstumshemmnis in der deutschen Montanindustrie sollte sich die Unterversorgung mit Kapital erweisen. Eine mit heutigen Verhältnissen vergleichbare Bankenstruktur existierte nicht, so dass es für Unternehmer schwierig war, sich auf dem freien Kapitalmarkt die notwendigen Mittel für Betriebserweiterungen und Expansionen zu beschaffen. Die Ertragslage der Branche, die aufgrund hoher Erstinvestitionen ständig frisches Geld benötigte, wurde von den Banken vielfach als ungünstig eingeschätzt. So resultierte der chronische Liquiditätsengpass der Firma Krupp letztlich auch aus einer mangelnden Risikobereitschaft zahlreicher Geldgeber und Banken aufgrund unzureichend eingeschätzter Renditeperspektiven und einer nur schwer absehbaren Branchenentwicklung. Daher verwundert es nicht, dass auch Alfred Krupp in dem Bemühen, das Unternehmen sukzessive auszubauen, auf Geldgeber und Kredite aus dem unmittelbaren familiären Umfeld zurückgreifen musste.

Carl Friedrich von Müller, ein Vetter Alfred Krupps, schloss schon 1834 als stiller Teilhaber mit dessen Mutter Therese Krupp einen Vertrag über 10.000 Taler, durch den er zu einem Drittel an den anfallenden Gewinnen beteiligt wurde. Müller setzte im Unternehmen eine geregelte Buchführung und die Einführung von Bilanzen durch. Auch stellte er den Kontakt zum renommierten Bankhaus Herstatt in Köln her, welches fortan die Abwicklung seiner Geschäfte in Süddeutschland übernahm. Alfred Krupp vergütete Müllers finanzielles Engagement aus der Frühphase der Firma erst im Jahr 1867 in Form einer großzügigen Gratifikation.

Müllers Nachfolger als Teilhaber der Gussstahlfabrik wurde Alfred Krupps Jugendfreund Friedrich Sölling, der ihm schon auf dessen Englandreise zur Seite gestanden hatte. Sölling, Mitinhaber eines vermögenden Handelshauses in Essen und Rotterdam, stieg mit insgesamt 55.000 Talern bei Krupp ein und ließ sich laufend über den Fortgang der Geschäfte unterrichten. Er bremste Alfred Krupp zuweilen in dessen ungestümem Expansionsdrang, unterstützte jedoch den Bau eines zusätzlichen Schmelzbaus, eines Magazin- und Werkstättengebäudes sowie eines neuen Wohnhauses.

Mit dem Bankier F.L. Niemann aus Essen schloss Alfred Krupp 1856 einen Gesellschaftsvertrag über 140.000 Taler. In den Folgejahren nahm er zudem das Brüderpaar Ernst und Julius Waldthausen als stille Teilhaber in die Firma auf. Die Waldthausens, Inhaber einer florierenden Essener Wollhandlung, investierten insgesamt 100.000 Taler in das Unternehmen und wurden zu stillen Gesellschaftern – gegen eine genau festgesetzte, abgestufte Gewinnbeteiligung. Alfred Krupp löste die Gesellschaftsverträge mit Niemann und den Waldthausens zum Jahresende 1861 wieder auf, da die Gewinne des Unternehmens in dieser Phase stark anstiegen und man auf die Mittel der Teilhaber verzichten konnte. Im Grunde duldete Krupp keinerlei Mitregentschaft in seinem Betrieb und wollte seine Unabhängigkeit als Unternehmer nicht durch Beteiligungen gefährden. IW

13.2.1

13.2.2

13.2.3

13.2.1

Carl Friedrich von Müller (1804–1874)

Fotografie | Historisches Archiv Krupp, Essen | S1 K2.1-2(1).304

Gegen eine Beteiligung von 10.000 Talern wurde Carl Friedrich von Müller 1834 aktiver Teilhaber der Gussstahlfabrik. Müller stand seinem Vetter Alfred Krupp mit Rat und Tat zur Seite und setzte durch, dass im Betrieb Bilanzen geführt wurden. Auch stellte er den Kontakt zum Kölner Bankhaus Herstatt her. Zwischenzeitlich hatte Müller, der 1844 als Teilhaber ausschied, sein Gut im Kreis Euskirchen verpfänden müssen. Alfred Krupp dankte ihm sein Engagement 1867 mit einer außerordentlichen finanziellen Zuwendung.

13.2.2

Friedrich Sölling (1815–1859)

Fotografie | Historisches Archiv Krupp, Essen | WA 16 l 15

Friedrich Sölling war ein Jugendfreund Alfred Krupps und wurde 1844 Teilhaber der Firma. Er entstammte einem vermögenden Handelshaus mit Sitz in Essen und Rotterdam. Sölling begleitete Krupp auf dessen Englandreise und erhöhte seine Einlage bis 1846 auf 55.000 Taler. Er ließ sich wöchentlich über die wirtschaftliche Lage der Firma unterrichten und bremste Alfred Krupp zuweilen in seinem stürmischen Expansionsdrang. Durch Söllings Beteiligung konnten ein weiterer Schmelzbau sowie ein Magazin- und Werkstättengebäude realisiert werden.

13.2.3

Ernst Waldthausen (1811–1883)

Fotografie | Industrie- und Handelskammer Essen | FAH 3 M 126.46

Mit seinem Bruder Julius wurde Ernst Waldthausen 1857/58 stiller Teilhaber der Firma Krupp. Er war Inhaber einer florierenden Wollhandlung und langjähriger Präsident der Handelskammer in Essen. Die Brüder Waldthausen schlossen Gesellschaftsverträge über insgesamt 100.000 Taler bei genau festgelegter, abgestufter Gewinnbeteiligung. Sie erhielten zudem ein Einspruchsrecht in die Geschäftsführung. 1861 kündigte Krupp den Gesellschaftsvertrag, da er keinen Mitregenten neben sich duldete, und zahlte auch die Einlagen bis 1873 zurück.

13.3. Techniker und Konstrukteure

In der Frühphase des Unternehmens prägte zunächst der universell einsetzbare »Eisenarbeiter« den Werksalltag in der Krupp'schen Fabrik. Dieser Typus wurde aufgrund komplexerer Arbeitsprozesse und wachsender Anforderungen im Rahmen der zunehmenden Spezialisierung durch Facharbeiter ergänzt, die unter anderem als Schmelzer, Schmiede, Dreher, Schleifer oder Schreiner tätig waren. Die Meister standen hierarchisch an der Spitze der Handwerkerschaft und leiteten auch die einzelnen Werkstätten. Gegen Ende der 1860er-Jahre wurde die technische Leitung der einzelnen Betriebsteile auf die Ressortchefs übertragen, für die wiederum die Prokura, also die kaufmännisch dominierte Geschäftsleitung, verantwortlich war. Über alledem wachte zeitlebens Alfred Krupp gemäß seinem »Herr-im-Hause-Standpunkt« als unangefochtene letzte Entscheidungsinstanz. Die technische Leitung des Werks wurde in den Folgejahren mehr und mehr von akademisch geschulten Ingenieuren und Technikern ausgeübt, die immer neue Werkstoffe und Patente zur Anwendungsreife brachten.

Adalbert Ascherfeld trat 1845 als Werkmeister in die Firma Krupp ein. Der gelernte Goldschmied und Vetter Alfred Krupps avancierte in der Folgezeit aufgrund seiner praktischen Fertigkeiten zum Leiter des Schmelzbaus, in dem der Tiegelstahl produziert wurde. Bis zu seinem Ausscheiden 1868 war er als Betriebsleiter tätig. Der Vetter von Alfred Krupps Frau Bertha, Richard Eichhoff, kam 1854 zu Krupp und stieg dort rasch zum Betriebsleiter des Puddelwerks auf, in dem der Grundstoff zur Herstellung des Tiegelstahls produziert wurde. 1862 wurde er zudem Betriebsleiter des neu errichteten Bessemerwerkes und bald darauf Ressortchef. Fritz Rausenberger, seit 1896 als Kanonenkonstrukteur bei Krupp beschäftigt, wurde als Schöpfer schwerer Heeresgeschütze berühmt. Unter seiner Federführung wurden bei Krupp der 42 cm-Mörser »Dicke Berta« sowie das so genannte »Paris-Geschütz« entwickelt.

Der Metallurg Benno Strauß entwickelte als Direktor der Krupp-Forschungsanstalt 1912 ein Verfahren zur Herstellung nichtrostender Stähle, welches 1922 unter dem Namen »Nirosta« patentiert und später weltbekannt wurde. Auch führte er bei Krupp das Hartmetall »Widia« ein, welches ursprünglich bei Osram entwickelt wurde. Der Chemiker Fritz Müller übernahm 1929 die Kohlechemieabteilung bei Krupp und drei Jahre darauf die Leitung der Kokerei Hannover-Hannibal. Seit 1943 bemühte sich Müller (Spitzname »Koks-Müller«) als Rohstoffexperte im Direktorium der Firma um die Etablierung kohlechemischer Verfahren und war als Pionier auf dem Gebiet der Kohleverflüssigung, der Treibstoffgewinnung aus Kohle, tätig. Erich Müller (Spitzname »Kanonen-Müller«), Ingenieur und Artilleriespezialist, war seit 1941 als Chefkonstrukteur für den gesamten Produktionsbereich verantwortlich. Unter seiner Leitung wurden zahlreiche neue Geschütztypen entwickelt, unter anderem das riesige Eisenbahngeschütz »Dora« – die größte jemals realisierte und eingesetzte Kanone der Welt. IW

13.3.1

13.3.2

13.3.3

13.3.1

Adalbert Ascherfeld (1811–1881)

Fotografie | Historisches Archiv Krupp, Essen | Wa 16 l 1

Der gelernte Goldschmied und Vetter Alfred Krupps trat 1845 als Werkmeister bei Krupp ein. Adalbert Ascherfeld stieg zum Leiter des Schmelzbaus auf, in dem der Tiegelstahl hergestellt wurde. Seit den 1850er-Jahren war er der technische Leiter des Unternehmens. In seinem Testament bestimmte ihn Krupp 1856 – für den Fall seines vorzeitigen Todes – zum technischen Direktor als Mitglied der »Geschäfts-Direktion«. Als Betriebsleiter ein bodenständiger Praktiker, war Ascherfeld besonders in der Frühphase ein treuer Helfer Alfred Krupps.

13.3.2

Richard Eichhoff (1826–1901)

Fotografie | Historisches Archiv Krupp, Essen | FAH 3 M 126.46

Nach seinem Eintritt in die Firma Krupp im Jahr 1854 brachte es Richard Eichhoff rasch zum Betriebsleiter des Puddelwerkes. Hier wurde das Ausgangsmaterial zur Herstellung des Tiegelstahls produziert. Nach der Inbetriebnahme des neuen Bessemerwerkes wurde Eichhoff auch dort Betriebsleiter. Er koordinierte die unterschiedlichen technischen Betriebsteile und bekleidete zahlreiche Ämter. Schon ab 1865 galt er als »Ressortchef«. Nachdem er sich mit Alfred Krupp und der Prokura überworfen hatte, verließ Richard Eichhoff 1874 das Unternehmen.

13.3.3

Fritz Rausenberger (1868–1926)

Fotografie | Historisches Archiv Krupp, Essen | WA 16 l 33.253

Der Ingenieur trat 1896 als Kanonenkonstrukteur in den Dienst bei Krupp. Fritz Rausenberger erhielt 1904 Prokura; ein Jahr darauf wurde er zum Professor für Waffenkonstruktionslehre in Berlin ernannt. 1907 kehrte er als stellvertretender Direktor zu Krupp zurück. Hier entwickelte Rausenberger schwere und schwerste Heeresgeschütze. Sowohl der 42 cm-Mörser »Dicke Berta« als auch das »Paris-Geschütz« mit einer Reichweite von über 120 Kilometern wurden von ihm konstruiert. Rausenberger wechselte 1921 in den Aufsichtsrat der Firma.

13.3.4

13.3.5

13.3.6

13.3.4

Benno Strauß (1873–1944)

Fotografie | Historisches Archiv Krupp, Essen | F 4/16207/5a

Der Metallurge Benno Strauß übernahm 1899 die Leitung der Physikalischen Abteilung bei Krupp. Als Direktor der Krupp-Forschungsanstalt entwickelte er 1912 ein Verfahren zur Herstellung von nichtrostendem Stahl, welches später unter dem Namen Nirosta patentiert wurde. Auch die Einführung des Hartmetalls Widia bei Krupp geht auf Benno Strauß zurück. Aufgrund seiner jüdischen Abstammung musste er bereits Ende 1934 in den Ruhestand treten. Benno Strauß starb 1944 in einem Arbeitslager bei Holzminden, in das man ihn kurz zuvor verschleppt hatte.

13.3.5

Fritz Müller (1894–1947)

Fotografie | Historisches Archiv Krupp, Essen | WA 16 l 33.235

Fritz Müller übernahm 1929 die Kohlechemie-Abteilung des Krupp-Konzerns. Der Rohstoffexperte wurde 1943 in den Vorstand der Fried. Krupp AG berufen. Müller (Spitzname »Koks-Müller«) war Spezialist im Bereich der Kohlechemie. Er unterstützte die Autarkie-Bestrebungen der Nazis auf dem Gebiet der Kohleverflüssigung, also der Treibstoffgewinnung aus Kohle. Müller wurde als einziges Mitglied des Direktoriums nach 1945 nicht verhaftet. Er stand bis 1947 an der Spitze einer provisorischen Unternehmensleitung.

13.3.6

Erich Müller (1892–1963)

Fotografie | Historisches Archiv Krupp, Essen | WA 16 l 33.234

Der Ingenieur Erich Müller kam 1935 zu Krupp. Der Artillerie-Spezialist (Spitzname »Kanonen-Müller«) war seit 1941 als Chefkonstrukteur für den gesamten Produktionsbereich zuständig. Müller war seit 1933 Mitglied der NSDAP. Er entwickelte zahlreiche Geschütztypen; mit dem »Dora-Geschütz« realisierte er die größte jemals eingesetzte Kanone der Welt. Müller galt als Vertrauter Adolf Hitlers und wurde von diesem 1943 zum Professor ernannt. Im Krupp-Prozess wurde er zu zwölf Jahren Haft verurteilt, kam aber schon 1951 wieder frei.

13.4. Direktoren und Manager

Alfred Krupp war noch Erfinder, Konstrukteur, Handelsreisender und Kaufmännischer Leiter in einer Person gewesen. Im Zuge der rasanten Betriebsvergrößerung bildete sich seit den 1850er-Jahren allmählich eine Organisationsstruktur heraus, die zunehmend zur Etablierung einer ausdifferenzierten Unternehmenshierarchie führte. Die überwiegend angelernte Arbeiterschaft wurde um eine zumeist akademisch ausgebildete Angestelltenschaft, den Krupp'schen »Beamten«, ergänzt. Das produktive Chaos der Anfangsjahre wurde – parallel zum Firmenwachstum, zur Spezialisierung und zu den immer komplexeren Arbeitsprozessen – von neuen Hierarchieebenen, einer professionalisierten Bürokratie und einer zunehmenden Arbeitsteilung abgelöst.

Alfred Krupp berief mit Karl Gantesweiler und Theodor Topp in den frühen 1850er-Jahren zunächst zwei Einzelprokuristen, die mit der Wahrnehmung der kaufmännischen Leitung des Unternehmens betraut wurden. Als zentrale Gestalt der Frühphase gilt der Prokurist Albert Pieper, der seit 1862 die immer unübersichtlicher werdenden kaufmännischen und technischen Betriebsteile des Unternehmens koordinierte. Die Gründung der Kollektivprokura im Jahre 1862 führte zur Einrichtung eines zentralen Firmenmanagements, welches den Betrieb auch im Falle einer Abwesenheit Alfred Krupps handlungsfähig machen sollte. Ihr gehörten unter anderem die Krupp'schen Vertreter Alfred Longsdon und Carl Meyer an; letzterer bewahrte in der Phase der Gründerkrise der 1870er-Jahre das Unternehmen vor dem Ruin. Die Prokura stellte ab 1870 das unumstrittene Führungsgremium der Firma dar, dem auch die technisch orientierte Versammlung der Ressortchefs untergeordnet war.

Mit der Berufung Hanns Jenckes, der von 1879 bis 1902 der mittlerweile in »Direktorium« umbenannten Prokura vorstand, vollzog sich nicht nur ein überfälliger Generationenwechsel. Mit ihm betrat ein völlig neuartiger Managertypus, der das Unternehmen vom Eigentümer emanzipieren und den eigenen Bereich selbstständig führen wollte, die Firmenbühne. Zum Prototyp des neuen Unternehmer-Managers sollte der spätere Pressezar und »Steigbügelhalter« Hitlers, Alfred Hugenberg, aufsteigen, der von 1909 bis 1919 dem Krupp-Direktorium vorstand. Hugenbergs Nachfolger wurde Otto Wiedfeldt, der zur Neuausrichtung des Konzerns nach dem Ersten Weltkrieg beitrug und sich an die Sanierung der Firma machte. Anstelle des von Hitler zuvor abgelehnten regimekritischen Carl Friedrich Goerdeler wurde 1937 Ewald Löser ins Direktorium berufen. Er wurde nach dem 20. Juli 1944 inhaftiert.

Als herausragende Nachkriegspersönlichkeit des Krupp-Managements gilt unter anderem der frühere Vorstandsvorsitzende Günter Vogelsang. Der ThyssenKrupp Konzern der Gegenwart wird repräsentiert durch den amtierenden Aufsichtsratsvorsitzenden Gerhard Cromme sowie durch Ekkehard Schulz, der von 1999 bis 2011 Vorstandschef des Unternehmens war. IW

13.4.1

13.4.2

13.4.3

13.4.1
Albert Pieper (1838–1870)
Fotografie | Historisches Archiv Krupp, Essen | WA 16 l 18
Die »rechte Hand« Alfred Krupps erwies sich im Unternehmen früh als unentbehrlich und erhielt schon mit Mitte zwanzig Prokura. Albert Pieper besaß ein großes Fachwissen und hatte ein außerordentliches Sprachtalent. Er war der erste Dolmetscher der Firma, der durch zahlreiche Auslandskontakte lukrative Aufträge an Land ziehen konnte. Alfred Krupp verfügte nach dem frühen Tod Piepers, dass durch die erwünschte, große Teilnahme der Belegschaft an der Beerdigung »kein Arbeiter irgend welche Lohnkürzung erleiden« dürfe.

13.4.2
Karl Gantesweiler (1809–1855)
Fotografie | Historisches Archiv Krupp, Essen | WA 16 l 24
Als Buchhalter und Geschäftsreisender seit 1845 bei Krupp, kümmerte sich Karl Gantesweiler zunächst um Rechnungslegung und Bilanzen der Firma. Er stand dem kleinen Kontor vor und wurde 1849 der erste Prokurist des Unternehmens. Seine Haupttätigkeit sollte aber in der Außenvertretung der Firma liegen: Lange Reisen führten ihn als Vertreter Alfred Krupps durch halb Europa, welches er 1848 mit einem Frachtwagen voller Maschinen und Stahl bereiste. Karl Gantesweiler war für Krupp ein »hingebungsvoller Kruppscher Veteran«.

13.4.3
Heinrich Haaß (1828–1880)
Fotografie | Historisches Archiv Krupp, Essen | FAH 2 H 29a.1
Heinrich Haaß war als Prokurist für das Unternehmen in Paris tätig. Er trat 1852 als Handelsreisender in die Firma ein. Seit 1854 vertrat Haaß Krupp zunächst auf der Ausstellung in München und ein Jahr darauf auf der Weltausstellung in Paris. 1855 baute er die Krupp'sche Dependance in Paris auf, die zunächst auch für Spanien, Portugal, Italien, die Schweiz, Ägypten und die Türkei zuständig war. Zahlreiche Verkaufserfolge im südeuropäischen Ausland gehen auf Haaß zurück, der die Firma dadurch weiter internationalisierte.

13.4.4

13.4.5

13.4.6

13.4.4
Carl Meyer (1829–1889)
Fotografie | Historisches Archiv Krupp, Essen | WA 16 l 33.230
Carl Meyer kam 1854 zur Firma und war Alfred Krupps Vertreter in Berlin. Er wurde während der Finanzkrise 1874 als Treuhänder der Banken Mitglied der Prokura und war hier für die Krupp'schen Finanzen zuständig. In der Folgezeit gelang es ihm, das Unternehmen finanziell zu konsolidieren und durch Verkleinerung der Belegschaft sowie Lohnkürzungen die Kosten erheblich zu reduzieren. Die finanzielle Rettung der Firma war nicht zuletzt sein Verdienst. Der Finanzchef war bis 1881 Mitglied der Prokura.

13.4.5
Alfred Longsdon (1827–1893)
Fotografie | Historisches Archiv Krupp, Essen | WA 16 l 33.22
Alfred Krupp hatte den englischen Ingenieur auf der Weltausstellung 1851 in London kennengelernt. Longsdon trat 1856 als Vertrauensmann, Berater und Agent Krupps ganz in den Dienst der Firma. Er wurde Krupps Prokurist in London und wurde später in Essen Mitglied der Prokura. Der von Alfred Krupp hochgeschätzte Freund und Mitarbeiter war von 1888 bis 1893 Mitglied des Direktoriums. In Briefen an seinen Sohn Friedrich Alfred lobte Krupp Alfred Longsdon als »unersetzlich« und als einen »Mann, wie ihn die Fabrik braucht.«

13.4.6
Hanns Jencke (1843–1910)
Fotografie | Historisches Archiv Krupp, Essen | WA 16 l 33.167
Der Geheime Finanzrat wurde 1879 Vorsitzender des Direktoriums. Jencke verkörperte einen völlig neuen Managertypus: Er stand an der Spitze einer neuen Generation von Direktoren, die sich vom Alleineigentümer unabhängiger machen wollte. Jencke war ein versierter Organisator und hatte ein besonderes Verständnis für Technik und Industrie. Er baute den Konzern zum Großunternehmen aus und war in zahlreichen Verbänden aktiv. Die Ära Jencke endete 1902, nachdem es wiederholt zu Differenzen mit Friedrich Alfred Krupp gekommen war.

13.4.7

13.4.8

13.4.9

13.4.7
Ernst Haux (1863–1938)
Fotografie | Historisches Archiv Krupp, Essen | WA 16 l 33.137
Ernst Haux galt als versierter Finanzfachmann und wurde 1896 Mitglied des Direktoriums bei Krupp. Er stand in einem vertrauten Verhältnis zu Friedrich Alfred und Margarethe Krupp, deren Vermögen er verwaltete. Später beriet Haux auch Gustav und Bertha Krupp in allen finanziellen Angelegenheiten. 1899 übernahm er die Leitung des Bildungswesens und 1909 die Geschichtliche Abteilung bei Krupp. Haux wachte über das Geschichtsbild der Firma und erstellte auch eigene Studien. 1921 wechselte er in den Aufsichtsrat.

13.4.8
Alfred Hugenberg (1865–1951)
Fotografie | Historisches Archiv Krupp, Essen | WA 16 l 33.158.2
Hugenberg wurde 1909 zum Vorsitzenden des Direktoriums bestellt. Er besetzte zahlreiche Schlüsselpositionen in den Verbänden der Schwerindustrie. Als faktischer »General-Direktor« organisierte er Spenden der Ruhrindustrie an patriotische Gruppen. Hugenberg verließ 1918 Krupp und baute einen mächtigen, rechtsgerichteten Pressekonzern auf. Seit 1928 Parteichef der nationalistischen DNVP, gilt Hugenberg als einer der »Totengräber« der Weimarer Republik und als »Steigbügelhalter« Adolf Hitlers, in dessen Kabinett er 1933 als Minister eintrat.

13.4.9
Otto Wiedfeldt (1871–1926)
Fotografie | Historisches Archiv Krupp, Essen | WA 16 l 33.317
Während des Ersten Weltkriegs organisierte Otto Wiedfeldt im Innenministerium die Volksernährung. Die Einführung der Brotkarte geht auf ihn zurück. Als Nachfolger Hugenbergs übernahm er 1918 den Vorsitz im Direktorium bei Krupp und war dort für die Finanzen zuständig. Wiedfeldt organisierte den Umbau des Konzerns von Kriegs- auf Friedenswirtschaft und trug so zur Neuausrichtung der Firma bei. Von 1922 bis 1925 war er Deutscher Botschafter in den USA und kehrte danach in den Aufsichtsrat bei Krupp zurück.

13.4.10

13.4.11

13.4.12

13.4.10

Arthur Klotzbach (1877–1938)

Fotografie | Historisches Archiv Krupp, Essen | WA 16 l 33.187

Als kaufmännischer Leiter war Arthur Klotzbach seit 1925 Mitglied des Direktoriums bei Krupp. Er führte die Kohle- und Erzgruben der Firma und vertrat den Konzern in zahlreichen schwerindustriellen Verbänden. Klotzbach war in der Außenwahrnehmung lange Zeit die beherrschende Figur des Direktoriums. Zusammen mit Gustav Krupp vertrat er die Firma in der »Ruhrlade«, einer Interessenvereinigung von Ruhrindustriellen. Sein Arbeitgeber, aber auch sein früher Tod bewahrten ihn als so genannten »Halbjuden« vor den Folgen der NS-Rassenpolitik.

13.4.11

Ewald Löser (1888–1970)

Fotografie | Historisches Archiv Krupp, Essen | WA 16 l 33.219

Der Finanzexperte kam auf Empfehlung Carl Friedrich Goerdelers, der selbst zuvor von Hitler als Vorstand der Firma abgelehnt worden war, zu Krupp. Von 1937 bis 1943 war Ewald Löser kaufmännischer Leiter im Direktorium. Er prägte die Geschäftspolitik und setzte gegen große Widerstände Umstrukturierungen durch. 1943 verließ Löser Krupp. Aufgrund von Kontakten zum Widerstand verhaftete man ihn nach dem 20. Juli 1944. Im Krupp-Prozess 1948 wurde er als »Angeklagter No. 2« zu sieben Jahren Haft verurteilt, kam aber vorzeitig frei.

13.4.12

Günter Vogelsang (*1920)

Fotografie von Peter Kleu | Ruhr Museum, Essen | KL 938/12

Berthold Beitz holte Günter Vogelsang 1954 zum Krupp-Konzern, wo er die Stabsabteilung Revision und später den Bereich Konzernorganisation leitete. 1960 wechselte Vogelsang zu Mannesmann, kehrte aber schon 1967 als »Berater« zu Krupp zurück. Von 1968 bis 1972 Vorstandsvorsitzender, sanierte er binnen kurzem die in Finanznöte geratene Firma. Seit 1984 war Vogelsang Aufsichtsratschef bei Thyssen. Im Vorfeld der Fusion beider Konzerne 1999 spielte er neben Beitz als »graue Eminenz im Hintergrund« eine große Rolle.

13.4.13

13.4.14

13.4.13

Gerhard Cromme (*1943)

Fotografie | Ullstein Bilderdienst

Der Manager kündigte 1987 die Aufgabe des defizitären Standorts Rheinhausen an. Trotz massiver Proteste bewies er mit der Schließung 1993 Stehvermögen und gilt seitdem als harter Sanierer. Seit 1989 Vorstandsvorsitzender von Krupp, wagte sich Cromme an die feindlichen Übernahmen von Hoesch (1991) und Thyssen (1997). Nach der Fusion der Konzerne wurde er 1999 in einer Doppelspitze Vorstandschef. Seit 2001 ist er Aufsichtsratschef von ThyssenKrupp; dieselbe Funktion erfüllt er seit 2007 für den Siemens-Konzern.

13.4.14

Ekkehard Schulz (*1941)

Fotografie | Ullstein Bilderdienst

Der Ingenieur kam 1972 als Vorstandsassistent zu Thyssen und stieg im Unternehmen rasch auf. Ab 1988 verantwortete er das technische Ressort von Thyssen-Stahl. 1991 wurde er Chef der Thyssen Stahl AG und gleichzeitig Vorstandsmitglied der Thyssen AG. Nach der Verschmelzung von Thyssen und Krupp 1999 wurde Schulz gleichberechtigt neben Cromme Vorstandschef. Von 2001 bis 2011 übte er das Amt als alleiniger Vorsitzender aus. Der Manager (Spitzname »Eiserner Ekki«) forcierte den Bau zweier neuer Stahlwerke in den USA und Brasilien.

13.5. Der Generalbevollmächtigte

Berthold Beitz wurde am 26. September 1913 in Zemmin als Sohn eines Wachtmeisters der pommerschen Kavallerie geboren. In seiner Funktion als Manager einer Mineralölfirma in der Ukraine bewahrte er während des Zweiten Weltkriegs Hunderte Juden vor der Deportation in die Vernichtungslager. Mit seiner Frau Else versteckte und versorgte Beitz unter hohem persönlichem Risiko Juden und versah sie zum Teil mit gefälschten Arbeitspapieren. Hochgewachsen, blendend aussehend und somit dem Prototyp des »arischen« Menschen entsprechend, schlug Beitz SS-Männer immer wieder mit ihren eigenen Waffen, indem er selbstsicher und bestimmt auftrat und auf diese Weise bei zahlreichen Gelegenheiten zur Deportation bestimmte Menschen aus den Zügen holte. Gegenüber der SS stufte Beitz seine jüdischen Mitarbeiter als unentbehrlich für seinen »kriegswichtigen« Betrieb ein. Berthold Beitz und seine Frau Else lieferten ein beispielgebendes Zeugnis von Menschlichkeit und Zivilcourage – in einer denkbar inhumanen Zeit.

Nach dem Zweiten Weltkrieg machte Beitz in der Versicherungsbranche Karriere, bis er Alfried Krupp kennenlernte, der den Selfmademan nach Essen holte und 1953 zu seinem Generalbevollmächtigten machte. Beitz, der sich aus kleinsten Verhältnissen emporgearbeitet hatte, brachte als im NS-System unbelasteter, revierfremder Manager frischen Wind in den Konzern und öffnete dem Unternehmen neue Märkte in Osteuropa. Durch seine visionäre Ostwirtschaftspolitik wurde er zu einem Wegbereiter der Brandt'schen Ostpolitik und setzte sich immer wieder persönlich bei den Machthabern des Ostblocks für humanitäre Belange ein, so dass zahlreiche Menschen in den Westen ausreisen konnten.

Nach dem Tod von Alfried Krupp wurde Beitz dessen Testamentsvollstrecker und 1968 Kuratoriumsvorsitzender der Krupp-Stiftung. Seine Begeisterung für den Spitzensport und das Segeln führte ihn ins Internationale Olympische Komitee, dessen Vizepräsident er zwischen 1984 und 1988 war. Beitz ist ein überzeugter Anhänger des »Rheinischen Kapitalismus«, der spezifisch deutschen Version einer sozial austarierten Marktwirtschaft, die ganz im Sinne der Krupp'schen Gemeinwohlverpflichtung funktioniert. Sein Meisterstück lieferte er mit der Hinauszögerung der aus dem Mehlemer Vertrag (1953) resultierenden Auflagen, nach denen Krupp seinen gesamten Bergwerks- und Montanbesitz veräußern sollte – was nie geschah.

Die Fusion von Thyssen und Krupp im Jahre 1999, die durch Gerhard Cromme angestoßen wurde, wäre ohne das Wirken von Beitz kaum derart reibungslos über die Bühne gegangen. Mit großer Beharrlichkeit gestaltete er die dramatische Phase der Firmenfusion. Vielen Beobachtern gilt Beitz als Bewahrer der Krupp'schen Familientradition. Für sein humanitäres Engagement erhielt er zahlreiche Auszeichnungen und Ehrungen; so wurde er in der Gedenkstätte Yad Vashem mit dem Titel »Gerechter unter den Völkern« geehrt und erhielt 1974 den höchsten Verdienstorden der Republik Polen. IW

13.5.1

13.5.1
Berthold Beitz (*1913)
Fotografie von J.H. Darchinger, 1988 Historisches Archiv Krupp, Essen | WA 16 l 50.80

13.5.2
Berthold Beitz mit Ehefrau Else und Tochter Barbara während des Zweiten Weltkriegs in Boryslaw/ Ukraine
Fotografie, 1942 | Papier | 23,7 x 17,7 cm | Privatarchiv Beitz

Berthold Beitz kam 1939 als Mitarbeiter zur Royal Dutch Shell AG. Nach dem Ausbruch des Zweiten Weltkriegs wurde Beitz als kaufmännischer Leiter der Karpathen-Öl AG in die Ukraine entsandt. Er war dort verantwortlich für eines der wichtigsten Ölfördergebiete in den nach dem Angriff auf die Sowjetunion vom Deutschen Reich besetzten Gebieten. In Boryslaw wurde Beitz mit dem großen Leid der nationalsozialistischen Judenverfolgung konfrontiert. Zusammen mit seiner Frau Else rettete er unter hohem persönlichem Risiko Hunderte jüdische Menschen vor dem Abtransport in die Vernichtungslager. Er erklärte sie zu unabkömmlichen Arbeitskräften für seinen kriegswichtigen Betrieb und versah sie zum Teil mit gefälschten Arbeitspapieren.

13.5.3
Bekanntmachung der Ernennung Berthold Beitz' zum Generalbevollmächtigten von Alfried Krupp von Bohlen und Halbach
in: Krupp-Mitteilungen Nr. 7, Dezember 1953 | Papier | Historisches Archiv Krupp, Essen | S1 K22

Die lapidare Meldung markiert den Beginn der Ära Beitz bei Krupp im Jahr 1953. Zunächst wurde er Generalbevollmächtigter, 1968 dann Testamentsvollstrecker Alfried Krupps und Kuratoriumsvorsitzender der Krupp-Stiftung, 1970 schließlich Aufsichtsratschef.

13.5.4
Spiegeltitel »Krupps Mörser – Generalbevollmächtigter Berthold Beitz«
Der Spiegel, Nr. 22, 27. Mai 1959 | 30,5 x 22,5 cm | Ruhr Museum, Essen

13.5.5
Berthold Beitz mit Alfried Krupp von Bohlen und Halbach während einer Besprechung in der Krupp'schen Hauptverwaltung in Essen
Fotografie, 1961 | Historisches Archiv Krupp, Essen | F 4/29457

13.5.6
Berthold Beitz mit dem sowjetischen Ministerpräsidenten Nikita Chruschtschow im Kreml
Fotografie, 14. Mai 1963 | Historisches Archiv Krupp, Essen | WA 16 v 34.4

Anlässlich seiner Moskau-Reise im Mai 1963 erhielt Beitz eine überraschende Einladung zu einem Treffen mit Nikita Chruschtschow in den Kreml. Beitz und Chruschtschow sprachen u.a. über die Verbesserungen der Handelsbeziehungen beider Staaten, die humanitäre Situation in der DDR und die Lage der Russlanddeutschen in der Sowjetunion. Beitz versuchte den sowjetischen Staatschef zu einer humanitären Geste zu bewegen, was jedoch nicht gelang. Nach der zweistündigen Unterredung schenk-

13.5.5

te Chruschtschow Beitz ein vom ihm signiertes Foto und ein russisches Jagdgewehr – eine Referenz an Beitz' Jagdpassion.

Nicht zuletzt aufgrund seines untadeligen Verhaltens während der NS-Zeit genoss Beitz bei Vertretern der Staaten des Ostblocks ein hohes Ansehen; seine Reisediplomatie erweckte zuweilen den Anschein einer »halboffiziellen Mission.« Als Pionier auf dem Gebiet der Ostwirtschaftspolitik wurde er ein Wegbereiter der Neuen Ostpolitik der Regierung Brandt/Scheel.

13.5.6

13.5.7

Berthold Beitz im Gespräch mit dem chinesischen Ministerpräsidenten Tschou En-lai in Peking

Fotografie, Mai 1973 | Historisches Archiv Krupp, Essen | WA 16 l 50.139

Beitz führte bei seinem Besuch in Peking eine hochrangige Wirtschaftsdelegation aus der Bundesrepublik an. Der chinesische Ministerpräsident warb bei Beitz u. a. um Unterstützung beim Beitritt seines Landes zum Internationalen Olympischen Komitee (IOC), der schließlich 1979 erfolgte.

13.5.8

Berthold Beitz bei einer Audienz bei Schah Mohammad Reza Pahlavi in Teheran

Fotografie, 20. Februar 1977 | Ullstein Bilderdienst

Um die Kapitalbasis des Krupp-Konzerns zu verbessern, fädelte Beitz 1974 eine Beteiligung des iranischen Staates ein. Ausschlaggebend für das Geschäft war nicht zuletzt das gute persönliche Verhältnis zwischen Beitz und dem persischen Schah.

13.5.9

Ewald Moldt, Günter Mittag, Erich Honecker, Berthold Beitz und Gerhard Beil in der Schorfheide bei Berlin

Fotografie, 30. Januar 1980 | Privatarchiv Beitz

Berthold Beitz pflegte ein gutes Verhältnis zum DDR-Staatsratsvorsitzenden Erich Honecker. Er erhielt zahlreiche Bittgesuche von ausreisewilligen Ostdeutschen bzw. deren Verwandten aus der Bundesrepublik. Beitz nutzte seinen guten Draht zu Honecker und anderen Vertretern des sozialistischen Machtapparates, um zahlreichen Menschen die Ausreise aus der DDR zu ermöglichen. Nach dem Mauerfall revanchierte sich Beitz bei Honecker für dessen humanitäres Entgegenkommen: Er vermittelte

13.5.10

dem krebskranken und mittellosen Ex-Staatschef über den DDR-Rechtsanwalt Wolfgang Vogel eine Notunterkunft bei einer Pfarrersfamilie in Lobetal. Wie so oft, handelte Beitz auch diesmal – nur den eigenen Prinzipien folgend – gegen den vorherrschenden Zeitgeist.

13.5.10

Verleihung des Staatspreises des Landes Nordrhein-Westfalen 2011 an Else und Berthold Beitz

Fotografie, 12. Dezember 2011 | Staatskanzlei des Landes Nordrhein-Westfalen, Düsseldorf

Der NRW-Staatspreis wurde 2011 im 25. Jahr seines Bestehens an das Ehepaar Beitz aufgrund seiner herausragenden Verdienste um die Völkerverständigung und die Verteidigung der Menschenwürde verliehen. Gleichzeitig wurde auch das Engagement von Else und Berthold Beitz für den erfolgreichen Wandel des Landes zu einer modernen Wissenschafts- und Kulturregion gewürdigt. Der Staatspreis ist mit 25.000 Euro dotiert. Mit dem NRW-Staatspreis wurden in den vergangenen Jahren u.a. der Historiker Hans-Ulrich Wehler, der Philosoph Jürgen Habermas sowie der Literaturkritiker Marcel Reich-Ranicki geehrt.

13.5.11

Berthold Beitz bei der Verleihung der Moses-Mendelssohn-Medaille

Fotografie, Februar 2010 | Remo Bodo Tietz, WAZ FotoPool

Das Foto zeigt Berthold Beitz bei der Verleihung der Ehrenmedaille zwischen seiner Ehefrau Else und Charlotte Knobloch, der Vorsitzenden des Zentralrats der Juden in Deutschland.

13.5.13

13.5.12

Moses-Mendelssohn-Medaille, verliehen an Berthold Beitz im Februar 2010

Moses Mendelssohn Zentrum der Universität Potsdam, Februar 2010 | Gips mit Bronzelasur | Dm 15 cm | Privatarchiv Beitz

Die Medaille wird seit 1993 vom Moses-Mendelssohn-Zentrum für europäisch-jüdische Studien in Potsdam an verdienstvolle Persönlichkeiten verliehen, die sich für Toleranz und Völkerverständigung und gegen Fremdenfeindlichkeit einsetzen und damit ganz im Sinne des Philosophen der Aufklärung, Moses Mendelssohn (1729–1786), handeln. Preisträger sind u. a. Ignatz Bubis, Ernst Benda, Kurt Biedenkopf und Daniel Barenboim.

13.5.13

Ehrenring der Stadt Essen für Berthold Beitz, verliehen 1983

Beatrix und Albert Classen, Essen, 1983 | Gold, Platin, Baguette-Diamanten, Lapislazuli | 1,5 x 1,9 cm | Privatarchiv Beitz

Der gold-blaue Ring trägt das Wappen der Stadt Essen und die Aufschrift »Ehrenring der Stadt Essen«. Im Innern der Ringschiene sind der Name des Geehrten sowie das Datum der Verleihung eingraviert. Der Ehrenring wird an Persönlichkeiten verliehen, die sich »um die Stadt in hervorragendem Maße verdient gemacht haben« und wurde bislang neunmal vergeben. Erster Ringträger war 1961 Alfried Krupp; in späteren Jahren wurden u.a. Gustav Heinemann (1969), Kardinal Franz Hengsbach (1984) sowie zuletzt Annette Jäger (2011) geehrt.

13.5.14

Provisorisches Straßenschild für den »Berthold-Beitz-Boulevard«

Stadt Essen, 4. April 2007 | Blech, emailliert, Aluminium | 21 x 115 x 3 cm | Historisches Archiv Krupp, Essen | S 10/227

Das Straßenschild wurde am 4. April 2007 beim feierlichen Spatenstich für den »Berthold-Beitz-Boulevard« verwendet. Dieser führt als neu errichtete Hauptstraße über früheres Gelände der Firma Krupp, den so genannten »Kruppgürtel« im Essener Westviertel. Das erste Teilstück der Straße wurde am 24. April 2009 eröffnet. Pläne sehen eine Fertigstellung der 30 Meter breiten und rund drei Kilometer langen Trasse bis 2018 vor. Die Namensgebung des »Berthold-Beitz-Boulevards« stellt eine besondere Würdigung der Verdienste Beitz' für die Firma Krupp und die Stadt Essen dar, da eine Straßenbenennung nach lebenden Personen sehr selten ist.

13.5.15

Urkunde der israelischen Holocaust-Gedenkstätte Yad Vashem für Berthold Beitz

Jerusalem (Israel), 1. Januar 1976 | Papier, Karton (Reproduktion) | 33 x 24 cm | Privatarchiv Beitz

Die Kommission in Jerusalem beschloss am 3. Oktober 1973, Berthold Beitz den Ehrentitel »Gerechter unter den Völkern« zu verleihen. Dieser Titel wird Menschen zuerkannt, die Juden vor der Vernichtung durch den nationalsozialistischen Terror bewahrten. Die Urkunde aus Yad Vashem ist in hebräischer und französischer Sprache verfasst und trägt das Datum vom 1. Januar 1976. Beitz

תעודת כבוד

ATTESTATION

וזאת לתעודה שבישיבתה
מיום י"א חשון תשל"ד
החליטה הועדה
לציון חסידי אומות העולם
שליד רשות הזכרון יד ושם,
על יסוד עדויות
שהובאו לפניה,
לתת כבוד ויקר ל
ברטולד בייץ
על אשר בשנות השואה
באירופה שם נפשו בכפו
להצלת יהודים נרדפים
מידי רודפיהם
ולהעניק לו את המדליה
לחסידי אומות העולם
ולהרשות לו לנטוע עץ
בשמו בשדרת חסידי
אומות העולם
על הר הזכרון בירושלים.

Le présent Diplôme atteste qu'en sa séance du 6 Novembre 1973 la Commission des Justes près l'Institut Commémoratif des Martyrs et des Héros Yad Vashem a décidé, sur foi de témoignages recueillis par elle, de rendre homage à

BERTHOLD BEITZ

qui au péril de sa vie a sauvé des Juifs pendant l'epoque d'extermination, de lui décerner la Médaille des Justes et de l'autoriser à planter un arbre en son nom dans l'Allée des Justes sur le Mont du Souvenir à Jérusalem:

ניתן היום כ"ח טבת תשל"ו
בירושלים, ישראל

Fait à Jérusalem, Israël, le 1er Janvier 1976

POUR L'INSTITUT YAD VASHEM — POUR LA COMMISSION DES JUSTES

13.5.15

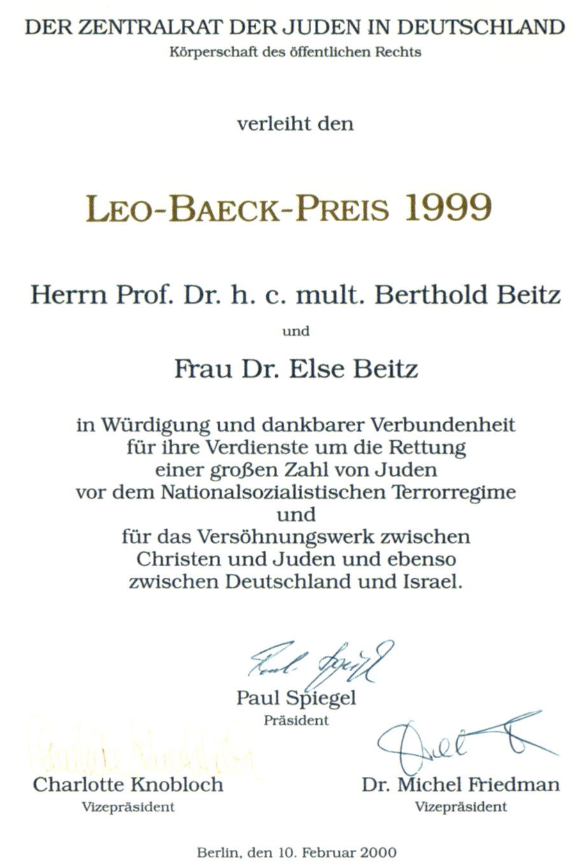

DER ZENTRALRAT DER JUDEN IN DEUTSCHLAND
Körperschaft des öffentlichen Rechts

verleiht den

LEO-BAECK-PREIS 1999

Herrn Prof. Dr. h. c. mult. Berthold Beitz

und

Frau Dr. Else Beitz

in Würdigung und dankbarer Verbundenheit
für ihre Verdienste um die Rettung
einer großen Zahl von Juden
vor dem Nationalsozialistischen Terrorregime
und
für das Versöhnungswerk zwischen
Christen und Juden und ebenso
zwischen Deutschland und Israel.

Paul Spiegel
Präsident

Charlotte Knobloch
Vizepräsident

Dr. Michel Friedman
Vizepräsident

Berlin, den 10. Februar 2000

13.5.18

erhielt im Laufe seines Lebens zahlreiche weitere Ehrungen, die sein humanitäres Engagement auszeichneten, u. a. den Verdienstorden der Republik Polen (1974) sowie den Leo-Baeck-Preis des Zentralrats der Juden in Deutschland (1999), den er gemeinsam mit seiner an den Rettungsinitiativen beteiligten Frau Else verliehen bekam.

13.5.16

Urkunde der Ernst-Moritz-Arndt-Universität Greifswald über die Ehrendoktorwürde für Berthold Beitz

19. September 1983 | Druck, Karton | 45 x 30 cm | Privatarchiv Beitz

Berthold Beitz wurde mit zahlreichen Ehrendoktorwürden geehrt, u. a. in Greifswald (1983), Krakau (1993) und in Bochum (1999). Ihm wurde noch zu DDR-Zeiten im ostdeutschen Greifswald der akademische Grad eines »Doctor medicinae honoris causa« (Dr. med. h.c.) zuerkannt. 2006 wurde ihm aufgrund seiner Verdienste als Unterstützer und Förderer der Universität Greifswald zusätzlich die Jubliläumsmedaille in Gold verliehen. Beitz, der aus der Region Vorpommern stammt, förderte mit der Alfried Krupp von Bohlen und Halbach-Stiftung in seiner alten Heimat zahlreiche Projekte.

13.5.17

Urkunde über die Verleihung des Ehrendoktors der Philosophie der Ruhr-Universität Bochum an Berthold Beitz

15. Juni 1999 | Druck, Karton | 30,5 x 21,5 cm | Privatarchiv Beitz

13.5.18

Urkunde über die Verleihung des Leo-Baeck-Preises 1999 an Berthold und Else Beitz

10. Februar 2000 | Druck, Karton | 30,5 x 21 cm | Privatarchiv Beitz

Der Leo-Baeck-Preis wird seit 1957 vom Zentralrat der Juden in Deutschland an Persönlichkeiten verliehen, die sich in besonderer Weise um die jüdische Gemeinschaft verdient gemacht haben.

13.5.19

Filmstation: Berthold Beitz

Zusammenstellung: Paul Hofmann, Kinemathek im Ruhrgebiet, Duisburg, 2012

a) Wie kam Berthold Beitz zu Krupp? / Berthold Beitz zur engen Kooperation mit Alfried Krupp
aus: »Deutsche Denkmäler – Das Haus Krupp. Ein deutscher Wirtschaftsmythos«, T. 1 + 2 (07.03.1980)

b) Messe Moskau 1958
aus: UFA-Wochenschau 0098 (10.06.1958)

c) Hannover-Messe 1959: Berthold Beitz mit prominenten Besuchern
aus: »Krupp '59« (Archivtitel)

d) Hannover-Messe 1960: Berthold Beitz mit Prof. Ludwig Erhard / Alfried Krupp und Arndt von Bohlen und Halbach / Prof. Auguste Piccard stellt seine Tauchkugel vor
aus: »Messe Hannover 1960«

e) König Bhumibol von Thailand und Berthold Beitz in Bochum, Juli 1960

f) Hannover-Messe 1963: Bundespräsident Heinrich Lübke und Exzellenz Subramaniam, indischer Minister für Stahl und Schwerindustrie, am Krupp-Stand / Verabschiedung des indischen Gastes am Firmen-Jet
aus: »Krupp '63 – Dokumentation 3«

g) Berthold Beitz und Oberbürgermeister Nieswandt eröffnen eine Stahlhochstraße in Essen
aus: »Krupp – Dokumentation 1964«

h) Hannover-Messe 1965: Berthold Beitz und Bundeswirtschaftsminister Kurt Schmücker / Sowjetische Delegation am Krupp-Messestand
aus: »Krupp – Dokumentation 1965«

i) Berthold Beitz begrüßt den polnischen Ministerpräsidenten am Krupp-Stand auf der Posener Messe 1966
aus: »Posen 1966: Wiedersehen mit einer Stadt im Osten« (24.07.1966)

j) Hannover-Messe 1966: Berthold Beitz erläutert Bundespräsident Lübke das Modell eines Hüttenwerks für Spanien
aus: »Krupp – Dokumentation 1966«

k) Schiffstaufe in Bremen (Alfried Krupp, Berthold und Else Beitz, Bundespräsident Lübke und Frau) / Eröffnung einer Stahlbehelfsstraße in einer Autobahnbaustelle und einer Stahlhochstraße in Essen (Berthold Beitz und Oberbürgermeister Nieswandt) / Empfang hoher Gäste durch Alfried Krupp und Ehepaar Beitz im Werk
aus: »Aufnahmen von Berthold Beitz« (Archivtitel, um 1963/64)

l) Berthold Beitz und Sowjetbotschafter Semjon Zarapkin in der Ausstellung »Historische Schätze der Sowjetunion«, Juni 1967 / Stapellauf der »Esso Mercia«, AG Weser, Bremen
aus: »Krupp '67« (Archivtitel)

m) IOC-Kandidatur von Berthold Beitz, Aussage zum Leistungs- und Breitensport
aus: »IOC-Nachfolge von Georg v. Opel«, Sport um halb sechs, 05.12.1971

n) Ministerpräsident Heinz Kühn überreicht das Große Bundesverdienstkreuz an Berthold Beitz
aus: »Großes Bundesverdienstkreuz für Berthold Beitz«, Telegramme (15.10.1973)

o) Statement Berthold Beitz' zum 70. Geburtstag
aus: »70. Geburtstag von Berthold Beitz«, Aktuelle Stunde (26.09.1983)

p) Begegnung Erich Honeckers mit Berthold Beitz / Verleihung der Ehrendoktorwürde der Universität Greifswald
aus: »Erich Honecker in NRW – Villa Hügel«, 09.09.1987

q) Berthold Beitz zu den Plänen für einen Neubau der Krupp'schen Klinik
aus: »Krupp-Pläne für neues Krankenhaus in Essen«, Hier und Heute (27.03.1974)

r) 90. Geburtstag von Berthold Beitz (Begrüßung von Gästen: u. a. Helmut und Hannelore Kohl, Johannes und Christina Rau, Gerhard Cromme) / ThyssenKrupp-Hauptversammlung mit den Ehrenvorsitzenden Günter Vogelsang und Berthold Beitz / Besuch in Zemmin / Ehrung in Yad Vashem
aus: »Berthold Beitz – Der Herr der drei Ringe« (24.09.2003)

s) Berthold Beitz und Autor Adalbert Wiemers im Hügelpark
aus: »Der letzte Krupp – Berthold Beitz«, Landesspiegel (21.09.1993)

t) Eröffnung des neuen Museums Folkwang
aus: Lokalzeit Ruhr (28.01.2011)

u) Festakt auf Villa Hügel anlässlich der 200-Jahrfeier der Firma Krupp, *Aktuelle Stunde (20.11.2011)*

v) Verleihung des NRW-Staatspreises durch Ministerpräsidentin Hannelore Kraft an Berthold und Else Beitz
aus: »Staatspreis für Familie Beitz« (12.12.2011)

c – h, j – l, Historisches Archiv Krupp, Essen; a, i, m – v) WDR, Köln; b) Deutsche Wochenschau GmbH, Hamburg

14. Der Zweck der Arbeit soll das Gemeinwohl sein – Krupp'sche Sozialpolitik

Die von Alfred Krupp betriebene Wohlfahrtspolitik der Gussstahlfabrik gilt als Musterbeispiel für industriellen Patriarchalismus. Sie hat von Anfang an große Aufmerksamkeit erregt, obwohl auch andere Werke der Ruhrgebiets-Schwerindustrie beachtliche Sozialmaßnahmen realisierten. Das ist zum einen auf den Umfang der Krupp'schen Wohlfahrtseinrichtungen zurückzuführen, zum anderen aber auf die intensive und gelungene öffentlichkeitswirksame Präsentation der Maßnahmen. Befördert wurde dieses Bild durch die hohe Aufmerksamkeit, die dem Krupp'schen Unternehmen im Kaiserreich aufgrund seiner Bedeutung und seiner Nähe zum Kaiserhaus zuteil wurde.

Der Beginn der betrieblichen Sozialleistungen war humanistisch begründet und eine Reaktion auf die Auflösung traditioneller gesellschaftlicher Sicherungen infolge der Industrialisierung. Hinzu kamen betriebswirtschaftlich-rationale Überlegungen zur Rekrutierung einer Stammarbeiterschaft. Deren Aufbau und langfristige Sicherung war zunächst für die Herstellung des Krupp'schen Spezialprodukts, des Tiegelstahls, von großer Bedeutung. Ab den 1870er-Jahren trat bei Krupp – mit seiner besonders markanten Betonung des »Herr-im-Hause-Standpunktes« – ein neues Motiv hinzu: die politische Pazifizierung der Arbeiter. Sozialleistungen dienten als vorbeugende Maßnahme gegen die aufkommende Macht der Gewerkschaften und der Sozialdemokratie. Die Krupp'sche Wohlfahrtspolitik war somit systemstabilisierend und gleichzeitig ein werbewirksames Zeichen gesellschaftspolitischen Engagements. Sie stellt sich als eine kaum entwirrbare Mischung aus Notwendigkeit, Fürsorge, betriebswirtschaftlich-rationalen Überlegungen und patriarchalischem Machtbewusstsein dar.

Qualität und Quantität des Krupp'schen Wohlfahrtssystems lassen sich auch mit den genannten Motiven nur schwer erfassen. Der Krupp-Kosmos war eine eigene Lebenswelt, ein Komplettangebot zur Lebensgestaltung »von der Wiege bis zur Bahre«. Die Gussstahlfabrik und ihre Besitzer verstanden sich immer als etwas Besonderes. Die Gründe hierfür lagen in der Einmaligkeit des wichtigsten Produkts der Firma, des Tiegelstahls, der Qualität der Produkte, der Nähe zum Kaiserhaus, der besonderen Position in der Rüstungsproduktion und dem Gefühl der permanenten Anfeindung durch die Konkurrenz.

Wegen der genannten Besonderheiten stand die Wohlfahrtspolitik Krupps häufig im Zentrum der Kritik. Zwar bot sie Chancen und Möglichkeiten, die weit über das hinausgingen, was Arbeiter normalerweise erwarten konnten. Die Vergünstigungen waren aber an Zwänge, Kontrolle, Erziehung, Gängelung und die Einforderung unbedingter Loyalität gekoppelt. Es bedurfte weitreichender Veränderungen von Milieus und politischen Strukturen zur Lockerung dieser komplexen Zusammenhänge. Mit dem Ausbau der staatlichen Sozialpolitik in der Weimarer Republik, insbesondere aber nach 1945 verloren die betrieblichen Sozialleistungen zunehmend an Bedeutung – der Kosmos der Krupp'schen Wohlfahrtseinrichtungen büßte seine Sonderstellung und Prägekraft ein. FK

14.1. Unterstützungskassen

Unterstützungskassen für den Fall von Notlagen durch Krankheit, Alter und Tod zählen zu den ältesten Maßnahmen betrieblicher Sozialpolitik. In vielen Fabriken gründeten die Arbeiter in den 1830er-Jahren Selbsthilfeeinrichtungen, die von den Unternehmen verwaltet wurden. Vorbild war die aus dem Bergbau stammende Knappschaft. Auf der Gute-Hoffnungshütte in Oberhausen bestand seit 1832 eine »Unterstützungskasse für die Sterkrader Hüttenarbeiter«. Auch bei Krupp stand 1836 am Anfang der Sozialeinrichtungen eine freiwillige Krankenkasse.

1853 wurde die »Kranken- und Sterbekasse« eine feste Einrichtung der Gussstahlfabrik und die Mitgliedschaft für alle Arbeiter Pflicht. Bis dahin hatte die Kasse – bei einer Belegschaftsstärke von 700 Mann – 200 Mitglieder gehabt. Aus den Überschüssen wurde 1855 ein Pensionsfond gegründet. Die Verbindung zwischen Kranken- und Sterbekasse musste 1883 aufgrund des Krankenversicherungsgesetzes aufgelöst werden. Fortan bestanden eine Kranken- und eine Pensionskasse mit je eigener Verwaltung. Unabhängig davon hatte Alfred Krupp seit 1852 Geschenkgutscheine für langjährige Arbeiter eingeführt, die bei Arbeitsunfähigkeit, Tod sowie unverschuldeter Not eingelöst werden konnten. Bis 1867 wurden 189 dieser Zuwendungen, die in der Tradition der frühneuzeitlichen Armenfürsorge standen, fallweise ausgegeben.

Die Einführung von Kranken- und Sterbekassen ist ein Ausdruck des strukturellen Wandels, der mit der Industrialisierung und der Auflösung traditioneller sozialer Strukturen wie der Großfamilie erforderlich wurde. Hinzu kamen technischen Veränderungen in der Eisen- und Stahlindustrie, die mit größeren Krankheits- und Unfallrisiken verbunden waren.

Der Standard der Kranken- und Pensionskassen bei Krupp wurde – insbesondere im Kontext mit den anderen Sozialeinrichtungen und aufgrund der beachtlichen Zuwendungen durch die Familie Krupp – auch von Arbeitervertretern als hoch und beispielhaft angesehen. Nach der Jahrhundertwende kam jedoch vermehrt Kritik speziell an der Pensionskasse auf. Ihr gehörten alle Arbeiter mit Eintritt in die Firma automatisch an. Anspruch auf Leistungen erwarb man sich aber erst nach einer 40-jährigen ununterbrochenen Dienstzeit, bei nachgewiesener Arbeitsunfähigkeit nach 15-20 Jahren. Bei Kündigung des Arbeitsverhältnisses verfielen die bis dahin geleisteten Beiträge von zweieinhalb Prozent des Arbeitslohns, so dass der überwiegende Teil der Kassenmitglieder leer ausging. Entsprechend unbeliebt war die Rentenkasse bei jungen, mobilen Arbeitern. Sie mussten ein Eintrittsgeld in Höhe eines anderthalbfachen Schichtlohns und die regelmäßigen Beiträge leisten, obwohl diejenigen, die wieder aus dem Unternehmen ausschieden, die Leistungen nie beziehen konnten – ganz abgesehen davon, inwieweit die Rente wirklich vor Altersarmut schützen konnte. Die freien und christlichen Gewerkschaften versuchten – mit wechselndem Erfolg – in Prozessen gegen diese Regelungen anzugehen, und in diesem Zusammenhang entstand auch das sozialdemokratische Schlagwort der »Wohlfahrtsplage«. FK

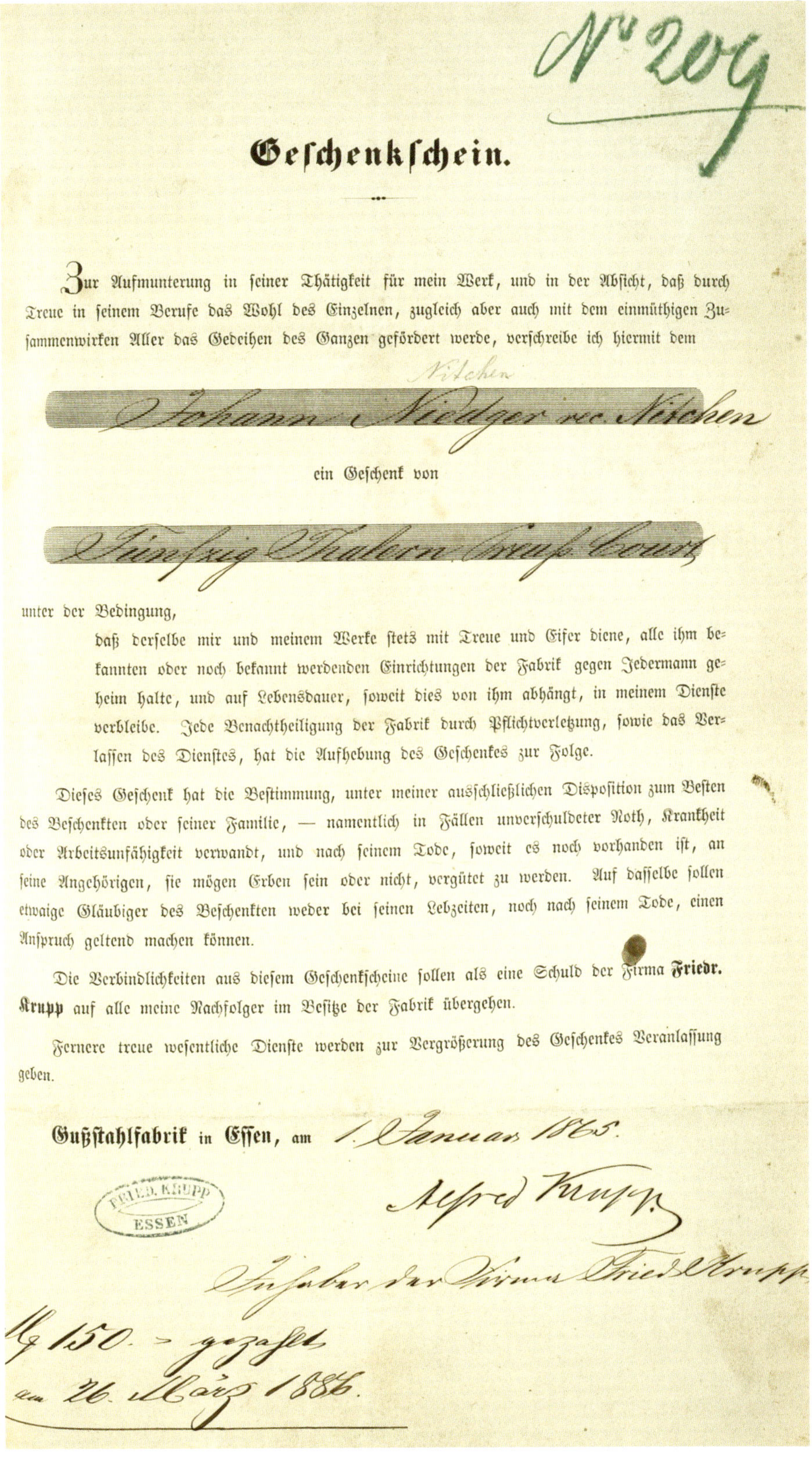
No 209

Geschenkschein.

Zur Aufmunterung in seiner Thätigkeit für mein Werk, und in der Absicht, daß durch Treue in seinem Berufe das Wohl des Einzelnen, zugleich aber auch mit dem einmüthigen Zusammenwirken Aller das Gedeihen des Ganzen gefördert werde, verschreibe ich hiermit dem

Nitchen

Johann Niedger vel Nitchen

ein Geschenk von

Fünfzig Thalern Preuß. Court.

unter der Bedingung,

daß derselbe mir und meinem Werke stets mit Treue und Eifer diene, alle ihm bekannten oder noch bekannt werdenden Einrichtungen der Fabrik gegen Jedermann geheim halte, und auf Lebensdauer, soweit dies von ihm abhängt, in meinem Dienste verbleibe. Jede Benachtheiligung der Fabrik durch Pflichtverletzung, sowie das Verlassen des Dienstes, hat die Aufhebung des Geschenkes zur Folge.

Dieses Geschenk hat die Bestimmung, unter meiner ausschließlichen Disposition zum Besten des Beschenkten oder seiner Familie, — namentlich in Fällen unverschuldeter Noth, Krankheit oder Arbeitsunfähigkeit verwandt, und nach seinem Tode, soweit es noch vorhanden ist, an seine Angehörigen, sie mögen Erben sein oder nicht, vergütet zu werden. Auf dasselbe sollen etwaige Gläubiger des Beschenkten weder bei seinen Lebzeiten, noch nach seinem Tode, einen Anspruch geltend machen können.

Die Verbindlichkeiten aus diesem Geschenkscheine sollen als eine Schuld der Firma **Friedr. Krupp** auf alle meine Nachfolger im Besitze der Fabrik übergehen.

Fernere treue wesentliche Dienste werden zur Vergrößerung des Geschenkes Veranlassung geben.

Gußstahlfabrik in **Essen**, am 1. Januar 1865.

FRIED. KRUPP ESSEN

Alfred Krupp

Inhaber der Firma Fried. Krupp

Rt 150 – gezahlt am 26. März 1886.

14.1.1

14.1.1

Geschenkscheine Alfred Krupps für Mitarbeiter

1. Januar 1865 | Druck mit handschriftlichen Einträgen und Unterschrift Alfred Krupps, Papier | 36 x 21 cm | Historisches Archiv Krupp, Essen | WA 1/1426.209

Für treue Dienste und zur »Aufmunterung« der Tätigkeit für die Fabrik verlieh Alfred Krupp seit 1852 Geschenkgutscheine an langjährige Mitarbeiter. Bis 1867 wurden knapp 200 Scheine mit Beträgen zwischen 50 und 200 Talern ausgegeben, darunter auch zwei, deren Wert bei 2000 Talern lag. Die Geschenkscheine konnten bei Krankheit, »unverschuldeter Not« und im Todesfall von den Angehörigen eingelöst werden. Pflichtverletzungen oder Ausscheiden aus den Diensten der Fabrik hatten eine Aufhebung des Geschenks zur Folge.

14.1.2

Bestimmungen Alfred Krupps vor seiner Abreise nach England im September 1871

9. September 1871 | Handschrift, Papier | 33 x 20,4 cm | Historisches Archiv Krupp, Essen | FAH 2 E 5

Mit diesem Schreiben stiftete Alfred Krupp nach Ende des für Deutschland siegreichen deutsch-französischen Krieges 5000 Taler für die Krankenkasse und 1000 Taler für »noch leidende«, vom Kriegsdienst zurückgekehrte Arbeiter. Zudem ordnete er die einmalige Zahlung eines Tagesverdienstes für die unter der »ungewöhnlichen« Hitze arbeitenden Feuerarbeiter an.

14.1.3

»Statut der Kranken- und Sterbe-Kasse und Pensions-Reglement für die Arbeiter der Gussstahlfabrik von Friedrich Krupp in Essen a.d.R.«

Buchdruckerei des Krupp'schen Etablissements, 18. November 1858 | Druck, Papier | 22 x 14,5 cm | Historisches Archiv Krupp, Essen | S 2 FK 8.2/1+1

Wie andere Werke führte auch Krupp 1836 eine zunächst freiwillige Krankenkasse ein, die ab 1853 für alle Werksangehörigen verpflichtend wurde. Der Pensionsfonds wurde zunächst aus Firmen-Überschüssen gespeist.

14.1.4

Brief des Reichskanzlers Bismarck an Alfred Krupp

Fürst Otto von Bismarck, Berlin, 13. April 1885 | Handschrift, Papier, 3 Seiten | 27 x 22 cm | Historisches Archiv Krupp, Essen | FAH 2 C 22.140-142

Bismarck bedankte sich in diesem Schreiben bei Alfred Krupp für die Übersendung der Statuten der Kranken- und Pensionskasse und bat darum, diese zur Förderung der »derzeitigen« legislativen Vorarbeiten für die staatliche Sozialgesetzgebung nutzen zu dürfen. Der Reichskanzler hatte sich auch von entsprechenden Einrichtungen anderer Werke die Satzungen und Regelungen zusenden lassen.

14.1.5

»Satzung der Arbeiter-Pensionskasse für die Gußstahlfabrik der Fried. Krupp Aktiengesellschaft zu Essen.«

1922 | Druck, Papier | 21,8 x 14,2 x 0,5 cm | Ruhr Museum, Essen

Staatliche Regelungen führten 1883 zu einer Trennung der Kranken- von der Pensionskasse, die sich nun aus eigenen Beitragszahlungen der Arbeiter finanzierte.

14.1.6

Verfügung Margarethe Krupps über eine Spende von 3 Millionen Mark für Pensions- und Unterstützungszwecke von Arbeitern und Beamten

Margarethe Krupp, Essen, 27. Dezember 1902 | Plakatdruck, Papier | 53,8 x 39,2 cm | Historisches Archiv Krupp, Essen | WA 41/74-108.216

In Vertretung ihrer minderjährigen Tochter Bertha, der Firmenerbin, stellte Margarethe Krupp dem Direktorium der Firma gemäß dem Wunsch ihres verstorbenen Mannes drei Millionen Mark für soziale Zwecke in der Belegschaft zur Verfügung. Trotz großzügiger Spenden kam aufgrund der restriktiven Bestimmungen und des frühzeitigen Todes aufgrund der schweren körperlichen Arbeit nur ein sehr geringer Teil der Krupp-Arbeiter in den Genuss von Pensionszahlungen.

Bekanntmachung.

Das Direktorium der Firma Fried. Krupp Aktiengesellschaft hat in Ausführung eines in der Generalversammlung der Aktionäre gefaßten Beschlusses der Arbeiterstiftung für deren Invalidenfonds eine außerordentliche Zuwendung von

600000 Mark

gemacht.

Das Kuratorium gibt hiervon allen Angehörigen der Kruppschen Werke Kenntnis, indem es zugleich im Namen aller Beteiligten Herrn und Frau Krupp von Bohlen und Halbach sowie Frau F. A. Krupp den Dank für das erneut bewiesene Wohlwollen ausspricht.

Gußstahlfabrik, Essen, den 10. Dezember 1909.

Das Kuratorium der Kruppschen Arbeiterstiftung:

Klüpfel. Röhricht. C. Behrle. Michelis. inf.

14.1.7

14.1.7

Bekanntmachung einer außerordentlichen Zuwendung für den Invalidenfonds der Krupp'schen Arbeiterstiftung

Kuratorium der Kruppschen Arbeiterstiftung, Essen, 10. Dezember 1909 | Druck, Papier | 42,5 x 35 cm | Historisches Archiv Krupp, Essen | S 18/8

1887 hatte Friedrich Alfred Krupp die »Krupp'sche Arbeiterstiftung« ins Leben gerufen und mit einer Million Mark Stiftungskapital ausgestattet. Ein Recht auf Unterstützung bestand nicht. Über die Verwendung der Mittel entschied auf Antrag ein fünfköpfiges Kuratorium. Verwendet werden konnten die Mittel für noch Beschäftigte, für Invaliden und hinterbliebene Familienangehörige aller Krupp'schen Werke in Fällen »unverschuldeter Noth«. Bei der Entscheidung über die Bewilligung von Unterstützungsleistungen war neben der Bedürftigkeit auf die Länge der Dienstzeit und die gute Führung »in und ausser Dienst besondere Rücksicht zu nehmen«. Darüber hinaus konnten Einrichtungen gefördert werden, die eine »Förderung des leiblichen oder geistigen Wohles der Krupp'schen Arbeiter« zum Ziele hatten. 1907 erhielten 3600 dauernd Bedürftige (6,3 Prozent der Beschäftigten) monatlich durchschnittlich 10,45 Mark; 2200 Personen (3,8 Prozent) wurde eine einmalige Unterstützung von durchschnittlich 17,70 Mark gewährt.

14.1.8

Bekanntmachung über die Termine der Krankengeldzahlungen im Jahr 1918

Vorstand der Betriebskrankenkasse für die Friedrich-Alfred-Hütte der Fried. Krupp Aktiengesellschaft, Rheinhausen, 1. Dezember 1917 | Plakatdruck, Papier | 34 x 22 cm | Historisches Archiv Krupp, Essen | S 18/71

14.1.9

»Bescheinigungs-Buch über die Invaliditäts- und Altersversicherung«

Gussstahlfabrik der Firma Fried. Krupp A.G., mit Stempeln der Krankenkasse, Essen, 1906 – 1922 | Druck mit handschriftlichen Einträgen, Papier, Karton | 11 x 20 cm | Privatbesitz Jürgen Maszun

14.1.10

»Die Kruppsche Pensionskasse vor Gericht. Der Prozeß gegen die Firma Krupp auf Rückzahlung der Pensionskassenbeiträge ausgeschiedener Arbeiter nebst den dazu erstatteten Gutachten«

Broschüre, hg. vom Christlichen Metallarbeiterverband Deutschlands, Essen-Ruhr, Kommissionsverlag der Buchhandlung des Gesamtverbandes der christlichen

Gewerkschaften, Köln 1908 | Druck, Papier, Karton | 22 x 14,5 x 1 cm | Historisches Archiv Krupp, Essen | S 1 K 9.9

14.1.11
»Zum Streit um die Werkspensionskassen. Darlegungen und Aktenstücke«
Broschüre, hg. von der Firma Fried. Krupp Aktiengesellschaft, Essen 1908 | Druck, Papier | 28 x 22,3 cm | Historisches Archiv Krupp, Essen | S 2 FK 8.3/24

14.1.12
»Die Pensionskasse für die Gußstahlfabrik der Firma Fried. Krupp in Essen«
Vortrag von Otto Heinemann, gehalten am 2. April 1903 im Kruppschen Bildungsverein, mit ergänzenden Tabellen und Erläuterungen | Druck, Papier | 28,5 x 22 cm | Historisches Archiv Krupp, Essen | S 2 FK 8.3/25
Mit Vorträgen wie diesem reagierte die Firma Krupp auf die zunehmende Kritik an den von den Gewerkschaften als ungerecht bezeichneten Statuten der Pensionskasse. Der Vortragende, Otto Heinemann, war Prokurist der Firma Krupp, Kommunalpolitiker in Essen und führender Funktionär des Betriebskrankenkassenwesens in der Zeit des Deutschen Kaiserreiches und der Weimarer Republik. Sein Sohn Gustav Heinemann wurde der dritte Präsident der Bundesrepublik Deutschland.

14.1.13
»Kaiser-Adressen! Nebst einem Anhang: Kruppscher Wohltätigkeits-Schwindel. Ein Beitrag zum Fall Krupp«
Robert Albert, München: G. Birk & Co., 1903 | Druck, Papier | 21,3 x 14,7 x 0,3 cm | Ruhr Museum, Essen
In scharfem Ton weist der sozialdemokratische Verfasser darauf hin, dass die Huldigungsadressen an den Kaiser anlässlich seiner Rede zum Tode von Friedrich Alfred Krupp keineswegs –

A. 601.

Kaiser-Adressen!

Nebst einem Anhang:
Krupp'scher Wohltätigkeits-Schwindel.

Ein Beitrag zum Fall Krupp
von
Robert Albert.

Motto: „Wer einen Menschen zum Sklaven macht, der handelt gegen ein Naturgesetz, denn der Mensch ist frei geschaffen, ist frei und wär' er in Ketten geboren!" (Schiller.)

München.
Druck und Verlag von G. Birk & Co.

1903

14.1.13

wie in den Adressen vermerkt – bei allen Krupp-Arbeitern Zustimmung fanden. Insbesondere bei den sozialdemokratischen Arbeitern, die in der so genannten »Tischtuchrede« pauschal verurteilt worden waren, seien Unterschriften für die Adressen in nicht wenigen Fällen auf Druck von Vorgesetzten geleistet worden. Nachweislich, so der Autor weiter, seien zwei langjährig bei Krupp beschäftigte Arbeiter des Gruson-Werkes, die öffentlich ihre Unterschrift verweigert hätten, wenig später »wegen Arbeitsmangels« entlassen worden. Diese Maßnahme habe sogar in der liberalen und auch in der internationalen Presse für Aufsehen gesorgt.

14.1.14
»Zwei große Protest-Versammlungen Kruppscher Arbeiter«
Zeitungsartikel, in: Allgemeiner Beobachter, Nr. 86, 14. April 1906 | Papier | 33 x 20 cm (Blatt) | Historisches Archiv Krupp, Essen | WA 153 v 907
Der Artikel berichtet von der Entlassung zweier Arbeiter. Als gewählte Arbeitervertreter der Krupp'schen Kranken- und Pensionskasse hatten sie zuvor, so der Artikel, Anträge auf Statutenänderungen gestellt, die den Interessen der Firma zuwiderliefen. Zudem hatten sie beantragt, die Generalversammlungen der Kasse demnächst öffentlich zu machen

14.1.15
Krankenkassenkarte der Zahnklinik (Mund- und Kiefernheilstätte) der Fried. Krupp A.G. Essen, ausgestellt für Rudolf Schyra
Essen, 1941 | Karton | 10,5 x 15 cm | Privatbesitz Rudolf Schyra
Die Zahnklinik wurde im Januar 1903 für Mitglieder der Krupp'schen Krankenkasse und deren Familienangehörige gegründet. Hier wurde seit 1918 die Krupp-Marke »Wipla« (Wie Platin), ein rostfreier VA Werkstoff, auf seine Verwendbarkeit in der Zahnmedizin erprobt.

14.1.16
Invalidenversicherungsbescheinigung für August Maszun über den Zeitraum 1942–1944
Essen-Steele, 6. Juli 1945 | Karton | 15 x 21 cm | Privatbesitz Jürgen Maszun

14.1.17
Zahlungsbeleg über 42 Mark der Fried. Krupp Unterstützungsabteilung Essen
Essen, 28. Juni 1961 | Karton | 10 x 4,7 cm | Ruhr Museum, Essen

14.1.18
Zwei Schreiben der Unterstützungsabteilung der Fried. Krupp Gussstahlfabrik
8. Februar 1952 und 13. September 1954 | Vordrucke, mit Maschinenschrift und Handschrift ausgefüllt, Papier, 2 Blatt, je 21 x 15 cm | Privatbesitz Jürgen Maszun
Die mit Rechtsansprüchen versehenen staatlichen Unterstützungen lösten die freiwilligen betrieblichen Leistungen, die unter dem Vorbehalt jederzeitigen Widerrufs gezahlt wurden, immer mehr ab.

14.2. Sozialeinrichtungen

Zu den heute noch existierenden Krupp'schen Wohlfahrtseinrichtungen in Essen gehört das Alfried Krupp Krankenhaus. Hervorgegangen aus einem Barackenlazarett Krupps aus der Zeit des deutsch-französischen Krieges, wurde es nach 1870/71 in ein Krankenhaus für Arbeiter der Fabrik umgewidmet. Ab 1886 konnten auch Frauen und Kinder aufgenommen werden. 1920 verfügte das Krankenhaus über 600 Betten und stand jetzt auch Nicht-Werksangehörigen offen. Wegen der Zerstörungen der in der Nähe der Fabrik liegenden Bauten im Zweiten Weltkrieg verlegte man es zum Altenhof. In den 1970er-Jahren wichen die alten Gebäude bis auf wenige Ausnahmen einem Neubau. 1980 konnte mit Unterstützung des Landes NRW das Alfried Krupp Krankenhaus als eines der modernsten und leistungsfähigsten Hospitäler der Region eröffnet werden.

Zu den für den Neubau abgerissenen Gebäuden gehörte auch das Auguste Victoria Erholungshaus für rekonvaleszente Arbeiter der Gussstahlfabrik. Die Stiftung und der Name gehen auf einen Besuch der Kaiserin Auguste Victoria 1886 in Essen zurück. Zur Silberhochzeit des Kaiserpaares erfolgte eine zweite Stiftung, ein Frauen- und ein Kinderhaus. 1910 hatte man Plätze für 70 Männer, 60 Frauen und 40 Kinder. Bei der Belegung wurden langjährige Mitarbeiter bevorzugt: Von den 949 Patienten des Jahres 1911 waren 272 über 40 Jahre alt und 429 wiesen eine mehr als zehnjährige Dienstzeit auf.

Eine weitere Einrichtung auf dem Areal des Altenhofes war das 1912 eröffnete Arnoldhaus für Wöchnerinnen, benannt nach dem früh verstorbenen Sohn von Bertha und Gustav Krupp von Bohlen und Halbach. Die Stiftung sollte Frauen aufnehmen, die ausnahmsweise nicht zuhause entbinden konnten – 1891 fand nur ein Prozent aller Geburten im Krankenhaus statt, 1924 waren es neun Prozent. Das großzügig ausgestattete Arnoldhaus, Ursprung der späteren Frauenklinik, dürfte zu den ersten Häusern gehört haben, in denen Frauen in größerer Zahl entbanden.

Als Angebot für schulentlassene Töchter von Werksangehörigen war die 1889 gegründete Haushaltungsschule eine weitere Institution im Spektrum der betrieblichen Wohlfahrtseinrichtungen. Die viermonatigen Kurse in Haushaltsführung – werktags von 7 bis 20, sonn- und feiertags von 8 bis 14 Uhr – waren bis auf die Verköstigung kostenlos. Mit dieser Einrichtung reagierte Krupp auf die männlich dominierte Struktur der Montanindustrie, die nur wenig Raum für die Erwerbstätigkeit von Frauen ließ.

Auch die 1899 gegründete Krupp'sche Bücherhalle hatte einen pädagogischen Hintergrund. 1910 war sie – nach der öffentlichen Bücherhalle in Hamburg – mit 70.000 Bänden die zweitgrößte Volksbücherei in Deutschland. Unterhaltung und Naturkunde bildeten die inhaltlichen Schwerpunkte; streng wissenschaftliche und politische Literatur gehörte nicht zum Angebot. 1923 wurde die Bücherhalle auch für Werksfremde geöffnet und eine Ausleihgebühr erhoben. Nach mehreren Ortswechseln der Zentrale wurde sie 1966 geschlossen und der Großteil der Bestände in die Essener Stadtbücherei überführt.
FK

14.2.1

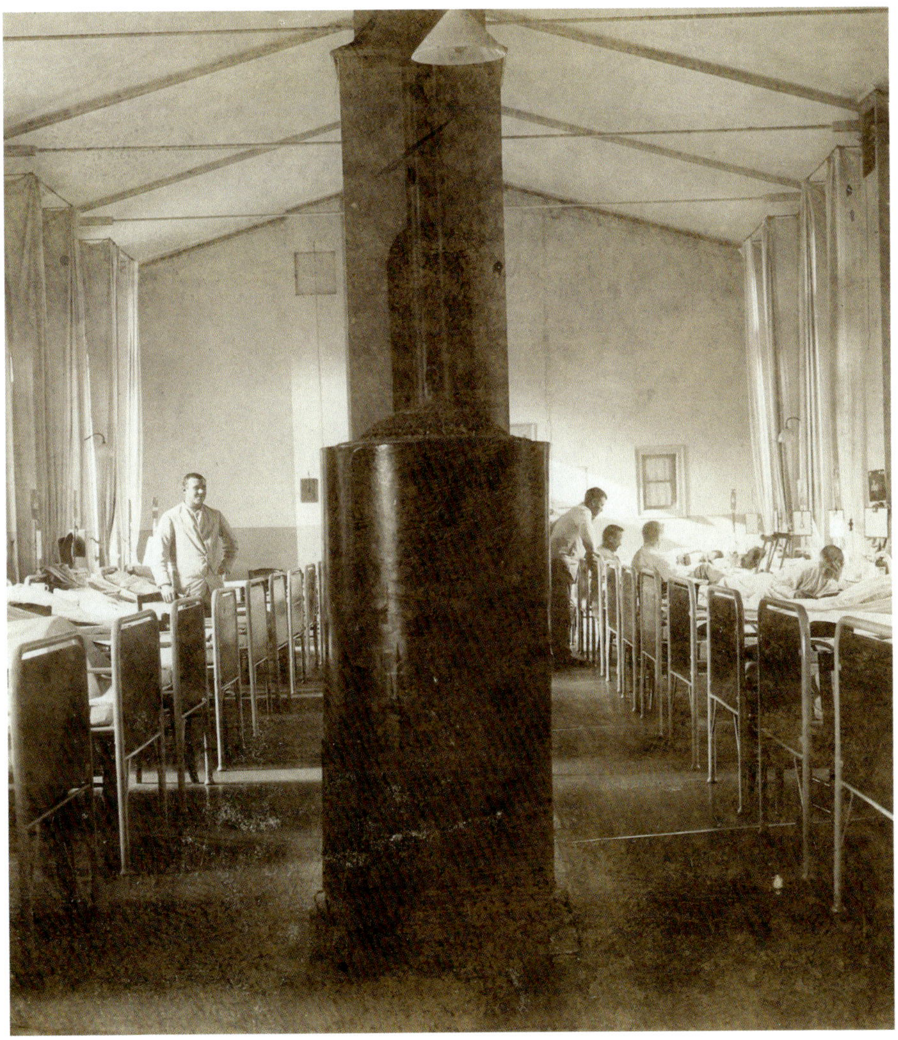

14.2.7

14.2.1

Kaiserin-Auguste-Viktoria-Erholungshäuser in Essen-Rüttenscheid

Fotografie, um 1910 | Ruhr Museum, Essen | 62 KR

Die Häuser waren eine Stiftung Margarethe Krupps. Der Name geht zurück auf den Besuch der Kaiserin Auguste Viktoria in Essen 1886. Ursprünglich gedacht für rekonvaleszente Arbeiter des Krupp'schen Krankenhauses, fanden später auch Frauen und Kinder Aufnahme.

14.2.2

Rekonvaleszente des Kaiserin-Auguste-Viktoria-Erholungshauses

Fotografie, vor 1906 | Papier | 22 x 28,1 cm | Historisches Archiv Krupp, Essen | WA 16 i 19.22.21

14.2.3

»Hausordnung für das Kaiserin Auguste Viktoria-Erholungshaus«

Buchdruckerei der Gussstahlfabrik von Fried. Krupp, Essen, 3. Ausgabe 1902 | Druck, Papier | 32 x 24,5 cm | Historisches Archiv Krupp, Essen

14.2.4

Gästebuch des Kaiserin-Auguste-Viktoria-Erholungshauses

1914 – 1938 (Einträge) | Handschrift, Papier, Karton, Leder | 25,5 x 18,6 cm | Historisches Archiv Krupp, Essen | WA 106/282

Das Erholungshaus war, wie andere Wohlfahrtseinrichtungen auch, Teil des Besuchsprogramms für nationale und internationale Gäste und damit auch der Krupp'schen Öffentlichkeitsarbeit.

14.2.5

Akte »Cholera-Lazareth 1871–1873«

Alfred Krupp, Torquay, September 1871 | Handschrift, Papier, 4 Seiten | 35 x 22 cm | Historisches Archiv Krupp, Essen | FAH 2 P 114.189-190

Das zur Zeit des deutsch-französischen Krieges in unmittelbarer Nähe der Fabrik errichtete Barackenlazarett war der Ursprung des heutigen Alfried Krupp Krankenhauses. Die Akte enthält eigenhändige Niederschriften Alfred Krupps zur Einrichtung eines Cholera-Lazaretts.

14.2.6
Baracken-Lazarett
Fotografie, 1870/71 | Papier auf Karton | 35 x 52,5 cm | Historisches Archiv Krupp, Essen | WA 16 i 9.6
Das Lazarett mit rund 100 Betten bestand aus drei parallel angeordneten Baracken nach dem Vorbild entsprechender Bauten aus dem amerikanischen Bürgerkrieg. Hinzu kamen ein Pförtnerhaus, ein Verwaltungsgebäude und ein Waschhaus.

14.2.7
Krankenstube des Baracken-Lazaretts
Fotografie, um 1900 | Papier | 7,8 x 7,2 cm | Historisches Archiv Krupp, Essen | WA 16 i 9.21 1 9

14.2.8
»Regulativ für die Leitung des Krankenhauses und Epidemien-Lazareths der Firma Fried. Krupp in Essen a.d. Ruhr«
Buchdruckerei des Krupp'schen Etablissements, Essen, 1. Mai 1875 | Druck, Papier, 10 Seiten | 22,2 x 14,5 cm | Historisches Archiv Krupp, Essen | S 2 FK 8.8/16+1

14.2.9
Fried. Krupp Kranken-Anstalten Essen
Luftbildaufnahme, um 1920 | Stadtbildstelle Essen
1920 verfügte das Krankenhaus über fast 600 Betten. Im gleichen Jahr erfolgte der Zusammenschluss mit den Erholungshäusern auf dem Altenhof und die Öffnung der Institution für Nicht-Werksangehörige. Nach den Zerstörungen im Zweiten Weltkrieg wurde der Krankenhausbetrieb auf Einrichtungen des Altenhofs verlegt.

14.2.10
»125 Jahre Alfried-Krupp-Krankenhaus«
Broschüre, hg. von der Alfried Krupp von Bohlen und Halbach-Stiftung, Essen 1996 | Druck, Papier, Karton | 29,8 x 21 x 0,7 cm | Stiftung Bibliothek des Ruhrgebiets, Bochum | A 11714
Der provisorische Krankenhausbetrieb, der nach 1945 auf dem Gelände des Altenhofs eingerichtet worden war, wurde 1969 mit einem Beschluss des Kuratoriums der Alfried Krupp von Bohlen und Halbach-Stiftung beendet. 1980 nahm das neue Alfried Krupp Krankenhaus als eine der in der Region modernsten und leistungsfähigsten medizinischen Einrichtungen den Betrieb auf.

14.2.11
Strampelanzug des Alfried Krupp Krankenhauses
2002 | Baumwolle, bestickt | H 41 cm, B 25 cm | Historisches Archiv Krupp, Essen | S 10/119

14.2.12
Anstecker »Alfried Krupp-Krankenhaus«
nach 1980 | Metall | Dm 3,4 cm, H 0,6 cm | LWL-Industriemuseum, Westfälisches Landesmuseum für Industriekultur, Dortmund | 2000/1083

14.2.12

14.2.13
Wöchnerinnenheim »Arnoldhaus«
Fotografie, 1930er-Jahre, aus: Wilhelm Berdrow, Krupp und sein Geschlecht, 150 Jahre Krupp-Geschichte 1787–1937 nach den Quellen der Familie und des Werkes, Berlin 1943, S. 143
Die 1912 eröffnete Einrichtung auf dem Gelände des Altenhofes wurde nach dem im Januar 1909 im Alter von drei Monaten verstorbenen Sohn von Bertha und Gustav Krupp benannt. Gedacht für Frauen, die »ausnahmsweise« nicht zu Hause entbinden konnten, war die Einrichtung ihrer Zeit voraus und wurde zum Ursprung der späteren Frauenklinik.

14.2.13

14.2.16

14.2.18

14.2.14

Sechs Geburtenbücher des Arnoldhauses

»Aerztliche Bescheinigungen über den Verlauf von Geburten etc.«, 1912/13 | Vordrucke, handschriftlich ausgefüllt, Papier | je ca. 25,6 x 21 x 1,8 cm | Historisches Archiv Krupp, Essen | WA 106/14-19

14.2.15

»Verwaltung und Betrieb des ›Arnoldhauses für Wöchnerinnen‹ in Essen-Rüttenscheid«

Broschüre, 1909 | Druck, Papier | 22,4 x 14,7 cm | Historisches Archiv Krupp, Essen | WA 106/284

14.2.16

Küche der Krupp'schen Haushaltungsschule in der Krupp-Wohnsiedlung Schederhof in Essen

Fotografie, um 1900 | Papier, 12 x 17 cm | Historisches Archiv Krupp, Essen | WA 16 i 9.24.49

In der 1889 gegründeten Haushaltungsschule konnten schulentlassene Töchter von Werksangehörigen einen viermonatigen Kurs in Haushaltsführung absolvieren. Von 7 bis 20 Uhr an Wochen- und von 8 bis 14 Uhr an Sonn- und Feiertagen wurde Kochen, Einmachen, Konservieren, Gemüseanbau, Waschen, Stopfen, Bügeln und Flicken unterrichtet. Die Kurse waren unentgeltlich, bezahlt werden musste aber die Verköstigung der Schülerinnen. Mit dem in der Schule hergerichteten Essen unterhielt man einen Mittagstisch für bedürftige Mitarbeiter der Gussstahlfabrik. Zum Nachweis der Ausbildungsqualität wog man die Schülerinnen zu Beginn und am Ende des Kurses. Dabei war, so ein Bericht, »durchgängig eine zum Teil sehr erhebliche Zunahme des Köpergewichts zu constatieren.«

14.2.17

Speisehalle der Kruppwerke für Arbeiter

Fotografie, um 1900 | Ruhr Museum, Essen | 62 K (E) C218

14.2.18

Restaurationssaal Beamtenkasino

Fotografie, um 1900 | Papier | 7,7 x 7,5 cm | Historisches Archiv Krupp, Essen | WA 16 i 9.21 o 2

14.2.19

Fotoalbum vom Turn- und Spielfest der Krupp'schen Jugendpflege am 14. September 1913 (Sedan-Spielfest)

1913 | Papier, Karton, Textilien (Kordel) | 27 x 21 cm | Historisches Archiv Krupp, Essen | WA 16 i 9.44

Die Förderung des Werkssports bei Krupp geht auf den Krupp'schen Bildungsverein zurück und wurde seit 1910 von der Krupp'schen Jugendpflege fortgesetzt. Es gab verschiedene, nach Alter und Geschlecht getrennte Gruppen, in denen Turnen, Spiel und Sport betrieben wurde. 1919 entstand daraus die Krupp'sche Turngemeinde, ergänzt um die Turn- und Sportabteilung des Nationalen Arbeiter-Vereins Werk Krupp, Essen. Die Turngemeinde wurde bis in den Zweiten Weltkrieg hinein regelmäßig vom Unternehmen finanziell unterstützt. Der Verein existiert heute noch unter dem Namen »Turngemeinde Essen-West 1910«.

Sedan-Spielfeste, bis 1914 durchaus üblich bei Turn- und Sportvereinen, gingen zurück auf die Sedantage und erinnerten an die Kapitulation der französischen Truppen am 2. September 1870 nach der entscheidenden Schlacht von Sedan im Deutsch-Französischen Krieg 1870/71.

14.2.21

14.2.20

Vier Ansteck- und Ehrennadeln des »Krupp'schen Ruder- und Wassersportvereins« und des »Wassersportvereins Krupp« von Georg Wenderoth

1925–1945 | Metall | L max. 7,5 cm, B max. 2,5 cm | Ruderklub am Baldeneysee e. V. (RaB), Essen

Der Krupp'sche Ruder- und Wassersportverein wurde 1920 durch einen Aufruf in den Krupp'schen Mitteilungen gegründet. Schon ein Jahr später besaß der Verein ein eigenes Bootshaus an der Ruhr, finanziell großzügig durch Krupp gefördert und auf Krupp'schem Gelände gelegen. 1926 erfolgte die Namensänderung in Wassersportverein Krupp, da inzwischen auch Nicht-Werksangehörige Vereinsmitglied werden konnten. Bis in den Zweiten Weltkrieg hinein erhielt der Verein regelmäßig finanzielle Förderungen durch das Unternehmen. Die Verbindung mit Krupp zeigte sich auch im Vereinslogo, das neben dem Wappen der Stadt Essen auch die Krupp'schen Ringe aufwies. 1945 musste der Verein seinen Namen aufgrund des alliierten Verbots von Werksportvereinen ändern. Seitdem heißt er »Ruderklub am Baldeneysee«. Die Krupp'schen Ringe im ursprünglichen Vereinslogo wurden durch die Abkürzung RaB ersetzt.

14.2.21

Krupp'sche Bücherhalle

Fotografie, um 1900 | Historisches Archiv Krupp, Essen | WA 16 i 9.24.47

Die Krupp'sche Bücherhalle wurde 1899 auf Initiative Friedrich Alfred Krupps gegründet. Er führte die von seinem Vater begründete betriebliche Sozialfürsorge weiter und legte dabei einen Schwerpunkt auf die Förderung von Bildung und Kultur. Mit 70.000 Bänden war die Bücherhalle 1919 die zweitgrößte Volksbücherei in Deutschland. 1929 wurde das Gebäude für die Karstadt-Erweiterung abgerissen.

Bücher erhellen – die Verdunklung!

Die
KRUPPSCHE BÜCHERHALLE mit einem Bestand von rund 100000 Büchern dient der Belehrung und Unterhaltung der Werksangehörigen und ihrer Familien.

Hauptstelle Thomaestraße 9
(Straßenbahnhaltestelle Thomaeplatz)
Öffnungszeiten: wochentags 11-12 Uhr, 15-17.30 Uhr, samstags 11-14 Uhr.

Zweigstelle in Essen-West
(Haedenkampstraße 30)
Öffnungszeiten: wochentags 11-12 Uhr, 15-17.30 Uhr, samstags 11-14 Uhr.

Zweigstelle in Rüttenscheid
(Altenhof I, neben der Konsum-Anstalt)
Öffnungszeiten: dienstags und donnerstags 11-12 Uhr, 15-17.30 Uhr.

Keine Aufnahmegebühr! Die Entleihung eines jeden Buches kostet bei einer Leihfrist von drei Wochen 5 Pfennige.

Leihantrags-Vordrucke sind in den Betrieben und Büros sowie in den Ausleihestellen erhältlich.

Der Krieg hält unsere Arbeit nicht auf; wir betrachten es daher gerade jetzt als unsere Aufgabe, alle Werkskameraden und ihre Angehörigen mit gutem Lesestoff zu versorgen.

Werdet Leser der Bücherhalle!

14.2.23

14.2.26

14.2.22
»Ausleihe der Kruppschen Bücherhalle«
Fotografie, 1906 | Historisches Archiv Krupp, Essen | S 1 K 13.4
Die Bücher standen nicht zur Ansicht bereit, sondern wurden auf Bestellung aus dem Magazin geholt. Die inhaltlichen Schwerpunkte lagen auf den Themen Unterhaltung, Klassik, Geschichte und Naturkunde. Streng wissenschaftliche und politische Literatur gehörte nicht zum Angebot.

14.2.23
»Bücher erhellen – die Verdunklung!«
Werbeblatt für die Krupp'sche Bücherhalle, 1944 | Druck, Papier | 30 x 21 cm | Historisches Archiv Krupp, Essen | FAH 21/1320.109

14.2.24
Rückgabe-Erinnerung und Leihschein
10. Februar 1915 | Druck, Handschrift auf Karton | 9 x 11 und 6 x 9 cm | Historisches Archiv Krupp, Essen | FAH 21/1320.79
1923 wurde die Krupp'sche Bücherhalle auch für Werksfremde geöffnet. Die Aufnahme war kostenlos, aber zur Ausleihe von Büchern wurde eine Gebühr erhoben. 1944 betrug die Ausleihgebühr eines Buches für drei Wochen fünf Pfennige. Entleihe und Rückgabe der Bücher wurden durch Leihscheine kontrolliert.

14.2.25
Bücherei-Ordnung mit Erläuterung des Ausleihvorgangs
Grafik, 1918 | Druck, Papier | 27,6 x 23,5 cm | Historisches Archiv Krupp, Essen | S 2 FK 8.10/3
Die Werksbücherei verwaltete auch Buchbestände in den Menagen, dem Kranken- und dem Erholungshaus sowie im Beamten-Kasino.

14.2.26
Kinder-Lesesaal Friedrichshof
Fotografie, um 1915 | Historisches Archiv Krupp, Essen | WA 16 i 9.47.26
18.000 Leser registrierte die Krupp'sche Bücherhalle um die Jahrhundertwende; damit kann von einer guten Annahme des Angebots gesprochen werden. Der Lesesaal im Friedrichshof fand jedoch keine große Resonanz, weshalb man ihn in einen »Kinderlesesaal« umdefinierte. Man hoffte auf größeren Zuspruch, »jedenfalls an Regentagen«.

14.2.27
»Romane und Erzählungen. Ein Bücherverzeichnis«
Broschüre der Bücherhalle Krupp, Essen 1956 | Druck, Papier, Karton | 21,2 x 15,6 x 1 cm | Ruhr Museum, Essen | Bibliothek

14.2.29

14.2.28

»50 Jahre Bücherei der Hüttenwerke Rheinhausen AG«

Festschrift, 1957 | Druck, Papier, Karton | 30x21 cm | Privatbesitz Dorothea Schmitz

Neben der Zentralstelle in Essen verfügte die Werksbücherei auch über Filialen an den anderen Betriebsstandorten der Krupp-Werke. Die ersten Filialen waren 1900 in der Kolonie Kronenberg und 1905 in der Kolonie Friedrichshof eröffnet worden.

14.2.29

»Neue Industrieschule«

Fotografie, 1906 | Historisches Archiv Krupp, Essen 7 S2 FK 8.1/2.42

1875 gründete Alfred Krupp die erste Werksindustrieschule auf dem Nordhof. Hier wurden schulpflichtige Mädchen sowie erwachsene Töchter und Frauen von Werksangehörigen an schulfreien Nachmittagen im Stricken, Nähen und Häkeln unterrichtet. Das Schulgeld der Kinder von monatlich 20 Pfennigen wurde nach 15 Monaten inklusive Verzinsung ausbezahlt.

Der Gedanke der Industrieschulen geht auf das 18. Jahrhundert zurück. Ziel war die Erziehung von Unterschichtenkindern zur Arbeit, die Vermittlung einer Ausbildung und die Vorbereitung auf das Erwerbsleben. Müßiggang und Laster sollten durch unablässige Tätigkeit verhindert werden. Der Unterricht für die schulpflichtigen Mädchen wurde vorzugsweise von Witwen von Werksangehörigen unter Aufsicht einer Vorsteherin erteilt. Zunächst als offenes Angebot gestartet, wurde der Unterricht aufgrund der großen Nachfrage ab 1887 auf Angehörige von Arbeitern der Gussstahlfabrik beschränkt. Im Jahr 1910 zählte man über 3300 Schülerinnen.

14.3. Werkssiedlungen

Der Krupp'sche Siedlungsbau bis zum Ersten Weltkrieg gilt aufgrund seiner städtebaulichen und immer wieder betonten sozialen Komponente als besonders beachtenswerter Baustein der betrieblichen »Wohlfahrtspolitik«. Auf den wachsenden Bedarf an Arbeitskräften und auf die zunehmende Konkurrenz reagierte Krupp – wie andere Werke im Ruhrgebiet auch – in den 1860er-Jahren mit dem Bau von Werkswohnungen.

Als erste Krupp'sche Arbeitersiedlung entstand 1862 die Kolonie Westend. Von 1870 bis 1875 folgten die Siedlungen Nordhof, Schederhof, Neu-Westend und Kronenberg. Mitte der 1870er-Jahre verfügte Krupp über rund 3000 Werkswohnungen. Die ersten drei Siedlungen wurden in kürzester Zeit in einfachster barackenähnlicher Bauweise errichtet, was nach der Jahrhundertwende zu heftiger Kritik an den dort herrschenden Wohnbedingungen führte. Beim Bau von Neu-Westend und der größten Krupp-Siedlung Kronenberg berücksichtigte das Krupp'sche Baubüro erstmalig siedlungsgestalterische Überlegungen. Um den Weg zur Arbeit kurz zu halten, lagen die Siedlungen in der Nähe der Fabrik – mit dem Nachteil, unmittelbar deren Lärm und Dreck ausgesetzt zu sein.

Eine zweite Phase des Krupp'schen Werkswohnungsbaus, der nun durchweg nach gestalterischen Aspekten erfolgte, setzte erst in den 1890er-Jahren ein. Es entstanden der Alfredshof (1894) und der Friedrichshof (1899), bereits bestehende Siedlungen wurden erweitert. Eine Besonderheit stellt die 1893/1907 geschaffene Siedlung Altenhof in Essen-Rüttenscheid dar. Der Bau der 600 im Cottage-Stil errichteten Wohnungen basierte auf einer Spende Friedrich Alfred Krupps und war für Pensionäre des Werks vorgesehen. Bei einer Belegschaftsstärke von etwa 10.000 Arbeitern konnte es sich allerdings nur um eine besondere Auswahl handeln. Selbst wenn die große Masse im Alter mit dem Verlust der Werkswohnung und mit Armut zu rechnen hatte, war die Aussicht, seinen Lebensabend auf dem Altenhof verbringen zu können, sehr verlockend.

Auch bei den Werkswohnungen war die Nachfrage größer als das Angebot: 1905 kamen 19 Prozent der Beschäftigten in ihren Genuss, wofür eine mehrjährige Beschäftigung auf der Fabrik Mindestvoraussetzung war. Eine flächendeckende Versorgung war aber nie das Ziel der Werksleitung: Betriebswirtschaftlich gesehen sicherte der Werkswohnungsbau die produktionstechnischen Abläufe durch den Aufbau einer Stammarbeiterschaft. Mit der Kopplung von Arbeits- und Mietvertrag suchte man der hohen Fluktuation der Arbeitskräfte entgegenzuarbeiten. Außerdem sollte die Kontrolle am Arbeitsplatz und in den Siedlungen den politischen Einfluss der Gewerkschaften und der Sozialdemokratie eindämmen. Die Ergebnisse der Reichstagswahlen in Krupp'schen Siedlungen belegen den Erfolg dieser Strategie bis zur Jahrhundertwende und führten zu dem Vorwurf, die Stammarbeiter seien »Arbeiterverräter« und würden sich die Vergünstigung der billigen Wohnung mit der Aufgabe ihrer persönlichen Würde erkaufen. Nach 1900 änderte sich die Situation; der Einfluss der Sozialdemokratie war nun in den Siedlungen so groß wie außerhalb. FK

14.3.1

14.3.1

Die Arbeitermenage am Tor 3 der Krupp'schen Gussstahlfabrik

Fotografie, um 1875 | Papier | 24,5 x 34,5 cm | Historisches Archiv Krupp, Essen | HA WA16 a 381.06

Die Errichtung von Schlafhäusern für ledige Arbeiter der Fabrik war eine erste Reaktion auf die zunehmende Wohnungsnot im Zuge der Industrialisierung. Außerdem diente die »Menage« der Rekrutierung von Arbeitskräften und ihrer Bindung an die Fabrik.

14.3.2

Niederschriften und Skizzen Alfred Krupps zur Errichtung einer Menage

Alfred Krupp: »Entwurf einer Arbeiter-Kaserne und Menage 1872« | Handschrift und Zeichnungen, Papier | 42 x 34 cm | Historisches Archiv Krupp, Essen | FAH 2P 114.133

14.3.3

Grundriss und Ansicht der 1873 erbauten Krupp'schen Menage

Reproduktion aus: »Wohlfahrtseinrichtungen der Gussstahlfabrik von Fried. Krupp zu Essen a.d. Ruhr«, Buchdruckerei der Gussstahlfabrik von Fried. Krupp, Bd. 2, Essen 1902

Das erste Logierhaus errichtete Krupp 1855 für 200 Arbeiter in der Nähe des Schederhofes. Zehn Jahre später stieg seine Kapazität auf 550 Mann. Die 1873 an der Freistadt- und Borbeckerstraße erbaute Menage besaß drei Etagen und ein Dachgeschoss und war für 1200 Bewohner in 4- bis 7-Bettzimmern konzipiert. Wegen mangelnder Nachfrage wurden Teile zu Familienwohnungen umgebaut.

14.3.5

14.3.4
Hausordnung der Krupp'schen Menage
1. Mai 1874 | Druck, Papier, 4 Seiten | 20x13 cm | Historisches Archiv Krupp, Essen | S 2 FK 8.8/4+1

Die Menagen waren bei den Arbeitern wegen der nahezu militärischen Strenge, mit denen sie geführt wurden, nicht besonders beliebt. Die Hausordnung umfasste 28 Paragraphen. Zudem war man auch außerhalb der Arbeit der Kontrolle durch die Firma unmittelbar ausgesetzt. Eine Anfang der 1870er-Jahre erbaute »Logir- und Speise-Anstalt« auf dem Nordhof für besser gestellte Facharbeiter wurde wegen »nicht genügender Nachfrage« 1884 geschlossen.

14.3.5
Kabinensystem im Schlafhaus II
Fotografie aus: »Führer durch die Kolonien, Wohnungs- und Verpflegungseinrichtungen der Gußstahlfabrik«, Essen, 1911

1906/07 wurde die »neue Menage« an der Freistadtstraße und der Bahnstrecke Essen-West im Segeroth errichtet. Zwei Schlafhäuser waren mit dem »Kabinensystem« eingerichtet – Schlafkabinen mit Trennwänden, die nicht bis zur Decke reichten und das Aufkommen jeder Art von Privatsphäre unmöglich machten. Links im Bild ist deutlich ein Exemplar der Hausordnung des Schlafhauses zu erkennen.

14.3.6
Kontrollmarke des Arbeiterheims Segeroth
nach 1907 | Zinkblech | Dm 4,4 cm, H 0,15 cm | Ruhr Museum, Essen | MZ 220

Die Vorderseite der gelochten Marke trägt neben dem Firmennamen FRIED. KRUPP AG die Nummer 1856 sowie die Umschrift SEGEROTH ARBEITERHEIM; die Rückseite ist ungeprägt. Die Dreipassform deutet die Silhouette der drei Kruppringe an.

14.3.6

14.3.7
Brief Alfred Krupps aus Torquay sowie Schreiben und Zeichnungen zu sozialen Einrichtungen
Torquay (England), 1871–1880 | Papier, 4 Blatt | je 34,5x21 cm | Historisches Archiv Krupp, Essen | FAH 2 B 306, 17-20

14.3.8
Modell der Krupp-Wohnsiedlung Westend
Ivor und Sigrid Swan, Atelier für Modellbau, Kommern, 1982 | Kunststoff, Metall | 114x200 cm, H 23 cm | Ruhr Museum, Essen

Die erste Kruppsiedlung entstand an der Frohnhauser Straße in fußläufiger Entfernung zur Fabrik. Die Siedlung

14.3.8

wurde in zwei Etappen gebaut – zunächst Alt-Westend 1862 mit neun parallel angeordneten barackenförmigen Häuserzeilen. Die Erweiterung von 1871/72 bestand aus fünf dreistöckigen Steinbauten, die vor den alten Siedlungsteil zur Frohnhauser Straße hin errichtet wurden.

14.3.9

»Übersichtskarte der Gußstahlfabrik und der dazugehörigen Kolonien etc. von Fried. Krupp Aktiengesellschaft Essen/Ruhr«

Beilage zu: Finanzrat Haux, Mitglied im Direktorium der Firma Fried. Krupp A.G.: »Die Wohnungsfürsorge der Firma Krupp«, Essen 1907 | Druck, Papier | 53 x 37 cm | Historisches Archiv Krupp, Essen | S 1 K 10.34

Der Plan lässt unschwer erkennen, dass die Siedlungen, abgesehen vom Altenhof, alle in unmittelbarer, fußläufiger Nähe zur Fabrik lagen. Der Vorteil des kurzen Wegs zur Arbeit ging mit dem Nachteil einher, den Emissionen des Werks ungeschützt ausgesetzt zu sein.

14.3.10

Ansicht, Siedlungsplan und Hausgrundrisse der Kolonie Westend

Reproduktion aus: »Wohlfahrtseinrichtungen der Gussstahlfabrik von Fried. Krupp zu Essen a.d. Ruhr«, Buchdruckerei der Gussstahlfabrik von Fried. Krupp, Bd. 2, Essen 1902

14.3.11

Häuser der Siedlung Alt-Westend

Fotografie, Februar 1914 | Historisches Archiv Krupp, Essen | WA 16 i 1,4

Das Foto zeigt die älteren barackenähnlichen Häuser der Siedlung, das unbefestigte Umfeld der Gebäude und die mit hoher Wahrscheinlichkeit auf Bergschäden zurückgehenden, zahlreichen Ausbesserungen an den Außenwänden der Häuser.

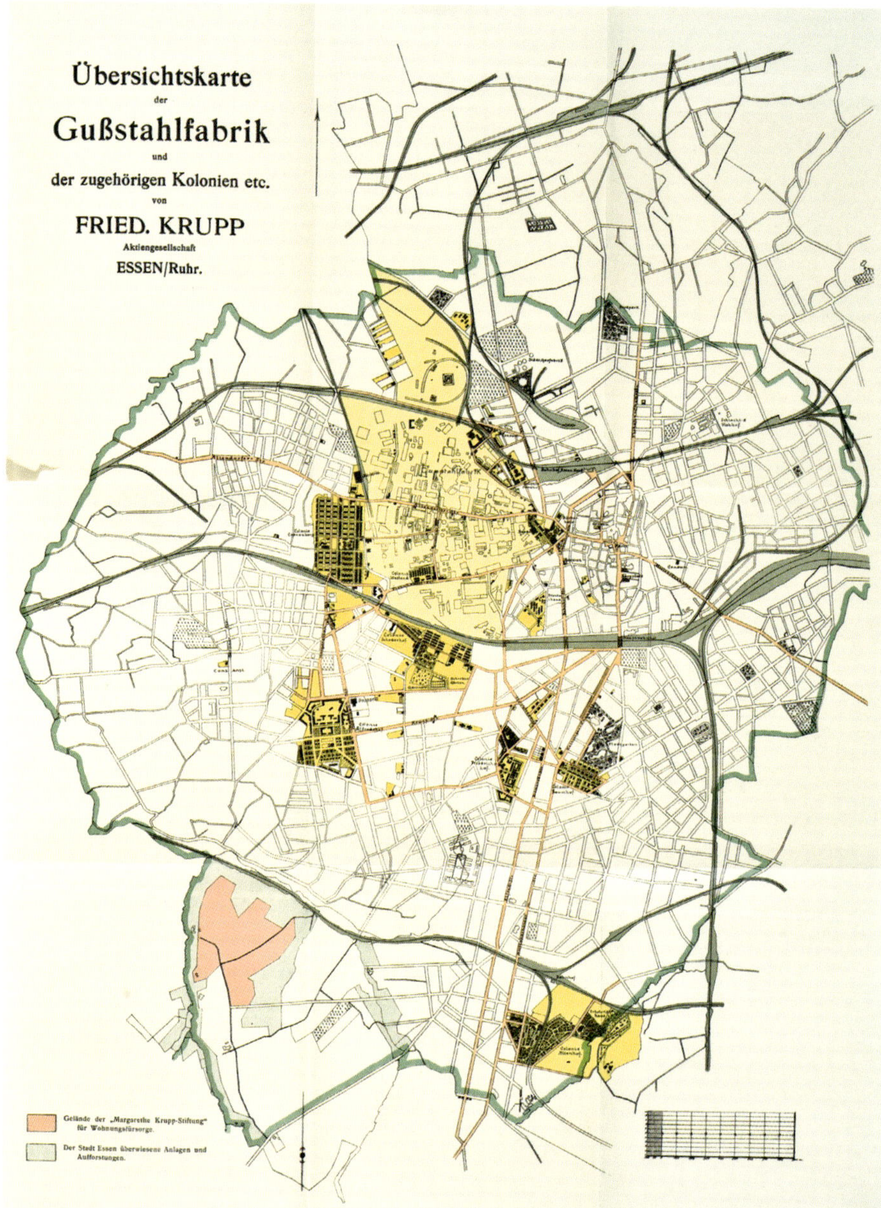

14.3.9

14.3.11

14.3.14

14.3.12

Blick auf den Siedlungsteil Neu-Westend

Fotografie, 1880er-Jahre | Historisches Archiv Krupp, Essen | WA 16 i 1,10

Das Foto wurde vom Bahndamm aus über die Frohnhauser Straße hinweg aufgenommen. Es zeigt die dreistöckigen Steinbauten der Siedlung von 1871. Am linken Bildrand sind Häuser des älteren Siedlungsteils Alt-Westend zu erkennen. Die gesamte Siedlung musste 1914 neuen Produktionshallen weichen.

14.3.13

Hausskizzen und Siedlungsplan der Kolonie Nordhof

Reproduktion aus: »Wohlfahrtseinrichtungen der Gussstahlfabrik von Fried. Krupp zu Essen a.d. Ruhr«, Buchdruckerei der Gussstahlfabrik von Fried. Krupp, Bd. 2, Essen 1902

Die Siedlung wurde 1871 an der nordöstlichen Grenze der Gussstahlfabrik erbaut. In L-Form errichtete, einfachste Fachwerkhäuser für je vier Familien umschlossen einen Innenhof, der an einer Seite von einem Bahndamm abgetrennt wurde.

14.3.14

Siedlung Nordhof

Fotografie, vor 1914 | Historisches Archiv Krupp, Essen | F 4/23906

Der Bahndamm und die mit den häufigen Westwinden herüberziehenden Luftverschmutzungen durch die Gussstahlfabrik stellten eine besondere Belastung für die Bewohner der Siedlung dar. Heute existieren von der Siedlung Nordhof keine Überreste mehr.

14.3.15

Skizzen und Niederschriften Alfred Krupps zur Anlage der Siedlung Nordhof

Alfred Krupp, Essen, 1871 | Handschrift und Zeichnungen, Papier, 3 Seiten | 32x21 bzw. 40x34 cm | Historisches Archiv Krupp, Essen | FAH 2 P114, 26 R, 37

14.3.16

Plan der Siedlung Schederhof

Reproduktion aus: »Wohlfahrtseinrichtungen der Gussstahlfabrik von Fried. Krupp zu Essen a.d. Ruhr«, Buchdruckerei der Gussstahlfabrik von Fried. Krupp, Bd. 2, Essen 1902

Auf einem speziell erworbenen Grundstück in der Bürgermeisterei Altendorf ließ Krupp 1871/72 die Siedlung Schederhof errichten. Sie bestand aus dreistöckigen, parallel verlaufenden Häuserzeilen, von denen bis zu fünf hintereinander lagen. Insgesamt verfügte die Siedlung über fast 800 Wohnungen. Durch eine Unterführung der Bergisch-Märkischen Eisenbahnstrecke erreichte man nach wenigen hundert Metern die Fabrik.

14.3.17

Siedlung Schederhof

Fotografie, um 1910, aus: Vom Hausen zum Wohnen. »Wohnungsbau für Arbeiter zur Zeit der Industrialisierung: Essen, ein Beispiel«, hg. vom Ruhrlandmuseum Essen, Essen 1988, S. 40

Am rechten Bildrand ist die Bierhalle der Siedlung zu sehen. Wie alle Siedlungen verfügte auch der Schederhof über Einrichtungen der Krupp'schen Wohlfahrtspflege wie einer Filiale der Konsum-Anstalt, eine Kohlen- und Kartoffel-Verkaufsstelle, eine Bäckerei und eine Haushaltungsschule.

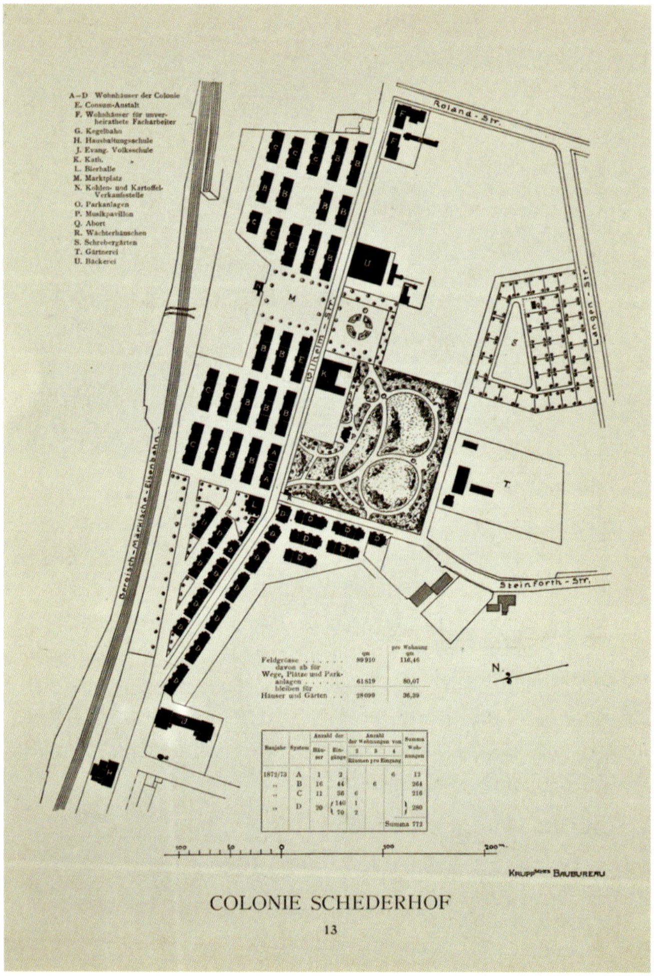

14.3.16

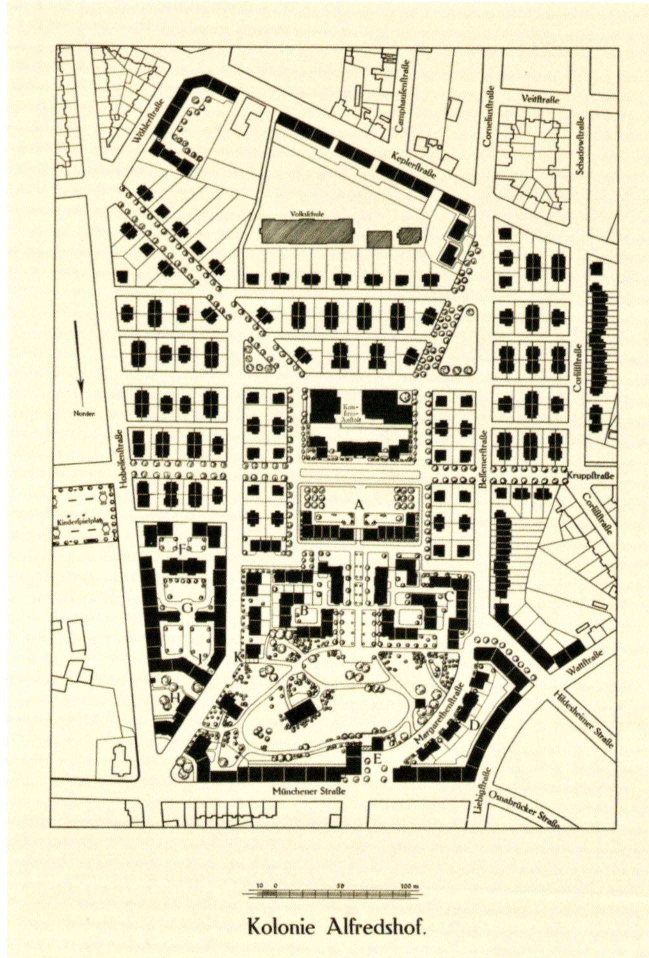

14.3.22

14.3.18

Öffentliche Ausschreibung für den Bau von Wohnungen und einer Konsum-Anstalt in der Kolonie Schederhof

Anzeige im Deutschen Submissionsanzeiger, 1873 | Druck (Reproduktion) | Staatsbibliothek zu Berlin – Preußischer Kulzurbesitz | 4"Ff 4228

14.3.19

Plan der Siedlung Kronenberg

Reproduktion aus: »Wohlfahrtseinrichtungen der Gussstahlfabrik von Fried. Krupp zu Essen a.d. Ruhr«, Buchdruckerei der Gussstahlfabrik von Fried. Krupp, Bd. 2, Essen 1902

14.3.20

Siedlung Kronenberg

Fotografie, vor 1906 | Historisches Archiv Krupp, Essen | WA 16 i 9, 38.2

Baubeginn für die mit fast 1500 Wohnungen bis dahin größte Werkssiedlung Krupps war das Jahr 1872. Die westlich der Gussstahlfabrik errichtete Siedlung war die letzte unter Alfred Krupp gebaute Kolonie. Die bis dahin in den Wohnungsbau investierten großen Summen und die Gründerkrise der 1870er-Jahre zwangen zunächst zur Aufgabe weiterer Bauvorhaben.

14.3.21

Blick über die Arbeiterkolonie Kronenberg auf die Gussstahlfabrik

Fotografie, 1920er-Jahre | Haus der Essener Geschichte / Stadtarchiv

Im Vordergrund ist die Siedlung Kronenberg zu erkennen. Das Foto verdeutlicht die unmittelbare Nähe der Kolonie zur Fabrik und lässt die damit verbundenen Lärm-, Luft- und Dreckbelastungen erahnen.

14.3.22

Überblicksplan, Fotografie und Hausgrundrisse der Siedlung Alfredshof

Reproduktionen aus: »Wohlfahrtseinrichtungen der Fried. Krupp A.G Essen/Ruhr«, Buchdruckerei der Gussstahlfabrik von Fried. Krupp, Bd. 3, Essen/Ruhr 1911

Mit dem Bau der Siedlung Alfredshof nahm Friedrich Alfred Krupp ab 1893 den Werkswohnungsbau wieder auf. In mehreren Bauphasen entstanden 1700 Wohnungen. Anstelle der parallelen Häuserzeilen der frühen Phase entstanden nun einzeln stehende Ein- bis Vierfamilienhäuser. In einer zweiten Bauphase nach 1907 wurden sie durch eine großstädtische Wohnanlage aus dreigeschossigen Wohnblocks ergänzt. Erhalten sind nur noch Teile aus der zweiten Bauphase.

14.3.23

14.3.27

14.3.23

Kolonie Alfredshof

Fotografie, um 1910 | Haus der Essener Geschichte/Stadtarchiv | 951/912

Zu sehen sind Teile der dreigeschossigen Blockbebauung des Alfredshofes, der im Zweiten Weltkrieg zerstört wurde. Namensgeber der Siedlung war Alfred Krupp.

14.3.24

Plan der Kolonie Altenhof I

Reproduktion aus: »Wohlfahrtseinrichtungen der Gussstahlfabrik von Fried. Krupp zu Essen a.d. Ruhr«, Buchdruckerei der Gussstahlfabrik von Fried. Krupp, Bd. 2, Essen 1902

Zeitgleich mit dem Alfredshof entstand die Kolonie Altenhof I. Ihre geschwungenen Straßenzüge mit einzeln stehenden Häusern ahmen gewachsene dörfliche Strukturen nach. Die Siedlung entstand in zwei Bauphasen zwischen 1893 und 1907.

4.3.25

Ansicht der Siedlung Altenhof

Fotografie, vor 1906 | Historisches Archiv Krupp, Essen | WA 16 i 9.38.9

Die auf größeren Grundstücken im Cottagestil errichteten Häuser mit ihren Verzierungen und Erkern standen in starkem Kontrast zum grauen Fabrikalltag. Gedacht waren die rund 600 Wohnungen als mietfreier Alterswohnsitz für ausgesuchte, verdiente Werksangehörige.

14.3.26

Plan der Siedlung Friedrichshof

Reproduktion aus: »Wohlfahrtseinrichtungen der Gussstahlfabrik von Fried. Krupp zu Essen a.d. Ruhr«, Buchdruckerei der Gussstahlfabrik von Fried. Krupp, Bd. 2, Essen 1902

Diese überwiegend in geschlossener, dreigeschossiger Bauweise errichtete Siedlung bestand aus über 500 Wohnun-

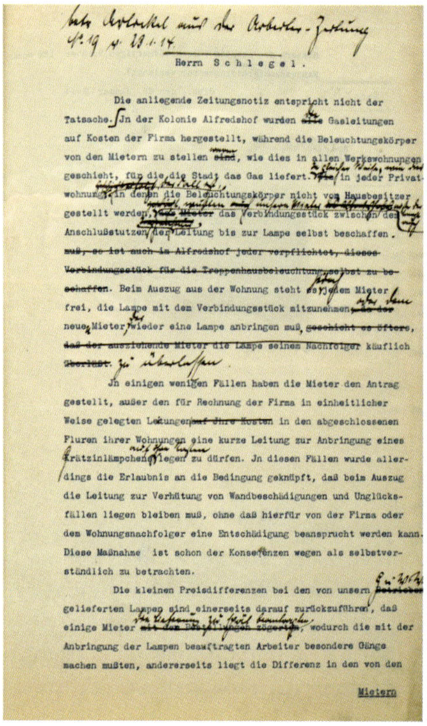

Herrn Schlegel.

Die anliegende Zeitungsnotiz entspricht nicht der Tatsache. Jn der Kolonie Alfredshof wurden ~~die~~ Gasleitungen auf Kosten der Firma hergestellt, während die Beleuchtungskörper von den Mietern zu stellen ~~sind~~, wie dies in allen Werkswohnungen geschieht, für die die Stadt das Gas liefert. ~~Wie~~ in jeder Privatwohnung, in denen die Beleuchtungskörper nicht vom Hausbesitzer gestellt werden, ~~der Mieter~~ das Verbindungsstück zwischen dem Anschlußstutzen der Leitung bis zur Lampe selbst beschaffen. ~~muß, so ist auch im Alfredshof jeder verpflichtet, dieses Verbindungsstück für die Treppenhausbeleuchtung selbst zu beschaffen~~. Beim Auszug aus der Wohnung steht ~~es~~ jedem Mieter frei, die Lampe mit dem Verbindungsstück mitzunehmen, ~~da der~~ neue Mieter wieder eine Lampe anbringen muß, ~~geschieht es öfters, daß der ausziehende Mieter die Lampe seinem Nachfolger~~ käuflich ~~überläßt~~. zu überlassen.

Jn einigen wenigen Fällen haben die Mieter den Antrag gestellt, außer den für Rechnung der Firma in einheitlicher Weise gelegten Leitungen ~~auf ihre Kosten~~ in den abgeschlossenen Fluren ihrer Wohnungen eine kurze Leitung zur Anbringung eines Krätzinlämpchens legen zu dürfen. Jn diesen Fällen wurde allerdings die Erlaubnis an die Bedingung geknüpft, daß beim Auszug die Leitung zur Verhütung von Wandbeschädigungen und Unglücksfällen liegen bleiben muß, ohne daß hierfür von der Firma oder dem Wohnungsnachfolger eine Entschädigung beansprucht werden kann. Diese Maßnahme ist schon der Konsequenzen wegen als selbstverständlich zu betrachten.

Die kleinen Preisdifferenzen bei den von unsern ~~Betrieben~~ gelieferten Lampen sind einerseits darauf zurückzuführen, daß einige Mieter ~~mit den Bestellungen zögerten~~, wodurch die mit der Anbringung der Lampen beauftragten Arbeiter besondere Gänge machen mußten, andererseits liegt die Differenz in den von den

Mietern

14.3.30

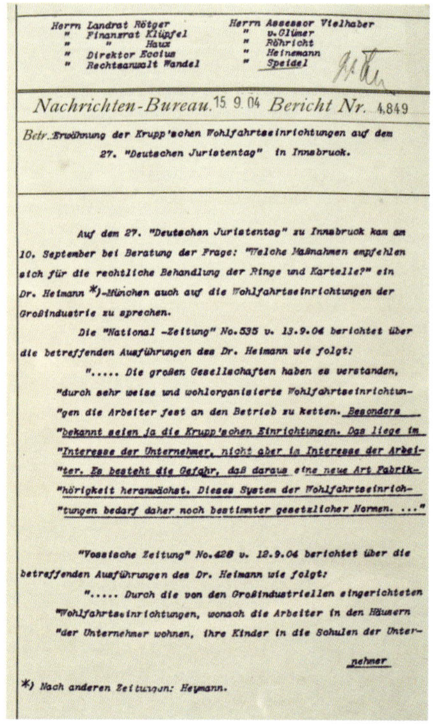

Herrn Landrat Rötger
" Finanzrat Klüpfel
" " Haux
" Direktor Eccius
" Rechtsanwalt Wandel

Herrn Assessor Vielhaber
" v. Glümer
" Röhricht
" Heinemann
" Speidel

Nachrichten-Bureau. 15. 9. 04 Bericht Nr. 4,849

Betr.: Erwähnung der Krupp'schen Wohlfahrtseinrichtungen auf dem 27. "Deutschen Juristentag" in Innsbruck.

Auf dem 27. "Deutschen Juristentag" zu Innsbruck kam am 10. September bei Beratung der Frage: "Welche Maßnahmen empfehlen sich für die rechtliche Behandlung der Ringe und Kartelle?" ein Dr. Heimann *)-München auch auf die Wohlfahrtseinrichtungen der Großindustrie zu sprechen.

Die "National-Zeitung" No. 535 v. 13.9.04 berichtet über die betreffenden Ausführungen des Dr. Heimann wie folgt:

"..... Die großen Gesellschaften haben es verstanden, "durch sehr weise und wohlorganisierte Wohlfahrtseinrichtun-"gen die Arbeiter fest an den Betrieb zu ketten. Besonders "bekannt seien ja die Krupp'schen Einrichtungen. Das liege im "Interesse der Unternehmer, nicht aber im Interesse der Arbei-"ter. Es besteht die Gefahr, daß daraus eine neue Art Fabrik-"hörigkeit heranwächst. Dieses System der Wohlfahrtseinrich-"tungen bedarf daher noch bestimmter gesetzlicher Normen. ..."

"Vossische Zeitung" No. 428 v. 12.9.04 berichtet über die betreffenden Ausführungen des Dr. Heimann wie folgt:

"..... Durch die von den Großindustriellen eingerichteten "Wohlfahrtseinrichtungen, wonach die Arbeiter in den Häusern "der Unternehmer wohnen, ihre Kinder in die Schulen der Unter-

nehmer

*) Nach anderen Zeitungen: Heymann.

14.3.31

gen und lag im Süden der Gussstahlfabrik. Erbaut wurde sie in zwei Bauabschnitten zwischen 1899 und 1906. Der zweite Bauabschnitt ab 1904 umrahmte die Häuser der ersten Bauphase mit langen, u-förmig angelegten Wohnblöcken.

14.3.27

Siedlung Friedrichshof

Fotografie, um 1910 | Ruhr Museum, Essen | 62 KR

14.3.28

»Mietbestimmungen und Hausordnung für die Kruppschen Werkswohnungen in Essen«

Fried. Krupp Aktiengesellschaft, Januar 1940 | Druck, Papier, Karton | 15 x 10,5 cm | Privatbesitz Jürgen Maszun

14.3.29

»Einiges von den alten Kruppschen Arbeiter-Invaliden«

Zeitungsartikel, in: Allgemeiner Beobachter Nr. 257, 31. Oktober 1903 | Druck, Papier, ausgeschnitten und aufgeklebt | 22,8 x 20 cm | Historisches Archiv Krupp, Essen | WA 153 v 907

In Form eines fiktiven Gespräches wird ein äußerst kritischer Blick auf die Wohnungspolitik der Krupp'schen Fabrik geworfen und der Altenhof als Reklamehof bezeichnet. Er biete nur vergleichsweise wenigen Pensionären eine Wohnung und sei hauptsächlich aus werbewirksamen Zwecken errichtet worden.

14.3.30

Entwurf einer Stellungnahme der Gussstahlfabrik auf einen Artikel der Arbeiter-Zeitung vom 23. Januar 1914

Essen, 26. Januar 1914 | Schreibmaschinendurchschrift mit handschriftlichen Korrekturen, Papier, 2 Seiten | 33 x 20 cm | Historisches Archiv Krupp, Essen | WA 153 v 907

In dem Zeitungsbericht wurde der Vorwurf erhoben, dass Mieter der Kolonie Alfredshof die Herstellung der Gasleitungen für die Beleuchtung selbst bezahlen müssten. Der Artikel und der prompte Einspruch der Gussstahlfabrik zeigen, mit welch kritischer Aufmerksamkeit die Krupp'sche Wohnungspolitik beobachtet wurde und wie sensibel die Firma auf öffentliche Kritik reagierte.

14.3.31

Bericht zu Zeitungsmeldungen über die Krupp'schen Wohlfahrtseinrichtungen

Nachrichten-Bureau der Gussstahlfabrik, Essen, 15. September 1904 | Vordruck mit Schreibmaschinendurchschrift, Papier, 2 Seiten | 33 x 20 cm | Historisches Archiv Krupp, Essen | WA 153 v 907

Auf dem »Deutschen Juristentag« in Innsbruck am 10. September 1904 war mit konkretem Bezug auf Krupp die Einschätzung vertreten worden, dass die Wohlfahrtseinrichtungen im »Interesse der Unternehmer, nicht aber im Interesse der Arbeiter« lägen. National-Zeitung und Vossische Zeitung hatten den Vorwurf verbreitet, durch die betrieblichen Sozialeinrichtungen entstünde die Gefahr einer »neuen Art Fabrikhörigkeit«.

14.4. Konsum-Anstalt

Die rasante Zuwanderung ließ nicht nur die Wohnungsnot, sondern auch die Lebensmittelpreise steigen. Eine Reaktion darauf war die Gründung von Genossenschaften, die durch Bündelung der Nachfrage günstige Einkaufspreise zu erzielen suchten. In Preußen wuchs ihre Zahl von 33 im Jahr 1862 auf fast 300 Mitte der 1870er-Jahre. 1868 übernahm Krupp einen Konsumverein, der 1865 von Meistern der Gussstahlfabrik gegründet worden war, und baute ihn zu einem Teil seines Wohlfahrtssystems aus. In jeder Siedlung entstand eine Verkaufsstelle, und bald war die Konsum-Anstalt aus Stadtbild und täglichem Leben nicht mehr wegzudenken. Kurz vor dem Ersten Weltkrieg beschäftigte sie rund 1400 Mitarbeiter, häufig aus Kruppfamilien, und setzte etwa 40 Millionen Mark um. Präsenz und Angebot – Lebensmittel, Kleidung, Kolonial- und Eisenwaren sowie Möbel – waren umfassend. Zudem verfügte man über eine Bäckerei, eine Schneiderei, eine Schlachterei und eine Mühle.

Krupps erklärtes Ziel war es, »Arbeitskraft zuverlässiger und billiger zu haben und dennoch unsere Leute besser gestellt zu sehen als irgendwo anders wo höhere Löhne bezahlt werden …«. Außerdem sollte den Autonomiebestrebungen von Genossenschaften Einhalt geboten werden. Durch Nähe und günstige Preise, aber auch durch ein Rabattsystem mit Gewinnbeteiligung band man die Kunden. In den Läden musste bar bezahlt werden, Anschreiben war nicht erlaubt. Kritiker warfen Krupp vor, nicht nur an der Arbeitskraft der Arbeiter, sondern auch an der Bestreitung ihres Lebensunterhalts verdienen zu wollen. Das Kaufverhalten der Arbeiter beeinflusste diese Kritik aber nicht, wie die Umsatzzahlen belegen.

1874 wurde am Ostfeld die erste zentrale Verkaufsstelle – »Bazar« genannt – eröffnet, die erstmalig in Deutschland den Verkauf aller Waren unter einem Dach zusammenfasste. Das Ziel, den Reallohn zu steigern und nicht vorrangig Gewinne zu erzielen, gab der Konsum-Anstalt trotz der Verluste durch die Wirtschaftskrise der 1870er-Jahre eine gewisse Krisenfestigkeit. Ab den 1880er-Jahren nahm der Ausbau wieder zu und 1914 verfügte man über 88 Verkaufsstellen. Ursprünglich nur für Werksangehörige zugelassen, hatte sich die Konsum-Anstalt 1877 von einer Sozialeinrichtung in ein offenes Kaufmannsgeschäft gewandelt. 20 Jahre später führten Bemühungen des Einzelhandels dazu, dass der Verkauf der zum dezentralisierten Großbetrieb entwickelten Konsum-Anstalt wieder auf Werksangehörige beschränkt wurde.

In den 1920er-Jahren setzte man auf Modernisierung. Während andere Konsumvereine nach 1933 von der Arbeitsfront übernommen wurden, bewahrte der »Krupp'sche Konsum« seine Eigenständigkeit. Ende der 1950er-Jahre eröffnete Krupp Selbstbedienungsläden. Die zentrale Verkaufsstelle zog in einen Neubau am Limbecker Platz, der jedoch zehn Jahre später an das Kaufhaus Quelle verkauft wurde. Trotz Schließung unrentabler und Vergrößerung verbleibender Filialen sowie positiver Bilanz trennte sich Krupp 1973 von der Konsum-Anstalt. Der Verkauf an die Coop-Konsumgenossenschaft beendete eine Ära Essener Geschichte. FK

14.4.2

14.4.4

14.4.1

»Verkaufstelle 1 der Consum-Anstalt«

Fotografie | um 1890 | Stadtbildstelle Essen | b31b

In den 1870er-Jahren existierten zwölf Verkaufsstellen, in denen 266 Personen – meist aus Krupp'schen Familien – arbeiteten. 1914 waren es 88 Filialen mit rund 1400 Mitarbeitern und einem Umsatz von ca. 40 Millionen Mark.

14.4.2

Zentralverkaufsstelle der Krupp Konsum-Anstalt

Photogr. Atelier der Gussstahlfabrik, um 1900 | Ovalbild, Papier | 20,2 x 24,6 cm | Historisches Archiv Krupp; WA 16 i 9, 24.38

1862 übernahm die Firma einen von Werksangehörigen sieben Jahre zuvor gegründeten, in Zahlungsschwierigkeiten geratenen Konsumverein. Im Juli 1874 wurde neben den 56 Essener Filialen eine Zentralverkaufsstelle – im Volksmund »Bazar« genannt – in der Nähe des Fabrikeingangs an der Altendorfer Straße eröffnet.

14.4.3

Grundriss der »Central-Verkaufsstelle für Colonial-, Manufactur, Schuh-, und Eisenwaaren und Hausgeräthe an der Ostfeldstrasse«

Reproduktion aus: »Wohlfahrtseinrichtungen der Gussstahlfabrik von Fried. Krupp zu Essen a.d. Ruhr«, Buchdruckerei der Gussstahlfabrik von Fried. Krupp, Bd. 2, Essen 1902, S. 200 f.

Kurz nach der Eröffnung 1874 wurde das Angebot um Möbel ergänzt. Neu in Deutschland war der Verkauf verschiedener Warengruppen unter einem Dach im Gegensatz zum Vertrieb in verschiedenen Spezial-Filialen – ein Angebot, das später in den großen Warenhäusern üblich wurde.

14.4.4
Zentral-Verkaufsstelle der Konsum-Anstalt am Ostfeld
Fotografie, 1952 | Historisches Archiv Krupp, Essen | S 2 FK 8.9/8+1

14.4.5
Im Hauptverkaufsraum der Zentral-Verkaufsstelle
Fotografie, um 1900 | Papier | 7,6 x 7 cm | Historisches Archiv Krupp, Essen | WA 16 i 9.21. l 4

14.4.6
Textilabteilung der Krupp'schen Konsum-Anstalt
Fotografie, um 1900 | Historisches Archiv Krupp, Essen | WA 16 i 9.21. l 2
Weibliche Angehörige der Arbeiter konnten in der Konsum-Anstalt Nähmaschinen zum Einkaufspreis erwerben und wurden unentgeltlich in deren Gebrauch eingewiesen.

14.4.7
Haushaltswarenabteilung der Konsum-Anstalt
Fotografie, um 1900 | Historisches Archiv Krupp, Essen | WA 16 i 9.21. l 3

14.4.8
Krupp'sche Großbäckerei
Fotografie, um 1900 | Reproduktion aus: Fried. Krupp Aktiengesellschaft Essen-Ruhr. Guide through some of the Workmen's Colonies and other Institutions of Krupp Works, Essen 1912
Die Krupp'sche Bäckerei wurde bereits 1858 gegründet. Dieses Datum diente später als Bezugspunkt für das hundertjährige Jubiläum der Konsum-Anstalt. Ziel der Bäckerei war es nach Alfred Krupp, angesichts steigender Lebensmittelpreise die Versorgung seiner Arbeiter mit dem Grundnahrungsmittel Brot sicherzustellen.

14.4.6

14.4.8

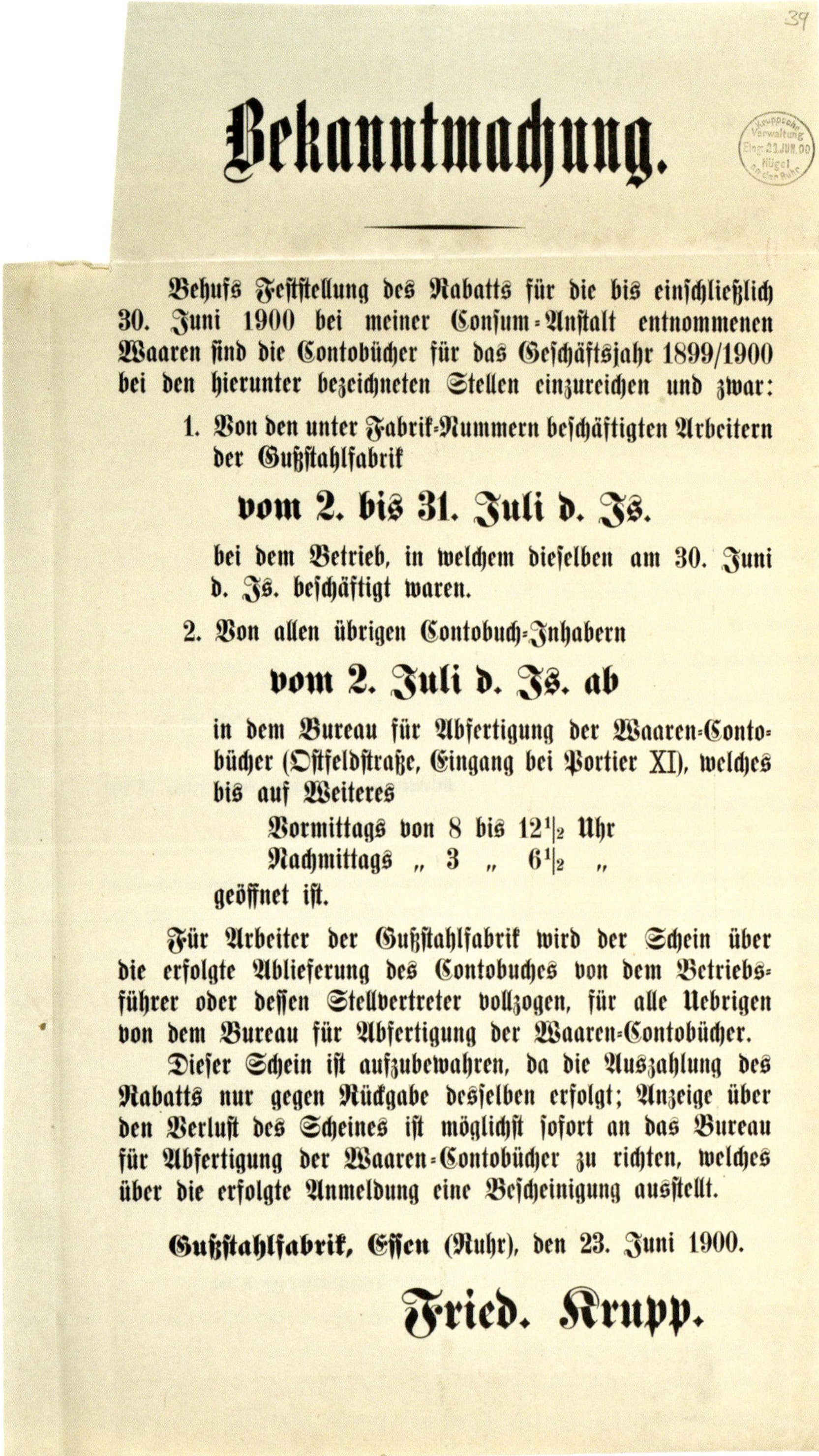

Bekanntmachung.

Behufs Feststellung des Rabatts für die bis einschließlich 30. Juni 1900 bei meiner Consum-Anstalt entnommenen Waaren sind die Contobücher für das Geschäftsjahr 1899/1900 bei den hierunter bezeichneten Stellen einzureichen und zwar:

1. Von den unter Fabrik-Nummern beschäftigten Arbeitern der Gußstahlfabrik

vom 2. bis 31. Juli d. Js.

bei dem Betrieb, in welchem dieselben am 30. Juni d. Js. beschäftigt waren.

2. Von allen übrigen Contobuch-Inhabern

vom 2. Juli d. Js. ab

in dem Bureau für Abfertigung der Waaren-Contobücher (Ostfeldstraße, Eingang bei Portier XI), welches bis auf Weiteres

Vormittags von 8 bis 12½ Uhr
Nachmittags „ 3 „ 6½ „

geöffnet ist.

Für Arbeiter der Gußstahlfabrik wird der Schein über die erfolgte Ablieferung des Contobuches von dem Betriebsführer oder dessen Stellvertreter vollzogen, für alle Uebrigen von dem Bureau für Abfertigung der Waaren-Contobücher.

Dieser Schein ist aufzubewahren, da die Auszahlung des Rabatts nur gegen Rückgabe desselben erfolgt; Anzeige über den Verlust des Scheines ist möglichst sofort an das Bureau für Abfertigung der Waaren-Contobücher zu richten, welches über die erfolgte Anmeldung eine Bescheinigung ausstellt.

Gußstahlfabrik, Essen (Ruhr), den 23. Juni 1900.

Fried. Krupp.

14.4.11

14.4.9

Hausordnung und Vorschriften für das weibliche Verkaufspersonal

»Hausordnung und Vorschriften für das in den Verkaufsstellen der Consum-Anstalt der Krupp´schen Gußstahlfabrik beschäftigte weibliche Verkaufspersonal«, 1. November 1900 | Reproduktion aus: Wohlfahrtseinrichtungen der Gussstahlfabrik von Fried. Krupp zu Essen a.d. Ruhr, Buchdruckerei der Gussstahlfabrik von Fried. Krupp, Bd. 2, Essen 1902

Eine Regel sah vor, dass nur an Werksangehörige verkauft werden durfte. Diese Beschränkung musste 1877 aufgrund gesetzlicher Regelungen aufgehoben werden. Beschwerden des Essener Einzelhandels führten 20 Jahre später aber dazu, dass der Verkauf wieder auf Werksangehörige eingeschränkt werden musste.

14.4.10

Zeitungsartikel der Essener Volkszeitung mit Polemik gegen die Krupp'schen Konsum-Anstalten und Lohnverhältnisse

»Die wirtschaftlichen Mißstände Essens«, in: Essener Volkszeitung, Nr. 106, 10. Mai 1904 | Druck, Papier | 33 x 20 cm | Historisches Archiv Krupp, Essen | WA 153 v 907

14.4.11

Bekanntmachung über die Rabattgewährung

Plakat, 23. Juni 1900 | Druck, Papier | 40 x 21 cm | Historisches Archiv Krupp, Essen | FAH 21/449.39

Die Rabattgewährung war 1889 eingeführt worden. Teile der erwirtschafteten Gewinne der Konsum-Anstalt wurden gegen Vorlage der Rabattbücher, in denen die Einkaufsbeträge eingetragen worden waren, zum Jahresende an deren Besitzer ausgezahlt – eine auch später nicht unübliche Methode zur Kundenbindung. 1934 wurde den Werkskonsumanstalten die Rabattgewährung untersagt.

14.4.16

1882 wurde in Essen die Abteilung Weinvertrieb eröffnet, für die zwei Jahre darauf ein moderner Weinkeller gebaut wurde.

14.4.15

14.4.14

14.4.12
Bekanntmachung über die Ausgabe von Einkellerkartoffeln
Plakat, 1939 | Druck, Papier | 29,5 x 42 cm | Historisches Archiv Krupp, Essen | S 18/16

14.4.13
Heft der Krupp'schen Weinkellerei mit Weinpreisliste
Fried. Krupp Grafische Anstalt, Essen, Gestaltung: Karl Monzlinger, Nr. 25 vom 12. November 1958 | Druck, Papier | 17 x 12 cm | Ruhr Museum, Essen | 2003/30.29

14.4.14
Werbeanzeige der Krupp'schen Konsum-Anstalt
Rückseite der Zeitschrift »Wirtschaft und Leben in Essen«, Ausg. 1960/61 | Papier, Karton | 29,5 x 20,5 cm | Ruhr Museum, Essen

14.4.15
Werbeplakat der Konsum-Anstalt
1960er-Jahre | Druck, Papier | 41,5 x 58,5 cm | Historisches Archiv Krupp, Essen | S 18/227

14.4.16
Bilderfolge: Außen- und Innenansichten von Verkaufsstellen der Konsum-Anstalt
mit Abbildungen aus: »Konsum-Anstalt Fried. Krupp AG«, hg. von der Grafischen Anstalt der Friedrich Krupp AG, Essen, um 1928 | Historisches Archiv Krupp, Essen | S 2 FK 8.9/49

14.4.20

14.4.17
Konsum-Anstalt der Krupp'schen Gussstahlfabrik auf der Margarethenhöhe
Fotografie, 1920er-Jahre | Historisches Archiv Krupp, Essen | S 2 FK 8.9/8+1
Das 1913 eröffnete Gebäude mit einer Kolonial-, Manufaktur- und Fleischwarenverkaufsstelle wurde von dem Architekten der Margarethenhöhe, Georg Metzendorf, entworfen.

14.4.18
Kaufhaus Krupp am Limbecker Platz
Fotografie, 1962 | Historisches Archiv Krupp, Essen | WA 16 i 25
Das Kaufhaus, der Nachfolgebau für die Zentralverkaufsstelle am Ostfeld, wurde am 2. November 1962 eröffnet. Nur wenige Jahre später trennte sich Krupp von diesem Gebäude durch Verkauf an die Warenhauskette Quelle. Man beschränkte sich auf die Filialen, die modernisiert und neuen Trends angepasst wurden. Trotz schwarzer Zahlen verkaufte Krupp 1973 die noch verbliebenen Filialen der ehemaligen Konsum-Anstalt an die coop-Konsumgenossenschaft Essen-Duisburg.

14.4.19
Wegweiser durch das Kaufhaus Krupp
»Wegweiser durch unser Haus Essen Limbecker Platz. Konsum Anstalt Fried. Krupp von A bis Z«, 1960er-Jahre | Leporello, Papier | 15 x 10,5 cm, aufgeklappt 42 cm | Historisches Archiv Krupp, Essen | S 2 FK 8.9/22

14.4.20
Plakat der Konsum-Anstalt
P. Krüger, Graphische Anstalt der Fried. Krupp A. G. Essen, um 1930 | Druck, Papier | 69,3 x 51,2 cm | Deutsches Plakatmuseum, Essen | 21.855

14.4.21
Warenmarke der Konsum-Anstalt für zwei Kilogramm Brot
Aluminium | Dm 3,2 cm, H 0,13 cm | Ruhr Museum Essen | MZ 52
Die Vorderseite trägt die geprägte Inschrift »Krupp Essen« in einem Perlkreis; auf der Rückseite steht, ebenfalls in einem Perlkreis: »Konsum 2 kg Brot«.

14.4.21

14.4.22
Rabattmarken über 1 DM der Krupp'schen Konsum-Anstalt
1948 | Papier | je 2 x 2,5 cm | Ruhr Museum, Essen | 369a/96, 369b/96, 369c/96

14.4.18

14.4.23

Papiergeldscheine der Konsum-Anstalt

Fried. Krupp AG, Konsum-Anstalt, 1916ff. | Ruhr Museum, Essen | 1953-31

Der Ursprung der Krupp'schen Papiergeldscheine geht zurück auf das Jahr 1916. Weil Kupfer ein kriegswichtiges Metall war, stellte das Reich die Prägung kupferner 1- und 2-Pfennigstücke ein. Zur Deckung des Kleingeldbedarfs wurden mit Erlaubnis der Regierung Papiermarken als Ersatz gedruckt – so auch bei der Konsum-Anstalt der Gussstahlfabrik.

14.4.24

14.4.22

14.4.23

14.4.24

Belegschaft der Filiale der Konsum-Anstalt an der Frillendorfer Straße

2 Fotografien, um 1950/53 | Papier | je 10 x 13 cm | Privatbesitz Ursula Buss

14.4.25

Rechnung »Porzellan & Haushaltswaren Nr.1«

1950er-Jahre | Druck, Papier | 14,2 x 10 cm | Ruhr Museum, Essen | FR13/03/30

14.4.26

Rechnung der Konsum-Anstalt über ein Metallbett

2. Juli 1954 | Papier | 30 x 21 cm | Privatbesitz Ingrid Augst

14.4.27

Kaufschein der Konsum-Anstalt über Kleidungsstücke

27. Juli 1957 | Papier | 30 x 21 cm | Privatbesitz Ingrid Augst

14.4.28

Prädikatssekt der Krupp'schen Weinkellerei, Essen (Flasche mit Inhalt)

1970er-Jahre | Glas, Kork, Papier, Sekt | H 32 cm, Dm 8 cm | Historisches Archiv Krupp, Essen | S 10/66

14.4.29

Riesling Spätlese, Krupp'sche Weinkellerei, Essen (Flasche mit Inhalt)

1970er-Jahre | Glas, Kork, Papier, Wein | H 31,5 cm, Dm 7 cm | Historisches Archiv Krupp, Essen | S 10/76

14.4.30

Untersetzer mit Werbung für »K-Kaffee« der Konsum-Anstalt

1960er-Jahre | Karton | Dm 27 cm Historisches Archiv Krupp, Essen | S 10/27

14.4.32

14.4.28

14.4.31

Kleiderbügel »Konsum-Anstalt Fried. Krupp A.G.; Abt. Manufaktur-Schuh- & Haushaltwaren«

1930er-Jahre | Holz und Metall |
H 17,5 cm, B 42 cm, T 1 cm |
Ruhr Museum, Essen | 1987/19 98/19

14.4.32

Einkaufstüte der Krupp'schen Konsum-Anstalt

um 1975 | Kunststoff | 44,5 x 31 cm |
Historisches Archiv Krupp, Essen |
S 10/220

14.4.33

Filmstation: Die Konsum-Anstalt

Zusammenstellung: Paul Hofmann, Kinemathek im Ruhrgebiet, Duisburg, 2012

a) Fassade der Krupp'schen Konsum-Anstalt am Limbecker Platz
aus: »Krupp heute – Menschen und Werk«, 1958

b) Außen- und Innenaufnahmen der Krupp'schen Konsum-Anstalt am Limbecker Platz, um 1928
aus: »Praktischer Dienst an der deutschen Landwirtschaft«, 1928, Fragment

c) Moderner Selbstbedienungsladen im Nuebau am Linbecker Platz, 1962
aus: »Krupp '62 – dokumentation und rückblick«

a–c) Historisches Archiv Krupp, Essen

15. Kruppianer von der Wiege bis zur Bahre – Firmenzugehörigkeit und Firmentreue

Der Begriff des »Kruppianers« lässt sich erstmals zu Beginn der 1890er-Jahre nachweisen; eine Breitenwirkung entfaltete er aber erst nach der Jahrhundertwende, insbesondere in den 1920er-Jahren. Vorläufer der Kruppianer war die zunächst nur kleine Stammarbeiterschaft, deren Aufbau sehr früh von Alfred Krupp betrieben wurde, um insbesondere die Qualität der Produktion sichern zu können.

Kruppianer zu sein bedeutete, im Durchschnitt mehr zu verdienen als Arbeiter in anderen Betrieben der Stahlindustrie. Die Arbeitsplätze galten als relativ sicher. Man konnte eine Werkswohnung, Kranken- und Altersversorgung sowie ein breites Spektrum betrieblicher Wohlfahrtseinrichtungen in Anspruch nehmen. Das Bild der sozialen Absicherung und Versorgung von der Wiege bis zur Bahre – und dies nicht selten über mehrere Generationen – ließ den Kruppianer als etwas Besonderes erscheinen. Ihm wurde nachgesagt, »mit Krawatte und weißem Kragen in die Fabrik zu gehen«, um sich erst dort umzuziehen.

Kruppianer zu sein bedeutete aber mehr. Es war auch der Stolz darauf, in dem größten Industrieunternehmen Deutschlands zu arbeiten und Qualitätsprodukte aus hochwertigem Stahl zu fertigen. Die Einbeziehung in den Krupp'schen Kosmos bot die Möglichkeit der Identifikation und Abgrenzung in einer zunehmend unüberschaubaren, perspektivlosen und unsicheren Arbeits- und Lebenswelt. Auch wenn nicht alle daran teilhaben konnten und die Unterschiede zur Welt außerhalb des Firmen-Kosmos gar nicht besonders groß waren, gab es das Bewusstsein des Außergewöhnlichen und der Chance, seine Lebensumstände hier besser als woanders gestalten zu können.

Das »System Kruppianer« war ein unternehmerisch gesteuertes Projekt. Sein Erfolg beruhte auf dem Bedürfnis vieler Beschäftigter nach Identifikation und auf der Ähnlichkeit zu proletarischen Lebensformen im Ruhrgebiet des 19. Jahrhunderts. Diese abgeschlossenen politischen, religiösen und weltanschaulichen Milieus waren durch eine enge Verzahnung von Arbeits- und Lebenswelt gekennzeichnet. Ihre Integrationskraft stieß jedoch durch die Massenzuwanderung zunehmend an ihre Grenzen. Die Kruppianer-Identität erfüllte hier eine neue soziale Bindungsfunktion.

In den 1920er-Jahren setzte eine Erosion dieser Milieus ein, die sich dann in den 1950er-Jahren zunehmend auflösten. Die weltanschaulich, landsmannschaftlich und betrieblich geprägte Bevölkerung des »alten Ruhrgebiets« wandelte sich zu einer soziokulturell und politisch eher einheitlich geprägten Arbeiterbevölkerung. Der Ausbau des staatlichen Sozialsystems drängte die betriebliche Sozialfürsorge zurück. Aus Privilegien wurden rechtsstaatliche Leistungen.

Diese allgemeine Entwicklung wurde bei Krupp durch die Stilllegung traditioneller Produktionsbereiche, Internationalisierung und Beteiligung ausländischen Kapitals begleitet. Der Sozialtypus des Kruppianers verschwand Schritt für Schritt. Geblieben ist oft nur die Erinnerung an eine umfassende Absicherung und Versorgung durch den Konzern. In ihr zeigt sich die noch immer vorhandene Strahlkraft des Mythos Krupp. FK

15.1. Konstruktion einer Werksgemeinschaft

Alfred Krupp suchte die Arbeiter durch Wohlfahrtseinrichtungen und mit dem Generalregulativ von 1872, in dem er Grundprinzipien der Firmenführung und gegenseitige Rechte und Pflichten des Firmeninhabers und der Beschäftigten niederschrieb, an die Fabrik zu binden. In den 1890er-Jahren trat die Fabrik in eine bis dahin unerreichte Wachstumsphase. Friedrich Alfred Krupp erweiterte die Maßnahmen seines Vaters durch die Gründung von Vereinen, wie z. B. den Krupp'schen Bildungsverein, und die Einrichtung einer Bücherhalle. Der für die Schwerindustrie typische Betriebspaternalismus verlor aber weiter an Bindungskraft. Mit dem Tod Friedrich Alfred Krupps und dem Fehlen eines männlichen Erben fiel ein weiteres Moment der Arbeiterbindung aus. Neue Strategien der Selbstwert- und Zugehörigkeitserfahrungen waren erforderlich.

Bis dahin hatte das patriarchalische System auf der Basis von Treuepflicht einerseits und Sorgepflicht andererseits funktioniert. Disziplinierung und Privilegierung sowie vielfältige Bildungs- und Freizeitangebote erschienen aber angesichts der explosionsartig wachsenden Belegschaftszahlen als unzureichend. Unter Gustav Krupp wurde deshalb eine Neuorientierung in der Beschwörung der Interessengemeinschaft von Arbeitern und Werk gefunden. Diese Strategie war ein Gegenentwurf zum Klassendenken der Arbeiterbewegung, was sowohl Verlautbarungen der Geschäftsführung als auch die zeitliche Nähe zu den sozialdemokratischen Reichstagswahlsiegen im Jahr 1912 belegen. Sie war durchaus erfolgreich. So konstatierte der Deutsche Metallarbeiterverband: »Der Krupp'sche Arbeiter war im Allgemeinen nur in den ersten fünf Jahren seiner Werksangehörigkeit bereit, in besonderen Fällen seine Interessen zu vertreten.«

Die Propagierung einer Werksgemeinschaft, die Anknüpfungspunkte für die Gefolgschaftsideologie der Nationalsozialisten bot, griff auf die Stilisierung von Werksmythen zurück und wurde durch die Parallelität des Aufstiegs von Krupp und des Aufstiegs Deutschlands zu einer führenden Industrienation befördert. Die Traditionsbildung wurde dadurch erleichtert, dass es sich bei Krupp um ein altes Familienunternehmen handelte – ein Leitbild, das auch in den unteren Rängen der Belegschaft Akzeptanz finden konnte. Zum Werkzeug wurde eine der ersten Werkzeitschriften, die – nach einem Vorläufer des Krupp'schen Bildungsvereins mit dem Titel »Nach der Schicht« – ab Januar 1910 erscheinenden »Kruppschen Mitteilungen«. Sie funktionierten quasi als betriebliches »Amtsblatt«, hatten aber auch das Ziel, »das Gefühl der Zusammengehörigkeit unter den Werksangehörigen zu wecken, zu erhalten und zu stärken«.

Die Werksgemeinschaft war ein Deutungsangebot, das vorgab, die Unterschiede zwischen Arbeitern, Meistern, unteren und oberen Angestellten zu nivellieren. Diese bestanden aber nicht nur fort, sondern wurden durch die Gründung und Förderung von Vereinen sogar noch gefestigt. Nach wie vor bildete ein hierarchisches System, in Kombination mit der patriarchalischen Sozialfürsorge, die Grundlage der Krupp'schen Arbeiterpolitik. FK

15.1.2

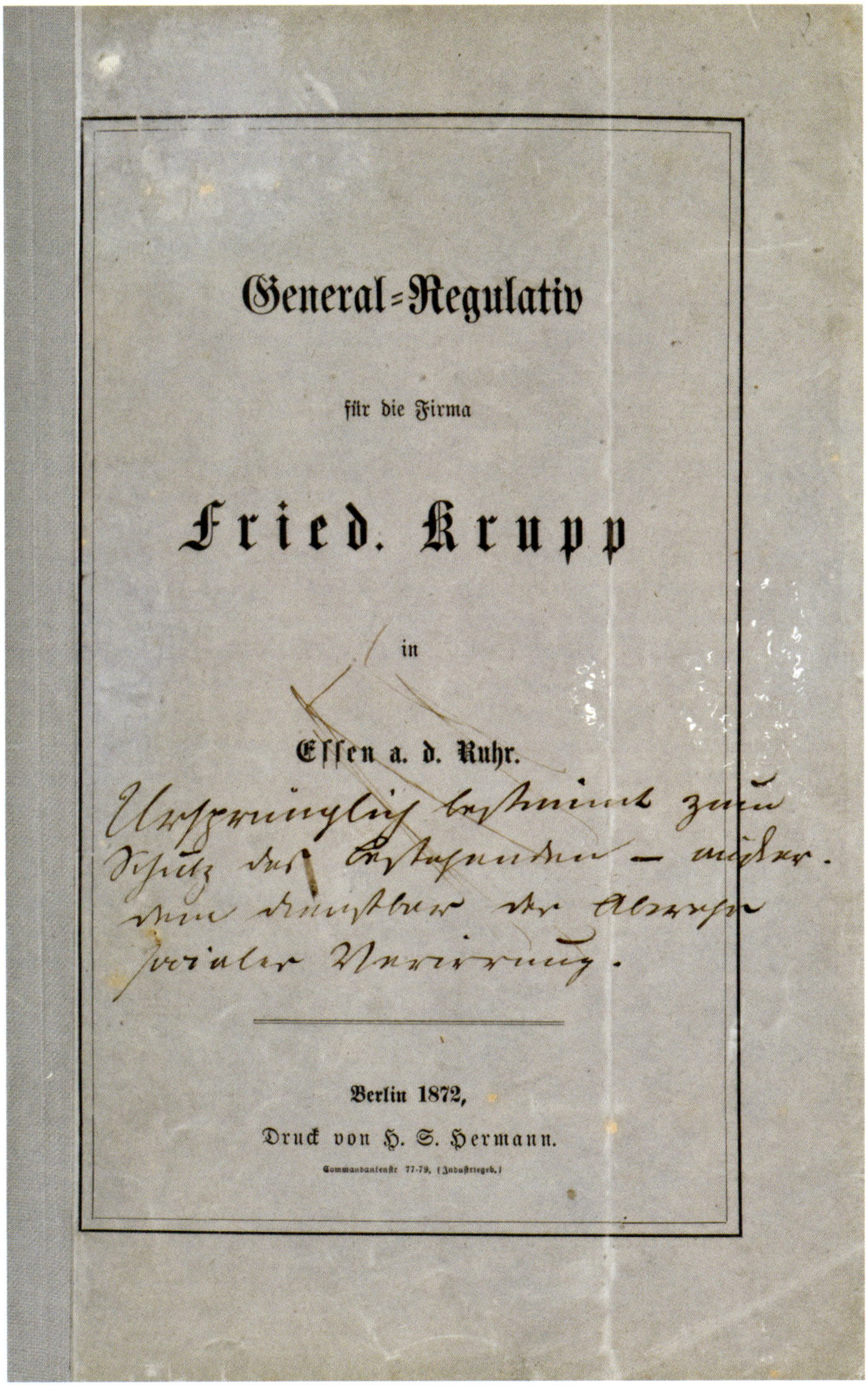
General-Regulativ

für die Firma

Fried. Krupp

in

Essen a. d. Ruhr.

Ursprünglich bestimmt zum Schutz des Bestehenden – außerdem dienstbar der Abwehr socialer Verirrung.

Berlin 1872,

Druck von H. S. Hermann.

15.1.1

Abschrift eines »Circulars« betreffend die Ausgabe des General-Regulativs

2. Oktober1872 | Papier | 30 x 21 cm | Historisches Archiv Krupp, Essen | WA 4/1493.137

15.1.2

»General-Regulativ für die Firma Fried. Krupp in Essen a.d. Ruhr«

Verlag H.S. Hermann, Berlin, 1872, Deckblatt mit handschriftlicher Widmung Alfred Krupps: »Ursprünglich bestimmt zum Schutz des Bestehenden – außerdem dienstbar der Abwehr socialer Verirrung« | Druck, Papier, Pappe, Kunststoff, 22 Seiten | 23 x 14,5 cm | Historisches Archiv Krupp, Essen | FAH 2 B 305.1

Ein erstes »Reglement für die Fabrik-Arbeiter« hatte Alfred Krupp bereits 1836 in einem Notizbuch festgehalten: »Jeder Arbeiter muß treu und unbedingt folgsam sein, sich in und außerhalb der Fabrik anständig betragen, pünktlich die Arbeitsstunden halten und durch seinen Fleiß beweisen, dass er die Absicht hat, zum Nutzen der Fabrik zu arbeiten. Wer das befolgt, hat zu erwarten, dass er, dem Werth der Arbeit nach auch Lohn erhält.«

Das General-Regulativ von 1872 beinhaltete eine Organisationsstruktur für das Unternehmen sowie gegenseitige Rechte und Pflichten der Arbeitgeber und -nehmer. Die 72 Paragraphen befassten sich ausgedehnt mit den Wohlfahrtseinrichtungen, aber auch mit den Verpflichtungen der Arbeiter, und sie enthielten eine explizite Warnung vor »Untreue und Verrat«. Zudem wurden die Zuständigkeiten und Funktionen der Prokura bis ins Detail geregelt.

15.1.3

Album mit Porträtfotos Krupp'scher Arbeiter und Beamter

1873 | Karton, geprägter Ledereinband, Goldschnitt, Papier | 48,5 x 41,5 x 5 cm | Historisches Archiv Krupp, Essen | FAH 2 H 29a + 29b

Als Geschenk zum 25-jährigen Jubiläum der Alleinübernahme der Firma 1873 wurden für Alfred Krupp in acht Fotoalben 716 Brustbilder von Fabrikbeamten und -angestellten und in zehn Alben 738 Arbeiterporträts angefertigt. Ungeachtet der seriellen Aufnahmen blieb der Rangunterschied zwischen Beamten und Arbeitern durch die Unterteilung in Alben gewahrt. Im Stil von Familienalben angelegt, transportieren sie die Idee der Betriebsgemeinschaft, der Werksfamilie.

Bereits Ende der 1860er-Jahre hatte Alfred Krupp angeregt, Mitarbeiter der Firma »von oben herab bis zu den Meistern und alten Arbeitern« von der Photographischen Anstalt porträtieren zu lassen. Verdienten Werksangehörigen sollte durch solche Alben Anerkennung zuteil werden – ein Ansinnen, das Vorbilder in England und Amerika besaß. Realisiert wurden aber nur die Geschenkalben für den Fabrikherrn. Sie stellen eine Momentaufnahme dar, die noch nicht einmal ein Zehntel der Beschäftigten erfasste, entgegen den Absichten aber nie fortgeführt wurde.

15.1.4

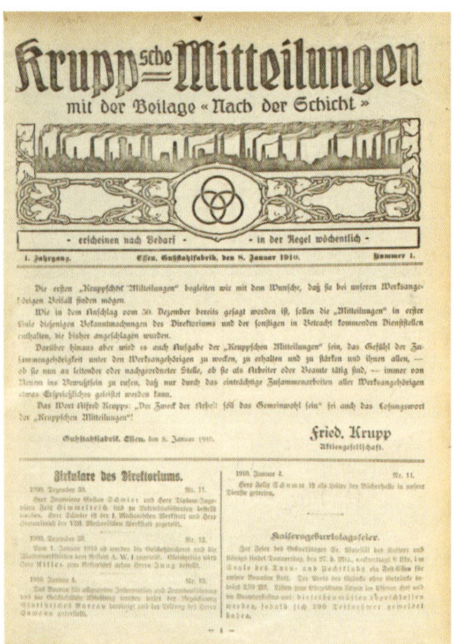

Krupp sche Mitteilungen
mit der Beilage « Nach der Schicht »

- erscheinen nach Bedarf - - in der Regel wöchentlich -

1. Jahrgang. Essen, Gußstahlfabrik, den 8. Januar 1910. Nummer 1.

Die ersten „Kruppschen Mitteilungen" begleiten wir mit dem Wunsche, daß sie bei unseren Werksangehörigen Beifall finden mögen.

Wie in dem Anschlag vom 30. Dezember bereits gesagt worden ist, sollen die „Mitteilungen" in erster Linie diejenigen Bekanntmachungen des Direktoriums und der sonstigen in Betracht kommenden Dienststellen enthalten, die bisher angeschlagen wurden.

Darüber hinaus aber wird es auch Aufgabe der „Kruppschen Mitteilungen" sein, das Gefühl der Zusammengehörigkeit unter den Werksangehörigen zu wecken, zu erhalten und zu stärken und ihnen allen, — ob sie nun an leitender oder nachgeordneter Stelle, ob sie als Arbeiter oder Beamte tätig sind, — immer von Neuem ins Bewußtsein zu rufen, daß nur durch das einträchtige Zusammenarbeiten aller Werksangehörigen etwas Ersprießliches geleistet werden kann.

Das Wort Alfred Krupps: „Der Zweck der Arbeit soll das Gemeinwohl sein" sei auch das Losungswort der „Kruppschen Mitteilungen"!

Gußstahlfabrik, Essen, den 8. Januar 1910.

Fried. Krupp
Aktiengesellschaft.

Zirkulare des Direktoriums.

Kaisersgeburtstagsfeier.

15.1.4

Erste Ausgabe der »Kruppschen Mitteilungen«

Kruppscher Bildungsverein, Essen, 8. Januar 1910 | Druck (Reproduktion) | 32 x 24 cm | Historisches Archiv Krupp, Essen | S 1 K 22

Die »Kruppschen Mitteilungen«, eine der ersten Werkszeitschriften neuen Typs, fungierten quasi als betriebliches »Amtsblatt«. Zu den Aufgaben der Zeitschrift gehörte es, »das Gefühl der Zusammengehörigkeit unter den Werksangehörigen zu wecken, zu erhalten und zu stärken…«. Die Mitteilungen lösten das vom Kruppschen Bildungsverein seit 1901 herausgegebene Belehrungs- und Erbauungsblatt »Nach der Schicht« ab, das fortan unregelmäßig als Beilage der Kruppschen Mitteilungen erschien.

15.1.5

15.1.5

Festsaal des Beamtenkasinos der Gussstahlfabrik im Weihnachtsschmuck

Fotografie, 1890/99 | 24,5 x 29,6 cm | Historisches Archiv Krupp, Essen | WA 16 i 9,4

15.1.6

Plakette zum 25-jährigen Bestehen des Kasino-Vereins Krupp'scher Beamter

1915 | Bronze | 16,2 x 11,1 cm | Ruhr Museum, Essen | Mz 2136

1890 ließ Friedrich Alfred Krupp ein Beamten-Kasino errichten. Proklamierte Absicht war, »das Gefühl der Zusammengehörigkeit ... zu fördern und selbst Gelegenheit zu haben, mit ihnen in zwanglosem Verkehr zusammenzukommen.« Bestehende Unterschiede und strenge Hierarchien zwischen Arbeitern, unteren und höheren Angestellten wurden von Seiten der Firmenleitung jenseits des Werksgemeinschaftsgedankens durch die Förderung spezieller Einrichtungen für die unterschiedlichen Kategorien der Beschäftigten gestärkt.

Die Plakette zeigt unter einer Flammenschale die Inschrift »Kasino-Verein Kruppscher Beamten 1890–1915«, flankiert von jeweils einem Drei-Ringe-Symbol.

15.1.7

»Schiller Gedichte«

Weihnachtsgabe des Nationalen Arbeiter-Vereins Werk Gruppe Essen, 1909 | Papier, Karton | 16,4 x 11,5 x 1,8 cm | Ruhr Museum, Essen

Der Nationale Arbeiter-Verein Werk Gruppe Essen war 1908 von Mitgliedern der Nationalliberalen Partei gegründet worden. Er war wirtschaftsfreundlich und gewerkschaftsfeindlich orientiert und verfolgte das Ziel der »Gesundung des deutschen Arbeiters von der Sozialdemokratie« – eine Haltung, die ihm die Unterstützung der Werksleitung sicherte. Diese versetzte den Verein in die Lage, attraktive Sozialleistungen anbieten zu können.

1913 war der Verein mit über 10.000 Mitgliedern stärker als andere Arbeiterorganisationen bei Krupp. Bei den Wahlen zur Betriebskrankenkasse 1914 konnte der Verein aber nur etwas mehr als 5000 Stimmen erzielen, während die sozialdemokratischen freien Gewerkschaften mit weniger als 3000 Mitgliedern über 11.000 Stimmen gewinnen konnten. Die Zahlen zeigen, dass man die Vorteile einer Mitgliedschaft im Nationalen Arbeiter-Verein gern in Anspruch nahm, seine betriebliche Interessenvertretung aber lieber den sozialdemokratischen oder christlichen Gewerkschaften anvertraute.

15.1.8

Fahne des Deutschen Arbeiter-Bundes, Betriebsgruppe Krupp-Essen

Essen, um 1910 | Seide (blau, gelb), Seidengarn (mehrfarbig), Metallgarn (goldfarben, silberfarben), Rips, bestickt | 103 x 104 cm | Deutsches Historisches Museum, Berlin | Fa 91/1

Der Deutsche Arbeiter-Bund zählte zu den so genannten »gelben« Organisationen, deren Gemeinsamkeit die wirtschaftsfriedliche und gewerkschaftsfeindliche Ausrichtung war. Die Vorderseite der blaugold bestickten Fahne trägt das Motto »Friede ernährt Unfriede verzehrt« sowie die Bezeichnung »Deutscher Arbeiter-Bund, B(etriebs). Gr(uppe) Krupp-Essen«. Die Rückseite fordert auf: »Schließ dich an ans teure Vaterland«.

15.1.9

Fahne der Werksgemeinschaft der Krupp'schen Zechen Hannover und Hannibal in Bochum

1926 | Seide, bemalt, mit schwarz-weißen Fransen | 120 x 120 cm | Deutsches Bergbau-Museum Bochum | 033304398

Die schwarz-weiß-rot gestreifte Vorderseite zeigt neben der Bezeichnung der Werksgemeinschaft ein Eisernes Kreuz, das Krupp-Emblem, die Jahreszahl 1926 sowie das Bergbauzeichen Hammer und Schlägel. Auf der blaugrundigen Rückseite erscheint ein stehender älterer Bergknappe mit Grubenlampe und in Festtracht. Die gelb gestickte Umschrift lautet: »Für Deutschtum, Tapferkeit, Wahrhaftigkeit und Treue«.

15.1.10

»Liederverzeichnis. Gesungen bei Anwesenheit Sr. Maj. Kaiser Wilhelm II. von dem Krupp'schen Gesangverein Gemeinwohl (Dirigent: W. Fröhling) auf dem Hügel am 9. August 1906«

August 1906 | Druck, Papier | 22,8 x 15 cm | Historisches Archiv Krupp, Essen | FAH 4 F 515, S. 169

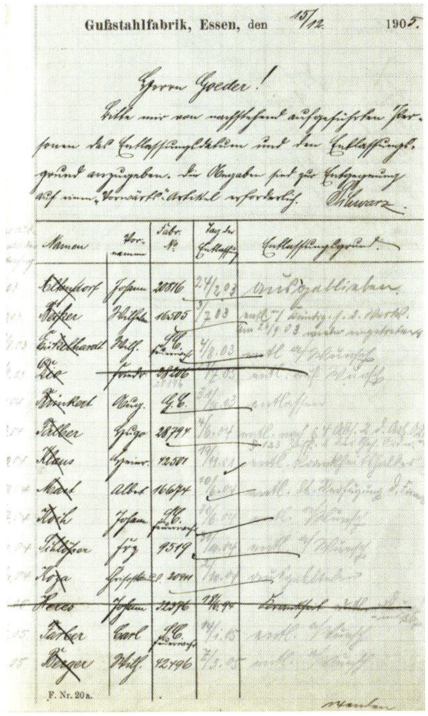
Gußstahlfabrik, Essen, den 15/12 1905.

Herrn Goeder!

15.1.11

15.1.11

Verwaltungsinternes Schreiben über Entlassungen

15. Dezember 1905 | Papier, 2 Seiten | 22 x 13,5 cm | Historisches Archiv Krupp, Essen | WA 153 v 907

Auch Krupp entließ Arbeiter, besonders in Krisenzeiten. Entlassungen in Zeiten der Hochkonjunktur aber, so der nicht unbegründete Verdacht des sozialdemokratischen Parteiorgans »Vorwärts«, waren nicht selten politisch begründet. Demnach suchte die Firmenleitung auf diese Weise sozialdemokratischem und gewerkschaftlichem Engagement oder gar entsprechender Agitation entgegenzuarbeiten. Das Schreiben enthält die Bitte, für eine »Entgegnung« auf einen Artikel des SPD-Organs »Vorwärts« von den in der Liste aufgeführten Personen das Entlassungsdatum und den Entlassungsgrund anzugeben.

15.1.12
Fünf Jubiläumsmedaillen zur Hundertjahrfeier 1912

Hermann Hahn (Graveur), 1912 | Silber | H 6,23 cm, B 3,76 cm, T 0,74 cm | Privatbesitz Ursel Neumann, Dieter Guß, Monika Welsing, Dorothea Schmitz, Tina Stoll

Die Medaille wurde anlässlich der Hundertjahrfeier der Firma Krupp als sichtbares Zeichen der Zugehörigkeit zur Werksfamilie an die Arbeiter verteilt. Die Vorderseite zeigt einen Arbeiter, der mit nackter Brust und Lederschurz vor einem Amboss steht und in der Rechten einen Hammer, in der Linken ein aufgestütztes Schwert hält. Die Rückseite ziert ein Porträt Alfred Krupps. Die Ausgabe der Medaille wurde mit dem Ansinnen verbunden, diese zumindest bei allen Firmen-Veranstaltungen sichtbar zu tragen. Einige Arbeiter bemühten sich sogar bei militärischen Stellen um die Erlaubnis, die Medaille neben ihren militärischen Ehrenabzeichen und Orden bei offiziellen Anlässen tragen zu dürfen.

15.1.13
»Männer Kruppscher Arbeit«

Artikel einer Serie von F.G. Kraft, in: »Nach der Schicht«, Nr. 7, S. 7, vom Januar 1932 | Druck | 36,5 x 24 cm | Historisches Archiv Krupp, Essen | WA 56/38

In einer Serie in der Werkszeitung »Nach der Schicht« wurden besonders verdienstvolle Krupp-Beschäftigte geehrt. Aufgelistet sind Mitarbeiter, die – mit ganz wenigen Ausnahmen – ihr gesamtes Berufsleben im Dienste der Firma verbracht haben. Es handelt sich nahezu ausschließlich um Personen in Leitungspositionen sowie Meister, Aufseher, Schreiber oder Konstrukteure. Alle Geehrten verrichteten Tätigkeiten, die sich nicht durch schwere körperliche Arbeit definierten; Arbeiter aus der unmittelbaren Produktion sucht man in diesem Artikel vergebens.

15.1.12

15.1.14
»Vier Generationen Kruppianer. II. Teil. Die Familie zur Mühlen«

Artikel von F.G. Kraft aus der Krupp Werkszeitschrift, 1939 | Druck, gerahmt | Privatbesitz Margret Nordquist, Salem, USA

Dieses Bild hängt normalerweise im Wohnzimmer von Margret Nordquist, geb. zur Mühlen, in Naperville/USA. Frau Nordquist war, wie Generationen ihrer Familie zuvor, bei Krupp beschäftigt. In den 1950er-Jahren wanderte sie in die Vereinigten Staaten aus.

15.1.15
Begrüßung der neuen Krupp-Lehrlinge in der Villa Hügel

Fotografien, 1964 | Papier | je 14 x 20 cm | Privatbesitz Ursula Bistrich

Zum 150-jährigen Firmenjubiläum verlegte man die Begrüßung der Auszubildenden in die Villa Hügel. Auch in den folgenden Jahren wird dieser feierliche Rahmen beibehalten, so dass »künftigen Kruppianern« von Beginn an ein Gefühl des Besonderen vermittelt wird.

15.1.16
»ThyssenKrupp Inside«

Die Mitarbeiterzeitung von ThyssenKrupp, Ausgabe 04, Dezember 2010 | Druck | 20,9 x 29,7 cm | Ruhr Museum, Essen

Eine Mitarbeiterzeitung – jetzt der Firma ThyssenKrupp – gibt es bis heute. Seit den 1950er-Jahren wird die internationale Ausrichtung und Bedeutung des Konzerns besonders betont.

15.1.15

15.1.17

Verleihung der Krupp-Nadel an den Aufsichtsratsvorsitzenden Berthold Beitz

Fotografie, 6. November 1978 | Historisches Archiv Krupp, Essen | WA 16 l 2 B 50.140

Neben Berthold Beitz sind der Krupp-Vorstandsvorsitzende Heinz Petry und der Vorsitzende des Gesamtbetriebsrats, Herbert Erwin, zu sehen.

15.1.18

Mitgliedsausweise des Krupp'schen Gartenbauvereins

20. Jahrhundert | Papier, Druck | je 6 x 8 cm | Privatbesitz

Die Firma konnte allgegenwärtig sein. Auch Gartenbauvereine gehörten zu ihrem Kosmos.

15.1.19

Krupp-Werksausweise

a) Werksausweis für Dieter Guss, Hammerwerke/Gesenkschmiede Krupp *um 1930/1940 | Blech | 5,5 x 5,5 cm | Privatbesitz Dieter Guß*

b) Werksausweis von Hans Huckel *1955 | Kunststoff | 7,1 x 5,6 cm | Privatbesitz Hans Huckel*

c) Werksausweis für Reinhard Schmitz *Fried. Krupp Hüttenwerke Aktiengesellschaft, 1976 | Karton, Druck | 7,2 x 10,2 cm | Privatbesitz Dorothea Schmitz*

d) Kasino-Karte von Herwig Müther *1980er-Jahre | Kunststoff | 5,5 x 8,5 cm | Historisches Archiv Krupp, Essen | S 10/165*

15.1.19 a

15.1.20

Filmstation: Die Kruppianer

Zusammenstellung: Paul Hofmann, Kinemathek im Ruhrgebiet, Duisburg, 2012

a) Schichtwechsel an Tor 91 *aus: »Vaters Arbeitsplatz im Werk« (30.04.1957)*

b) Rahmenplan zur Stufenausbildung bei Krupp *aus: »Krupp – Dokumentation 1965«*

c) Neue Krupp-Lehrwerkstatt *aus: »Krupp '61 – dokumentation und rückblick«*

d) Neues Krupp-Jugendheim Elkeringhausen / Sauerland, eingeweiht 1962 *aus: »Krupp '62 – dokumentation und rückblick«*

e) Krupp'sche Wohnsiedlungen Altenhof und Margarethenhöhe *aus: »Pioniere der deutschen Technik« (1935)*

f) Jubilarfeier am 1. Mai 1934: Gustav, Bertha und Alfried Krupp von Bohlen und Halbach verleihen die Krupp-Nadeln an die Jubilare *aus: »Krupp – Armament and Politics 1933–1940« (1947)*

g) Jubilarfeier 1961: Rede Alfried Krupp *aus: »Krupp '61 – dokumentation und rückblick«*

h) Jubilarfeier 1963: Rede Alfried Krupp *aus: »Krupp '63 – Dokumentation 3«*

i) Empfang der Goldjubilare im Privatbungalow durch Alfried und Arndt von Bohlen und Halbach *aus: »Krupp '61 – dokumentation und rückblick«*

j) Statut der Krupp'schen Kranken- und Sterbekasse *aus: »Krupp-Pensionskasse 100 Jahre«, Hier und Heute (18.11.1958)*

k) Kaiser Haile Selassie zu Besuch im Altenhof, 1954 *aus: »Kaiser Haile Selassie von Äthiopien besucht Fried. Krupp am 11. November 1954«*

l) Moderner Werkswohnungsbau, Flugaufnahme Krupp-Krankenhaus, Einfahrt zur Klinik *aus: »Krupp heute – Menschen und Werk« (1958)*

m) Pläne für einen Neubau der Krupp'schen Klinik, Statement Beitz *aus: »Krupp-Pläne für neues Krankenhaus in Essen«, Hier und Heute (27.03.1974)*

n) Die Krupp'sche Bücherhalle in Essen *aus: »Krupp – Dokumentation 1964«*

o) Bunter Abend für Krupp-Pensionäre *aus: »Krupp – Dokumentation 1966«*

p) Belegschafts-Wettbewerb »Schöpferische Freizeit« *aus: »Krupp '62 – dokumentation und rückblick«*

q) Gelände des Essener Turn- und Fechtclubs (ETuF) e.V. am Baldeneysee / Berthold Beitz zum Vereinszweck *aus: »ETUF Essen«, Aktuelle Stunde (23.05.1984)*

b–i, k, l, n–p) Historisches Archiv Krupp, Essen; a, j, m, q) WDR, Köln

15.2. Dienstjubiläen

Die jährliche zentrale Ehrung der Dienstjubilare zählte in der Firma Krupp zu einem Geflecht von Maßnahmen zur Schaffung eines Werksgemeinschaftsgefühls. Sie diente der Förderung des Bewusstseins, als »Kruppianer« einer besonderen Gemeinschaft anzugehören. Das persönliche Treueverhältnis zwischen den Beschäftigten und der Familie Krupp, deren Vertreter von Margarethe bis zu Arndt stets an diesen großen, im feierlichen Rahmen stattfindenden Ehrungen teilnahmen, wurde dabei besonders herausgehoben. Die »familiäre Verbundenheit« zeigte sich auch in Einladungen von Jubilaren zum anschließenden Kaffeetrinken im Privathaus von Alfried Krupp. Angesichts der enorm gewachsenen Beschäftigtenzahlen bedurfte es besonderer Inszenierungen, denn persönliche Beziehungen zwischen Fabrikherren und Mitarbeitern hatten sich im Werksalltag schon lange vor der Wende zum 20. Jahrhundert überlebt.

Auf Anregung Margarethe Krupps in Gedenken an ihren verstorbenen Mann, aber auch mit Blick auf ähnliche Maßnahmen des Bochumer Vereins beschloss der Aufsichtsrat 1904, eine jährliche Ehrenfeier für 25-jährige Dienstjubilare einzuführen. Schon 1901 hatte Friedrich Alfred Krupp initiiert, »verdienstvollen oder ältesten Beamten« persönlich eine Aufmerksamkeit zukommen zu lassen. Nicht allein die objektiv messbare Dienstzeit, sondern »Verdienst, Treue und Pflichteifer« fungierten hier noch als Auswahlkriterien. Zahlreiche, auch überschwengliche Dankesbriefe aus dem mehrere hundert Personen umfassenden Kreis bezeugen die beachtliche und identitätsstiftende Wirkung dieser Geste.

Die erste »Feier der Jubilare der Gußstahlfabrik« fand am 22. Februar 1904 im Saal der Bierhalle Kronenberg in Anwesenheit von Margarethe Krupp, ihren beiden Töchtern und 1100 Jubilaren statt. Für die erste Veranstaltung wurden 300.000 Mark veranschlagt; jede weitere taxierte man auf je 50.000 Mark. Nach Protesten der unberücksichtigt gebliebenen Beamten kam es im September 1904 zu einer zweiten Jubilarehrung für 333 Beamte, diesmal allerdings mit Sonderzug zur Villa Hügel und einem ansehnlichen Büfett. Ab 1905 fanden dann nur noch gemeinsame Ehrungen in der Bierhalle Kronenberg statt. Auf ihnen wurden, insbesondere in den ersten Jahrzehnten, über alle auch bei Krupp scharf getrennten Ränge hinweg die vermeintlichen Gemeinsamkeiten und die gegenseitige Treue- und Fürsorgepflicht beschworen.

Symbolträchtiges Zeichen der Ehrung war die Verleihung einer über die Jahre mehrfach umgestalteten Anstecknadel. Nach 63 Veranstaltungen – die Feiern in den Jahren 1927, 1932, 1933 und von 1944 bis 1954 entfielen – fand 1980 die letzte Jubilarfeier statt. Zuvor hatten Bertha und Gustav Krupp 1931 auf der mit 2300 Jubilaren größten Feier, Alfried Krupp 1962 und Berthold Beitz 1979 ebenfalls Ehrennadeln erhalten. Zwar wurden die Auszeichnungen auch noch in den Jahren nach 1980 verliehen, der Verzicht auf den feierlichen Festakt reflektiert aber die Veränderung in der Besitzerstruktur nach dem Erbverzicht des letzten Familienmitglieds und das Schwinden der Krupp'schen Sonderrolle. FK

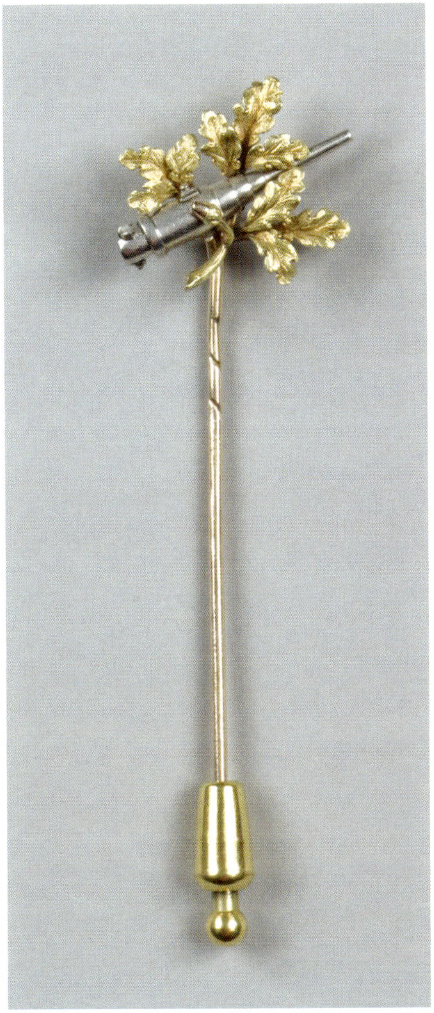

15.2.1

15.2.1

So genannte »Kronprinzen-Nadel« mit Etui

Hofjuwelier Ernst Goldschmidt, Köln, 1902 | Gold, Silber; Etui: Karton, Textil, Metall | L 8,5 cm, B 2 cm; Etui: L 10 cm, B 3,2 cm, H 2,3 cm | Ruhr Museum, Essen | 2011/027

Vor dem Beginn der institutionalisierten Jubilarehrungen wurde diese Nadel anlässlich des Besuchs des Kronprinzen in Essen 1902 von Friedrich Alfred Krupp an besonders verdiente und langjährige Mitarbeiter verliehen. Die Nadel besteht aus massivem Gold; zwischen goldenen Eichenlaubblättern befindet sich ein silbernes Geschützrohr. Das Etui ist mit dem gold geprägten Namen des Geehrten, Valentin Salzmann, versehen.

15.2.2

Jubiläumsnadel im Etui zum 25-jährigen Dienstjubiläum für Peter Schneider

Entwurf: Franz Brendges, Essen, Ausführung: Ernst Goldschmidt, Köln, 1909 | Gold, Email; Etui: Karton, Textil, Metall | L 7 cm, B 2,2 cm, T 0,5 cm; Etui: L 10 cm, B 3,2 cm, H 2,3 cm | Ruhr Museum, Essen | MZ 2925

1904 wurden die ersten großen Jubilarfeiern veranstaltet. Die Nadel für Jubilare wurde von Margarethe Krupp gestiftet und bis zur Mitte des Ersten Weltkrieges ausgegeben; bis 1916 war sie das Geschenk für 25-jährige Firmenzugehörigkeit. Über die drei blau emaillierten Ringe gelegt, findet sich das Monogramm F(riedrich) K(rupp) und die römische Zahl XXV. Auf der Rückseite wurde jeweils der Name des Jubilars eingraviert.

15.2.3

Jubiläumsnadel im Etui zum 25-jährigen Dienstjubiläum für Heinrich Steinmeyer

Entwurf: Franz Brendges, Essen, Ausführung: Ernst Goldschmidt, Köln, 1915 | Gold, Email; Etui: Karton, Textil, Metall | L 7 cm, B 2,2 cm, T 0,5 cm; Etui: L 10 cm, B 3,2 cm, H 2,3 cm | Privatbesitz Helmut Bretfeld

15.2.4

Jubiläumsnadel im Etui zum 25-jährigen Dienstjubiläum für Ferdinand Langenbach

Entwurf: Franz Brendges, Essen, Ausführung: Ernst Goldschmidt, Köln, 1906/16 | Gold, Email; Etui: Karton, Textil, Metall | L 7 cm, B 2,2 cm, T 0,5 cm; Etui: L 10 cm, B 3,2 cm, H 2,3 cm | Privatbesitz Frank Stenglein

15.2.5

Jubiläumsnadel im Etui zum 25-jährigen Dienstjubiläum für Heinrich Kinas

Entwurf: Franz Brendges, Essen, Ausführung: Ernst Goldschmidt, Köln, 1904/16 | Gold, Email; Etui: Karton, Textil, Metall | L 7 cm, B 2,2 cm, T 0,5 cm; Etui: L 10 cm, B 3,2 cm, H 2,3 cm | Privatbesitz Frank Ringelmann

15.2.6

Jubiläumsnadel zum 25-jährigen Dienstjubiläum für Karl Wuszow

Entwurf: Franz Brendges, Essen, Ausführung: Ernst Goldschmidt, Köln, 1904/16 | Gold, Email | L 7 cm, B 2,2 cm, T 0,5 cm | Ruhr Museum, Essen | Me 106

15.2.7

Jubiläumsnadel zum 25-jährigen Dienstjubiläum für Johann Stevens

Entwurf: Franz Brendges, Essen, Ausführung: Ernst Goldschmidt, Köln, 1904/16 | Gold, Email; Etui: Karton, Textil, Metall | L 7 cm, B 2,2 cm, T 0,5 cm; Etui: L 10 cm, B 3,2 cm, H 2,3 cm | Ruhr Museum, Essen | MZ 41

15.2.8

Jubiläumsnadel im Etui zum 25-jährigen Dienstjubiläum für Johann Mensel

Entwurf: Franz Brendges, Essen, Ausführung: Ernst Goldschmidt, Köln, 1904/16 | Gold, Email; Etui: Karton, Textil, Metall | L 7 cm, B 2,2 cm, T 0,5 cm; Etui: L 10 cm, B 3,2 cm, H 2,3 cm | Ruhr Museum, Essen | Mz 105

15.2.9

Jubiläumsnadel zum 25-jährigen Dienstjubiläum für Caspar Simon

Entwurf: Franz Brendges, Essen, Ausführung: Ernst Goldschmidt, Köln, 1904/16 | Gold, Email | L 7 cm, B 2,2 cm, T 0,5 cm | Privatbesitz Hans-Peter Klotz

15.2.7

15.2.11

15.2.10

Jubiläumsnadel im Etui zum 25-jährigen Dienstjubiläum

Fried. Krupp AG, Gebissmacherei, 1920er-Jahre | V2A-Stahl; Etui: Karton, Textil, Metall | L 7 cm, B 2,4 cm; Etui: L 9 cm, B 3,2 cm, H 2,3 cm | Privatbesitz Frank Stenglein

Die so genannte große V2A-Nadel wurde von 1920 bis 1929 an die Jubilare anlässlich ihrer 25-jährigen Fabrikzugehörigkeit verliehen. Hergestellt wurde die Nadel aus dem Krupp-eigenen Material V2A in der Gebissmacherei der Firma.

15.2.11

Jubiläumsnadeln mit Etui zum 25-jährigen Dienstjubiläum (»Kleine V2A-Nadel«) seit 1930

a–c) Fried. Krupp AG, 1931, 1934, 1942 | V2A-Stahl; Etui: Karton, Textil, Metall | L 6,8 cm, B 1,1 cm, T 0,5 cm; Etui: L 8,5 cm, B 2,5 cm, H 2,3 cm
d–i) 1930–1988 | V2A-Stahl; Etui: Karton, Textil, Metall | L 6,5 cm, B 1,2 cm, T 0,5 cm; Etui: L 8,5 cm, B 2,5 cm, H 2,3 cm
j–k) Fa. Preisler, Pforzheim, 1991 | Silber; Etui: Karton, Textil, Metall | L 6,5 cm, B 1 cm, T 0,5 cm; Etui: L 8,5 cm, B 2,5 cm, H 2,3 cm
c–f) Ruhr Museum, Essen | MZ 2926, MZ 1977, MZ 2292, MZ 2685
a, b, g–k) Privatbesitz Tina Stoll, Frank Stenglein, Helga Eumann, Ursel Neumann, Helmut Bretfeld, Dieter Guß, Stefan Kasper

Von 1930 bis 1988 wurde die Jubiläumsnadel aus V2A-Stahl gefertigt, danach aus Silber. Mitarbeiter bezeichneten sie als »Wollsiegel«, weil die Ringe fälschlicherweise ineinander verschlungen dargestellt sind wie beim traditionellen Gütezeichen für Schurwolle. Im Original-Emblem liegen die Ringe übereinander, beginnend mit dem Ring unten links, darüber der rechte Ring und dann der obere Ring.

Von 1930 bis in den Zweiten Weltkrieg wurden die Nadeln von der Gebissmacherei der Fried. Krupp AG, von 1945 bis Anfang der 1960er-Jahre von einem ehemaligen Mitarbeiter der Gebissmacherei in Heimarbeit hergestellt. Anfang der 1960er-Jahre übernahmen die Goldschmiede Schroer und Tallasch in Essen-Frintrop, später die Firma Uhlbrock in Osnabrück bis 1988 die Herstellung. Seitdem produzierte die Firma Preisler in Pforzheim die Krupp'schen Jubiläumsnadeln.

15.2.12

Zwei Jubiläumsbroschen im Etui für 25-jährige Dienstzeit

Goldschmiede Schroer und Tallasch, Essen-Frintrop, 1966/70 | Edelstahl; Etui: Karton, Textil, Metall | L 3,74 cm, B 1,11 cm; Etui: L 6,8 cm, B 3,3 und 4,8 cm, H 2,3 cm
a) Ruhr Museum, Essen | Mz 157
b) Privatbesitz Frank Stenglein

Diese Variante der Ehrennadel wurde seit 1966 an die weiblichen Jubilare verliehen. Die Brosche besteht aus einem

15.2.12

15.2.15 b

waagerechten Metallstreifen mit abgeschrägten Seitenkanten; in der Mitte befindet sich das Drei-Ringe-Emblem. Auch die Broschen wurden von den Herstellern der Ehrennadeln produziert.

15.2.13

60 Anstecknadeln mit Krupp-Symbol und -Namenszug

2. H. 20. Jh. | Metall | je L 6 cm, B 1,5 cm, T 0,5 cm | Ruhr Museum, Essen (Schenkung Henriette von Bohlen und Halbach)

Diese Anstecknadel trugen Krupp-Mitarbeiter auf Messen, Tagungen und anderen ähnlichen Veranstaltungen. Die hier gezeigte Sammlung stammt aus dem persönlichen Besitz von Arndt von Bohlen und Halbach und wurde nach dessen Tod von seinem Privatsekretär in Arndts Arbeitszimmer auf Schloss Blühnbach gefunden.

15.2.14

Goldene Medaille »Für 50 Jahre treue Mitarbeit«

Fried. Krupp, vor 1967 | Silber, vergoldet | je Dm 4 cm, T 0,2 cm | Privatbesitz Hans-Peter Klotz

Die Medaille wurde zum 50. Dienstjubiläum verliehen und zeigt auf der Vorderseite in mattiertem Hochrelief ein Profilbildnis Alfried Krupp von Bohlen und Halbachs sowie auf der Rückseite das Drei-Ringe-Emblem mit der Treue-Aufschrift.

15.2.17

15.2.15

Zwei Goldene Medaillen »Für 50 Jahre treue Mitarbeit« mit Schatulle

Fried. Krupp Hüttenwerke AG, um 1967

a) Silber, vergoldet; Schatulle: Kunststoff, Textil | Dm 4 cm, T 0,2 cm; Schatulle: 6 x 5,8 x 1,2 cm | Privatbesitz Dorothea Schmitz

b) Gold, mattiert; Schatulle: Kunststoff, Textil | Dm 4 cm, T 0,34 cm; Schatulle: 6 x 5,8 x 1,2 cm | Ruhr Museum, Essen | Me 148

15.2.16

Silberne Taschenuhr, »Prämie der Fortbildungsschule Altenessen 1897«

um 1890 | Silbergehäuse, Glas, Email, Metall, Messing | H 6 cm, B 4,7 cm, T 1 cm | Privatbesitz Doris Jacobs

Die 1845 entstandene Essener Fortbildungsschule wurde von Krupp auf vielfältige Weise unterstützt. Unter anderem richtete Krupp einen Stipendienfonds ein, der ärmeren Arbeitern den Besuch der Schule ermöglichte. Auf dem Plan des Abend- und Sonntagsunterrichts standen die Fächer Technik, Naturwissenschaften, Mathematik und Zeichnen. Aus der freiwilligen, von Unternehmern geförderten Fortbildungsschule wurde 1901 durch einen Vertrag zwischen der Stadt Essen und der preußischen Regierung die Staatlich-Städtische Gewerbeschule. Deren Sparte Maschinenbau wiederum war der Vorläufer der königlichen Maschinenbauschule Essen.

15.2.17

Goldene Jubiläumstaschenuhr der Firma Krupp mit Kette

Fa. Zenith, Kanton Neuchatel, Schweiz, 1938 | Silbergehäuse, vergoldet, Glas, Email, Metall, Messing | H 5,2 cm, B 7 cm, T 1 cm | Privatbesitz Stefan Kasper

Die Rückseite trägt die Gravur »F. Krupp 25-jähriges Dienstjubiläum 9.6.1938«. Die Firma Zenith ist eine Schweizer Uhrenmanufaktur, deren Gründung auf das Jahr 1865 zurückgeht und deren Uhren für ihre hohe Qualität bekannt sind.

15.2.18

Goldene Jubiläumstaschenuhr mit Kette

Fa. Zenith, Kanton Neuchatel, Schweiz, 1940 | Silbergehäuse, vergoldet, Glas, Email, Metall, Messing | H 5 cm, B 6,8 cm, T 1 cm | Privatbesitz Rudolf Kurze

15.2.19

Silberne Taschenuhr, Jubiläumsgeschenk der Firma Krupp für das 40-jährige Dienstjubiläum von Josef Seeger

Fa. Stowa, Pforzheim, 1930er/1940er-Jahre | Silbergehäuse, Glas, Email, Metall, Messing | H 5 cm, B 6,7 cm, T 0,8 cm | Privatbesitz Wolfgang Scholz

Die Bezeichnung Stowa geht zurück auf den Namen ihres Gründers Walter Storz – Sto(rz) Wa(lter). Die Firma wurde 1926 in Hornberg gegründet und 1935 nach Pforzheim verlegt.

15.2.20

Goldene Taschenuhr zum Dienstjubiläum für Johann Berson

um 1915 | Gold, Glas, Email, Metall, Messing | H 7,5 cm, B 5,5 cm, T 1,2 cm | Privatbesitz Ursula Berson

Die wertvolle Uhr zeigt als Gravur auf dem Springdeckel, gerahmt durch einen Lorbeer- und Eichenkranz, eine Abbildung des Alfred Krupp-Denkmals auf dem Ostfeld. Unter dem Rückdeckel findet sich die Widmung: »Heinrich Berson 14 Okt. 1881 – 19 Febr. 1915 Gew. von Herrn Krupp von Bohlen und Halbach«.

15.2.21

Sechs Jubiläums-Armbanduhren der Firma Krupp

a) Uhr zum 40-jährigen Dienstjubiläum, mit Etui
2. H. 19. Jh. | Metall, Glas, Leder | L 23 cm, B 3,7 cm, T 0,7 cm | Privatbesitz Marianne Schroten

b) Uhr zum 40-jährigen Dienstjubiläum
2. H. 19. Jh. | Metall, Glas, Leder | L 24 cm, B 3,5 cm, T 1 cm | Privatbesitz Jürgen Maszun

c) Uhr zum 40-jährigen Dienstjubiläum, mit Etui
2. H. 19. Jh. | Metall, vergoldet, Glas, Leder, Kunststoffetui | L 15 cm, B 3,2 cm, T 1 cm | Ruhr Museum, Essen | 2003/030.22

d) Uhr zum 40-jährigen Dienstjubiläum, mit Etui
d'Orville, »Spacemaster«, 1969 | Metall, Glas, Leder, Kunststoffetui | L 15 cm, B 5 cm, T 1 cm | Privatbesitz Dorothea Schmitz

e) Uhr »Zum großen Dienstjubiläum«
Fa. Priosa, 1996 | Metall, Glas, Leder | L 26,5 cm, B 3,5 cm, T 1 cm | Privatbesitz Alfred Wolter

f) Uhr zum 35-jährigen Dienstjubiläum
20. Jh. | Metall, Glas, Leder | L 23 cm, B 3,5 cm, T 0,7 cm | Privatbesitz Herbert Genter

15.2.22

Blick in den Festsaal des Städtischen Saalbaus während der Belegschaftsfeier am 6. August 1912

Fotografie, 6. August 1912 | Papier | 22 x 28 cm | Historisches Archiv Krupp, Essen | WA 16 v 7

Sowohl die Belegschaftsfeier als auch die Jubilarehrung, die am 3. August auf dem Hügel stattfanden, lagen zeitlich vor dem Besuch des Kaisers. Die Anwesenheit Kaiser Wilhelms II. am 8. und 9. August galt allein der großen Feier des Firmenjubiläums.

SPEISENFOLGE

Geflügelſuppe
Gekochter Rheinſalm
Rindslendenſtück auf Gärtner-Art
Gefüllte Trüffeln
Houdan-Maſthuhn auf dem Roſt gebraten, Salat
Gedämpfte Tafelpilze
Engliſcher Sellerie
Piſtazien-Gefrorenes
Käſeſtangen
Obſt – Deſſert

TAFELMUSIK

Altdeutſcher Marſch mit Benutzung dreier Melodien aus dem 16. Jahrhundert von M. Kämpfert
Deutſchland, Deutſchland über alles
In Fantaſieform von A. Weber
Fackeltanz über Motive aus Richard Wagners Oper: Die Meiſterſinger von Nürnberg von Eckert
Ouvertüre zur Oper Ruy Blas von Mendelsſohn
Vom Rhein zur Donau, Walzer von Kéler-Béla
Zwei norwegiſche Tänze
Nr. 1 Springtanz, Nr. 2 Halling von Raebel
Weſtfalenlied von Peters
An der Weſer, Lied von Preſſel
Zwei altniederländiſche Märſche: a) Grenadiermarſch Oranien-Friesland, b) Marſch, Oranien-Gelderland bearbeitet: Th. Grawert, I. Kgl. Armeemuſik-Inſpizient

15.2.23

15.2.24

15.2.23

Programm »Feier für die Jubilare in der Festhalle auf dem Hügel am 3. August 1912 in den Tagen der Hundertjahrfeier der Gussstahlfabrik«

3. September 1912 | Reproduktion des Deckblatts | 28 x 22 cm | Historisches Archiv Krupp, Essen | S 2 FK 6.10/8

Auf dem Hügel war für diesen Anlass eine Festhalle im Lustgarten aufgestellt worden. Sie maß 16 Meter in der Höhe und 39 Meter in der Breite und fasste 800 Sitz- sowie 400 Stehplätze.

15.2.24

Programmheft »Feier zur Ehrung Kruppscher Jubilare«, 25. Oktober 1931 in den Ausstellungshallen Norbertstraße

25. Oktober 1931 | Papier | 33 x 17 cm | Ruhr Museum, Essen | 2002/17.33

Mit 2300 Jubilaren war dies die bis dahin größte Jubilarfeier der Firma Krupp. Auf ihr erhielten auch Bertha und Gustav Krupp von Bohlen und Halbach die Ehrennadeln zu ihrem jeweiligen 25-jährigen Dienstjubiläum.

15.2.25

15.2.25

Jubilarfeier in der großen Ausstellungshalle

Titelblatt »Nach der Schicht«, Beiblatt der »Kruppschen Mitteilungen« Nr. 5, 12. Jahrgang, November 1931 | Papier | 34,4 x 25,3 cm | Ruhr Museum, Essen | 1990/052-137

15.2.30

15.2.26

Gesamtansicht der Jubilarfeier im Saalbau

Fotografie, Januar 1954 | Papier | 22,5 x 16 cm | Privatbesitz Manfred Todtenhaupt

15.2.27

Jubilarehrung mit Überreichung der Ehrennadel zum 25-jährigen Dienstjubiläum durch Alfried Krupp von Bohlen und Halbach

Fotografie von Peter Kleu, Januar 1954 | Ruhr Museum, Essen | KL592

15.2.28

Überreichung der Ehrennadel zum 25-jährigen Dienstjubiläum durch Vera Krupp von Bohlen und Halbach

Fotografie von Peter Kleu, Januar 1954 | Ruhr Museum, Essen | KL592

15.2.29

Jubilarehrung am 25. März 1956 auf der Villa Hügel

Fotografie von Marga Kingler, 25. März 1956 | Ruhr Museum, Essen | K1278

Mehrere Mitglieder der Familie Krupp betreten den Festsaal der Jubilarehrung:

Alfried Krupp von Bohlen und Halbach

bittet

HERRN

Heinrich Schroten

zu einer Teestunde am Samstag, dem 2. April 1966, 16 Uhr, in seine Wohnung

Sie werden rechtzeitig durch einen PKW von Ihrer Wohnung abgeholt.

Essen-Bredeney
Berenberger Mark 20

Zusage erbeten
Werksapparat 26 47

15.2.32

in der Mitte des Fotos Bertha Krupp, dahinter ihr Sohn Berthold von Bohlen und Halbach, daneben Alfried Krupp von Bohlen und Halbach und dahinter Arndt von Bohlen und Halbach. Verdeckt hinter Arndt von Bohlen und Halbach ist Berthold Beitz zu erkennen.

15.2.30

Feier für Dienstjubilare auf der Villa Hügel am 25. März 1956

Fotografie von Marga Kingler, 25. März 1956 | Ruhr Museum, Essen | K1278

Frau Bertha Krupp überreicht einem Jubilar sein Jubiläumsgeschenk. Im Vordergrund auf dem Silbertablett ist die beachtliche Anzahl von Etuis zu sehen, welche die Anstecknadeln zum 25-jährigen Dienstjubiläum enthalten.

15.2.31

Beglückwünschung und Überreichung der Ehrennadel zum 25-jährigen Dienstjubiläum durch Arndt von Bohlen und Halbach

Fotografie von Marga Kingler, 25. März 1956 | Ruhr Museum, Essen | K1278

15.2.32

Einladung für Herrn Heinrich Schroten zu einer Teestunde in der Wohnung von Alfried Krupp von Bohlen und Halbach

2. April 1966 | Privatbesitz Hans-Dieter und Marianne Schroten

Leitende Angestellte wurden anlässlich ihres Firmenjubiläums in das Privathaus des Firmeninhabers geladen – eine besondere Form, die immer wieder proklamierte »familiäre« Bindung zwischen Betriebsangehörigen und der Firmenleitung zum Ausdruck zu bringen.

15.2.33

Verleihung der Jubiläumsgabe an Herrn Heinrich Schroten am 2. April 1966 im Privathaus Alfried Krupps

Fotografie, 2. April 1966 | Privatbesitz Hans-Dieter und Marianne Schroten

15.2.34

Teestunde in der Wohnung von Alfried Krupp von Bohlen und Halbach

2 Fotografien, 2. April 1966 | Privatbesitz Hans-Dieter und Marianne Schroten

In der Bildmitte ist Berthold Beitz, rechts Heinrich Schroten mit weiteren Jubilaren zu sehen. Die andere Seite der Teetafel zeigt in der Bildmitte Alfried Krupp von Bohlen und Halbach. Rechts vorn – von hinten – ist Heinrich Schroten zu sehen.

15.2.35

Teestunde mit Arndt von Bohlen und Halbach und fünf Jubilaren

Fotografie, undatiert | Privatbesitz Ulrich Reisdorf

15.2.36

Menükarte der Jubilarehrung im Restaurant Mercatorhalle

Fried. Krupp Hüttenwerke AG, 2. März 1980 | Karton | 21 x 10,3 cm | Privatbesitz Dorothea Schmitz

1980 fand die letzte Ehrung der Jubilare im großen festlichen Rahmen statt. In den folgenden Jahren wurden zwar auch noch Ehrennadeln verliehen, allerdings nicht mehr in großen Festveranstaltungen.

15.3. Arbeitsrealität

Die Arbeiter der Eisen- und Stahlindustrie waren enormen Arbeitsbelastungen ausgesetzt. Gemäß einer Redewendung würden die Puddler nach ihrem Tod als Heizer am Höllenfeuer eingesetzt – und hätten es dann besser. Ein mit Krupp befreundeter Regierungsmedizinalrat bezeichnete 1874 die Hitze der großen Feuerungsanlagen, die enormen Temperaturwechsel in den zugigen Hallen in Verbindung mit den außergewöhnlichen körperlichen Anstrengungen als »Summe von Schädlichkeiten, denen kaum die kräftigsten Naturen auf längere Dauer den erforderlichen Widerstand zu leisten vermögen«.

Von 137 Todesfällen bei Krupp im Jahre 1874 waren etwa die Hälfte auf Lungenentzündungen und Tuberkulose (»Schwindsucht«) zurückzuführen. Beträchtliche Gefahren barg auch der Umgang mit flüssigem, glühend heißem Eisen, mit schwerem Arbeitsgerät und großen Gewichten. Die physischen Anstrengungen wurden zwar im Zuge der Mechanisierung verringert, die Verdichtung der Arbeit stellte aber höhere Anforderungen an Konzentration und Reaktionsfähigkeit. Aufzüge, Kräne und andere Transportmittel stellten zudem weitere Unfallrisiken dar. Infektionen, Vergiftungen durch Gase, Verrenkungen, Verbrennungen und Rheumatismus waren weit verbreitete Folgen der Arbeit in der Hüttenindustrie. Vor dem Ersten Weltkrieg stand sie zusammen mit dem Ruhrbergbau an der Spitze der Unfallstatistik.

Die Regelarbeitszeit in der Eisen- und Stahlindustrie betrug noch im ersten Jahrzehnt des 20. Jahrhunderts zwölf Stunden. Feuerbetriebe liefen aus produktionstechnischen Gründen im Dauerbetrieb. Gearbeitet wurde in Wechselschichten; dabei kam es – meist im 14-Tage-Rhythmus – regelmäßig zu einer 24-Stunden-Schicht. Solch extrem lange Arbeitszeiten waren nur denkbar, weil auch im zunehmend mechanisierten Produktionsprozess immer wieder Freiräume entstanden. Die Pausen richteten sich jedoch grundsätzlich nach dem Produktionsablauf, notfalls musste durchgearbeitet werden. Die prinzipielle Verpflichtung zu ununterbrochener Arbeitsbereitschaft schloss ein Verlassen des Arbeitsplatzes oder gar des Betriebes von vornherein aus.

Verlockend waren allerdings die vergleichsweise hohen Verdienstmöglichkeiten. Hüttenarbeiter des Ruhrgebiets zählten zu den bestbezahlten Industriearbeitern Deutschlands. Wie viel ein Arbeiter abweichend vom Durchschnittslohn verdiente, hing in erster Linie von seinem Alter und der körperlichen Leistungsfähigkeit ab. Grundlage war meist ein fester Schichtlohn, der durch eine Leistungszulage aufgestockt wurde; teilweise erfolgte die Abrechnung auch nach Einzel- oder Kolonnenakkord. Die Arbeit in der Hüttenindustrie konnte nur von jungen kräftigen Männern bewältigt werden. Eine früh einsetzende Hochverdienstphase wurde daher ab dem 40. Lebensjahr durch eine Phase sinkenden Einkommens abgelöst. Es bestand kaum eine Aussicht, die schwere Arbeit über das 45. Lebensjahr hinaus ausführen zu können. Dementsprechend waren um 1900 in der Großeisenindustrie 70 bis 80 Prozent der Arbeiter zwischen 16 und 35 Jahre alt.
FK

15.3.5

15.3.1
Arbeiter beim Schieben eines schwer beladenen Chargierwagens
Fotografie, 28. Oktober 1899 | Papier auf Karton | 21 x 17 cm | Historisches Archiv Krupp, Essen | WA 16 b 104 b.22

15.3.2
»Reglement für die Arbeiter der Gussstahlfabrik von Fried. Krupp Essen«
Buchdruckerei des Krupp'schen Etablissements, Essen, 1856 | Druck, 8 Seiten, mit handschriftlichen Ergänzungen, Papier | 22,2 x 14,5 cm | Historisches Archiv Krupp, Essen | S 2 FK 6.4/2
Das Reglement legt die Arbeitszeiten und Pausen, die Strafen bei Vergehen und grundlegende Verhaltensregeln fest. Dazu gehört »unbedingter Gehorsam« gegenüber Vorgesetzten. Schlussendlich wird für »fehlerfreies« Verhalten am Ende des Jahres eine Gratifikation in Aussicht gestellt.

Die regelmäßigen Arbeitszeiten waren von 6 bis 19 Uhr im Sommer und 7 bis 20 Uhr im Winter festgelegt. Die drei über den Tag verteilten Pausen betrugen insgesamt eineinhalb Stunden. »Ruhestörungen, Ungezogenheiten im Dienste gegen Vorgesetzte oder Mitarbeiter, Lüge, Widerspenstigkeit oder Selbsthülfe, sowie alle Thätlichkeiten« wurden mit Geldstrafen zwischen 10 Silbergroschen und 2 Talern bis zur sofortigen Dienstentlassung bestraft. Schlafen während der Schicht wurde je nach Verantwortlichkeit mit fünf Silbergroschen bis zu einem Taler geahndet.

15.3.3
Transport eines Werkstücks mittels einer Karre
Fotografie, 28. Oktober 1899 | Papier auf Karton | 21 x 17 cm | Historisches Archiv Krupp, Essen | WA 16 b 104 b.24
Wegen der Schwere des zu transportierenden Objektes waren drei Arbeiter zum Ziehen der Karre erforderlich.

15.3.3

Unter anderem wird geregelt, dass Arbeiter über 40 Jahre von der Aufnahme – von möglichen Ausnahmen abgesehen – ausgeschlossen sind. Nur junge, kräftige Männer waren in der Lage, die schwere Arbeit in der Eisen- und Stahlindustrie auszuführen. Dementsprechend betrug der Anteil der 16- bis 35-jährigen Arbeiter in der Eisen- und Stahlindustrie um 1900 fast 80 Prozent.

15.3.5
Arbeiten vor geöffnetem Ofen
Fotografie, 28. Oktober 1899 | Papier auf Karton | 21 x 17 cm | Historisches Archiv Krupp, Essen | WA 16 b 104 b.8

15.3.8

15.3.4
»Bestimmungen über die Annahme, Überweisung und Entlassung von Arbeitern auf der Gußstahlfabrik«
Fried. Krupp Aktiengesellschaft, Essen, 1912 | Karton, Papier | 22,7 x 15 cm | Historisches Archiv Krupp, Essen | S 2 FK 6.4/13

15.3.6
Führen eines Werkstücks
Fotografie, 28. Oktober 1899 | Papier auf Karton | 21 x 17 cm | Historisches Archiv Krupp, Essen | WA 16 b 104 b.25
Zwei Arbeiter führen mit einer großen Zange ein glühendes, an einer Kette hängendes Werkstück, das unter einer Presse bearbeitet wird.

15.3.9

15.3.10

15.3.7
Nachträgliches Bearbeiten eines Werkstücks mit dem Hammer
Fotografie, 28. Oktober 1899 | Papier auf Karton | 21 x 17 cm | Historisches Archiv Krupp, Essen | WA 16 b 104 b.30

15.3.8
Arbeiter mit schwerem Gerät vor einem geöffneten Ofen
Fotografie, 28. Oktober 1899 | Papier auf Karton | 21 x 17 cm | Historisches Archiv Krupp, Essen | WA 16 b 104 b.1

Das Bewegen großer und schwerer Arbeitsstücke war nur mit mehreren Männern gleichzeitig möglich. Die vor den Öfen herrschende große Hitze erschwerte die Arbeit zusätzlich. Andererseits zog es beträchtlich in den meist offenen Hallen.

15.3.9
Gruppenbild der Krupp-Arbeiter in der 9. Mechanischen Werkstatt
Fotografie, 1914 | Papier auf Karton | 9 x 13,6 cm (Foto) | Haus der Essener Geschichte/Stadtarchiv | 952 P 4/7
Die Gruppenaufnahme der Belegschaft lässt gut den niedrigen Altersdurchschnitt der Arbeiter erkennen. Bei den älteren Männern auf dem Foto handelt es sich um leitende Angestellte, Meister oder Vorarbeiter.

15.3.10
Ausgießen flüssigen Stahls aus einer Transport-Gießpfanne im Martinstahlwerk der Fried. Krupp Aktiengesellschaft
Fotografie aus einem Bilderalbum, 1926 | Historisches Archiv Krupp, Essen | WA 16 v 6.18

15.3.11
An der 2500-Tonnen-Schmiedepresse der Krupp-Werke
Fotografie, 1959 | Papier auf Karton | 18 x 24 cm (Foto) | Haus der Essener Geschichte / Stadtarchiv | 952 K13/105

15.3.12
Steuerung der 2500-Tonnen-Schmiedepresse der Krupp-Werke
Fotografie, 18. August 1961 | Papier auf Karton | 18 x 24 cm (Foto) | Haus der Essener Geschichte / Stadtarchiv | 952 K13/106
Das Arbeiten mit der großen Presse erforderte hohe Konzentration und Präzision. Unaufmerksamkeit konnte zu Unfällen und zum Verlust großer und teurer Werkstücke führen.

15.3.13

15.3.13
»Wenn der Krupp'sche Esel schreit«
Postkarte, 1907 | Karton | 9 x 14 cm | Ruhr Museum, Essen | 2012/006
In humoristischen Versen beschreibt das Gedicht die morgendliche Situation am Werkseingang zu Essens größtem Arbeitgeber an der Altendorfer Straße. Pünktlichkeit gehört zu den industriellen Arbeitsdisziplinen, auf die auch bei Krupp höchster Wert gelegt wurde. Nicht ohne Bedacht wurden deshalb zu Firmenjubiläen Uhren verschenkt. Schon im Reglement von 1856 war festgeschrieben, dass der Arbeiter »vor dem Aufhören des Läutens« an seinem Platz zur Arbeit bereitzustehen habe. Für Verspätungen von fünf Minuten drohte der Verlust eines Stundenverdienstes, bei zehn Minuten Verspätung der Verlust von zwei Stundenverdiensten.

15.3.14
Am Werkstor, Portier 1, mittags fünf vor 12: Die Kruppianer verlassen das Werk
Fotografie, um 1905 | Historisches Archiv Krupp, Essen | WA 16 a 78.2

15.3.15
Im Essener Panzerplattenwalzwerk
Fotografie, vor 1906 | Historisches Archiv Krupp, Essen | WA 16 b 203.14

15.3.16
Beschicken einer hydraulischen Presse durch sechs Arbeiter
Fotografie, vor 1914 | Historisches Archiv Krupp, Essen | WA 16 b 102.19

15.3.17
Hochofenabstich im Hüttenwerk Rheinhausen der Fried. Krupp AG
Fotografie aus einem Bilderalbum, 1930er-Jahre | Historisches Archiv Krupp, Essen | WA 16 v 6.14

15.3.17

16. Die Wohnhäuser der Familie Krupp – Vom Stammhaus zur Villa Hügel

Die verschiedenen Wohnhäuser der Familie Krupp dokumentieren den Aufstieg der Familie und die Krisen bzw. den Erfolg der Firma. Bereits die ersten Generationen der Krupps legten Wert darauf, Häuser in der Nähe des Rathauses und um die Marktkirche zu kaufen. Mit der Besetzung prominenter Plätze in der frühneuzeitlichen Stadt demonstrierten sie ihre gesellschaftlichen Ambitionen. Wohn- und Geschäftshaus bildeten in dieser frühen Zeit eine Einheit.

Zwischen 1824 und 1864 standen Wohnhaus und Fabrik der Krupps auf einem Gelände außerhalb der Stadtmauern. Ursache des Umzugs von der Stadt in das »Stammhaus« war die desolate finanzielle Situation des Firmengründers. Er ist aber auch im Kontext der Industrialisierung zu sehen, denn für die großen Produktionsanlagen wurde es in der Stadt zu eng. Mit zunehmendem Erfolg der Firma wurden die Wohnhäuser der Krupps entsprechend repräsentativ ausgebaut. Das »Stammhaus« wurde erhalten und immer mehr musealisiert; es sollte an die Herkunft der Industriellenfamilie aus kleinen Verhältnissen erinnern und wurde zum Symbol für Vergangenheit und Zukunft des Konzerns.

Mit der Verlegung des Wohnhauses ins Grüne wurden zwar Familien- und Firmensitz räumlich voneinander getrennt, die Villa Hügel wurde jedoch zum zentralen Ort der Firmenrepräsentation. Alfred Krupp setzte mit dem vermeintlichen Rückzug in die Natur ein Zeichen, das einher ging mit Veränderungen in der Firmenstruktur durch die Einführung der Prokura: Die tägliche Anwesenheit des Inhabers am Produktionsort war nicht mehr erforderlich, und die Villa wurde zum gesellschaftlichen Mittelpunkt. Internationale Geschäftsbeziehungen der Gussstahlfabrik nahmen hier ihren Anfang.

Aufgrund ihrer Monumentalität, der Verwendung historistischer Architekturformen, der Anleihen aus dem Industriebau und der technischen Ausstattung stellt die Villa Hügel im Vergleich mit den Villenbauten der deutschen Wirtschaftselite eine Besonderheit dar. Sie wurde häufig als Maschine bezeichnet, wobei der technische Fortschritt und eine solide Tradition gleichzeitig erkennbar sind. Jede Generation der Unternehmerdynastie passte die Raumaufteilung und -ausstattung

ihren veränderten Bedürfnissen an, so dass mehr und mehr feudale Lebensformen Einzug hielten. Mit der Aufgabe der Villa Hügel als Familienwohnsitz und der Umnutzung in den 1950er-Jahren wurden die meisten Wohn- und Wirtschaftsgebäude auf dem Gesamtareal abgetragen und der Parkbereich neu gestaltet.

Private Rückzugsmöglichkeiten für die Familie Krupp boten die »Ferienhäuser« in Sayn und Blühnbach. Auch hier zeigt sich die Übernahme aristokratischer Gewohnheiten, da es sich um Schlösser handelte, die über große Jagdgebiete verfügten. Sie boten den Krupps die Gelegenheit, weit entfernt von Essen und befreit von gesellschaftlichen Zwängen ein familiäres Leben zu führen. Zwischen 1894 und 1922 befand sich die Villa Meineck im mondänen Kurort Baden-Baden ebenfalls im Besitz der Familie und wurde für private Zwecke und repräsentative Empfänge genutzt. MD

16.1. Wohnhäuser

Das erste urkundlich belegte Wohnhaus der Familie Krupp in Essen befand sich am Salzmarkt, gegenüber dem damaligen Rathaus. Im Jahre 1594 pachtete der Kaufmann Arndt Kruipe dieses Haus und erwarb es zwei Jahre später. Es diente als Wohn- und Geschäftshaus und blieb bis 1692 in Krupp'schem Besitz. In unmittelbarer Nähe wurden in den folgenden zwei Jahrhunderten weitere Wohnhäuser von verschiedenen Familienmitgliedern angekauft; hinzu kamen Ländereien außerhalb der Stadtmauer. 1737 erwarb Friedrich Jodocus Krupp das Eckhaus Flachsmarkt/Limbecker Straße, das er zwischen 1740 und 1742 abreißen und neu errichten ließ. Mehrere Krupp-Generationen bewohnten und bewirtschafteten diesen Sitz des Kolonialwarenhandels. Sowohl Peter Friedrich Wilhelm als auch Friedrich und Alfred Krupp wurden hier geboren. Aufgrund finanzieller Probleme mussten Friedrich und Therese Krupp das Haus 1824 aufgeben; es wurde vom Schwiegervater, Johann Wilhelmi, übernommen, bei dem das junge Paar verschuldet war.

Die Familie Krupp zog daraufhin in ein einfaches Fachwerkhaus auf dem Fabrikgelände. Dieses später als »Stammhaus« bezeichnete Gebäude war 1818/19 von Friedrich Krupp als Betriebsleiterhaus gebaut worden. Es diente zwischen 1824 und 1844 als Wohnhaus, wurde aber in den nächsten Generationen mehrfach umgebaut und hatte damit immer wieder andere Funktionen. Im Erdgeschoss befanden sich drei kleine Räume und eine Küche, im Dachgeschoss zwei Schlafkammern. Bereits 1844 ließ Alfred Krupp zwischen Betriebsleiterhaus und Schmelzbau der Gussstahlfabrik einen zweigeschossigen Verbindungsbau errichten, in dem die Familie bis zum Jahre 1861 lebte. Neben den Wohnräumen befanden sich hier auch ein kleiner Saal und ein Logierzimmer für Gäste.

Um die zunehmenden Repräsentationspflichten der expandierenden Firma erfüllen zu können, veranlasste Alfred Krupp seit 1859 nach seinen eigenen Entwürfen den Bau des so genannten »Gartenhauses«. Die Innenausstattung wurde in Berlin in Auftrag gegeben. Mit der repräsentativen Gartenanlage, einem Teich und Gewächshäusern diente es zwischen 1861 und 1864 der Familie als ein Domizil, in dem auch prominente Firmenbesucher empfangen werden konnten. Nach kurzer Zeit musste man aber feststellen, dass der Familienwohnsitz auf dem Firmengelände in der Nähe des Dampfhammers »Fritz« aufgrund des Lärms, der Erschütterungen als auch der Emissionen langfristig den gestiegenen Ansprüchen nicht mehr genügen konnte. In späteren Jahren wurde das »Gartenhaus« für Gäste genutzt.

1864 erwarb Alfred Krupp das Landgut Klosterbuschhof, dessen Ländereien früher zur Abtei Werden gehört hatten, und ließ es zu einer ländlichen Villa umbauen. Die Außenmauern blieben stehen; ergänzt wurden ein Stockwerk und Veranden sowie der Belvedereturm. Aus Gründen der Sparsamkeit versetzte man einen Teil der Gebäude aus dem bisherigen Wohnbereich der Gussstahlfabrik hierher. Trotz dieser Umbaumaßnahmen stellte der Klosterbuschhof bis zur Fertigstellung der Villa Hügel im Jahr 1873 nur eine Übergangslösung dar. MD

16.1.1

Der Salzmarkt mit dem Rathaus und dem ersten Krupp'schen Wohnhaus in Essen

Reproduktion nach einem Aquarell von Hermann Härtlein, Essen, um 1910/30, in: Wilhelm Berdrow, Die Familie Krupp in Essen von 1587 bis 1887, Bd. 1, Essen [1931], nach S. 20 (Original verschollen)

Das Aquarell stellt – aus einer 300 Jahre späteren Perspektive – den Essener Salzmarkt zu Beginn des 17. Jahrhunderts dar. Die Vorlage des Bühnenmalers Hermann Härtlein ist unbekannt. Auf der linken Seite ist das Rathaus mit einem Stufengiebelzu sehen; schräg gegenüber, als zweites Haus auf der rechten Seite, befindet sich das erste Krupp'sche Wohn- und Geschäftshaus in Essen. Es ist urkundlich belegt, dass das Ehepaar Arndt und Gertrud Kruipe das Haus am Salzmarkt 1594 pachtete und zwei Jahre später erwarb. Bis 1692 war es im Besitz der Familie Krupp.

16.1.2

Das Haus am Flachsmarkt

Fotografie, um 1895 | Haus der Essener Geschichte/Stadtarchiv | 952

Friedrich Jodocus Krupp erwarb 1737 ein Haus am Flachsmarkt und ließ es von Grund auf erneuern. Von diesem Bürgerhaus existiert keine Abbildung. Es diente der Familie bis 1824 als Wohnhaus und war Sitz der Kolonialwarenhandlung. Peter Friedrich Wilhelm, Friedrich und Alfred Krupp wurden hier geboren, und Friedrich Krupp gründete hier 1811 seine Firma. Infolge seiner Verschuldung bei seinem Schwiegervater ging es in dessen Besitz über und Johann Wilhelmi verkaufte es an die Familie Grillo.

Die Fotografie zeigt den Nachfolgebau des Krupp-Hauses, das 1891 an der gleichen Stelle neu gebaut wurde und das Manufakturwarengeschäft August Lindemann beherbergte.

16.1.4

16.1.3

»Stammhaus« und Schmelzbau

Holzstich nach einer Zeichnung von A. Ritscher, 1890/1930 | Papier | 18 x 25 cm | Historisches Archiv Krupp, Essen | WA 16 a 302.1

In der Grafik wird eine Ansicht des Betriebsleiterhauses und des Schmelzbaus der Gussstahlfabrik Fried. Krupp vor dem Limbecker Tor in den 1820er-Jahren dargestellt. Das 1818/19 erbaute Fachwerkhaus diente den Familien von Friedrich und Alfred Krupp von 1824 bis 1844 als Wohnhaus.

16.1.4

»Stammhaus« und Geburtshaus von Friedrich Alfred Krupp

Fotografie, um 1860/70 | Papier, Karton | 16,8 x 16,4 cm | Historisches Archiv Krupp, Essen | WA 16 a 213

Die Fotografie hält den vom ursprünglichen Aussehen abweichenden und unrenovierten Zustand des ersten Wohnhauses der Krupps auf dem Fabrikgelände fest. Zu diesem Zeitpunkt befanden sich rechts der Eingangstür zwei Fenster. Auf der rechten Seite ist der zweigeschossige Anbau eines weiteren Wohnhauses zu sehen, der in den 1840er-Jahren erstellt und 1872 wieder abgerissen wurde. Zeitweise waren hier auch Firmenbüros untergebracht. Im Jahre 1872 ordnete Alfred Krupp an, dass das erste Wohnhaus wieder in seinen ursprünglichen Zustand zurückversetzt werden solle. Seither wird es als »Stammhaus« der Krupps bezeichnet.

16.1.6

16.1.7

16.1.5
Das wiederhergestellte »Stammhaus« auf dem Fabrikgelände
Fotografie, vor 1906 | Papier, Karton | 21,7 x 28,9 cm | Historisches Archiv Krupp, Essen | WA 16 a 123
Auf dieser Fotografie ist das »Stammhaus« im wiederhergestellten und deutlich erneuerten Zustand zu sehen. Der Fachwerkbau wurde mit Schieferplatten verkleidet und erhielt einheitliche Fensterläden. Links des Hauses befindet sich der Schmelzbau. Die Beschriftung weist auf das so genannte »Comptoir« rechts am Bildrand hin, ein Verwaltungsgebäude, das 1905/06 abgerissen wurde. Einige Arbeiter auf dem Fabrikgelände sind ebenfalls abgelichtet.

16.1.6
Ansicht der Krupp'schen Wohnhäuser und des Schmelzbaus
Cyanotypie (Reproduktion) eines Gemäldes von Franz Lohe, Essen-Altendorf, 1862 | Historisches Archiv Krupp, Essen | WA 16 a 3.2
Vor 1844 ließ Alfred Krupp auf dem Firmengelände zwischen »Stammhaus« und Schmelzbau einen zweigeschossigen Fachwerkbau errichten. Er diente der Familie bis 1861 als Wohnhaus; hier wurde Sohn Friedrich Alfred geboren. In der fünfachsigen Fassade wird das Erdgeschoss durch große Rundbogenfenster gegliedert, die sich in etwas schmalerer Form im anschließenden Schmelzbau fortsetzen. Im Vordergrund sind ein Fuhrwagen, arbeitende Menschen und links ein bürgerliches Paar dargestellt. Im Hintergrund ist die Chaussee nach Mülheim und Altendorf abgebildet.

16.1.7
Das »Gartenhaus« mit dem Dampfhammer Fritz
Fotografie von Hugo van Werden, 1861 | Papier, Karton | 38 x 54 cm | Historisches Archiv Krupp, Essen | SH 1.3
Das »Gartenhaus« wurde im Villenstil errichtet und bestand aus einem länglichen Mittelbau und seitlichen symmetrischen, etwas zurückgesetzten Anbauten, an die sich Gewächshäuser anschlossen. Das zunehmende Repräsentationsbedürfnis des Fabrikbesitzers spiegelt sich auch in der geometrischen Gartenanlage. Die Familie Krupp wohnte zwischen 1861 und 1864 in diesem Gebäude. Aufgrund der Erschütterungen und Emissionen des im Hintergrund erkennbaren Dampfhammers Fritz war das Firmengelände auf Dauer jedoch nicht als Familienwohnsitz geeignet. Das »Gartenhaus« wurde anschließend für Gäste und als eine Art Firmenmuseum genutzt, bis es 1899 abgerissen wurde.

16.1.8
Der umgebaute Klosterbuschhof
Fotografie, um 1865 | Papier auf Karton | 23,5 x 30 cm (Foto) | Historisches Archiv Krupp, Essen | SH 3.12
Das Landgut oberhalb der Ruhr wurde 1864 von Alfred Krupp erworben. Er ließ das Wohngebäude durch das Krupp'sche Baubüro unter Leitung von Baumeister Gustav Kraemer zu einer ländlichen Villa umbauen. Dabei wurde es um ein Stockwerk erhöht, erhielt einen Belvedereturm und Holzveranden. Bis zur Fertigstellung der Villa Hügel in unmittelbarer Nähe nutzte es die Familie als Wohnsitz. Stallungen, Remisen und eine Kegelbahn wurden im rechten Winkel zum Wohnhaus angelegt.

16.2. Villa Hügel

Die Villa Hügel war von 1873 bis 1945 Wohnsitz der Familie Krupp und zugleich der Mittelpunkt der Firmenrepräsentation. Alfred Krupp selbst bestimmte durch Anweisungen und Skizzen das eigenwillige architektonische Konzept, das im monumentalen Außenbau Formen des Barockklassizismus aufnimmt, im Innern aber den Prinzipien eines modernen Zweckbaus folgt. Die häufig wechselnden Architekten waren eher als Bauleiter tätig. Bei der Auswahl des Baumaterials ließ sich Krupp vom Kölner Dombaumeister beraten. 1870, am Anfang der dreijährigen Bauzeit, waren 450 Erdarbeiter, 300 Maurer und 40 Steinsäger beschäftigt. Täglich wurden 20.000 Ziegel aus der Ziegelei der Gusstahlfabrik benötigt; die Steinblöcke für die Außenverkleidung kamen aus Frankreich. Die angesetzten Baukosten wurden erheblich überschritten. Nach heutigen Schätzungen wurde rund ein Viertel des Firmengewinns dieser Jahre für den Bau der Villa verausgabt.

Wohnbereiche, Gesellschaftsräume und Gästezimmer gab es sowohl im »Großen« als auch im »Kleinen Haus«, das zunächst als Gästehaus geplant war. Ein Gebäudetrakt verband die beiden Häuser, die zusammen 269 Räume und eine Grundfläche von 8100 Quadratmetern aufweisen. Zum Gesamtkomplex gehörten auch Wirtschaftsgebäude wie die Gärtnerei, der Ökonomiehof, Stallungen, eine Reithalle und eine Remise. 1910 waren 639 Personen in der Hügelverwaltung beschäftigt. Bereits 1877 wurde eine »Instruction für die Haus- und Gutsverwaltung auf Hügel« erlassen, die 46 Paragraphen umfasste. Alfred Krupp schwebte ein technisch-funktional durchdachtes Gebäude vor – mit ausreichender Wasserversorgung, großen Bädern und einem modernen Heiz- und Lüftungssystem, das trotz mehrfacher Verbesserungsmaßnahmen jedoch nie zufriedenstellend funktionierte. Die tragende innere Konstruktion und die Treppen bestanden aus Eisen.

Veränderte Ansprüche der folgenden Generationen führten zu Umbaumaßnahmen in den Jahren 1889/90, 1900 sowie 1912/15. Sie betrafen unter Friedrich Alfred und Margarethe Krupp erneut die Heizung und eine Trennung in einen privaten Wohn- und einen offiziellen Geschäftsbereich. Die neobarocken Türumrahmungen, die Holztreppe und die zweigeschossige Bibliothek mit umlaufender Galerie stammen aus dieser Zeit. Bertha und Gustav Krupp von Bohlen und Halbach gestalteten die beiden großen Hallen um, zogen kassettierte Holzdecken ein und entfernten in der unteren Halle die Pfeiler. Die obere Halle wurde mit flämischen Wandteppichen und einer Orgel ausgestattet; der nun aufgestockte Verbindungsbau beherbergte die Gemäldesammlung. Im Keller wurde ein Schwimmbad eingebaut und beide Häuser erhielten überdachte Vorfahrten.

1945 wurde die Villa Hügel durch die Alliierten beschlagnahmt. Bis 1952 hatte hier die Kohlenkontrollkommission ihren Sitz. Seither werden beide Häuser für kulturelle und gesellschaftliche Zwecke sowie zur Repräsentation der Alfried Krupp von Bohlen und Halbach-Stiftung und der Firma ThyssenKrupp genutzt. MD

16.2.1

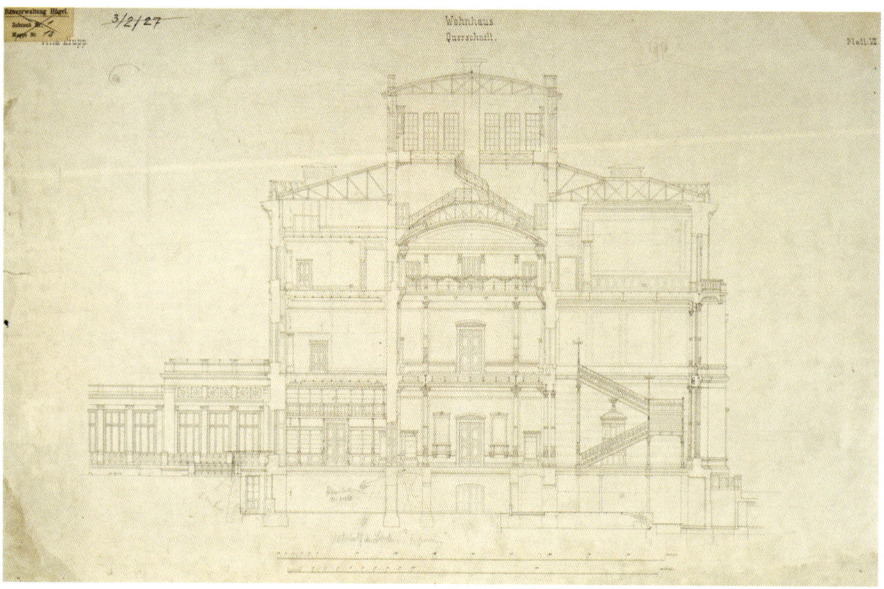

16.2.2

16.2.1

Aufrisszeichnung der Villa Hügel und des Kleinen Hauses

Zeichnung (Reproduktion), verm. von Alfred Krupp, um 1870 | Papier | 29 x 28,5 cm | Historisches Archiv Krupp, Essen | FAH 2 D 15.39

Der Entwurf für die Anlage des Wohnkomplexes wurde vermutlich von Alfred Krupp gezeichnet. Das große Wohnhaus auf der linken Seite ist durch einen Verbindungsgang mit dem zunächst als Logierhaus geplanten Gebäude verbunden, das später als das Kleine Haus bezeichnet wurde. Der Aufriss zeigt die Gartenperspektive.

16.2.2

Querschnitt durch die Villa Hügel

Plan von Samuel Marx und Christian Koch, 1878 | Druck, Papier, Karton, auf Stoff aufgezogen | 63,5 x 90 cm | Historisches Archiv Krupp, Essen | FAH 21 P 198

Der Querschnitt zeigt das dreischiffige Gebäude, die Einteilung in verschiedene Geschosse, seine konstruktiven Elemente und einige Ausschmückungsdetails. Auffällig ist, dass das obere Drittel der Hauptachse des Baukörpers fast nur aus Luftraum besteht.

16.2.3

Ankerförmiger Entlüftungskanal im Dachgeschoss des Logierhauses

Plan der Bauverwaltung Hügel, 1882 | Druck, Papier, mit handschriftlichen Ergänzungen | 49 x 39 cm | Historisches Archiv Krupp, Essen | FAH 21 P 698

Der Plan zeigt den ankerförmigen Entlüftungskanal im Dachgeschoss des Logierhauses mit den in die unteren Geschosse führenden Ventilationskanälen. Die komplizierte Heizungs- und Lüftungstechnik der Räumlichkeiten führte dazu, dass an dem ursprünglich eingebauten System bereits in den 1880er-Jahren Veränderungen vorgenommen werden mussten.

16.2.4

Lohnbuch des Landguts Bredeney

1871/72 | Handschrift, Papier, Karton, Leineneinband, 560 Seiten | 49x38x5,5 cm | Historisches Archiv Krupp, Essen | WA 1/1528

Das Lohnbuch enthält die Auflistung der am Bau der Villa Hügel beteiligten Bauhandwerker von Mai 1871 bis Oktober 1872. Detailliert wurden Informationen in den einzelnen Spalten unter folgenden Bezeichnungen festgehalten: »Nummer, Name der Arbeiter, Verdienst pro Dag, Zahl der Tage und Stunden, Verdienst ohne Abzüge, Abzüge: Schulden, Krankenkasse, Prämie für Lebensversicherung, Strafen, Menage, Brod, Summe der Abzüge, Bleibt zu zahlen, Bemerkung«.

16.2.5

Alfred Krupp auf dem Rohbau des Haupthauses

Fotografie, 26. November 1870 | Papier auf Karton | 47,8x58 cm | Historisches Archiv Krupp, Essen | SH 4.10

Die Fotografie zeigt den eingerüsteten Rohbau der Villa Hügel. Auf dem Dach befindet sich bereits der Richtbaum; links davon steht vermutlich Alfred Krupp im Gehrock und mit Hut. Seine Körperhaltung mit dem in die Hüfte gestemmten Arm hat Ähnlichkeit mit den späteren Krupp-Denkmälern.

16.2.7

16.2.6

16.2.9

16.2.6

Villa Hügel

Fotografie eines Werksfotografen, um 1875 | Albuminpapier auf Karton | 44 x 51,3 cm | Historisches Archiv Krupp, Essen | SH 5.4

Die Fotografie zeigt das Wohn- und Logierhaus vom südwestlichen Pavillon aus gesehen. Sie hält einen sehr frühen Zustand des fertig gestellten Gebäudeensembles fest. Die Anlage des Gartens entspricht dem Konzept Alfred Krupps.

16.2.7

Halle oder Festsaal im ersten Stockwerk des Haupthauses vor dem Umbau

Fotografie, 1883 | Papier | 42,5 x 50 cm | Historisches Archiv Krupp, Essen | SH 14.1

Die Fotografie zeigt den Zustand der großen Halle zur Zeit des Bauherrn Alfred Krupp. Die Wände haben hier noch einen zweigeschossigen Aufbau, oben befindet sich ein umlaufendes Fensterband. Der Raum ist mit gusseisernen Säulen gegliedert und wird von einer gewölbten Decke mit Oberlicht erhellt.

16.2.8

Halle oder Festsaal im ersten Stockwerk des Haupthauses nach dem Umbau

Fotografie, nach 1914 | Papier | 36 x 29 cm | Historisches Archiv Krupp, Essen | SH 14.12

Die Halle wurde 1914 grundlegend saniert und umgebaut. Sie erhielt ein Tonnengewölbe mit Oberlicht und Kassettendecke. Holzverkleidungen, Tapisserien, Teppiche, Möbel und ein offener Kamin verdeutlichen die neuen Ansprüche an den Wohnkomfort. Die Emporen waren bereits unter Margarethe und Friedrich Alfred Krupp geschlossen worden.

16.2.9

Baumverpflanzung im Hügelpark

Fotografie, um 1900 | Papier auf Karton | 48 x 41,5 cm | Historisches Archiv Krupp, Essen | SH 47.15

Da der Hügel zunächst eine kahle Anhöhe mit Weide-, Acker- und Brachflächen war und nur wenig Wald aufwies, plante Alfred Krupp bereits 1864, einen Park mit großen Bäumen um seine Besitzungen anzulegen. Er betrieb eine systematische Aufforstung und Bepflanzung des Hügelgeländes und kaufte zu diesem Zweck ganze Alleen auf, wie z.B. eine Ulmenallee in Mülheim und ca. 100 alte Bäume in Gelsenkirchen. Bevorzugt wurden einheimische Bäume wie Buchen, Eichen, Linden, Platanen, Tannen und Fichten.

Um den Transport und das Einpflanzen der Bäume zu bewerkstelligen, war ein moderner Baumverpflanzungswagen erforderlich, mit dem das Ausheben, Transportieren und Einpflanzen der Bäume zu bewerkstelligen war. Die Fotografie zeigt den dafür eigens angefertigten Wagen zusammen mit den Arbeitern. Die nachfolgenden Generationen vergrößerten im Hügelpark die Vegetationsvielfalt und ließen seltene Pflanzen anbauen.

16.2.10

Luftaufnahme der Villa Hügel mit Park und Wirtschaftsgebäuden

Fotografie, 1920/30 | Historisches Archiv Krupp, Essen | WA 16 v 68.38

Die Luftaufnahme des Hügelparks zeigt das gesamte, etwa 150 Hektar große Areal mit Wirtschaftsgebäuden, Nutzflächen, Sportanlagen und der Villa Hügel aus nördlicher Perspektive in den 1920er-Jahren. Die meisten Wohn- und Wirtschaftsgebäude wurden in den 1950er-Jahren abgerissen. Der Terrassengarten an der Villa und verschiedene Parkbereiche wurden umgestaltet.

16.2.11

Ökonomiehof mit Remise und Beamtenhaus

Photogr. Atelier des Krupp'schen Etablissements, 1883 | Fotografie, Papier auf Karton | 44 x 52 cm | Historisches Archiv Krupp, Essen | SH 52.4

Im Ökonomiehof waren Pferde und Wagen untergebracht sowie ein Wohnhaus für Hausbeamte. Die Reitställe waren ost-westlich ausgerichtet und unterteilten den Hof in einen nördlichen Teil mit einer Reithalle und einen südlichen mit einem offenen Reitplatz. In der Remise war Platz für ungefähr zwanzig Wagen. Da es keine einheitliche Planung der Nutzbauten auf dem Hügel gab, fehlte ein ästhetischer Bezug zu den Krupp'schen Wohnhäusern.

16.2.12

»Instruction für die Haus- und Gutsverwaltung auf Hügel«

verm. Alfred Krupp, 1. Februar 1877 | Handschrift, Papier | 33,5 x 21,5 cm | Historisches Archiv Krupp, Essen | FAH 21/500

Eine erste Hausregel wurde bereits um 1875 aufgestellt und als Aushang gedruckt; sie befasste sich mit nicht geladenen Hügelbesuchern. Zwei Jahre später wurde für den neu entstandenen Hügelbetrieb eine sehr umfangreiche Instruktion geschrieben. Diese umfasst 46 Artikel, wurde für die verschiedenen Abteilungen der Hügelverwaltung vervielfältigt und war von der jeweils verantwortlichen Person zu unterzeichnen. Damit sollte ein reibungsloser Ablauf gewährleistet werden. Die Haus- und Gutsverwaltung setzte sich aus den Bereichen Hauswirtschaft, Hofstall, Gärtnerei, Oeconomie, Forst- und Jagdverwaltung und Bauverwaltung zusammen. Als Beilage wurden verschiedene leere Formblätter angeheftet, in denen der Jahresetat sowie Ein- bzw. Ausgaben samt Rechnungen und Inventar detailliert festgehalten werden sollten.

16.2.13

Siegelmarke der Krupp von Bohlen und Halbach'schen Hügelverwaltung

20. Jh. | Papier, geprägt | Dm 3,68 cm | Ruhr Museum | PS 102

Das runde Aufklebesiegel enthält im Fadenkreis das Familienwappen. Die Umschrift lautet: »Krupp von Bohlen und Halbachsche Verwaltung auf dem Hügel«. Die Verwendung von Siegelmarken weist darauf hin, dass die Hügelverwaltung wie eine Behörde organisiert war. Meist wurden Siegelmarken von Ämtern zum Versiegeln und Beglaubigen von Schriftstücken verwendet.

16.2.14

Parkettfliese

Moebel & Parquetfabrik A. Bembé, Mainz & Coeln, 1. V. 20. Jh. | Eichenholz | 31,2 x 16 x 2,3 cm | Hausinventar der Villa Hügel, Essen | S 10, 321

Nahezu alle Wohnräume des großen und des kleinen Hauses sind noch heute mit aufwendigen Parkettböden ausgestattet. Dabei variieren die Verlegemuster von Saal zu Saal und weisen teilweise komplizierte Flechtbandornamente auf. Die Parkettfliese mit Rautenmuster aus zweifarbigem Holz wurde von der Möbel- und Parkettfabrik A. Bembé hergestellt. Das renommierte Unternehmen mit Niederlassungen in Mainz, Köln-Ehrenfeld und Mergentheim stattete auch verschiedene Schlösser wie Neuschwanstein, Charlottenburg in Berlin, das Hotel Adlon in Berlin und zahlreiche Gründerzeitvillen mit Parkettböden aus.

16.2.15

Abdeckungen für Telefon- und Steckdosen, Klingeltaster und Lichtschalter

1900/20 | Holz, Messing, Stuckmarmor, Leder, Kunststoff, Karton | Dm 7,5–8,5 cm | Hausinventar der Villa Hügel, Essen | S 10/327.1, 327.2, 327.3, 329, 330, 331

Die Vielzahl sowie die Form- und Dekorvielfalt der Abdeckungen für Telefon- und Steckdosen, Klingeltaster und Lichtschalter zeigen, dass für die Räume je nach Ausstattung unterschiedliche Modelle hergestellt wurden. Sie stammen vermutlich aus der letzten großen Umbauphase der Villa zwischen 1912 und 1915.

16.2.16

Türklinken und Beschläge

1900/30 | Messing, Gusseisen, Holz | Hausinventar der Villa Hügel, Essen | S 10/332.1, 332.2, 333.1, 333.2, 334, 335, 336, 337

Die unterschiedlichen Türklinken und Beschläge sind reich, zum Teil mit Jugendstilelementen verziert. Sie wurden in der Villa Hügel und im Kleinen Haus eingebaut.

16.2.17

Zwei Türgriffe aus der Villa Hügel

1900/30 | Messing | je H 35 cm, B 8 cm, T 9 cm | Hausinventar der Villa Hügel, Essen | S 10/325 und 326

Die beiden Türgriffe in Form von antikisierenden, auf Muscheln stehenden Frauenfiguren befanden sich vermutlich am Durchgang von der Oberen Halle zum Weißen Saal oder zum Südsalon. Das geblähte Segel hinter den Köpfen der Frauen deutet auf die Darstellung der Göttin Fortuna hin.

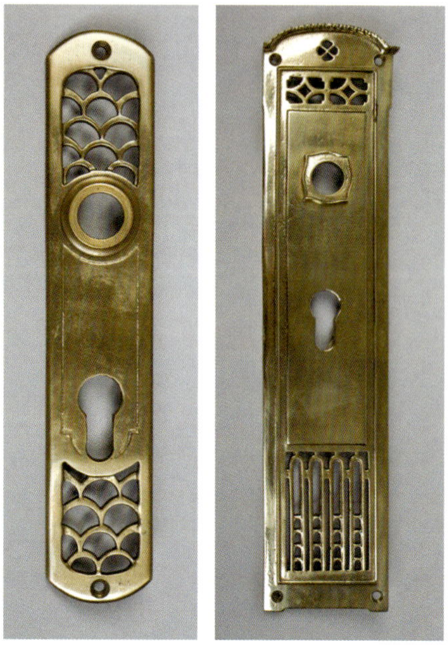

16.2.16

16.2.18

Schlüssel aus der Villa Hügel

1890 – 1940 | Messing, Eisen | L 4–10,5 cm, B 2–3 cm | Hausinventar der Villa Hügel, Essen | S 10/328

Auffallend sind die reich verzierten und sehr unterschiedlich gestalteten Endstücke der Schlüssel, auch Reide genannt. Die Schlüssel sind heute nicht mehr in Gebrauch. Einige Schlüsselanhänger verweisen aber noch auf ihren ursprünglichen Einsatzort.

16.2.19

Teile des Porzellangeschirrs aus der Villa Hügel

Königliche Porzellan-Manufaktur, Berlin (KPM), 1962–2010 | Porzellan, Poliergold | Hausinventar der Villa Hügel, Essen

Das aus vielen Teilen bestehende Porzellangeschirr der Villa Hügel wird noch bei heutigen Empfängen verwendet. Es gibt zwei verschiedene Versionen, ein Service mit goldenem und eines mit blau-goldenem Rand. Hergestellt wird es von der Königlichen Porzellan-Manufaktur Berlin. Das Markenzeichen des Porzellans, ein Zepter, und die grüne

16.2.19

Malereimarke für Dekor, ein Reichsapfel, verweisen auf eine Produktionszeit zwischen 1962 und 1992. Wie die Bestellbücher der Manufaktur belegen, kaufte die Familie Krupp seit den 1860er-Jahren dort ihr Geschirr.

16.2.20

Wandspiegel

1890/1930 | Holz, vergoldet, Spiegelglas, Blei, Messing | H 305 cm, B 180 cm, T 11 cm | Hausinventar der Villa Hügel, Essen | S 10/319

Der in einem dekorativen, ornamentierten Holzrahmen gefasste Wandspiegel ist in Spiegelrechtecke eingeteilt, die durch Bleistege und Messingrosetten miteinander verbunden sind. Der ursprüngliche Aufstellungsort ist nicht bekannt. Ein Spiegel mit ähnlicher Verglasung sowie Bleistegen und Rosetten befindet sich im Garten- bzw. Gobelinsaal des Verbindungsbaus zwischen Großem und Kleinem Haus der Villa Hügel.

16.3. Privat- und Ferienhäuser

Neben den Essener Wohnhäusern besaß die Familie Krupp Ferienhäuser, die von ihren Mitgliedern regelmäßig aufgesucht wurden. Abseits der strengen Reglements und Hierarchien auf dem Hügel konnte hier ein eher privates Familienleben stattfinden.

Das Jagdschloss Sayneck in der Nähe von Neuwied wurde 1884 mitsamt seiner Jagd von Friedrich Alfred Krupp gepachtet und später gekauft. Das kleine Schloss, 1881 für Alexander Graf von Hachenburg, Prinz zu Sayn und Wittgenstein erbaut, stellte mit seinen zahlreichen Fachwerkgiebeln und Türmchen geradezu ein Gegenbild zur monumentalen Villa Hügel dar. 1888 wurde das Hauptgebäude abgerissen und im gleichen Stil, jedoch größer neu erbaut. Friedrich Alfred Krupp zog sich häufig hierhin zurück und nutzte es zur Jagd und für informelle Treffen mit Geschäftspartnern. Während der politischen Unruhen im Ruhrgebiet Anfang der 1920er-Jahre war das Haus mehrfach ein Rückzugsort für Bertha Krupp von Bohlen und Halbach und ihre Kinder. Erst 1968 ging es in den Besitz der Fürsten zu Wied über.

Die Villa Vitzthum in Baden-Baden, später Meineck genannt, war ein Geschenk Friedrich Alfreds an Margarethe Krupp im Sommer 1894. Die Villa war 1882/83 nach einem Entwurf eines französischen Architekten für Graf Karl Friedrich Vitzthum unter Verwendung von Rokokoelementen erbaut worden. Es diente Margarethe Krupp als repräsentative Unterkunft, in der häufig Gäste untergebracht wurden, die sich zur Kur in Baden-Baden aufhielten. Ein noch vorhandenes »Fremdenbuch« listet die oft auch länger verweilenden internationalen Gäste zwischen 1894 und 1914 auf. Sogar Kaiserin Auguste Viktoria verbrachte hier mit ihren Kindern drei Wochen. Im Zuge der Wirtschaftskrise wurde Meineck 1922 verkauft.

Zum wichtigsten Aufenthaltsort für die Familie Krupp von Bohlen und Halbach außerhalb Essens wurde Schloss Blühnbach bei Salzburg. Das Jagdschloss aus dem frühen 17. Jahrhundert wurde 1916 vom österreichischen Kaiserhaus an die Krupps verkauft. Auch hier haben große Jagdveranstaltungen stattgefunden. Vor allem in den 1920er- und 1930er-Jahren war es beliebtes Ferienziel und Treffpunkt zahlreicher Familienangehöriger. Gustav Krupp von Bohlen und Halbach verbrachte hier seit 1944 seine letzten Jahre. Als Teil der Gegenleistung für seinen Erbverzicht erhielt Arndt von Bohlen und Halbach Schloss Blühnbach. Er heiratete hier und ließ sich auf eigenen Wunsch in der Gruft der Schlosskapelle bestatten. Wenige Jahre nach seinem Tod wurde Blühnbach an einen amerikanischen Industriellen verkauft.

Nach dem Zweiten Weltkrieg wurde die Villa Hügel vom Firmeninhaber nicht mehr als Wohnsitz genutzt. Als neues Domizil ließ sich Alfried Krupp von Bohlen und Halbach 1953 einen Bungalow am Rande des Hügels bauen und bewohnte ihn zunächst mit seiner zweiten Ehefrau und dann bis zu seinem Tod im Jahre 1967 allein. Heute dient das Anwesen der Alfried Krupp von Bohlen und Halbach-Stiftung als Gästehaus. MD

16.3.1

Jagdschloss Sayneck

Fotografie von Otto Kilger, 1887 | Historisches Archiv Krupp, Essen | WA 16 m 5,11

Das ursprünglich 1881 von Alexander Graf von Hachenburg, Prinz von Sayn und Wittgenstein erbaute Jagdschloss Sayneck wurde 1884 von Friedrich Alfred Krupp mitsamt den vorhandenen Jagden gepachtet. 1888 ließ er das Hauptgebäude abreißen und im gleichen Fachwerkstil, nur wesentlich größer, neu errichten. Zudem wurden weitere Funktionsgebäude ergänzt. Das Schlösschen diente vor allem Friedrich Alfred Krupp, aber auch der Familie Krupp von Bohlen und Halbach als Rückzugsort. Nach dem Tod Alfried Krupps gingen 1968 die Gebäude in den Besitz der Fürsten zu Wied über.

16.3.1

16.3.2

Die Familie Krupp mit Verwandten und Angestellten in Sayneck

Fotografie, um 1886 | Papier, Karton, handschriftliche Ergänzungen | 33 x 42 cm | Historisches Archiv Krupp, Essen |F 29/50

In Sayneck bei Neuwied hielten sich die Krupps regelmäßig zur Jagd und zu Kurzurlauben auf. Als Bertha Krupp ihren Mann Alfred verlassen hatte, bot dieser Ort für sie eine Möglichkeit, ihren Sohn und seine Familie zu treffen. Das Foto zeigt von links Friedrich Alfred und Margarethe Krupp, dahinter Dr. Natorp und seine Frau, in der Mitte Bertha Krupp sowie Irene von Ende, Fräulein Meckmann und weitere Angestellte.

16.3.3

16.3.4

16.3.3

Villa Meineck in Baden-Baden

a) Fotografie, 1891 | Papier | 19 x 25 cm
b) Fotografie, 1894 | Papier | 18 x 25 cm
Historisches Archiv Krupp, Essen | FAH 3 M 61.3, FAH 3 M 61.2

Friedrich Alfred Krupp schenkte seiner Frau 1894 die Villa Meineck. Etwa zehn Jahre zuvor war sie auf einer Anhöhe inmitten eines großen Parks nach einem Entwurf des französischen Architekten Nicolaus Escalier für einen Diplomaten gebaut worden. Bereits 1922 von den Krupps wieder verkauft, wurde die Villa im Jahre 1953 abgerissen.

16.3.4

Ansichtskarte von Schloss Blühnbach

Druck: A. Krampolak, Wien | vor 1949 | Karton | 9 x 14,1 cm | Privatbesitz

Berthold von Bohlen und Halbach schrieb diese Postkarte Weihnachten 1949 mit einer gemalten Ansicht von Blühnbach an Emmy Coerper in Münster. Sie zeigt das idyllisch gelegene Schloss inmitten der Salzburger Berglandschaft. Postkarten mit verschiedenen Schlossansichten lagen in den Zimmern für Gäste des Hauses aus.

16.3.5

Ferien in Blühnbach

Fotografie, um 1920/30 | Historisches Archiv Krupp, Essen | FAH 4 H 53.128

Die Fotografie hält eine entspannte Feriensituation fest: Familienmitglieder und Angestellte sitzen in Gartenstühlen auf der Terrasse eines Nebengebäudes und lesen bzw. handarbeiten. Links im Hintergrund ist das Hauptgebäude zu sehen.

16.3.6

Essener Wohnhaus von Alfried Krupp von Bohlen und Halbach

Fotografie, um 1960 | Historisches Archiv Krupp, Essen | F 4/21098

Nachdem Alfried Krupp von Bohlen und Halbach im März 1953 wieder die Leitung des Krupp-Konzerns übernommen hatte und die Villa Hügel nicht mehr als Familienwohnsitz genutzt wurde, ließ er sich 1953 am Rande des Hügels einen Bungalow bauen.

16.3.7

Alfried und Vera Krupp von Bohlen und Halbach auf der Terrasse des Essener Wohnhauses

Fotografie, 1950 | Ullstein Bilderdienst

Das Foto zeigt das Ehepaar Krupp, dem eine Angestellte Getränke serviert, auf der Terrasse ihres Bungalows.

17. Krupp als Mäzen – Von Alfred Krupp bis zur Alfried Krupp von Bohlen und Halbach-Stiftung

Das Krupp'sche Mäzenatentum ist als industrielles Phänomen, das Züge feudaler oder staatlicher Fürsorge annahm und diese sogar häufig in den Schatten stellte, in Form und Umfang zumindest in Deutschland ohne Beispiel. Seine Ursprünge liegen in der Krupp'schen Sozialpolitik, aber auch in der ambitionierten Selbst- und Außendarstellung der Firma. Dabei richtete sich die Förderung zunächst vor allem an Bedürftige und soziale oder karitative Einrichtungen. Schon unter Alfred Krupp, vor allem aber unter seinen Nachkommen schloss das Engagement jedoch die Förderung von Kultur und Bildung, Sport und anderen gesellschaftlichen Einrichtungen mit ein.

Das mäzenatische Handeln basierte auf absoluter Freiwillig- und Selbstlosigkeit, orientiert an den Werten des Gemeinsinns und der Zivilgesellschaft. Dies schloss aber einen gewissen Eigennutz nicht aus. Gerade bei den Zuwendungen an Institutionen und Körperschaften öffentlichen Rechts pochte die Familie Krupp auf Steuerfreiheit für ihre Wohltaten und sicherte sich den Einfluss auf inhaltliche Entscheidungen und Besetzungen von Ämtern. Von den unzähligen Bittgesuchen, die den Hügel erreichten, wurden nicht alle positiv beantwortet, sondern weit häufiger – oft mit Hinweis auf die immensen Kosten – abgelehnt. Es gehörte zum Alltag des Firmeninhabers, als potentieller Mäzen und Wohltäter angesprochen zu werden. Die Anfragen wurden zum Teil an Vermittler,

im Falle von Friedrich Alfred und Gustav auch an die Ehefrauen delegiert; manchmal wurden sie aber auch persönlich und vertrauensvoll beantwortet, vor allem wenn es sich um geschätzte oder bewunderte Politiker, Wissenschaftler oder Künstler handelte. In Ausnahmefällen, insbesondere bei umfangreichen und langfristigen Förderungen, wurden die Schenkungen durch Stiftungen institutionalisiert. Ausgangspunkt für solche Stiftungen waren meist bedeutsame Anlässe wie Geburten und Todesfälle, Geburts- und Hochzeitstage oder Jubiläen sowie Denkmaleinweihungen.

Zusammenfassend kann man beim Krupp'schen Mäzenatentum von einer symbolischen Interaktion sprechen, in der die von Krupp erwarteten und akzeptierten Schenkungen und Förderungen die wechselseitige Anerkennung zwischen Schenker und Beschenkten widerspiegeln. Dabei interpretierte Alfred Krupp das Mäzenatentum eher als erweitertes Sozialengagement für die Beschäftigten. Auch Friedrich Alfred Krupp war die innerbetriebliche Sozialpolitik wichtiger als eine breite Förderung. Erst seine Witwe Margarethe weitete die Unterstützung zu einer allgemeinen Armenfürsorge vor allem in der Stadt Essen aus. Ihre Tochter und ihr Schwiegersohn, Bertha und Gustav, entwickelten dieses System zu einem überregionalen, ja bisweilen internationalen Mäzenatentum weiter, in dem potentiell jeder um eine Unterstützung ersuchen konnte, auch wenn diese nur wenigen tatsächlich gewährt wurde. Dass sie dabei Schwerpunkte nach persönlichen Vorlieben bildeten, wie es etwa beim Deutschen Museum in München der Fall war, muss als selbstverständlich angesehen werden. HTG

17.1. Krupp und Essen

Als Friedrich Alfred Krupp 1902 starb, hatte er gut zwei Millionen Mark für außerbetriebliches Mäzenatentum ausgegeben, davon allein 1,38 Millionen zugunsten der Heimatstadt Essen. Schon kurz nach dem Tod seines Vaters Alfred hatte er im September 1887 die nach diesem benannte Stiftung für wohltätige und gemeinnützige Zwecke innerhalb der Stadt Essen in Höhe von 500.000 Mark ins Leben gerufen, die er zwei Jahre später bei der Einweihung des Alfred Krupp-Denkmals auf dem Marktplatz der Stadt Essen um dieselbe Summe auf eine Million ergänzte. Wenige Tage nach seinem eigenen Tod rief seine Frau die Friedrich-Alfred-Krupp-Stiftung ins Leben, die sie wiederum mit einem Vermögen von 500.000 Mark ausstattete. Noch großzügiger verfuhren seine Tochter Bertha und ihr Mann Gustav, die anlässlich des 100. Firmenjubiläums 1912 zwei Millionen Mark an die Stadt Essen überwiesen, und zwar zur Hälfte für Kunst und Kultur, zu einem Viertel für allgemeine Wohlfahrtszwecke und das letzte Viertel für Freibetten für Frauen und Kinder in städtischen Krankenanstalten. Verzwanzigfacht man diese Summen, so wird man in etwa den heutigen Wert dieser noch heute existierenden Stiftungen in Euro bemessen können.

Die Essener Krankenanstalten, vor allem das Krupp-Krankenhaus, aber auch die Huyssens-Stiftung waren die ersten Sozialeinrichtungen, die neben den eigenen Firmeneinrichtungen von den Krupp'schen Förderungen profitierten. Es kamen schnell weitere Sozialeinrichtungen hinzu. Anfang des 20. Jahrhunderts konnten sich zahlreiche Kirchenbauten in Essen – vor allem die evangelischen – der Krupp'schen Unterstützung erfreuen, ebenso wie eine Reihe von (Volks-)Schulen. Mit der Krupp'schen Oberrealschule, dem späteren Alfred Krupp-Gymnasium, und der Bertha Krupp-Realschule für Mädchen gründete Krupp eigene Schulen.

Die zahlreichen Weihnachtsbescherungen, Kohlengeschenke und jährlichen Zuwendungen an Vereine hatten eine generationsübergreifende Tradition, die von Margarethe Krupp im Sinne einer allgemeinen Armenfürsorge erweitert wurde. Ihr größtes soziales Engagement war aber sicherlich die Stiftung der Gartenstadt Margarethenhöhe, die sowohl den Krupp'schen Beschäftigten als auch den Einwohnern der Stadt Essen zur Verfügung stand. Schon Friedrich Alfred Krupp hatte sich mit der Gründung des Essener Turn- und Fechtclubs 1884 um den Essener Lokalsport bemüht. Auch die städtische Kulturförderung hatte mit seiner Unterstützung des Theaters und des Orchesters sowie mit der Finanzierung des Saalbaus begonnen. Unter seinen Nachfolgern kam die großzügige Förderung der Essener Museen und der Folkwang-Schule hinzu.

Von der Unterstützung, die die Stadt Essen von ihrem reichsten Bürger in gewisser Weise erwartete, profitierte Krupp natürlich sowohl in Bezug auf sein Ansehen als auch hinsichtlich der Verbesserung der Lebensverhältnisse seiner Mitarbeiter. Wie groß die Dankbarkeit und Anerkennung von Seiten der Stadt war, zeigt sich in den zahlreichen Ehrungen und Auszeichnungen, die sie allen Krupp-Generationen zuteil werden ließ. HTG

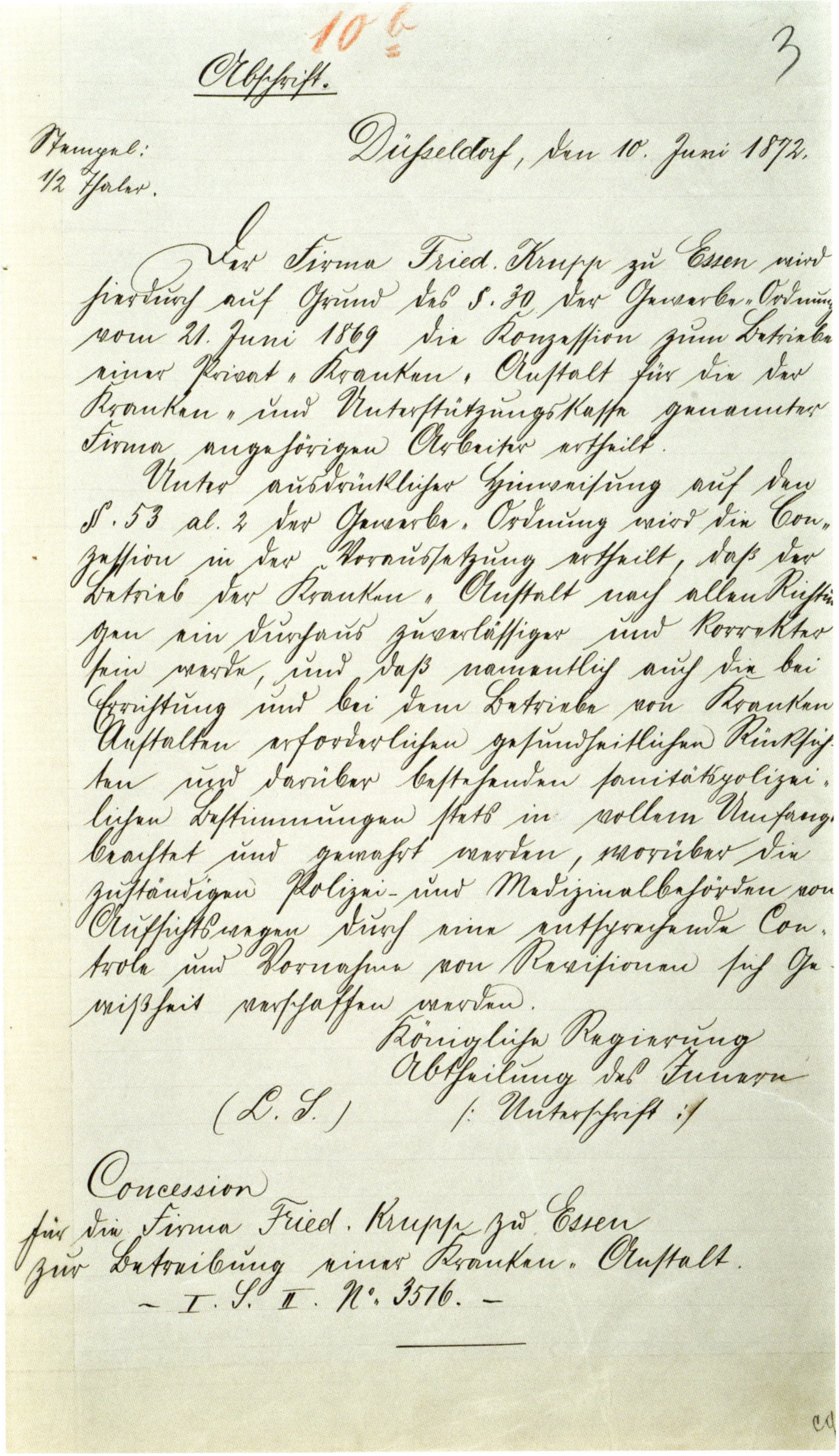
10b
3
Abschrift.

Stempel: 1/2 Thaler.

Düsseldorf, den 10. Juni 1872.

Der Firma Fried. Krupp zu Essen wird hierdurch auf Grund des §. 30 der Gewerbe-Ordnung vom 21. Juni 1869 die Konzession zum Betriebe einer Privat-Kranken-Anstalt für die der Kranken- und Unterstützungskasse genannter Firma angehörigen Arbeiter ertheilt.

Unter ausdrücklicher Hinweisung auf den §. 53 al. 2 der Gewerbe-Ordnung wird die Concession in der Voraussetzung ertheilt, daß der Betrieb der Kranken-Anstalt nach allen Richtungen ein durchaus zuverlässiger und korrekter sein werde, und daß namentlich auch die bei Errichtung und bei dem Betriebe von Kranken-Anstalten erforderlichen gesundheitlichen Rücksichten und darüber bestehenden sanitätspolizeilichen Bestimmungen stets in vollem Umfange beachtet und gewahrt werden, worüber die zuständigen Polizei- und Medizinalbehörden von Aufsichtswegen durch eine entsprechende Controle und Vornahme von Revisionen sich Gewißheit verschaffen werden.

Königliche Regierung
Abtheilung des Innern
(L. S.) (: Unterschrift :)

Concession
für die Firma Fried. Krupp zu Essen
zur Betreibung einer Kranken-Anstalt.
— I. S. II. No. 3516. —

17.1.5

17.1.1

Zahlungsanweisung an die Armenkasse in Essen

15. Dezember 1896 | Handschrift, Papier, 2 Seiten | 21 x 16,3 cm | Historisches Archiv Krupp, Essen | FAH 3 C 4.7

Am Beginn des Krupp'schen Mäzenatentums steht die Hilfe für Bedürftige und die Armenfürsorge. Dass diese aber nicht ausufern sollte und immer wieder einer genauen Prüfung der Notwendigkeit unterlag, zeigt eine Verfügung Friedrich Alfred Krupps aus dem Jahr 1907, mit der die jährliche Zahlung an die Armenkasse von 1000 auf 500 Mark reduziert wurde.

17.1.2

»Etat der Krupp-Stiftung für 1898/99«

1899 | Handschrift, Papier | 33,2 x 21 cm | Historisches Archiv Krupp, Essen | FAH 3 B 80.14-16

Anlässlich des Todes von Alfred Krupp stiftete sein Sohn Friedrich Alfred der Stadt Essen 500.000 Mark, die von der Stadt in Grundstücken, Wertpapieren und Hypotheken angelegt wurden. Zweck der »Alfred Krupp-Stiftung« war die »materielle und sittliche Hebung der unteren Klassen der Bevölkerung«. Nach dem Tod ihres Mannes gründete seine Witwe Margarethe 1902 zusätzlich die »Friedrich Alfred Krupp-Stiftung« mit ähnlichen Zielen. Die Stiftungen bestehen unter einem gemeinsamen Dach noch heute.

17.1.3

Aufstellung der Spenden der Firma Fried. Krupp an die Huyssens-Stiftung

25. Juli 1936 | Maschinenschrift, Papier, 3 Seiten | 30 x 20 cm | Historisches Archiv Krupp, Essen | WA 41/74-402.191-193

Eines der ganz frühen Betätigungsfelder der Krupp'schen Unterstützungen in der Heimatstadt Essen war die Krankenversorgung und -pflege. So förderte Alfred Krupp wohl schon 1852 die Errichtung des Krankenhauses Evangelische Huyssens-Stiftung, das von 1861 an kontinuierlich mit jährlichen Zahlungen unterstützt wurde.

17.1.4

Dankschreiben der Huyssens-Stiftung für eine Spende zur Beschaffung einer Orgel für die Kapelle des Neubaus

15. Februar 1936 | Maschinenschrift, Papier | 30 x 20 cm | Historisches Archiv Krupp, Essen | WA 41/74-402.189

Die Förderung der Huyssens-Stiftung wurde auch noch von Bertha und Gustav Krupp von Bohlen und Halbach fortgesetzt. Über die jährlichen Zuwendungen hinaus betraf sie auch Einzelmaßnahmen wie die Beschaffung einer Orgel für die Kapelle des Krankenhausneubaus in Höhe von 10.000 Mark.

17.1.5

Konzession für den Betrieb einer Kranken-Anstalt

Königl. Regierung, Abteilung des Inneren, Düsseldorf, 10. Juni 1872 Handschrift, Papier | 33 x 19 cm | Historisches Archiv Krupp, Essen | WA 41/74-412.3

Die Förderung der Krankenpflege führte bei Alfred Krupp im Rahmen der Konsolidierung seiner Sozialeinrichtungen in den 1870er-Jahren zur Planung einer eigenen Krankenanstalt zunächst für die Betriebsangehörigen, dann aber auch für die Bürger der Stadt Essen. Am 10. Juni 1872 erhielt er die Konzession zur Betreibung einer Krankenanstalt.

17.1.6

Planungsskizze der Krupp'schen Krankenhäuser 1886

22. Dezember 1886 | Durchschlagpapier | 54 x 60 cm | Historisches Archiv Krupp, Essen | WA 41/74-412.37

Kurz vor Alfred Krupps Tod lagen im Dezember die Planungsunterlagen für den Bau einer umfangreichen Krankenstation mit mehreren Lazarett-Gebäuden und einem zentralen Speisesaal vor.

17.1.7

Vertrag zwischen den Barmherzigen Schwestern Essen und der Fried. Krupp Gussstahlfabrik über den Dienst im Krupp'schen Krankenhaus

12. Februar 1887 | Handschrift, Papier | 34 x 17 cm | Historisches Archiv Krupp, Essen | WA 41/74-419.26-27

Anfang 1887 wurde ein Vertrag mit der Genossenschaft der Barmherzigen Schwestern in Essen über die Übernahme der Krankenpflege im Krupp'schen Krankenhaus ab dem 13. Februar 1887 geschlossen.

17.1.8

Liste mit Spenden an die Heilsarmee zwischen 1901 und 1938

1901–1938 | Vordruck, Handschrift, Papier | 30 x 21 cm | Historisches Archiv Krupp, Essen | WA 41/74-211.1

Die Wohlfahrtsunterstützung der Firma und Familie Krupp ging weit über die Krankenfürsorge hinaus. So erhielt die Heilsarmee beinahe jährlich größere und kleinere Zuwendungen, entweder für die allgemeine Kollekte oder für Maßnahmen wie die Einrichtung eines Männerheims. Teilweise erfolgten auch Zahlungen über Verbände, in denen Krupp Mitglied war, wie das Kohlensyndikat oder der Arbeitgeber-Verband.

17.1.9

Dankschreiben der Heilsarmee an Margarethe Krupp

Brief vom 17. Februar 1912 | Maschinenschrift, Papier | 29 x 20 cm | Historisches Archiv Krupp, Essen | WA 41/74-211.205

Das Dankschreiben der Heilsarmee Essen an die Witwe des »Wirklichen Geheimrats F. A. Krupp« erreichte beinahe jährlich die Villa Hügel.

17.1.10

Dankschreiben des Kinderheims in Essen an Bertha und Gustav Krupp von Bohlen und Halbach

Brief vom 24. Juni 1910 | Maschinenschrift, Papier | 29 x 22 cm | Historisches Archiv Krupp, Essen | FAH 23/469.81+87

Das Essener Kinderheim bedankte sich überschwänglich bei Gustav Krupp von Bohlen und Halbach und seiner Gemahlin für eine Schenkung in Höhe von 5000 Mark für die innere Ausstattung seines Neubaus.

17.1.11

Dankschreiben des Franz-Sales-Hauses für eine Spende von 20.000 Mark

15. Juni 1921 | Maschinenschrift, Papier | 27 x 19 cm | Historisches Archiv Krupp, Essen | WA 41/73-201.421

Zu den bevorzugten Fördernehmern des Hauses Krupp gehörte in Essen auch immer das Franz-Sales-Haus, das sich der Betreuung benachteiligter und behinderter Kinder verschrieben hat.

17.1.12

»Denkschrift über den Ausbau des Stiftungsgeländes«

Georg Metzendorf, Essen, Juli 1909 | Druck, Büttenpapier, Karton, Leder mit Goldprägung, 32 Seiten | 24,2 x 20,2 x 1 cm | Historisches Archiv Krupp, Essen | FAH 3 M 1.16-32

Die wichtigste Stiftung von Margarethe Krupp, mit der ihr Name untrennbar verbunden ist, ist die Gartenstadt Margarethenhöhe. Anlässlich der Vermählung ihrer Tochter Bertha mit Gustav von Bohlen und Halbach stiftete sie am 15. Oktober 1906 eine Million Mark und ein Baugelände von 50 Hektar für die Errichtung der Margarethe Krupp-Stiftung für Wohnungsfürsorge, die

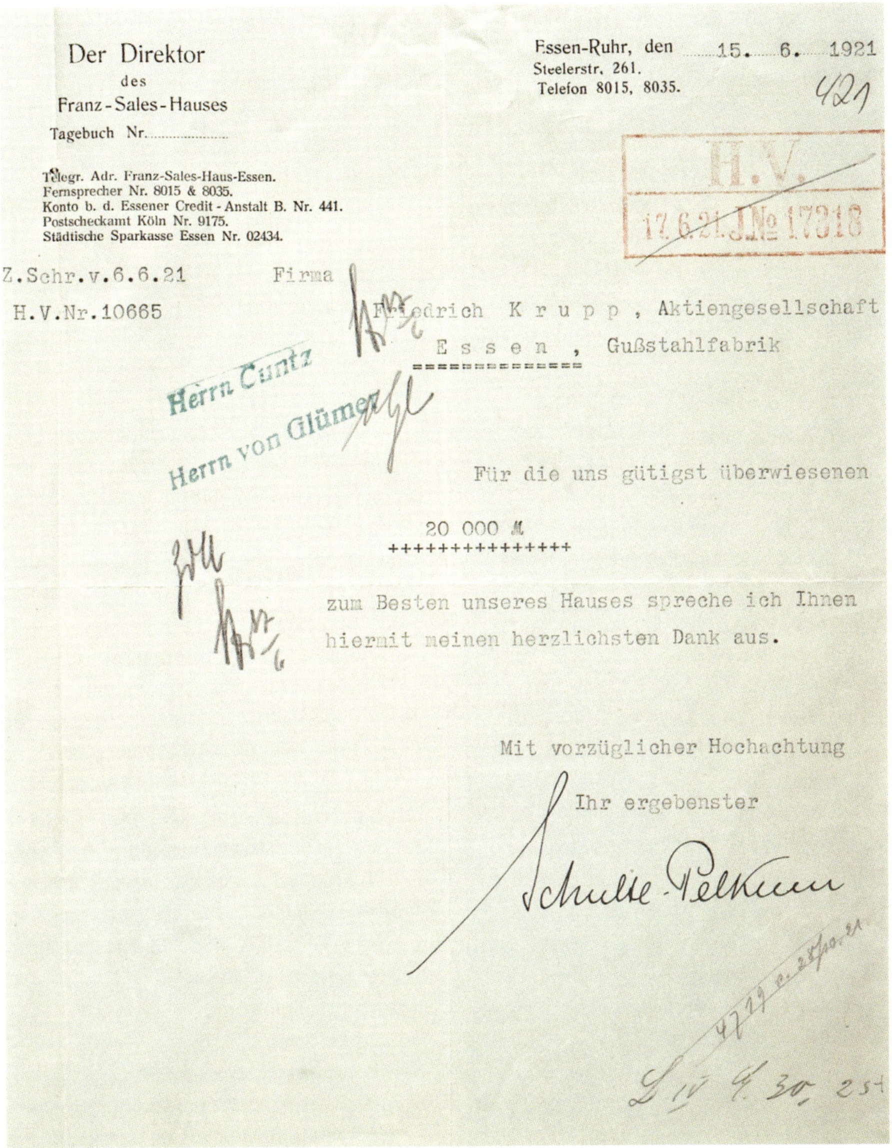
Der Direktor
des
Franz-Sales-Hauses
Tagebuch Nr. ....

Telegr. Adr. Franz-Sales-Haus-Essen.
Fernsprecher Nr. 8015 & 8035.
Konto b. d. Essener Credit-Anstalt B. Nr. 441.
Postscheckamt Köln Nr. 9175.
Städtische Sparkasse Essen Nr. 02434.

Essen-Ruhr, den 15. 6. 1921
Steelerstr. 261.
Telefon 8015, 8035.

H.V.
17.6.21. J.№ 17318

Z.Schr.v.6.6.21
H.V.Nr.10665

Firma
Friedrich Krupp, Aktiengesellschaft
Essen, Gußstahlfabrik

Herrn Cuntz
Herrn von Glümer

Für die uns gütigst überwiesenen

20 000 M

zum Besten unseres Hauses spreche ich Ihnen hiermit meinen herzlichsten Dank aus.

Mit vorzüglicher Hochachtung
Ihr ergebenster
Schulte-Pelkum

17.1.11

Wohnraum für »die minderbemittelten Klassen« schaffen sollte.

Die Denkschrift des Architekten Georg Metzendorf, der erst am 1. Januar 1909 den Auftrag erhalten hatte, enthält bereits den Bebauungsplan, zahlreiche Erläuterungen und Ideenskizzen sowie konkrete Angaben zum ersten Bauabschnitt.

17.1.13

Einladung und Programm zur Einweihung der evangelischen Kreuzeskirche am 1. Dezember 1896

a) *Presbyterium der evangelischen Gemeinde Essen, 17. November 1896 | Vordruck mit handschriftlichen Ergänzungen | 28,5 x 22 cm*

b) *G. D. Baedeker, Essen, 1. Dezember 1896 | Druck, Papier | 23 x 14 cm*

Historisches Archiv Krupp, Essen | WA 41/73-300.16 und WA 41/73-300.11-14

Neben der sozialen Förderung galt ein weiterer Schwerpunkt der Förderung des wegen des rasanten Bevölkerungswachstums vorangetriebenen Kirchenbaus um die Wende zum 20. Jahrhundert. Es gibt praktisch keine bedeutende Kirche der Zeit in Essen, die nicht durch Krupp gefördert wurde. Dementsprechend erging die Einladung zur Einweihung der Evangelischen Kreuzeskirche am Weberplatz in der Essener Innenstadt an das Direktorium.

17.1.14

Einladung und Festordnung für die Feier der Grundsteinlegung der evangelischen Erlöserkirche am 31. Oktober 1906

a) Einladung zur Grundsteinlegung
19. Oktober 1906 | Handschrift, Papier | 33 x 21 cm

b) Fest-Ordnung für die Feier der Grundsteinlegung
Schrepper & Co., Essen, 31. Oktober 1906 | Druck, Papier | 22 x 14 cm

Historisches Archiv Krupp, Essen | WA 41/73-300.36 und WA 41/73-300.42

Am 19. Oktober 1906 lud das Presbyterium der evangelischen Kirchengemeinde Essen das Direktorium der Fried. Krupp Aktiengesellschaft zur Grundsteinlegung der neoromanischen Erlöserkirche an der Ecke Bismarckstraße / Friedrichstraße gegenüber dem Glückaufhaus ein.

17.1.15

Einladung zur Grundsteinlegung und zur Einweihung der evangelischen Auferstehungskirche

Evangelische Kirchengemeinde Essen-Altstadt, 5. Juli 1929 und 22. Juni 1930 | Druck mit handschriftlichen Ergänzungen, Papier, Karton | 22 x 17 cm bzw. 11 x 19 cm | Historisches Archiv Krupp, Essen | WA 41/73-300.197 und WA 41/73-300.206

Im Jahr 1929 erging die Einladung des Presbyteriums der Evangelischen Kirchengemeinde zur Grundsteinlegung der expressionistischen Auferstehungskirche von Otto Bartning, die in Skelettbauweise aus Kruppstahl errichtet wurde. Die Einladung zur Grundsteinlegung richtete sich an Gustav und Bertha von Bohlen und Halbach.

17.1.16

Liturgisches Gerät, gestiftet von Bertha und Barbara Krupp an die Evangelische Kirchengemeinde Essen-Werden

1902 (Stiftung)

a) Abendmahls-Kelch
Silber | ca. H 20 cm, Dm 10 cm

b) Abendmahl-Karaffe
Silber | ca. H 30 cm, Dm 10 cm

c) Hostienschale
Silber | ca. H 10 cm, Dm 10 cm

Evangelische Kirchengemeinde Essen Werden

Eine Sonderstellung nahm immer die Evangelische Kirchengemeinde in Essen-Werden ein, der die Familie Krupp angehörte. So stifteten Bertha und Barbara Krupp 1902 die Abendmahlausstattung und weitere liturgische Gegenstände für ihre Gemeinde, die dort heute noch in Gebrauch sind.

17.1.17

Dankschreiben für die Herstellung der Fenster im Essener Münster

Gottfried Heinersdorff, 24. November 1919 | Vordruck, Maschinenschrift, Papier, 2 Seiten | 29 x 43 cm | Historisches Archiv Krupp, Essen

Die Förderung der Firma Krupp galt aber nicht nur den evangelischen Gemeinden, sondern auch den katholischen Kirchen, vor allem der Münsterkirche und der Werdener Ludgeruskirche mit ihren bedeutenden Kirchenschätzen. Das Dankschreiben von Gottfried Heinersdorff, einem Mitarbeiter der Berliner Vereinigten Werkstätten für Mosaik und Glasmalerei, belegt den Einsatz für die Ergänzung der Glasfenster des Essener Münsters.

17.1.18

Dankschreiben und Einladung des Schulvereins des Evangelischen Lyzeums e.V.

a) Dankschreiben des Schulvereins über Neu- und Ausbau des Evangelischen Lyzeums
19. Juli 1927 | Maschinenschrift, Papier | 35 x 25 cm

b) Einladung zur Eröffnung des Neubaus des Evangelischen Lyzeums für Bertha und Gustav Krupp von Bohlen und Halbach
22. Oktober 1927 | Maschinenschrift, Karton | 12 x 18 cm

Historisches Archiv Krupp, Essen | WA 41/73-201.42 und WA 41/73-202.76

Neben den Kirchengemeinden fanden auch zahlreiche Schulen Berücksichtigung in der Krupp'schen Förderung. So bedankt sich der Schulverein des Evangelischen Lyzeums e. V. für eine Spende von 10.000 Mark zur Errichtung eines Neu- und Ausbaus, und diese Spende war nicht die erste Förderung, die die Schule erhalten hatte. Natürlich wurden Gustav und Bertha Krupp von Bohlen und Halbach zur Eröffnungsfeier am 5. November 1927 eingeladen.

17.1.16 a

17.1.16 b

17.1.16 c

17.1.19

Umbenennung der Oberrealschule an der Margarethenstraße in Essen-West in »Kruppschule«

Oberbürgermeister Wilhelm Holle, 8. April 1910 | Maschinenschrift, Papier, 2 Seiten | 33 x 21 cm | Historisches Archiv Krupp, Essen | WA 41/73-204.8

Im Jahr 1910 bemühte sich der Essener Oberbürgermeister Holle erfolgreich um die Umbenennung der Oberrealschule im Stadtteil Essen-West. Er argumentierte damit, dass in diesem Stadtteil hauptsächlich Mitarbeiter von Krupp wohnten und ihre Kinder dort zur Schule schickten. Die Namensgebung war eine Anerkennung der Stadt für die bereits geleistete Unterstützung der Firma und erfolgte sicherlich in Erwartung weiterer Förderung.

17.1.20

Jubiläumsschriften der Alfred Krupp Schule

Broschüren, 1958, 1983 und 2008 | Papier | je ca. 30 x 22 cm | Alfred Krupp Schule, Essen

Die Umbenennung war der Beginn eines der renommiertesten Essener (Jungen-) Gymnasien, das 2008 bereits seinen 100. Geburtstag feiern konnte.

17.1.21

»50 Jahre Bertha-Krupp-Realschule 1961–2011«

Broschüre, 2011 | Papier | 21,3 x 20,5 cm | Bertha-Krupp-Realschule, Essen

Das Pendant zum ehemaligen Jungengymnasium, der Alfred Krupp-Schule, ist die nach Bertha Krupp benannte, ebenso im Krupp-Viertel Essen-West gelegene, ehemalige Mädchenschule. Sie geht auf die 1927 gegründete selbstständige Mädchenschule an der Altendorfer Straße zurück. Die Firma Krupp stellte der Stadt Essen für einen Neubau ein Grundstück an der Kerckhoffstraße zur Verfügung, der nach der vier Jahre vorher verstorbenen Bertha Krupp von Bohlen und Halbach benannt wurde.

17.1.24

17.1.25

An der Eröffnung, die in zeitlicher Nähe zum 150. Jubiläum der Firma am 14. November 1961 erfolgte, nahmen Berthas Schwester Barbara, ihre Söhne Alfried, Berthold und Harald sowie Berthold Beitz teil.

17.1.22

»Bestimmungen des Herrn F.A. Krupp für den Turn- und Fechtklub Essen«

18. Oktober 1893 | Maschinenschrift, Papier, 3 Seiten | 33,5 x 23 cm | Historisches Archiv Krupp, Essen | FAH 3 F 2.2-3

Ein wichtiger Bestandteil des Krupp'schen Mäzenatentums war zumindest seit der Firmenleitung durch Friedrich Alfred die Unterstützung des Sports, auch hier erwachsend aus der anfänglichen Förderung der körperlichen Ertüchtigung der eigenen Mitarbeiter. Am 18. Oktober 1893 stellte er dem 1884 gegründeten Turn- und Fechtclub Räumlichkeiten und Personal zur Verfügung mit dem Zweck, »Leibesübung zu pflegen und dadurch die Gesundheit zu kräftigen, um den alten Satz »mens sana in corpore sano« wahr zu machen«.

17.1.23

Dankschreiben des Essener Turn- und Fechtclubs

26. September 1936 | Maschinenschrift, Papier | 25 x 19 cm | Historisches Archiv Krupp, Essen | WA 41/73-258.88

Der Essener Turn- und Fechtclub (ETuF) war keine Werkseinrichtung, sondern ein eingetragener Verein. Deshalb war und ist er immer noch auf Unterstützung von Seiten Krupps angewiesen. 1936 bedankte sich der Vereinsführer in einem Schreiben an Gustav Krupp von Bohlen und Halbach für die Begleichung von Forderungen an den Verein in Höhe von immerhin 14.000 Mark.

17.1.24

Silberbecher für den siegreichen Vierer der Hügelregatta 1905

1905 | Silber, innen feuervergoldet | H 14 cm, Dm 10,50 cm | Ruderverein Weser von 1885, Hameln

Die Hügelregatta auf der Ruhr war der jährliche Höhepunkt im sportlichen und geselligen Leben der Ruderriege des Essener Turn- und Fechtclubs. Nachdem sich die Firma Krupp finanziell beteiligt hatte, fand die erste Regatta im Jahr 1904 statt. Der von Bertha Krupp von Bohlen und Halbach gestiftete Becher ehrte den siegreichen Vierer, den Ruderverein Weser aus Hameln, im darauf folgenden Jahr.

17.1.25

Zwei Medaillen zur Ruderregatta Hügel

Essener Turn- und Fechtclub (ETuF), Rudolf Bosselt, 1909 und 1923 | Bronze | H 5,25 cm, B 4,6 cm | Ruhr Museum, Essen | Me 811, Me 544

Die Medaillen zur Hügelregatta wurden jährlich vergeben. Sie zeigen im Kreis den Kopf eines Sportlers, nach rechts schauend, mit Lorbeerkranz und die Bezeichnung »Ruderregatta Hügel« mit dem jeweiligen Jahr. Ob es im Jahr 1904 schon zur Verleihung von Sieger- oder Teilnehmermedaillen kam oder diese schon vor 1909 eingeführt wurden, ist unklar.

17.1.26

»Ausschreibung und Einladung für die Internationale Jubiläumsregatta des Yacht-Clubs ›Ruhrland‹ vom 3. bis 5. Juni 1938«

Druckschrift, 1938 | Karton | 19,5 x 11,5 cm | Historisches Archiv Krupp, Essen | FAH 21/695.75-82

Mit dem Bau des Baldeneysees durch das Aufstauen der Ruhr in den frühen 1930er-Jahren hatten Essen und die segelbegeisterte Familie Krupp ein kleines Segelrevier gewonnen. Im Juni 1938 wurde die Jubiläumsregatta des Yacht-Clubs »Ruhrland« mit Preisen in verschiedenen Klassen durchgeführt.

17.1.27

Krupp von Bohlen und Halbach-Preis »Internationale Jubiläumsregatta Yachtclub Ruhrland«

a) »Internationale Jubiläumsregatta Yachtclub Ruhrland«
1938 | Metallplatte auf Kohlenkeramik | 25 x 25 x 8,5 cm

b) Metallschild mit der Stiftungsurkunde für den Krupp von Bohlen und Halbach-Preis
1938 | Metall | 20 x 12 cm

Yachtclub Ruhrland Essen e.V.

Zur Internationalen Jubiläumsregatta stiftete Krupp den Krupp von Bohlen und Halbach-Preis für Olympiajollen, der auf der Vorderseite neben der Aufschrift Segelschiffe und auf der Rückseite die Stiftungsurkunde zeigt.

17.1.28

Schreiben des Essener Männer-Gesang-Vereins an Gustav Krupp von Bohlen und Halbach

Essener Männer-Gesang-Verein, 14. Januar 1908 | Vordruck, Handschrift, Papier, 2 Seiten | 29,8 x 23 cm | Historisches Archiv Krupp, Essen | FAH 23/260.44

Ein besonderer Schwerpunkt des Krupp'schen Mäzenatentums neben der sozialen Fürsorge war die städtische Kulturförderung, insbesondere des Essener Theater- und Musiklebens, vor allem aber auch der Museumslandschaft. Das Schreiben des Essener Männer-Gesang-Vereins an Gustav Krupp von Bohlen und Halbach gibt einen Eindruck von der berechtigten Hoffnung auf Unterstützung eines der zahlreichen Essener Chöre.

17.1.29

Schreiben F.A. Krupps an den Essener Oberbürgermeister Zweigert

Friedrich Alfred Krupp, Essen, 22. Oktober 1892 | Maschinenschrift, Papier | 25,2 x 21 cm | Historisches Archiv Krupp, Essen; FAH 3 C 38.45

Mit der Förderung von Einrichtungen beanspruchte die Familie Krupp auch eine Einflussnahme auf die städtische Kulturpolitik. So protestierte Friedrich Alfred 1902 gegen die Entlassung von Theaterdirektor Berthold. In dem Schreiben an Oberbürgermeister Zweigert kündigt er an, die jährliche Unterstützung von 10.000 Mark zurückzuziehen, solange die Angelegenheit nicht geklärt sei.

17.1.30

Liste der Unterstützungen des Essener Museumsvereins und des Essener Kunstvereins für die Jahre 1901 bis 1910

1901–1910 | Handschrift, Papier, 2 Seiten | 34 x 21 cm | Historisches Archiv Krupp, Essen | FAH 4 E 950.309-310

Die Firma Krupp stand am Anfang der Essener Museumsentwicklung Pate. Der Krupp'sche Bildungsverein war nicht nur zusammen mit dem Historischen Verein für Stift und Stadt Essen und dem Kolonialverein Initiator des Museumsvereins, sondern die Familie Krupp unterstützte diesen und nach dessen Auflösung auch den nachfolgenden Essener Kunstverein.

17.1.31

Brief von Prof. Eberhard Fraas vermutlich an den Vorsitzenden des Essener Museumsvereins bezüglich der Krupp'schen Naturkundesammlung

7. November 1902 | Handschrift, Papier | 22,5 x 14,5 cm | Haus der Essener Geschichte / Stadtarchiv

In seinem Schreiben vom 7. November 1902, also wenige Tage vor dem Tod Friedrich Alfred Krupps, richtete Eberhard Fraas, der Direktor des Königlichen Naturalien-Kabinetts in Stuttgart und vormals Kurator der Naturkundlichen Sammlung Krupp, ein Schreiben vermutlich an den Leiter des Essener Museumsvereins, Hans von Glümer. Hierin berichtet er von einem Gespräch mit Friedrich Alfred Krupp, in dem dieser seine grundsätzliche Bereitschaft zur Übergabe der Dubletten seiner Sammlung an das zu gründende Essener Museum zu erkennen gegeben habe.

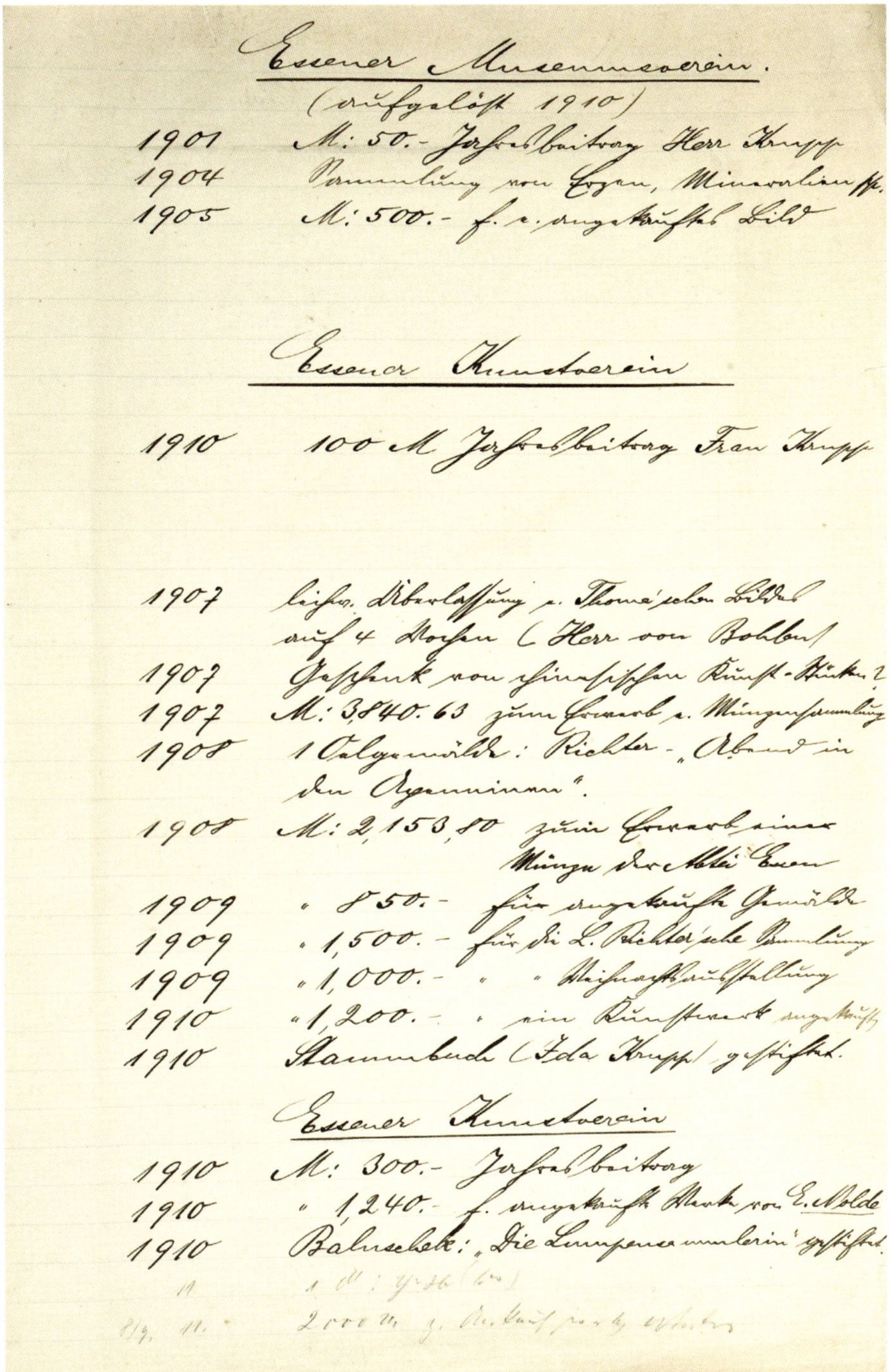
Essener Museumsverein.
(aufgelöst 1910)
1901 M: 50.- Jahresbeitrag Herr Krupp
1904 Sammlung von Erzen, Mineralien pp.
1905 M: 500.- f. e. angekauftes Bild

Essener Kunstverein

1910 100 M. Jahresbeitrag Frau Krupp

1907 leihw. Überlassung e. Thoma'schen Bildes auf 4 Wochen (Herr von Bohlen)
1907 Geschenk von chinesischen Kunst-Stücken ?
1907 M: 3840.63 zum Erwerb e. Münzensammlung
1908 1 Ölgemälde: Richter – „Abend in den Apenninen".
1908 M: 2,153,80 zum Erwerb einer Münze der Abtei Essen
1909 " 850.- für angekaufte Gemälde
1909 " 1,500.- für die L. Richter'sche Sammlung
1909 " 1,000.- " " Weihnachtsausstellung
1910 " 1,200.- " ein Kunstwerk angekauft
1910 Stammbuch (Ida Krupp) gestiftet.

Essener Kunstverein

1910 M: 300.- Jahresbeitrag
1910 " 1240.- f. angekaufte Werke von E. Nolde
1910 Baluschek: „Die Lumpensammlerin" gestiftet.

17.1.30

17.1.32

Schreiben der Krupp'schen Verwaltung auf dem Hügel bezüglich der Krupp'schen Mineraliensammlung

18. November 1903 | Papier, 2 Blätter | 27 x 21 cm | Haus der Essener Geschichte / Stadtarchiv

Im Schreiben an den Leiter des Essener Museumsvereins, Hans von Glümer, teilt die Hügelverwaltung die Bereitschaft Margarethe Krupps mit, die Dubletten der Mineraliensammlung ihres verstorbenen Gatten dem Museum zur Verfügung zu stellen.

17.1.33

Korrespondenz zwischen dem Direktorium der Fried. Krupp AG und dem Museum der Stadt Essen über Publikationsförderung

18./19. September 1914 | Papier, 2 Seiten, 29 x 44,5 cm | Haus der Essener Geschichte / Stadtarchiv

Von Anfang an unterstützte die Firma Krupp die Aktivitäten des Museums der Stadt Essen für Naturwissenschaften, Vor- und Frühgeschichte, Völkerkunde und Technik. Der neue Museumsdirektor und ehemalige Krupp'sche Hauslehrer Dr. Ernst Kahrs bedankte sich im September 1914, sechs Monate nach seinem Amtsantritt, bei Direktor Vielhaber für die Mitteilung über die Förderung eines Museumskatalogs.

17.1.34

Vier Telegramme von Gustav und Bertha Krupp von Bohlen und Halbach sowie Museumsdirektor Dr. Ernst Kahrs

6. September 1916 – 30. April 1921 | Karton | je 22 x 17 cm | Haus der Essener Geschichte / Stadtarchiv

Das Verhältnis zwischen dem Ehepaar Krupp und Berthas ehemaligem Hauslehrer Ernst Kahrs als Museumsleiter ging über eine normale Sponsorenbeziehung hinaus. Die Telegramme der Hügel-Post belegen, dass das Tauschverhältnis beidseitig war und neben dem

Ankauf von Sammlungen für das Museum durch Krupp auch Überlassungen von Museumsobjekten für dessen Sammlung beinhaltete.

17.1.35

Plan des Ruhrland-Museums im Ledigenheim Essen-West (Erdgeschoss)

Baubüro der Firma Krupp, 1939 | Lichtdruck, Papier | 50 x 106 cm | Historisches Archiv Krupp, Essen | WA 41/73-238.94

Die Förderung des Essener Museums durch die Firma Krupp nahm in den 1930er-Jahren noch zu. Dem neu gegründeten Ruhrland-Museum stellte Krupp 1927 das große, ehemalige Heim für ledige Arbeiter zur Verfügung. Hier konnte sich das Museum auf mehreren tausend Quadratmetern zu einem der größten natur- und kulturhistorischen Museen Deutschlands entwickeln. Der Plan zeigt die Neuplanungen des Erdgeschosses kurz vor der Umfunktionierung des Gebäudes zu Rüstungszwecken und seiner Schließung im Jahre 1939.

17.1.36

Verzeichnis der dem Heimatmuseum übergebenen Gegenstände

14. Oktober 1935 | Maschinenschrift mit handschriftlichen Ergänzungen, Papier, 3 Seiten | 29,8 x 21 cm | Historisches Archiv Krupp, Essen | WA 56/11

Auch das vom Ruhrland-Museum abgetrennte Heimatmuseum konnte sich der Unterstützung der Firma und Familie Krupp sicher sein. Nach Aufgabe der Pläne eines eigenen Firmenmuseums gelangten vermehrt Gegenstände aus der Firmengeschichte ins Museum.

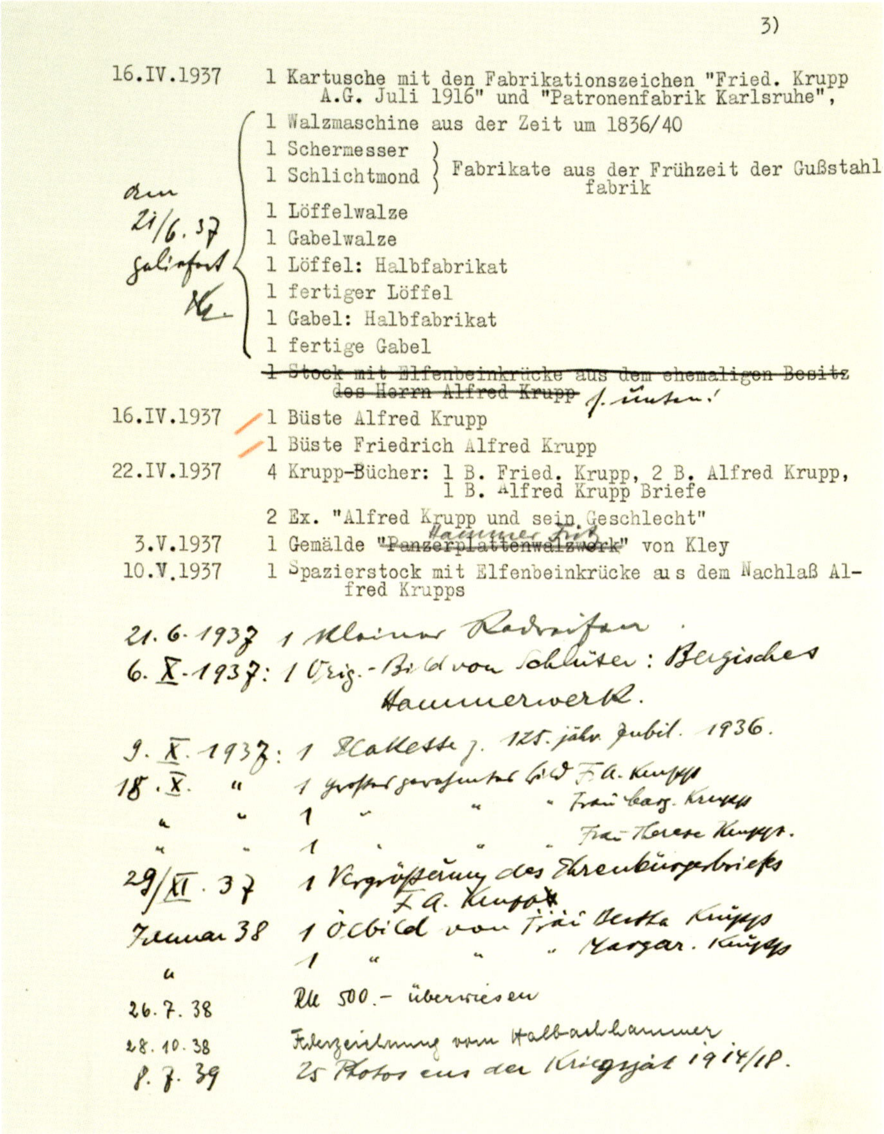

3)

16.IV.1937 1 Kartusche mit den Fabrikationszeichen "Fried. Krupp A.G. Juli 1916" und "Patronenfabrik Karlsruhe",
1 Walzmaschine aus der Zeit um 1836/40
1 Schermesser
1 Schlichtmond } Fabrikate aus der Frühzeit der Gußstahlfabrik
1 Löffelwalze
1 Gabelwalze
1 Löffel: Halbfabrikat
1 fertiger Löffel
1 Gabel: Halbfabrikat
1 fertige Gabel
am 21/6.37 geliefert Kr.
~~1 Stock mit Elfenbeinkrücke aus dem ehemaligen Besitz des Herrn Alfred Krupp~~ s. unten!
16.IV.1937 1 Büste Alfred Krupp
1 Büste Friedrich Alfred Krupp
22.IV.1937 4 Krupp-Bücher: 1 B. Fried. Krupp, 2 B. Alfred Krupp, 1 B. Alfred Krupp Briefe
2 Ex. "Alfred Krupp und sein Geschlecht"
3.V.1937 1 Gemälde "~~Panzerplattenwalzwerk~~ Hammer Fritz" von Kley
10.V.1937 1 Spazierstock mit Elfenbeinkrücke aus dem Nachlaß Alfred Krupps
21.6.1937 1 kleiner Radreifen.
6.X.1937: 1 Orig.-Bild von Schlüter: Bergisches Hammerwerk.
9.X.1937: 1 Kassette z. 125-jähr. Jubil. 1936.
18.X. " 1 großes gerahmtes Bild F.A. Krupps
" " 1 " " " Frau Marg. Krupps
" " 1 " " " Frau Therese Krupps.
29/XI.37 1 Vergrößerung des Ehrenbürgerbriefs F.A. Krupps
Januar 38 1 Ölbild von Frau Bertha Krupps
" 1 " " " Margar. Krupps
26.7.38 RM 500.– überwiesen
28.10.38 Federzeichnung vom Halbachhammer
8.7.39 25 Photos aus der Kriegszeit 1914/18.

17.1.36

17.1.37

Auflistung der von Krupp an das »Haus Heimat, Stadthaus für Volkstum, Geschichte und Kultur des Ruhrgebiets« gestifteten Exponate

Fried. Krupp AG, 16. April 1937 | Maschinenschrift mit handschriftlichen Ergänzungen, Papier | 30 x 21 cm | Historisches Archiv Krupp, Essen | WA 56/11

Nach Eröffnung des Hauses »Heimat. Stadthaus für Volkstum, Geschichte und Kultur des Ruhrgebiets« gelangten nun auch persönliche Gegenstände wie der Spazierstock oder die Reitgerte Friedrich Alfred Krupps ins Museum. Diese Gegenstände fielen alle der Totalzerstörung der Villa Waldthausen, des Museumsgebäudes an der Bismarckstraße, im Juli 1943 zum Opfer, da das »Haus Heimat« aus ideologischen Gründen nicht geschlossen und die Bestände nicht in Sicherheit gebracht wurden.

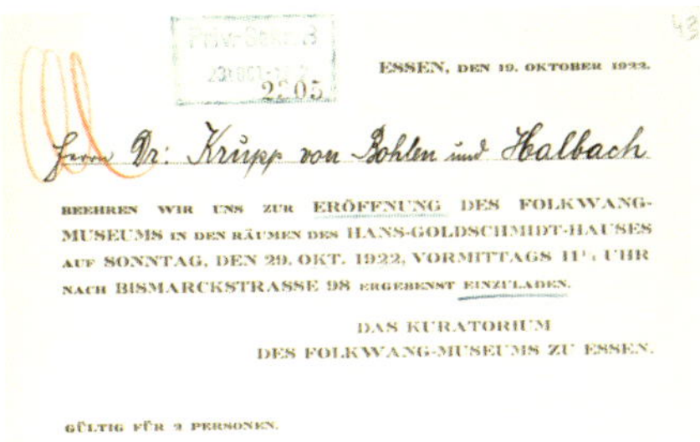
ESSEN, DEN 19. OKTOBER 1922.

Herrn Dr. Krupp von Bohlen und Halbach

BEEHREN WIR UNS ZUR ERÖFFNUNG DES FOLKWANG-MUSEUMS IN DEN RÄUMEN DES HANS-GOLDSCHMIDT-HAUSES AUF SONNTAG, DEN 29. OKT. 1922, VORMITTAGS 11½ UHR NACH BISMARCKSTRASSE 98 ERGEBENST EINZULADEN.

DAS KURATORIUM
DES FOLKWANG-MUSEUMS ZU ESSEN.

GÜLTIG FÜR 2 PERSONEN.

17.1.38

17.1.38

Einladung an »Herrn Dr. Krupp von Bohlen und Halbach« zur Eröffnung des Folkwang-Museums

19. Oktober 1922 | Karton | 11 x 16 cm | Historisches Archiv Krupp, Essen | FAH 4 E 951.43

Ebenso wie die Naturkundlichen und Historischen Museen der Stadt hatte die Familie Krupp von Anfang an die Kunstsammlungen der Stadt gefördert. Den Höhepunkt stellte der Neuanfang des Kunstmuseums nach Übernahme der Hagener Folkwang-Sammlung dar. Am 19. Oktober 1922 erging die Einladung an Gustav Krupp von Bohlen und Halbach zur Eröffnung des Folkwang-Museums in der Goldschmidt-Villa am 29. Oktober 1922.

17.1.39

Einladungskarte an Gustav Krupp von Bohlen und Halbach zu einem Vortrag des Essener Kunstvereins im Kruppsaal des Städtischen Saalbaus

19. März 1922 | Karton | 9 x 14 cm | Historisches Archiv Krupp, Essen | FAH 4 E 951.48

Bis zur Eröffnung des Folkwang-Museums fanden die Vorträge des Essener Kunstvereins im von der Firma Krupp finanzierten Saalbau statt. Die Karte an Gustav von Bohlen und Halbach lud zu den Vorträgen zweier Koryphäen der deutschen Kunstgeschichte, dem Berliner Professor Wilhelm Waetzold und dem Hamburger Privatdozenten Erwin Panofsky, ein.

17.1.40

Mitgliedskarte des Kunstvereins Folkwang für Gustav Krupp von Bohlen und Halbach

1926 | Druck mit handschriftlichen Ergänzungen, Karton | 12 x 16 cm | Historisches Archiv Krupp, Essen | FAH 4 E 951.23

Selbstverständlich waren Gustav Krupp von Bohlen und Halbach und seine Frau auch Mitglieder des neu gegründeten Kunstvereins Folkwang. Wie auch ihre Nachfolger, ließen sie dem Museum immer die größte Unterstützung zukommen und finanzierten Ausstellungen und Ankäufe. Den Höhepunkt der Förderung stellt natürlich der von der Alfried Krupp von Bohlen und Halbach-Stiftung geförderte Neubau des Museums Folkwang aus dem Jahr 2010 dar.

17.1.41

Einladung zur Gründungsfeier der Folkwang-Schule in Essen

8. Oktober 1927 | Druck, Karton | 21 x 15 cm | Historisches Archiv Krupp, Essen | FAH 23/492.38-39

Die Vervollständigung der Folkwang-Idee in Essen stellte die Gründung der Folkwang-Schule in Essen-Werden dar. Die »Einladung zur Feier der Gründung der Folkwang-Schulen in Essen und der Gründung der Fachschule für Musik, Tanz und Sprache« gibt in ihrer modernen Gestaltung einen Eindruck vom Charakter dieser Hochschule der Künste. Krupp hat die Folkwang-Schule in ihrer 80-jährigen Geschichte immer gefördert, zuletzt durch den Bau des neuen Bibliothek-Gebäudes.

17.1.42

Dankurkunde des Vereins Vaterländischer Krieger an Friedrich Alfred Krupp

27. Juni 1894 | Vordruck mit handschriftlichen Ergänzungen, Papier, 2 Seiten | 33 x 22 cm | Historisches Archiv Krupp, Essen | WA 41/74-248.59

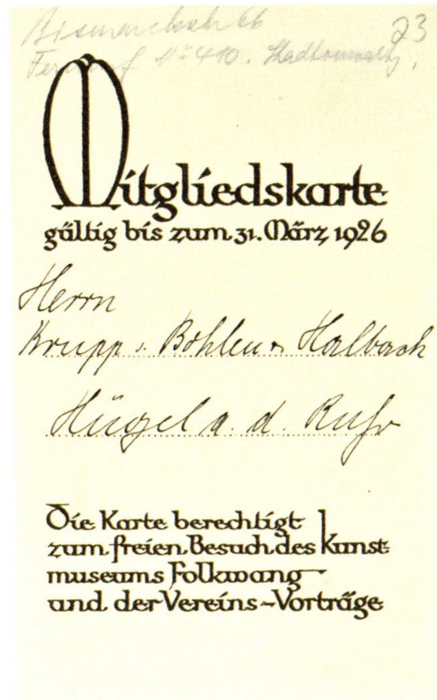
Mitgliedskarte
gültig bis zum 31. März 1926

Herrn
Krupp v. Bohlen u. Halbach
Hügel a. d. Ruhr

Die Karte berechtigt zum freien Besuch des Kunstmuseums Folkwang und der Vereins-Vorträge

17.1.40

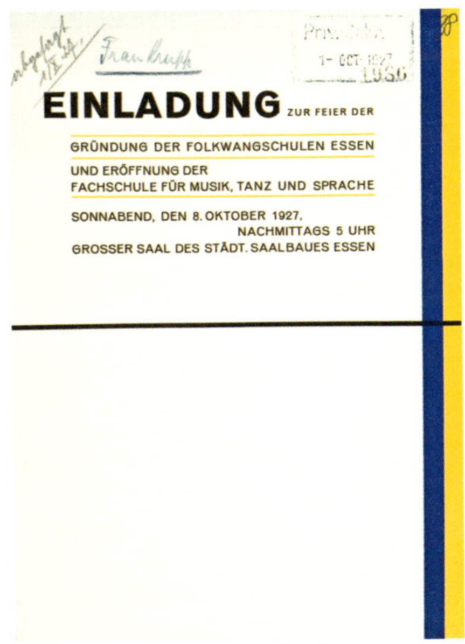
EINLADUNG ZUR FEIER DER

GRÜNDUNG DER FOLKWANGSCHULEN ESSEN

UND ERÖFFNUNG DER
FACHSCHULE FÜR MUSIK, TANZ UND SPRACHE

SONNABEND, DEN 8. OKTOBER 1927,
NACHMITTAGS 5 UHR
GROSSER SAAL DES STÄDT. SAALBAUES ESSEN

17.1.41

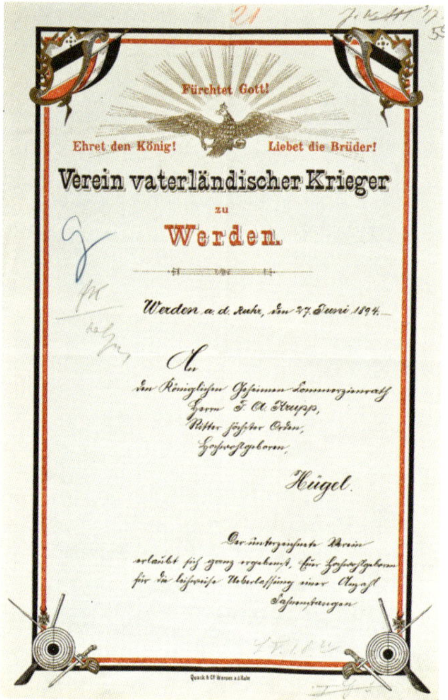

17.1.42

Krupp, die »Waffenschmiede des Deutschen Reichs«, war auch Förderer der lokalen Kriegervereine, hier des »Vereins vaterländischer Krieger zu Werden«. Die Familie Krupp mit ihrem Wohnhaus, der Villa Hügel, fühlte sich der Gemeinde Werden am gegenüberliegenden Ruhrufer eng verbunden.

17.1.43

Einladung zur Enthüllung des Denkmals für Kaiser Friedrich III.

19. August 1900 | Druck, Karton auf Papier | 17 x 21 cm | Historisches Archiv Krupp, Essen | WA 41/74-248.73

Die Einladung des Vereins Vaterländischer Krieger zu Werden a.d. Ruhr zur Einweihung des Denkmals Kaiser Friedrichs III. auf dem Rondellplatz, dem späteren Kaiser Friedrich Platz, am 19. August 1900 erging an »Herrn Geheimrat Krupp«. Dieser hatte den Bau des Denkmals für den 100-Tage-Kaiser großzügig gefördert.

Ehren-Urkunde.
Der
Verein vaterländischer Krieger zu Werden
ernennt hiermit
Herrn Legationsrat und bevollmächtigten Minister
Gustav Krupp von Bohlen und Halbach
im Hinblick auf seine hervorragenden Verdienste
um die Verteidigung des Vaterlandes zu seinem
Ehren-Mitgliede.
Werden, den 14. September 1917.
Der Vorstand
I. A.:
Hauptmann a. D., Vorsitzender.

17.1.44

17.1.44

Ehrenurkunde zur Ernennung Gustav Krupp von Bohlen und Halbachs zum Ehrenmitglied des Vereins vaterländischer Krieger zu Werden

Verein Vaterländischer Krieger zu Werden, 14. September 1917 | Papier, Karton | 51 x 36 cm | Historisches Archiv Krupp, Essen | FAH 4 D 95

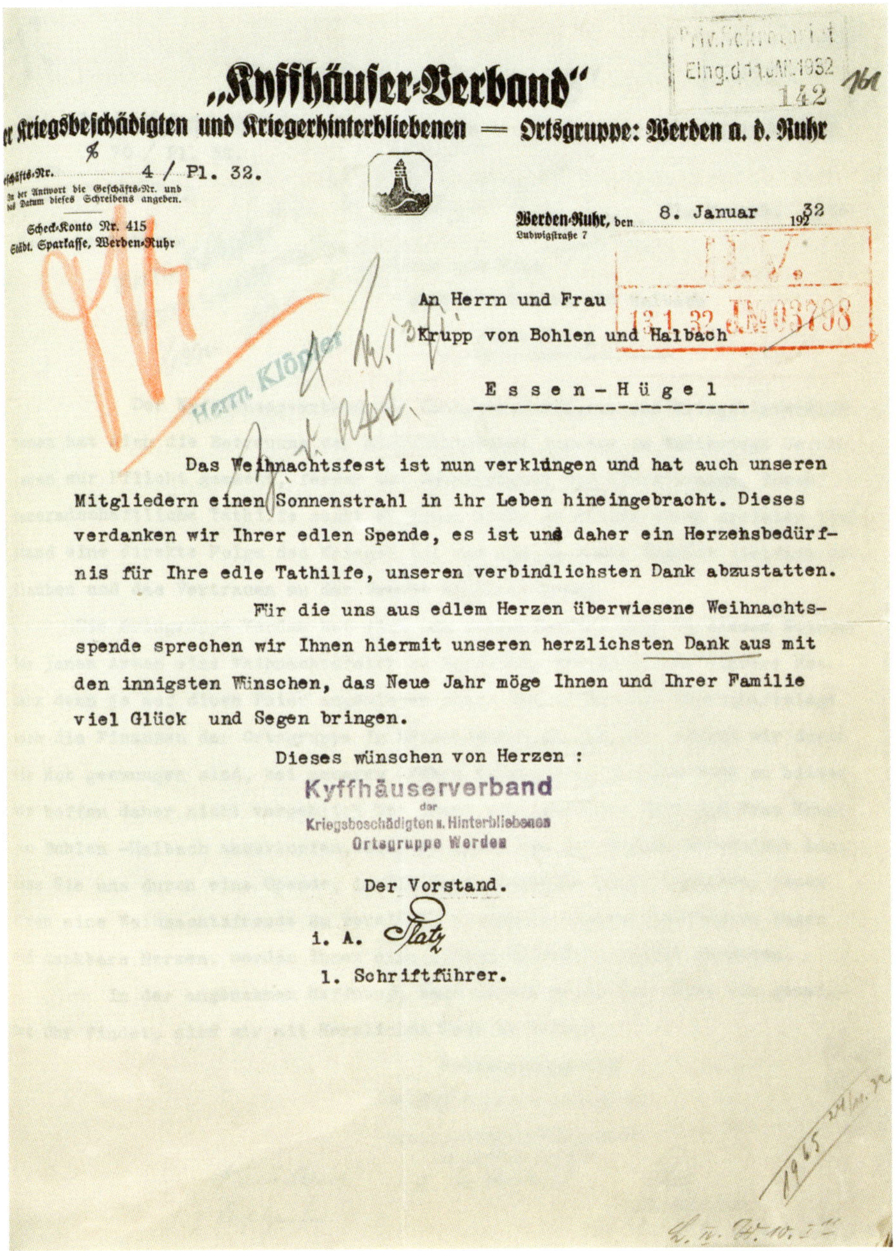

„Kyffhäuser-Verband"

...r Kriegsbeschädigten und Kriegerhinterbliebenen = Ortsgruppe: Werden a. d. Ruhr

...schäfts-Nr. 4 / Pl. 32.
...in der Antwort die Geschäfts-Nr. und ...Datum dieses Schreibens angeben.

Scheck-Konto Nr. 415
Städt. Sparkasse, Werden-Ruhr

Werden-Ruhr, den 8. Januar 1932
Ludwigstraße 7

An Herrn und Frau

Krupp von Bohlen und Halbach

Essen-Hügel

Das Weihnachtsfest ist nun verklungen und hat auch unseren Mitgliedern einen Sonnenstrahl in ihr Leben hineingebracht. Dieses verdanken wir Ihrer edlen Spende, es ist uns daher ein Herzensbedürfnis für Ihre edle Tathilfe, unseren verbindlichsten Dank abzustatten.

Für die uns aus edlem Herzen überwiesene Weihnachtsspende sprechen wir Ihnen hiermit unseren herzlichsten Dank aus mit den innigsten Wünschen, das Neue Jahr möge Ihnen und Ihrer Familie viel Glück und Segen bringen.

Dieses wünschen von Herzen :

Kyffhäuserverband
der
Kriegsbeschädigten u. Hinterbliebenen
Ortsgruppe Werden

Der Vorstand.

i. A. Platz

1. Schriftführer.

17.1.45

17.1.45

Dankschreiben des Kyffhäuser-Verbandes

8. Januar 1932 | Maschinenschrift, Papier | 29 x 21 cm | Historisches Archiv Krupp, Essen | WA 41/74-248.161

Neben dem Verein Vaterländischer Krieger förderte Krupp auch den »Kyffhäuser-Verband der Kriegsbeschädigten und Kriegerhinterbliebenen«, dessen Ortsverband Werden sich hier für die Spende zum Weihnachtsfest 1931 bedankt.

17.1.46

Mitgliedskarte von und Einladung an Gustav Krupp von Bohlen und Halbach von der Deutschen Kolonialgesellschaft, Abteilung Essen

a) Mitgliedskarte
1933 | Druck, Handschrift, Karton | 9,6 x 13,5 cm

b) Einladungsschreiben
25. November 1932 | Maschinenschrift, Durchschlagpapier | 29,8 x 20,8 cm

Historisches Archiv Krupp, Essen | FAH 23/420.37 und FAH 23/420.2

Eine lange Tradition hatte im Hause Krupp die Mitgliedschaft in der Deutschen Kolonialgesellschaft, deren Essener Abteilung großzügig gefördert wurde. Diese führte regelmäßig Vorträge und Veranstaltungen durch, deren chauvinistischer Grundzug schwer zu verkennen ist.

17.2. Weltweites Mäzenatentum

Mit der Ausweitung der Firma durch Friedrich Alfred Krupp erfolgte eine Veränderung der Fördertätigkeit. Jetzt entstanden auch Sozialeinrichtungen außerhalb Essens an den anderen Krupp-Standorten Bochum, Datteln, Sayn, Kiel und Magdeburg wie auch das Bertha Krupp-Krankenhaus in Duisburg-Rheinhausen.

Unabhängig davon begann sich das Krupp'sche Mäzenatentum auszudehnen. Durch seine politischen Aktivitäten als Reichstagsabgeordneter und seine internationalen Ehrungen wuchs die Erwartung an Friedrich Alfred und später auch an Gustav Krupp, sich in größerem Maßstab überregional, ja international zu engagieren. Dies führte zur Förderung von Wissenschafts-, Kultur- und Bildungseinrichtungen in der Reichshauptstadt und anderen deutschen Metropolen, aber auch im Ausland, bis hin zur Unterstützung von Schulen in China und Japan. In diese Reihe gehört auch der von Friedrich Alfred initiierte Bau der berühmten »Via Krupp« auf seiner geliebten Ferieninsel Capri, die ihm dort die Ehrenbürgerschaft einbrachte.

Dem naturkundlich ambitionierten Friedrich Alfred lag darüber hinaus die Förderung einzelner, von ihm bewunderter Wissenschaftler am Herzen. Dabei handelte es sich neben dem Archäologen Gustav Körte, dem er die Ausgrabung der kleinasiatischen Stadt Gordion ermöglichte, und dem Afrikaforscher Georg Schweinfurth, dem er eine Expedition nach Ost-Turkestan finanzierte, vor allem um den Zoologen Ernst Haeckel und den Meeresbiologen Anton Dohrn. Haeckel war einer der bedeutendsten Vertreter des Sozialdarwinismus. Durch ihn angeregt, stiftete Friedrich Alfred Krupp einen mit 30.000 Mark hoch dotierten Wissenschaftspreis für Forschungen, die die Haeckel'sche Deszendenztheorie auf die innere und äußere Entwicklung von Staaten übertrugen. Dohrn wiederum unterhielt eine meeresbiologische Station in Neapel, die Krupp über Jahre großzügig förderte. Hier rüstete Krupp mit der »Maja« und dem »Puritan« zwei Forschungsschiffe aus, an deren Tauchgängen er selbst teilnahm.

Neben den Wissenschaftlern unterstützte Friedrich Alfred Krupp eine Reihe von Künstlern, deren Ausbildung er finanzierte und deren Werke er kaufte – wie etwa von seinem Schwager, dem Münchener Maler Felix von Ende. Dieser machte ihn als eine Art Kunstberater auch mit anderen Künstlern bekannt, die dann seine Unterstützung erfuhren.

Gustav Krupp von Bohlen und Halbach setzte die mäzenatische Tradition konsequent fort, etwa durch intensive Förderung der Kunstvereine in München, Berlin und Düsseldorf sowie zahlreicher Universitäten, Forschungseinrichtungen und Museen. Zu letzteren zählten vor allem das Deutsche Museum in München mit seinem charismatischen Gründer Oskar von Miller und die Kaiser-Wilhelm-Gesellschaft zur Förderung der Wissenschaften, deren Vizepräsident Gustav Krupp drei Jahrzehnte lang war. Er betätigte sich aber auch als politischer Mäzen, und dies nicht erst bei der Organisation der Adolf Hitler-Spende seit 1934, sondern bereits bei der Unterstützung der »Reptilienfonds« Kaiser Wilhelms II. für dessen Teilnahme an der Hundertjahrfeier 1912. HTG

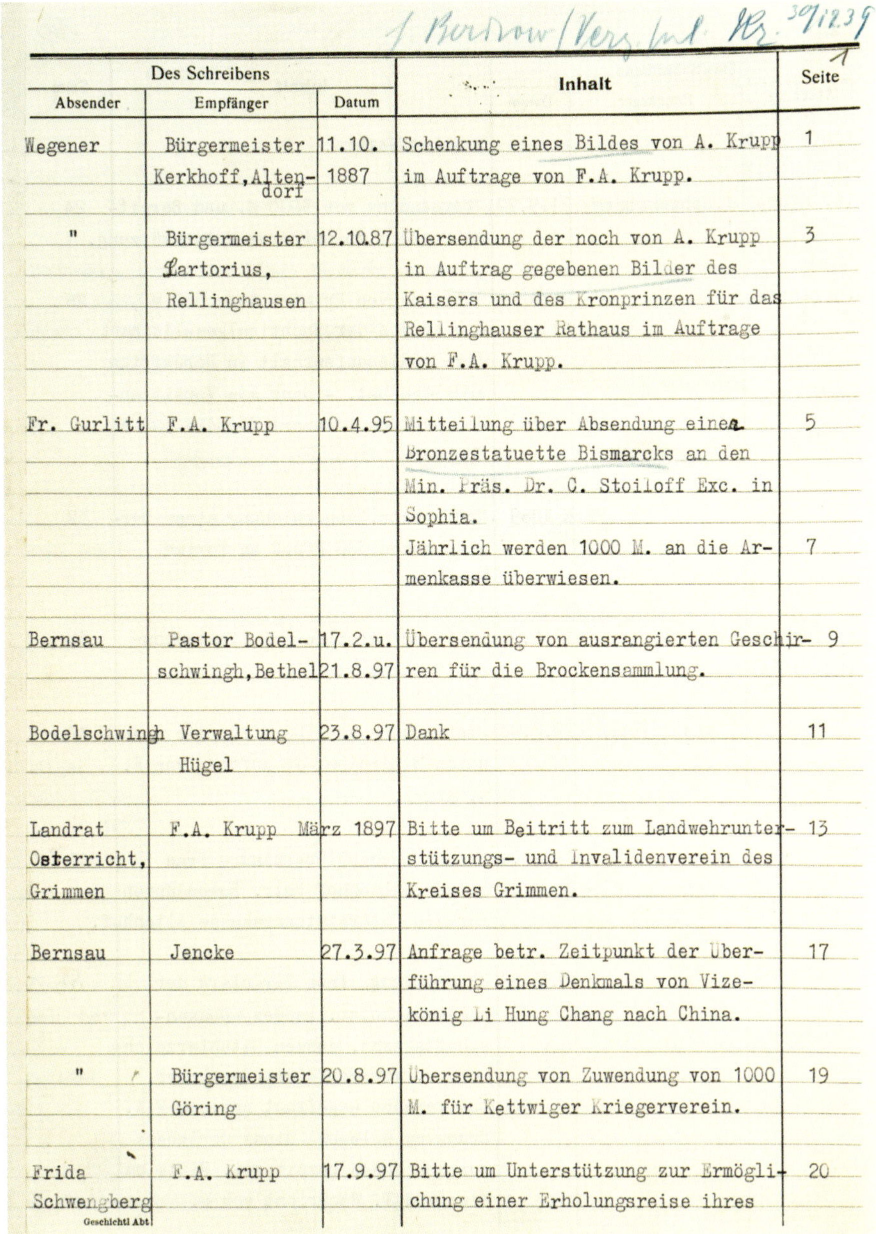

Des Schreibens			Inhalt	Seite
Absender	Empfänger	Datum		
Wegener	Bürgermeister Kerkhoff, Altendorf	11.10. 1887	Schenkung eines Bildes von A. Krupp im Auftrage von F.A. Krupp.	1
"	Bürgermeister Sartorius, Rellinghausen	12.10.87	Übersendung der noch von A. Krupp in Auftrag gegebenen Bilder des Kaisers und des Kronprinzen für das Rellinghauser Rathaus im Auftrage von F.A. Krupp.	3
Fr. Gurlitt	F.A. Krupp	10.4.95	Mitteilung über Absendung einer Bronzestatuette Bismarcks an den Min. Präs. Dr. C. Stoiloff Exc. in Sophia.	5
			Jährlich werden 1000 M. an die Armenkasse überwiesen.	7
Bernsau	Pastor Bodelschwingh, Bethel	17.2.u. 21.8.97	Übersendung von ausrangierten Geschirren für die Brockensammlung.	9
Bodelschwingh	Verwaltung Hügel	23.8.97	Dank	11
Landrat Osterricht, Grimmen	F.A. Krupp	März 1897	Bitte um Beitritt zum Landwehrunterstützungs- und Invalidenverein des Kreises Grimmen.	13
Bernsau	Jencke	27.3.97	Anfrage betr. Zeitpunkt der Überführung eines Denkmals von Vizekönig Li Hung Chang nach China.	17
"	Bürgermeister Göring	20.8.97	Übersendung von Zuwendung von 1000 M. für Kettwiger Kriegerverein.	19
Frida Schwengberg	F.A. Krupp	17.9.97	Bitte um Unterstützung zur Ermöglichung einer Erholungsreise ihres	20

17.2.2

17.2.1

Karteikarten mit Unterstützungen durch Gustav und Bertha Krupp von Bohlen und Halbach

1. H. 20. Jh. | Karton | je 9,5 x 14,5 cm | Historisches Archiv Krupp, Essen

An die Firma und vor allem an die Mitglieder der Familie wurden unzählige Bittgesuche herangetragen. Es bedurfte einer umfangreichen Organisation und Verwaltung, um die Umsetzung von Förderungen zu ermöglichen, aber auch um Missbrauch zu verhindern. Hierzu etablierte sich in der Zeit von Gustav und Bertha Krupp ein differenziertes Verwaltungssystem, das mit Tausenden von Karteikarten, alphabetisch nach Städten und Personen geordnet, einen Überblick über die umfangreichen mäzenatischen Aktivitäten ermöglicht.

17.2.2

Aufstellung der Stiftungen und Unterstützungen von Friedrich Alfred Krupp

1887–1902 | Maschinenschrift, Papier, 8 Seiten | 33 x 22 cm | Historisches Archiv Krupp, Essen | FAH 3 C 4.1

Schon unter Friedrich Alfred Krupp gab es eine genaue Aktenlage über die Korrespondenz im Zuge der von ihm gewährten Stiftungen und Unterstützungen. Man geht davon aus, dass er in der Zeit zwischen der Firmenübernahme und seinem Tod rund 2,5 Millionen Mark für außerbetriebliches Mäzenatentum aufgewendet hat.

17.2.3

Ablehnung eines Bittgesuchs

Justiziar Korn, 23. September 1896 | Papier | 21,1 x 13,3 cm | Landesarchiv NRW, Abteilung Westfalen, Münster | A 435, 2095

Von den eingehenden Bittgesuchen wurde nur ein Bruchteil bewilligt. Um Unterstützungsgesuche von außen abzuwehren, musste immer wieder auch der Hinweis auf die hohen Kosten der innerbetrieblichen Sozialleistungen herhalten. So schreibt Justiziar Korn: »… beehre ich mich im Auftrage des Herrn Geheimraths F.A. Krupp ganz ergebenst mitzutheilen, dass derselbe zu seinem Bedauern gezwungen ist, alle Gesuche um Darlehen, welche von ihm fern stehenden Privatpersonen an ihn gerichtet werden, abzulehnen, weil aus dem eigenen weiten Bereich eher berechtigte Ansprüche in grösserer Zahl an Herrn Krupp herantreten, als er zu befriedigen vermag«.

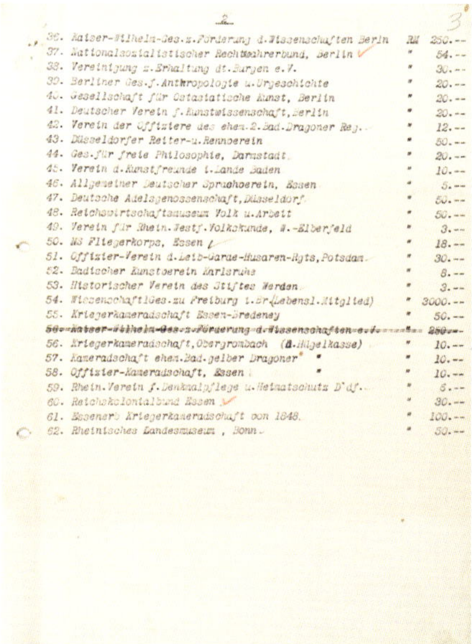

36.	Kaiser-Wilhelm-Ges.z.Förderung d.Wissenschaften Berlin	RM	250.--
37.	Nationalsozialistischer Rechtswahrerbund, Berlin	"	54.--
38.	Vereinigung z.Erhaltung dt.Burgen e.V.	"	30.--
39.	Berliner Ges.f.Anthropologie u.Urgeschichte	"	20.--
40.	Gesellschaft für Ostasiatische Kunst, Berlin	"	20.--
41.	Deutscher Verein f.Kunstwissenschaft, Berlin	"	20.--
42.	Verein der Offiziere des ehem.2.Bad.Dragoner Reg..	"	12.--
43.	Düsseldorfer Reiter-u.Rennverein	"	50.--
44.	Ges.für freie Philosophie, Darmstadt	"	20.--
45.	Verein d.Kunstfreunde i.Lande Baden	"	10.--
46.	Allgemeiner Deutscher Sprachverein, Essen	"	5.--
47.	Deutsche Adelsgenossenschaft, Düsseldorf	"	50.--
48.	Reichswirtschaftsmuseum Volk u.Arbeit	"	50.--
49.	Verein für Rhein.Westf.Volkskunde, W.-Elberfeld	"	3.--
50.	NS Fliegerkorps, Essen	"	18.--
51.	Offizier-Verein d.Leib-Garde-Husaren-Rgts, Potsdam	"	30.--
52.	Badischer Kunstverein Karlsruhe	"	8.--
53.	Historischer Verein des Stiftes Werden	"	3.--
54.	Wissenschaftl.Ges.zu Freiburg i.Br.(Lebensl.Mitglied)	"	3000.--
55.	Kriegerkameradschaft Essen-Bredeney	"	50.--
~~56.~~	~~Kaiser-Wilhelm-Ges.z.Förderung d.Wissenschaften e.V.~~	~~"~~	~~250.--~~
56.	Kriegerkameradschaft, Obergrombach (B.Hügelkasse)	"	10.--
57.	Kameradschaft ehem.Bad.gelber Dragoner "	"	10.--
58.	Offizier-Kameradschaft, Essen "	"	10.--
59.	Rhein.Verein f.Denkmalpflege u.Heimatschutz D'df..	"	6.--
60.	Reichskolonialbund Essen	"	30.--
61.	Essener Kriegerkameradschaft von 1848.	"	100.--
62.	Rheinisches Landesmuseum, Bonn.	"	50.--

17.2.4

17.2.4
Liste mit den Mitgliedsbeiträgen Gustav Krupp von Bohlen und Halbachs

um 1940/45 | Maschinenschrift, Papier, 2 Seiten | 29,8 x 21 cm | Historisches Archiv Krupp, Essen | FAH 23/843.2-3

Der penible Gustav Krupp von Bohlen und Halbach ließ eine Liste der insgesamt 52 Vereine zusammenstellen, in denen er Mitglied war, einschließlich der jährlichen Mitgliedsbeiträge. Für den Historischen Verein Werden oder den Verein für Rheinische und Westfälische Volkskunde waren dies nur jeweils drei Reichsmark, für den Golfklub in Wuppertal-Vohwinkel schon 245 Mark; die lebenslange Mitgliedschaft in der Wissenschaftlichen Gesellschaft Freiburg ließ sich Krupp 3000 Mark kosten.

17.2.5
Vereinsliste von Mitgliedschaften und Beiträgen Gustav Krupp von Bohlen und Halbachs

2. Drittel 20. Jh. | Handschrift, Kunststoff, Papier | 22 x 22 cm | Historisches Archiv Krupp, Essen | FAH 23/422.1-16

Ein weiteres Verzeichnis führt, alphabetisch nach Städten sortiert, die Vereine und Gesellschaften auf, denen Gustav von Bohlen und Halbach beigetreten war, einschließlich der Jahresbeiträge und besonderer Bemerkungen.

17.2.6
Abschrift der Stiftungsurkunde zur Krupp-Jubiläumsstiftung für die Kaiserliche Marine

8. August 1912 | Maschinenschriftlicher Umdruck mit handschriftlichen Ergänzungen, Papier, 3 Seiten | 33,1 x 21 cm | Historisches Archiv Krupp, Essen | WA 41/74-160.17-18

Im Zentrum des Krupp'schen Förderns stand seit der Errichtung der Alfred-Krupp-Stiftung im Jahre 1882 die Einrichtung von dauerhaften Stiftungen. Das Jubiläumsjahr 1912 führte zu einer ganzen Reihe von Stiftungen, die neben der Stadt Essen vor allem das kaiserliche Militär zum Gegenstand hatten. Die Krupp-Jubiläumsstiftung für die Kaiserliche Marine diente zur Förderung der Angehörigen und Hinterbliebenen sowie der Errichtung von Freizeit- und Sportanlagen für die Marine.

17.2.7
Abschrift der Stiftungsurkunde zur »Krupp-Jubiläumsstiftung für die Königlich Preußische Armee«

8. August 1912 | Maschinenschriftlicher Umdruck mit handschriftlichen Ergänzungen, Papier, 3 Seiten | 33 x 21 cm | Historisches Archiv Krupp, Essen | WA 41/74-160.15-16

Die Schwesterstiftung zur Marine-Stiftung war die Krupp-Jubiläumsstiftung für die Armee. Wie diese war sie mit einem Stiftungskapital von einer Million Mark ausgestattet. Sie diente der Förderung des Wohls der Mannschaften und des Unterhalts für ihre Quartiere. Beide Stiftungen sind als Dank an Kaiser Wilhelm II. für dessen ausgiebige Präsenz bei den Jubiläumsfeierlichkeiten zu verstehen und passen sich ein in die politische Situation vor dem Ersten Weltkrieg.

17.2.8
Satzung der Krupp-Stiftung 1915

20. Mai 1916 | Druck, Papier | 33 x 21 cm | Historisches Archiv Krupp, Essen | WA 41/74-170.1

Eine viel umfassendere Stiftung war die Krupp-Stiftung 1915, deren Stiftungs-

17.2.10

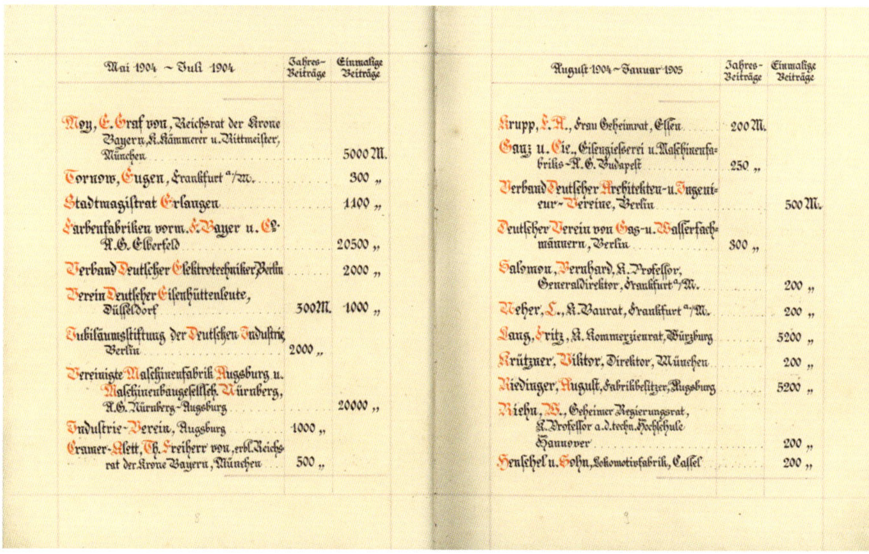

Mai 1904 ~ Juli 1904	Jahres-Beiträge	Einmalige Beiträge
Moy, E. Graf von, Reichsrat der Krone Bayern, K. Kämmerer u. Rittmeister, München		5000 M.
Tornow, Eugen, Frankfurt a/M.		300 „
Stadtmagistrat Erlangen		1100 „
Farbenfabriken vorm. F. Bayer u. Co. A.G. Elberfeld		20500 „
Verband Deutscher Elektrotechniker, Berlin		2000 „
Verein Deutscher Eisenhüttenleute, Düsseldorf	300 M.	1000 „
Jubiläumsstiftung der Deutschen Industrie, Berlin	2000 „	
Vereinigte Maschinenfabrik Augsburg u. Maschinenbaugesellsch. Nürnberg, A.G. Nürnberg-Augsburg		20000 „
Industrie-Verein, Augsburg	1000 „	
Cramer-Klett, Th. Freiherr von, erbl. Reichsrat der Krone Bayern, München	500 „	

August 1904 ~ Januar 1905	Jahres-Beiträge	Einmalige Beiträge
Krupp, F. A., Frau Geheimrat, Essen	200 M.	
Ganz u. Cie., Eisengießerei u. Maschinenfabriks-A.G. Budapest	250 „	
Verband Deutscher Architekten- u. Ingenieur-Vereine, Berlin		500 M.
Deutscher Verein von Gas- u. Wasserfachmännern, Berlin	300 „	
Salomon, Bernhard, K. Professor, Generaldirektor, Frankfurt a/M.		200 „
Weber, L., K. Baurat, Frankfurt a/M.		200 „
Lang, Fritz, K. Kommerzienrat, Würzburg		5200 „
Krützner, Viktor, Direktor, München		200 „
Riedinger, August, Fabrikbesitzer, Augsburg		5200 „
Riehn, W., Geheimer Regierungsrat, K. Professor a.d. techn. Hochschule Hannover		200 „
Henschel u. Sohn, Lokomotivfabrik, Cassel		200 „

zweck als Abteilung der National-Stiftung für die Hinterbliebenen der im Krieg Gefallenen vor allem die Fürsorge für die Kinder der Kriegsopfer war. Das erhebliche Stiftungskapital von 20 Millionen Mark sollte aber in der Firma Krupp bleiben und von dort mit fünf Prozent jährlich verzinst werden. Ob es sich bei dieser Stiftung um staatsloyales Verhalten handelte oder ob auch das Wissen um die mörderische Gewalt der Krupp'schen Kanonen und Granaten eine Rolle spielte, muss offen bleiben.

17.2.9

Akte der »Kruppstiftung 1915« für die Jahre 1921-1926

1921–1926 | Papier | Geheimes Staatsarchiv Preußischer Kulturbesitz, Berlin | VI. HA Nl Becker, C. H., 5937

Die Akte beschreibt das Handeln der Krupp-Stiftung 1915 in den schweren Nachkriegsjahren 1921 bis 1926.

17.2.10

»Gedenkbuch an die Stifter des Deutschen Museums von Meisterwerken der Naturwissenschaften u. Technik«

Franz Xaver Weinzierl, Neupasing, 1903–1922 | Ledereinband mit Goldprägung und Metallbeschlägen, Karton, Seide, Pergament, Papier, Zeichnungen und Handschrift, 88 beschriebene Seiten | 38 x 31,5 x 6,2 cm | Deutsches Museum München – Archiv

Eine dauerhafte Förderung ließen Bertha und Gustav Krupp vor allem dem Deutschen Museum in München zukommen, bei dessen Gründung schon Friedrich Alfred und Margarethe Krupp Pate gestanden hatten und das die Krupps mit zahlreichen Objekten bedachten. Der Gründungsdirektor, Oskar von Miller, war mehrfach zu Gast in der Villa Hügel. Das Gedenkbuch der Stifter des Deutschen Museums weist für den Winter 1917 eine Spende von 500.000 Mark des Ehepaars Krupp von Bohlen und Halbach aus, die wohl für den Neubau des Museums bestimmt war.

Hochwohlgeboren
Herrn Dr. Dr. Dr. Krupp von Bohlen und Halbach,
Auf dem Hügel, Essen.

Bei Ihrem Ausscheiden aus dem Vorsitz des Deutschen Museums, den Sie seit dem Jahre 1914 mit nie ermüdender Tatkraft geführt haben, möchten wir Ihnen unseren verbindlichsten Dank für die große Förderung aussprechen, die Sie unserem gemeinnützigen Werk zu Teil werden ließen. Die großen Stiftungen, die Sie für den Museumsneubau und besonders für die Ausschmückung des Ehrensaales gemacht haben, die zahlreichen und überaus wertvollen Sammlungsgegenstände, die Sie uns zuwandten, die eingehenden Studien, die Sie der Ausgestaltung unserer Sammlungen gewidmet haben, sind ebensoviele Beweise nicht nur einer wohlwollenden Anteilnahme, sondern einer unmittelbaren persönlichen Mitarbeit, für die wir Ihnen im höchsten Maße zu Dank verpflichtet sind. Unsere Bitte bei Ihrem Ausscheiden aus dem Vorsitz des Deutschen Museums kann deshalb nur dahin gehen, uns Ihre wertvolle Mitarbeit auch als dauerndes Mitglied des Vorstandsrates zu erhalten und dadurch das Gelingen unseres Unternehmens auch für die Zukunft zu sichern.

In aufrichtiger Verehrung und Dankbarkeit
München, im Oktober 1921.

Deutsches Museum:

17.2.13

17.2.11

Mitgliedskarte von Gustav Krupp von Bohlen und Halbach am Deutschen Museum

Deutsches Museum, München, um 1920 | Vordruck mit handschriftlichen Einträgen, Karton | 10 x 15 cm | Deutsches Museum München – Archiv

Die Mitgliedskarte des Deutschen Museums weist Gustav Krupp von Bohlen und Halbach als Vorsitzenden des Vorstandes und Ehrenmitglied aus und führt seine Unterstützung für die Ausschmückung des Ehrensaals in Höhe von 180.000 Mark und für den Bau der Bibliotheksgebäude in Höhe von 500.000 Mark auf.

17.2.12

Spende von 500.000 Reichsmark an das Deutsche Museum durch Gustav Krupp von Bohlen und Halbach

Gustav Krupp von Bohlen und Halbach, Essen, Villa Hügel, 12. Mai 1921 | Maschinendurchschrift mit handschriftlichen Zusätzen, Papier, 3 Seiten | 22 x 17,1 cm | Deutsches Museum München – Archiv | VA 0380/3

1921 kündigte Gustav Krupp Oskar von Miller eine weitere Förderung des Museums in Höhe von 500.000 Mark über die Helmholtz-Gesellschaft an. Er erwähnt in diesem Schreiben auch bereits bewilligte Mittel zur Ausschmückung des Ehrensaals.

17.2.13

Urkunde für Gustav Krupp von Bohlen und Halbach nach dem Rückzug vom Vorsitz des Deutschen Museums

Deutsches Museum, München, Oktober 1921 | Pergament, handbemalt und -beschrieben, in Ledermappe | 42 x 33 cm | Historisches Archiv Krupp, Essen | FAH 4 D 30

Im Oktober 1921 erhielt Gustav Krupp von Bohlen und Halbach die eigens angefertigte Urkunde zum Rückzug vom Vorsitz des Deutschen Museums, den er seit 1914 innegehabt hatte. In dieser Zeit hatte er vor allem den Museumsbau gefördert und die Sammlungen des Museums mit zahlreichen Objekten bereichert. Zu den geförderten Maßnahmen gehörte auch die Ausschmückung des Ehrensaals, der mit Büsten und Gemälden an die bedeutendsten deutschen Schöpfer der »Meisterwerke aus Naturwissenschaft und Technik« erinnern sollte. Auch Alfred Krupp ist aufgrund seiner Verdienste in der Stahlerzeugung mit einem Relief vertreten. Die Urkunde gibt im oberen Teil das Deckengemälde des Ehrensaals von Julius Diez wieder, das eine Darstellung des »Feuerbringers« und Kulturstifters Prometheus zeigte.

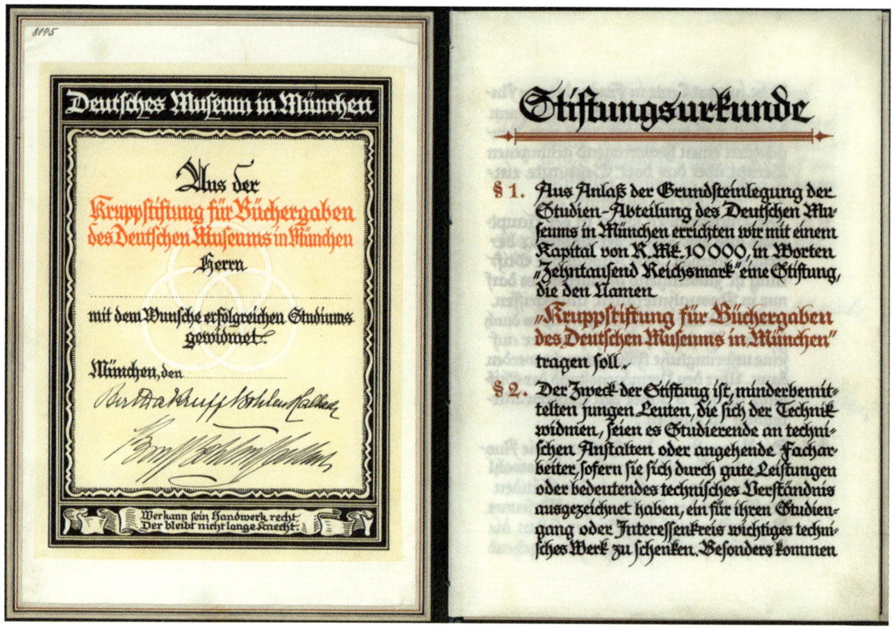

Deutsches Museum in München

Aus der
Kruppstiftung für Büchergaben
des Deutschen Museums in München
Herrn

mit dem Wunsche erfolgreichen Studiums gewidmet.

München, den

Wer kann sein Handwerk recht,
Der bleibt nicht lange Knecht.

Stiftungsurkunde

§ 1. Aus Anlaß der Grundsteinlegung der Studien-Abteilung des Deutschen Museums in München errichten wir mit einem Kapital von R.Mk. 10 000, in Worten „Zehntausend Reichsmark" eine Stiftung, die den Namen
„Kruppstiftung für Büchergaben des Deutschen Museums in München"
tragen soll.

§ 2. Der Zweck der Stiftung ist, minderbemittelten jungen Leuten, die sich der Technik widmen, seien es Studierende an technischen Anstalten oder angehende Facharbeiter, sofern sie sich durch gute Leistungen oder bedeutendes technisches Verständnis ausgezeichnet haben, ein für ihren Studiengang oder Interessenkreis wichtiges technisches Werk zu schenken. Besonders kommen

17.2.16

17.2.14

Urkunde zur lebenslänglichen Mitgliedschaft im Ausschuss des Deutschen Museums für Bertha Krupp von Bohlen und Halbach

Deutsches Museum, München, 15. April 1920 | Handschrift, Papier, Ledermappe | 33,5 x 21,5 cm | Historisches Archiv Krupp, Essen | FAH 4 D 21

Am 15. April 1920 erhielt Bertha Krupp die Urkunde für die Mitgliedschaft im Ausschuss des Deutschen Museums. Die Mitgliedschaft wurde für die gesamte Lebenszeit ausgesprochen.

17.2.15

Mitgliedskarte des Deutschen Museums für Bertha Krupp von Bohlen und Halbach

Deutsches Museum, München, nach 1934 | Vordruck mit handschriftlichen Einträgen, Karton | 10 x 15 cm | Deutsches Museum München – Archiv

Die Karte führt die Mitgliedschaft Bertha Krupp von Bohlen und Halbachs im Ausschuss des Deutschen Museums seit dem 1. April 1920 auf, die lebenslänglich galt. Insofern verwundert der Stempelaufdruck »1934 wiedergewählt«.

17.2.16

Stiftungsurkunde der »Kruppstiftung für Büchergaben« des Deutschen Museums in München

München, 1928 | Papier (Reproduktion) | 30 x 21,5 cm | Deutsches Museum München – Archiv | HS 8145

Dass die Familie Krupp auch nach Niederlegung des Vorsitzes durch Gustav Krupp von Bohlen und Halbach dem Deutschen Museum verbunden blieb, zeigt die »Kruppstiftung für Büchergaben des Deutschen Museums zu München« in Höhe von 10.000 Reichsmark. Sie wurde aus Anlass der Grundsteinlegung der Studienabteilung des Deutschen Museums fundiert und sollte begabten Studenten und Facharbeitern den Erwerb einer wichtigen technischen Publikation ermöglichen.

17.2.17

Brief Gustav Krupp von Bohlen und Halbachs als Vizepräsident an die Mitglieder der Kaiser-Wilhelm-Gesellschaft zur Förderung der Wissenschaften

Juni 1930 | 30 x 21 cm | Geheimes Staatsarchiv Preußischer Kulturbesitz, Berlin | VI. HA Nl Becker, C. H. – Becker, Carl Heinrich (Dep.)

Eine weitere jahrzehntelange Unterstützung ließ Gustav Krupp von Bohlen und Halbach der Kaiser-Wilhelm-Gesellschaft zur Förderung der Wissenschaften, der heutigen Max-Planck-Gesellschaft, zukommen. Von 1911 bis 1937 war er deren Vizepräsident; 1937 wurde er zum Ehrensenator ernannt.

17.2.18

Aufstellung der Beihilfen für die Gemeinde Sayn

19. März 1912 | Maschinenschrift mit handschriftlichen Ergänzungen, Durchschlagpapier | 34 x 22 cm | Historisches Archiv Krupp, Essen | FAH 22/5.46

Die Firma Krupp unterstützte nicht nur Sozialeinrichtungen in ihrer Heimatstadt Essen, sondern auch an den anderen Krupp-Standorten. Die Aufstellung zeigt die Beihilfen an die Gemeinde Sayn, wo Krupp bereits 1865 die Sayner Hütte gekauft hatte. Die Unterstützungen begannen bereits unter Alfred Krupp und erreichten Schulen, das örtliche Krankenhaus, die Freiwillige Feuerwehr und den Turnverein.

17.2.19

Plan des Wedau-Stadions in Duisburg

Mai 1925 | Tuschezeichnung, Papier | 87 x 65,7 cm | Stadtarchiv Duisburg | 72/14.30

Ähnlich verhielt es sich mit Duisburg, wo Krupp seit Ende des 19. Jahrhunderts die Friedrich-Alfred-Hütte in Rheinhausen betrieb. Hier ließ Krupp nicht nur 1914 das Bertha Krupp-Krankenhaus und eine Mustersiedlung, die Margarethensiedlung, bauen, sondern förderte auch Sport- und Freizeiteinrichtungen. Das Gelände, auf dem sich auch heute wieder der Sportplatz befindet, wurde der Stadt Duisburg zunächst in günstiger Erbpacht, dann ganz überlassen mit der Auflage, dort ein Sport- und Freizeitgelände zu errichten. Noch heute erinnern Straßennamen (Friedrich Alfred, Margarethenstraße) und Namen der ehemaligen Baggerseen (Barbara- und Berthasee) an Krupp.

17.2.21

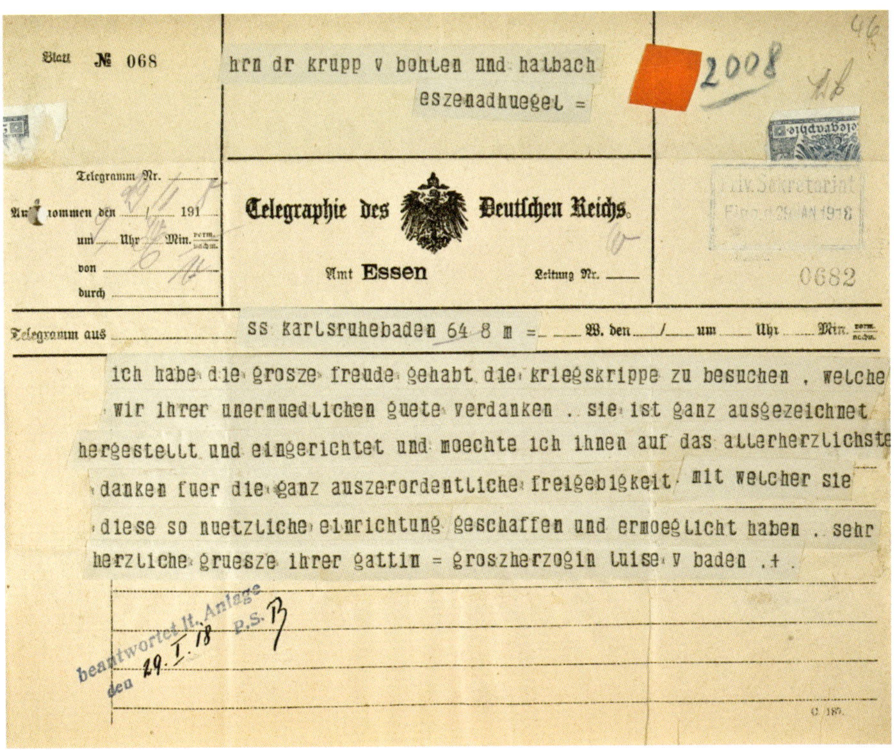
Blatt № 068
hrn dr krupp v bohlen und halbach
eszenadhuegel =
Telegraphie des Deutschen Reichs
Amt Essen
Leitung Nr.
0682
Telegramm aus ss karlsruhebaden 64 8 m =
ich habe die grosze freude gehabt die kriegskrippe zu besuchen , welche wir ihrer unermuedlichen guete verdanken . sie ist ganz ausgezeichnet hergestellt und eingerichtet und moechte ich ihnen auf das allerherzlichste danken fuer die ganz auszerordentliche freigebigkeit mit welcher sie diese so nuetzliche einrichtung geschaffen und ermoeglicht haben . sehr herzliche gruesze ihrer gattin = groszherzogin luise v baden .+ .
beantwortet lt. Anlage den 29. I. 18 P.S. B

17.2.20

Bestätigung einer jährlichen Zuwendung für die Königliche Höhere Schiffs- und Maschinenbauschule Kiel

Fried. Krupp A.G., Essen, 27. August 1912 | Maschinenschrift, Papier | 28 x 20 cm | Historisches Archiv Krupp, Essen | WA 41/73-208.93

Auch in der Krupp-Stadt Kiel war die Firma mäzenatisch aktiv. So beschied sie eine von der dortigen Germania-Werft weitergeleitete Anfrage der Kieler Stadtverwaltung nach einer jährlichen Förderung der Schiffs- und Maschinenbauschule Kiel in Höhe von 5000 Mark positiv.

17.2.21

Telegramm der Großherzogin Luise von Baden mit Dank für die Förderung eines Kinderheims in Karlsruhe

29. Januar 1918 | Vordruck, Maschinenschrift, Papier | 20 x 24 cm | Historisches Archiv Krupp, Essen | FAH 23/466.46

Mäzenatische Spuren finden sich an vielen Orten, mit denen die Familie Krupp in Berührung kam. So bedankt sich die Großherzogin Luise von Baden für die Förderung eines Kinderheims in Karlsruhe, wo die Familie Urlaub gemacht hatte.

17.2.22

Bittschreiben der Männerortsgruppe des Deutschen Kulturbundes Karlsbad

Juli 1928 | Maschinenschrift mit handschriftlichen Ergänzungen, Durchschlagpapier | 28 x 22 cm | Historisches Archiv Krupp, Essen | FAH 23/465.15

Ähnlich verhält es sich bei der Männerortsgruppe des Deutschen Kulturbundes Karlsbad, die sich in ihrem Bittschreiben um Förderung von deutschen Schulen, Kinderheimen und Tagesstätten an ihren berühmten Kurgast wandte.

17.2.23

Dankschreiben und Mitgliedskarte der Vereinigung der Freunde antiker Kunst in Berlin für Gustav Krupp von Bohlen und Halbach

a) Dankschreiben

20. November 1917 | Maschinenschrift mit handschriftlichen Ergänzungen, Durchschlagpapier | 21 x 20 cm

b) Mitgliedskarte

Verlag A. Liebmann, Berlin, 3. November 1913 | Druck, Karton | 15 x 20 cm

Historisches Archiv Krupp, Essen | FAH 23/269.150, FAH 23/269.151

Einen wichtigen Schwerpunkt im Krupp'schen Mäzenatentum bildete die Kunstförderung. So bedankt sich die Vereinigung der Freunde antiker Kunst in Berlin für die immerwährende Mitgliedschaft von Gustav Krupp von Bohlen und Halbach, die mit einer Überweisung von 5000 Mark verbunden war.

17.2.24

Dankschreiben der Preußischen Akademie der Künste bezüglich der Förderung der Max Liebermann-Ausstellung

Preußische Akademie der Künste, Berlin, 14. Juli 1927 | Druck, Papier, Karton | 28,1 x 22,2 cm | Historisches Archiv Krupp, Essen | FAH 23/271.19

Die Förderung von Ausstellungen und Künstler-Vereinigungen gehörte zum gängigen Repertoire des Krupp'schen Mäzenatentums. Die Preußische Akademie der Künste verbindet ihren Dank an Gustav Krupp von Bohlen und Halbach für die Förderung einer Max Liebermann-Ausstellung mit der Übersendung eines Kataloges und einer Dauerkarte.

17.2.25

Einladung des preußischen Ministerpräsidenten Hermann Göring an Gustav Krupp zur Ausstellungseröffnung in der Berliner Akademie der Künste

5. Februar 1938 | Druck, Karton, Prägesiegel | 15 x 20,8 cm | Historisches Archiv Krupp, Essen | FAH 23/271.1

17.2.26

Ehrenkarte für den Besuch der Großen Deutschen Kunstausstellung 1937 für Gustav Krupp von Bohlen und Halbach

1937 | Druck, Karton, Prägesiegel | 10 x 15 cm | Historisches Archiv Krupp, Essen | WA 41/73-250.151

Für den Besuch der Großen Deutschen Kunstausstellung im Haus der deutschen Kunst im Jahr 1937 erhielt Gustav Krupp von Bohlen und Halbach als Förderer eine Ehrenkarte.

17.2.27

Stifterurkunde des Vereins der Düsseldorfer Künstler für Gustav Krupp von Bohlen und Halbach

März 1937 | Papier, 3 Seiten | 29 x 20 cm | Historisches Archiv Krupp, Essen | FAH 23/284.104-105

17.2.23 a

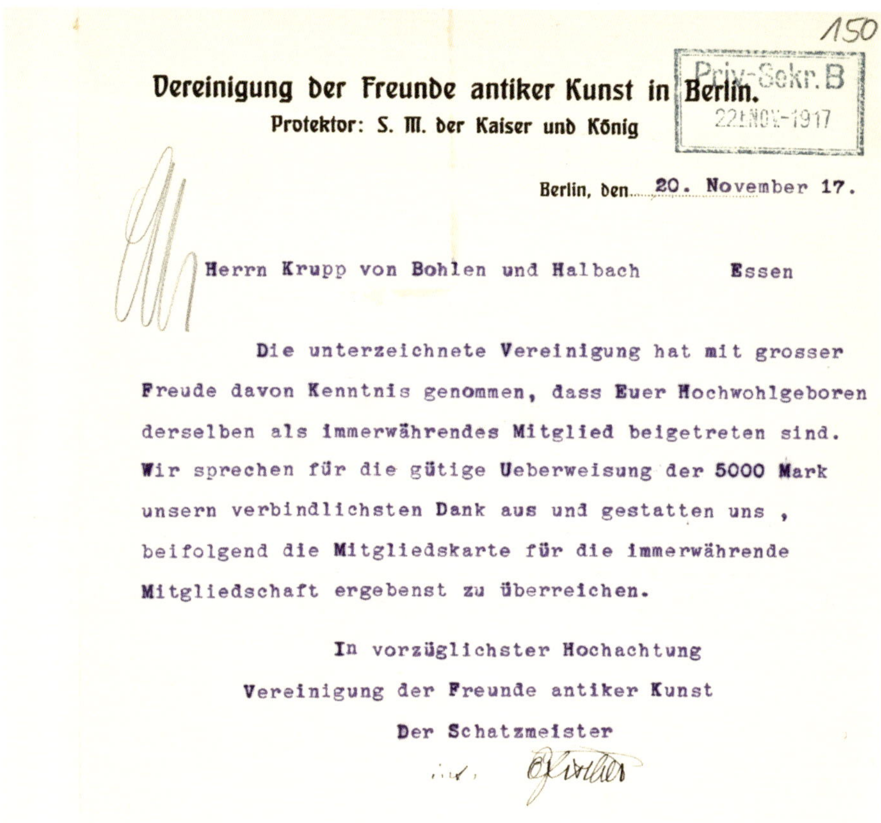

150

Priv-Sekr. B 22. NOV. 1917

Vereinigung der Freunde antiker Kunst in Berlin.

Protektor: S. M. der Kaiser und König

Berlin, den 20. November 17.

Herrn Krupp von Bohlen und Halbach Essen

Die unterzeichnete Vereinigung hat mit grosser Freude davon Kenntnis genommen, dass Euer Hochwohlgeboren derselben als immerwährendes Mitglied beigetreten sind. Wir sprechen für die gütige Ueberweisung der 5000 Mark unsern verbindlichsten Dank aus und gestatten uns, beifolgend die Mitgliedskarte für die immerwährende Mitgliedschaft ergebenst zu überreichen.

In vorzüglichster Hochachtung

Vereinigung der Freunde antiker Kunst

Der Schatzmeister

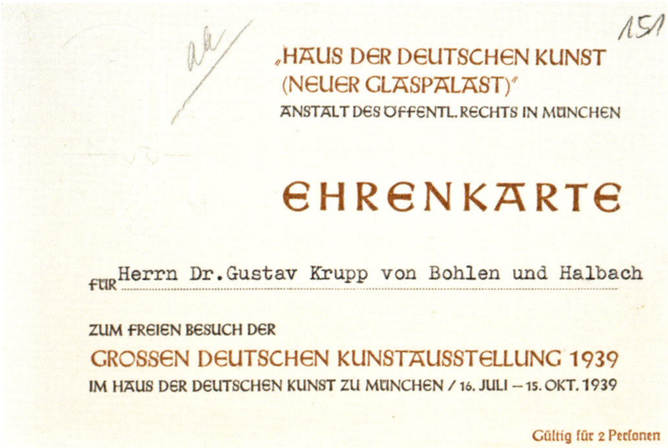
„HAUS DER DEUTSCHEN KUNST (NEUER GLASPALAST)“
ANSTALT DES ÖFFENTL. RECHTS IN MÜNCHEN

EHRENKARTE

FÜR Herrn Dr. Gustav Krupp von Bohlen und Halbach

ZUM FREIEN BESUCH DER
GROSSEN DEUTSCHEN KUNSTAUSSTELLUNG 1939
IM HAUS DER DEUTSCHEN KUNST ZU MÜNCHEN / 16. JULI – 15. OKT. 1939

Gültig für 2 Personen

17.2.26

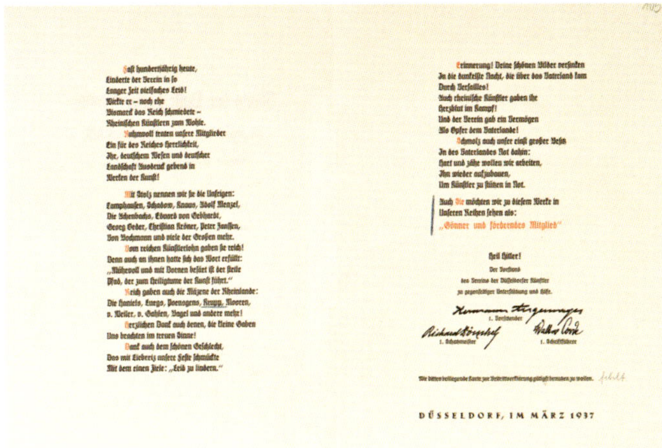
Fast hundertjährig heute,
Linderte der Verein in so
Langer Zeit vielfaches Leid!
Wirkte er – noch ehe
Bismarck das Reich schmiedete –
Rheinischen Künstlern zum Wohle.
Ruhmvoll traten unsere Mitglieder
Ein für des Reiches Herrlichkeit,
Ihr, deutschem Wesen und deutscher
Landschaft Ausdruck gebend in
Werken der Kunst!

Mit Stolz nennen wir sie die Unsrigen:
Camphausen, Schadow, Knaus, Adolf Menzel,
Die Achenbachs, Eduard von Gebhardt,
Georg Oeder, Christian Kröner, Peter Janssen,
Von Bochmann und viele der Großen mehr.
Vom reichen Künstlerlohn gaben sie reich!
Denn auch an ihnen hatte sich das Wort erfüllt:
„Mühevoll und mit Dornen besäet ist der steile
Pfad, der zum Heiligtume der Kunst führt.“
Reich gaben auch die Mäzene der Rheinlande:
Die Haniels, Luegs, Poensgens, Krupp, Mooren,
v. Weiler, v. Gahlen, Vagel und andere mehr!
Herzlichen Dank auch denen, die kleine Gaben
Uns brachten im treuen Sinne!
Dank auch dem schönen Geschlecht,
Das mit Liebreiz unsere Feste schmückte
Mit dem einen Ziele: „Leid zu lindern.“

Erinnerung! Deine schönen Bilder versanken
In die dunkelste Nacht, die über das Vaterland kam
Durch Versailles!
Auch rheinische Künstler gaben ihr
Herzblut im Kampf!
Und der Verein gab ein Vermögen
Als Opfer dem Vaterlande!
Schmolz auch unser einst großer Besitz
In des Vaterlandes Not dahin:
Hart und zähe wollen wir arbeiten,
Ihn wieder aufzubauen,
Um Künstler zu stützen in Not.

Auch Sie möchten wir zu diesem Werke in
Unseren Reihen sehen als:
„Gönner und förderndes Mitglied“

Heil Hitler!
Der Vorstand
des Vereins der Düsseldorfer Künstler
zu gegenseitiger Unterstützung und Hilfe.

1. Vorsitzender
1. Schatzmeister
1. Schriftführer

Wir bitten beiliegende Karte zur Beitrittserklärung gütigst benutzen zu wollen.

DÜSSELDORF, IM MÄRZ 1937

17.2.27

Die Stifterurkunde des Vereins Düsseldorfer Künstler, der die Düsseldorfer Malerschule und so bedeutende Künstler wie Camphausen, Schadow und Menzel hervorbrachte, formuliert den Dank an die Krupps – neben anderen Rheinischen Industriellen wie Haniel, Poensgen und Lueg – für ihre mäzenatische Förderung.

17.2.28

Stifterurkunde des Bergischen Geschichtsvereins für Dr. Gustav Krupp von Bohlen und Halbach

Elberfeld, 18. November 1921 | Druck mit handschriftlichen Einträgen, Karton | 30 x 40 cm | Historisches Archiv Krupp, Essen | FAH 23/278.106

Neben der Kunstförderung lag Gustav Krupp von Bohlen und Halbach vor allem die Geschichtskultur am Herzen. Er war Mitglied in allen historischen Vereinen der Region, unter anderem im altehrwürdigen Bergischen Geschichtsverein von 1863, der ihn in seiner Sitzung vom 18. November 1921 zum »Stifter« ernannte.

17.2.29

Dankesurkunde der deutschen Gesellschaft zur Rettung Schiffbrüchiger für Alfred Krupp

Kunst-Anstalt Mühlmeister, Johler & Brauns, Hamburg, 1. März 1881 | Druck, Karton | 55 x 41 cm | Historisches Archiv Krupp, Essen | FAH 2 D 65

Eine lange Tradition hat bei Krupp die Unterstützung der Seenotrettung. Die deutsche Gesellschaft zur Rettung Schiffbrüchiger (DGzRS) sprach Alfred Krupp mit der vorliegenden Urkunde Dank für Unterstützung und die Stiftung von Ausrüstungsgegenständen aus. Auf der Urkunde sind zahlreiche Rettungsgegenstände der DGzRS sowie Mitarbeiter der Gesellschaft in Aktion zu erkennen. Mit der Dankesurkunde wurde Alfred Krupp auch in das Verzeichnis der Stifter der Gesellschaft eingetragen.

17.2.28

Der Bergische Geschichts-Verein

gestiftet in Elberfeld am 13ten Juni 1863 zur Erforschung der politischen und der Kirchen-Geschichte der ehemaligen Herzogthümer Jülich, Cleve und Berg, sowie der dazu gehörigen und angrenzenden Lande, entbietet Heil und freundlichen Gruß Allen, so dies lesen oder lesen hören.

Da der Zweck des Vereins erheischt, solche Männer zu Mitgliedern zu wählen, die willig und bereit sind, ihn in seinen Bestrebungen zu fördern und seine Interessen wahrzunehmen, so hat derselbe in seiner Sitzung vom 7. November 1921 zu seinem Stifter ~~Mitgliede~~ ernannt den

Herrn Dr. Gustav Krupp v. Bohlen u. Halbach zu Essen

Dem Genannten ist demnach als Stifter ~~Mitglied~~ des Bergischen Geschichts-Vereins diese Urkunde ausgefertigt und zugestellt worden.

So geschehen unter Beidrückung des Vereins-Siegels

Elberfeld, den 18. November 1921.

Im Namen des Vereins:

Vorsitzender.

Schriftwart.

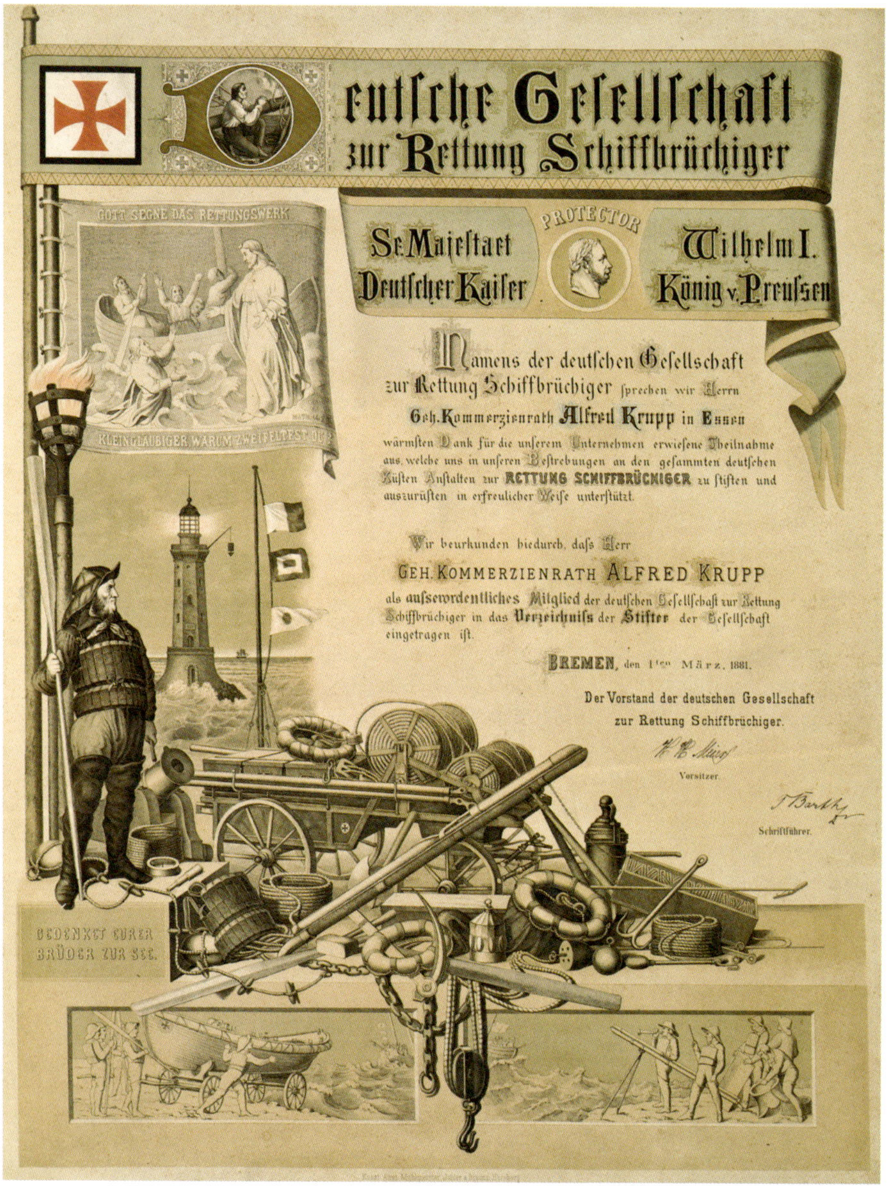

17.2.29

17.2.30

17.2.30

Ehrendiplom des Deutschen Schulschiff-Vereins für Gustav Krupp von Bohlen und Halbach

Druck Mahlmeister & Johler, Hamburg, 1913 | Druck, Karton | 60 x 45 cm | Historisches Archiv Krupp, Essen | FAH 4 D 6

Die maritime Begeisterung der Familie drückt sich auch in dem Ehrendiplom aus, das der Deutsche Schulschiff-Verein Gustav Krupp von Bohlen und Halbach für seine Dienste bei der Entwicklung des Vereins verlieh.

17.2.31

Ehrenmitgliedskarte für Gustav Krupp von Bohlen und Halbach für den Norddeutschen Regattaverein

Hamburg, 1925 | Druck mit handschriftlichen Einträgen, Karton | 7,2 x 10 cm | Historisches Archiv Krupp, Essen | WA 41/73-259.147

Die für alle Krupps seit Friedrich Alfred typische Segelbegeisterung machte Gustav Krupp von Bohlen und Halbach zum Ehrenmitglied des Norddeutschen Regatta-Vereins Hamburg. Dies lässt auf eine über die normale Mitgliedschaft hinausgehende Unterstützung schließen.

17.2.32

Dankschreiben an Gustav Krupp von Bohlen und Halbach zur Fertigung der Fackelgriffe bei den Olympischen Spielen 1936

Organisations-Komitee für die XI. Olympiade 1936, Berlin, 24. November 1937 | Maschinenschrift, Papier | 30 x 21 cm | Historisches Archiv Krupp, Essen | FHA 23/851.4

Die Unterstützung des Sports gehörte seit Friedrich Alfred Krupp zu den Schwerpunkten des Krupp'schen Mäzenatentums. Von daher ließ es sich Gustav Krupp von Bohlen und Halbach natürlich nicht nehmen, die Fackelgriffe für die Olympischen Spiele 1936 in Berlin herzustellen und mehrere Tausend für den Fackellauf zu stiften.

17.2.33

»Preis-Ausschreiben« zur »Deszendenztheorie«

Jena, 1. Januar 1900 | Druck, Papier | 40 x 26 cm | Historisches Archiv Krupp, Essen | WA 9 d 244.1

Eine Sonderstellung im Krupp'schen Mäzenatentum nimmt sicherlich die Wissenschaftsförderung Friedrich Alfred Krupps ein. Er unterstützte nicht nur wissenschaftliche Kampagnen und Einzelpersonen, sondern auch Einrichtungen wie die Biologische Station in Plön oder die Zoologische Station in Neapel. Besonders beeindruckt war er von den Theorien des Zoologen und Sozialphilosophen Ernst Haeckel. Zur Jahrhundertwende, am 1. Januar 1900, lobte er ein Preisausschreiben in Höhe von 30.000 Mark aus. Es wurde dazu aufgerufen, Abhandlungen zum Thema »Was lernen wir aus den Prinzipien der Deszendenztheorie in Beziehung auf die innerstaatliche Entwicklung und Gesetzgebung der Staaten?« einzureichen. Der Aufruf stieß auf große Resonanz, und das Krupp'sche Preisausschreiben spielte sicherlich eine große Rolle bei der Etablierung und Popularisierung sozialdarwinistischer Vorstellungen.

17.2.34

Dankschreiben Ernst Haeckels an Margarethe Krupp

Postkarte, Jena, 4. August 1912 | Karton | 9 x 14 cm | Historisches Archiv Krupp, Essen | FAH 3 D 159.63

Auch nach dem Tod Friedrich Alfred Krupps blieb Erich Haeckel mit der Familie Krupp in Briefkontakt, vor allem, als es darum ging, Spenden für das »Phyletische Museum« in Jena einzuwerben, das 1908 eröffnet wurde. Margarethe Krupp, ihre Tochter Bertha und ihr Schwiegersohn Gustav stifteten zusammen 16.000 Mark, wofür Friedrich Alfred Krupp einen Platz auf der »Ehrentafel« der Förderer des Museums erhielt.

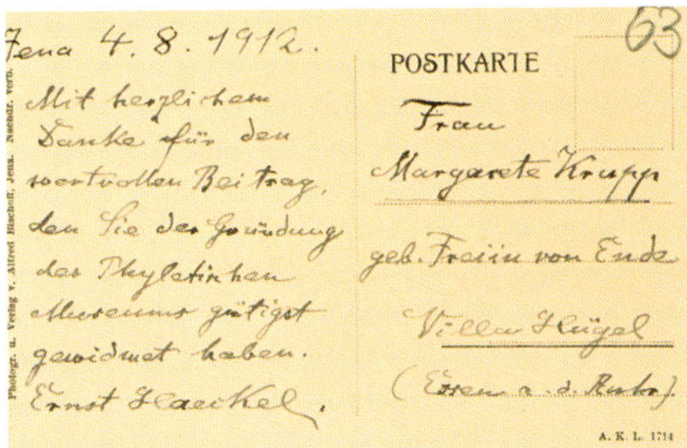

Jena 4. 8. 1912.
Mit herzlichem Danke für den wertvollen Beitrag, den Sie der Gründung des Phyletischen Museums gütigst gewidmet haben.
Ernst Haeckel.

POSTKARTE
Frau Margarete Krupp
geb. Freiin von Ende
Villa Hügel
(Essen a. d. Ruhr)

17.2.34

17.2.35

»F. A. Krupp als Freund und Förderer biologischer Studien«

Sonderdruck aus Band XXII, Nr. 2 der »Biologischen Centralblätter«, hg. von Otto Zacharias, 1903 | Papier, Karton | 28 x 39 cm | Historisches Archiv Krupp, Essen | FAH 3 A 12.9

Der Zoologe Otto Zacharias gründete 1892 die Biologische Station Plön, von der im 20. Jahrhundert wichtige Impulse für die Erforschung der Binnengewässer ausgingen. Er wurde von Friedrich Alfred Krupp auf vielfältige Weise finanziell und mit Sachmitteln unterstützt. Dass Krupp mit einer Zuwendung von 3000 Mark die Gründung der Station überhaupt ermöglicht hatte, erfuhr Zacharias erst nach dessen Tod. Er widmete ihm einen Beitrag über »F. A. Krupp als Freund und Förderer biologischer Studien«.

17.2.35

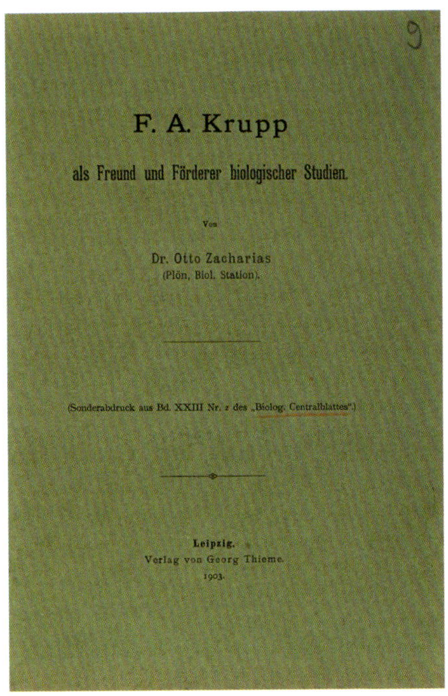

F. A. Krupp
als Freund und Förderer biologischer Studien.
Von
Dr. Otto Zacharias
(Plön, Biol. Station).
(Sonderabdruck aus Bd. XXIII Nr. 2 des „Biolog. Centralblattes".)
Leipzig.
Verlag von Georg Thieme.
1903.

17.2.36 a

17.2.36

»Progetto della Strada F. A. Krupp sotto il monte Castiglione«

Comune di Capri, Provincia di Napoli, 30. Juni 1900

a) Umschlag
Druck, Papier, Karton, Textilien | 32 x 22 cm

b) Planzeichnung der einzelnen Sektionen
Druck, gewachstes Papier | 42 x 31 cm

Historisches Archiv Krupp, Essen | FAH 3 D 2 und FAH 3 D 2.92

Eine Herzensangelegenheit war für Friedrich Alfred Krupp die Förderung seiner geliebten Ferieninsel Capri. Dazu gehörte der Kauf eines umfassenden Territoriums, des so genannten »Fondo Certosa«, auf dem er öffentliche Gärten

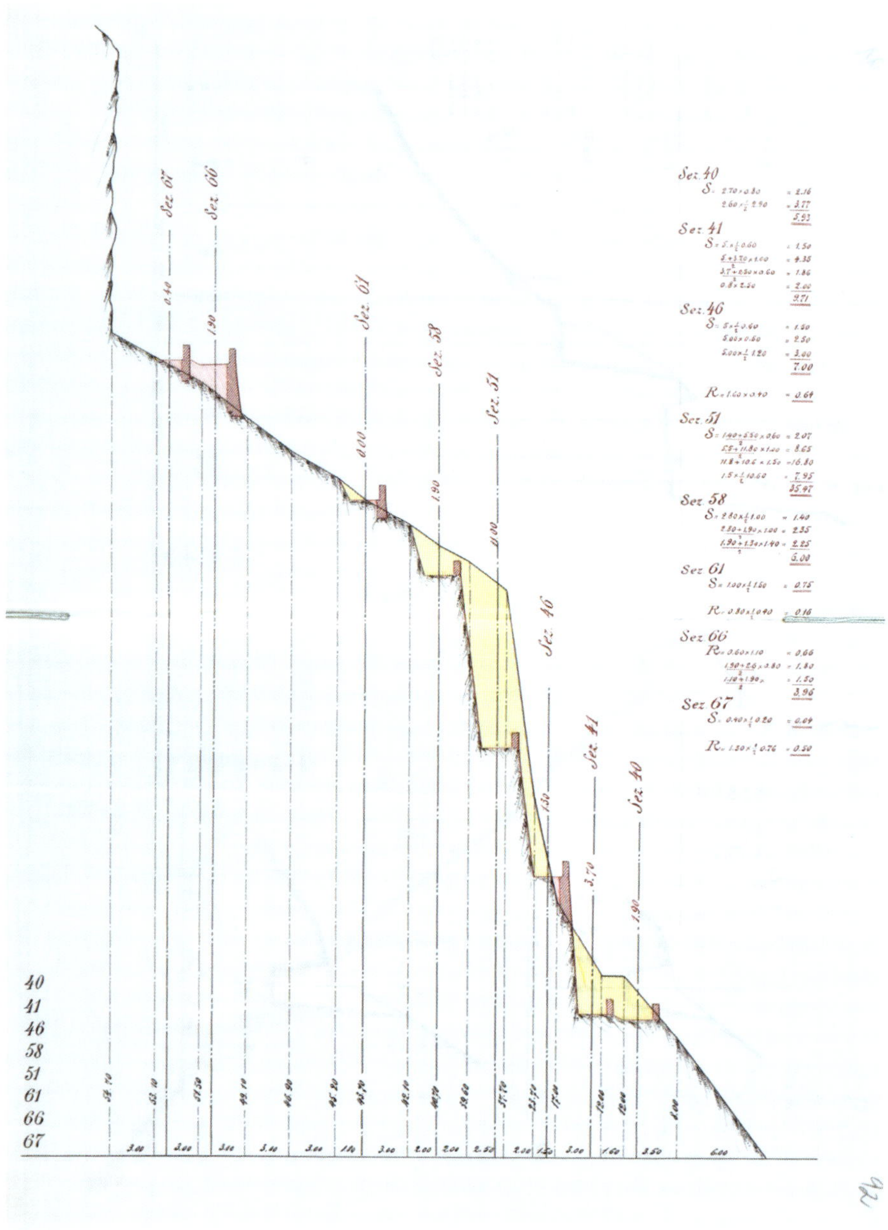

17.2.36 b

anlegen ließ wie die bis heute existierenden Augustusgärten oberhalb der berühmten »Via Krupp«. Diese Straße, die bis heute Krupps Namen trägt, ist ein Meisterwerk der Architektur. Sie wurde in nur zwei Jahren gebaut. Krupp finanzierte sie mit 40.000 Lire, die Kommune steuerte 5000 Lire bei, um den öffentlichen Charakter des Projekts zu unterstreichen. Nach der Fertigstellung der »Via Krupp« im Frühjahr 1902 wurde Krupp auf Beschluss des Stadtrates vom 11. April 1902 zum Ehrenbürger von Capri ernannt.

17.2.37

Ehrendiplom des Handwerker-Vereins in Konstantinopel für Friedrich Alfred Krupp

Konstantinopel, 21. Oktober 1899 | Papier, gewachst | 46 x 32,7 cm | Historisches Archiv Krupp, Essen | FAH 3 B 14

Zu Zeiten Friedrich Alfred Krupps hatte das Krupp'sche Mäzenatentum längst internationale Züge angenommen. Am 21. Oktober 1899 ernannte ihn der Deutsche Handwerker-Verein in Konstantinopel in Anerkennung des dem Verein bewiesenen Wohlwollens zum Ehrenmitglied.

17.2.38

Dank der Evangelischen Kirchengemeinde Konstantinopel an Gustav Krupp von Bohlen und Halbach

Walter Berghaus, Konstantinopel, 26. August 1916 | Maschinenschrift, Papier | 28,1 x 20,5 cm | Historisches Archiv Krupp, Essen | WA 41/74-256.63

Das Dankschreiben von Walter Berghaus, dem stellvertretenden Vorsitzenden der Deutschen Evangelischen Gemeinde in Konstantinopel, belegt die andauernde Unterstützung deutscher Einrichtungen in Konstantinopel seitens der Familie Krupp.

17.2.39

Dankschreiben des Deutschen Krankenhauses in Istanbul an die Firma Fried. Krupp für die Zurverfügungstellung von Instrumenten

Aleman Hastanesi, Istanbul, 19. April 1941 | Maschinenschrift mit handschriftlichen Einträgen, Papier | 29,1 x 20,3 cm | Historisches Archiv Krupp, Essen | WA 41/74-255.168

Auch nach Gründung der türkischen Republik unterstützte die Firma Krupp im Zweiten Weltkrieg deutsche Einrichtungen in Istanbul, wie das Dankschreiben von Aleman Hastanesi, dem leitenden Arzt des Deutschen Krankenhauses, vom Frühjahr 1941 zeigt.

17.2.37

17.2.40

Urkunde zur Spende von Gustav Krupp von Bohlen und Halbach über 50.000 Mark zur Gründung einer Schule in China

Deutsch-Chinesischer Verband e.V., Berlin, 1. November 1916 | Druck, Papier | 30,5 x 36,5 cm | Historisches Archiv Krupp, Essen | FAH 4 D 18

Das Krupp'sche Mäzenatentum reichte bis nach China. Der Deutsch-Chinesische Verband trug Gustav und Bertha Krupp von Bohlen und Halbach in das Verzeichnis ihrer Stiftung ein; sie hatten 50.000 Mark zum Erhalt der deutschen Schulen in China gestiftet.

17.3. Die Alfried Krupp von Bohlen und Halbach-Stiftung

Im September 1966 verfasste Alfried Krupp von Bohlen und Halbach sein Testament. Darin bestimmte er eine rechtsfähige gemeinnützige Stiftung als Alleinerbin seines gesamten Privat- und Firmenvermögens. Nach seinem Tod am 30. Juli 1967 nahm die Stiftung am 1. Januar 1968 ihre Tätigkeit auf. Die Firma Krupp wurde, dem letzten Willen von Alfried Krupp folgend, in die Kapitalgesellschaft »Fried. Krupp GmbH« umgewandelt, deren sämtliche Geschäftsanteile bei der Alfried Krupp von Bohlen und Halbach-Stiftung lagen. Die Stiftung ist heute die größte Einzelaktionärin der ThyssenKrupp AG und verfügt dort mit knapp über 25 Prozent der Anteile über eine Sperrminorität. Die Erträge aus den Unternehmensbeteiligungen verwendet sie ausschließlich für Vorhaben, die dem Gemeinwohl dienen. Vorsitzender des Kuratoriums und des Vorstands der Stiftung ist seit Beginn ihrer Tätigkeit Berthold Beitz.

Die Stiftung handelt grundsätzlich frei in ihren Entscheidungen, aber gemeinnützig im Sinne der von ihrem Stifter formulierten Tradition. Dabei stehen die Förderschwerpunkte Wissenschaft in Forschung und Lehre, Erziehungs- und Bildungswesen, Gesundheitswesen, Sport, Literatur, Musik und bildende Kunst in der Tradition des Krupp'schen Mäzenatentums. Die Förderung erfolgt in der Regel im Rahmen ausgeschriebener Programme, aber auch durch gezielt eingesetzte Beiträge. Beispiele hierfür sind die Förderung junger Hochschullehrer und die Vergabe von Stiftungsprofessuren, internationale Stipendienprogramme, Initiativen zur Förderung junger Künstler sowie Bildungsprojekte für Schüler und junge Erwachsene.

Auch die regionalen Schwerpunkte stehen in der Krupp'schen Tradition und geben der Stiftung ihr besonderes Profil. So hat die Stiftung mit großem Einsatz den Umbau des Essener Saalbaus zur Philharmonie gefördert – jenes Gebäude, dessen Errichtung Friedrich Alfred Krupp schon Ende des 19. Jahrhunderts weitgehend finanziert hatte. Ebenso erfolgte der Neubau des Museum Folkwang im Jahre 2010 in der Tradition der Förderung des Essener Kunstmuseums seit seiner Gründung im Jahre 1904. Ein weiterer Schwerpunkt ist das Gesundheitswesen. Seit 1971 ist die Stiftung Eigentümerin des Alfred Krupp Krankenhauses mit heute zwei Essener Standorten in Rüttenscheid und Steele. Die Anfänge dieses Hauses von europäischem Rang gehen auf das von Alfred Krupp 1870 gegründete Lazarett zurück, das seit den 1920er-Jahren als »Kruppsche Krankenanstalten« der Bevölkerung offensteht.

Die Alfried Krupp von Bohlen und Halbach-Stiftung ist Eigentümerin der Villa Hügel mit dem Hügelpark und dem Historischen Archiv Krupp. Villa und Park sind für die Öffentlichkeit zugänglich; das Kleine Haus zeigt eine ständige Ausstellung zur Geschichte der Firma und Familie Krupp. Die Stiftung hat ihren Sitz im ehemaligen Gästehaus der Familie Krupp im Hügelpark und nutzt die Villa Hügel für eigene Veranstaltungen wie Preisverleihungen, Empfänge und Ausstellungen. HTG

17.3.1

»Eine Bilanz: Alfried Krupp von Bohlen und Halbach-Stiftung 1968–1998«

hg. von der Alfried Krupp von Bohlen und Halbach-Stiftung, Essen 1999 | Druck, Papier | 29,9 x 21 x 1 cm | Ruhr Museum, Essen

Im Jahr 1998 konnte die Alfried Krupp von Bohlen und Halbach-Stiftung auf eine dreißigjährige Bilanz zurückschauen. Sie hat seit ihrer Gründung 1968 mit mehr als 420 Millionen Euro Projekte im In- und Ausland gefördert und sich zu einem Stiftungstypus eigener Art entwickelt.

17.3.2

»30 Jahre Alfried Krupp von Bohlen und Halbach-Stiftung«

Plakat zur gleichnamigen Ausstellung, Villa Hügel, 1998 | Druck, Papier | 59 x 42 cm | Historisches Archiv Krupp, Essen | S 18/216

Zum Abschluss des Jubiläumsjahres stellte die Alfried Krupp von Bohlen und Halbach-Stiftung ihre Leistungsbilanz vom 6. Februar bis zum 31. März 1998 auf der Villa Hügel vor.

17.3.2

17.3.3

»Greifswald und die östlichen Bundesländer. Förderinitiativen der Alfried Krupp von Bohlen und Halbach-Stiftung«

hg. von der Alfried Krupp von Bohlen und Halbach-Stiftung, Göttingen 2006 | Druck, Papier, Karton | 30 x 23 x 1 cm | Alfried Krupp von Bohlen und Halbach-Stiftung, Essen

Schon zu DDR-Zeiten war die Alfried Krupp von Bohlen und Halbach-Stiftung in den späteren »neuen« Bundesländern aktiv. Nach der Wende baute sie die Förderung in den östlichen Bundesländern systematisch aus. Einen Schwerpunkt bildet dabei das Alfried Krupp Wissenschaftskolleg Greifswald, das auf Initiative Berthold Beitz' im Jahre 2000 gegründet wurde, um die Universitäts- und Hansestadt wieder zu dem »liberalen, weltoffenen Zentrum für Begegnungen im Ostseeraum« werden zu lassen, das sie Jahrhunderte lang war. Im Mittelpunkt des Programms des Alfried Krupp Wissenschaftskollegs Greifswald steht die Einladung von Wissenschaftlern zu Forschungsaufenthalten, die Durchführung von Tagungen, Symposien, Sommerschulen, Graduiertenkollegs und interdisziplinären Arbeitsgruppen sowie die Veranstaltung wissenschaftlicher Vorträge.

17.3.4

»Alfried Krupp-Förderpreis für junge Hochschullehrer. Die 25 Preisträger 1986 bis 2004«

hg. von der Alfried Krupp von Bohlen und Halbach-Stiftung, Essen, Oktober 2004 | Druck, Papier | 29,8 x 21 x 1,5 cm | Alfried Krupp von Bohlen und Halbach-Stiftung, Essen

Neben den zahlreichen Stiftungsprofessuren und Stipendien, welche die Stiftung vergibt, bildet der Alfried Krupp-Förderpreis für junge Hochschullehrer den wichtigsten Schwerpunkt der Wissenschaftsförderung. Er wird seit 1986 jährlich vergeben. Junge Professoren, die am Beginn einer erfolgversprechenden wissenschaftlichen Laufbahn stehen, erhalten ein Preisgeld in Höhe von einer Million Euro für ihre Forschungen. Damit gehört der Alfried Krupp-Förderpreis zu den höchstdotierten in der Bundesrepublik.

17.3.5

Urkunde »Alfried Krupp-Förderpreis für junge Hochschullehrer«

25.11.2005 | Heike Allgayer, Mannheim

Preisträgerin des Alfried Krupp-Förderpreises für junge Hochschullehrer des Jahres 2005 war Prof. Dr. Dr. Heike Allgayer, Professorin für Experimentelle und Molekulare Chirurgie an der Ruprecht-Karls-Universität Heidelberg.

17.3.6

»Das bringt richtig was!« – Rückblick auf zehn Jahre Förderprogramm »Bekämpfung der Jugendarbeitslosigkeit«

Broschüre, 2009 | Druck, Papier, 84 Seiten | 22 x 13 cm | Alfried Krupp von Bohlen und Halbach-Stiftung, Essen

Ein wichtiger Schwerpunkt der Stiftung im Bereich Erziehung und Bildung ist

17.3.4

neben Stipendien für Studierende und Schüler die Bekämpfung der Jugendarbeitslosigkeit. Dafür hat die Stiftung 1998 anlässlich ihres 30-jährigen Bestehens ein Förderprogramm eingerichtet und 15,3 Millionen Euro bereitgestellt. Unterstützt werden vorrangig Projekte im Ruhrgebiet, die Arbeitslosigkeit vermeiden, neue Ausbildungsplätze schaffen sowie arbeitslosen Jugendlichen neue Chancen eröffnen.

17.3.7

Der Seenotrettungskreuzer »Alfried Krupp«

Fotografie von Rainer Rothenberg, 2009 | Ruhr Museum, Essen

Die Alfried Krupp von Bohlen und Halbach-Stiftung steht gemäß dem Willen ihrer Stifter in der dem Gemeinwohl verpflichteten Tradition des Hauses Krupp. Dies wird in der Förderung des Seenotretters Alfried Krupp deutlich. Schon Alfred Krupp engagierte sich im 19. Jahrhundert intensiv für die Rettung Schiffbrüchiger.

17.3.8

Buch über den Alltag im Alfried Krupp Krankenhaus

Timm Rautert: »Im Krankenhaus. Der Patient zwischen Technik und Zuwendung«, Berlin: Ernst & Sohn, 1993 | Alfried Krupp von Bohlen und Halbach-Stiftung, Essen

Im Zentrum der Förderung des Gesundheitswesens der Stadt Essen durch die Alfried Krupp von Bohlen und Halbach-Stiftung steht der Betrieb des Alfried Krupp Krankenhauses, dessen Eigentümerin die Stiftung ist. Mit rund 900 Betten an zwei Standorten in den Essener Stadtteilen Rüttenscheid und Steele trägt es mit 118 Fachkliniken zur medizinischen Versorgung in der Region bei und bietet in ausgewählten Schwerpunkten internationale Spitzenmedizin.

17.3.9

»Die Krupp Krankenanstalten in Essen. Ihre Bedeutung und ihr Wiederaufbau«

Broschüre von Dr. H. Beusch, Druck: Grafa, Essen, um 1960 | Druck, Papier, Karton | 19 x 25 cm | Historisches Archiv Krupp, Essen | WA 106 / 141

Das Alfried Krupp Krankenhaus geht zurück auf ein Lazarett, das Alfred Krupp während des Deutsch-Französischen Krieges von 1870/71 gegründet hatte. Seit den 1920er-Jahren stand es nicht nur den Mitarbeitern der Firma Krupp, sondern auch Nicht-Werksangehörigen offen. Im Zweiten Weltkrieg wurde das Krankenhaus an der Lazarettstraße völlig zerstört und konnte nicht mehr wieder aufgebaut werden. In der Nachkriegszeit wurde der Betrieb der Krupp'schen Krankenanstalten eher behelfsmäßig in den wieder aufgebauten Erholungshäusern in der Siedlung Altenhof aufrecht erhalten.

17.3.10

Lageplan zum Neubau des Alfried Krupp Krankenhauses

Architekt Wörner + Partner, Frankfurt/M., 15. November 1974 | Druck, Papier | 78 x 96 cm | Historisches Archiv Krupp, Essen | WA 106/141

Alfried Krupp von Bohlen und Halbach gab schon 1963 die Planung eines Neubaus der Krupp'schen Krankenanstalten in Auftrag. Zur Verwirklichung kam es zu seinen Lebzeiten aber nicht mehr. 1969 beschloss Berthold Beitz einen Neubau am Altenhof. 1971 ging die Trägerschaft des Unternehmens Krupp an die Alfried Krupp von Bohlen und Halbach-Stiftung.

17.3.11

Plan vom Erdgeschoss des Alfried Krupp Krankenhauses

Architekt Wörner + Partner, Frankfurt/M., 15. Dezember 1975 | Papier | 90 x 66,5 cm | Historisches Archiv Krupp, Essen | WA 166-141

Der Neubau des Alfried Krupp Krankenhauses erfolgte nach den modernsten medizinischen Standards. Ziel war ein geräumiges und breit aufgestelltes Krankenhaus von europäischem Rang.

17.3.7

17.3.14

17.3.15

17.3.12

Neun Münzen aus der Kassette zur Grundsteinlegung des Alfried Krupp Krankenhauses

vor 2. Mai 1977 | Metall | Dm 1,8–3 cm | Historisches Archiv Krupp, Essen | WA 106/140

Die Grundsteinlegung des Alfried Krupp Krankenhauses erfolgte am 2. Mai 1977. Die Kassette zur Grundsteinlegung enthielt unter anderem die gängigen Münzen der Zeit vom Einpfennig- bis zum Fünfmarkstück einschließlich einer 10 DM-Olympia-Münze.

17.3.13

Porträtfotografie Alfried Krupp von Bohlen und Halbachs für die Kassette zur Grundsteinlegung des Alfried Krupp Krankenhauses

Fotografie, 2. Mai 1977 | Papier | 23,5 x 18 cm | Historisches Archiv Krupp, Essen | WA 106/140

Neben den Münzen enthielt die Kassette auch ein Foto von Alfried Krupp von Bohlen und Halbach, das ihn vor einem Bildnis seines Urgroßvaters, des Lazarett-Gründers Alfred Krupp, zeigt.

17.3.14

Fotoalbum zur Einweihung des Alfried Krupp Krankenhauses

5. September 1980 | Karton, Papier, Textilumschlag, geschraubt | 24 x 30 x 10 cm | Historisches Archiv Krupp, Essen | WA 16 i 9.49

Am 5. September 1980, nach nur dreijähriger Bauzeit, konnte das Alfried Krupp Krankenhaus eingeweiht werden.

17.3.15

Modell der »Germania VI«

Mitglieder der Crew der Hochseeyacht »Germania VI«, 1967 | Holz, Metall, Draht, Textilien | H 105 cm, B 26 cm, L 92 cm | Alfried Krupp von Bohlen und Halbach-Stiftung, Essen

Im Bereich der Sportförderung unterhält die Stiftung in Erinnerung an Alfried Krupp von Bohlen und Halbach die Hochsee-Segelyacht Germania VI. Alfried Krupp ließ sie 1963 als erste ganzgeschweißte Aluminium-Yacht der Welt bauen. Sie ist als Mannschaftsschiff für Hochseefahrten konzipiert und bietet jungen Menschen die Möglichkeit, im Hochsee- und Regattasegeln ausgebildet zu werden. Seit 1972 nutzen Jahr für Jahr rund 220 Teilnehmer diese Chance. Das Modell steht seit der Olympiade 1972 im Hotel »Kieler Yacht Club« im Heimathafen der »Germania«, das ebenfalls im Eigentum der Alfried Krupp von Bohlen und Halbach-Stiftung ist.

17.3.18

17.3.16

»Germania. Die Yachten des Hauses Krupp«

Svante Domizlass u. Alexander Rost, hg. von der Alfried Krupp von Bohlen und Halbach-Stiftung, Essen, Delius Klasing Verlag, Bielefeld 2006 | Druck, Papier, Karton, 368 Seiten | 36 x 25,8 x 4,5 cm | Ruhr Museum, Essen

Die »Germania« ist das Symbol für die Krupp'sche Segelleidenschaft, die nicht nur Alfried, sondern schon einige seiner Vorfahren erfasst hatte. Es ist bereits das sechste Schiff in einer Reihe, das seinen Namen nach der Kieler Werft der Firma Krupp erhalten hat und dort vor Anker lag.

17.3.17

Deutsche Kinder- und Jugendsportberichte

a) Deutscher Kinder- und Jugendsportbericht 2003
   hg. von Werner Schmidt, Wolf-Dietrich Brettschneider und Ilse Hartmann-Tews, Essen 2003 | Druck, Karton, Papier | 24 x 16,5 x 2,8 cm
b) Deutscher Kinder- und Jugendsportbericht 2006
   hg. von Werner Schmidt, Renate Zimmer und Hans Völker, Essen 2008 | Druck, Karton, Papier | 24,5 x 17 x 3,6 cm

Alfried Krupp von Bohlen und Halbach-Stiftung, Essen

Der Jugend- und Kreissport, vor allem in der Region Essen, ist der zweite traditionelle Förderschwerpunkt der Alfried Krupp von Bohlen und Halbach-Stiftung im Satzungsbereich Sport. Im September 2003 brachte die Stiftung den ersten Deutschen Kinder- und Jugendsportbericht heraus. Er dokumentiert das vorhandene Wissen zum Kinder- und Jugendsport und benennt bestehende Forschungslücken. Der zweite Bericht, der im November 2008 der Öffentlichkeit präsentiert wurde, beschäftigt sich mit Bewegung und Sport von Kindern bis zu zwölf Jahren.

17.3.18

Überreichung der letzten von 6000 von Krupp gestifteten Olympia-Fackeln an IOC-Präsident Juan Antonio Samaranch durch Berthold Beitz

Fotografie, 8. Mai 1981 | Papier | 18 x 24,2 cm | Historisches Archiv Krupp, Essen | WA 16 k 705

Wie sehr die Alfried Krupp von Bohlen und Halbach-Stiftung in der Tradition der Firma Krupp steht, ließ der Moment erkennen, als der IOC-Vizepräsident Berthold Beitz dem IOC-Präsidenten Juan Antonio Samaranch die letzte von 6000 gestifteten Olympia-Fackeln überreichte. Dies war exakt die Anzahl an Fackeln, die schon Gustav Krupp von Bohlen und Halbach für die Olympischen Spiele 1936 gestiftet hatte.

17.3.19

»Alfried Krupp von Bohlen und Halbach Achter-Preis« der Internationalen Hügelregatta Essen

gestiftet von der Alfried Krupp von Bohlen und Halbach-Stiftung, 2009 | Klapptafel, Edelstahl, Holz, Spiegelglas, Leder | 37 x 56 x 4 cm | Alfried Krupp von Bohlen und Halbach-Stiftung, Essen

Die Internationale Hügelregatta, zu der die Alfried Krupp von Bohlen und Halbach-Stiftung 1999 den Achter-Preis stiftete, setzt die Tradition der Krupp'schen Hügelregatten fort.

17.3.20

Siegermedaille von der 96. Hügelregatta 2011

Medaille, 2011 | Bronze, Textilband | Dm 7,5 cm, T 1 cm | Essener Ruder-Regattaverein e. V.

Im Jahr 2011 wurde bereits die 96. Hügelregatta veranstaltet, die mit wenigen Unterbrechungen im Zweiten Weltkrieg seit Anfang der 20. Jahrhunderts von Krupp veranstaltet und von der Alfried Krupp von Bohlen und Halbach-Stiftung fortgeführt wird.

17.3.21

Modell des Neubaus Museum Folkwang

Modellbau Römer GmbH, Essen, 2007 | Kunststoff, Stuckgips, Holz, Schaumstoff | 93 x 41 x 6,5 cm | Museum Folkwang, Essen

Die vielleicht spektakulärste Förderung der Alfried Krupp von Bohlen und Halbach-Stiftung war der Neubau des Museums Folkwang in Essen. 2006 gab Berthold Beitz bekannt, dass die Stiftung den Neubau als alleinige Stiftung mit 55 Millionen Euro ermöglichen wolle. Den anschließenden Architekturwettbewerb gewann der Engländer David Chipperfield.

17.3.22

Berthold Beitz mit dem britischen Architekten David Chipperfield im Neubau des Museums Folkwang in Essen

Fotografie von Frank Vinken, Februar 2010 | Privatbesitz Frank Vinken

Nach nur zwei Jahren Bauzeit konnte das neue Museum Folkwang Anfang 2010 mit der Ausstellung »Das schönste Museum der Welt« eröffnet werden. Entstanden war ein lichtdurchfluteter, großzügiger Museumsbau im Stil der klassischen Moderne, der von den Kritikern durchgängig gelobt wird und Hunderttausende von Besuchern der Kulturhauptstadt Essen im Jahr 2010 in seinen

17.3.22

Bann zog. Der Architekt David Chipperfield und der Stifter Berthold Beitz können zu Recht stolz auf ihr Werk sein.

17.3.23

»Förderband. Die Künstlerkataloge der Krupp-Stiftung«

hg. von Klaus Gallwitz und Bettina Schönfelder, Göttingen 2002 | Druck, Papier, Karton | 25,5 x 22 cm | Ruhr Museum, Essen

Ein weiterer Schwerpunkt der Krupp'schen Kunstförderung ist das Programm »Kataloge für junge Künstler«. Seit 1982 hat die Stiftung mehr als 100 Katalogförderpreise vergeben – als Auszeichnung und als Starthilfe am Beginn einer noch offenen Karriere.

17.3.24

Auswahl von Künstlerkatalogen der Förderpreisträger seit 1982

hg. von der Alfried Krupp von Bohlen und Halbach-Stiftung, Essen

a) Stephan Balkenhol, 1987
b) Felix Droese, 1983
c) Bogomir Ecker, 1987
d) Katharina Fritsch, 1989
e) Martin Kippenberger, 1986
f) Olaf Nicolai, 1994
g) Pipilotti Rist, 1998
h) Thomas Ruff, 1988
i) Thomas Schütte, 1986
j) Thomas Struth, 1987
k) Rosemarie Trockel, 1985
l) Wilhelm Sasnal, 2003
m) Tillmann Terbuyken, 2008

Druck, Papier, Karton | H 21–31 cm, B 14,5–27 cm | Alfried Krupp von Bohlen und Halbach-Stiftung, Essen

Die Liste der Förderpreisträger »Kataloge für junge Künstler« liest sich wie das »Who is Who« zumindest der deutschen zeitgenössischen Kunst. Darunter befinden sich Namen wie Stefan Balkenhol, Felix Droese, Bogomir Ecker, Katharina Fritsch, Martin Kippenberger, Olaf Nicolai, Pipilotti Rist, Thomas Ruff, Thomas Schütte, Thomas Struth und Rosemarie Trockel, um nur einige zu nennen.

17.3.25

»Zeitgenössische Deutsche Fotografie«

Ausstellungskatalog, hg. von der Alfried Krupp von Bohlen und Halbach-Stiftung, Essen, 2002 | Druck, Papier, Karton | 27,5 x 22,5 x 2 cm | Alfried Krupp von Bohlen und Halbach-Stiftung, Essen

Auch der zweite kulturelle Förderschwerpunkt, die Fotografie, hat bei Krupp Tradition. Mit den Photographischen Anstalten war die Firma an der Entwicklung des Mediums Fotografie maßgeblich beteiligt, und der Stiftungsgründer Alfried Krupp von Bohlen und Halbach war ein begeisterter und begabter Hobbyfotograf. Insofern erscheinen die mit der hervorragenden fotografischen Sammlung des Museums entwickelten Nachwuchsförderungsprogramme für zeitgenössische deutsche Fotografie und für die Ausbildung von Museumskuratoren als konsequente Folge.

17.3.26
Auswahl von Ausstellungskatalogen der »Stipendien für Zeitgenössische Deutsche Fotografie«
hg. von Ute Eskildsen, Museum Folkwang, Essen, 1982–2006

17.3.23

17.3.25

17.3.28

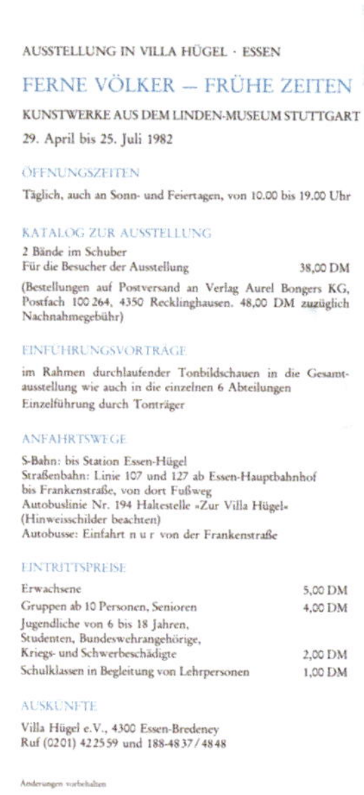

AUSSTELLUNG IN VILLA HÜGEL · ESSEN

FERNE VÖLKER – FRÜHE ZEITEN

KUNSTWERKE AUS DEM LINDEN-MUSEUM STUTTGART

29. April bis 25. Juli 1982

ÖFFNUNGSZEITEN

Täglich, auch an Sonn- und Feiertagen, von 10.00 bis 19.00 Uhr

KATALOG ZUR AUSSTELLUNG

2 Bände im Schuber
Für die Besucher der Ausstellung 38,00 DM

(Bestellungen auf Postversand an Verlag Aurel Bongers KG, Postfach 100 264, 4350 Recklinghausen. 48,00 DM zuzüglich Nachnahmegebühr)

EINFÜHRUNGSVORTRÄGE

im Rahmen durchlaufender Tonbildschauen in die Gesamtausstellung wie auch in die einzelnen 6 Abteilungen
Einzelführung durch Tonträger

ANFAHRTSWEGE

S-Bahn: bis Station Essen-Hügel
Straßenbahn: Linie 107 und 127 ab Essen-Hauptbahnhof bis Frankenstraße, von dort Fußweg
Autobuslinie Nr. 194 Haltestelle »Zur Villa Hügel« (Hinweisschilder beachten)
Autobusse: Einfahrt n u r von der Frankenstraße

EINTRITTSPREISE

Erwachsene	5,00 DM
Gruppen ab 10 Personen, Senioren	4,00 DM
Jugendliche von 6 bis 18 Jahren, Studenten, Bundeswehrangehörige, Kriegs- und Schwerbeschädigte	2,00 DM
Schulklassen in Begleitung von Lehrpersonen	1,00 DM

AUSKÜNFTE

Villa Hügel e.V., 4300 Essen-Bredeney
Ruf (0201) 422559 und 188-4837/4848

Änderungen vorbehalten

a) Michael Strauss u. a., 1982/83
b) Dörte Eißfeldt u. a., 1984/85
c) Erasmus Schröter u. a., 1986/87
d) Joachim Brohm u. a., 1988/89
e) Mischa Kuball u. a., 1990/92
f) Christine Erhard u. a., 1996
g) Christoper Muller u. a., 2004
h) Eva Bertram u.a., 2006
Druck, Papier, Karton | je ca. 28 x 21,5 x 1 cm | Alfried Krupp von Bohlen und Halbach-Stiftung, Essen
Seit 1982 vergibt die Alfried Krupp von Bohlen und Halbach-Stiftung in Zusammenarbeit mit der Fotografischen Sammlung im Museum Folkwang alle zwei Jahre zunächst drei, seit 1994 zwei Stipendien an Fotografinnen und Fotografen. Das Stipendium ist mit 10.000 Euro dotiert und wird für die Dauer eines Jahres vergeben. Unter den Preisträgern befinden sich zahlreiche inzwischen renommierte und bekannte Fotografen wie Anna und Bernhard Blume, Joachim Brohm, Andreas Gursky, Mischa Kuball oder Michael Schmidt.

17.3.27
Schreiben von Berthold von Bohlen und Halbach an den Essener Oberbürgermeister Toussaint zwecks Gründung einer Stiftung auf der Villa Hügel
3. September 1953 | Maschinenschrift, Papier | 30 x 21 cm | Historisches Archiv Krupp, Essen | WA 50/1
Im Rahmen der äußerst erfolgreichen Präsentation von Kunstwerken aus dem Museum Folkwang und dem Essener Domschatz auf der Villa Hügel, die mehr als 400.000 Besucher anzog, machte sich Berthold von Bohlen und Halbach, wahrscheinlich in Abstimmung mit seinem Bruder Alfried und seiner Mutter Bertha, im Schreiben an den Essener Oberbürgermeister Toussaint über eine weitere kulturelle Nutzung der Villa Hügel Gedanken. Die von ihm vorgeschlagene Stiftung entstand zwar nicht; stattdessen wurde aber im darauf folgenden Jahr der gemeinnützige Verein »Hügel e. V.« gegründet. Sein Satzungszweck beinhaltete, die Villa Hügel zu einem über die örtlichen Grenzen hinausgehenden Kulturzentrum des Ruhrgebiets zu gestalten.

17.3.28

Faltblätter von Ausstellungen in der Villa Hügel von 1953 bis 1984

Essen, 1953–1984 | Druck, Papier | je 21 x 10 cm | Historisches Archiv Krupp, Essen | WA 50/181

Der »Hügel e.V.« führte bis 1985 über 30 teilweise spektakuläre kunst- und kulturhistorische Ausstellungen durch, die von Millionen von Besuchern gesehen wurden und die Villa Hügel zu einem der bekanntesten Ausstellungshäuser in Deutschland gemacht haben. Sie widmeten sich der abendländischen Kunst und zeigten auch wiederholt den Kunstbesitz der Familie Krupp; vor allem aber präsentierten sie alte und außereuropäische Hochkulturen.

17.3.29

Plakate zu Ausstellungen der Kulturstiftung Ruhr in der Villa Hügel

Essen, 1986–2011

a) »Barock in Dresden«, 1986
b) »Prag um 1600«, 1988
c) »St. Petersburg um 1800«, 1990
d) »Metropole London«, 1992
e) »Paris – Belle Époque«, 1994
f) »Das alte China«, 1995
g) »Korea – die alten Königreiche«, 1997
h) »Brueghel – Breughel«, 1999
i) »Sinn und Sinnlichkeit. Das Flämische Stillleben 1550–1680«, 2002
j) »Stadt – Land – Fluss. Die Flämische Landschaft 1520–1700«, 2003
k) »Tibet – Klöster öffnen ihre Schatzkammern«, 2006
l) »Villa Hügel zeigt Folkwang«, 2008/2009
m) »Krupp. Fotografien aus zwei Jahrhunderten«, 2011

Druck, Papier | je ca. 85 x 60 cm bzw. 60 x 85 cm | Alfried Krupp von Bohlen und Halbach-Stiftung, Essen

Im Jahre 1984 gründete Berthold Beitz die Kulturstiftung Ruhr mit dem Satzungszweck, »dem kulturellen Leben im Ruhrgebiet neue Impulse zu geben und Maßstäbe und Ziele zu setzen«. Seit 1986 führt sie die Ausstellungstätigkeit aus Villa Hügel fort und hat bis heute ein Dutzend bedeutende kunst- und kulturhistorische Ausstellungen organisiert.

17.3.29

18. Die Krupp'schen Sammlungen – Natur, Kunst und Kultur

Gesammelt wurde bei Krupp immer – schon in der Zeit, als öffentliche Museen und Archive noch gar nicht existierten. Dabei richtete sich der Sammlungseifer unter Alfred Krupp vor allem auf die eigene Firma. So ließ das Direktorium 1873 zum 25-jährigen Jubiläum seiner Alleininhaberschaft 760 Arbeiter und 738 Angestellte fotografisch porträtieren und sich die so entstandenen Alben schenken. Es scheint, als habe man die Dokumentation der gesamten Belegschaft zum Ziel gehabt, was aber durch den drastischen Anstieg der Beschäftigungszahlen unmöglich wurde.

Auch die Produkte der Firma bekamen schnell den Status von Sammlungsobjekten. Auf dem Krupp-Gelände entstand schon seit 1871 ein kleines Produkt- und Firmenmuseum, das Anfang des 20. Jahrhunderts ausgeweitet wurde und im Rahmen der 100-Jahrfeier 1912 als umfangreiches »Artilleriemuseum« besichtigt werden konnte. Krupp unterstützte die Initiative Oskar von Millers zu einem Deutschen Museum für Natur und Technik. Neben der finanziellen Förderung gelangte eine Reihe von Krupp'schen Produkten nach München, ebenso wie in das junge Essener Museum mit dem Ziel des Aufbaus eines Industriemuseums.

Die eigentlichen Ursprünge der Krupp'schen Sammlungen liegen aber im Mäzenatentum und in der Förderung von Wissenschaftlern und Künstlern. Entsprechend seinen naturwissenschaftlichen Interessen begann insbesondere Friedrich Alfred Krupp schon früh auf dem Hügel mit dem Aufbau einer geologischen und mineralogischen, später auch paläontologischen und zoologischen Sammlung. Dabei kamen ihm seine hervorragenden Kontakte zu bedeutenden Naturwissenschaftlern zugute.

Ähnlich verhielt es sich mit der Kunst. Vor allem über seinen Schwager Felix von Ende baute er enge Kontakte zu Künstlern auf, deren Werke den Grundstein seiner eigenen Kunstsammlung bildeten. Dabei spielte die Ausstattung der Villa Hügel eine entscheidende Rolle.

Repräsentativen Charakter hatte die Bibliothek der Villa Hügel. Sie wurde bereits unter Alfred Krupp beim Einzug in das neue Wohnhaus begründet und unter Friedrich Alfred zu einer umfangreichen wissenschaftlichen Bibliothek ausgebaut. Die bereits 1889 mit üppiger Holzvertäfelung ausgestatteten Bibliotheksräume prägen noch heute den feudalen Charakter der Villa Hügel. Eher etwas skurril, aber auch typisch für den ständigen Wunsch nach Modernität bei Krupp mutet die von Alfried Krupp zusammengetragene Schallplattensammlung an, stellt die Schallplatte doch das modernste Unterhaltungsmedium der 1950er- und 1960er-Jahre dar.

Weder die naturkundliche noch die Kunstsammlung existieren noch als eigenständige Sammlungen, ebenso wenig wie die Hügel-Bibliothek und die Schallplattensammlung. Sie wurden spätestens nach dem Tod Alfried Krupps aufgelöst oder als ganze Sammlungen an bedeutende Museen und Hochschulen der Region verschenkt, wo sie den Grundstock zu neuen Sammlungen darstellten oder in umfassendere Bestände integriert wurden. Insofern sind sie heute wieder das, was sie ursprünglich waren: Bestandteile des Krupp'schen Mäzenatentums. HTG

18.1. Kunst

Alfred Krupp hatte kein tieferes Verständnis für die bildende Kunst, es sei denn, wenn sie – ähnlich wie die Fotografie – als Mittel der Werbung und der Repräsentation einzusetzen war. So begann er in den 1880er-Jahren damit, bedeutende ausländische Besucher nach Fotografien porträtieren zu lassen. Außerdem ließ er Porträts von Mitgliedern der kaiserlichen Familie anfertigen und stiftete sie teilweise für die Ausschmückung von Rathäusern in und um Essen. Gleichzeitig wurden bereits in den 1870er-Jahren Bildnisse von Verwandten, Freunden und engen Mitarbeitern gemalt. Auch Porträts von sich selbst und seiner Familie gab Alfred Krupp in Auftrag, unter anderem bei dem Berliner Porträtmaler Julius Grün. Die Gemälde dienten der spärlichen Ausschmückung der zahlreichen Räume der Villa Hügel. Dabei maß er dem künstlerischen Wert der Gemälde keine Bedeutung bei, sondern bestand auf größtmöglichem Naturalismus.

Sein Sohn Friedrich Alfred dagegen legte ausdrücklichen Wert auf künstlerische Qualität und vergab Aufträge an renommierte Künstler. So malte Franz von Lenbach ein Bildnis Kaiser Wilhelms II. für ihn. Sich selbst, seine Frau Margarethe und die Töchter Bertha und Barbara ließ er von Bruno Piglhein porträtieren, dem ersten Präsidenten der »Münchner Sezession«. Daneben begann Friedrich Alfred selbst Kunst zu sammeln. Er bevorzugte in der Regel historische Themen und gemäßigte impressionistische Kunst. In den 1890er-Jahren besuchte er regelmäßig die »Große Berliner Kunstausstellung« und erwarb hier wie auch auf Ausstellungen der Münchner und Berliner Sezession zahlreiche Bilder. 1901 erschien ein gedruckter Katalog, der bereits 330 Gemälde aufführt, darunter Werke moderner und avantgardistischer Künstler wie Arnold Böcklin, Walter Leistikow, Max Liebermann, Carl Spitzweg und Hans Thoma.

Auch Bertha und Gustav Krupp von Bohlen und Halbach erwarben bedeutende Einzelwerke; dabei lag ihre Präferenz bei den alten Meistern. So gelangten Werke von Botticelli, Lucas Cranach d. Ä. und d. J., van Dyck, Frans Hals, Hans Holbein, Rembrandt, Jacob und Salomon van Ruisdael sowie Philipp Wouvermann in die Sammlung. Im Zuge der großen Umbaumaßnahmen der Villa entstand 1914/16 im Verbindungsbau zwischen dem Kleinen und dem Großen Haus eine Bildergalerie. Ein Sammlungskatalog unterschied zwischen den Abteilungen für Gemälde alter und moderner Meister. Darüber hinaus kaufte das Ehepaar Serien bedeutender flämischer Wandteppiche. Sie befinden sich noch heute in der Villa Hügel und stellen die bedeutendste Sammlung dieser Gattung in deutschem Privatbesitz dar.

Zahlreiche Kunstwerke gingen während der alliierten Besatzungszeit verloren. Die Gemäldesammlung wurde von der Familie von Bohlen und Halbach in den folgenden Jahrzehnten fortgeführt und 1953 sowie 1965 in zwei großen und viel besuchten Ausstellungen der Öffentlichkeit präsentiert. Im Jahr 1980 löste die Familie die Gemäldesammlung auf, wobei die einzelnen Familienmitglieder den größten Teil der Kunstwerke übernahmen. HTG

18.1.1

18.1.1
»Madonna mit dem Christuskind«
Gemälde von Joos van Cleve (um 1485 – um 1540), um 1515 | Öl auf Eichenholz | 52 x 36,5 cm | Weserrenaissance-Museum Schloss Brake (Privatbesitz)
Das kleine, kostbare Gemälde stand, wie eine Fotografie von 1916 zeigt, auf einer Staffelei hinter dem Toilettentisch im Ankleidezimmer von Bertha Krupp von Bohlen und Halbach. Die tägliche Begegnung mit dem Bild lässt eine persönliche Beziehung erkennen und entspricht der Überlieferung, dass Bertha sich beim Ankauf von Gemälden für die Sammlung viel Zeit nahm und jedes einzelne Stück erst lange auf sich wirken ließ. Im Katalog von 1901 ist es noch nicht aufgeführt.

Joos van Kleve unterhielt zwischen 1511 und 1530 die führende Malwerkstatt in Antwerpen. Die Madonna stammt aus seiner frühen Schaffenszeit und lässt noch keine italienischen Einflüsse erkennen, die sein Spätwerk auszeichnen. Maria sitzt, das Kind an ihrer Brust nährend, vor einem Fenster; vor ihr auf einer Steinbrüstung sind als Symbole ihrer Reinheit eine Vase mit weißen Lilien, eine angeschnittene Zitrone sowie zwei Kirschen zu sehen. Letztere gelten auch als Hinweis auf das Blut und die Passion Christi, ebenso wie die Nelke in Marias Hand, die als »Nagel« interpretiert wurde.
Reinhild Stephan-Maaser

18.1.2
»Musizierende Gesellschaft«
Gemälde von Pieter de Hooch (1629–1684), um 1670/80 | Öl auf Holz | 59 x 52 cm | Privatbesitz
Von dem holländischen Maler Pieter de Hooch sind etwa 180 Gemälde bekannt. Ein Sechstel seiner Werke, zumeist aus seiner frühen Delfter Zeit, weist eine meisterhafte Qualität auf. Nach 1665, mit dem allgemeinen Niedergang der niederländischen Malerei des »Goldenen Zeitalters«, verlieren seine Werke an Brillanz.

Das Bild stammt vermutlich aus seiner späteren Amsterdamer Periode. Es zeigt vor offenem Fenster, um einen Holztisch versammelt, eine Laute spielende Frau, einen Zupfgeigenspieler und einen singenden Mann mit abgelegter Flöte. Die Szene ist zweideutig wie der vergängliche Charakter der Musik überhaupt, in der man gemäß der moralisierenden Denkweise des 17. Jahrhunderts Genuss und Gefahr zugleich sah. Offenbar handelt es sich um eine Bordellszene. Dies wird nicht nur an einem weiteren Besucher deutlich, den eine ältere Frau im Hintergrund ins Zimmer führt;

18.1.3

18.1.4

auch das Stillleben mit der aufgeschnittenen Zitrone verweist auf den bitteren Geschmack, den die Sinnenlust mit sich bringt. *Reinhild Stephan-Maaser*

18.1.3

»Die Goldwägerin«

Gemälde von Gabriel Metsu (1629–1667), um 1660 | Öl auf Holz | 22 x 18,5 cm | Weserrenaissance-Museum Schloss Brake (Privatbesitz)

Gabriel Metsu stammte aus Leiden und ist seit 1657 in Amsterdam nachweisbar. Seine Malerei zeigt Einflüsse von Rembrandt und Frans Hals. Aus den 1660er-Jahren stammen seine Meisterwerke – Genreszenen mit wenigen Figuren in kräftigen Farben. Auch in dem Bild der Krupp-Sammlung ist alles auf das Wesentliche beschränkt: Eine Frau mittleren Alters sitzt an einem Tischchen, auf dem Silber- und Kupfermünzen sowie ein Säckchen liegen, und hält konzentriert eine grazile Geldwaage in der Schwebe.

Das Thema des Geld- oder Goldwägens hatte in der niederländischen Malerei eine lange Tradition. Im 16. und frühen 17. Jahrhundert personifizierten vor allem alte Männer inmitten aufgehäufter Münzen und Papiere das Laster der Avaritia, des Geizes und der Habsucht. Metsu stellte – noch vor Pieter de Hooch und Jan Vermeer – als erster Maler eine Frau als Geldwägerin dar. Die leere Waage erinnert hier eher an das Attribut der Justitia, der Gerechtigkeit, und erhält somit eine positive, mahnende Bedeutung. *Reinhild Stephan-Maaser*

18.1.4

»Nanna, mit der Rechten am Kinn«

Gemälde von Anselm Feuerbach (1829–1880), 1861 | Öl auf Leinwand | 74 x 61,5 cm | Museum Bad Arolsen (Privatbesitz)

Das Halbfigurenporträt zeigt das Maler-Modell Anselm Feuerbachs en face, auf einem Stuhl vor rötlichem, unbestimmtem Hintergrund sitzend. »Nanna« ist bekleidet mit einem grünen Kleid und weißem Untergewand; sie hat den nachdenklichen Blick gesenkt und schaut nach rechts aus dem Bild heraus. Ihre rechte Hand ist erhoben und leicht stützend unter das Kinn gelegt.

Entstanden während der römischen Jahre Feuerbachs (1856–1877), steht das Gemälde exemplarisch für die Auseinandersetzung des Malers mit der Darstellung des menschlichen Erscheinungsbildes und seiner Suche nach dem klassischen antiken Ideal. Nanna, seine Geliebte für viele Jahre, scheint diesem Bild bereits von ihren körperlichen Anlagen her entsprochen zu haben. Bei Krupp wurde das Bild »Die Römerin« genannt. *Sandra Ullrichskötter*

18.1.5

»Der Karren«

Gemälde von Max Liebermann (1847–1935), um 1890/1900 | Öl auf Papier, auf Holz aufgezogen | 34 x 49,5 cm | Museum Bad Arolsen (Privatbesitz)

Max Liebermann, einer der bedeutendsten deutschen Impressionisten, wandte sich als Professor der Königlichen Akademie (1898) und Mitbegründer der »Berliner Secession« (1898) gegen die Kunstpolitik der Kaiserzeit. Künstlerische Vorbilder fand er in der niederländischen Genre- und der Freiluftmalerei des französischen Impressionismus. Die Darstellung einfacher Arbeit oder entleerter Landschaften, befreit von allem historistischen Ballast, handelte ihm den Titel »Schmutzmaler« ein. Einzelne Karren in den Dünen malte Liebermann häufiger in den 1880er-Jahren.

Von 1920 bis 1933 leitete er die Königliche Akademie der Künste in Berlin. Zu seinem 80. Geburtstag veranstaltete die Akademie 1927 eine Liebermann-Ausstellung, die Gustav Krupp von Bohlen und Halbach mit einer großzügigen Spende unterstützte. Mit dem Dankschreiben erhielt Krupp einen Katalog und eine Dauerkarte. Schon Friedrich Alfred Krupp kaufte mindestens zwei Bilder des jüdischen Malers, der nach der »Machtübernahme« mit einem Berufs- und Arbeitsverbot belegt wurde. *Reinhild Stephan-Maaser*

18.1.6

»Dame mit Hund«

Gemälde von Felix von Ende (1856–1929), München, um 1890/1900 | Öl auf Leinwand | 138 x 99 cm | Privatbesitz

Der Genre- und Landschaftsmaler Felix von Ende war ein jüngerer Bruder Margarethe Krupps. Er studierte an den Kunstakademien Düsseldorf und München und nahm an einigen großen Ausstellungen in Berlin und München teil.

18.1.5

18.1.6

Für die Krupps vermittelte Felix von Ende verschiedene Kunstankäufe. Zudem beriet er sie bei der künstlerischen Ausstattung der Villa Hügel und malte selbst bis 1893 den Speisesaal mit einem monumentalen Gemäldefries aus, der Küchenstillleben vor Landschaftshintergründen zeigte.

Das Gemälde »Dame mit Hund« zeigt eine in ein rosa Spitzenkleid gehüllte Frau auf einer im Dämmerlicht liegenden Terrasse mit Blick auf eine Flusslandschaft. Darin eine freie Interpretation des Ruhrtals und in dem Balkon einen Teil der Villa Hügel, in der Dargestellten zudem die junge Margarethe Krupp sehen zu wollen, ist zwar verlockend, wohl aber kaum zu verifizieren.
Reinhild Stephan-Maaser

18.1.7

Quittung für einen Ankauf aus der Großen Berliner Kunstausstellung

Berlin, Juni 1893 | Vordruck mit handschriftlichen Einträgen, Papier | Historisches Archiv Krupp, Essen | FAH 3 C 3.139

Beraten von seinem Schwager Felix von Ende sowie dessen Freund, dem Bildhauer Otto Lang, besuchte Friedrich Alfred Krupp in den 1890er-Jahren regelmäßig die Große Berliner Kunstausstellung und kaufte hier zahlreiche Kunstwerke. Die Quittung belegt den Kauf der Katalognummer 657 auf der Berliner Kunstausstellung 1893, ein Ölgemälde des Münchner Malers Hubert von Heyden (1860–1911), zum Preis von 2000 Mark und eine geleistete Anzahlung von 700 Mark.

18.1.8

»Verzeichniss der Gemälde auf dem Hügel«

1901 | Druck, Papier, Karton, Ledereinband | 17 x 13,5 cm | Historisches Archiv Krupp, Essen | S 1 K 14.5

Durch den Ankauf von Gemälden befreundeter Künstler wie Felix von Ende oder Bruno Piglhein, vor allem aber auf Auktionen wie der Großen Berliner Kunstausstellung oder der Münchner und der Berliner Sezession wurde unter Friedrich Alfred und Margarethe Krupp der Grundstock der Kunstsammlung gelegt. Um 1900 wurde erstmals eine Kartei der vorhandenen Gemälde angelegt. Danach entstand 1901 ein gedruckter Katalog, der bereits 330 Gemälde aufführt.

18.2. Naturkunde

Den Grundstock der naturkundlichen Sammlung von Friedrich Alfred Krupp bildeten mehr als 100.000 Fossilien und Mineralien, die Gebhard Nusser, der Leiter des Krupp'schen Rechnungs-Revisionsbüros, zusammengetragen hatte. Krupp hatte die Sammlung nach dem Tod Nussers 1877 von dessen Witwe übernommen. Das überreiche Material stammte von nur wenigen Fundstellen und war für ein Selbststudium des naturwissenschaftlich interessierten Friedrich Alfred Krupp nicht wirklich geeignet. 1884 beauftragte Krupp den damals noch jungen Studenten und späteren Leiter des Königlichen Naturalienkabinetts Stuttgart, Eberhard Fraas, mit der Sichtung und Ordnung der Bestände. Wertlose Stücke wurden ausgesondert und Dublettenmaterial im Tausch gegen andere geologische Stücke an die Bonner Naturalienhandlung B. Stürtz abgegeben. Ziel war es, in einer Lehrsammlung die erdgeschichtlichen Formationen und deren Leitfossilien übersichtlich darzustellen.

Krupp selbst – und hier mag auch das Firmeninteresse eine Rolle gespielt haben – arbeitete mit am Aufbau der mineralogischen Sammlung, die er nach den kristallographisch-chemischen Charakteristika der Mineralien ordnete. Im westlichen Pavillon am Terrassengarten der Villa Hügel entstand ein modernes Privatmuseum mit einer Schau- und Lehrsammlung in Pultvitrinen und einer in verschlossenen Schränken untergebrachten Material- und Dublettensammlung. Krupps Interesse an Fossilien und deren Bezug zur lebenden Tier- und Pflanzenwelt spiegelt sich in seinem Wunsch, zusätzlich eine paläontologische Sammlung anzulegen; für deren Unterbringung und Präsentation wurde der östliche Pavillon hergerichtet. Gleichzeitig untersuchte Krupp die Lebenswelt der Wassertiere mit der Erforschung der Teiche im Gelände um die Villa Hügel. Von Otto Zacharias, dem Gründer der »Biologischen Station für Süßwasserforschung« in Plön, erlernte er die Herstellung mikroskopischer Präparate von Kleintieren, und bei Victor Hensen, der mehrere Forschungsexpeditionen im Atlantik leitete, fand er Unterstützung bei deren Bestimmung.

In seinen letzten Lebensjahren wurde die Beschäftigung mit der marinen Fauna für Friedrich Alfred Krupp zum wesentlichen Lebensinhalt und er begann mit dem Aufbau einer zoologischen Sammlung. Er arbeitete eng mit der Zoologischen Station Neapel unter der Leitung von Anton Dohrn zusammen, stellte 1901 und 1902 für Forschungskampagnen gut ausgestattete Schiffe zur Verfügung und war an beiden Kampagnen aktiv beteiligt. Mehrere neu gefundene Arten wurden nach ihm benannt.

Im Zweiten Weltkrieg wurden die Essener Pavillons mit den Sammlungen durch Brandbomben schwer beschädigt. 1947 kamen die verbliebenen Reste – immerhin noch mehrere tausend Stücke – in die Obhut des Essener Ruhrlandmuseums und wurden in dessen Sammlungen integriert. Spektakuläre Mineralien, Fossilien und Gesteine, die Fraas 1912 in einem Führer durch die Krupp'schen Sammlungen auf dem Hügel beschreibt, sind noch erhalten, ebenso wie hunderte mikroskopischer Präparate der Forschungen Friedrich Alfred Krupps auf Capri. US

18.2.1

18.2.2 a

18.2.2 c

18.2.2 d

18.2.2 e

18.2.1
Gediegenes Eisen als Einschluss in Basalt

Hessen, Bühl bei Kassel | 9 x 6 x 6 cm | Ruhr Museum, Essen | RE 549.261.000 A 0010

Geowissenschaftliche Forschung trägt wesentlich dazu bei, die Entstehungsgeschichte des Planeten Erde zu erhellen und ermöglicht erst, heutiges Geschehen in der Natur zu verstehen. Sammlungen zu Mineralien, Fossilien und Gesteinen dokumentieren den Erkenntnisstand und erlauben gleichzeitig wissenschaftliche Nachuntersuchungen. Mehr als 100.000 Mineralien und Fossilien bildeten den Grundstock der naturkundlichen Sammlung Krupp.

Zu den großen mineralogischen Besonderheiten gehören Funde metallischen (gediegenen) Eisens. Weltweit sind mit dem Bühl bei Kassel sowie der der grönlandischen Westküste vorgelagerten Insel Disko nur zwei größere Vorkommen bekannt. Ob diese Eisenvorkommen das besondere Interesse Krupps gefunden haben, kann nur vermutet werden. Auffällig ist jedoch, dass sich in der Sammlung sogar zehn Stücke befinden. Das ausgestellte Beispiel wurde für das kleine Vermögen von 145 Goldmark bei der heute noch bekannten Mineralienhandlung Krantz erworben. *Udo Scheer*

18.2.2
Beispiele aus der mineralsystematischen Sammlung

a) Gediegenes Kupfer mit dünnem Überzug aus Kupferverwitterungsmineralen
Australien | 9 x 3 x 2 cm
b) Wavellit-Kristallrosetten auf Grundgestein
Tschechien, Böhmen, Černovice (Cernowitz) | 7 x 3 x 2 cm
c) Coelestin-Kristall (Strontiumsulfat)
USA, Ohio, Bass-Insel im Erie-See, Put-in-Bay | 14,5 x 11,5 x 3,5 cm
d) Feldspatmineral Adular
Österreich, Salzburg, Rauris-Tal | 18 x 13 x 7 cm
e) Gebogener Calcit-Stalagtit mit Überzug aus feinen Calcit-Kristallen (Kalkspat)
Nordrhein-Westfalen, Sauerland, Iserlohn | 3,5 x 3,5 x 18 cm

Ruhr Museum, Essen | RE 549.281.000 A 0012, RE 549.755.333 A 0009, RE 549.761.330 A 0016/2, RE 549.651.110 A 0057/3, RE 549.742.111 A 0077/05

Die umfangreiche Krupp'sche Mineraliensammlung wurde in zahlreichen Pultvitrinen mit Schubladen zur Aufbewahrung der Dubletten auf dem Hügel präsentiert. Als Grundlage der systematischen Übersicht gemäß der chemischen Zusammensetzung diente das damals moderne Werk »Tabellarische Übersicht der Mineralien nach ihren kristallographisch-chemischen Beziehungen geordnet von P. Groth« (4. Auflage, 1898). *Udo Scheer*

18.2.3
Feinverteiltes gediegenes Gold in Kaolin

Chile, Guanaco, Mina St. Lorenzo | 4 x 4 x 3 cm | Ruhr Museum, Essen | RE 549.283.000 A 0002

In der etwa um 1903/04 von Eberhardt Fraas verfassten Beschreibung der Krupp'schen Naturaliensammlung wird Gold und Diamanten, allerdings ohne Nennung von Einzelstücken, relativ breiter Raum eingeräumt. Dennoch befinden sich in der Sammlung nur sieben unscheinbare Mineralstufen, in denen gediegenes Gold enthalten ist, und kein einziger Diamant. Hier liegt der Verdacht nahe, dass die Sammlung 1945/46 durch vandalisierende alliierte Soldaten um offensichtliche »Schätze« erleichtert wurde. *Udo Scheer*

18.2.4

Schätze aus dem Erwerb der Sayner Hütte

a) Manganreicher Limonit (Brauneisenerz) als »Schwarzer Glaskopf« mit Manganerzkristallen Psilomelan
Rheinland-Pfalz, Westerwald, Horhausen, Grube Louise | 19,5 x 12,5 x 8,5 cm

b) Chalkopyrit (Kupferkies) mit Dolomit (Bitterspat) auf Siderit (Eisenspat)
Nordrhein-Westfalen, Siegerland, Siegen-Gosenbach | 13 x 9 x 3 cm

c) Bournonit (Rädelerz)
Rheinland-Pfalz, Westerwald, Horhausen, Grube Georg | 11 x 6,5 x 5 cm

Ruhr Museum, Essen | RE 553.314.000 A 0025, RE 549.351.120 A 0019, RE 549.354.420 A 0015

Mit dem Erwerb der Sayner Hütte 1865 und den Erzgruben in Horhausen im »Sieg-Wied-Spateisenerzbezirk«, der das eigentliche Siegerland sowie die Westerwälder Erzgruben umfasst, dehnte Krupp seine Basis zum Bezug von Eisenerzen aus eigenen Gruben aus. Das manganhaltige, aber nahezu phosphorfreie Eisenerz erwies sich später als idealer Rohstoff zur Erzeugung von Bessemerstahl. Prachtvolle Erzbildungen wurden aus dem Bestand der Sayner Hütte übernommen oder gezielt für die Krupp'sche Sammlung zusammengetragen. Besonders schöne Stücke sind zusätzlich in der Dauerausstellung des Ruhr Museums ausgestellt.
Udo Scheer

18.2.4 a

18.2.4 b

18.2.4 c

18.2.5

Quarz (Bergkristall) als »Japaner-Zwilling«

Japan | 8 x 6 x 1,5 cm | Ruhr Museum, Essen | RE 549.514.510 A 0204

Quarze sind als Bergkristalle, Rauchquarze, Amethyste und andere Varietäten mit mehr als 120 Stücken reichlich in der Krupp-Sammlung vertreten. Auf den ersten Blick unscheinbar, ist dieser tafelig wirkende Zwillingskristall in der Wuchsform eines »Japaner-Zwillings« ein herausragendes Stück und Zierde jeder mineralogischen Sammlung.
Udo Scheer

18.2.5

18.2.6

18.2.6

Stilbit-Kristalle auf Grundgestein

Fundort unbekannt | 14 x 14 x 6 cm | Ruhr Museum, Essen | RE 549.676.110 A 0009

Nach dem Zweiten Weltkrieg wurde die durch alliierte Soldaten verwüstete Krupp'sche Naturaliensammlung durch Personal des damaligen Ruhrlandmuseums geborgen und neu sortiert. Dabei mussten z. B. die aus herausgerissenen Schubladen auf dem Fußboden verstreuten Objekte wiedergefundenen Sammlungsetiketten zugeordnet werden. Häufig blieben aber wahrscheinlich Etiketten wie bei dieser Stilbit-Stufe verschollen, so dass der Fundort nicht mehr ermittelt werden konnte. *Udo Scheer*

18.2.7 a

18.2.7 b

18.2.7

Fundortangaben in alten Sammlungen

a) Baryt (Schwerspat)
Slovakei, Hohe Tatra, Gerlachovský Štít | *6,5 x 6 x 4 cm*
b) Disthen
Italien, Südtirol, Pfitschtal | *6 x 4 x 4,5 cm*
Ruhr Museum, Essen | *RE 549.761.340 A 0040, RE 549.613.300 A 0012*

Fundortangaben in alten Sammlungen sind auch ein Spiegel veränderter politischer Verhältnisse und sich ändernder staatlicher Grenzen. Mit der Originalortsangabe »Ungarn, Gerlach« erhalten wir Einblick in den Umfang des ungarischen Landesteiles der vergangenen k.u.k.-Monarchie. Unter dem Namen Gerlach verbirgt sich der höchste Berg

18.2.8

18.2.9

der slovakischen Hohen Tatra im ehemaligen Oberungarn. Dagegen gehörte Südtirol mit dem Pfitschtal bis zum Frieden von St. Germain (1919) zu Österreich. *Udo Scheer*

18.2.8

Krokoit (Rotbleierz)

Australien, Tasmanien, Dundas | *12 x 7 x 5,5 cm* | *Ruhr Museum, Essen* | *RE 549.761.410 A 0007*

Heute mit Stufen unterschiedlichster Qualität in wohl den meisten privaten Mineraliensammlungen vertreten, waren die farbenprächtigen Krokoite aus der ersten Fundphase in Tasmanien am Ende des 19. Jahrhunderts besondere Raritäten, deren Qualität noch nicht an die seit etwa zwanzig Jahren im Handel erhältlichen Stücke heranreicht. Leider lässt sich nicht mehr ermitteln, welcher Kaufpreis für diese damalige Kostbarkeit aufgewendet werden musste.
Udo Scheer

18.2.10 a

18.2.10 b

18.2.10 c

18.2.9

Blei-/Molybdänerz Wulfenit (Gelbbleierz)

USA, Arizona, Tombstone District | *6 x 4,5 x 5 cm* | *Ruhr Museum, Essen* | *RE 549.761.520 A 0013*

Neben dem Haupterz Molybdänit war das Bleierz Wulfenit Hauptquelle zur Gewinnung des zur Erzeugung von Spezialstählen wichtigen Metalls Molybdän. Mit insgesamt elf Stufen – davon sechs von der klassischen Fundstelle am Bleiberg in Kärnten (Österreich) sowie fünf von verschiedenen Fundstellen in Arizona – ist das Gelbbleierz in der Krupp-Sammlung deutlich überrepräsentiert. Ob dies auf die besondere Farbigkeit oder auf das Interesse an dem

18.2.10 d

18.2.10 e

18.2.10 f

Stahlveredler Molybdän zurückzuführen ist, muss offen bleiben. *Udo Scheer*

18.2.10

Beispiele aus der stratigraphischen Sammlung

a) Trilobit (Dreilappkrebs) *Paradoxides bohemicus* *Tschechien, Böhmen, Jince | Mittleres Kambrium | 9 x 5 x 2 cm*

b) Seeskorpion *Eurypterus lacustris* *USA, New York, Buffalo | Silur | 21 x 17 x 4 cm*

18.2.11 a

18.2.11 b

c) Tintenbeutel und Tentakelhäkchen eines Sepia-artigen Tintenfisches *England, Dorsetshire, Lyme Regis | Unterer Jura (Lias), Sinemurium | 30 x 11 x 2,5 cm*

d) Ammonit *Sonninia propinquans* mit erhaltener Schale *England, Sommersetshire, Dundry | Mittlerer Jura (Dogger), Bajocium | Dm 13,5 cm, H 3,5 cm*

e) Flossenknochen des langhalsigen Schwimmsauriers *Peloneustes aequalis* *England, Huntingdon County, Falton | Oberer Jura (Malm), Oxfordium | 43 x 19 x 9 cm*

f) Nadelbaumzapfen *Geinitzia formosa* in Sandstein *Sachsen-Anhalt, Harz, Heidelberg bei Blankenburg | Obere Kreide, Santonium | 8 x 10 x 3 cm*

Ruhr Museum, Essen | RE 551.732.300 A 0026, RE 551.733.300 A 0110, RE 551.762.110 A 0066, RE 551.762.210 A 0044, RE 551.762.310 A 0149/02, RE 551.763.333 A 2851/2

Eine Vielzahl verschiedenster Lebewesen aus vergangenen Erdzeitaltern wurde auf dem Hügel in zahlreichen Pultvitrinen nach der so genannten Formationslehre, also entsprechend ihrem geologischen Alter, präsentiert. Einzeln oder als kleine Konvolute wurden die Stücke gezielt von Privatsammlern oder renommierten Händlern wie Krantz (Berlin, später Bonn), Stuertz (Bonn) oder Limnaea (Berlin) angekauft. Auffällig ist, dass in der Gesamtsammlung keinerlei Stücke aus dem Eiszeitalter, der jüngsten erdgeschichtlichen Periode sowie zur Entwicklungsgeschichte des Menschen enthalten sind. *Udo Scheer*

18.2.11

Fossilien

a) Schraubenförmige Moostierchenkolonie *Archimedes wortheni* *USA, Illinois, Warsaw | Unteres Karbon | 36,5 x 11,5 x 4,5 cm*

b) Stark zerquetschter Seeigel *Melonechinus multiporus* *USA, Illinois, Warsaw | Unteres Karbon | 11,5 x 12,5 x 3,5 cm*

Ruhr Museum, Essen | RE 551.735.100 A 0428, RE 551.735.100 A 0442

Fossilreiche Schichten aus dem unteren Karbon der Bundesstaaten Illinois und Indiana waren und sind in Fachkreisen weltbekannt für ihre artenreiche Fauna von Stachelhäutern. Neben den zahlreichen Seelilien und den verwandten Blastoideen kommen als Raritäten auch Seeigel vor. Besonders bemerkenswert sind die in jedem entsprechenden Lehrbuch gezeigten großen Kolonien der an eine Archimedische Schraube erinnernden Moostierchenkolonien. Daher ist es nicht verwunderlich, wenn zwar zumeist kleine, aber doch charakteristische Fossilien dieser Fundschichten ihren Weg in die Krupp'sche Sammlung fanden. Gefasst in einem Holzrahmen, mit Gips zu einem Rechteck ergänzt und farblich angepasst, ist *Archimedes* eines der wenigen Objekte, an dem sich noch die ursprüngliche Art der Präsentation

18.2.12

18.2.13 a

18.2.14 a

erkennen lässt. Mittlerweile entfernte Gipsreste an dem Seeigel wecken die Vermutung, dass auch dieses Stück ursprünglich in einem Rahmen gefasst war. *Udo Scheer*

18.2.12
Roter Sandstein mit Trockenrissen und Fährtenabdrücken Ichniotherium sphaerodactylum

Thüringen, Thüringer Wald, Tambach-Dietharz | Unteres Perm (Rotliegendes) | 67 x 37 x 10 cm | Ruhr Museum, Essen | RE 551.736.100 A 0072

Für den stolzen Preis von 498 Goldmark erwarb Friedrich Alfred Krupp die Fährtenplatte No. 557 vom Erstbearbeiter S. Pabst der mittlerweile weltberühmten Tambacher Fährtenplatten, wie aus einem leider undatierten Brief von S. Pabst zu ersehen ist. Die erste Veröffentlichung über diese Fährten erschien 1895 in der renommierten Zeitschrift der Deutschen geologischen Gesellschaft, noch unter dem zwischenzeitlich revidierten Namen *Ichnium spaerodactylum*. *Udo Scheer*

18.2.13 b

18.2.13
Sammlungszuwachs aus Schlesien

a) Skelettfragment des Fischsauriers *Cymatosaurus sp.*
Polen, Gorny Slask (Oberschlesien), Sacrau bei Gogolin | Mittlere Trias (Muschelkalk) | 43 x 30 x 10 cm

b) Feldspatminerale Albit auf Orthoklas als «Karlsbader Zwilling«
Polen, Dolny Slask (Niederschlesien), Strzegom (ehem. Striegau) | 7 x 6 x 5,5 cm

Ruhr Museum, Essen | RE 551.761.200 A 0163, RE 549.651.210 A 0027/2

Zu einem leider unbekannten Zeitpunkt gelangte eine sehr bemerkenswerte Sammlung schlesischer Fossilien und Mineralien in den Krupp'schen Bestand. Die Fossilien entstammen zumeist dem Muschelkalk der Umgebung von Gogolin und der Oberkreide von Opole (ehem. Oppeln), die Mineralstufen den klassischen Steinbrüchen von Strzegom (ehem. Striegau). *Udo Scheer*

18.2.14 b

18.2.14
Die Sammlung Nusser

a) Brustpanzerknochen eines hochentwickelten Amphibiums (Capitosaurier?)
Baden-Württemberg, Stuttgart | Obere Trias (Keuper) | 20 x 12 x 2,5 cm

b) Zweig eines Farnlaubigen Gewächses *»Pecopteris« stuttgartiensis*
Baden-Württemberg, Stuttgart | Obere Trias (Keuper) | 7 x 20 x 3 cm

c) Laubblatt des Malvengewächses *Byttneriophyllum tiliaefolium*
Baden-Württemberg, Öhningen | Neogen (Jungtertiär), Oberes Miozän | 11,5 x 11 x 1,5 cm

d) Zähne des Nashorn-Verwandten *»Rhinoceros« incisivus*
Baden-Württemberg, Engelswies | Neogen (Jungtertiär), Oberes Miozän | 22 x 8,5 x 4,5 cm

Ruhr Museum, Essen | RE 551.761.300 A 0103/1, RE 551.761.300 A 0111, RE 551.782.130 A 0070, RE 551.782.130 A 0276

Grundstock der Sammlung Krupp bildeten die von dem aus Sigmaringen stammenden Finanzrat Nusser akribisch zusammengetragenen Privatbestände,

18.2.14 c

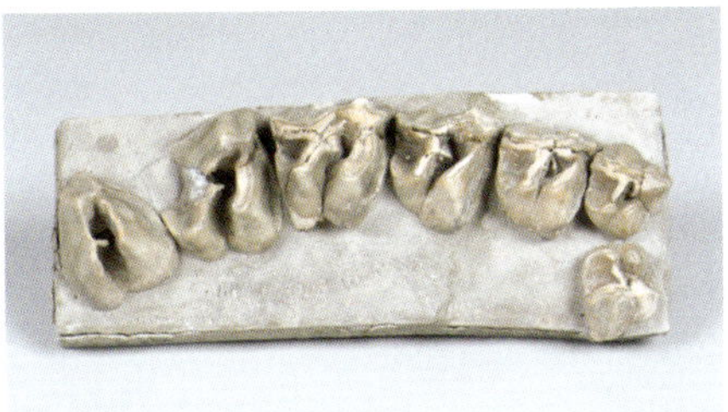

18.2.14 d

deren Umfang mit über 100.000 Stücken angegeben wird. Schwerpunkte sind Fossilien aus Trias, Jura und Tertiär seiner württembergischen Heimat sowie aus dem Devon der Eifel. Nach Beginn seiner Tätigkeit für die Firma Krupp verlagerte sich der Sammelschwerpunkt auf Fossilien aus der Oberkreide des so genannten Essener Grünsandes, der in der zweiten Hälfte des 19. Jahrhunderts immer wieder durch zahlreiche Baumaßnahmen erschlossen wurde. Nach dem Tod des Finanzrats Nusser wurde die Sammlung von Friedrich Alfred Krupp übernommen. Da besonders die Bestände aus dem Essener Grünsand riesig waren, wurden zahlreiche Dubletten an die Preußische Geologische Landesanstalt in Berlin abgegeben. Weitere Stücke bildeten wahrscheinlich die regionalgeologische Basis des 1904 gegründeten Museums der Stadt Essen, des heutigen Ruhr Museums.
Udo Scheer

18.2.15

18.2.15

Panzer der Krabbe Lobocarcinus paulinowuerttembergicus

Ägypten, Mokattam-Gebirge | Paläogen (Alttertiär), Mittleres Eozän | 10,5 x 7 x 4 cm | Ruhr Museum, Essen | RE 551.781.420 A 0039/5

In den Jahren 1884 bis 1902, dem Todesjahr von Friedrich Alfred Krupp, wurde dessen naturkundliche Sammlung durch den bekannten Stuttgarter Paläontologen Eberhard Fraas (1862–1915) betreut. Seit 1891 erfolgte diese Tätigkeit parallel zu seiner Anstellung als Assistent und (seit 1894) als Konservator am Königlichen Naturalienkabinett in Stuttgart, dem heutigen Staatlichen Museum für Naturkunde. Forschungsreisen führten Fraas nach Ägypten (1897) und Nordamerika (1901).

Objekte aus diesen Forschungsreisen, wie die ausgestellte Krabbe, fanden auch ihren Weg in die Krupp'sche Sammlung. Ob diese Forschungsreisen von Krupp finanziell unterstützt wurden, ist leider nicht bekannt. *Udo Scheer*

18.2.16

Erzsorte »Rubio« aus Limonit (Brauneisenerz) mit Hämatit (Roteisenerz)

Spanien, Baskenland, Mina Concha bei Bilbao | 13 x 12 x 8 cm | Ruhr Museum, Essen | RE 553.315.000 A 0043/4

Mit der innovativen Einführung des Bessemer-Verfahrens zur Erzeugung von Stahl aus Roheisen im Jahre 1869 waren

18.2.16

die Krupp-Werke auf den umfangreichen Bezug phosphorarmen Eisenerzes angewiesen. Mit der Gründung der Orconera Iron Ore Company als Joint Venture mit englischen und spanischen Partnern erhielt der wachsende Krupp-Konzern 1872 im Baskenland mit den Gruben Mina Concha, Mina Cesar und Mina Carmen eine sichere Rohstoffbasis. Wahrscheinlich zur Eingliederung in die Krupp'sche Sammlung wurde eine ganze Serie der verschiedenen vorkommenden Erzarten in quadratisch zugeschlagenen Proben annähernd gleicher Größe aufbereitet und in einer Extravitrine auf dem Hügel ausgestellt. *Udo Scheer*

18.2.17

Kupferminerale Azurit und Malachit mit dunklem Manganoxid

USA, Arizona, Bisbee, Copper Queen Mine | 11 x 11 x 10 cm | Ruhr Museum, Essen | RE 553.436.000 A 0089/3

Ein optisches und auch mineralogisches Highlight sind die 62 Stufen mit den farbenprächtigen Mineralen Azurit, Malachit und Cuprit, aber auch durch Kupferminerale grün gefärbte Stalagmite und Stalagtite. Sie alle entstammen einem der am Ende des 19. Jahrhunderts bedeutendsten Kupferbergbaureviere der Welt bei den Ortschaften Bisbee und Morenci in Arizona. *Udo Scheer*

18.2.17

18.2.18

Gesägter Nickeleisenmeteorit mit sichtbar gemachten »Widmannstättenschen Figuren«

Namibia, Gibeon-District, Mukerop, 4,5 Milliarden Jahre
a) *80x40x25 cm, 286 kg | Ruhr Museum, Essen | RE 552.650.000 A 0013*
b) *66x40x8 cm, 80,17 kg | Staatliches Museum für | Naturkunde Stuttgart | MIN36485*

Im damaligen Deutsch-Südwest-Afrika wurden 1899 mehrere große Nickeleisenmeteorite geborgen, von denen zwei Stücke in den Besitz von Friedrich Alfred Krupp gelangten. Während das größere Fundstück unverändert blieb und so heute in der Dauerausstellung des Ruhr Museums bestaunt werden kann, schenkte Krupp einen Abschnitt des kleineren Stücks 1902 mit anderen Mineralien, Fossilien und zoologischen Objekten dem heutigen Staatlichen Museum für Naturkunde in Stuttgart. Zum ersten Mal sind nun die beiden getrennten Hälften wieder vereint.

Es handelt sich um außerirdische Materie aus dem Asteroidengürtel zwischen Mars und Jupiter. In Eisenmeteoriten liegen nickelreiche und nickelarme Mineralphasen getrennt nebeneinander vor, wodurch ein charakteristisches oktaedrisches Lamellenwerk entsteht. Durch Anätzen einer polierten Fläche wird dieses Gefüge sichtbar, die so genannten »Widmannstättenschen Figuren«. Da sie in irdischen Materialien nicht vorkommen, sind sie ein Indiz für die extraterrestrische Herkunft.
Udo Scheer/Franz Xaver Schmidt

18.2.19

Schädel eines fossilen Schliefers (Pliohyrax kruppii Osborn 1898)

Griechenland, Insel Samos | Obermiozän, ca. 7 Millionen Jahre alt | Knochen | L 16 cm, B 11,5 cm, H 5,5 cm | Staatliches Museum für Naturkunde Stuttgart | 44302

Pliohyrax kruppii gehört zur Ordnung der Schliefer, die aufgrund ihrer verlängerten Frontzähne mit den Elefanten und Seekühen verwandt sind. Im Vergleich zu den heute kaninchengroßen Vertretern waren die vor etwa zehn Millionen Jahren nach Europa eingewanderten fossilen Arten riesig. Der Schädel stammt von einer unbekannten Fundstelle auf der Insel Samos. Er wurde wahrscheinlich um 1895 vom Geologen Felix Plieninger ausgegraben; von ihm hat die Stuttgarter Naturaliensammlung mit finanzieller Unterstützung Friedrich Alfred Krupps das Stück erworben. Laut Zuwachstagebuch gelangte es als Geschenk des »Stahlbarons«, der vor allem in den Jahren 1895–1901 als Förderer der Stuttgarter Naturaliensammlung auftrat, an das Museum. Eberhard Fraas, damals Konservator des Naturalienkabinetts, ließ den Schädel von dem amerikanischen Paläontologen Henry Fairfield Osborn bestimmen und schlug vor, das Stück nach Friedrich Alfred Krupp zu benennen – in Anerkennung seiner Verdienste für das Stuttgarter Museum.
Reinhard Ziegler

18.2.20

Krokoit (Rotbleierz)

Australien, Tasmanien, Dundas-District | 10x2x1 cm | Staatliches Museum für Naturkunde Stuttgart | MIN27755

Dieser Krokoit wurde 1901 dem Naturalienkabinett Stuttgart von Friedrich Alfred Krupp geschenkt. Es handelt sich um ein seltenes Mineral mit Kristallen von imposanter Größe, die eine intensiv rote Farbe aufweisen. Die weltweit besten Stufen kommen aus dem Dundas-District in Tasmanien. Krokoit bildet sich in der Verwitterungszone von Bleilagerstätten bei Anwesenheit von chromhaltigen Lösungen.
Franz Xaver Schmidt

18.2.21

Korund in Feldspat

Russland, Ural, Miask | 7,5x10x5,8 cm | Staatliches Museum für Naturkunde Stuttgart | MIN21683

Mehrere sechseckige, säulige Korundkristalle sind auf dieser Stufe in Feldspat (Orthoklas) eingewachsen. Die Kristalle weisen oft einen Querbruch auf, die blaue Farbe ist fleckig verteilt. Edle Korunde sind farbig durchscheinend bis durchsichtig und werden als Schmucksteine Rubin (rot) oder Saphir (blau) sehr geschätzt. Charakteristisch für Korund ist seine große Härte, nur Diamant ist härter. Seine extremen physikalischen und chemischen Eigenschaften wie große Härte, hoher Schmelzpunkt und chemische Widerstandsfähigkeit machen ihn zu einem idealen Werkstoff in vielen Anwendungsbereichen: Schmuckstein, Lagerstein in Präzisionsmessinstrumenten, Schleifmittel, Bestandteil im Rubin-Laser und Rohstoff in der Hochleistungskeramik. Die gezeigte Stufe ist ein Geschenk von Friedrich Alfred Krupp aus dem Jahr 1899.
Franz Xaver Schmidt

18.2.22

Wulfenit (Gelbbleierz)

USA, Arizona, Tombstone, Mammouth mine | 3x6,5x6 cm | Staatliches Museum für Naturkunde Stuttgart | MIN27913

Die Stufe besteht aus miteinander verwachsenen kleinen, gelben bis orangegelben, tafeligen Kristallen mit diamantähnlichem Glanz. Wulfenit ist ein an sich seltenes Mineral, kommt regional aber so häufig vor, dass es als Bleierz gewonnen wird. Die gezeigte Stufe stammt aus der Mammouth mine, Tombstone, Arizona/USA und wurde dem Stuttgarter Naturalienkabinett 1898 von F. A. Krupp geschenkt. *Franz Xaver Schmidt*

18.2.23

Azurit (Kupferlasur) auf Malachit

USA, Arizona, Bisbee, Copper Queen Mine | 3x14x5,5 cm | Staatliches Museum für Naturkunde Stuttgart | MIN24734

Kleine, kurzsäulige und zu kugeligen Gruppen verbundene Kristalle sind aufgewachsen auf nadeligem Malachit. Diese reizvolle Mineralstufe, ein Geschenk Friedrich Alfred Krupps aus dem Jahr 1894, stammt aus der berühmten Copper Queen Mine in Bisbee in Arizona, einer der reichsten Kupferminen ihrer Zeit. Azurit mit seiner charakterisch blauen Farbe bildet sich in der Oxidationszone von Kupferlagerstätten. Früh schon fand dieses Mineral Verwendung als Farbpigment in der Malerei.
Franz Xaver Schmidt

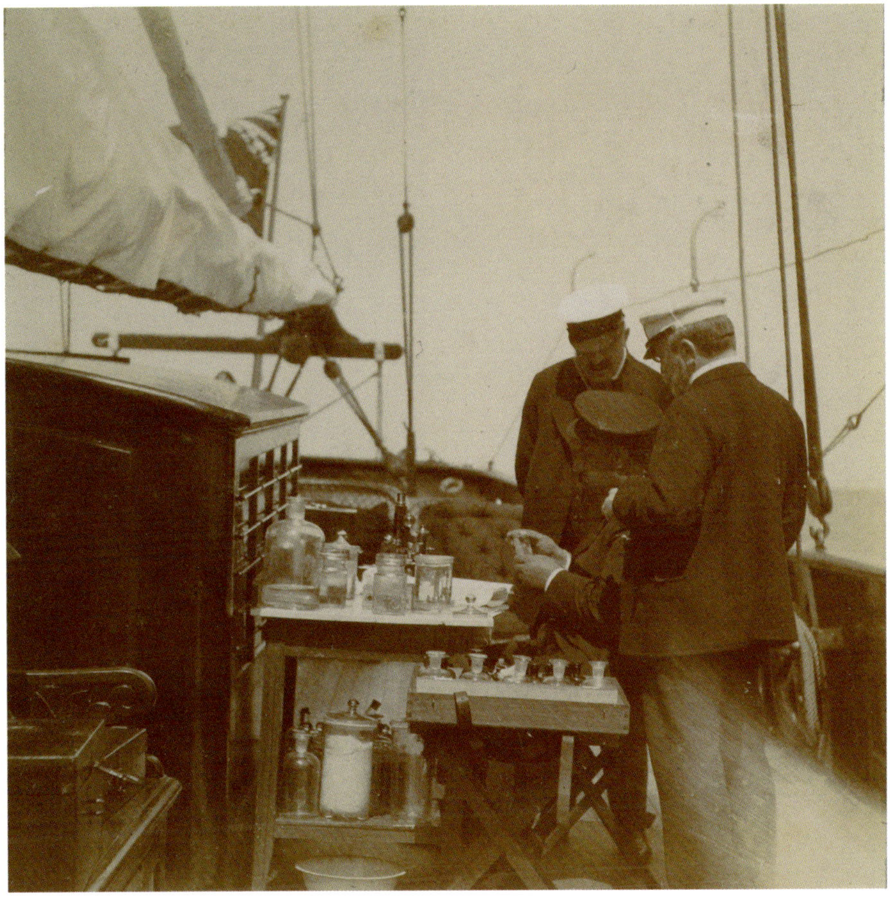

18.2.26

18.2.24

Forschungsschiff »Maja«

Fotogravüre von Bruckmann, um 1901, aus: »Pelagische Tiefseefischerei der »Maja« in der Umgebung von Capri«, Jena 1904, S. 5 (Reproduktion) | Ruhr Museum, Essen

Durch seine naturkundlichen Sammlungen inspiriert und durch die Studien der Schriften und die persönliche Bekanntschaft Ernst Haeckels und anderer Zoologen motiviert, begann Friedrich Alfred Krupp Ende des 19. Jahrhunderts mit eigenen meeresbiologischen Forschungen im Golf von Neapel. In Zusammenarbeit mit der dortigen Zoologischen Station rüstete er ein in England gechartertes Schiff, die »Maja«, zu Forschungszwecken aus.

18.2.25

»Karte der pelagischen Tiefenzüge der Maja vom April 1901«

Photolithographie, H. Wagner & E. Debes, Leipzig, aus: Salvatore Lo Bianco: »Die pelagischen Tiefenfänge der Maja in der Nähe von Capri«, Breitkopf und Härtel, Leipzig 1902 | Druck, Papier | 26x46 cm | Ruhr Museum, Essen

Im Frühjahr 1901 führte die »Maja« insgesamt 58 Tiefseefänge vor der Insel Capri durch. Die 2000 Meter langen und sechs Millimeter starken Drahtseile ermöglichten Fänge in bis zu 1000 Metern Tiefe. Das Ergebnis war umwerfend. Unter den fast 200 identifizierten Tierarten befanden sich 27, die erstmalig im Mittelmeer dokumentiert wurden. Eine Krebsart war völlig neu für die Wissenschaft.

18.2.26

Friedrich Alfred Krupp bei der Untersuchung von Proben an Bord des Forschungsschiffes »Puritan« vor Helgoland

Fotografie, 1901 | Historisches Archiv Krupp, Essen | FAH 22/54

Für das folgende Jahr rüstete Friedrich Alfred Krupp mit dem »Puritan« eine noch seetüchtigere Dampfyacht aus, mit der er in der Zeit zwischen dem

4. Februar und dem 10. Mai 1902 63 Fänge bis in etwa 2000 Meter Tiefe durchführte. Das Ergebnis war noch beeindruckender: Unter den mehreren hundert gefangenen Tierarten befanden sich 13, die der Wissenschaft bis dahin nicht bekannt waren.

18.2.27

Zwölf Schalentiere

12 Einzelblätter mit Zeichnungen aus: »Die pelagischen Tiefenfänge der Maja in der Nähe von Capri«, Breitkopf und Härtel, Leipzig 1902 | Zeichnungen, laviert, Karton | zusammengelegt ca. 52 x 65 cm | Historisches Archiv Krupp, Essen | FAH 3 A 7.195-292

Bei der neu entdeckten pelagischen Tiefenfauna handelte es sich meist um Schalentiere, Garnelen und Krebse. Zur Benennung der neuen Arten wurde häufig zu Ehren der an den Kampagnen beteiligten Personen auf deren Namen zurückgegriffen. So verewigte sich der Name Friedrich Alfred Krupps in der Wissenschaft mit »Kruppomenia« als Gattungsname und »Kruppii« oder »Fredericii« als Artenname.

18.2.28

»Die pelagischen Tiefenfänge der Maja in der Nähe von Capri«

Salvatore Lo Bianco, Verlag Breitkopf und Härtel, Leipzig 1902 | Druck, Papier, Karton, 85 Seiten | 26 x 20 x 1 cm | Historisches Archiv Krupp, Essen | FAH 3 A 5.1

Die Ergebnisse der Tiefenfänge der »Maja«-Kampagne wurden von Salvatore Lo Bianco von der Zoologischen Station Neapel in italienischer Sprache publiziert. Eine von der Station hergestellte deutsche Übersetzung ließ Krupp in einer kleinen, nicht für den Handel bestimmten Auflage drucken, um sie an einen ausgewählten Kreis von Personen und Institutionen zu verteilen.

18.2.30

18.2.29

»Pelagische Tiefseefischerei der Maja in der Umgebung von Capri«

Salvatore Lo Bianco/Friedrich Alfred Krupp, 2 Bde., Jena 1904 | Druck, Papier, Karton | je 28 x 20 x 3,5 cm | Ruhr Museum, Essen

Friedrich Alfred Krupp war mit der Übersetzung der italienischen Publikation des »Maja«-Berichts nicht zufrieden. Für eine weitere, prachtvoll illustrierte deutsche Ausgabe stellte er selbst eine neue Übersetzung her. Das Werk erschien nach seinem Tod mit 41 prächtigen Tafeln in Farbdruck, auf denen sämtliche gefangenen Tierarten abgebildet sind. Während in vergleichbaren Publikationen die Bildtafeln aus Kostengründen entweder am Ende des Bandes oder sogar in einem anderen Band zusammengefasst wurden, sind die Tafeln der Krupp'schen Werke den zugehörigen Textseiten jeweils direkt gegenübergestellt.

18.2.30

»Le Pesche Abissali eseguite da F.A. Krupp col Yacht Puritan Nelle adiacenze di Capri ed in altre località del Mediterraneo«

Salvatore Lo Bianco, Neapel, 1903 | Papier, Karton, Textilien | 23,5 x 16 cm | Historisches Archiv Krupp, Essen | FAH 3 A 3

Auch die Ergebnisse der zweiten, der »Puritan«-Kampagne von 1902 veröffentlichte Salvatore Lo Bianco bereits im darauffolgenden Jahr in italienischer Sprache. Durch den Tod Friedrich Alfred Krupps kam es nicht mehr zu einer deutschen Übersetzung, die Krupp nach den »Maja«-Berichten als zweiten Band einer jährlich erscheinenden Reihe der »Beiträge zur Kenntnis des Meeres und seiner Bewohner« geplant hatte.

18.2.31

»Zoologisches Wörterbuch – Erklärung der zoologischen Fachausdrücke«

hg. von Heinrich Ernst Ziegler und Ernst Bresslau, Verlag Gustav Fischer,

18.2.31

2., vermehrte und verbesserte Aufl., Jena 1912 | Druck, Papier, Karton, Leinen | 25x34x4 cm | Ruhr Museum, Essen | RE 591 B 44

Als Autodidakt hatte sich Friedrich Alfred Krupp über Jahre hin eine Aufstellung zoologischer Fachbegriffe mit Erklärungen angelegt. 1899 wurde Ernst Bresslau, Kandidat der Zoologie an der Universität Straßburg, damit beauftragt, ein auf dieser Sammlung beruhendes Wörterbuch für Krupps Privatgebrauch zu verfassen. 1901 erschien das Werk in wenigen, nicht für den Buchhandel bestimmten Exemplaren. Das Ergebnis war aber nicht zufriedenstellend und so übernahm er 1903, nach dem Tod Friedrich Alfreds, die Funktion des Herausgebers und sorgte für eine gründliche Überarbeitung sowie eine reichhaltige Ausstattung des Werkes mit Illustrationen. In drei Lieferungen erschien 1907 bis 1909 die erste frei käufliche Auflage. Die Widmung an Friedrich Alfred Krupp erinnert an den Urheber des Werkes. Vermehrte und verbesserte Auflagen erschienen 1912 und 1927.

18.2.32

Mikroskop-Präparate aus der zoologischen Sammlung Friedrich Alfred Krupp

Plankton und Kleinlebewesen, 1900/01 | 55 Präparate in 5 Reihen, Glas (Objektträger und Abdeckungen), Klebemittel Kanadabalsam, Papieretiketten, handbeschriftet | jeweils 2,6x7,5x0,1 cm

a) Heimische Gewässer: Teiche der Villa Hügel, Ruhr bei Essen
b) Ostsee/Nordsee: Kiel, Glücksburg, Aarö, Fehmarn, Travemünde, Kaiser-Wilhelm-Kanal (Nord-Ostsee-Kanal)
c) Ostsee/Nordsee: Kaiser-Wilhelm-Kanal, Cowes/Isle of Wight, Torquai, St. Peter Port/Guernsey
d) Capri: Villa San Michele (Zisterne), Piccolo Marina Capri, Villa Andreae (Brunnen), »Maja«-Forschungskampagne im Golf von Neapel

18.2.32

e) Capri: »Maja«-Forschungskampagne im Golf von Neapel

Ruhr Museum, Essen

1898 begann Krupp mit dem Aufbau einer zoologischen Sammlung. Von Otto Zacharias, dem Gründer der »Biologischen Station für Süßwasserforschung« in Plön, lernte Krupp mikroskopische Präparate von Kleintieren herzustellen. Der Meeresbiologe Victor Hensen und später wohl auch die Mitarbeiter der Zoologischen Station Neapel unterstützten ihn bei der Bestimmung der Präparate. Auf rund 150 der mehrere hundert Objekte umfassenden Sammlung sind zusätzlich zur wissenschaftlichen Bestimmung auch Datum und Ort der Fänge verzeichnet.

Plankton und Kleintiere der gezeigten Präparate stammen aus den Teichen der Villa Hügel, der Ruhr, von einer Schiffsreise im Juni/Juli 1900 von Kiel über die damals zu Preußen gehörende, seit 1920 dänische Insel Aarö, durch den Kaiser-Wilhelm-Kanal zur Isle of Wight, nach Torquai an der Südküste von England und zur Insel Guernsey sowie 1901 von Aufsammlungen auf Capri und während der »Maja«-Kampagne im Golf von Neapel im Zeitraum vom 4. Februar bis zum 10. Mai 1901.

18.3. Bücher und Schallplatten

Nach dem Tod seiner Eltern ließ Friedrich Alfred Krupp die Villa Hügel für seinen Einzug 1889 in Teilen umbauen. Die früheren Speiseräume im Erdgeschoss wurden zum Garten hin zu einer Bibliothek mit üppiger architektonisch-figürlicher Ausstattung in Holz, eingebauten Bücherschränken in zwei Etagen und umlaufender Galerie umgestaltet. Sitzgruppen luden zum Lesen ein. Die private Bibliothek des Krupp-Erben scheint einen Umfang, vor allem aber eine solche Bedeutung für ihn gehabt zu haben, dass sie die großzügige und repräsentative Unterbringung im Herzen der Villa Hügel rechtfertigte.

Der Ursprung dieser Bibliothek liegt in den intensiven (natur-)wissenschaftlichen Interessen begründet, die Friedrich Alfred im Unterschied zu seinem Vater hegte und in denen er von seiner vielfach gebildeten Frau Margarethe unterstützt wurde. Die Bibliothek diente zunächst seinen eigenen naturwissenschaftlichen Studien, für die er sich ein modernes chemisch-physikalisches Labor hatte einrichten lassen. Sie diente aber auch zur Ausbildung seiner Töchter Bertha und Barbara, denen er durch die Einstellung eines Privatlehrers, des Naturwissenschaftlers Dr. Ernst Kahrs, fundierte naturwissenschaftliche Kenntnisse zukommen lassen wollte, wie er sie selbst zu seinem großen Bedauern in seiner Jugend nicht hatte erwerben können.

Von 1900 an, also kurz vor seinem Tod, ließ Friedrich Alfred den umfangreichen Buchbestand durch einen fest angestellten Bibliothekar wissenschaftlich bearbeiten, systematisieren und in einem gedruckten Katalog präsentieren. Unter Bertha und Gustav Krupp von Bohlen und Halbach wurde die Bibliothek fortgeführt und vor allem um zahlreiche Kunstbände erweitert. Alfried Krupp von Bohlen und Halbach schenkte 1966 den größten Teil der Bibliothek der neu gegründeten Ruhr-Universität Bochum. Sie bildet dort einen Grundstock der Universitätsbibliothek und zahlreicher Institutsbibliotheken, vor allem der des kunsthistorischen Instituts.

Weniger umfangreich, aber sehr beachtlich ist die Schallplattensammlung, die der letzte Firmeninhaber, Alfried Krupp von Bohlen und Halbach, nicht auf der Villa Hügel, sondern in seinem privaten Bungalow am Rande des Hügelparks anlegte. Sie stammen alle aus der Zeit von 1954 bis 1967, also dem Zeitraum kurz nach seiner Haftentlassung bis zu seinem Tod. Insgesamt handelt es sich um mehrere tausend klassische, aber auch Jazz-Schallplatten und unterschiedliche Ton- und Sprachdokumente. Die Sammlung vermittelt einen Eindruck von der in sich gekehrten und selbstgenügsamen Charakterstruktur ihres Besitzers. Gleichzeitig zeigt sie – entsprechend der bei Krupp traditionellen Innovationsneugier – sein Interesse und seine Begeisterung für neue, moderne (Aufnahme-) Techniken. Denn Alfried Krupp spielte die erworbenen Schallplatten nur einmal ab und nahm sie dabei mit einem Tonband auf, um sie nicht durch weiteres Abspielen abzunutzen und zu beschädigen. Nach seinem Tod gelangten die Schallplatten und Tonbandaufnahmen als Schenkung in den Besitz der Folkwang Hochschule. HTG

Alphabetischer Katalog

der

Bibliothek Hügel.

Historisches Archiv
Fried. Krupp GmbH
Villa Hügel
4300 Essen 1

K 14.1

Düsseldorf.
Druck von August Bagel.
1892.

18.3.2

18.3.1

Systematischer Katalog der Bibliothek Hügel

Düsseldorf, 1891 | Papier, Karton, Ledereinband | 25 x 17 cm | Historisches Archiv Krupp, Essen | S 1 K 14.2

Im Jahr 1888, nach dem Tod Alfred Krupps, bezogen Friedrich Alfred und Margarethe Krupp die Villa Hügel und bauten sie um. Die früheren Speiseräume im Erdgeschoss wurden zum Garten hin zu einer Bibliothek mit üppiger Holzausstattung, eingebauten Bücherschränken in zwei Etagen und umlaufender Galerie umgestaltet. Sitzgruppen luden zum Lesen ein. Bereits 1891 entstand ein erster systematischer Katalog der Bibliothek in der Villa Hügel.

18.3.2

Alphabetischer Katalog der Bibliothek in der Villa Hügel

Düsseldorf, 1892 | Druck, Papier | 25 x 16 cm | Historisches Archiv Krupp, Essen | S 1 K 14.1

Wenig später ließ Friedrich Alfred Krupp den inzwischen umfangreichen Buchbestand auch in einem gedruckten alphabetischen Katalog präsentieren.

18.3.3

»22 000 Krupp-Bände für die Ruhr-Universität. Bibliothek der Villa Hügel wandert als Schenkung nach Bochum«

Zeitungsausschnitt, Westdeutsche Allgemeine Zeitung, März 1966 | Papier | 21,7 x 18,5 cm | Privatbesitz Frank Ringelmann

Als die Bibliothek 1966 weitgehend aufgelöst und der Ruhr-Universität geschenkt wurde, wanderten nicht weniger als 22.000 Bücher nach Bochum.

18.3.4

Karteikästen aus der Bibliothek der Villa Hügel

nach 1900 | Eichenholz, Metallbeschläge, Papieretiketten | je 9,4 x 31,1 x 58 cm | Hausinventar der Villa Hügel, Essen

Die Bibliothek auf dem Hügel war eine wissenschaftliche Bibliothek, für die schon Friedrich Alfred Krupp einen eigenen Bibliothekar eingestellt hatte. Auch nach dem Zweiten Weltkrieg wurde sie wissenschaftlich betreut.

18.3.5

Auswahl exemplarischer Bücher aus der Hügel-Bibliothek

30 Bücher, 1868 – 1942 | Druck, Karton, Papier | Historisches Archiv Krupp, Essen

Die Hügel-Bibliothek umfasste sämtliche Bereiche der Kultur- und Naturgeschichte, der Wirtschaft und Politik, aber auch technische Darstellungen und länderkundliche Bücher. Sie bildet die Interessen der Familienmitglieder, vor allem Friedrich Alfred und Margarethe Krupps, aber auch ihrer Nachfahren ab. Auch der Bestand aus der Zeit Alfred Krupps ist nicht unerheblich.

18.3.6

Beispiele der Schallplattensammlung von Alfried Krupp von Bohlen und Halbach

41 Langspielplatten, 1954 – 1962 | je 31,5 x 31,5 cm | Folkwang Universität der Künste, Essen

Die Schallplattensammlung umfasst etwas über 5000 Schallplatten aller Größen, zumeist Langspielplatten. Neben der klassischen Musik und dem Jazz ist die internationale Folklore vertreten, ebenso wie die Ballett- und Filmmusik. Schauspielinszenierungen, Lesungen, Kabarett, Zeitdokumentationen und weitere Aufnahmen kommen hinzu.

18.3.4

18.3.6

18.3.6

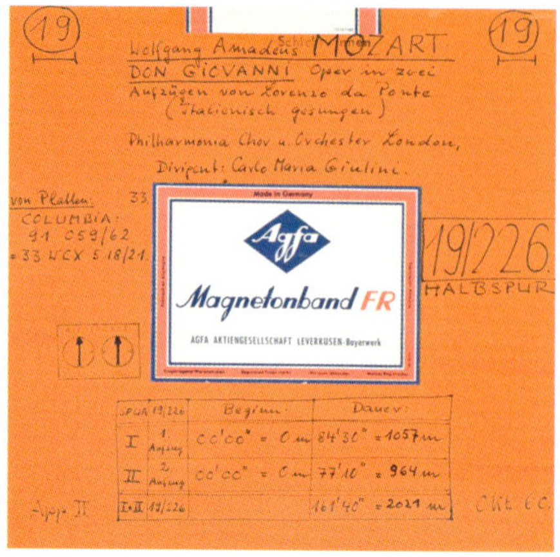

18.3.6

Insgesamt scheint Alfried Krupp ein vollständiges Ton- und Spracharchiv angestrebt zu haben. Die Platten sind in zwölf Stahlkästen chronologisch fortlaufend sortiert. Die Auswahl für die Ausstellung wurde von Thomas Hufschmidt, Professor des Jazz-Studiengangs der Folkwang Universität der Künste, vorgenommen.

18.3.7

Tonbandgerät der Marke Braun TG 1000

Fa. Braun, Frankfurt, 1970er-Jahre | H 16 cm, B 43 cm, T 35 cm, 20 kg | Privatbesitz Hannes Bierkämper

Die Schallplatten wurden in einem eigens ausgebauten Studio auf unterschiedlichen Tonbandgeräten auf Band überspielt. Alfried Krupp hörte die Schallplatte jeweils erst ab und überspielte sie dann, um abschließend noch einmal die Qualität des Tonbandes zu prüfen. Es war offensichtlich sein Bestreben, alle auf dem Markt befindlichen Platten zu kaufen, sie durch Überspielen auf Tonband für sich nutzbar zu machen und die weithin unberührten Schallplatten zu archivieren.

18.3.8

Tonbänder der Aufnahmen von Alfried Krupp von Bohlen und Halbach

1954–1967 | Kunststoff | je 20 x 20 x 2 cm | Folkwang Universität der Künste, Essen

Das Ergebnis der Aufnahmen Alfried Krupps sind über 2000 Tonbänder aller Größen bis hin zu über 800 großen Studiorollen, die mit Geschwindigkeiten von 38 cm pro Sekunde abgespielt werden, einige auch mit 76 cm. Die Tonbandsammlung war in 77 Glasschränken untergebracht, die Alfried Krupp dafür eigens anfertigen ließ.

18.3.9

Karteikarten der Schallplattensammlung

1954–1967 | Karton | je 15 x 21 cm | Folkwang Universität der Künste, Essen

Die Sammlung der Schallplatten und die Überspielung auf Tonträger hielt Alfried Krupp auf ca. 9000 akribisch ausgefüllten und fachmännisch geführten Karteikarten fest, die in sechs großen Karteikästen im Format DIN A5 aufbewahrt wurden. Sie wurden nach seinen Entwürfen von der Graphischen Anstalt der Firma in drei Farben gedruckt: grün für die ernste Musik, gelb für die Unterhaltungsmusik, braun für die Sprachdokumente. Die Karten enthalten auf der Vorderseite alle Angaben zum Komponisten, zur Komposition und den Aufführenden sowie die Marke und Nummer der Schallplatte, die Marke des Tonbandes, die Aufnahmetechnik und die Signatur in der Sammlung. Die Rückseite enthält die Spieldauer der Einzelsätze, das Datum der Aufnahme und weitere technische Angaben über die Aufnahmen, um beim späteren Abspielen bei gleicher Einstellung eine optimale Wiedergabe zu ermöglichen.

Die Familie Krupp

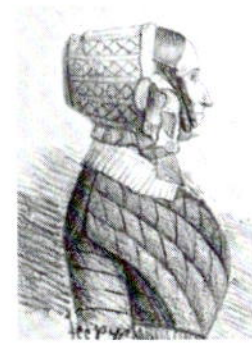

Friedrich Krupp 1787–1826 ⚭ 1808 Therese Wilhelmi 1790–1850

Alfred Krupp 1812–1887 ⚭ 1853 Bertha Eichhoff 1831–1888

Friedrich Alfred Krupp 1854–1902 ⚭ 1882 Margarethe Freiin von Ende 1854–1931

Gustav von Bohlen und Halbach 1870–1950 ⚭ 1906 Bertha Krupp 1886–1957

Alfried Krupp von Bohlen und Halbach 1907–1967 ⚭ 1937 Annelise Bahr 1909–1998

Arndt von Bohlen und Halbach 1938–1986

Wohnhäuser der Familie Krupp in Essen

A Rathaus
B Münsterkirche
C Johanniskirche
D Marktkirche St. Gertrud (evangelisch)

1 Haus am Salzmarkt
erstes Wohn- und Geschäftshaus der Familie Krupp
Inhaber Arndt und Gertrud Kruipe, geb. Gathen,
Georg Krupp, Matthias Krupp
in Familienbesitz 1594–1692

2 Haus am Markt
Inhaber Georg Krupp, Matthias Krupp,
Matthias Arnold Krupp
in Familienbesitz um 1600–1760

3 Haus »Auf der Burg«
in Krupp'schem Besitz um 1620–1640 oder länger

4 Haus »Im Stern«
Inhaber Alexander und Catharina Huyssen, geb. Krupp
in Huyssen'schem Besitz 1619–1891

5 Haus »Gegen den Endenpoth«
Inhaber Anton Krupp, Dr. Arnold Krupp,
Johann Heinrich und Juliana Elisabeth Zopf, geb. Krupp
in Familienbesitz wahrscheinlich bis nach 1770

6 Wohnhaus
Inhaber Arnold und Margarethe Erlsberg, geb. Krupp
in Familienbesitz um 1640 bis unbestimmt

7 Haus »Die Krone«
Inhaber Matthias Krupp, G. Diederich Krupp,
Jgfr. Anna Sophia Krupp
im Erbgang Fam. Müller, Sölling, Bährens, Waldthausen
1660–1865

8 Haus »Aschenbruch«
Inhaber Dr. Arnold Krupp, Heinrich Wilhelm Krupp
in Familienbesitz 1709–1764

9 Haus »Zum Endenpoth«
angekauft 1717 von Johann Heinrich und
Catharina Helene Kopstadt, geb. Krupp
in Familienbesitz der Kopstadts bis etwa 1834

10 Haus
erbaut 1741 von Stadtsekretär Heinrich Wilhelm Krupp,
1752 Verkauf an Petrus Moll

11 Haus im Hagen
Inhaber Ludwig Krupp, später Witwe Krupp
und Peter Ludwig Krupp
in Familienbesitz um 1740–1824

12 »Leimgardten Haus im Hagen«
Erbbesitz des Theodor Krupp, 1738 Verkauf an Hofrat Müller,
später an Arnold Theodor Sölling

13 Haus am Flachsmarkt
Inhaber Friedrich Jodocus Krupp, Helene Amalie Krupp,
geb. Ascherfeld, Friedrich Krupp
in Familienbesitz 1737–1824

14 »Neues Haus am Flachsmarkt«
Inhaber Peter Friedrich Wilhelm Krupp, Petronella Krupp,
geb. Forsthoff,
später Wohnhaus von Friedrich und Helene von Müller,
geb. Krupp
in Familienbesitz 1783–1834

15 Haus »Zum Apfel«
Inhaber Peter Theodor Ascherfeld, Wilhelm Ascherfeld

16 Ascherfelds »Haus im Huck«
Inhaber Peter Heinrich Ascherfeld (Vater von Helene
Amalie Krupp), Goswin Ascherfeld

17 Geschäftshaus Wilhelmi
Inhaber Peter Moritz Wilhelmi, Johann Wilhelmi
(Vater von Therese Krupp), Ferdinand Wilhelmi
in Familienbesitz der Wilhelmis seit 1757

Vorlagen: Lithographie des Geometers Peter Joseph Heyden, 1823; Verortung der Wohnhäuser: Wilhelm Berdrow und Konrad Ribbeck, in: Wilhelm Berdrow, Die Familie Krupp in Essen von 1587 bis 1887, Bd. 2, Essen [1931], S. 120/121

Aufm Rott
Viehofer Straße
Limbecker Straße
Flachsmarkt
Salzmarkt
Markt
Vorderste Hagen
In der Burg
1
2
3
4
5
6
7
8
9
10
11
12
13
14
15
16
17
A
B
C
D

Die Familie Krupp in Essen vom 16. bis zum 20. Jahrhundert

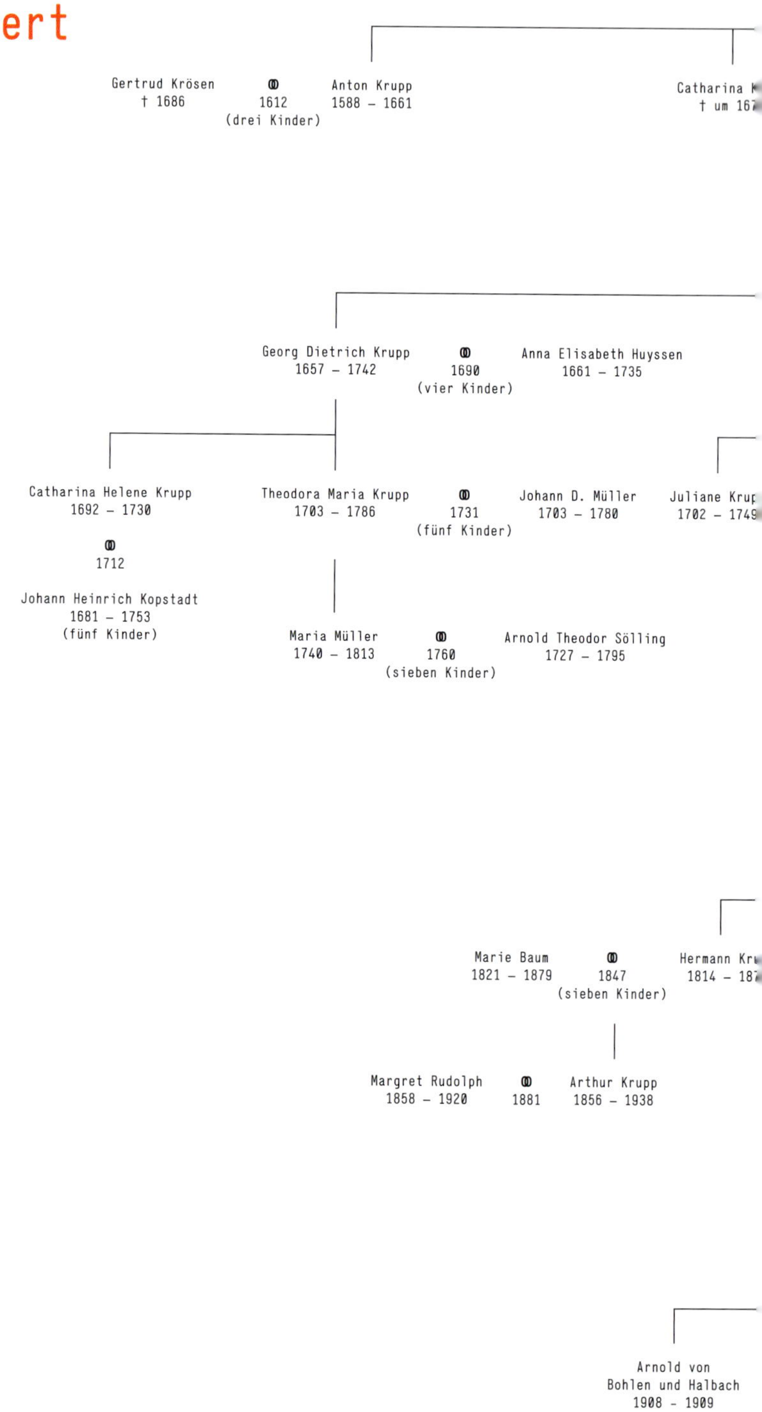

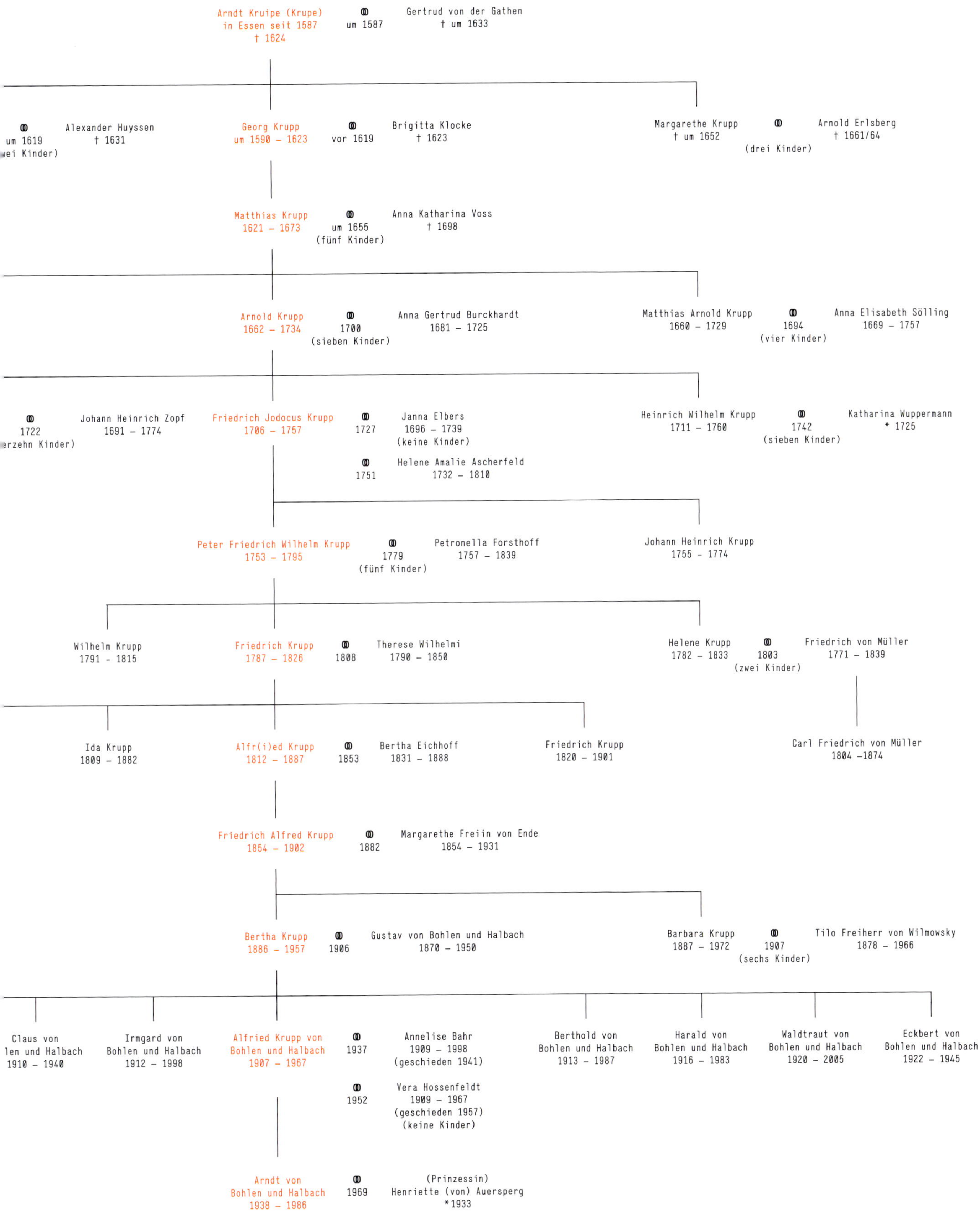

Arndt Kruipe (Krupe) in Essen seit 1587 † 1624
⚭ um 1587
Gertrud von der Gathen † um 1633
⚭ um 1619
wei Kinder)
Alexander Huyssen † 1631
Georg Krupp um 1590 – 1623
⚭ vor 1619
Brigitta Klocke † 1623
Margarethe Krupp † um 1652
⚭ (drei Kinder)
Arnold Erlsberg † 1661/64
Matthias Krupp 1621 – 1673
⚭ um 1655 (fünf Kinder)
Anna Katharina Voss † 1698
Arnold Krupp 1662 – 1734
⚭ 1700 (sieben Kinder)
Anna Gertrud Burckhardt 1681 – 1725
Matthias Arnold Krupp 1660 – 1729
⚭ 1694 (vier Kinder)
Anna Elisabeth Sölling 1669 – 1757
⚭ 1722
erzehn Kinder)
Johann Heinrich Zopf 1691 – 1774
Friedrich Jodocus Krupp 1706 – 1757
⚭ 1727
Janna Elbers 1696 – 1739 (keine Kinder)
⚭ 1751
Helene Amalie Ascherfeld 1732 – 1810
Heinrich Wilhelm Krupp 1711 – 1760
⚭ 1742 (sieben Kinder)
Katharina Wuppermann * 1725
Peter Friedrich Wilhelm Krupp 1753 – 1795
⚭ 1779 (fünf Kinder)
Petronella Forsthoff 1757 – 1839
Johann Heinrich Krupp 1755 - 1774
Wilhelm Krupp 1791 - 1815
Friedrich Krupp 1787 – 1826
⚭ 1808
Therese Wilhelmi 1790 – 1850
Helene Krupp 1782 – 1833
⚭ 1803 (zwei Kinder)
Friedrich von Müller 1771 – 1839
Ida Krupp 1809 – 1882
Alfr(i)ed Krupp 1812 – 1887
⚭ 1853
Bertha Eichhoff 1831 – 1888
Friedrich Krupp 1820 – 1901
Carl Friedrich von Müller 1804 –1874
Friedrich Alfred Krupp 1854 – 1902
⚭ 1882
Margarethe Freiin von Ende 1854 – 1931
Bertha Krupp 1886 – 1957
⚭ 1906
Gustav von Bohlen und Halbach 1870 – 1950
Barbara Krupp 1887 – 1972
⚭ 1907 (sechs Kinder)
Tilo Freiherr von Wilmowsky 1878 – 1966
Claus von
len und Halbach
1910 – 1940
Irmgard von Bohlen und Halbach 1912 – 1998
Alfried Krupp von Bohlen und Halbach 1907 – 1967
⚭ 1937
Annelise Bahr 1909 – 1998 (geschieden 1941)
⚭ 1952
Vera Hossenfeldt 1909 – 1967 (geschieden 1957) (keine Kinder)
Berthold von Bohlen und Halbach 1913 – 1987
Harald von Bohlen und Halbach 1916 – 1983
Waldtraut von Bohlen und Halbach 1920 – 2005
Eckbert von Bohlen und Halbach 1922 – 1945
Arndt von Bohlen und Halbach 1938 – 1986
⚭ 1969
(Prinzessin) Henriette (von) Auersperg *1933

Chronik der Firma

1811	Gründung der Gussstahlfabrik
1818	Errichtung des Schmelzbaus und des Stammhauses
1835/36	Inbetriebnahme der ersten Dampfmaschine
1853	Patentierung des nahtlosen Eisenbahnradreifens
1859	Produktion von 300 Kanonenrohren
1864	Erwerb von Eisenerzgruben, Hütten und Zechen
1893/96	Ankauf des Magdeburger Grusonwerkes. Gründung des Hüttenwerks in Rheinhausen, Übernahme der Germaniawerft in Kiel
1903	Umwandlung der Firma in eine Aktiengesellschaft
1919	Produktionsumstellung auf zivile Güter infolge des Versailler Vertrags
1934	Rückkehr ins Waffengeschäft nach der »Machtergreifung« Hitlers
1943	Umwandlung der Aktiengesellschaft in eine Einzelfirma durch die »Lex Krupp«
1947	Beginn des Krupp-Prozesses in Nürnberg
1946/51	Demontage und Verschrottung von unzerstörten Betriebsteilen
1953	Verkauf und Ausgliederung von Kohlenzechen und Hüttenbetrieben
1968	Umwandlung der Firma in eine Kapitalgesellschaft. Gründung der »Alfried Krupp von Bohlen und Halbach-Stiftung«
1974	Beteiligung des iranischen Staates an der Fried. Krupp Hüttenwerke AG
1987/93	Schließung des Stahlwerks Rheinhausen
1992	Übernahme der Hoesch AG durch Krupp
1999	Fusion von Krupp-Hoesch und Thyssen zur ThyssenKrupp AG
2010	Verlagerung des Headquarters von Düsseldorf nach Essen

Die Gussstahlfabrik 1853–1948 (Ausschnitt)

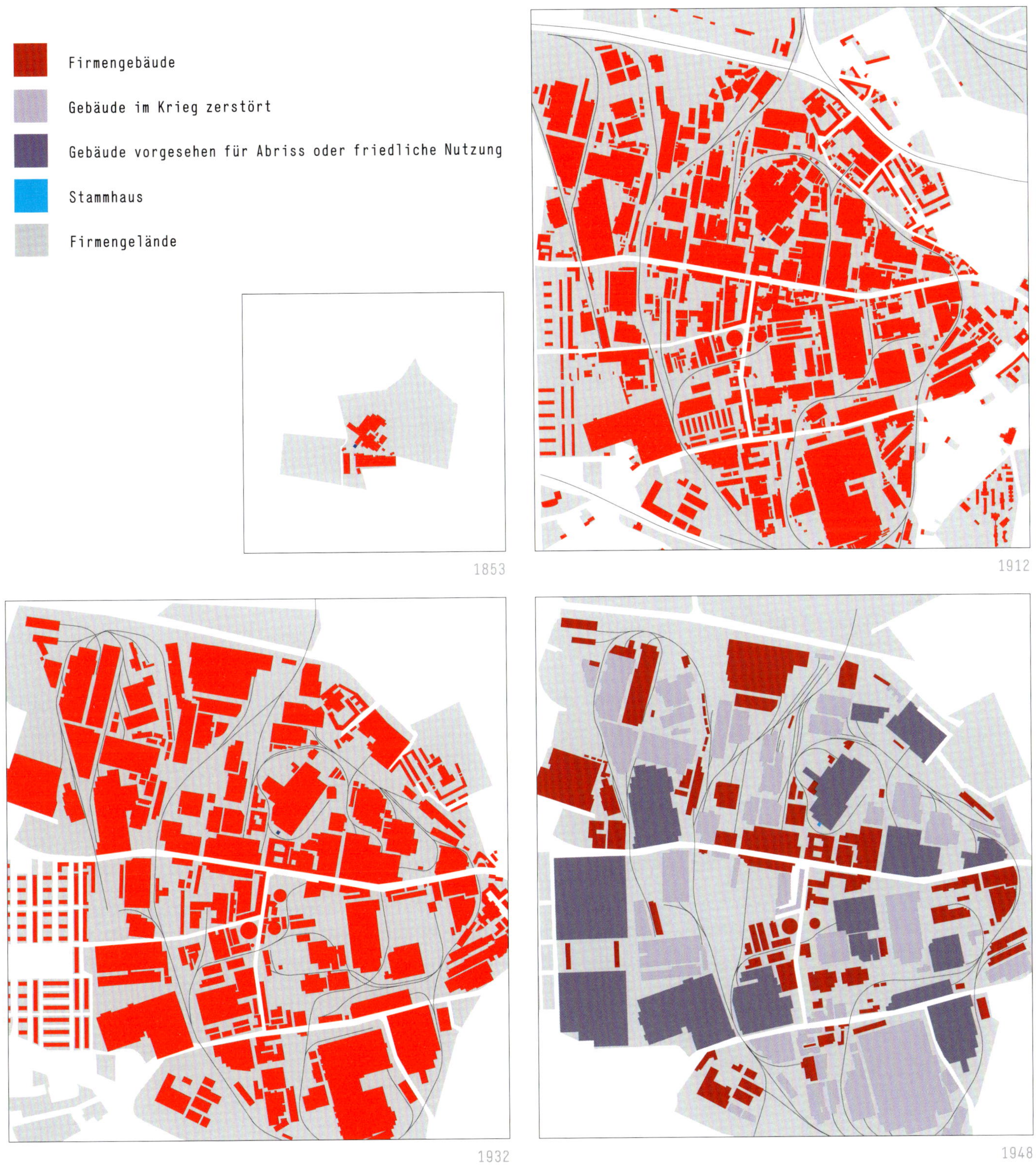

Umsatz und Beschäftigte zu ausgewählten Zeitpunkten

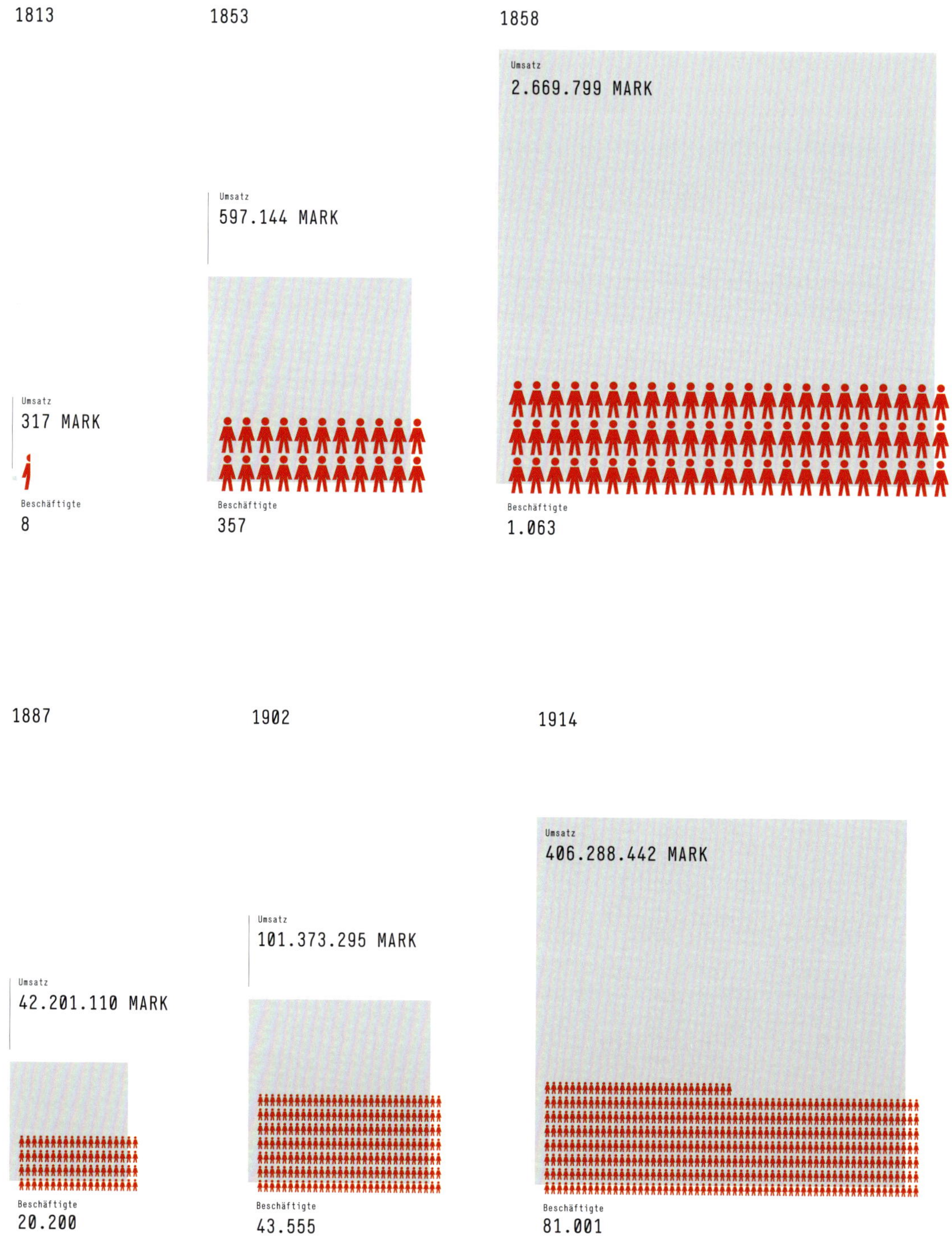

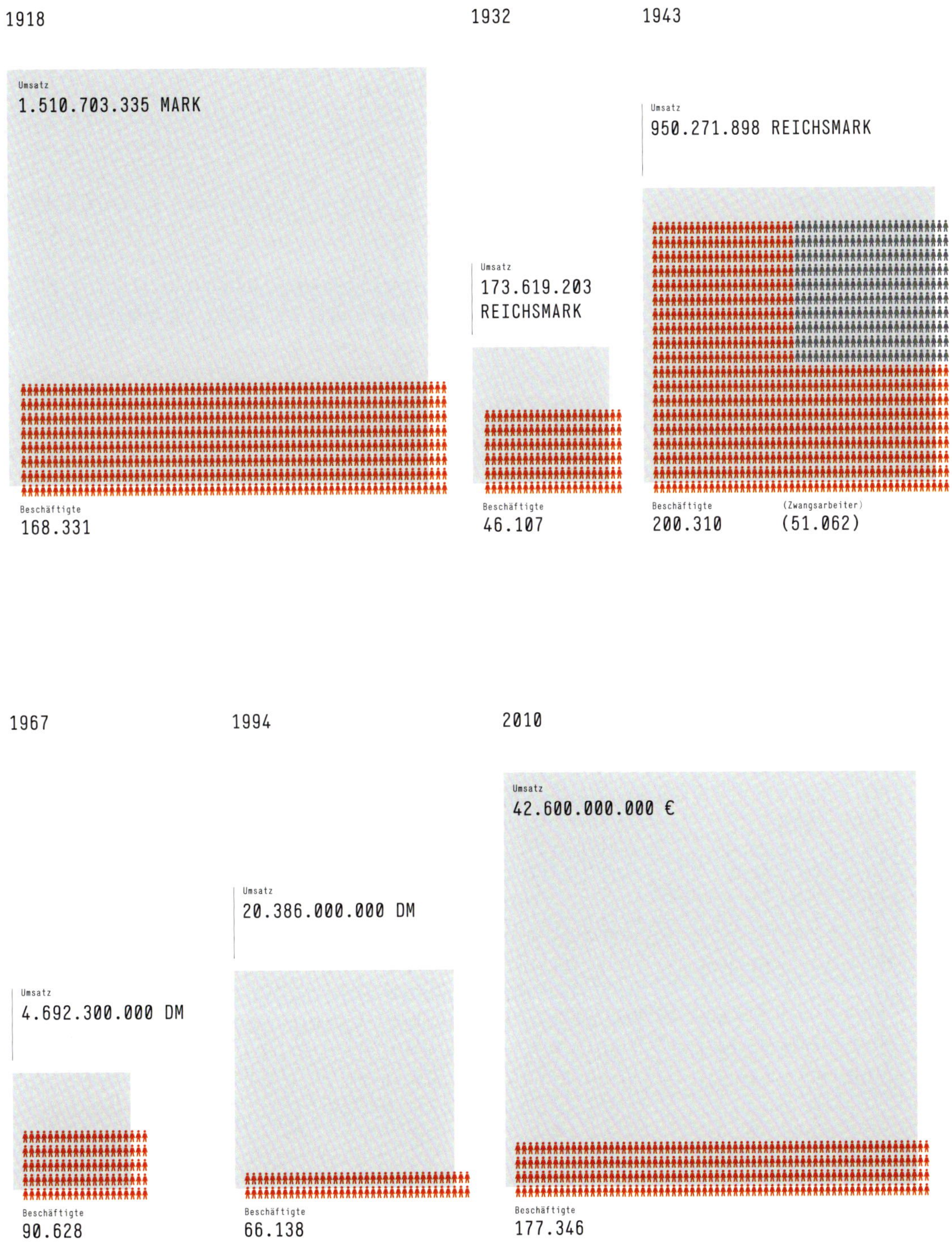
1918
Umsatz
1.510.703.335 MARK
Beschäftigte
168.331
1932
Umsatz
173.619.203 REICHSMARK
Beschäftigte
46.107
1943
Umsatz
950.271.898 REICHSMARK
Beschäftigte
200.310
(Zwangsarbeiter)
(51.062)
1967
Umsatz
4.692.300.000 DM
Beschäftigte
90.628
1994
Umsatz
20.386.000.000 DM
Beschäftigte
66.138
2010
Umsatz
42.600.000.000 €
Beschäftigte
177.346

Literaturverzeichnis

100 Jahre Arbeit für die Eisenbahn, Essen 1951

Abelshauser, Werner: Rüstungsschmiede der Nation? Der Kruppkonzern im Dritten Reich und in der Nachkriegszeit 1933 bis 1951, in: Lothar Gall (Hg.): Krupp im 20. Jahrhundert. Die Geschichte des Unternehmens vom Ersten Weltkrieg bis zur Gründung der Stiftung, Berlin 2002, S. 267–472

Alfried Krupp von Bohlen und Halbach-Stiftung (Hg.): Krupp. Fotografien aus zwei Jahrhunderten, Red. von Ralf Stremmel, Berlin / München 2011

Anselm Feuerbach. Ausstellungskatalog, hg. vom Historischen Museum in der Pfalz, Speyer, Ostfildern-Ruit 2002

Bachfeld, Hanns Ludwig: Art. »Jencke, Hanns«, in: Neue Deutsche Biographie 10 (1974), S. 399–400

Baedecker, Diedrich: Alfred Krupp und die Entwicklung der Gussstahlfabrik zu Essen, Essen 1889

Bajohr, Frank: Zwischen Krupp und Kommune. Sozialdemokratie, Arbeiterschaft und Stadtverwaltung in Essen vor dem 1. Weltkrieg, Essen 1988

Becker-Romba, Christiane: Die Denkmäler der Familie Krupp, in: Essener Beiträge. Beiträge zur Geschichte von Stadt und Stift Essen 108 (1996), S. 113–190

»Beitz, Berthold«, in: Munzinger Online / Personen – Internationales Biographisches Archiv, URL: http://www.munzinger.de/document/00000011707 (Zugriff am 8.9.2011)

Beitz, Else: »Das wird gewaltig ziehen und Früchte tragen!« Industriepädagogik in den Großbetrieben des 19. Jahrhunderts bis zum Ersten Weltkrieg, dargestellt am Beispiel der Firma Fried. Krupp, Essen 1994

Berdrow, Wilhelm: Friedrich Krupp. Der Gründer der Gußstahlfabrik in Briefen und Urkunden, Essen 1914

Berdrow, Wilhelm: Alfred Krupps Briefe 1826–1887, Berlin 1928

Berdrow, Wilhelm: Die Familie Krupp in Essen von 1587 bis 1887, Essen o. J. (1931)

Berdrow, Wilhelm: Alfred Krupp und sein Geschlecht. 150 Jahre Krupp-Geschichte 1787–1937 nach den Quellen der Familie und des Werks, Berlin 1937

Berdrow, Wilhelm: Alfred Krupp und sein Geschlecht. Die Familie Krupp und ihr Werk von 1797–1940 nach den Quellen des Familien- und Werksarchivs. Mit einem Anhang Kruppsche Außenwerke und Konzernunternehmungen von Fritz Gerhard Kraft, Berlin 1943

Beyer, Burkhard: Ein »Musterbeispiel« des industriellen Patriarchalismus? Zur Sozialgeschichte der Angestellten bei Krupp, in: Essener Beiträge. Beiträge zur Geschichte von Stadt und Stift Essen 110 (1998), S. 39–69

Beyer, Burkhard: Vom Tiegelstahl zum Kruppstahl. Technik- und Unternehmensgeschichte der Gussstahlfabrik von Friedrich Krupp in der ersten Hälfte des 19. Jahrhunderts, Essen 2007

Boelcke, Willi A. (Hg.): Krupp und die Hohenzollern in Dokumenten. Krupp-Korrespondenz mit Kaisern, Kabinettchefs und Ministern 1850–1918, Frankfurt / M. 1970

Borchardt, Knut: Der Unternehmerhaushalt als Wirtschaftsbetrieb, in: Tilmann Buddensieg (Hg.): Villa Hügel. Das Wohnhaus Krupp in Essen, Berlin 2001 (überarb. Aufl. der Erstausgabe 1984), S. 10–31

Borsdorf, Ulrich / Schneider, Sigrid: Ein gewaltiger Betrieb. Fabrik und Stadt auf den Kruppschen Fotografien, in: Klaus Tenfelde (Hg.): Bilder von Krupp. Fotografie und Geschichte im Industriezeitalter, 2. Aufl., München 2000, S. 123–158

Brüggemeier, Franz-Josef: Die Krupp'schen Krankenanstalten (1870–1914), Herzogenrath 1990

Buddensieg, Tilmann (Hg.): Villa Hügel. Das Wohnhaus Krupp in Essen, Berlin 2001 (überarb. Aufl. der Erstausgabe 1984)

Buddensieg, Tilmann: Alfred Krupp. Der Fabrikant als Bauherr, der Bauherr als Fabrikant, in: Ders. (Hg.): Villa Hügel. Das Wohnhaus Krupp in Essen, Berlin 2001 (überarb. Aufl. der Erstausgabe 1984), S. 90–153

Büscher, Franz: Mitteilungen aus Archiven. I. Die Satzungen der Stadt Essen, 1473, 1590, 1668–85, in: Beiträge zur Geschichte von Stadt und Stift Essen 43 (1926), S. 195–245

Burchardt, Lothar: Zwischen Kriegsgewinnen und Kriegskosten. Krupp im Ersten Weltkrieg, in: Zeitschrift für Unternehmensgeschichte 32 (1987), S. 71–123

Burghard, Hermann: »GENCK ANDE GYLDE NAE ALDER GEWONTE« – Zwei Bücher der Essener Kaufleutegilde (1442–1791), in: Beiträge zur Geschichte von Stadt und Stift Essen 111 (1999), S. 43–320

Castner, J.: Krupps Gussstahlfabrik, in: Prometheus. Illustrierte Wochenschrift über die Fortschritte in Gewerbe, Industrie und Wissenschaft, VIII. Jg., Nr. 365 (1897), S. 6–41

»Cromme, Gerhard«, in: Munzinger Online / Personen – Internationales Biographisches Archiv, URL: http://www.munzinger.de/document/00000011707 (Zugriff am 8.9.2011)
Däbritz, Walther: Die Finanzgeschichte der Kruppschen Gußstahlfabrik unter ihrem Gründer Friedrich Krupp, in: Beiträge zur Geschichte von Stadt und Stift Essen 41 (1923), S. 3–39
Der Kaiser bei Krupp, in: Stahl und Eisen 1890, Nr. 7
Derix, Simone: Bebilderte Politik. Staatsbesuche in der Bundesrepublik 1949–1990 (Kritische Studien zur Geschichtswissenschaft, Bd. 184), Göttingen 2009
Dewitz, Bodo von: »Die Bilder sind nicht teuer und ich werde Quantitäten davon machen lassen!« Zur Entstehungsgeschichte der Graphischen Anstalt, in: Klaus Tenfelde (Hg.): Bilder von Krupp. Fotografie und Geschichte im Industriezeitalter, 2. Aufl. München 2000, S. 41–66
Domizlaff, Svante / Rost, Alexander: Germania. Die Yachten des Hauses Krupp, hg. v. d. Alfried Krupp von Bohlen und Halbach-Stiftung, Essen 2006
Ecker, Jürgen: Anselm Feuerbach. Leben und Werk, Kritischer Katalog der Gemälde, Ölskizzen und Ölstudien, München 1991
Engelmann, Bernt: Krupp. Legenden und Wirklichkeit, München 1969
Engelmann, Bernt: Krupp. Die Geschichte eines Hauses, Legenden und Wirklichkeit, München 1986
Epkenhans, Michael: Die wilhelminische Flottenrüstung 1908–1914. Weltmachtstreben, industrieller Fortschritt, soziale Integration, München 1991
Epkenhans, Michael: Friedrich Alfred Krupp. Ein Großindustrieller im Spannungsfeld von Firmeninteresse und Politik, in: Michael Epkenhans / Ralf Stremmel (Hg.): Friedrich Alfred Krupp. Ein Unternehmer im Kaiserreich, München 2010, S. 77–107
Epkenhans, Michael / Stremmel, Ralf (Hg.): Friedrich Alfred Krupp. Ein Unternehmer im Kaiserreich, München 2010
Epkenhans, Michael / Stremmel, Ralf: Deutungen eines Lebens, in: Dies. (Hg.): Friedrich Alfred Krupp. Ein Unternehmer im Kaiserreich, München 2010, S. 7–25
Eyll, Klara van: Ernst Waldthausen, in: Rheinisch-Westfälische Wirtschaftsbiographien 9 (1967), S. 13–38
Feldenkirchen, Wilfried: Die Eisen- und Stahlindustrie des Ruhrgebiets 1879–1914. Wachstum, Finanzierung und Struktur ihrer Großunternehmen, Wiesbaden 1982
Föhl, Axel: Die Villa als mechanische Werkstatt. Technik und Technologie auf Hügel, in: Tilmann Buddensieg (Hg.): Villa Hügel. Das Wohnhaus Krupp in Essen, Berlin 2001 (überarb. Aufl. der Erstausgabe 1984), S. 154–200
Föhl, Axel: Zum Innenleben deutscher Fabriken – Industriearchitektur und sozialer Kontext bei Krupp, in: Klaus Tenfelde (Hg.): Bilder von Krupp. Fotografie und Geschichte im Industriezeitalter, 2. Aufl., München 2000, S. 159–180
Franke, Heinz-Dieter: Friedrich Alfred Krupp und die Naturwissenschaften, in: Michael Epkenhans / Ralf Stremmel (Hg.): Friedrich Alfred Krupp. Ein Unternehmer im Kaiserreich, München 2010, S. 131–155
Friz, Diana Maria: Alfried Krupp und Berthold Beitz: Der Erbe und sein Statthalter. Mit Auszügen aus einem unveröffentlichten Manuskript von Golo Mann, 1. Aufl., Zürich 1988
Friz, Diana Maria: Margarethe Krupp. Das Leben meiner Urgroßmutter, 5. Aufl., München 2009
Friz, Diana Maria: Bertha Krupp und ihre Kinder. Das Leben meiner Großmutter, München 2011
Gall, Lothar: Krupp. Der Aufstieg eines Industrieimperiums, Berlin 2000
Gall, Lothar: Bürgerliche Repräsentationskultur und familiäre Intimität, in: Klaus Tenfelde (Hg.): Bilder von Krupp. Fotografie und Geschichte im Industriezeitalter, 2. Aufl., München 2000, S. 203–214
Gall, Lothar (Hg.): Krupp im 20. Jahrhundert. Die Geschichte des Unternehmens vom Ersten Weltkrieg bis zur Gründung der Stiftung, Berlin 2002
Gall, Lothar: Von der Entlassung Alfried Krupp von Bohlen und Halbachs bis zur Errichtung seiner Stiftung 1951 bis 1967/68, in: Ders. (Hg.): Krupp im 20. Jahrhundert. Die Geschichte des Unternehmens vom Ersten Weltkrieg bis zur Gründung der Stiftung, Berlin 2002, S. 473–661
Geuer, F.: Zur Geschichte des Stadtrates von Essen, in: Beiträge zur Geschichte von Stadt und Stift Essen 14 (1892), S. 69–97
Glümer, Hans von: Der Kruppsche Bildungsverein, in: Beiträge zur Geschichte von Stadt und Stift Essen 50 (1932), S. 345–357
Grevel, Wilhelm: Die Anfänge der Eisenindustrie in Essen, in: Beiträge zur Geschichte von Stadt und Stift Essen 2 / 1 (1880), S. 3–18
Hannig, Jürgen: Fotografien als historische Quelle, in: Klaus Tenfelde (Hg.): Bilder von Krupp. Fotografie und Geschichte im Industriezeitalter, 2. Aufl., München 2000, S. 269–288
Hartewig, Karin: Der sentimentalische Blick. Familienfotografien im 19. und 20. Jahrhundert, in: Klaus Tenfelde (Hg.): Bilder von Krupp. Fotografie und Geschichte im Industriezeitalter, 2. Aufl., München 2000, S. 215–239
Hasselhorst, Christa: Der Park der Villa Hügel, Berlin / München 2009

Helfrich, Andreas: Die Margarethenhöhe Essen. Architekt und Auftraggeber vor dem Hintergrund der Kommunalpolitik Essen und der Firmenpolitik Krupp zwischen 1886 und 1914, Weimar 2000

Henle, Susanne: Industriekultur und Architektur, in: Das Ruhrgebiet im Industriezeitalter, hg. v. Wolfgang Köllmann, Bd. 2, Düsseldorf 1990, S. 219–290

Herbert, Ulrich: Vom Kruppianer zum Arbeitnehmer, in: Lutz Niethammer (Hg.): »Hinterher merkt man, daß es richtig war, daß es schiefgegangen ist«. Nachkriegserfahrungen im Ruhrgebiet. Lebensgeschichte und Sozialkultur im Ruhrgebiet 1930 bis 1960, Bd. 2, S. 233–276

Herz, Rudolf: Gesammelte Fotografien und fotografierte Erinnerungen. Eine Geschichte des Fotoalbums an Beispielen aus dem Krupp-Archiv, in: Klaus Tenfelde (Hg.): Bilder von Krupp. Fotografie und Geschichte im Industriezeitalter, 2. Aufl., München 2000, S. 241–268

Hoepke, Klaus-Peter: Art. »Hugenberg, Alfred«, in: Neue Deutsche Biographie 10 (1974), S. 10–13

Jaeger, Hans: Art. »Krupp, Hermann«, in: Neue Deutsche Biographie 13 (1982), S. 145–146

Jahn, Robert: Essener Geschichte. Die geschichtliche Entwicklung im Raum der Großstadt Essen, Essen 1957

James, Harold: Krupp. Deutsche Legende und globales Unternehmen, München 2011

Käppner, Joachim: Berthold Beitz. Die Biographie, mit einem Vorwort von Helmut Schmidt, Berlin 2010

Kammertöns, Hanns-Bruno: Der letzte Krupp. Arndt von Bohlen und Halbach, Das Ende einer Dynastie, Hamburg 1998

Kamptz, Ingrid von: Aus der Gemäldesammlung der Familie Krupp, Essen 1965 [Ausstellung in der Villa Hügel 30. April bis 31. Oktober 1965]

Klasen, Ludwig: Handbuch der Hochbau-Constructionen in Eisen und anderen Metallen, Nachdruck der Originalausgabe Leipzig 1876, »Libri rari«, Hannover 1981

Klass, Gert von: Die drei Ringe. Lebensgeschichte eines Industrieunternehmens, 2. Aufl., Tübingen / Stuttgart 1953

Köhne-Lindenlaub, Renate: Krupp, Gußstahlindustrielle, in: Neue Deutsche Biographie 13 (1982), S. 128–145

Köhne-Lindenlaub, Renate: Art. »Krupp, Friedrich«, in: Neue Deutsche Biographie 13 (1982), S. 129–130

Köhne-Lindenlaub, Renate: Art. »Krupp, Alfred«, in: Neue Deutsche Biographie 13 (1982), S. 130–135

Köhne-Lindenlaub, Renate: Art. »Krupp, Friedrich Alfred«, in: Neue Deutsche Biographie 13 (1982), S. 135–138

Köhne-Lindenlaub, Renate: Art. »Krupp von Bohlen und Halbach, Gustav«, in: Neue Deutsche Biographie 13 (1982), S. 138–143

Köhne-Lindenlaub, Renate: Art. »Krupp von Bohlen und Halbach, Alfried«, in: Neue Deutsche Biographie 13 (1982), S. 143–145

Köhne-Lindenlaub, Renate: Private Kunstförderung im Kaiserreich am Beispiel Krupp, in: Ekkehard Mai / Hans Pohl / Stephan Wätzoldt (Hg.): Kunstpolitik und Kunstförderung im Kaiserreich. Kunst im Wandel der Sozial- und Wirtschaftsgeschichte, Berlin 1982, S. 55–81

Köhne-Lindenlaub, Renate: Das Historische Archiv Fried. Krupp GmbH – Beispiel eines Unternehmens- und Familienarchivs, in: Archivpflege in Westfalen und Lippe 22 (1984), S. 30–33

Köhne-Lindenlaub, Renate: Filme von Krupp. Anmerkungen zu ihrer Entstehung, Nutzung und Überlieferung, in: Manfred Rasch u. a. (Hg.): Industriefilm – Medium und Quelle. Beispiele aus der Eisen- und Stahlindustrie, Essen 1997, S. 41–58

Köhne-Lindenlaub, Renate: Die Villa Hügel. Unternehmerwohnsitz im Wandel der Zeit, München / Berlin 2002

Köhne-Lindenlaub, Renate / Hofmann, Paul / Jansen, Susanne / Krause, Volker / Wilmer, Christoph: Filmsicherung und Filmerschließung. Ein Projekt des Historischen Archivs Krupp, in: Manfred Rasch u. a. (Hg.): Industriefilm – Medium und Quelle. Beispiele aus der Eisen- und Stahlindustrie, Essen 1997, S. 235–250

Kraft, Fritz Gerhard: Wohnhäuser der Familie Krupp in Essen, in: Krupp 27 (1935/36), S. 7–9

Kraft, Fritz Gerhard: Alte Kruppsche Häuser in Essen, in: Das Münster am Hellweg 16 (1963), S. 110–113

»Kriwet, Heinz«, in: Munzinger Online / Personen – Internationales Biographisches Archiv, URL: http://www.munzinger.de/document/00000011707 (Zugriff am 8.9.2011)

Krüger, Norbert: Die Luftangriffe auf Essen 1940–1945. Eine Dokumentation, in: Essener Beiträge. Beiträge zur Geschichte von Stadt und Stift Essen 113 (2001), S. 159–328

Krupp. Fotografien aus zwei Jahrhunderten, Begleitbuch zur Ausstellung in der Villa Hügel, hg. von der Alfried Krupp von Bohlen und Halbach-Stiftung, Berlin / München 2011

Laube, Robert: »... und Waffen uns am treuesten verbrüdern«. Sozialimperialismus, soziale Realität und ein Ritterspiel im Jahre 1912, in: Ferdinand Seibt u.a. (Hg.): Vergessene Zeiten. Mittelalter im Ruhrgebiet, Katalog zur Ausstellung im Ruhrlandmuseum Essen, Bd. 2, Essen 1990, S. 329–336

Laube, Robert: Kaiser Wilhelm besucht das 100jährige Krupp-Jubiläum im Jahr 1912, in: Ferdinand Seibt u.a. (Hg.): Vergessene Zeiten. Mittelalter im Ruhrgebiet, Katalog zur Ausstellung im Ruhrlandmuseum Essen, Bd. 2, Essen 1990, S. 250–257
Lindenlaub, Jürgen / Köhne-Lindenlaub, Renate: Unternehmensfinanzierung bei Krupp 1811–1848. Ein Beitrag zur Kapital- und Vermögensentwicklung, in: Essener Beiträge. Beiträge zur Geschichte von Stadt und Stift Essen 102 (1988), S. 83–164
Lindenlaub, Jürgen: Die Finanzierung des Aufstiegs von Krupp. Die Personengesellschaft Krupp im Vergleich zu den Kapitalgesellschaften Bochumer Verein, Hoerder Verein und Phoenix 1850–1880, Essen 2006
Lorenz, Raimund: Die Kruppsche Jubiläumsnadel, in: Krupp Mitteilungen 2/1991, S. 18–20, 3/1991, S. 19–23, 1/1992, S. 18–20
Lüdtke, Alf: Gesichter der Belegschaft. Porträts der Arbeit, in: Klaus Tenfelde (Hg.): Bilder von Krupp. Fotografie und Geschichte im Industriezeitalter, 2. Aufl., München 2000, S. 67–87
Luntowski, Gustav: Hitler und die Herren an der Ruhr. Wirtschaftsmacht und Staatsmacht im Dritten Reich, Frankfurt / M. 2000
Manchester, William: Krupp. Zwölf Generationen, München 1968
Matz, Reinhard: Werksfotografie – Ein Versuch über den kollektiven Blick, in: Klaus Tenfelde (Hg.): Bilder von Krupp. Fotografie und Geschichte im Industriezeitalter, 2. Aufl., München 2000, S. 289–304
Menne, Bernhard: Krupp. Deutschlands Kanonenkönige, Zürich 1937
Nehring, Dorothee: Der Park der Villa Hügel und seine Bauten. Anlage und Funktion, in: Tilmann Buddensieg (Hg.): Villa Hügel. Das Wohnhaus Krupp in Essen, Berlin 2001 (überarb. Aufl. der Erstausgabe 1984), S. 330–383
Neumeyer, Fritz: Der Zauberlehrling. Alfred Krupp und die Baugeschichte der Villa Hügel, in: Tilmann Buddensieg (Hg.): Villa Hügel. Das Wohnhaus Krupp in Essen, Berlin 2001 (überarb. Aufl. der Erstausgabe 1984), S. 32–89
Overmann, Karl: Die Geschichte der Essener höheren Lehranstalten im 17. und 18. Jahrhundert mit besonderer Berücksichtigung des Evangelisch-Lutherischen Gymnasiums und seines Direktors Johann Heinrich Zopf, in: Beiträge zur Geschichte von Stadt und Stift Essen 46 (1928), S. 3–196
Pielhoff, Stephan: Nicht aus einem Guss. Friedrich Alfred Krupps Beziehungen als Stifter und Mäzen, in: Michael Epkenhans / Ralf Stremmel (Hg.): Friedrich Alfred Krupp. Ein Unternehmer im Kaiserreich, München 2010, S. 109–129
Pötzl, Norbert F.: Beitz. Eine deutsche Geschichte, München 2011
Pogge von Strandmann, Hartmut: Krupp in der Politik, in: Klaus Tenfelde (Hg.): Bilder von Krupp. Fotografie und Geschichte im Industriezeitalter, 2. Aufl., München 2000, S. 181–202
Probst, Anke: Helene Amalie Krupp. Eine Essener Unternehmerin um 1800, Stuttgart 1985 (Zeitschrift für Unternehmensgeschichte, Beiheft 33)
Rasch, Manfred: Art. »Fritz Müller«, in: Neue Deutsche Biographie 18 (1997), S. 385–387
Reif, Heinz: Die Politisierung des Altersproblems. Der Streit um die Werkspensionskassen im Ruhrrevier am Vorabend des Ersten Weltkrieges, in: Zeitschrift für Gerontologie 17 (1984), S. 18–25
Reif, Heinz: »Ein seltener Kreis von Freunden«. Arbeitsprozesse und Arbeitserfahrungen bei Krupp 1840–1914, in: Klaus Tenfelde (Hg.): Arbeit und Arbeitserfahrung in der Geschichte, Göttingen 1986, S. 51–91
Reif, Heinz: »Wohlergehen der Arbeiter und häusliches Glück« – das Werksleben jenseits der Fabrik in der Fotografie bei Krupp, in: Klaus Tenfelde (Hg.): Bilder von Krupp. Fotografie und Geschichte im Industriezeitalter, 2. Aufl., München 2000, S. 105–122
Reusch, Ehrhard: Krupp und die Hohenzollern, in: Die Heimatstadt Essen. Jahrbuch 1980 / 81, S. 123–137
Richter, Dieter: Friedrich Alfred Krupp auf Capri. Ein Skandal und seine Geschichte, in: Michael Epkenhans / Ralf Stremmel (Hg.): Friedrich Alfred Krupp. Ein Unternehmer im Kaiserreich, München 2010, S. 157–177
Rother, Thomas: Gründer & Erben. Die großen Familien im Ruhrgebiet, Bottrop 1998
Rother, Thomas: Die Krupps. Durch fünf Generationen Stahl, Frankfurt / M. / New York 2001
Sandkühler, Thomas: »Endlösung in Galizien«. Der Judenmord in Ostpolen und die Rettungsinitiativen von Berthold Beitz 1941–1944, Bonn 1996
Scharfenberg, Gerd: Der Königlich Preußische Wilhelm-Orden. Zum 100jährigen Stiftungsjubiläum einer exklusiven wilhelminischen Auszeichnung, in: Orden-Militaria-Magazin 70 (1996), S. 21–6
Schaser, Angelika: Margarethe Krupp. Entwurf eines Lebens im Zentrum der Krupp-Saga, in: Michael Epkenhans / Ralf Stremmel (Hg.): Friedrich Alfred Krupp. Ein Unternehmer im Kaiserreich, München 2010, S. 179–204 und S. 245–249
Schmalhausen, Bernd: Berthold Beitz im Dritten Reich, Essen 1991
Schneider, Sigrid: Rundblicke. Ansichten der Gussstahlfabrik, in: Krupp. Fotografien aus zwei Jahrhunderten, hg. von der Alfried Krupp von Bohlen und Halbach-Stiftung, Berlin / München 2011, S. 85–87

Schröder, Ernst: Krupp und die Entstehung des Ruhrreviers, in: Beiträge zur Geschichte von Stadt und Stift Essen 70 (1955), S. 5–22
Schröder, Ernst: Das Krupparchiv – Geschichte und Gegenwart, in: Der Archivar 13 (1960), S. 305–318
Schröder, Ernst: Über Otto Wiedfeldt, in: Das Münster am Hellweg 9 (1962), S. 136–150
Schröder, Ernst: Art. »Haux, Ernst«, in: Neue Deutsche Biographie 8 (1969), S. 135–36
Schröder, Ernst: Die Entwicklung der Kruppschen Konsumanstalt. Ein Beitrag zur Essener Sozial- und Wirtschaftsgeschichte, in: Beiträge zur Geschichte von Stadt und Stift Essen 92 (1977), S. 7–96
Schröder, Ernst: Krupp. Geschichte einer Unternehmerfamilie, 4. Aufl., Göttingen / Zürich 1991
Schröder, Johannes: Die Entflechtung der Firma Krupp nach dem Zweiten Weltkrieg, in: Beiträge zur Geschichte von Stadt und Stift Essen 89 (1974), S. 35–52
Schümann, Carl-Wolfgang: »Die Pfalz der Stahlkönige«. Das Innere der Villa Hügel im Wandel, in: Tilmann Buddensieg (Hg.): Villa Hügel. Das Wohnhaus Krupp in Essen, Berlin 2001 (überarb. Aufl. der Erstausgabe 1984), S. 275–309
Schützenhofer, Viktor: Art. »Krupp, Arthur«, in: Neue Deutsche Biographie 13 (1982), S. 146
»Schulz, Ekkehard«, in: Munzinger Online / Personen – Internationales Biographisches Archiv, URL: http://www.munzinger.de/document/00000011707 (Zugriff am 8.9.2011)
Slotta, Rainer: Deutsche Bergbaufahnen, mit Beiträgen von Evelyn Kroker und Margarete Merz, 2 Bde., Bochum 2000
Stemmreich, Daniel: Die Siedlung als Programm. Untersuchungen zum Arbeiterwohnungsbau anhand Kruppscher Siedlungen zwischen 1861 und 1907, Hildesheim / New York 1981
Stenglein, Frank: Krupp. Höhen und Tiefen eines Industrieunternehmens, 2. Aufl., Essen 2011
Stremmel, Ralf: Margarethe Krupp (1854–1931) – Eine verhinderte Unternehmerin?, in: Ulrich S. Soénius (Hg.): Bewegen – Verbinden – Gestalten. Unternehmer vom 17. bis zum 20. Jahrhundert, Festschrift für Klara van Eyll zum 28. September 2003, Köln 2003, S. 129–146
Stremmel, Ralf: 100 Jahre Historisches Archiv Krupp. Entwicklungen, Aufgaben, Bestände, München 2005
Stremmel, Ralf: Im Gespräch: Helene Amalie Krupp, in: St. Antony – Die Wiege der Ruhrindustrie, hg. vom Landschaftsverband Rheinland / Rheinisches Industriemuseum, Münster 2008, S. 25–29
Stremmel, Ralf: Krupp in Österreich oder: ein Familienunternehmen zwischen Scheitern und Mythos. Von der Gründung der Berndorfer Metallwarenfabrik bis zur Umwandlung in eine Aktiengesellschaft (1843–1915), in: Blätter für Technikgeschichte 71 (2009), S. 9–44
Stremmel, Ralf: Historisches Archiv Krupp. Entwicklungen, Aufgaben, Bestände, 2. Aufl., Berlin / München 2009
Stremmel, Ralf: Friedrich Alfred Krupp, Handeln und Selbstverständnis eines Unternehmers, in: Michael Epkenhans / Ralf Stremmel (Hg.): Friedrich Alfred Krupp. Ein Unternehmer im Kaiserreich, München 2010, S. 27–75
Stürmer, Michael: Alltag und Fest auf Hügel, in: Tilmann Buddensieg (Hg.): Villa Hügel. Das Wohnhaus Krupp in Essen, Berlin 2001 (überarb. Aufl. der Erstausgabe 1984), S. 256–273
Taube, Gerhard: Deutsche Eisenbahn-Geschütze. Rohr-Artillerie auf Schienen, Stuttgart 1990
Tenfelde, Klaus (Hg.): Bilder von Krupp. Fotografie und Geschichte im Industriezeitalter, 2. Aufl., München 2000
Tenfelde, Klaus: Krupp – der Aufstieg eines deutschen Weltkonzerns, in: Ders. (Hg.): Bilder von Krupp. Fotografie und Geschichte im Industriezeitalter, 2. Aufl., München 2000, S. 13–39
Tenfelde, Klaus: Geschichte und Fotografie bei Krupp, in: Ders. (Hg.): Bilder von Krupp. Fotografie und Geschichte im Industriezeitalter, 2. Aufl., München 2000, S. 305–320
Tenfelde, Klaus: Krupp in Krieg und Krisen. Unternehmensgeschichte der Fried. Krupp AG 1914 bis 1924/25, in: Lothar Gall (Hg.): Krupp im 20. Jahrhundert. Die Geschichte des Unternehmens vom Ersten Weltkrieg bis zur Gründung der Stiftung, Berlin 2002, S. 15–165 und S. 591–610
Tenfelde, Klaus: »Krupp bleibt doch Krupp«. Ein Jahrhundertfest: Das Jubiläum der Firma Fried. Krupp AG in Essen 1912, Essen 2005
Tenfelde, Klaus: Der »Kruppianer« – Die Geburt eines Mythos aus dem Geist der »Werksgemeinschaft«, in: Ferrum. Nachrichten aus der Eisenbibliothek, Stiftung der Georg Fischer AG 78 (2006), S. 35–45
ThyssenKrupp Wohnimmobilien GmbH (Hg.): Krupp Wohnungsbau im Ruhrgebiet 1861–1999. Chronik, Red. v. Renate Köhne-Lindenlaub, Hans Joachim Völse u.a., Essen 2001
Trier, Eduard: Die Bauherren und ihre Bildhauer. Zur Ausstattung der Villa Hügel mit Skulpturen, in: Tilmann Buddensieg (Hg.): Villa Hügel. Das Wohnhaus Krupp in Essen, Berlin 2001 (überarb. Aufl. der Erstausgabe 1984), S. 310–329
Türk, Klaus: Bilder der Arbeit. Eine ikonographische Anthologie, Wiesbaden 2000

van de Kerkhof, Stefanie: Von der Friedens- zur Kriegswirtschaft. Unternehmensstrategien der deutschen Eisen- und Stahlindustrie vom Kaiserreich bis zum Ende des Ersten Weltkrieges (Bochumer Schriften zur Unternehmens- und Industriegeschichte 15), Essen 2006

Verzeichniss der Gemälde auf dem Hügel, Essen-Ruhr: Buchdruckerei der Gussstahlfabrik Friedr. Krupp, [Essen] 1901

Vogeler, Wilfried: Die Essener Vorfahren Alfred Krupps. Ein Beitrag zur Geschichte der alten Essener Bürgerfamilien, in: Beiträge zur Geschichte von Stadt und Stift Essen 77 (1961), S. 45–66

»Vogelsang, Günter«, in: Munzinger Online / Personen – Internationales Biographisches Archiv, URL: http://www.munzinger.de/document/00000011707 (Zugriff am 8.9.2011)

Voß, Heinfried: Art. »Müller, Erich«, in: Neue Deutsche Biographie 18 (1997), S. 360–361

Voß, Heinfried: Art. »Rausenberger, Fritz«, in: Neue Deutsche Biographie 21 (2003), S. 213–214

Wengenroth, Ulrich: Die Fotografie als Quelle der Arbeits- und Technikgeschichte, in: Klaus Tenfelde (Hg.): Bilder von Krupp. Fotografie und Geschichte im Industriezeitalter, 2. Aufl., München 2000, S. 89–104

Wiedfeldt, Otto: Friedrich Krupp als Stadtrat in Essen. Eine verwaltungsgeschichtliche Studie, in: Beiträge zur Geschichte von Stadt und Stift Essen 23 (1903), S. 3–106

Wille, Hans: Hermann Kätelhön. Leben und Werk, Essen 1982

Wilmowsky, Tilo Frhr. von: Rückblickend möchte ich sagen ... An der Schwelle des 150jährigen Krupp-Jubiläums, Oldenburg 1961

Wilmowsky, Tilo Frhr. von: Die Villa Hügel wird Kulturstätte, in: Krupp-Mitteilungen. Sonderausgabe 150 Jahre Fried. Krupp, Essen, 20.11.1961, S. 53–55

Wilmowsky, Tilo Frhr. von: Warum wurde Krupp verurteilt? Legende und Justizirrtum, Düsseldorf / Wien 1962

Wilmowsky, Tilo Frhr. von: Rückblickend möchte ich sagen… An der Schwelle des 150jährigen Krupp-Jubiläums, Neuauflage, Münster 1990

Wittkamp, A.: Vom Salzmarkt zur Villa Hügel. Die Wohnstätten der Familie Krupp in Essen, in: Krupp-Mitteilungen 12 (1963), S. 271 f.

Wolbring, Barbara: Krupp und die Öffentlichkeit im 19. Jahrhundert. Selbstdarstellung, öffentliche Wahrnehmung und gesellschaftliche Kommunikation (Schriftenreihe zur Zeitschrift für Unternehmensgeschichte 6), München 2000

Wolbring, Barbara: Krupp und die Weltausstellungen im 19. Jahrhundert, in: Franz Bosbach / John R. Davis (Hg.): Die Weltausstellung von 1851 und ihre Folgen, München 2002, S. 293–302

Wolbring, Barbara: Die Krupps, in: Volker Reinhardt (Hg.): Deutsche Familien. Historische Portraits von Bismarck bis Weizsäcker, München 2005, S. 73–94

Zumdick, Ulrich: Hüttenarbeiter im Ruhrgebiet. Die Belegschaft der Phoenix-Hütte in Duisburg-Laar 1853–1914, Stuttgart 1990

Leih- und Lizenzgeber

Alfred Krupp Schule, Essen
Alfried Krupp von Bohlen und Halbach-Stiftung, Essen
Prof. Dr. med. Heike Allgayer, PhD, Mannheim
Alte Synagoge Essen
Gabriele Gräfin von Arnim, München
Ingrid Augst, Essen
Ursula Berson, Essen
Bertha-Krupp-Realschule, Essen
Bibliothek der Friedrich-Ebert-Stiftung, Bonn
Bibliothek für Zeitgeschichte in der Württembergischen Landesbibliothek, Stuttgart
Bildarchiv Preußischer Kulturbesitz, Berlin
Bildagentur AP Images
Bildagentur Getty Images
Bildagentur Picture-Alliance
Hannes Bierkämper, Stuttgart
Ursula Bistrich, Essen
Helmut Bretfeld, Essen
British Pathé Ltd., London
Bundesarchiv Koblenz
Bundesarchiv-Filmarchiv, Berlin / Transit film GmbH, München
Deutsche Wochenschau GmbH, Hamburg
Deutsches Bergbau-Museum Bochum
Deutsches Historisches Museum, Berlin
Deutsches Museum – Archiv, München
Deutsches Museum, München
Deutsches Plakatmuseum im Museum Folkwang, Essen
Essener Ruder-Regattaverein e. V.
Helga Eumann, Essen
Ev. Kirchengemeinde Essen-Altstadt
Ev. Kirchengemeinde Essen-Werden
Ulrich Feldhaus, Duisburg
Folkwang Universität der Künste, Essen
Foundation Musée départemental Albert-Kahn, Boulogne-Billancourt
Diana Maria Friz, Bad Arolsen
Martin Friz, Stuttgart
Geheimes Staatsarchiv Preußischer Kulturbesitz, Berlin
Heribert Genter, Essen
Dieter Guß, Essen
Haus der Essener Geschichte / Stadtarchiv
Volker Heibel, Essen
Axel Heimsoth, Essen
Historisches Archiv der Stiftung Deutsches Technikmuseum, Berlin
Historisches Archiv Krupp, Essen
Hans Huckel, Essen
Imperial War Museum, London
Industrie- und Handelskammer Essen
Institut für Zeitungsforschung, Dortmund
Doris Jacobs, Essen
Stefan Kasper, Essen
Kinemathek im Ruhrgebiet, Duisburg
Klartext-Verlag Essen, Sammlung Herbert Westphalen
Hans-Peter Klotz, Essen
Rainer Komers Filmproduktion, Mülheim a. d. Ruhr
Rudolf Kurze, Essen
Landesarchiv NRW, Abteilung Westfalen, Münster
Georg Laurenz, Werne
LVR-Industriemuseum, Rheinisches Landesmuseum für Industrie- und Sozialgeschichte, Oberhausen
LWL-Industriemuseum, Westfälisches Landesmuseum für Industriekultur, Dortmund
Jürgen Maszun, Essen
Medizinhistorische Sammlung der Ruhr-Universität Bochum
Miele Museum, Gütersloh
Militärhistorisches Museum der Bundeswehr, Dresden
Museen Burg Altena
Museum Bad Arolsen
Museum Folkwang, Essen
Ursel Neumann, Essen
Margret Nordquist, Salem (USA)
Nutzfahrzeuge Hoffmann, Oberhausen
Doris Ottmann, Essen
Helmut Petri, Aachen
Privatarchiv Beitz, Essen
Ulrich Reisdorf, Essen
Frank Ringelmann, Essen
Ruderklub am Baldeneysee e. V., Essen
Ruderverein Weser von 1885, Hameln
Peter Paul Schalz, Essen
Dorothea Schmitz, Duisburg
Wolfgang Scholz, Essen
Gerhard Schraven, Essen
Hans-Dieter und Marianne Schroten, Essen
Herbert Schyra, Essen
Staatliches Museum für Naturkunde Stuttgart
Staatsbibliothek zu Berlin – Preußischer Kulturbesitz, Berlin
Staatskanzlei des Landes Nordrhein-Westfalen, Düsseldorf
Stadtarchiv / Bochumer Zentrum für Stadtgeschichte
Stadtarchiv Duisburg
Stadtbildstelle Essen
Stahlinstitut VDEh, Düsseldorf
Frank Stenglein, Essen
Stiftung Bibliothek des Ruhrgebiets, Bochum
Stiftung Deutsches Technikmuseum, Berlin
Stiftung Westfälisches Wirtschaftsarchiv, Dortmund
Christina Stoll, Mettmann
ThyssenKrupp AG, Essen
ThyssenKrupp VDM, Essen
Remo Bodo Tietz, Essen
Manfred Todtenhaupt, Essen
UCON AG Containersysteme KG, Haiger
Ullstein Bilderdienst
Universitätsbibiliothek Dortmund

Frank Vinken, Essen
Westdeutsche Allgemeine Zeitung – Archiv, Essen
Westdeutscher Rundfunk, Köln
Wehrtechnische Studiensammlung des Bundesamtes für Wehrtechnik und Beschaffung, Koblenz
Monika Welsing, Essen
Weserrenaissance-Museum Schloss Brake
Alfred Wolter, Essen
Ingo Wuttke, Essen
Yachtclub Ruhrland Essen e.V.

Wissenschaftlicher Beirat

Prof. Dr. Werner Abelshauser
Prof. Dr. Ulrich Borsdorf
Prof. Dr. Ewald Frie
Prof. Dr. Lothar Gall
Dr. Walter Hauser
Prof. Dr. Vinzenz Hediger
Prof. Dr. Werner Plumpe
Beate Schlanstein
Prof. Dr. Ute Schneider
Frank Stenglein
Prof. Dr. Klaus Tenfelde (†)
Dr. Klaus Wisotzky
Dr. Barbara Wolbring
Dr. Dirk Zache

Dank

Anna Asbeck, Bochum
Peter von Bein, Museum Bislich, Wesel
Saskia Bendrich, Historisches Archiv Krupp, Essen
Mechthild Berkenberg, Universitätsbibliothek Dortmund
Henriette von Bohlen und Halbach, Kitzbühel
Horst Bühne, Presse- und Kommunikationsamt der Stadt Essen, Stadtbildstelle
Lars Büttner, Essen Marketing GmbH
Olge Dommer, LWL-Industriemuseum, Westfälisches Landesmuseum für Industriekultur, Dortmund
Christine Engelke, Essen
Dr. Michael Farrenkopf, Deutsches Bergbau-Museum Bochum
Manuela Fellner-Feldhaus, Historisches Archiv Krupp, Essen
Andreas Fischer, Alfried Krupp von Bohlen und Halbach-Stiftung, Essen
Uwe Förster, Stiftung Deutsches Technikmuseum Berlin
Katharina Freund, Essen
Ferdinand Fries, MonteVideo, Bottrop
Diana Maria Friz, Bad Arolsen
Martin und Alexandra Friz, Stuttgart
Dr. Michael Ganzelewski, Deutsches Bergbau-Museum Bochum
Dr. Susanne Grindel, Georg-Eckert-Institut für internationale Schulbuchforschung, Braunschweig
Birgit Hartings, Haus der Essener Geschichte / Stadtarchiv – Archiv Ernst Schmidt, Essen
Dr. Walter Hauser, LVR-Industriemuseum, Rheinisches Landesmuseum für Industrie- und Sozialgeschichte, Oberhausen
Robert Höffner, Versandantiquariat, Dortmund
Prof. Dr. Bert Hogenkamp, Amsterdam
Cordula Holtermann, Haus der Essener Geschichte / Stadtarchiv
Hans Huckel, Essen
Dr. Anke Hufschmidt, LWL-Freilichtmuseum Hagen, Westfälisches Landesmuseum für Handwerk und Technik
Dr. Thomas Kempf, Alfried Krupp von Bohlen und Halbach-Stiftung, Essen
Karl-Heinz König, Essen Marketing GmbH
Norbert Kostanowicz, Amt für Geoinformation, Vermessung und Kataster der Stadt Essen
Dr. Birgit Kümmel, Museum Bad Arolsen
Dr. Bernd Langmack, Essen
Dr. Hans-Jürgen Lechtreck, Museum Folkwang, Essen
Holger Lippert, Husum
Beate Lücke, Institut für Zeitungsforschung, Dortmund
Dr. Vera Lüpkes, Weserrenaissance-Museum Schloss Brake
Guido Martin, Bertha-Krupp-Realschule, Essen
Marianne Menze, Lichtburg Essen
Dr. Rainer Metzendorf, Mainz
Achim Mikuscheit, Ruhr Museum, Essen
Irmenfried Mundt, Ev. Kirchengemeinde Essen-Werden
Dr. Ralf Nentwig, Alfried Krupp von Bohlen und Halbach-Stiftung, Essen
Spiridon Papaioannou, Bochum
Familie Petri, Aachen
Robert Richter, Essen
Andrea Riegel, Düsseldorf
Dr. Matthias Röschner, Deutsches Museum München – Archiv
Georg Romhanyi, Essener Ruderregattaverein
Beate Schlanstein, Westdeutscher Rundfunk, Köln
Jörg Schmalfuß, Stiftung Deutsches Technikmuseum Berlin
Franz Xaver Schmidt, Staatliches Museum für Naturkunde Stuttgart
Dr. Stefan Schulz, Medizinhistorische Sammlung der Ruhr-Universität Bochum
Stephan Sensen, Museen Burg Altena
Prof. Dr. Rainer Slotta, Deutsches Bergbau-Museum, Bochum
Ralf Spicker, Deutsches Museum München
Viola Springer, Folkwang Universität der Künste, Essen
Mark Stagge, Historisches Archiv Krupp, Essen
Frank Stenglein, Essen
Johannes Sträter, Bochum
Martina Strehlen, Alte Synagoge Essen
Prof. Dr. Ralf Stremmel, Historisches Archiv Krupp, Essen
Eva Sunderbrink, Essen Marketing GmbH
Volker Troche, Alfried Krupp von Bohlen und Halbach-Stiftung, Essen
Gabriele Unverferth, Stiftung Westfälisches Wirtschaftsarchiv, Dortmund
Berthold Urch, Alfred Krupp Schule, Essen
Harald Vogelsang, Essen
Dr. Heinfried Voß, Historisches Archiv Krupp, Essen
Erik Walner, ThyssenKrupp AG, Essen

Christoph Wilmer, Essen
Dr. Rolf Wirtgen, Wehrtechnische Studiensammlung des Bundesamtes für Wehrtechnik und Beschaffung, Koblenz
Dr. Klaus Wisotzky, Haus der Essener Geschichte / Stadtarchiv
Matthias Wunderlich, Essen
Dirk Zache, LWL – Industriemuseum, Westfälisches Landesmuseum für Industriekultur
Patrick Zeitlmann, BayernBahn Betriebsgesellschaft mbH, Nördlingen
Dr. Reinhard Ziegler, Staatliches Museum für Naturkunde Stuttgart

Bildnachweis

Alfred Krupp Schule, Essen: S. 253 r
Alfried Krupp von Bohlen und Halbach-Stiftung, Essen; Peter Wieler: S. 287 o, 288, 289
Gabriele Gräfin von Arnim, München: S. 123 l
Bibliothek der Friedrich-Ebert-Stiftung, Bonn: S. 36, 38 u
Hannes Bierkämper, südstudio, Stuttgart: S. 25, 26, 27
Bildagentur gettyimages; Slim Aarons: S. 124 o
Ursula Bistrich, Essen: S. 352 u
Deutsches Bergbau-Museum Bochum: S. 87, 181 l, 185 o r, 186 u l, 136 o m, 187 l, 187 m
Deutsches Museum – Archiv, München: S. 396 u, 398
Deutsches Museum, München: S. 171 o, 183, 196, 239
Deutsches Plakatmuseum im Museum Folkwang, Essen: S. 343 o l
Brigida González, Stuttgart: S. 13, 15, 16, 17, 19, 21, 28, 29, 46, 62, 63, 100, 101, 126, 127, 161, 172, 173, 190, 191, 209, 233, 244, 245, 291, 294, 295, 317, 347, 367, 380, 381, 414, 415
Haus der Essener Geschichte / Stadtarchiv: S. 195 u, 395 o, 364 o
Historisches Archiv Krupp, Essen: S. 37, 80 l, 119, 123 r, 139 u, 138 l, 138 r, 140, 141 u, 142 u, 144, 150 u, 156 l, 158, 169, 170 u, 170 o, 179 l, 178, 193 l, 197 o, 197 u, 200, 204 r, 211 u, 212 o, 213 o, 213 u r, 214 o, 219 l, 220 u, 221, 223 o, 223 u, 222, 231, 237 u, 269 o, 271 u, 271 o, 273 u, 272 o, 272 u, 297 r, 297 m, 298 r, 298 l, 300 l, 300 m, 302 m, 302 r, 303 m, 303 r, 305 l, 305 m, 305 r, 306 l, 306 m, 306 r, 307 l, 307 m, 307 r, 308 l, 308 m, 312 o, 323 u, 324 u, 325 u, 325 o, 327 r, 326, 328, 330, 331 o l, 338 o, 338 u, 339 o, 339 u, 341, 350 o, 362, 363 o, 363 u, 365 u, 369, 370 l, 370 r, 373 o, 373 u, 374, 379 o r, 413, 429
Industrie- und Handelskammer Essen: S. 300 r
Institut für Zeitungsforschung, Dortmund: S. 39, 38 o, 40
LVR-Industriemuseum – Rheinisches Landesmuseum für Industrie- und Sozialgeschichte, Oberhausen: S. 181 r, 184
LWL-Industriemuseum – Westfälisches Landesmuseum für Industriekultur, Dortmund: S. 31 (1. und 2. von o r), 32 u r, 33 l, 147 u, 324 o
Museum Bad Arolsen: S. 418 r, 419
Helmut Petri, Aachen: S. 54
Ruderverein Weser von 1885 Hameln: S, 387 o
Ruhr Museum, Essen: S. 31 u r, 33 r, 41, 58, 61, 65 r, 171 u, 255 r, 256, 259 u, 274 o, 274 u l, 281 r, 352 o, 353, 356 o, 408, 420
Ruhr Museum, Essen; Fabian Frühling: S. 409 r
Ruhr Museum, Essen; Bernd Langmack: S. 263, 264
Ruhr Museum, Essen; Jens Nober: S. 31 m l, 31 o l, 31 u l, 33 o m, 32 o r, 32 m r, 32 l, 35 u, 50, 51, 52, 53, 55, 60, 65, 66, 67, 69, 70, 71, 72, 74, 76 o, 76 u, 78 l, 78 r, 79, 81, 83, 86 l, 86 r, 89, 90 r, 91 o, 91 u, 96 l, 103, 104, 105 u, 107, 108 r, 108 l, 111, 112, 113, 114, 115, 117, 118 o, 118 u, 120, 129, 130 o, 130 u, 131 l, 131 r, 132 o, 132 m, 132 u, 134, 135 o, 136, 137, 138 m, 141 o, 145, 148, 153 u, 164, 166, 175 l, 175 m, 175 r, 186 u m, 187 r, 193 r, 195 o, 201 o, 204 l, 205, 206, 207 r, 211 o, 212 u, 213 u l, 214 u, 215, 219 r, 220 o, 235, 237 o, 241 r, 242, 247, 248, 249, 250 l, 252, 253 m, 254 o l, 257 l, 257 r, 259 l, 260 r, 260 o, 265 l, 265 m, 265 r, 265 u r, 267 o, 267 u l, 267 u r, 268 u r, 268 u l, 269 u, 270, 275 u l, 275 o r, 277, 279 l, 279 r, 280, 281 l, 283, 319, 320, 332, 336 l, 336 r, 340, 341, 342 l, 345 o, 345 u, 349, 350 u, 358, 364 u, 372 o, 372 u, 376, 377, 379, 383, 385, 389, 390, 391 u, 391 o r, 392 r, 392 l, 393, 395, 396 o, 397, 399, 400, 401 o l, 401 o r, 401 u, 402 l, 403 u, 403 o, 403 m, 405, 407 l, 412 r, 430 o
Ruhr Museum, Essen; Dieter Philberg: S. 43 r, 44, 45 o, 45 u, 49, 58 l, 80 r, 84, 85, 86 m, 92, 95, 97 u r, 97 l, 98, 105 o, 121, 135 u, 138/139 o, 142 o, 146, 149 o, 153 o, 156 r, 157 r, 157 l, 163, 167 r, 167 l, 177l, 177 r, 179 r, 185 u, 185 o l, 187 r, 199 r, 216, 236 o, 241 l, 243, 250 r, 253 l, 254 m, 254 r, 274 u r, 275 o l, 276 o, 276 u, 285 u, 285 o, 287 u, 313, 314 l, 314 r, 321, 327 l, 331 o r, 331 u, 334 r, 334 l, 342 r, 343 o r, 344 u l, 344 m l, 351, 355, 356 u, 356 o l, 356 o r, 357 l, 357 r, 359 o l, 359 o r, 360, 386, 387 u, 404, 407 r, 409 l, 412 o l, 412 u l, 422, 423, 424, 425, 426, 427, 428, 430 u, 431, 433 u, 434
Ruhr Museum, Essen; Rainer Rothenberg: S 43 l, 159 u, 199 l, 273 o
Staatskanzlei des Landes Nordrhein-Westfalen, Düsseldorf: S. 312 u
Stiftung Bibliothek des Ruhrgebiets, Bochum: S. 35 o
UCON AG Containersysteme KG, Haiger: S. 189
Ullstein Bilderdienst; Giribas: S. 309 l
Ullstein Bilderdienst; phalanx Fotoagentur: S. 309 r
Frank Vinken, Freie Fotografie: S. 411
Wehrtechnische Studiensammlung des Bundesamtes für Wehrtechnik und Beschaffung, Koblenz: S. 202
Weserrenaissance-Museum Schloss Brake: S. 417, 418
Herbert Westphalen, S. 31 (2. von u r), 33 u m, 201 u

Impressum

Ausstellung

Ausstellungsleitung und Gesamtkonzeption
Heinrich Theodor Grütter

Wissenschaftliches Team
Magdalena Drexl, Axel Heimsoth, Mathilde Jamin, Frank Kerner, Ingo Wuttke

Mitarbeit
Dorothea Bessen, Heinz Josef Kramer, Udo Scheer, Christian Teuber, Uwe Wick, Andreas Zolper

Objekt- und Bildverwaltung
Philipp Bänfer

Textredaktion
Reinhild Stephan-Maaser

Übersetzungen
Kirsten Petrak-Jones, Dortmund

Leihverkehr
Winfried Tebart unter Mitarbeit von Vanja Mandic

Verwaltung
Udo Arnolds, Susanne Frank, Detlef Hildebrand, Christiane Hilpert, Thorsten Pliska, Carola Werner

Sekretariat
Sabine Quabeck, Stefanie Dabelstein, Stephanie Kaiser

Presse- und Öffentlichkeitsarbeit
Philipp Bänfer, Sandra Sorgenicht unter Mitarbeit von Theresa Droste

Marketing
Silke Koop, Sandra Sorgenicht, Sandra Ullrichskötter

Kommunikationsdesign
Uwe Loesch, Düsseldorf

Bildung und Vermittlung
Angelika Wuszow mit Unterstützung von Riegel + Reichenthaler, Düsseldorf

Mediaguide
Philipp Bänfer, Sandra Sorgenicht; IG-Informationsgesellschaft, teamstratenwerth, tonstudio gress, tac – translation and communication, mit Unterstützung von jangled nerves

Begleitprogramm
Heinrich Theodor Grütter unter Mitarbeit von Lars Büttner, Paul Hofmann und Christoph Wilmer

Organisation Eröffnung und Begleitveranstaltungen
Winfried Tebart, John Theus, Sandra Ullrichskötter in Kooperation mit der Essen Marketing GmbH, »simply out tours«, Essen, Profi*Reisen*, Essen und der Kinemathek im Ruhrgebiet, Duisburg

Gestaltung
Hannes Bierkämper, südstudio stuttgart; hg merz architekten, stuttgart

Filmrecherche und Produktion
Paul Hofmann, Kinemathek im Ruhrgebiet, Duisburg; Ferdinand Fries, Montevideo Produktion, Bottrop

Grafik
CLMZ Clemens Hartmann, Karlsruhe; Karsten Moll unter Mitarbeit von Katrin Büttgen und André Brück

Grafikproduktion
Fa. Hanft, Bietigheim

Aufbau- und Einrichtungsorganisation
Hannes Bierkämper, Magdalena Drexl, Frank Kerner

Objektbetreuung
Magdalena Drexl, Axel Heimsoth, Frank Kerner, Ingo Wuttke unter Mitarbeit von Christian Teuber

Restaurierung
Volker Esser, Haan; Petra Horioka; Klaus Pollmeier, Mülheim; Beate Zumkley, Wesel; Die Schmiede, Restaurierungsatelier, Duisburg; Modellbau Römer GmbH, Essen

Transporte
Markus Sorek, Hassan Allitou; Hasenkamp, Internationale Transporte, Köln; Schenker AG, Frankfurt am Main

Bauten
Kalle Krause GmbH, Essen

Medientechnik
Dirk Kabus, Axel Toppat-Küpper, Daniel Wedding (alle Stiftung Zollverein)

Licht
Ulrich Blawat, Benjamin Lippert; Jens Meier MAIERLIGHTING, Tübingen

Einrichtung
Ernst Bielefeld, Ausstellungstechnik, Niederoth; Zehnpfennig & Weber, Berlin; Hassan Allitou, Benjamin Lippert, Christoph Röttelbach, Markus Sorek, Thomas Zmudzinski

Katalog

Herausgeber
Heinrich Theodor Grütter

Autoren
Dorothea Bessen, Magdalena Drexl, Heinrich Theodor Grütter, Axel Heimsoth, Paul Hofmann, Mathilde Jamin, Frank Kerner, Christian Teuber, Ulrike Stottrop, Ingo Wuttke, Andreas Zolper

Redaktion
Reinhild Stephan-Maaser

Exponatfotografie
Jens Nober, Dieter Philberg,
Rainer Rothenberg

Ausstellungsfotografie
Brigida González, Stuttgart

Gestaltung und Herstellung
Karsten Moll unter Mitarbeit
von Katrin Büttgen

Umschlag
Uwe Loesch, Düsseldorf

Satz
Kommunikationskontor_Düsseldorf
und Katrin Büttgen, Düsseldorf

Druck, Bindung, Produktion
Druckerei Himmer, Augsburg

Gesamtherstellung
Klartext Verlag Essen, 2012

ISBN 978-3-8375-0545-0

Bibliografische Informationen
der Deutschen Bibliothek
Die Deutsche Bibliothek verzeichnet diese Publikation in der Deutschen Nationalbibliografie; detaillierte bibliografische Daten sind im Internet über http://dnb.ddb.de abrufbar.